现代中国的展开
THE UNFOLDING OF MODERN CHINA
以五四运动为基点
Based on the May 4th Movement

马勇 著

五四

山西出版传媒集团
山西人民出版社

图书在版编目（CIP）数据

现代中国的展开：以五四运动为基点/马勇著. --
太原：山西人民出版社，2019.9（2020.8重印）
ISBN 978-7-203-10792-7

Ⅰ.①现… Ⅱ.①马… Ⅲ.①五四运动—研究 Ⅳ.
①K261.107

中国版本图书馆CIP数据核字（2019）第138850号

现代中国的展开：以五四运动为基点

著　　　者：	马　勇
责任编辑：	蒙莉莉
复　　审：	傅晓红
终　　审：	秦继华
装帧设计：	张慧兵
出　版　者：	山西出版传媒集团·山西人民出版社
地　　　址：	太原市建设南路21号
邮　　　编：	030012
发行营销：	0351-4922220　4955996　4956039　4922127（传真）
天猫官网：	https://sxrmcbs.tmall.com　电话：0351-4922159
E—mail：	sxskcb@163.com　发行部
	sxskcb@126.com　总编室
网　　　址：	www.sxskcb.com
经　销　者：	山西出版传媒集团·山西人民出版社
承　印　厂：	山西康全印刷有限公司
开　　　本：	787mm×1092mm　1/16
印　　　张：	34
字　　　数：	500千字
印　　　数：	4001—7000册
版　　　次：	2019年9月　第1版
印　　　次：	2020年8月　第2次印刷
书　　　号：	ISBN 978-7-203-10792-7
定　　　价：	98.00元

如有印装质量问题请与本社联系调换

引 言

从政治运动的历史视角来说，2019年是五四爱国运动发生100周年纪念，是中国现代历史的一个重要节点。

100年来，人们对五四运动的评价见仁见智，或以为是现代中国的起点，人的觉醒、民主政治的推展，都与五四运动有关；或以为狭义的五四运动打断了中国现代化的进程，"救亡压倒了启蒙"，中国的现代转型由此夭折；或以为五四运动开启了中国政治的新路，走俄国人的路，就是五四运动的最大成果，中国历史由此完全改写。

弹指一挥间，100年过去了，站在一个全新的历史节点，我们应该如何评价五四运动的意义呢？其实从大历史的视角看，不论是"大五四"，还是"小五四"，都是中国历史的逻辑展开，是西方工业革命刺激而引发的本能反应，是传统中国向现代中国、是农业文明向现代文明转型的必然环节。从这个意义上探讨五四时期的文学革命、学术转型、道德重建，甚至稍前突发的走进共和、帝制复辟、中国对西方的失望与绝望，以及稍后的传统主义、新传统主义的崛起，极端保守主义、新儒学的发生等，都可以获致很不一样的感知，或许可以渐渐体会五四运动所具有的全球史意义。

关于五四运动的专著已有不少，历史性的描述如周策纵、彭明、丁守和等前贤都有开创性的研究。不论是"大五四"，还是"小五四"，大致的历史脉络已经趋于接近，只是在细节、在局部，随着新史料的出现总会有所调整。

　　本研究的意义不同于前贤之处在于，随着时间的推移，随着社会的进步，研究者赋予五四运动的现实的、政治的意义已经明显不同，五四运动已经渐渐成为客观的研究对象，实事求是而不是立场优先较之前贤有天壤之别，这显然有助于重构五四运动的历史脉络，有助于重新理解五四运动在全球史上的意义。因而本项研究并不局限于"小五四"，并不专注于探究1919年5月4日究竟发生了什么，而是期望从一个大的历史关怀中梳理五四运动的来龙去脉、起承转合。

　　五四运动的本质就是现代中国的历史展开，而现代中国就是从传统中国走来。现代中国与传统中国的区别究竟何在，现代的意义究竟是什么，为什么现代中国必须摈弃精英主义文化传统，必须将普罗大众改造成"有知识的劳动者"；传统中国就是基于血缘、地缘的社会形态，而现代中国的全部实现，必然是一个与"熟人社会"完全不同的"陌生人社会"，陈独秀说"孔子之道不合乎现代生活"，也只有从这个意义上理解，才能给予合乎历史、合乎情理的解释。

　　至于五四运动的爱国主义情怀、理性、民粹，也必须放到大历史中进行解释，只有弄清楚第一次世界大战前后中国政治与世界政治的互动，弄清楚中国在那之前差不多一个世纪的历史，尤其是甲午战争后20年潜心学习东西洋的历史，才能明白五四运动为什么是中国历史的"十字街头"，是20世纪全球史的一个重要节点。

目 录

绪论 我们今天应该如何纪念五四运动

002　五四运动的选择
009　秩序重建
014　爱国情结
018　学生之使命

第一章 五四运动大背景：西风东来

020　"历史三峡"
033　输在起点
047　遗憾的误读
059　盛世焦虑：里子与面子
073　跛足前行：国家机会主义

第二章 "大五四"文化诉求：回应西风

091　新文学潜流

099　一张传单引发的故事
109　白话诗风波
116　自古成功在尝试
121　"运动"起来的新文学

第三章　中国的启蒙运动：以《新青年》为中心

126　对共和的失望
135　创办《新青年》
140　被打断的启蒙运动

第四章　在激进与保守之间：重构五四叙事

150　建设的文学革命
158　仅仅是"尝试"
172　适度的文学保守主义

第五章　"小五四"的历史逻辑与脉络

182　民初政治架构：理想与问题
194　欧战让中国重回旧体制
204　二度复辟留下的思想难题
241　作为战胜国：失望情绪却在弥漫着

第六章　北京大学：新教育、新文化与新政治

265　新教育：京师大学堂
271　新文化：严复
279　新政治：蔡元培

第七章 "救亡压倒了启蒙"

- 296 外交失败
- 307 运动学生
- 317 政府反应
- 322 运动转向

第八章 文化演进中的政治因素

- 348 微妙的政治操作
- 353 所谓全盘反传统
- 397 新传统主义
- 430 新中有旧、旧中有新

第九章 文明再造：五四精神与遗产

- 438 新与旧：古今中西
- 461 儒学再解释
- 491 中国思想的自觉

- 535 结语

绪 论
我们今天应该如何纪念五四运动

时间过得真快,1919年发生的五四运动已经走过了100年的历程。100年来,中国的面貌发生了翻天覆地的变化。时至今日,我们又应该如何看待五四运动呢?

五四运动无疑是中国历史上最伟大的事件之一,它标志着中国人,至少是中国知识人特别是青年学生政治意识的觉醒,是1840年以来中国青年知识人群体比较全身心地投入政治,由此揭开了中国历史的新篇章,即中国的政治已不再限于职业政治家范围,而扩大到了知识人特别是青年学生层面;中国政治的阴晴冷暖已不再是职业政治家的任意作为,而在相当程度上取决于知识人合作与否,取决于知识人的态度。

就历史大势而言,五四运动开启了一个新的时代,也造就了一批新人。此后的中国历史,在相当长的一个时期内几乎一直受到五四传统的深刻影响。鉴于此,欲准确理解和把握五四运动之后的中国社会与文化,不能不对五四运动的来龙去脉、功过是非进行系统的梳理与分疏,汲取其经验,抛却其不足,从而继承五四真精神,减轻新一代中国人心灵上的五四迷雾,超越五四,为中国更为美好的明天而举国努力,真正实现五四青年以鲜血、生命捍卫的崇高目标。

五四运动之所以能在其后一个相当长的历史时期里持续发挥作用,五四运动亲历者、五四精神传承者等人事因素固然重要,但根本原因决不限于此。作为一个复杂的历史事件,五四运动不仅涉及了、影响了当时中国各个阶层之社会公众，而且五四精神旨趣也并没有局限于某一点上，它既关照了当时中国社会各个阶层的普遍愿望，又辐射、触及了20世纪中国社会发展的全部课题。因此，20世纪中国在其每一关键性变化时刻，人们便不由自主地想到了五四运动，期望从五四精神遗产中获取智慧资源。从大历史视角去看，五四运动和其他近代史上的重大政治事件一样，依然会成为中国政治改革、社会发展的精神动力和智慧资源之一。也因此之故，纪念五四运动，就要将五四运动置放于20世纪中国与世界，置放于全球史背景中进行关照与考察。

五四运动的选择

依照学术界的通行理解，五四运动有广义、狭义之分。狭义的五四运动是指1919年因山东问题—巴黎和会而引发的政治运动，以1919年5月4日北京大游行、火烧赵家楼及学生被捕为标志；广义的五四运动则指1919年前后长达数十年的新文化运动、新文学运动，其内涵与外延都相当广泛，前后期变化也相当复杂、明显。

但不论是广义的五四运动，还是狭义的五四运动，它们都是中国历史发展的必然趋势。狭义的五四运动即使没有山东问题—巴黎和会的引发，也迟早会以其他借口而爆发。因为在那之前一个世纪，中国不是以和平的、温和的方式进入世界，而是通过一系列战争强制性地、被动地进入世界，中国人对外部世界的不适应，委屈、别扭，一直没有得到疏解、排解，随着民族国家的逐渐形成，中国人必定要通过某一重大事变重新定位中国与世界的关系，重新思索中国进入世界、世界进入中国的意义。所以说，狭义的五四运动，即便没有青岛问题，没有"二十一条"，没有巴黎和会，也一定会因某种机缘而发生。这是历史的宿命。

广义的五四运动更是历史的必然，因为中国政治发展、学术流变的内在规律在起着根本的、决定性的作用。

从中国政治发展的角度看，五四运动的爆发与前此中国政治的急剧变化密切相关，是世纪初中国人精神迷惘、精神探索的继续和发展。易言之，五四运动虽直接启导于山东问题，但其思想背景却是世纪初中国人精神迷失、彷徨、困惑的必然之果。

20世纪的最初几年，清政府鉴于维新运动失败、排外主义运动不可遏制，并最终诉诸武力，致使中国蒙受了一系列奇耻大辱，深切地感到清帝国政治统治岌岌可危。于是在1901年初，当慈禧太后、光绪帝以及所谓"行在"尚驻跸西安的时候，就郑重其事地宣布"预约变法"，以期以有限度的政治变革重新认同被中断的维新路径，以新政消弭社会的普遍反抗，以尽量与世界一致而换取列强的重新信任。从后来新政的实际举措看，清政府虽然竭力贬低、排斥康有为和梁启超在过去几年在政治变革、社会进步中的贡献，以为康梁的变法是假变法真谋私，而此时重新开启的新政才是真改革。不管这种说法有多少问题，但从思想本源来说，清帝国最高统治层毕竟真正第一次认同了中国政治变革的必要性，认同中国的进步之关键不是继续如何保持中学之体，也不是学来多少西学之用，而是中国能否与世界一致，同步共振，环球同此凉热。

平心而论，清政府对待这次新政的态度是积极而真诚的。1901年，特别是1903年之后，清政府也确实采取了一些有力的改革措施，诸如调整官制、整顿吏治、改订刑律、裁汰绿营、编练新军、奖励实业、兴办学堂、废除科举以及准许满汉通婚、劝谕妇女放足等。然而尽管如此，从总体上说，清政府这次新政终于失败，到了1904、1905年实际上已难以再继续进行下去了。正如1905年7月一份上谕所说："方今时局艰难，百端待理，朝廷屡下明诏，力图变法，锐意振兴，数年以来，规模虽具而实效未彰，总由承办人员向无讲求，未能洞达原委，似此因循敷衍，何由起衰弱而救颠危。"①

承办者不力固然是新政失败的原因之一，但绝不是根本原因。事实上，此次新政只是统治者的一厢情愿，它不仅没有引起举国上下的一致兴趣，君民齐心，共克时艰，反而引起一些汉人士大夫对清政府的厌恶以及对满洲人的仇视。这些士大夫普遍相信，如果从1840年算起，中国

---

① 《清末筹备立宪档案史料》上，1页，北京：中华书局，1979年。

的危局已经60多年了，即便从1895年算起，维新的说辞也已经有10个年头了。中国事实上已经陷入"改革疲劳症"，汉人士大夫面对清帝国的裹足不前、左右摇摆，早就出现了"审美疲劳"，孙中山之前不信任满洲人的言辞，渐渐引起更多汉人士大夫的深思、认同。他们认为，中国当前的唯一出路是革命，是将满洲人建立的异族政权彻底推翻，然后另起炉灶，重建中国。用章太炎的话说："满洲弗逐，而欲士之争自濯磨，民之敌忾效死，以期至乎独立不羁之域，此必不可得之数也。浸微浸衰，亦终为欧美之奴隶而已矣。非种不锄，良种不滋；败群不除，善群不殖。自非躬执大彗以扫除其故家污俗，而望禹域之自完也，岂可得乎！"①

章太炎的这种激进政治主张虽然不足以代表当时社会的普遍心理，因为当时尚有另外一些汉人士大夫对清政府新政寄予无限期望，幻想清政府能汲取戊戌教训，通过君主立宪为中国未来开辟一条生路。但章太炎以及他的同志对满洲人的不信任无疑促进了社会关系的紧张，加重了清政府新政的难度，也使中国人在世纪初遂陷入严重的精神困惑之中。

鉴于这样一种实际情况，清政府以及同情清政府的士大夫，几乎不约而同地意识到必须加大改革的力度，尽快地确立立宪政体，以政治体制的实质性变革取信于民，换取民众特别是知识人的支持。否则，"国民之中，主张激烈之革命论者，日益蔓延。"②于是，君主立宪的呼声日高一日。

1904年5月，张謇替湖广总督张之洞、两江总督魏光焘代撰了《拟请立宪奏稿》，随后又致信直隶总督袁世凯，希望袁能效法日本伊藤博文，利用在清廷中的重要地位和影响，督促清廷早日立宪。他说："公今揽天下重兵，肩天下重任，宜与国家有死生休戚之谊。顾亦知国家之危，非夫甲午、庚子所得比方乎？不变政体，枝枝节节之补救无益也。"③与此同时，清政府驻法国公使孙宝琦也以变更国体为请，他强调："近年中国

---

① 章太炎：《正仇满论》，《辛亥革命前十年间时论选集》卷一，上，97页，北京：三联书店，1960年。
② 伧父：《立宪运动之进行》，《东方杂志》9卷7号。
③ 沈祖宪、吴闿生：《容庵弟子记》，18页。

民智大开，凡有血气者，无不痛国势之衰微，愤外侮之凭陵，昌言改革，莫之能遏。宝琦窃维倡论自下，恐为酿祸之阶，决议于上，乃为政治之本。"他恳请清廷认清形势，当机立断，"仿英、德、日本之制，定为立宪政体之国，先行宣布中外，于以固结民心，保存邦本"。①借用一段形象的文字说，1904年的中国，"通国上下望立宪政体之成立，已有万流奔注，不趋于海不止之势。失此不图，则泛滥为患，祸且甚于古昔之洪水也夫！一转移间，利害若此，谋国是者，奈何不急起而为之所也！"②似乎不立宪中国必亡，只有立宪才是解救中国的唯一出路。

立宪的呼声与行动在20世纪初年甚嚣尘上，最得人心，知识人无不相信立宪政治优于君主专制，这不仅为甲午战争所证实，而且不出10年，又被日俄战争再度证明。维新后的日本用10年时间相继战胜亚洲、欧洲两个大帝国，而且赢得那么干脆。事实面前人们不能不默然自省，不能不承认立宪政治的意义、威力。但事实表明，既得利益者不可能心甘情愿地放弃权力，当君主的权力可以超越法律之外的时候，既得利益集团必将借助于君主的权力为维护自身的利益服务。到了这个时候，所谓君主立宪，不过是给君主专制披上一件合法的政治外衣，从而使君主专制集团对任何反抗与不满都能从容不迫地对付之。当1911年5月8日第一届责任内阁名单发布后，一直满怀期待的民族资产阶级、立宪党人迅即失望，责任内阁演变成了皇族内阁、权贵内阁，看来在分权以及权力监督问题上，清帝国的统治者在内心深处依然不甘心、不死心，也不放心。满洲权贵在权力独占还是权力分享上，迅即撕下了虚伪的面纱，赤裸裸地表达了自己的贪婪。下面的这份文件便可说明清廷当权者此时的心态："都察院代奏，直省谘议局议员呈请另行组织内阁一折。黜陟百司，系君上大权，载在先朝钦定宪法大纲，并注明议员不得干预。值兹预备立宪之时，凡我君民上下，何得稍出乎大纲范围之外，乃议员等一再陈请，议论渐近嚣张，若不亟为申明，日久恐滋流弊。朝廷用人，

---

① 《东方杂志》第一年第7号，82页。
② 《论朝廷欲图存必先定国是》，《时报》1904年8月7日。

审时度势,一秉大公,尔臣民等均当禀遵钦定宪法大纲,不得率行干请,以符君主立宪之本旨。钦此。"①

君主立宪不足以解决中国问题,这一主张既反映了世纪初中国人精神的迷惘、困惑,实际上也是解决中国问题的一个理论误区。它不仅挽救不了清帝国走向终结的命运,而且给此后中国历史发展带来深远的影响。

当君主立宪运动紧锣密鼓进行的时候,并不是所有的中国人都相信这一主张。以孙中山为代表的革命党人从根本上就蔑视清政府的立宪运动,而坚持以暴力革命的手段,彻底推翻清政府,"驱逐鞑虏,恢复中华"。1905年10月,孙中山在同盟会机关报《民报》发刊词中,系统地阐释了以民族、民权、民生为主要内容的三民主义理论,坚信中国只要参照三民主义的方略便能解决所有问题,既可顺利完成政治革命,又可避免欧美诸国于政治革命之后所出现的社会危机。他说:"近时志士,舌敝唇枯,惟企强中国以比欧美。然而欧美强矣,其民实困,观大同盟罢工与无政府党、社会党之日炽,社会革命其将不远。吾国纵能媲迹欧美,犹不能免于第二次之革命,而况追逐于人已然之末轨者之终无成耶!夫欧美社会之祸,伏之数十年,及今而后发见之,又不能使之遽去;吾国治民生主义者,发达最先,睹其祸害于未萌,诚可举政治革命、社会革命毕其功于一役。还视欧美,彼且瞠乎后也。"②

事实上,孙中山手创的中华民国也恰恰仅仅完成了政治革命,赶跑了皇帝。中华民国在其最初的年代里似乎仅有一块好听的招牌,其他方面则依然故我。特别是,袁世凯"帝制自为",以及配合"帝制自为"而生发的尊孔读经等活动,让中国人在精神上的空虚与迷惘不是减轻了,而是加重了,似乎比辛亥革命之前更加混乱。因为在辛亥革命之前人们毕竟尚没有看到革命后的情形,总觉得革命后的中国一定是别有一番新气象。

---

① 《清末筹备立宪档案史料》上,579页。
② 《孙中山选集》上卷,72页,北京:人民出版社,1981年。

辛亥革命以及随之而来的政治上的剧烈变动，造成国人信仰的空前危机与混乱，"中国向何处去？"又一次成为中国人心头久久不能忘怀而苦苦思索的问题。正如鲁迅所描述的那样：

> 见过辛亥革命，见过"二次革命"，见过袁世凯称帝，张勋复辟，看来看去，就看得怀疑起来，于是失望，颓唐得很了。①
> 我想，我的神经也许有些瞀乱了。否则，那就可怕。
> 我觉得仿佛久没有所谓中华民国。
> 我觉得革命以前，我是做奴隶；革命以后不多久，就受了奴隶的骗，变成他们的奴隶了。
> 我觉得有许多民国国民而是民国的敌人。
> 我觉得有许多民国国民很像住在德法等国里的犹太人，他们的意中别有一个国度。
> 我觉得许多烈士的血都被人们踏灭了，然而又不是故意的。
> 我觉得什么都要从新做过。②

鲁迅的思考反映了当时国人精神迷失的实际状况，对辛亥革命实际后果的失望正是五四运动得以爆发的思想背景。正是基于这种精神上的迷惘、困惑，新一代知识人开始登上历史舞台，他们批判性地对待辛亥革命发起者的精神遗产，以期通过新的思维路向为中国问题的根本解决寻求一剂灵丹妙药。他们苦思寻求的结果，正如多年后毛泽东所指出的那样，中国是以农民为主体的国家，中国问题的真正解决一定是广大农民群众的积极参与，"国民革命需要一个大的农村变动。辛亥革命没有这个变动，所以失败了。"③

无需否认，农民是中国社会较为落后、较为分散的阶级，中国问题的根本解决既然取决于农民群众的参与与否，那么，又势必存在着一个

---

① 《鲁迅全集》卷四，468页，北京：人民文学出版社，1989年。
② 《鲁迅全集》卷三，15页。
③ 《湖南农民运动考察报告》，《毛泽东选集》，16页，北京：人民出版社，1991年。

如何引导农民的问题。辛亥革命之后的新一代知识人，亦即"五四新人"，几乎无一例外地以为应当对农民进行改造，以现代观念革除农民的劣根性，用当时的话说就是"改革国民性"。鲁迅说："说起民元的事来，那时确是光明得多，当时我也在南京教育部，觉得中国将来很有希望。自然，那时恶劣分子固然也有的，然而他总失败。一到二年'二次革命'失败之后，即渐渐坏下去，坏而又坏，遂成了现在的情形。其实这也不是新添的坏，乃是涂饰的新漆剥落已尽，于是旧相又显了出来。使奴才主持家政，那里会有好样子。最初的革命是排满，容易做到的，其次的改革是要国民改革自己的坏根性，于是就不肯了。所以此后最要紧的是改革国民性，否则，无论是专制，是共和，是什么什么，招牌虽换，货色照旧，全不行的。"①

鲁迅的话虽说在五四运动之后，但他确实道出了"五四新人"在辛亥革命失败之后的思考，是五四运动之前几年思想文化界的普遍认识。他们相信中国问题的真解决既不限于技术问题，也不单纯是政治问题，而是更深层次的文化问题。只有从文化的层面解决了中国向何处去的问题，才能使中国问题的其他方面获得连带的解决。他们寄希望于青年一代，期望青年一代确立现代化的意识与信念，既克服自身的劣根性，又能促进整个国民性的改革。诚如"五四运动的总司令"陈独秀在新文化运动的宣言书《敬告青年》中所说的那样："青年如初春，如朝日，如百卉之萌动，如利刃之新发于硎，人生最可宝贵之时期也。青年之于社会，犹新鲜活泼细胞之在人身。新陈代谢，陈腐朽败者无时不在天然淘汰之途，与新鲜活泼者以空间之位置及时间之生命。人身遵新陈代谢之道则健康，陈腐朽败之细胞充塞人身则人身死；社会遵新陈代谢之道则隆盛，陈腐朽败之分子充塞社会则社会亡。"②

在世纪初国人精神迷失而不知所措的特殊背景下，五四运动的选择为当时苦闷的思想文化界带来了一线希望，因而很快成为新派知识人的

---

① 《两地书》，《鲁迅全集》卷十一，29页。
② 《敬告青年》，《独秀文存》，1页，合肥：安徽人民出版社，1987年。

普遍认识。他们逐渐摆脱辛亥革命失败之后的彷徨与犹豫，以全新的精神面貌去从事他们的理想事业，中国历史从此又揭开了新的一页。

秩序重建

五四运动改造国民性、启发国民意识、重塑国民品格的选择，是世纪初国人精神迷惘的必然结果，也是鸦片战争以来中国自救自强运动再转再变的逻辑发展。就其本质而言，五四运动的选择自然比洋务运动、戊戌变法、辛亥革命等运动的诸多举措深刻得多，五四运动已触及中国社会存在的深层——民族文化的心理结构，已经意识到中国的发展不仅取决于社会全体成员的共同认识，而且取决于社会全体成员能否具备共同的语言和素质。

但是从另一方面看，五四运动的选择虽然是当时知识精英深思熟虑的结果，然由于辛亥革命后复杂且急剧变化的政治形势，还是让知识精英的思考稍显不足。辛亥革命的不彻底以及前此种种救亡图存运动归于失败，除去国民不觉悟之外，恐怕尚有其他方面的重要原因。换言之，近代中国几次大规模的救亡图存运动都有其内在逻辑，但它们之所以统统归于失败而无法成功，并不都在于国民不觉悟，而是另有原因所在。

我们知道，中国历史上的意识危机、社会危机并不是到了近代才有，然在近代之前的中国基本上都能顺利地解决这些危机，从而使中国社会不断地变化与前进。如果不是西方列强以炮舰撞开中国的大门，中国社会依其内在规律似乎应该能够缓慢地完成其向现代社会的转变。毛泽东曾说："中国封建社会内的商品经济的发展，已经孕育着资本主义的萌芽，如果没有外国资本主义的影响，中国也将缓慢地发展到资本主义社会。"[①]当然，这只是一种历史假说，历史事实是中国就是没有自主地走上资本主义道路。

列强扰乱了中国社会的正常发展，仅就社会经济而言，它对中国传

---

① 《中国革命和中国共产党》，《毛泽东选集》，589页。

统社会经济结构起了很大的分解作用：一方面破坏了中国自给自足的自然经济基础，破坏了城市的手工业和农民的家庭手工业；另一方面，促进了中国城乡商品经济的发展，促进了中国民族工业和民族资产阶级的产生与发展。

当然，列强的根本目的并不是为了促进中国传统社会向现代社会的转化，并不是促进中国的工业化、城市化，而是为了解决他们因工业革命而迅速释放出来的工业产能，建立起他们的世界市场。因此，列强东来一方面刺激了中国社会的解体、分化、发展，另一方面则导致了这一发展超前、失衡、失序。中国民族资产阶级没有获得充分的发育，其先天不足使他们无法担当起推动中国社会发生根本性转变的历史重任，致使近代中国一直无法真正完成新旧交替。至于在思想意识上，中国有没有经过一次真正意义上的思想启蒙，所谓中国早期资本主义思想启蒙运动，其实只是面对渐趋僵化的儒家伦理而生发的思想异端，还不是近代意义上的思想解放、思想启蒙。不仅中国传统社会的发展无需社会全体成员的共同参与，而且近代中国的根本问题也并不是启发全体国民的觉悟，而是使中国民族资产阶级获得充分的发展，成为社会的主导阶级。

中国民族资产阶级先天不足的原因是多方面的。然如前所述，其根本原因在于近代中国社会发展的超前和失序，是近代中国社会秩序危机的必然结果。

在中国尚未与西方世界真正接触的传统社会里，社会的整体结构及其内在各部分的关联相对说来处于一种高度和谐的状态之中，社会的再生机制以及应对危机的能力似乎从未被人怀疑过。因此，当西方传教士抵达中国的最初的那些年代里，他们无不对中国的文化成就和社会秩序的和谐而感到欢欣鼓舞。第一个直接掌握中国文字，并对中国古典文明进行过深入研究的西方传教士利玛窦，对孔子的哲学有着浓厚的兴趣，强调西方人如果批判性地研究那些被载入史册的孔子的言行，便不得不由衷地承认孔子可以与任何异教哲学家相媲美，而且还要远远超过他们中的大多数人。

利玛窦的态度代表了当时欧洲人的普遍心态。在16、17世纪前后，中国文明的发展虽然也遇到过一些内部障碍，但从总体上说，与欧洲文明相比并不落后，在许多领域中国仍处在世界先进国家的行列。欧洲人看到了这一点，他们力图吸收中国文明，改造他们的固有文化，在那之后的两三个世纪里，欧洲人对中国文明逐渐产生了浓厚的兴趣。在他们的心目中，遥远而神秘的中国是最理想、最完美的贤明政治，道德高尚，文化发达，足以作为欧洲人的楷模。

然而，这种情况在中国人方面则导致了另外一种结果，中国人在与西方人的接触过程中，囿于传统的华夏文化中心主义的观念，确曾有过为时并不太长的自我满足。但当中国人冷静地反省中西社会与文化的差异时，突然发现欧洲在某些方面要比中国先进得多。特别是经过鸦片战争等实力交锋之后，学习西方文化的某些方面已逐渐成为社会的共识。

学习西方、赶上西方是鸦片战争之后中国人的共同追求，尽管经历了种种挫折与失败，中国人始终并没有放弃过这种选择。不过，正是这种挫折与失败，引发了国人的自我怀疑情绪，觉得中国之所以不能赶上西方，除了某些外在的因素外，可能与中国的传统文化和旧的秩序密切相关。我们看到，五四运动的选择正是这种思想反省的必然结果，它使国人对中国旧秩序与文化传统的怀疑达到了近代以来最严重的程度。

"五四新人"为了启发国人的觉悟，竭力批判中国的旧道德，以为正是中国的旧道德铸就了国民的劣根性，造成了国民的蒙昧主义，使中国迟迟不得翻身和进步。因而，中国欲求进步与发展，便不能不彻底废除旧道德，建立新道德，使国民在价值取向上与现代社会相合。陈独秀说："现代生活，以经济为之命脉，而个人独立主义，乃为经济学生产之大则，其影响遂及于伦理学。故现代伦理学上之个人人格独立，与经济学上之个人财产独立，互相证明，其说遂至不可摇动；而社会风纪，物质文明，因此大进。中土儒者，以纲常立教。为人子为人妻者，既失个人独立之人格，复无个人独立之财产。"[1]

---

[1] 《孔子之道与现代生活》，《独秀文存》，82—83页。

陈独秀从经济关系探讨道德观念转变的必然性，自然要比鸦片战争以来国人的自我怀疑要深刻得多。正因为如此，五四运动对传统秩序的破坏也要严重得多，它触及了中国传统社会秩序的根基，用梁漱溟稍后的话说，就是新轨未立，旧辙已破，中国人陷入高度迷惘的精神困境之中。

伦理观念的变迁取决于社会经济的发展，在某一特定的社会经济状况下，必然产生与之相应的伦理观念。当中国社会经济尚未达到陈独秀所期望的"现代"标准时，伦理观念的提前转变势必导致社会秩序的混乱与失范。从这个意义上说，近代以来不是中国旧有的观念阻碍了社会的进步与发展，而是社会经济状况的变化滞后于意识形态的变迁。换言之，近代国人在精神上的追求远远超过社会的实际承受能力，遂使意识形态不是为社会的稳定与有序服务，而是加剧了社会秩序的混乱与失范。

社会秩序的混乱与失范，在某种情况下有助于养成人们的竞争意识，人们出于基本的生存需要，不得不在激烈的竞争中完善自身，适应环境。但在更多的情况下，社会的繁荣与发展，不仅有赖于能否赢得一个和平的外部环境，而且取决于社会内部全体成员能否携手一致，齐心合力，建立与健全一个长期持续稳定的内部机制。从某种意义上说，近代以来中国问题迟迟得不到根本解决，中国传统社会迟迟没有完成向现代社会的转化，除去种种复杂的背景和原因外，恐怕社会内部秩序的混乱、各种利益集团之间无法则的相互冲突、社会公众信仰的多元化与多变性等，未始不是重要原因之一。

"五四新人"也意识到这一点，他们在破坏旧秩序的同时，确曾思考过如何重建新秩序的问题。陈独秀对民主科学、法兰西文明的呼唤，李大钊对唯物史观的介绍，吴虞对墨家精神的仰慕，胡适对实用主义的偏爱等等，无不可视为重建社会秩序的重要步骤。他们一方面排斥旧秩序的精神支柱，另一方面也渴望以新的时代精神重建新的社会秩序。陈独秀说："夫道德之所由起，起于二人以上相互之际，与宗教、法律同为维持群治之具。"[①]丝毫没有否认道德在维持社会秩序方面的效用。

---

① 常乃德：《纪陈独秀君演讲辞》，《新青年》3卷3号。

不过问题在于，由于时间太短，五四新文化运动对中国的社会秩序毕竟建设太少。一方面，"五四新人"精神追求的多元化使20世纪20年代的中国人无所适从，使近代以来中国人的信仰危机达到极为严重的程度。诚如鲁迅那时所指出的，"所以近一年来，居然也有几个不肯徒托空言的人，叹息一番之后，还要想法子来挽救。第一个是康有为，指手画脚的说'虚君共和'才好，陈独秀便斥他不兴；其次是一班灵学派的人，不知何以起了古奥的思想，要请'孟圣矣乎'的鬼来画策；陈百年、钱玄同、刘半农又道他胡说。"[①]于此不难想见国人信仰到了何等混乱的状况。

另一方面，"五四新人"所提出的道德标准和精神追求，如果从中国人从来的信仰而言，确实显得变动太大、太快，因而这些新的道德标准、精神追求在新秩序重建过程中的实际效用不免大为减低。如陈独秀期望国人建立"自主的而非奴隶"的人格，称："解放云者，脱离夫奴隶之羁绊，以完其自主自由之人格之谓也。我有手足，自谋温饱；我有口舌，自陈好恶；我有心思，自崇所信。决不认他人之越俎，亦不应主我而奴他人；盖自认为独立自主之人格以上，一切操行，一切权利，一切信仰，唯有听命各自固有之智能，断无盲从隶属他人之理。"[②]不要说这种主张能否真正实现，即或真的实现了，那又将是怎样一种状况呢？胡适赞成娜拉离家出走，然而鲁迅则反问道，娜拉出走之后又怎样？不是回到旧规范的怀抱，便是像子君那样悲惨地死去，活着进入政界、商界，成为社会上的某种花瓶。简言之，五四运动的精神追求无疑是现代中国的发展方向，但它从社会发展的实际条件、社会实际承受能力方面进行检讨，并非没有可以调整的空间。

100年来，五四运动研究的主流看法大致认为，从总体上说，五四运动的选择代表了中国历史发展的趋势，是中国现代化过程中的必然环节。但它依然患有近代国人一直存在着的焦灼心理、急躁情绪。他们渴望一

---

① 《我之节烈观》，《鲁迅全集》卷一，116页。
② 《敬告青年》，《独秀文存》，4—5页。

夜之间发生天翻地覆的变化，很难想象在有序的环境里为民族复兴做艰苦细致的长期努力。五四运动之后中国重大的政治变化，差不多都可以从这里寻找到思想渊源。

现代化是一个长期而艰巨的历史过程，现代西方国家的现代化历史已充分表明，如果没有一个稳定、和谐的内部秩序，浮躁、空喊，不仅无济于事，反而阻碍现代化进程。社会秩序的建立与稳定并不单单是政府的责任，全体社会成员不仅应建立起社会秩序的共识，而且要有一种为民族根本利益而自我牺牲的勇气。当民族利益需要的时候，社会成员不是信奉"自陈好恶"、"自崇所信"的自我中心主义，而是要确立一种为民族利益牺牲个人的献身精神，将个人的作为纳入秩序的轨道。

爱国情结

现代化的真正实现有赖于能否确立稳定的社会秩序，而秩序的建构、建设，一方面需要政府积极协调各个利益集团之间的冲突，使各利益集团在确认现代化共识的前提下进行有序的竞争。另一方面，各利益集团以及全体社会公众，为了国家和民族现代化的整体利益，既要充分利用对政府的监督权利，使政府的行为不至于超越秩序、破坏秩序，或危及国家和民族的根本利益；又要接受政府的指导与协调，使各利益集团及全体社会公众的行为也纳入秩序的轨道。简言之，为了现代化之根本目标，任何个人、任何利益集团及任何行为的责任者、担当者，都必须在秩序之内进行活动，而不应超越、凌驾于秩序之上。

当然，和任何事物的发展规律一样，秩序本身也是一种运动中的范畴。它既不可能凝固于某一点，同时，从实际运作程序看，它也不可能永远处于平衡状态。它的平衡是暂时的、相对的，不平衡是绝对的。但平衡是根本目标，不平衡是为了重新实现更高层次上的平衡的必然阶段，而不是社会成员的追求目标。

反观近代中国的全部历史，我们不难发现，中国现代化历程之所以100多年来步履维艰，除却无数复杂的内外在因素和机遇丧失外，最根本的原因之一，恐怕还在于社会公众一直未能确立现代化根本目标下的秩序共识，遂使中国秩序长时期处于不平衡状态。

中国秩序的失衡是与中国现代化同时起步的。早在19世纪中叶，中国现代化酝酿之际，中国秩序的失衡即已显露出征兆。早期洋务思想家和传统的社会改良主义者，困惑于中国进步与发展的阻力何以如此巨大的客观事实，便已试图从传统秩序方面寻找内在原因。如果说龚自珍"无八百年不易之天下，天下有万亿年不易之道。然而十年而易，五十年而易，则以拘一祖之法，惮千夫之议，听其自堕，以俟踵兴者之改图尔"？[①]的说法，依然是"药方只贩古时丹"[②]，企求发挥传统秩序的调节功能，挽救社会危机的话，那么，魏源提出的"欲制夷患，必筹夷情"、"师夷之长技以制夷"以及"款夷"主张等，在客观上势必引发对旧秩序合理性的怀疑。他说："天下事，人情所不便者变可复，人情所群便者变则不可复。江河百源，一趋于海，反江河之水而复归之山，得乎？履不必同，期于适足；治不必同，期于利民。是以忠、质、文异尚，子、丑、寅异建，五帝不袭礼，三王不沿乐，况郡县之世而谈封建，阡陌之世而谈井田，笞杖之世而谈肉刑哉！礼，时为大，顺次之，体次之，宜次之。"[③]这实际上是要求改变中国旧有的传统社会秩序以合乎变化了的现实。

魏源的这种思想倾向一直深刻地影响着晚清的政治变革，直至清朝末年的新政、君主立宪等，依然可以看到魏源思想的影子。这时的思想家虽然对旧秩序之不合时宜性提出过种种责难与建议，但他们并不是要求彻底破坏旧有秩序、传统秩序，而是期望以清政府为主导，自觉协调旧秩序与现实生活中不适应的部分，促进社会秩序由不平衡达到平衡。用后来的政治术语说，魏源那些人是温和的、适度的保守主义者，坚信"周虽旧邦，其命维新"的传统改良路径，不激进，不冒进，循序渐进，积跬步以成千里。

---

① 《乙丙之际箸议第七》，《龚自珍全集》，6页，上海人民出版社，1975年。
② 《己亥杂诗》，《龚自珍全集》，513页。
③ 《默觚·治篇五》，《魏源集》，49页，北京：中华书局，1976年。

但是，自魏源以来的这些善良愿望统统化为泡影，于是人们便很自然地从根本上怀疑旧秩序存在的合理性、合法性，怀疑清政府的能力、诚意，甚至怀疑帝制终结后的新体制没有力量，没有效率，这一点应该是五四运动之所以发生的历史原因。

从政治学的观点看，五四运动对现存政府合法性的怀疑无疑是基于善的理念，也就是说，他们依据善的理念作为批判和评价现实生活和现实国家的标准。因此，他们实际上是把体制的各种政治形态的改变和道德目的等同起来。这一点，毛泽东后来分析道："五四运动所反对的是卖国政府，是勾结帝国主义出卖民族利益的政府，是压迫人民的政府。这样的政府要不要反对呢？假使不要反对的话，那末，五四运动就是错的。这是很明白的，这样的政府一定要反对，卖国政府应该打倒。你们看，孙中山先生远在五四运动以前，就是当时政府的叛徒，他反对了清朝政府，并且推翻了清朝政府。他做的对不对呢？我以为是很对的。因为他所反对的不是反抗帝国主义的政府，而是勾结帝国主义的政府，不是革命的政府，而是压迫革命的政府。五四运动正是做了反对卖国政府的工作，所以它是革命的运动。"①

毛泽东的论述，充分强调了五四运动的正当性，以为这场运动就是中国人民反对"卖国政府"的一次革命运动。由于政府"卖国"，因此必须打倒，必须推翻。这里的实质性问题其实是秩序与爱国的内在关联。

无需否认，探讨这一问题的首要困难在于如何确认当时政府的法律地位，其次是如何确认五四运动对政府的指控。这些问题甚为复杂，要说清楚并不那么容易，这实际上是辛亥遗产。1916 年 6 月 6 日，袁世凯在国人的一片咒骂声中死去。不久，袁世凯政府的副总统黎元洪"依法就职"，继任总统。在各方政治势力的博弈中，黎元洪相当模糊地恢复了民国约法，召回了旧国会议员，重新组织了内阁，由段祺瑞任总理。对黎元洪的做法，孙中山甚为满意，于是他指示中华革命党通告国内外各支分部："迨袁贼自毙，黎大总统依法就职，因令各省党军停止进行。

---

① 《青年运动的方向》，《毛泽东选集》，526 页。

今约法归复，国会定期召集。破坏既终，建设方始，革命名义，已不复存，即一切党务亦应停止。"①这就于事实上承认了黎元洪政府的合法性。

不久，黎元洪与段祺瑞闹分裂，黎将段解职。段纠集北洋系军人谴责黎，黎于是同意张勋出面调停。然而张勋又有自己的打算，他不是调停黎段矛盾，而是借机进入北京，继续袁世凯未完之业，但不是像那样"帝制自为"，而是"帝制他为"，请出废帝宣统，复辟了清朝。1917年7月，段祺瑞以共和国再造者的姿态进入北京，平息了张勋—溥仪的短命复辟，又逼黎元洪让位于副总统冯国璋。

冯段之间有过短暂的合作，但由于他们分属于北洋系的两大系统，利益的驱使造成他们并不可能真正合作。1918年10月，段祺瑞安福集团控制的国会将冯国璋挤下台，而冯所属的直系集团则以段勾结日本为借口，指责段出卖中国以换取贷款。此后北方政府在人事上还有种种变动，但在相当长的一个时期实际上都是段祺瑞一系控制着。五四学生运动的主要矛头就是针对段祺瑞的所谓北洋政府。

与段祺瑞的北洋政府对峙的是南方孙中山领导的"中华民国军政府"。这是中国当时的实际状况，从法理学的角度看，南北两政府都有其存在的法律依据。事实上，不论南方政府，还是一般国民，都视段祺瑞的北京政府为一政治实体，否则南方政府就不会和北方政府对等谈判，五四学生、一般民众也就不会向段祺瑞的北京政府请愿。

就国际地位看，国际社会承认段祺瑞政府是中国的合法代表，出席巴黎和会的代表除了王正廷代表南方军政府外，其余的均应看作北方政府人士。

再看五四运动对北方政府的指控。"山东问题"是五四运动的导火线，但此事由来已久，甚为复杂。中国政府的外交选择，大致上与当时的国力、与中国在欧战中的贡献、与巴黎和会的主旨大致相当。中国能够以战胜国的身份出席巴黎和会，就是近代以来中国最大的政治进步，一洗自鸦片战争以来的政治耻辱，是中国国际地位回升的一个重要标志。

---

① 《中华革命党本部通告》，《孙中山全集》卷三，33页，北京：中华书局，1984年。

巴黎和会主要是处理战争善后、战后秩序重建的问题。中国在这次会议上有自己的诉求，那就是收回青岛主权。由于和会的重中之重在欧战、在善后，因而中国政府在处理和会主题与中国利益上，就面临一个如何选择的困难。中国一方面必须注意和会主要国家如美国的关切，另一方面必须维护中国的尊严，捍卫中国的利益。从中国政府的预案及应对看，和会期间，大致而言并没有出现太大的问题。如果站在客观、公正的立场上看，中国拒绝在"巴黎和约"的最后文本上签字，不仅维护了中国的主权尊严，而且将在国际社会引起强烈反响，有助于中国国际地位的提高。正如福开森当年所描述的那样："据美国人之感想，以威总统对于山东问题让步于日本，以期日本加入国际联盟，实属铸成大错。现在群情忿慨，甚为反对。欲图补救，惟有中国绝端拒绝签字之一法而已。若拒绝签字，则较诸保留为尤善，且有助于中国之国际地位甚大也"；"美国舆论及参议院对于巴黎中国代表团拒绝签署和约一事，深表赞同，情意恳挚"。[①]因此，中国政府拒绝签字是正确的选择。

中国政府代表团最后确实这样做了，这也确实是五四运动的巨大历史功绩。很长时间以来，研究者充分肯定中国在巴黎和会的最后立场，以为五四运动唤醒了全国、全世界的注意力，"在五四运动的巨大的革命洪流下，当时军阀政府不得不被迫向帝国主义进行交涉，巴黎和会的代表陆征祥等竟不敢签字和约。这是中国人民的胜利，这是中国革命走上新民主主义阶段的开始。"[②]

学生之使命

如果一个民族中的青年学生对政治麻木不仁，对时事不事关心，那么这个民族不但难以实现现代化，恐怕也难以生存和延续。一个民族的真正希望在于青年、在于学生，因此，怎样才能唤起青年学生的觉醒，

---

① 徐世昌：《秘笈录存》，226页，北京：中国社会科学出版社，1984年。
② 叶恭绰：《一九一九年南北议和之经过及其内幕》，《北洋军阀史料选辑》下，21页，北京：中国社会科学出版社，1981年。

调动青年学生的积极性、创造性和爱国心，这是任何一个政府都不能不高度重视的大事。

从学生方面而言，热情、好动，无不具有强烈的爱国意识和奋发精神，这无疑都是值得永远保持的优良品质。但是，青年学生在保持自身优势的同时，也应时时以一种理性的态度对待自身，明确自己的真正责任与历史使命，在保持高度爱国热情的前提下，确立一种现代的秩序意识。

一个民族的现代化是一个艰难而痛苦的历程，它不仅需要持续稳定的国内秩序和和平的外部环境，而且需要民族成员有一种锲而不舍的韧性，一代一代地进行下去。青年是民族的未来和民族的希望，青年的责任与历史使命不仅要爱国，而且要有真本领来建设祖国，青年要善于保存实力，要善于把力量贡献到祖国更需要的地方。诚如北京大学两任校长，且是五四运动参与者、目击者蒋梦麟、胡适所总结的那样，伟大的五四爱国运动，"从远大的观点看起来，自然是几十年来的一件大事。从这里面发生出来的好效果，自然也不少。引起学生的自动精神，是一件；引起学生对于社会国家的兴趣，是一件；引起学生作文、演说的能力，组织的能力，是三件；使学生增加团体生活的经验，是四件；引起许多学生求知识的欲望，是五件；这都是旧日的课堂生活所不能产生的。我们不能不认为学生运动的重要贡献。"[1]

---

[1] 蒋梦麟、胡适：《我们对于学生的希望》，《晨报》五四纪念增刊，1920年5月4日。

第一章

五四运动大背景：西风东来

不论是"大五四"，还是"小五四"，它们都是中国历史发展的一个节点，是消失的过去，是前此历史的结果，又是后世历史的展开。因而我们如果要想对五四运动有一个客观的理解，就必须放在大历史中进行考量，从全球史视角观察五四运动之所以来，往何处去。

"历史三峡"

我们今天所处的时代，不论变换什么样的称谓，其实从大历史视角观察，并没有离五四运动很远，如果五四运动处在"三千年未有之巨变"中段的话，我们今天依然还在"历史三峡"中。

历史从来不是突兀而起的，今天的历史就是昨天历史的延续、变异、突变，也是明天发展的因子，历史的连续性是历史研究无法忽视的基础性问题，研究近代中国，自然要从古代中国说起。近代中国的进步与发展，有时代因素，更有历史积淀、历史背景，多年来的研究不止一个流派这样认识。近代中国之所以举步维艰，一个转身用了几百年而看不到前途，看不到尽头，都是因为厚重的中国历史传统并不都是积极的一面，也有消极的东西，旧的拖住了新的，老中国拖住了新中国。这是五四新文化运动之后，许多新派学者最爱说的。

近代中国是从古代中国走来的，因而近代中国不可避免地保留了许多古代中国的因子。另一方面，近代中国毕竟不是古代中国的自然延续，不是秦汉、唐宋元明清的朝代更迭，近代中国的新因素主要来自十五六世纪之后的外部刺激，因此所谓近代，就是因为有了许多与古代中国很不一样的新东西。当然，这些新东西并不只是"革命史叙事"一直强调的"帝国主义入侵"带给中国的创伤记忆，也有为中国人的生活、思维注入的新因素。再过二十几年，中国将迎来打开国门200年的纪念，我们平时许多人感到中国在过去一个多世纪进步太慢，总是进二退一，甚至很多时候止步不前，但是如果我们试着回望这200年的历史，在东西洋的影响下，中国人在衣食住行等形而下的层面已经发生了巨大的变化，早已西方化，或世界化了。长袍马褂久已成为历史记忆，年轻一代试图恢复所谓"汉服"，表明他们清醒地意识到那个古老的中国在过去200年早已渐行渐远。食的方面也是如此，中国饮食虽然还是保留有自己的特色，讲究色香味，但中国饮食中的食材，在200年间同样变化惊人。住与行，更不必说了，西方化带给中国一个最大的变化，就是城市化，100多年的城市化，改变了中国人的居住方式，也改变了中国人的出行方式。杜甫"为秋风所破"的"茅屋"当然不能说在中国的土地上绝迹了，在老少边穷地区可能还存在，但传统的居住方式，不论茅屋，还是四合院，都不再是当代中国人居住的主要方式。至于行，轮船、火车、汽车、自行车、飞机，成为中国人主要的出行工具，100多年前的牛车、马车，以及旧官僚、大户人家主要出行工具的轿子，已经很少见到了。200年时间，放在人类历史长河中极为短暂，但这200年是人类历史的巨变期，从政治上说是唐德刚说的从帝制到民治，从经济、生活层面上说，则是从农业文明向工业社会、后工业社会过渡。

不惟形而下，即便在形而上方面，中国人在东西洋的影响下，过去200年也发生了不可思议的变化。试想今日中国人对宇宙、对世界、对域外、对东西方、对自身、对传统、对未来等观察，没有哪一个方面还与林则徐时代相似，那时的中国人不知道英吉利、法兰西、美利坚，因而需要《四洲志》，需要《海国图志》，需要《瀛寰志略》。甚至直至1887年，鸦片战争结束近半个世纪之后，黄遵宪编写的《日本国志》出版，洋务运动主要领导人李鸿章、张之洞等人看了依然赞不绝口。可见那时中国人对世界知识、域外文明的认知是多么贫乏。因此，我们现在讲近代中国，就是讲与古代中国很不一样的那些新因素的发生、发展。学术界多年来一直强调的所谓"转型"，其理论预设，也是近代中国与古代中国存在着极大差异，因而需要转型，需要从传统走向现代。

谭嗣同认为，中国之所以在西方刺激半个世纪之后依然步履维艰、裹足不前，主要是因为中国形成了一个顽强的体制，抗拒一切可能的变革，"两千年来之政，秦政也，皆大盗也。"①这个看法深刻地影响了此后百余年中国人对自己历史的观察，一个丰富的、多元的古代中国，好像秦汉以来的历史就其本质而言，一直没有什么变化。

稍具理性思维的严复，由于受到甲午战败的刺激太深，黄海大战死掉数百人，不是严复在福州船政学堂、英国格林威治皇家海军学院的同学，就是他在北洋水师学堂教过的学生，"同学诸友，除方益堂一人外，无不见危授命"，戮力奋战，流血牺牲。鲜活的生命一夜之间天人永隔，逝者的音容笑貌时时刺激着严复，他不能不去想究竟是什么原因，让中国丢掉了这场战争，几十年的洋务新政竟然如此不堪一击。残酷的结局、惨痛的牺牲，让严复痛心不已，时常"夜起而大哭"，"心惊手颤，书不成字"。②沉痛的反省激怒了严复，战争还没有完全结束，严复就在天津《直报》上连续发表《论世变之亟》、《原强》、《辟韩》、《救亡决论》等檄文，强调危机，提醒亡国灭种，呼吁救亡，呼吁学习西方，呼吁走进丛林。稍后致力于翻译《天演论》，以"物竞天择，适者生存"激励了几代中国人与传统挥别，"寻求富强"，认同现代，认同西方。在严复的笔下，中国传统极为负面，是中国之所以积30年发展而最终败给东邻蕞尔小国日本的根本原因。中国的未来，一方面取决于中国能向西方学习多少，学到什么程度，另一方面取决于中国能否真正做到"尊民叛君，

---

① 《仁学》，《谭嗣同全集》（蔡尚思、方行编）下，337页，北京：中华书局，1981年。
② 《与陈宝琛书》之一，《严复集》，497、499页，北京：中华书局，1986年。

尊今叛古"①。严复敏锐地意识到，甲午战争是秦汉以来中国历史的大反转，中国如果抓住这个机会，就能步入世界之林，重构现代民族国家，否则就是一个失败的国家，无法在丛林世界中继续存活，更不要说发展："呜呼！观今日之世变，盖自秦以来未有若斯之亟也。夫世之变也，莫知其所由然，强而名之曰运会。运会既成，虽圣人无所为力，盖圣人亦运会中之一物。既为其中之一物，谓能取运会而转移之，无是理也。彼圣人者，特知运会之所由趋，而逆睹其流极。唯知其所由趋，故后天而奉天时；唯逆睹其流极，故先天而天不违。于是裁成辅相，而置天下于至安。后之人从而观其成功，遂若圣人真能转移运会也者，而不知圣人之初无有事也。即如今日中倭之搆难，究所由来，夫岂一朝一夕之故也哉！"②

甲午战争后开启的反传统思潮，深刻地影响了此后中国的思想进程，戊戌、新政、宪政、革命，直至袁世凯帝制自为，中国在那十几年变化剧烈，但知识界主流却一直抱怨中国的传统太守旧，一直阻碍着中国社会进步，尤其是袁世凯帝制自为，以及辛亥革命后几度出现的孔教会、尊孔读经运动等，都让那些原本已经很激进的思想家更激进，他们认为中国社会之所以如此不长进，其根源就在于老的拖住了新的，死的拖住了活的。所以，从1915年筹安会成立开始，一个更极端的反传统运动悄然而起，以此冲击、抵消筹安会诸公试图将中国社会向后拉的企图。

筹安会诸公认为，中国之所以面对日本"二十一条"勒索没有力量抵制，被迫屈服，成为"国耻"，关键在于中国人在几年前错误地理解了帝制与民治的区别，以为帝制不如民治，因而在1912年不顾中国社会的实际情形，匆忙中放弃了实行两千年之久的帝制，选择了中国人并不熟悉的民治，于是民初几年从上到下、从里到外，到处乱哄哄，整个国家像一盘散沙，没有力量，这是日本人欺负中国人的关键。筹安会诸公的结论是："由今之道，不思所以改弦而更张之，欲为强国无望也，欲为

---

① 蔡元培：《五十年中国之哲学》。
② 《论世变之亟》，《严复集》，1页。

富国无望也,欲为立宪国亦无望也,终归于亡国而已矣";"此共和之弊也。中国国民好名而不务实,辛亥之役,必欲逼成共和,中国自此无救亡之策矣。"①所谓"筹安",就是要为中国找到一条通往安全的路。筹安会诸公的结论非常简单,就是放弃刚刚实行几年的民主共和体制,重回君主立宪。

实事求是地说,君主立宪在辛亥革命前十几年,确实是中国各界比较认同的政治选择。我们知道,甲午战争后,中国人对之前几十年的发展道路有一沉痛反省,意识到了仅有器物的发展不是真发展,器物的现代化是现代化的一个重要方面,是必要条件,但不是全部。中国要想追上东西洋,与之并驾齐驱,关键要使中国与世界一致,要有适度的政治变革。《马关条约》签订后不久,朝野很快就达成了共识,转身向东,向打败自己的敌人学习,维新变法,中国人终于迈出了政治变革的第一步。所谓"维新",其标准解释,就是《诗经·大雅·文王篇》的说法:"周虽旧邦,其命维新。"参照日本明治维新的变革,尽管日本发誓脱亚入欧,在远东建设一个西方式的国家,但从结果上看,日本还是日本,日本并没有变成欧洲。这是中国人可以接受的变革方案。于是,自上而下的维新运动在全国范围迅速展开。政治上的变革也随着经济、社会、文化各方面改革不断推进,至1901年,渐渐认同了君主立宪的政治主张。

君主立宪制,也就是有限的君主制,而不是君主专制体制下的无限政府,更不享有无限权力。这个体制当然是一个过渡形态,是完全的君主专制向君主不专制过渡,但在名分上依然保留君主,保留君主制。君主成为国家的象征,是不掌握实际政治权力的形式上的国家元首,国家的权力通过立宪,一般以议会的形式进行表达,代表人民也即选民的意愿。国家的行政权力由议会选举,或议会多数党领袖出面组阁,为责任政府、有限政府。这样的制度设计,经过1901年开启的新政实践,尤其

---

① 《君宪救国论》(1915年4月),《杨度集》,566页,长沙:湖南人民出版社,1986年。

是 1905 年前后五大臣出洋考察宪政，国内外舆论的宣传，1906 年之后预备立宪期间的政治实践，中国人对君主立宪已经建立起来充分的认同，就像梁启超 1901 年《立宪法议》所描述的那样，当时世界正通行的三种政体，一是君主专制，一是君主立宪，一是民主立宪。结合中国历史与文化进行考察，中国正在使用的是君主专制，这种体制过去对于中国发展多有助益，但是人类历史进入 20 世纪，中国继续沿用君主专制，显然不合乎时代。剩下的只有君主立宪与民主立宪。

就君主立宪与民主立宪进行比较，梁启超认为，这两种政体各有长短，但从效率、质量立论，民主立宪施政方针变动不居，大总统选举时竞争太激烈，于国家不利；君主专制，君主成为一切罪恶的源泉，君民之间的冲突尖锐激烈，无法化解，人民痛苦，君主也不得安宁，成为真正的"孤家寡人"。比较三种最流行的政体，梁启超认为，就 20 世纪全球政治的发展趋势看，只有君主立宪，才是缺点最少的一种优良政体。梁启超指出："即如今日英、美、德、日诸国，吾敢保其自今以往，直至天荒地老，而国中必无内乱之忧也。然则谋国者亦何惮而不采此政体乎？吾侪之昌言民权，十年于兹矣，当道者忧之、嫉之、畏之，如洪水猛兽然，此无怪其然也。盖由不知民权与民主之别，而谓言民权者必与彼所戴之君主为仇，则其忧之、嫉之、畏之也固宜。不知有君主之立宪，有民主之立宪，两者同为民权，而所以驯致之途，亦有由焉。凡国之变民主也，必有迫之使不得已者也。使英人非虐待美属，则今日之美国，犹澳洲、加拿大也；使法王非压制其民，则今日之法国，犹波旁氏之朝廷也。故欲翊戴君主者，莫如兴民权。不观英国乎？英国者世界中民权最盛之国也，而民之爱其皇若父母焉。使英廷以畴昔之待美属者待其民，则英之为美续久矣。不观日本乎？日本者亚洲民权滥觞之国也，而民之敬其皇若帝天焉。使日皇如法国路易十四之待其民，则日本之为法续久矣。一得一失，一荣一瘁，为君者宜何择焉，爱其君者宜何择焉？"①梁启超这段说辞深刻地影响了此后中国十余年，人们在稍后的政治实践中，

---

① 《立宪法议》，《饮冰室合集》"文集"之五，4 页，北京：中华书局，1989 年。

在君主专制不得不放弃的时候，在君主立宪与民主立宪二选一的时候，中国人中的大多数，不论在1905年"革命与改良"论战中，还是在1911、1912年之交国体变更大潮中，相信君主立宪为中国最不坏的方案依然是多数。

既然在辛亥革命前十余年相信中国应该走君主立宪的路的人为多数，那么历史为什么给中国人开了一个这么大的玩笑，竟然在1911年底那个时间段突然决定放弃君主立宪，转而实行民主立宪呢？过去几十年的讨论普遍认为是革命势力在迅猛扩张，清帝不得不退位。这个论述当然自圆其说，逻辑自洽，但是揆诸历史事实，我们可以看到，与其说是革命势力扩展迅猛，不如说是清廷内部在革命起来后矛盾重重，对于南方党人以及新军人的政治诉求无法满足，遂使政治危机日趋加重，满洲人最终不得不退出政治舞台。1911年11月16日（农历九月二十六日），袁世凯内阁成立。湖北、湖南及各地新军的政治诉求实现了一半，因为袁世凯内阁毕竟不再是立宪党人诟病的皇族内阁，中国距离真正意义上的宪政国家只有最后一步，即开国会，公布宪法。

据受袁世凯委托，以"各省代表"身份参与南北和谈的严复观察，他在12月12日（十月二十二日），随袁世凯的"全权代表"唐绍仪前往武昌，并"以师弟情分往见黎元洪"，"渠备极欢迎，感动之深，至于流涕"，"谈次极论彼此主旨"，据严复归纳，南方新军人以及与他们合作的革命党人的政治诉求大致有：

一、党人亦知至今势穷力屈，非早了结，中华必以不国，故谈论虽有辩争，却无骄嚣之气，而有忧深远虑之机。

一、党人虽未明认君主立宪，然察其语气，固亦可商，惟用君主立宪而辅以项城为内阁，则极端反对。

一、党人以共和民主为主旨，告以国民程度不合，则极口不承；问其总统何人为各省党人所同意者，则以项城对，盖彼宁以共和而立项城为伯理玺得，以民主宪纲钳制之，不愿以君主而用项城为内阁，后将坐大，而至于必不可制。此中之秘，极耐思索也。

一、无论如何下台，党人有两要点所必争者：一是事平日久，复成专制，此时虽有信条誓庙，彼皆不信，须有实地钳制；二是党人有的确可以保全性命之方法，以谓朝廷累次失大信于民，此次非有实权自保，不能轻易息事。

一、若用君主，则冲人教育必从新法，海陆兵权必在汉人之手，满人须规定一改籍之制。①

从这些诉求可以看到，在1911年末，尽管发生了多省新军连锁起事，其实新军的诉求并不单纯强调废止帝制，实行共和。帝制仍可以保留，但一定是君主立宪；满人与汉人之间人为的不平等必须废除；小皇帝的教育必须与时俱进，实行新法；军队的权力也不能像过去那样完全掌握在满洲人手里。满洲统治者两百多年专制，屡屡失信，已经陷入"塔西佗陷阱"②之中，一般宣誓在如此危机已发生的前提下很难取信于党人。这是一个很复杂的问题，但从严复的观察记录可以看出，至此，中国并没有完全堵死走向君主立宪的通道。

历史留给满洲统治者足够的时间。尽管南方革命党人利用武昌政治危机乘机扩大宣传，壮大了声势，赢得了群众，但是许多人的看法，此时的中国并不适宜迅即走出帝制，构建共和。在1911年底，这是对满洲统治者极为有利的舆论环境。民政部大臣赵秉钧12月6日向《朝日新闻》驻北京记者神田正夫发表谈话，就时局现状及未来走向谈了自己的看法。这个当时并没有公布消息源的谈话，大体反映了清政府内部在共和与帝制之间的判断："共和形式的政府至少在现阶段对中国不适合。我们没有这样一个强有力的人物作为总统来领导全国的事业，而且人民没有任何政治经验，他们的政治思想水平也非常低下。如果中国盲目地

---

① 《与陈宝琛书》之四，《严复集》，502—503页。
② "塔西佗陷阱"，得名于古罗马时代历史学家塔西佗。大意是指当政府部门或某一组织失去公信力时，无论说真话还是说假话，做好事还是做坏事，都会被认为是说假话、做坏事。这个卓越的见解，后来被西方政治学家归纳为"塔西佗陷阱"。

被共和制的华丽理论所迷惑，而不加考虑地采用它，其自然的结局是寡头政治的专制政府以及领袖之间的摩擦，并导致中华帝国的崩溃。这就是袁世凯虽然剥夺清朝易如反掌，但仍然主张立宪君主制保留名义上的国家元首的基本原因。"①这是对大清帝国最为有利的外部条件，然而满洲统治者没有珍惜这个稍纵即逝的历史机遇，没有乘势将国家从君主专制引导到君主立宪轨道上来。这是历史转型，也是走出"历史三峡"最关键的一步。假如满洲统治者明白这次转型的意义，就不会有后来的"走出帝制"。所以我们回到历史现场，不难理解近代中国许多重要的思想家都谨慎地告诫国人，中国人还没有组织"无君主政治"的经验、准备，中国应该努力争取的还是君主立宪，在保留君主名义的同时充分释放人民的自由。

其实，自从袁世凯内阁成立，清帝国在事实上已经重回君主立宪的轨道上了，千里之行，已经走完了五百里。君主立宪体制的要点，除了君主虚置、责任政府，中央层面一个最大的政治架构，就是召集国会，制定宪法。不论是庆亲王奕劻为内阁总理大臣的那届被污名化的所谓"皇族内阁"、"权贵内阁"，还是袁世凯这届新组的政府，最急切的任务就是召集国会，制定宪法。放眼世界各国宪政史，走的道路大同小异，不外乎这些。

袁世凯上来之后推动的南北和谈，其实也是要解决这个问题。只是在讨论过程中的塔西佗效应，人们对清廷不名誉、不守信用的历史记忆犹新，对于继续君主立宪的前景充满了忧虑，因而一部分革命党人并不满足于就此妥协，他们力主用共和架构取代满洲人主导的君主立宪。这是革命党人几年来的一贯看法，清廷的政治实践每每证明他们对清廷的不信任是对的。

另一方面，满洲统治者集团对现在就走上君主立宪也充满了疑虑。毕竟在200多年的帝国历史上，满洲人就是统治阶级，满洲贵族就是既

---

① 《神田正夫来函》（北京，1911年12月7日），《清末民初政情内幕：泰晤士报驻北京记者袁世凯政治顾问乔·莫理循书信集》上，807—808页。

得利益集团，那些"铁帽子王"家族就是帝国最大的股东，他们认为帝国的一切都是他们祖上流血牺牲打江山挣来的，凭什么一纸空文，几句美言，就剥夺了他们对帝国政治权力的垄断。满洲贵族的这些疑虑并非全无道理，但是在历史急剧变化的1911年底，机会稍纵即逝，满洲贵族的犹豫终于葬送了千载难逢的机会，原本可以不走出帝制的中国却种瓜得豆，终结帝制，走向了共和。12月18日，南北和谈代表经过5次会商，终于达成将国体问题提交给一个新的民意机构去决定。这个机构被暂时定名为"国民会议"。

南北和谈会议的这个决定，迅速赢得了清廷的积极回应。国会召集迅速成为政治热点，计划每县举代表1人，汇聚北京开会。12月25日，清廷谕令袁世凯，国会选举及开会地点可酌量变通办理。根据这个谕旨，袁世凯在第二天的御前会议上了一个奏折，变通国会选举及开会地点，选举区定为28处，每处6人，地点定为天津、汉口、青岛。假如当时谈判各方也能善意回应清廷的善意，或许将要召集的这个"国民会议"能够解决问题。

然而，那时各方实在按捺不住了。先前几十年都等了，现在几个月都不愿意再等。就在清廷御前会议决定接受召集国会选举的第二天，12月27日，北方和谈代表唐绍仪致电袁世凯，强调南方民军坚持共和，请即明降谕旨，召集临时国会，决定国体。第二天，12月28日，袁世凯将这个建议报给了朝廷，请求尽快召集王公会议，请旨以决大计："窃自武昌事起，全国震动。祸机爆发，势成燎原。朝廷之德意屡宣，革党之气焰仍炽。汉口既下，海军继变。汉阳虽得，金陵复失。东南财赋之区，归其掌握；西北响应各省，骤难廓清。彼之根据愈坚，我则接应不暇。重以库帑告罄，贷款无从。购械增兵，均为束手。万不得已，勉从英使朱尔典之介绍，奉旨以唐绍仪为总理大臣代表，驰赴沪上，与革军代表伍廷芳会同讨论大局。一面互约停战，冀可和平解决，以纾生灵荼毒之惨，而免国家倾覆之忧。其时，英使倡议，而日本、美、法、俄、德诸国，亦先后赞成此举，谓有合乎人道主义。乃近日以来，连接唐绍仪电称，迭与伍廷芳会议，伍廷芳极言共和不可不成，君位不可不去，并言东南各省,众志金同,断无更易,语甚激决。经臣世凯迭饬唐绍仪与之驳辩,而彼党深闭固拒,毫不通融,必我先允认共和,彼方肯开议条件。唐绍仪又电称,各国政府投书劝和,双方并题,彼党认为已以政府见待,其气愈增。即就劝和书观之,亦只期和平了结,并无不认共和之意。唐绍仪计无所出,苦心焦思,以为只有速开国民大会,征集各省代表,将君主共和问题付之公决之一法。其最近两次来电略谓,彼党坚持共和,不认则罢议,罢议则决裂,决裂则大局必糜烂。试思战祸再起,度支何如,军械何如,岂能必操胜算。万一挫衄,敌临城下,君位贵族岂能保全,外人生命财产岂能保护。不幸分崩离析,全国沦胥,上何以对君父,下何以对国民。如召集国会,采取舆论,果能议决仍用君主国体,岂非至幸之事。就令议决共和,而皇室之待遇必极优隆,中国前途之幸福尚可希望。孰得孰失,情事较然。若再延缓,祸害立至等语。又称,现计停战之期仅余三日,若不得切实允开国会之谕旨,再无展限停战之望,势必决裂。惟有即日辞去代表名目,以自引罪等语。臣等披阅之下,忧心如焚。内察民情,外观大势,实逼处此,无可转圜。言和则词说已穷,言战则饷械两绌。即俯如唐绍仪国会公决之请,而用正当选举之法,选合格代表之人,其手续与时期,均非旦夕所能蒇事。革党迫不及待,尚不知能否听从。即能听从,而决定如何政体,亦难预料。事关存亡,解决非阁臣所敢擅专。惟有吁恳召集宗支王公,速行会议,请旨裁夺,以定大计。"①

从唐绍仪的报告以及袁世凯的分析、判断可以看出,南方革命党人以及新军将领之所以开始不耐烦,主要是因为清廷之前太多失信于民的事实,而这一次,自武昌起事至今已有两个多月了,朝廷除了镇压似乎也没有认真考虑过妥协,因而与其如此僵持,不如废弃君宪,改用共和。因而唐绍仪、袁世凯以及袁内阁阁员呼吁朝廷作最后挽救,尽快召集宗支王公会议,讨论是否能够接受将君宪还是共和交给一个民意机构去公决。假如

---

① 《与诸国务大臣会奏拟恳召集宗支王公会议请旨以决大计折》(1911年12月28日),《袁世凯全集》卷十九,209—210页。

清廷对这个建议有回应，重回君宪，至少还有一点希望。

局势已经危急万分，国内外都不太愿意继续耗时间。清廷对于唐绍仪、袁世凯等人的呼吁迅即回应，隆裕皇太后当天（28日）发布懿旨，同意召集临时国会，公决国体："此次武昌变起，朝廷俯从资政院之请，颁布宪法信条十九条，告庙宣誓。原冀早息干戈，与国民同享和平之福。徒以大信未孚，政争迭起。予惟我国今日于君主立宪、共和立宪二者以何为宜，此为对内对外实际利害问题，固非一部分人民所得而私，亦非朝廷一方面所能专决，自应召集临时国会，付之公决。"隆裕皇太后责成内阁负起责任，尽快拟定选举办法。隆裕皇太后还表示："予惟天生民而立之君使司牧之，原以一人养天下，非以天下奉一人。皇帝缵承大统，甫在冲龄。予更何忍涂炭生灵，贻害全国。但期会议所决，以国利民福为归。天视民视，天听民听。愿我爱国军民各秉至公，共谋大计。予实有厚望焉。"①朝廷同意将国体问题交给这个临时国会去处理，重回君主立宪至此并非完全绝望。

然而，第二天（29日）传来孙中山被推举为中华民国临时大总统的消息。孙中山当天致电袁世凯说："文前日抵沪，诸同志皆以组织临时政府之责相属。问其理由，盖以东南诸省久缺统一之机关，行动非常困难，故以组织临时政府为生存之必要条件。文既审艰虞，义不容辞，只得暂时担任。公方以旋转乾坤自任，即知亿兆属望，而目前之地位尚不能不引嫌自避；故文虽暂时承乏，而虚位以待之心，终可大白于将来。望早定大计，以慰四万万人之渴望。"②孙中山的这个电报，一方面向袁世凯抛出了一个诱惑力极强的诱饵，虚位以待袁世凯反正归来；另一方面以共和体制近乎彻底废弃了满洲人依然推三阻四的君主立宪。那些原本报效清廷的新军将领都在想，满洲人在过去几十年改革中实在亮点太少，现在既然革命党人顺势建构了一个共和体制，既然革命党人承诺一

---

① 《与诸国务大臣会衔副署上谕》（1911年12月28日），《袁世凯全集》卷十九，210页。
② 《致袁世凯电》（1911年12月29日），《孙中山全集》卷一，576页，北京：中华书局，1981年。

旦清帝退出现实政治，他们就向袁世凯让权，那么现在为什么还一定要去维护这个满洲人主导的君主立宪呢？

满洲人不足以引导中国走出"历史三峡"，清帝国走进历史只是一个时间问题了。经过两个多月的谈判、妥协，1912年2月12日，清帝宣布退位。统治中国268年的王朝顷刻间成为历史陈迹。第二天（13日），孙中山信守承诺，向参议院请辞，并推荐袁世凯为中华民国第二任临时大总统。中国成为亚洲第一个共和国家，到目前为止，可以看到付出的代价并不像过去估计的那样多，多年前的"告别革命论"，主要是觉得辛亥革命这样的革命太惨烈，其实重新研究辛亥革命的全过程，这就是一个中国版的"光荣革命"。

清末民初，政治变革的速度太快，威权的丧失，"意义"的丢失，民国初年的混乱，让许多中国人深切感到民国不如大清，无君主不如有君主。但是怎样重回中国人多年来认同而不得实现的君主立宪，在民国初年的一些知识人中并不缺少讨论，比如严复、林纾、劳乃宣、辜鸿铭、郑孝胥等，都有不同程度的思考，或私下议论。但毕竟一个共和体制建立了，重回君主体制也决非易事。我们读民国二年、民国三年的资料，可以隐隐地感觉人们的遗老情怀，但真正敢将这种情怀落实到政治实践，并非人人有力量、有胆量。所以从这个意义上说，杨度及筹安会诸公在民国四年中日"二十一条"交涉危机中看到了问题的"根本"，他们认为中国之所以没有力量，主要在于几年前不恰当地放弃了先前十余年国人的基本常识：既要对君主专制体制进行改革，又要防止共和革命在中国的发生，而是匆忙地选择了共和，废弃了君主立宪。杨度等人不仅敢想，而且敢于负责，敢于去做。更重要的是，他们此时又遇到了大总统袁世凯。袁世凯本来就是旧官僚出身，他确实具有许多新思想，但他的新思想也只是停留在君主立宪、政治改革这样的层面。当武昌起义发生，袁世凯确实明确表态不会做革命党，他在此后很长时间，至少在南京临时政府成立前，并没有对君主立宪失去信心。但是政治家毕竟需要顺势，当那么多革命党人、新军将领拥戴他做共和国总统时，他也就只能"勉为其难"。

几年的共和实在不顺利，但如何寻找突破，袁世凯也不是没有想过。

民国三年、民国四年那几年一系列的体制改革，尽管还可以重新评价，但其用意无不为了弥补共和体制之不足，但是却一直收效甚微。现在，宪政专家杨度借着"二十一条"危机上了一个重回君主立宪的条陈。中国政府聘请的宪法顾问古德诺、有贺长雄也作过类似的建言。至此，袁世凯不能不怦然心动，于是帝制自为不仅让中国经历了一场颠覆性的大折腾，而且让袁世凯毕生功业归零。

袁世凯死后，洪宪帝制收场，中国重回共和，但依然没有解决威权、"意义"等问题，一年后，袁世凯曾经的部将张勋重启帝制复辟。这一次，精明的张勋没有像袁世凯那样将天下改为张家王朝，而是拥戴废帝溥仪重回金銮殿。

张勋的复辟结局更惨。袁世凯的另一部将段祺瑞马场誓师，张勋复辟仅仅玩了十几天就归于失败。

两次帝制失败给中国的教训极为深刻，尽管此后共和的形式一直保留至北洋时代终结，但中国怎样既能维持一个共和体制，又能让国家有效率、有力量，一直是一个大问题。北洋时代的混乱，一方面说明民主共和的架构还在，另一方面说明威权丧失，政府缺少必要的统合力量，更不要说管制。于是，在"后北洋时代"，中华民国尽管招牌还在，其实就像章太炎、鲁迅师徒所意识到的那样，民国已死，他们都是民国遗民，中国转向了一个没有皇帝的"党国时代"，最极端的时候，一个领袖，一个主义，推崇法西斯，政治上专断。中国经过近百年折腾，还在"历史三峡"中。

输在起点

如果从历史事实来说，近代中国的历史主题，第一位的，或者说首要的任务，是将传统中国引到现代中国，要将一个成熟的、早熟的，甚至于精致的农业文明，嫁接到现代文明、工业文明上来。或者反过来说，是要将西方近代以来所形成的工业文明，以及依附于工业文明之上的其他文明形态，嫁接到中国传统文明中来，并让两者进一步发生化合反应，产生出另一种或第三种全新的文明形态。这才是近代中国的历史主题，才是近代中国首要的、第一位的使命。

近代以来关于中国古典文明的研究足以表明，中国文明与西方文明走着不同的路线，但中国文明并不是白纸一张，在西方文明最具活力的所谓"轴心时代"，其实，在东方、在中国，也是文明最具活力的时期，甚至可以说是中国文明的巅峰期、中国文明的"轴心时代"。按照"轴心时代"提出者雅斯贝尔斯的看法，"假若存在这种世界历史轴心的话，它就必须在经验上得到发现，也必须是包括基督徒在内的所有人都能接受的那种事实。这个轴心要位于对于人性的形成最卓有成效的历史之点。自它以后，历史产生了人类所能达到的一切。它的特征即使在经验上不必是无可辩驳和明显确凿的，也必须是能使人领悟和信服的，以便引出一个为所有民族——不计特殊的宗教信条，包括西方人、亚洲人和地球上一切人——进行历史自我理解的共同框架。看来要在公元前500年左右的时期内和在公元前800年至200年的精神过程中，找到这个历史轴心。"所谓"轴心时代"，按照雅斯贝尔斯的提示，就是指公元前800年至公元前200年之间，在这个时间段，世界上主要宗教背后的哲学都同时发展起来了。人类历史上"最不寻常的时间集中在这一时期"，这不仅西方如此，即便在中国也是如此。就在这个时间段，"孔子和老子非常活跃，中国所有的哲学流派，包括墨子、庄子、列子和诸子百家，都出现了。"①直至汉代武帝时期的董仲舒，中国的思想原典无不发生于此时。研究思想史、学术史的，一般都认为后世中国思想史、学术史创造太少，解释太多，主要就是因为董仲舒之后的中国思想与学术，确实祖述前人的多，借题发挥的多，另起炉灶、全新创造的太少。

中国思想原典的价值，在一些西方学者如黑格尔那里被估计得很低。比如对于孔子，黑格尔就说："至于孔子的著作，更为我们所熟悉。中国几部经籍的出版，以及关于道德的许多创著，都出于孔子的手，至今成为中国人风俗礼节的根本。在孔子的主要作品中（这书已经译为英

---

① ［德］卡尔·雅斯贝尔斯：《历史的起源与目标》，8页，北京：华夏出版社，1989年。

文），可以看到许多正确的道德箴言；但是他的思想中含有一种反复申说、一种反省和迂回性，使得它不能出于平凡以上。至于其他各种科学，并不被看作是科学，而作为知识的枝节来裨益实际的目的。中国人对于数学、物理学和天文学，以前虽然享有盛名，但是现在却落后得很远。有许多的事物，当欧洲人还没有发现的时候，中国人早已知道了，但是他们不知道怎样加以利用：例如磁石和印刷术。就印刷术来说，他们仍旧继续把字刻在木块上，然后付印，他们不知道有所谓活字版。他们也自称发明火药在欧洲人以前，但是他们的第一尊大炮还是耶稣会教士们给他们造的。至于数学，他们虽然很懂得怎样计算，但是这门科学最高的形态，他们却不知道。中国人又有很久被认为是大天文家。拉普拉斯曾经探讨他们在这一门的成就，发现他们对于日蚀月蚀有一些古代的记载和观测。但是这一些当然不能够构成为一种科学。而且这种观测又是很不切实，不能正式算做知识。例如在《书经》中，载有两次日蚀，相去一千五百年。要想知道中国天文学的实况，可以参考这个事实，就是几百年来，中国的日历都是由欧洲人编著的。起初，中国天文家继续编制历书，常常把日蚀月蚀的日期弄错了，以致编制的人受刑处死。欧洲人赠送中国的望远镜，被悬挂当作装饰品，而不知道怎样去加以利用。医药也为中国人所研究，但是仅仅是纯粹经验，而且对于治病用药，有极大的迷信。中国人有一种普通的民族性，就是模仿的技术极为高明，这种模仿不但行使于日常生活中，而且用在艺术方面。他们还不能够表现出美之为美，因为他们的图画没有远近光影的分别。就算一位中国画家摹拟欧洲绘画（其他一切，中国人都善于摹拟）居然惟妙惟肖，就算他很正确地看到一条鲤鱼有多少鳞纹，满树绿叶有几种形状，以及草木的神态、枝丫的飘垂。——但是那种'崇高的、理想的和美丽的'却不属于他的艺术和技巧的领域之内。并且中国人过于自大，不屑从欧洲人那里学习什么，虽然他们常常必须承认欧洲人的优越。广州一位商人曾经定造一只欧洲轮船，但是奉了总督的命令，立刻拆毁掉。欧洲人被当做乞丐那样看待，因为欧洲人不得不远离家乡到国外去谋生活。还有一层，欧洲人正因为有了知识，不能够模仿到中国人表面上的和非常自然的聪明伶俐。他们的调制颜色，他们的金属制作，尤其是他们把金属铸成极薄的金箔的艺术，他们的瓷器制造，以及其他许多事情，欧洲人至今还不能擅长。"①考虑到黑格尔对中国文明的这些评估在鸦片战争之前，考虑到那时正是乾隆盛世余晖继续照耀的时候，全世界在仰视中国，都渴望与中国交往，黑格尔能够这样清晰地探究中国古典文明的成功与不足，实在难能可贵。

黑格尔对中国古典文明如孔子思想认为其缺少逻辑、缺少科学的批评，实际上是16世纪以来西方来华耶稣会传教士的一般看法。利玛窦在与徐光启等一大批中国最优秀的学者交往后，真诚尊重中国古典文明的创造，但同时也指出古典文明存在严重的缺陷，这些缺陷与黑格尔后来的归纳很相似。利玛窦指出，"中国人不仅在道德哲学上而且也在天文学和很多数学分支方面取得了很大的进步。他们曾一度很精通算术和几何学，但在这几门学问的教学方面，他们的工作多少有些混乱。他们把天空分成几个星座，其方式与我们所采用的有所不同。他们的星数比我们天文学家的计算整整多400个，因为他们把很多并非经常可以看到的弱星也包括在内。尽管如此，中国天文家却丝毫不费力气把天体现象归结为数学计算。他们花费很多时间来确定日月蚀的时刻以及行星和别的星的质量，但他们的推论由于无数的错讹而失误。最后他们把注意力全部集中于我们的科学家称之为占星学的那种天文学方面；他们相信我们地球上所发生的一切事情都取决于星象，这一事实就可以说明占星学的情况了。"利玛窦认为中国古典科学由于缺少逻辑方法，因而贡献甚微。中国古典文明的主要贡献在于"道德哲学"方面，但是依然很遗憾的是，中国古典道德哲学"由于引入了错误似乎非但没有把事情弄明白，反倒弄糊涂了。他们没有逻辑规则的概念，因而处理伦理学的某些教诫时毫不考虑这一课题各个分支相互的内在联系。在他们那里，伦理学这门科学只是他们在理性之光的指引下所达到的一系列混乱的格言和推论"。②利玛窦这些判断是基于研究的结论，也在后来深刻地影响了包括黑格尔

---

① 黑格尔：《历史哲学》，179—181页，北京：三联书店，1956年。
② 《利玛窦中国札记》，32页、31页，北京：中华书局，1983年。

在内的许多西方思想家对中国文明的基本看法。

中国文明在哲学、逻辑学、伦理学方面确实没有古希腊、古罗马思想家那样的逻辑训练，这是东方文明的一个重大缺陷，但是正如利玛窦所意识到的那样，中国古典文明最杰出的贡献在伦理道德的训诫、格言上，因而中国古典思想的实用性远高于"轴心时代"的其他文明。由此，中国很早就形成了一个相对比较稳定的社会形态，不论是秦汉之前的"三代"，还是秦汉之后两千年的帝制时代，大致上说，中国历史变化很少，没有像西方社会发生长达上百年的战争。20世纪80年代初期，金观涛、刘青峰先生借用自然科学中的控制论、系统论重新研究中国古代社会形态，提出一个"超稳定"的大胆假说。[1]这个看法影响了一代学术，相当程度上改变了历史学界对中国古代社会的一般看法。

中国社会之所以呈现"超稳定结构"现象，一定有其内在的原因。这方面，前贤时贤的研究已有许多实际例证，我们这里只是基于行文需要略做分析。

19世纪中期，马克思在研究全球资本主义发展史时，敏锐地意识到东西方社会存在巨大差异，几乎始终走着不同路径。东方的路径，马克思概括为"亚细亚生产方式"[2]，其基本特征是国家以农村社会作为基本的社会组织，国家在社会生活中管理农村公社，国家指挥农村公社去进行大型工程建设。亚细亚生产方式的特点是土地公有，不允许自由转让。[3]

---

[1] 金观涛、刘青峰：《兴盛与危机：论中国社会超稳定结构》，长沙：湖南人民出版社1983年初版；香港中文大学出版社有"1992年增订本"。

[2] 魏特夫认为，"亚细亚"的概念并不是马克思首先使用的，马克思是从里查德·琼斯和约翰·斯图尔特等古典经济学家的著作中发现了这个现成的概念，而这些经济学家本身只不过是发展了亚当·斯密和詹姆斯·穆勒所概括的理论。亚当·斯密注意到了中国治水事业和"其他几个亚洲政府"之间的相似之处；他特别批评了中国、古代埃及和印度统治者的敛财权力。魏特夫强调，"马克思只是在伦敦研究了古典经济学家以后，他才作为一个'亚细亚'概念的得力拥护者而出现。"《东方专制主义》，390页，北京：中国社会科学出版社，1989年。

[3] 马克思1859年初写于伦敦的《政治经济学批判》序言中说："大体说来，亚细亚的、古代的、封建的和现代资产阶级的生产方式可以看作是经济的社会形态演进的几个时代。"《马克思恩格斯全集》卷十三，10页，北京：人民出版社，1962年。

在亚细亚生产方式之下，国家垄断了一切，但是国家并没有像西方国家发展过程中那样是阶级不可调和的结果。在东方，在亚细亚生产方式中，国家只是充当了社会管理者的角色，因而强调效率、忠诚、美德。再后来，魏特夫接过马克思的"亚细亚生产方式"的概念，继续研究东方社会，以为亚细亚生产方式之所以发生，主要是因为这种社会形态主要起源于干旱和半干旱地区。在这些地区，只有当人们利用灌溉，必要时利用治水的办法来克服供水的不足和不调时，农业生产才能顺利地和有效地维持下去。这样的工程时刻需要大规模的协作，需要纪律，需要服从，需要一个强有力的领导，从而才能保证有效、便捷地管理这些工程。这些都是动辄牵连全国各行各业的大工程，没有一个遍及全国的组织网络，没有一个高效集中的权力中心，没有一个享有绝对威望的最高指挥机关甚至个人，这些大型治水工程是不可想象的。基于这些分析，魏特夫将亚细亚生产方式进一步发展为"东方专制主义"，以为这是理解东方社会一把必备的钥匙。

魏特夫对古典中国社会的描述并非毫无可取之处，毕竟大禹治水并不仅仅是美丽的神话传说，而且是有记载的数千年历史上的白纸黑字，水患也是历代统治者最为忧心、最为焦虑的事情。甚至可以说，数千年对中国民众伤害最大的自然灾难，除了突发而不可预测的地震，莫过于黄河、长江，以及那些大江大河不时发威的水患。如何治理这些大江大河，如何化害为利，历代统治者提出过不少方案，也设置过不少各种各样的机构。治水事业确实是中国政治中一件很值得研究的大事，由此推演出中国制度模式或许太过，但治水确实深刻地影响了中国政治的运作。治水需要全流域的统筹配合，治水需要相对集中权力、资源，治水导致了政治架构变异，威权主义、专制主义也就成为东方社会尤其是中国古代政治体制的一个特征。从这个意义上说，魏特夫的研究只是揭示了一个历史事实，对于理解古代中国极具启发。

问题在于，魏特夫的研究确实具有过于浓烈的政治倾向，试图要为反对国际共产主义运动提供理论和历史依据。他极端自负地表示，"如果我们主要根据多中心社会的经验，而忽视获得持续成功的极权力量唯一重要的先例——东方专制主义——那末，为评价共产党极权主义的现象——例如集体领导和独裁、权力经济和生存经济、自我延续和自我消灭——而作的艰难尝试，将有害无益。"①

还有一个值得注意的细节是，魏特夫的这本书虽然英文版出版于1957年，但其中文版1989年出版后遭到了中国史学界有组织的批判，"从1990年起就开始组织文章，并陆续在一些书刊上发表。其间于1990年和1994年分别于北京和上海举行了两次专题讨论会。"②其主要成果，就是几年后结集出版的《评魏特夫的"东方专制主义"》一书。

对《东方专制主义》进行政治上的批判，是另外一个话题，但从这本书揭示的古代中国组织形态看，效率是中国社会的一个重要特征，甚至为了效率不惜牺牲公平、正义。这是理解中国古代社会持续稳定、超稳定的一个重要视角。

威权体制，农业文明为主导，造就了中国社会特殊的阶级形态，即长时期无法打破的四民社会，士农工商各自安于自己的位置，"伦理本位，职业分途"，梁漱溟在研究中国社会后归纳出来的这八个字，也是中国社会"超稳定"，或者说"长期停滞"的一个主因。

梁漱溟指出，中国传统社会中向来缺少"集体生活"，个人与社会这两个极端在中国传统社会基本上不存在。中国人自来所具有的关系主要基于伦理。伦理关系起于血缘，始于家庭，家庭成为中国人社会关系中最重要的一环。梁漱溟认为，基于家庭伦理的中国人际关系，说不上好或坏，这种情形只是中国社会的本然，其价值与意义也必须从历史的视角进行观察。大体而言，在传统社会，家庭作为一个基本的社会单位，扩充至家族、邻里、乡党，其实就是一个个自治的团体，在国家无力救助底层的时候，以家庭为中心的伦理关系就发挥了非常重要的作用。根据梁漱溟的研究，这主要体现在这样几个方面：

一是社会方面。梁漱溟认为，在中国伦理本位的社会结构中，家庭

---

① 《1962年序言》，《东方专制主义》，24—25页。
② 《评魏特夫的"东方专制主义"》前言，4页，北京：中国社会科学出版社，1997年。

实在具有重要的意义。就人类情感而言，所谓人生美满与缺憾，无不就家庭立言。由家庭推而广之的家族、亲戚、乡党、师徒等关系确为人生情感联系的纽带。

二是经济方面。梁漱溟指出，由于中国传统社会中夫妇、父子及至祖孙兄弟"共财"，诸如义庄、义田、一切族产等，也为共财的一种方式，兄弟乃至宗族间有"分财"之义，亲戚朋友间有"通财"之义。从积极意义上看，这种分财与通财，使中国传统社会中的人们在经济上经常彼此顾恤、互相负责，人们在生计问题上无形中便有了许多保障。这种以伦理为本位的经济形式却与西方以个人或以社会为本位的经济形式有异。

三是政治方面。梁漱溟强调，在中国伦理本位的传统社会中，官民之间、君臣之间相互以伦理的义务为准则，而不认国家团体的关系，所谓以国君为大宗子，将地方官比喻为父母官，举国家政治而以家庭情谊化之，正是这种社会特征的生动写照。这种伦理化的政治，虽有利于联络人们的感情，但毕竟是人治而非法治。①

当然，面对西方化的冲击，家庭如何不成为中国社会转型的包袱，而成为动力，或者中立，梁漱溟也觉得值得重新思索。

伦理本位是中国传统社会稳定的一个因素，另一个因素，被梁漱溟发现的是"职业分途"。梁漱溟指出，中国传统社会的职业分途不仅表现在经济上，亦且表现在政治上。中国传统社会不像西方中世纪政权垄断于贵族，而是较早采用了科举取士的文官体制。上至宰相，下至亲民小官，大体上都是通过科举考试而获得，这不仅在一定程度上遏制了贵族专权，将政权开放给大众，让社会阶层充分流动起来，让下层社会有机会跻身于上层。所以科举制度对于传统中国来说，并不是个坏制度，它可能有很多弊病，但科举制度确实使底层社会阶层有机会参与政治，使"人下人"有机会成为"人上人"，所谓"朝为田舍郎，暮登天子堂；将相本无种，男儿当自强"，千百年来激励着无数有志之士发奋努力。这样一种积极的激励机制，极大地激活了中国社会的活力，无疑有助于社会

---

① 梁漱溟：《乡村建设理论提纲》，《梁漱溟全集》（5），370—371页。

的稳定、进步。所以，传统中国社会的职业分途、科举考试，乃至四民社会，其意义都值得重新思索。

四民社会至少是秦汉之后中国社会一直没有真正打破的社会结构，科举考试引发的社会阶层流动，毕竟在人口总数中所占比例太小。四民中的工农两个阶级占有绝大多数，而且这两个阶级中即便有人通过科举，通过其他特殊环节改变身份，跻身士阶层、商人阶层，但他们的人数依然很少，而且一般来说，也需要几代人的接力奋斗。这是中国古代社会趋于稳定的一个值得观察的因素。

在中国近代工业发生前，所谓工人，当然指的是手工业者。这些手工业者与依附于土地上的农民，千百年来的生活形态都没有本质变化，除了战争、天灾，他们基本上就是日出而作、日落而息，简单重复着既往的生活样式。他们是社会中最稳定的阶层。

商人是四民社会中最活跃的阶级，是社会经济生活中不可或缺的部分。读《史记·货殖列传》，很容易感到春秋战国以至汉初，中国的商业经济极为发达，"汉兴，海内为一，开关梁，弛山泽之禁，是以富商大贾周流天下，交易之物莫不通，得其所欲，而徙豪杰诸侯强族于京师。"①商人是社会阶级中一个必要的存在，区域之间互通有无的经济交流，少不了商人这个特殊阶级。《周书》说："农不出则乏其食，工不出则乏其事，商不出则三宝绝，虞不出则财匮少。"强调假如没有商人的存在，粮食、物品、财富所谓"三宝"就无法流通，商人对社会的意义于此可见。

但是，到了汉昭帝时，大一统政治局面已经成形，儒家思想已经成为统治阶级的意识形态。经过汉武帝的大肆扩张，西汉中央政府财政经济面临新的问题，公元前81年，朝廷召开御前会议，就财政经济政策进行一次很有意义的辩论，代表儒家思想的贤良建议调整之前的财政扩张政策，力主收缩，反对战争，主张节俭，主张藏富于民，反对官营商业，主张崇本抑末，重农抑商。文学曰："古者，贵以德而贱用兵。孔子曰：'远人不服，则修文德以来之。既来之，则安之。'今废道德而任兵革，

---

① 《史记·货殖列传第六十九》。

兴师而伐之，屯戍而备之，暴兵露师，以支久长，转输粮食无已，使边境之士饥寒于外，百姓劳苦于内。立盐铁，始张利官以给之，非长策也。故以罢之为便也。"

站在贤良对立面的御史大夫代表了法家立场，强调国富，强调武备，因而在经济政策上，主张开发工商业，主张政府统制，管制盐铁，以富国富民以应对边防开支。御史大夫批评贤良文学是古非今，过于迂腐，对当前急务并无良策。大夫曰："古之立国家者，开本末之途，通有无之用，市朝以一其求，致士民，聚万货，农商工师各得所欲，交易而退。易曰：'通其变，使民不倦。'故工不出，则农用乏；商不出，则宝货绝。农用乏，则谷不殖；宝货绝，则财用匮。故盐铁、均输，所以通委财而调缓急。罢之，不便也。"①从此后，商业仍然是中国经济的重要一极，商人也仍然是四民之一，尽管一直处于末位，尽管历代政府一直采用重农抑商、重本抑末的政策，但商人仍然顽强地存在着，只要给予一点空间，中国传统社会的商人很快就能发家致富。

四民社会中的士阶层，是传统中国社会的引领阶级，是社会中坚。这个阶层大致上说有通过科举考试获得功名，进而跻身统治阶级，也就是传统社会文官体制的主要成分。另一部分，则是传统社会中通过各种方式成长为中产阶级，比如广大农村社会存在的地主、富农阶级，他们一方面有资格让子孙后代投身于科举考试，另一方面，"仓廪实而知礼节，衣食足而知荣辱"，渐渐地成为中国社会的楷模，传统社会所谓"乡绅"，除了因年龄而退出官场告老还乡的那些见过世面的人，主要就是地主、富农这些有产有闲阶级。

科举制度一方面增加了社会流动性，另一方面为统治阶级管理层的新陈代谢提供了可能，科举考试的优胜者，即那些获得翰林、进士、举人名分的读书人，只要自己愿意，一般都有进入政府工作的机会。因此，传统中国社会一个很奇怪的现象是，一方面在总人口中读书人太少，士阶层的人数应该是四民社会中最少，或者第二少的阶层；但是另一方面

---

① 《盐铁论·本议第一》。

在统治阶级中，读书人占有绝对的比重。后来人们常说的所谓"文人从政"，其实中国古代社会一直如此，除了改朝换代最初阶段出现一些打天下坐天下的军功贵族，到了王朝第二代，除了皇权，基本上都由科举出身的文人所掌握。并不是说文人掌权、从政一定比大老粗、文盲好，刘邦、朱元璋这些起自底层的英雄也有一般文人所不具有的气势与优势，但是文人掌权、从政的一个最大优点是理性，是基于历史经验的常识，而不会动辄一拍脑袋就决策。这一点对于社会稳定、统治优化极为重要。深入观察中国政治运作实际的利玛窦对于这点感触极深，他说："虽然我们已经说过中国的政府形式是君主制，但从前面所述应该已很明显，而且下面还要说得更清楚，它还在一定程度上是贵族政体。虽然所有大臣制订的法规必须经皇帝在呈交给他的奏折上加以书面批准，但是如没有与大臣磋商或考虑他们的意见，皇帝本人对国家大事就不能做出最后的决定。如果一个平民偶然有事呈奏皇帝，——这种事很少发生，因为所有这类文件都必须先由大臣审阅，然后呈交皇帝——如果皇帝愿意亲自考虑这个请求，他就在奏折上作如下批示：著该部详核此项请求，并呈复最好的措施。我（利玛窦）已做过彻底的调查研究，可以肯定下述情况是确凿无疑的，那就是：皇帝无权封任何人的官或增加对任何人的赐钱，或增大其权力，除非根据某个大臣提出的要求这样做。"①

利玛窦的观察大致是准确的，钱穆在研究明代政治制度时也指出："明代虽说一切事权集中在皇帝，究竟还有历史旧传统，亦并不是全由皇帝来独裁。有许多事，是必经廷推、廷议、廷鞫的。当时小官归吏部尚书任用，大官则由七卿，九卿，或再加上外面的巡抚总督开会来公开推举，这叫廷推。敵使有大事，各部不能单独决定，也常由七卿，九卿公决，这叫做廷议。倘使有大的狱讼，三法司解决不了，也由七卿，九卿开会定狱，这叫做廷鞫。这一制度，本来汉代早就有，朝廷集议大事，屡见正史记载，可见一切事，还不是全由皇帝独裁的。"②所以，钱穆就一直强调，"中国历史上已往一切制度传统，只要已经沿袭到一百两百

---

① 《利玛窦中国札记》，48页。
② 钱穆：《中国历代政治得失》，104—105页，北京：三联书店，2001年。

年的，也何尝不与当时人事相配合。又何尝是专出于一二人之私心，全可用专制黑暗四字来抹杀？"①因此，研究中国古典社会形态，在注意中西之异的同时，更应该注意其制度、文化在各自土壤的适应性。

根据前贤时贤研究，中国古典社会发展到明代，至少在利玛窦第一批来自西方的传教士进入中土的时候，中国社会制度、设施、文化并没有表现出严重的不适应，不论是从利玛窦等传教士的视角，还是从徐光启等中国知识精英的视角，他们比较一致的看法是，中西方社会、文化有差异，有不同，但很难说哪一方处于绝对的优势，因而当时普遍的看法是互补，是"会通"，然后再追求创新，争取"超胜"。②这应该是一个最值得称道的态度。

利玛窦1582年进入中国，1610年病逝于北京，在中国生活了28年；徐光启逝于1633年，即崇祯六年，此时距1644年明亡还有11年。他们两人所见大明王朝并没有表现出衰亡的迹象，中西之间的文化交流正在向纵深发展。1623年，杨廷筠为艾儒略《西学凡》（西方知识概览）所作序言中说："以余所闻，又阅多人多载觏若划一，所称六科经籍，约略七千余部，业已航海而来，具在可译，此岂蔡愔、玄奘诸人，近采印度诸国寂寂数简所可当之者乎？"他发自内心地认为这是一座不可多得的知识宝库，因而发誓聚集人才，翻译成中文，"讵可令此种学问岁月遄征，而光彩久韬不耀。假我十年，集同志数十年，众共成之。昭圣天子同文盛化，良亦千载一时，而其如俟河之清人寿苦短何哉？"③杨廷筠希望再用10年时间，团结一批志同道合的同志一起将这7000部西学典籍译成中文，他相信这项事业将与佛教翻译史上的蔡愔、玄奘相媲美。可惜的是，杨廷筠仅仅又活了4年多，他的抱负并没有实现。④这是一项令

---

① 《中国历代政治得失》序，2页。
② 徐光启《历书总目表》（崇祯四年正月二十八日）中说："臣等愚心，以为欲求超胜，必须会通；会通之前，先须翻译。"见王重民辑校：《徐光启集》下，374页，北京：中华书局1963年。
③ 杨廷筠：《刻西学凡序》，艾儒略《西学凡》卷首。
④ [美]A.W.恒慕义主编：《清代名人传略》上，35页，西宁：青海人民出版社1990年。

人向往的伟大计划，同时表明中西之间在文化上正处于一个比较正常的状态。

利玛窦、徐光启、杨廷筠的时代，尽管大明王朝有天崩地解之虞，但是中西之间的交流依然属于正常，除了文化，经济贸易也是如此。在过去很多年，研究者大都以为明朝自朱元璋实行海禁政策以来，中外之间的贸易往来近乎中断，明清两代闭关锁国的格局大致形成。其实，仔细想想，这个判断可能是不准确的。

我们知道，中国商人尽管自汉代以来一直受到政治上的压抑，重农抑商，但是政府对于商人的对外贸易不仅没有禁止，反而一直处于被鼓励、被保护、被帮助的状态，否则我们无法理解汉唐时代影响东西大半个地球的陆地和水上的两条所谓"丝绸之路"，更无法理解宋元帝国在全球贸易体系中的地位、作用和份额。宋元之前形成的对外贸易乃至全球贸易传统，不可能因为朱明王朝的建立，不可能因为明朝的海禁政策而消失殆尽。更何况从北部湾、南海、东海、黄海、渤海一个漫长的海岸线，有无法计数的沿海居民需要凭借对外贸易而生存，因此不必夸大明朝海禁政策的威力。

其实，反过来看，明清两代海禁政策持续发力，不仅不能说明走私贸易被禁止，反而证实走私贸易愈演愈烈。走私贸易也是贸易，利民不利国，走私贸易损失了朝廷的收入，但对整个社会层面而言，贸易的利润是一个实实在在的存在。明清两代屡禁不绝，甚至长时期动用军队缉查，正说明走私贸易规模在扩大，人数在增加，是中国社会的真需求。明清时期朝野各界对究竟应该怎样理解、处理走私贸易，并非都主张一禁到底，明代晚期的李贽、徐光启、许孚远、傅元初、陈子贞，清代的慕天颜、靳辅、李率泰、王来任、蓝鼎元等，均主张开放海禁，让走私贸易合法化，以此杜绝海寇，增加政府的合法收入。因为常识告诉人们，越是禁止的越有吸引力，越有市场："商货之不通者，海寇之所以不息也；海寇之不息者，宜其数犯沿海及浙东西，而循至内讧也。何也？自嘉靖乙酉（四年，1525），傅宪副钥禁不通商始也。伊昔宁波、广东、福建各有市舶司，前元则澉浦有宣慰司，钱清上海皆通海舶，今尽革之。

货贩无路，终岁海中为寇，曷能已也？"①正当的逻辑应该是，假如放开贸易，实行自由贸易，让市场配置资源，自由竞争，朝廷加强管理，坐收经营税，那么，走私贸易就会不禁而止，因为自由贸易让利润完全透明化，不再有黑洞、潜规则。事实上，五口通商之后就是这种情形，几百年的走私贸易一夜之间消失得无影无踪。

明清时期的海禁政策，主要的诉求是反对走私贸易，也就是反对自由贸易，至于政府垄断的贸易，或者由那些利益集团把持的对外贸易，并没有禁止，相反得到了极大的发展。一个最直观的证据，就是自16世纪中期开始，白银注入中国经济所造成的经济扩张更为壮观。明代经济越来越在银本位的基础上货币化，并且至少到17世纪20年代一直在飞速扩张。只是在17世纪中期，由于气候、人口、经济、政治的综合危机和明清政权的交替，这种扩张才暂时被打断。但是等到清帝国政治统治大致稳定之后，中国经济在17世纪末，以及整个18世纪持续扩张，并达到传统中国社会最鼎盛的时期。18世纪的繁荣明显不同于中国历史上的汉唐盛世，汉唐时期的盛世，基本上是农业文明时代一种经济积累，贸易，尤其是对外贸易所占比重很小，小到可以忽略不计。而18世纪中国的繁荣则不然，这时代的繁荣是真金白银，是财富的堆聚，是贸易结余，因而被研究者誉为中国的"白银资本"时代。根据一些西方学者的研究，中国和西欧在1400年的人均产值和人均收入几乎相同。但是到了1750年时，欧洲人的生活水准低于世界其他地区，尤其低于中国。据一些学者估算，1800年世界"发达地区"的人均收入为198美元，所有"欠发达地区"为188美元，而中国却有210美元。再据何炳棣的研究，中国人在18世纪的生活水准呈上升趋势，农民的收入不低于法国，肯定高于普鲁士、日本。更有意思的一项"国际比较研究"是，"在前现代阶段，中国人至少与其他民族一样能够很好地满足家庭需求。有意思的是，在糖的人均消费方面，中国似乎高于欧洲。"②

---

① 王世懋：《策枢》卷一；引自谢国桢：《明代社会经济史料选编》中，130页，福州：福建人民出版社，1980年。
② ［德］弗兰克：《白银资本》，241页，北京：中央编译出版社，2000年。

基于这些研究，德国著名学者弗兰克给予更大胆的判断，他在《白银资本》这部名著中，一反传统，令人耳目一新，叹为观止："所谓中国自郑和下西洋于 1433 年终止之后退出海上贸易的说法是不正确的。中国的出口商品和中国商人依然支配着中国海地区的贸易，从而为至今影响巨大的海外华人社群奠定了基础。实际上，与大量的历史神话相反，在亚洲，包括印度洋，欧洲人从未拥有或控制过超过 10% 的海上贸易，在南中国海就更少了，在北中国海则根本无权置喙。因此，虽然许多人依然声称，中国和亚洲其他地区的民间制度和公共／国家制度由于某种原因比欧洲'低劣'，但这显然不符合实际情况。"[1]

弗兰克的判断当然还有可以讨论的空间，但毫无疑问，他的这些研究对于我们重新理解当中国面对西方时，为什么没有向日本遭遇西方那样，尽弃其学而学焉，而是经过了 3 个世纪之久，创造了一个繁荣的 18 世纪之后，方才因某种特殊因素注入而突然衰落，才不得不渐渐转身，非常不情愿地学习西方。

遗憾的误读

实事求是地说，中国在 18 世纪是有资格对外说"不"的。经过一个多世纪的发展，清帝国内部已经稳定了下来，又经过康雍乾祖孙三代的接力开拓，一个中国历史上仅次于蒙元帝国的大帝国傲然屹立于世界的东方。本土、边地、属国，其范围、四至也为中国历史所仅见。至乾隆全盛时，清帝国的版图除本部以外，还包括缅甸、暹罗、越南、琉球、高丽、蒙古、西藏。蒙古、西藏归理藩部管，中国派有大臣驻扎其地。[2]其四至，南抵孟加拉湾、泰国湾、南海，由今天的缅甸、泰国、越南，直抵印度洋；东边则越过东海、日本海，经现在的菲律宾、朝鲜半岛，直抵太平洋；北边直达贝加尔湖；西北、西边，则直达中亚。属国体制

---

[1] 弗兰克：《白银资本》中文版前言，《白银资本》，20 页。
[2] 蒋廷黻：《中国近代史》（外三种），63—64 页，长沙：岳麓书社，1987 年。

全盛期共有四十几个属国。①

从文化学意义上说,清帝国属国属于中国文化的边疆,如果不发生重大意外,这些文化边疆总会在某种特殊机遇下变为边地,进而再遇到某种特殊事件,变为本土。这是中国文化扩展、政治地理扩大的一般规律,也是儒家思想很早就揭示的"以夏化夷"规律。

清帝国如此巨大的体量,使它有资格在面对真正的西方时并不胆怯,不论是早期的葡萄牙、荷兰,还是18世纪来到中国的英、法等国,清政府并没有像后来那样委曲求全、战战兢兢,而是很淡然、很坦然地与之交往。

巨大的体量是清帝国繁荣的象征。而繁荣的实质,则是清帝国经济状况确实处在那个时代的前列,而最重要的标志,就是延续明朝一直存在的巨大的贸易顺差。综合前人研究,"纵观直到近代为止的东西方贸易历史,可以看出,从亚洲市场持续而典型地流向欧洲市场的商品是茶叶和生丝,而流回亚洲市场的最典型的货币则是白银。"②这就是弗兰克所谓的"白银资本时代"。

在"白银资本时代","据经济史权威的估计,从1493年到1800年,世界白银产量的85%和黄金产量的70%来自拉丁美洲。美洲白银生产在16世纪约为17 000吨,到17世纪约为42 000吨,其中有31000吨运抵欧洲。欧洲又将40%约12 000吨运往亚洲,其中有4000至5000吨是直接由荷兰东印度公司和英国东印度公司运送的。另外有6000吨运往波罗的海地区和利凡特地区,其中一部分留在当地,其余部分继续向东到达亚洲。美洲白银18世纪的产量约为74 000吨,其中有52 000吨运抵欧洲,其中40%约20 000吨运往亚洲。另外留在美洲本土的白银约有3000吨横渡太平洋经马尼拉运抵中国。如果再加上日本和其他地方生产的白银,全球白银产量的一半最终抵达亚洲,尤其是中国和印度。贵金属流动的意义在于某些地区需要从其他地区进口商品,但却不能出口同等数量的商品,所以

---

① 《清史稿》卷五百二十六"属国"。
② 滨下武志:《近代中国的国际契机:朝贡贸易体系与近代亚洲经济圈》,11页,北京:中国社会科学出版社,1999年。

不得不用货币来结算贸易逆差。"①这些数据已为许多经济史家反复验证，具体数字或许还可以讨论。但总的趋势，从15世纪晚期至19世纪初年长达300年时间，全球贸易流动，是亚洲的货物流向世界，全球货币即白银流往亚洲。而在亚洲，主要经济区域就是中国与印度，所以巨大的贸易顺差支撑了中国18世纪的繁荣。换句话说，18世纪中国的繁荣，其实是全球经济交流互换的结果，得益于全球自由贸易体系。

对于中国来说，巨大的贸易顺差意味着财富的堆聚，所谓盛世，所谓繁荣，其基本标志当然就是国家可支配的财富。这在前工业社会，在中国农业社会当然不是问题，但到了18世纪晚期，到了与中国通商的主要西方国家发生了工业革命之后，问题的性质就在发生变化。

在相当长的一个时期，中国市场对于来自欧洲的商品确实不太需要，因为士农工商四民社会体制下，工人、农民两个最大的阶级，他们一直处于维持不死的"低人权状态"，他们一代又一代繁衍生息，但是他们没有过多的收入用于消费，更不要说来自西方的非生活必需品。所以，中国市场的不消费是中西贸易失衡的根本原因，这是讨论19世纪中国问题的关键。内需不发育，就没有办法接纳更多的西方物品。而内需的关键，不是士阶层，不是商人，而是最底层的大众。

另一方面，从西方社会看，"有一种主要的中国产品而在其他地方所买不到的东西日益变成英国各级社会人士生活上的必需品。茶叶已经成为英国人生活上的需要，在我们能够设法在其他地方用同等价钱购进同等数量和质量的茶叶之前，中国方面的来源无论如何必须加以维持。"工业革命让英国，乃至整个欧洲成为"先富人群"，据1793年访华的斯当东记述，"在一个世纪之前，欧洲各地都不知道茶叶这种东西。当时有些荷兰冒险家们来到中国发现这种东西。他们把欧洲的一种名叫鼠尾草据医学上的萨累诺学派说有滋补作用的草本植物卖给中国，换取中国的茶叶带回欧洲。这种欧洲叶草在中国未得到中国人民的习用，而中国的茶叶在欧洲各地却日益风行。在前一世纪的中叶，茶叶已经在英国各

---

① 陈燕谷：《重构全球主义的世界图景》，《白银资本》卷首，8页。

饭店和咖啡店等公共场所大量销售，并已成为国家税收的对象。在本世纪初，除去少数私运进口的茶叶而外，东印度公司每年售出的茶叶尚不超过5万磅。现在该公司每年销售2000万磅，也就是说，在不到100年的时间内茶叶的销售量增加了400倍。从总的数量来看，在英国领土，欧洲，美洲的全体英国人，不分男女，老幼，等级，每人每年平均需要1磅以上茶叶。"①

来自中国的茶叶没有经过深加工，就其本质而言属于初级农产品，因而总体上说具有明显的价格低廉优势。更重要的还在于，中国由晋商通过万里茶道主营的恰克图中俄、中欧茶叶贸易在当时的西方具有不可替代的品牌优势，"突然停止这种大量的消耗品而又无其他代替品，将会在广大人民当中发生很大困难。英国方面已经设法在印度一些气候和土壤比较适宜的地方试种茶叶。在科西嘉岛上的少量种植生长得很好，但是投资却大于产品价值。将来在一个相当时期之后，英国方面不必依赖外国进口，自己也可生产价格便宜的茶叶，这种可能性也是不小，但是为了准备自己种植万一失败的情况，那就有必要无论如何同北京王朝搭上关系，改善英国在华商人的处境，使他们能够解除过去那种困难状况。"②这是英国急于与清政府建立正常关系的一个原因，这只是从英国对茶叶的需求方面考虑。

其实，英国人急于与中国建立正常的国家关系，除了茶叶，更主要的还是因为贸易失衡。而贸易之所以失衡，是因为此时的英国发生了改变历史的工业革命。在18世纪后期，英国率先开始在棉纺织业中采用机器生产方式，蒸汽机在这个领域中获得广泛的推广。技术革命迅速扩及至工业生产的各个领域，这些近代大机器生产代替了先前千百年来的手工劳作，从而使生产力获得了难以想象的进步。生产迅猛发展，产能迅速过剩，英伦三岛的消费能力无法满足机械化大生产，欧洲市场在这个时候，面对大机器生产，同样显得狭小、逼仄。工业革命推动了资本主

---

① [英]斯当东著，叶笃义译：《英使谒见乾隆纪实》，26—27页，北京：商务印书馆，1963年。
② 《英使谒见乾隆纪实》，27页。

义的迅猛发展，产能向英国之外、向欧洲之外转移；原料需要从欧洲寻找，甚至要从欧洲之外寻找。这些都已经成为一个不必讨论的政治选择。产业革命、工业革命，诱发了资本主义全球化运动，古老的东方农业文明必然要受到来自英伦三岛那只"神秘小蝴蝶"的影响，只是当时人，不论中西，都不可能如此清晰地意识到而已。

巨大的消费市场，廉价的原料基地，非地大物博、人口众多、尚未经过任何工业化改造的中国莫属。这是讨论18世纪晚期直至19世纪上半叶西方执意扩大对中国的贸易之关键所在。

如前多次提及，中国自来就没有真正意义上的闭关锁国，汉唐宋元积极参与全球贸易，至明清，走私贸易受到严厉打击，但是这种打击反过来又证明中外贸易不仅活跃，而且存在巨大的利润空间，值得为之冒险。嘉靖年间，徽州人汪直，号五峰，"以所部船多，乃令鄞县人毛海峰、徐碧溪、徐元亮、叶宗满等分领，装载硝磺、丝绵违禁诸物，抵日本、暹罗、西洋诸国互市。又四散海上，劫掠番船，入关无盘阻，公然纷错苏杭之境。凡五六年，致富不赀，夷人信服，皆称为五峰船主"，或称为"徽王"。[1]由此不难想象走私贸易的规模，也不难推想明清两朝打击走私贸易的经济因素。

明清两代政府并没有完全禁绝对外贸易，只要有需求，也不可能真的完全禁绝，明清两朝政府所想除了某些特殊时期的政治因素外，主要的还是想着政府垄断。因而我们可以看到，明清时期接续传统中国垄断经济的经验，创设海关集中管理中外贸易。盘踞台湾的郑氏集团内附以后，继续实行严厉的海禁政策既不可能，也不利于民生、税收，因而清政府开始考虑如何管理中外贸易问题。康熙二十二年（1683）武力统一台湾郑氏势力，东南海上军事威胁解除。康熙二十三年（1684）六月初五日，康熙帝曰："海洋贸易，实有益于生民。但创收税课，若不定例，恐为商贾累。"[2]根据康熙帝指示，清政府进行周密研判，不久相继设立闽海、粤海、浙海、江海等4个海关于漳州、澳门、宁波及江南之台山，

---

[1] 傅维麟：《明书》卷一六二。
[2] 《清圣祖实录》卷一一五。

各设官吏收税。

4个海关的设置在一定程度上促进了合法贸易的增长、规范,有助于中西贸易,但也衍生出一些问题。乾隆二十二年(1757)正月初六日,闽浙总督喀尔吉善、两广总督杨应琚奉旨会办修订浙海关征收外洋番船税则,拟将浙海关依照粤海关现行税则正税酌加征一倍,估价照浙省货物时值估计加增。①乾隆帝命交部议奏,并发布谕旨:"浙民习俗易嚣,洋商杂处,必致滋事,若不立法杜绝,恐将来到浙者众,宁波又成一洋船市集之所",重演宋代泉州情形,乾隆帝指示喀尔吉善等当"时加察访,如有奸民串通勾引,即行严拿治罪"。②稍后,杨廷璋在奉旨赴浙查办海关贸易事宜后奏陈:"粤省现有洋行二十六家,遇有番人贸易,无不力图招致,办理维谨,并无嫌隙。惟番商希图避重就轻,收泊宁波,就近交易,便宜良多。若不设法限制,势必渐皆舍粤赴浙。再四筹度,不便听其两省贸易。"粤浙两口,甚至更多口岸相互竞争,有利于扩大贸易,提升服务,降低交易成本。但是清政府似乎没有从这个层面思考问题,反而干脆下令取消广州之外各口,限定广州一口对外通商:"嗣后口岸定于广东,不得再赴浙省,此于粤民生计,并赣韶等关均有裨益,而浙省海防亦得肃清。"③以取消问题作为解决问题的手段,这显然是东方社会竞争不发育、政府过于强势的结局。

一口通商与18世纪急剧变化的世界大势,与西方工业革命之后的大趋势,甚至与中国社会自身情况,均不相符合,因而这项政策后来衍生出许多问题。仅仅30年时间,1788年,从东印度公司一份简单记录,就可以看出中西之间的贸易出现了问题:

本季度账簿启用日期为4月5日,有如下差额(见下页表):

东印度公司这份报告说:"在1788年贸易季度,公司在广州有船26艘,其中有1艘从美洲西北海岸运来毛皮的'威尔斯王子号',是一艘小单桅船,售得款64 235元;另外一艘同样的小单桅船'皇家公主

---

① 《宫中档乾隆朝奏折》辑十六,393页。
② 《清高宗实录》卷五三三,12页。
③ 《东华续录》乾隆朝,卷四十六,53页。

		两	两
贷　方	库存白银	99 999	
	武夷茶 200 箱	7023	
	弗里曼　T.freeman（商馆费用）	10 671	
	中国商人欠款	106 394	
			224 087
借　方	有息债券	58 859	
	欠中国商人	580 948	
			639 807
	借　差		415 720

号'下碇澳门，但该船的交易不列入特选委员会的账簿内。有 3 艘从博特尼湾开来；22 艘从伦敦直接地或经由印度口岸开来，售得现款：毛织品，1 107 427 两；铅，117 949 两；铜（23 吨，发票价值 2043 镑）7500 两；英国产品共售得款 1 232 876 两；公司账项下的印度产品售得款 89 600 两；货物售得款项总计为 1 322 476 两。各船从伦敦运来西班牙银元 2 772 000 元，从槟榔屿运来头像银元 135 000 元，从萌菇莲运来窦吉吞银元 5253 元；合计共值 2 094 878 两。本季度见票后 365 天付款的英镑票据兑换率固定为 5 先令 4 便士，公司取得盈利 3%；在广州收入的孟加拉货币比率为 306 通用卢比兑 100 两银：以上两项加签发存款单所得，从私人交来运费收入等 43 175 两，广州财库从私人贸易收到共值 2 498 464 两银。从广州的回程投资发票价值为 4 566 653 两。"

董事部送来一些"诺里奇、哈利法克斯和曼彻斯特产品"的货样。经品评后，"石琼官说，它们不适合做衣服或装饰之用，尤其是那些杂色的天鹅绒更难销售，但他指出几匹曼彻斯特的粗布和精绫绒布或者可以，他不反对订几匹试一试，但颜色无论如何也要和毛织品的一样，限蓝、黑、绿、灰及褐色，但不要黄的及猩红色的。"①

从这些记录可以深切地感到，东印度公司对华贸易越来越难做，不是中国的茶叶不好出口，而是英国的纺织品不太合乎中国需求，无法打

---

① 《东印度公司对华贸易编年史》卷二，469—471 页，广州：中山大学出版社，1991 年。

开中国市场。而恰恰在这个时候，英国经济发生了危机，东印度公司和英国政府都迫切希望尽快打开中国市场，扩大英国工业品对华销售的份额。于是英国政府决定卡思卡特中校作为特使前往中国。

卡思卡特中校原为英军驻孟加拉的总需官，英国政府授权他出使中国，肩负调整有关英国贸易上产生的困难；他的薪金以及使团的费用由东印度公司负担，但他并不是东印度公司的专使，而是政府特使。英国政府给他的训令说："在通知你担任中国特使工作时，我不必再赘述大不列颠与中国之间多年来进行的贸易的重要性。但提请你对当前日益增加的重要问题特别注意。"这些问题主要是，"最近政府从其他欧洲各国手中夺回茶叶贸易的措施，已经收到预期的良好效果，这种商品合法输入大不列颠的增加额，虽然没有3倍，最低限度有两倍；其次要注意到我们在印度领地的繁荣，要改进该地的产品和制品在中华帝国的销路，同时，要使出售这种产品的货款足以供应现在每年数达1 300 000镑以上的欧洲回程投资所需。"英国人的首要目标就是扩大并维持对华贸易规模。

要想实现这样的目标，英国政府认为必须改善广州的贸易环境，"大不列颠的代理人长期被迫在最沮丧、危险和冒种种利益风险的情况下进行这种贸易。广州，是国王陛下的臣民获得设立一个商馆权利的唯一地方，东印度公司由于最近通过的条例，取得从他们自己的领地到此贸易的独占权；该市场的公平竞争已被中国人的联合所破坏，我们的大班不能进该地的法庭，受法律的公正保护，他们处于专横和残酷的沮丧状态下而从事非常重要的事业是不相宜的，很难想象在任何自称文明的国家有这样的事情。"这是要争取英国商人在中国的某些权利，这些权利在其他国家属于已经解决的问题，本来就不是问题，但在中国却是问题。因此，英国政府指示卡思卡特，"在寻求和中国接触时，应该无条件地自由宣布，我们没有成见，只要求在中国政府保护下，在它的法律和条例及在双方互利的永久原则下做生意。"

在谈及英国政府对中国政府的期待时，英国政府提出了这样几个具体要求：第一，特使应该找机会向中国政府明白宣布，"两国之间的贸易所产生的利益是对双方有利的，在贸易的过程中，我们除得到其他货物外，我们购买总重量达 2000 万磅的中国草（茶叶），这是在其他市场不能售出的，因为任何国家，不论是欧洲或亚洲的，都不用它，我们为了购买它，用毛织品、棉花及其他对中国人有用的货物来交换，但大部分则用白银偿还中国。"贸易是英国政府最大的关切，寻求平衡，推广英国纺织品是特使的一项主要任务。

第二，英国政府明白要求，"我们在中国的广大商业，需要一个安全的地方作为商站，以便存放出售的货物，或者在淡季时可以将其装上我们来往的船只；因此，我们希望赐予一块比广州的位置更方便的小地方或孤岛；我们在广州的货栈离我们船只的碇泊所很远，所以我们无法防止公司船和私商船的水手发生不法行为。"这就是后来索要香港，也是中国政府让与香港的理由。

第三，英国政府指示特使，"我们的目的纯粹是商业上的，全无领土意图。因此我们不希望设防或防守，但要中国政府保护我们的商人和他们的代理人到内地贸易或旅行，并防止企图扰乱我们贸易的其他各国的侵略，但你必须准备排除对我们目前在印度领地上的设施的各种质问，说明所以要布置这种设施，完全不是我们想要这样做的；我们只是为了保卫自己，抵抗那些与其他欧洲各国狼狈为奸和不遵守各个皇帝给我们的特权的叛乱王公的压迫。总之，用这样的或你自己可以想到的关于这个问题的辩解来回答。"

英国政府还指示特使，"要努力在最有利的条件下去获得关于警察管理权及用我们的司法权管辖本国臣民，因为我们自己的立法才会产生合宜权力，这样就可以有效地防止并惩罚我们的臣民的非法行为，而对公司大班的行动有所限制，是不能执行惩罚的。不必要求用我国的司法权来处罚中国人，或者强求这方面的权力，这种问题是无关重要的，规定英国臣民犯法时，不受中国刑法的处罚，同时，任何逃犯，经英中双方官员会同搜索无法拿获时，不列颠的长官不负连带责任。"这些要求就是后来的所谓"治外法权"。

对于商站位置，英国政府也有期待："假如皇帝允许建立一个商站，就必须小心谨慎地选定一个这样的地方,即它对于我们的航运方便而安全,易于推销我国的输入货品,靠近生产优良茶叶的产地。"假如获取商站的要求不被中国政府所接受,英国政府指示特使,"必须转而集中全部注意力于扩大我们在广州的特权,改善我们当前的困苦,修正损害及侮辱我们的种种不公平的行为。除了帝国政府真的拒绝你的全部请求之外,不论有什么决定,一定要设法获得文字上的文件,在这样的方式下,会在我国臣民原来备受虐待的省份带来若干光彩。"

关于已经开始出现的鸦片贸易问题,英国政府指示说:"你必须预防有可能会向你提出关于在中国境内严禁并为帝国法律所禁止的鸦片买卖的规定。如果讨论到这个问题,必须极度小心。无疑,我们印度领地出产的鸦片,有相当的部分流入中国,而该处的人们的嗜好,使对这种有害麻醉品的需要日形增加。但是,假如提出强硬要求,要在商约中规定不得运鸦片入中国的一条;你必须答应,而不要冒着丧失其他重大利益的危险,来抗争这方面的自由。至于我们在孟加拉售出的鸦片,只有任其在公开市场碰机会,或在东部海面分散曲折的贸易上寻找销路。"①英国政府此时不愿因小失大,由此可知此时中英贸易的比重还不在鸦片,英国关心的是纺织品,是茶叶。

英国政府为卡思卡特首访中国所做的准备是细致的、充分的,预案比如鸦片问题如何处理,也是谨慎的。英国政府此时的关切,就是扩大贸易。这一点也充分反映在英王写给乾隆皇帝的信中:"最伟大的君主,中国的乾隆皇帝。由陛下的先人建立,并由陛下本人之长远及富强治理的经验已证实,在广大帝国范围内建立与远方各国的贸易,增进相互之间的福利、发明、工业和财富;伟大的上帝将各种不同的土壤和气候赐予散居世界各处的子民;我等深信陛下长期以来,已有意于在适合双方君主荣誉与安全的公平及平等的原则之下,鼓励臣民之间的这种交换货品的政策。而我等感到遗憾者,为陛下与我等从未有过交往,为了建立

---

① 《附录二 给卡思卡特中校的训令》(1787年11月30日),《东印度公司对华贸易编年史》卷二,478—484页。

我等心中热望增进之友谊，使能迅速改善两国臣民在频繁商业交易中所产生的各种不便与误会问题。在这种情况下，我等认为适宜于委派一位特使前往陛下庄严的朝廷。"①在英皇的信中，只有贸易。

卡思卡特中校是那时比较合适的一个人选，这项访华活动在某种意义上也是他参与规划设计的。按照他的理解，"使命的目的是要求在中国政府的保护下扩展我们的商业；所以最大的努力是避免或最低限度不要施加压力而引起猜忌。按照这一原则，似乎最好的政策是让中国人选择提出商站的处所——我们只向他们说明，我们需要一个适合于船运安全和往来，便于推销我们的产品和购买茶叶、瓷器及其他东部省份的回航货物的一个地方；假如他们不愿意让与一个便利的特许商站，则我们一定尽力改善当前的种种缺点。"②假如这些原则都能获得执行，即便卡思卡特此次中国之行无法圆满完成任务，但一定会有一个良好的开端。然而遗憾的是，卡思卡特并没有抵达北京，1788年6月，他不幸病逝于来华的途中。

卡思卡特之死是个小概率偶然事件，但这个偶然事件使预设的历史进程发生了改变。中西两个大帝国的直接接触被迫推迟了5年。1793年秋，一个规模更大、级别更高的一个英国使团来到中国，使团正使为英国政府特意挑选的资深外交家、时任英国驻孟加拉总督马戛尔尼，副使为斯当东，使团各种人才总计700多人，涵盖军事、科技诸多方面。

马戛尔尼使团的目标就是完成卡思卡特没有完成的使命，扩大对华贸易，建构中英正式外交关系。但是英国方面出于西方内部相互竞争等各方面的考虑，在前往中国途中，甚至在抵达中国之后，刻意隐瞒其真正目的，刻意渲染此行就是为乾隆皇帝祝寿。这个说法迷惑了英国的西方对手，也迷惑了中方，中方上至皇帝，下至一般接待官员，无不以为这是来自远方的"贡使"，这在一定程度上增长了乾隆帝以及中国大臣

---

① 《附录三 英王致中国皇帝函》（1787年11月30日），《东印度公司对华贸易编年史》卷二，485页。
② 《附录一 卡思卡特中校的初步建议》（1787年8月18日），《东印度公司对华贸易编年史》卷二，475—476页。

"天朝上国"的虚骄，也导致后来双方正面接触时发生了许多不必要的误会。所谓"礼仪之争"，对英方来说是真问题，但对中方来说就是假问题。清政府要求英国使臣按照各国贡使觐见皇帝的一贯礼仪，行三跪九叩之礼。英使认为，这对其是一种屈辱而拒绝。

马戛尔尼使团后来没有履行属国代表觐见天朝上国皇帝那样的礼节，中方为此也不再像前半段那样热情对待马戛尔尼使团，至于英王郑重交代给马戛尔尼的使命，反而只能通过文字传递，乾隆帝，甚至和大人和珅都不再有兴趣与马戛尔尼面谈一次。中英两国第一次直接接触，就相互误读，陷入深度猜疑之中。这种情形并不仅仅表现在马戛尔尼使团这一件事情上，事实上，自那之后的两百多年，中国与世界尽管有许多交往，相互之间也有许多积极的交流，但是相互之间屡屡出现"遗憾的误读"。

1793年马戛尔尼使团访华，是人类历史上的一个大事件。从全球史视角观察，这个事件不仅决定了此后两百多年中国的政治走向，塑造并定型了中国与世界的关系，而且深刻地影响了世界对中国的认知。在此之前的3个世纪，由于大航海，由于地理大发现，中国与西方，以及与世界已有相当的联系、交往、贸易，双方有摩擦、有冲突，但基本上还处于一个相互尊重、相互学习、互通有无的状态，西方从中国学到了不少，也拿走了不少，茶叶、丝绸、瓷器极大地丰富了西方人的生活，也在一定程度上改变了西方人的生活方式，为西方人的生活方式注入了东方因素，进而甚至改变了西方人的思想，启导了近代。现代学人朱谦之在仔细研究了欧洲文艺复兴的物质基础，诸如造纸、印刷术、火药、指南针的来历，又研究了文艺复兴时期欧洲人比如传教士、商人、外交使者、游客，以及曾经在中国做过事的工程师等各类人对中国的认识，特别是《马可波罗游记》、薄伽丘的《十日谈》等西方作品中所记录的东方信息。据此，朱谦之郑重地指出，"欧洲的文艺复兴，于精神的基础以外，实有其物质的基础。文艺复兴虽以古代希腊的思潮为其精神基础，同时实以中国之重要发明，为其物质的基础。13世纪以来，欧洲即有许多教士、商人、外交使者、游客等，不绝东来，使欧人对于中国，渐渐有亲切和明了的认识。尤以《马可波罗游记》给文艺复兴时期以很大的影响。如地理上的大发现，美的与物质的生活之愿望，自由研究之精神，不知唤起了欧洲中世纪的多少迷梦，即谓欧洲的文艺复兴，受此书之重大影响，也无不可。并且事实上在文艺复兴期的代表作家里面，也常以中国为题材，把中国人完全理想化了。所以平心而论，文艺复兴虽然和18世纪的启明运动不同，启明运动完全以中国为精神的基础，中国居第一位，希腊居第二位。反之文艺复兴则以希腊为精神的基础，希腊居第一位，中国居第二位，然而精神不能外于物质而有，所以即就中国曾给文艺复兴以物质的基础这一点，在历史书里已免不了要大书特书了。"①由此可见，在18世纪之前的几个世纪里，中国在西方的形象是积极的、向上的，是西方人愿意模仿、追慕的对象。

但是，等到马戛尔尼访华之后，中国在西方的形象可以说一落千丈。先前在西方人眼里一个遥远的、文明的古老国家，却迅速成为愚昧、野蛮、闭关自守、不可理喻的象征。

究竟是什么原因让中国形象发生如此重大的改变，还可以做多角度的研究。但马戛尔尼访华时，中西双方的猜疑、相互不信任，各自所要表达的看法并不能在对方那里获得准确的认知，超越字面的无端猜测、怀疑，阴谋论，遗憾的误读，主导了双方的交往。

文明的误读不始于乾隆时期的马戛尔尼之行，也不终止于乾隆时代。此后类似的例子屡有发生。这些历史关键时刻的误读，导致一系列意想不到的变局，这是研究近代中国时最耐人寻味的历史节点。

盛世焦虑：里子与面子

马戛尔尼使团的目的从一开始就很清楚，与几年前卡思卡特使团的目标别无二致，一旦有机会面见中国皇帝，"在你一再申述陛下对皇帝的友好及和平的意向，以及对他的号称仁慈政治的尊重以后，就必须有礼地提出：第一，两国间贸易所产生的利益是对双方有利的，在贸易的

---

① 朱谦之：《中国思想对于欧洲文化之影响》，28—29页，重庆：商务印书馆，1940年。

过程中，除其他货物外，我们收购数达 20 000 000 磅重的中国草（茶叶），这些东西是难以销售的，因为欧洲和亚洲的其他各国都不会这样大量饮用，为了购买它，我们交回毛织品、棉花及其他对中国人有用的货物，但一大部分，实际上是以银元支付的。"

"第二，我们中国广大的商业，需要一个安全的地方作为商站，以便存放未出售的货物，或者在淡季时，可以将其装到我们来往的船上；因此，我们希望给予一块比广州的地位更为便利的小地方或邻近的小岛，我们在广州的堆栈离船只很远，所以，我们无法防止公司的船只及商船的水手等发生的不法行为。"

"第三，我们的目的纯粹是商业的，毫无领土意图，所以我们不企图设防或防卫，但只是希望中国政府保护我们的商人或他们的代理人在内地贸易或旅行，及保证我们不受那些企图扰乱我们贸易的其他各国的侵犯；但关于这一点，你必须准备消除各种由于讨论我们现在的印度领地而产生的偏见，应该申明我们在这方面的地位，不是我们要这样做的，我们必须保卫自己，抵抗那些与欧洲各国狼狈为奸和不遵守各个皇帝所给予我们权利的叛乱王公的压迫；或者用你自己关于这个问题所想到的论点来答辩。"[1]仅从文字看，马戛尔尼使团与卡思卡特使团的使命是一样的，文字表述也是大致相同。

英国政府的设计、准备都是充分的，几乎每一个细节都有预案。但是英国人根本没有想到的是，他们谦恭地跑来为老皇帝祝寿，吊起了老皇帝的胃口。等到觐见时，却又不愿意客随主便给老皇帝以应有的尊敬。三跪九叩的礼节难住了马戛尔尼，不是他们不会，而是他们太过机械地理解了英国政府的这段训令："你到达后，依照朝廷各项仪礼，尽快获准觐见，但不要有损你的君主的荣誉及降低你自己的威严，以致危及你会谈的成功。"[2]英国政府训令的主旨是要求马戛尔尼"依照朝廷各项仪

---

[1] 《附录七 给马戛尔尼勋爵的训令》（1792 年 9 月 8 日），《东印度公司对华贸易编年史》卷二，552—553 页。

[2] 《附录七 给马戛尔尼勋爵的训令》（1792 年 9 月 8 日），《东印度公司对华贸易编年史》卷二，552 页。

礼"尽快进行，但是马戛尔尼将理解的重心放到了"不要有损你的君主的荣誉及降低你自己的威严"，于是出现了后来许多问题。

马戛尔尼在觐见礼仪上弄得乾隆帝不愉快，但这并不是马戛尔尼此行失败的关键。礼仪冲突根本没有办法与利益冲突相比，过去的许多研究从文化着眼有意义，但不能高估。马戛尔尼此行失败的根源在于其经济方面的诉求远远高于乾隆皇帝的心理底线。我们可以说乾隆皇帝此时不懂世界贸易，不懂近代，不懂工业革命之后中国应该怎么办，但事实就是马戛尔尼要价太高，乾隆皇帝不愿意接受。

乾隆帝立场变硬大致从获悉英王外交文书细节之后，最让他觉得不能接受的是驻使北京，"恳准将所差的人在北京城切近观光，沐浴教化，以便回国时奉扬德政，化道本国众人。"这段话说得很好听，但这件事确实是中国从来没有遇到的新问题，因而乾隆帝的反应是，"伊等贸易远在澳门，即留人在京，岂能照料？至于天朝礼法，与该国风俗迥不相同，即使留人观习，伊亦岂能效法？且向来西洋人惟有情愿来京当差者方准留京，遵用天朝服饰，安置堂内，永远不准回国。今伊等既不能如此，异言异服，逗留京城，或其心怀窥测，其事断不可行。"①

因而乾隆帝对于英方的几项关切差不多全面否决。乾隆帝复英王的信说："朕已令大臣等送尔使臣归国，朕恐其不能完全明晰表达朕之意旨，特将其逐项要求，附以朕之批复，希尔信服批复公正无偏。"

"第一项，尔之使臣要求，尔等贸易船只如认为适当，即可开赴浙江省之宁波或舟山，或北直隶省之天津卫或其他地方。——而我朝向来旧例，所有欧洲各国商贾，必需往广州贸易，毫无例外；而此种规例，尔国商贾亦遵行多年。浙江之宁波，北直隶省之天津卫，两处皆无堆栈以资贸易。如尔等船只开赴该处，将有何物购买乎？而且，此等处所并无通事，无人通晓尔等语言，因此亦无利可图。是故，尔等如再行贸易，应如前同往广州；至于尔使臣要求在宁波、舟山、天津卫及其他口岸，朕无意应运。"中方的立场简洁明白，中国不愿意就此改变贸易规则，就

---

① 《乾隆朝上谕档》册十七，517 页。

此扩大通商口岸，此时除了对世界大势缺少真切理解，主要是基于公平原则。在乾隆看来，中国对欧洲的贸易并不只有英国，因此，制度的调整必须通盘考虑，不会因一国而改变。这个理由当然自圆其说。当然这些理由都不是理由，没有堆栈可以建，没有通事可以找。

"第二项，尔使臣要求与俄罗斯人同一办法，在京师指定一地为贸易处所。此事亦不能允准。盖京师为万国人等来往之地；是故此间律例施行格外严厉，从不准外国人等在京师得有贸易处所。尔等商贾在广州从事贸易，距离近，易于进出。此外，其他欧洲商贾亦时常前往。尔国地处欧洲西北，远离中国，如京师定为贸易处所，往返航行诸多困难。朕悉俄罗斯人曾经划有一地，为彼等在京师贸易；然此不过系一时权宜之计，——后经另行划定恰克图一地，即行全体前往该处，无人再留京师，此事业经过去多年，以后俄罗斯人即在恰克图贸易，正如尔等子民在广州无异。在京师开放贸易新地将有何用？帝国四境严密防卫；各国人等不得随意往来。是故要求在京师得一贸易之地，必不可行。"乾隆的这个答复亦大致能够成立，如果仅仅出于贸易考量，京师确实不是理想之地。

"第三项，尔使臣禀请拨给舟山一小岛作为英吉利商人居住及买卖处所。然该岛既无通事，又无货栈；船只亦不能长留该处。即使得此一岛，亦属无用。帝国自有版图，四境严加保卫。而岛屿沙洲，亦必划界分疆，加以治理。况如前所述，前来贸易者不独英吉利一国之人，倘若其他各国之人，起而效尤，禀请一地贸易，朕将何以满足彼等要求？且此种割让为我朝所未有，故此一要求，碍难照准。"①

乾隆皇帝此时不愿与主要贸易伙伴英国构建新的近代关系，除了经济方面的原因外，还有一个政治上的突发因素值得考虑。中国是一个帝制国家，皇帝是国家的象征，但是就在1789年，即乾隆五十四年，帝制法国爆发了一场以推翻君主体制、构建共和体制为主要诉求的大革命。法国君主被推翻，法兰西第一共和国建立。这是人类历史上的大事件，此时乃至

---

① 《附录十 中国皇帝给英伦国王的答复》，《东印度公司对华贸易编年史》卷二，564—565页。

以后都深刻地影响了中国。本来，满洲人定鼎中原之后，在很长时间，在天文、历算、建筑、绘画等领域一直大量使用许多欧洲人，18世纪中国鼎盛时期修筑的圆明园，其中就有欧洲人的贡献，至于康雍乾三朝大规模的地理测量等重大工程，都有西方人的贡献。中国只是没有在法律层面与西方国家建交，但在事实上，直至马戛尔尼来华，中西之间一直保持着并不太坏的沟通管道，说中国人完全不知道西方，说中国直至鸦片战争一声炮响，方才如梦初醒，知道世界。这个说法肯定经不起推敲。

中国人不仅知道西方的艺术、物质文明，也知道西方的政治变动。这一点过去研究得很不够，假如仔细排比相关史料，我们就可以知道马戛尔尼此行之所以失败，主要的并不是贸易，更不是礼仪，而是西方突然发生的政治变动，是法国大革命让乾隆皇帝感到震惊，盛世恐慌，因而渐渐关闭与西方交往的大门。据斯当东记录，当马戛尔尼从避暑山庄返回北京后，曾有一位私人朋友来访，这位朋友"对中国朝廷的情况非常熟悉，也了解一些在广州经商的困难逐渐增加。在和（珅）中堂未通知特使（马戛尔尼）去接中国皇帝信件之前，就是这个人向特使透露了皇帝信件已经写好的消息。他说：'中国人对于外国使节仅视为在国家重大节日送礼而来，节日过后即刻归国。两个世纪以来许多外国使节到过中国，没有一个超过这个勾留期限的。葡萄牙是中国最友好的国家，在当今皇帝治下，葡萄牙曾派特使前来，最多只住了39天就走了。中国很少有与他国缔结条约的观念。为了同这个国家进行贸易，先派一个使节来致意，奠定有利基础，以后再陆续发生联系，应当按部就班，逐节进行，不能操之过急。近来广州下级官吏压迫外人的举动逐渐增加，照这样发展下去，最后终将被迫或者完全放弃对华贸易，或者再派一个使节前来诉苦。使节团越早来，效果越大。法国的动乱促使中国官方加紧提防。假如特使携带礼物在法国国内未发生暴乱以前来，遭遇到的困难要比现在少得多。但使节团虽然遭遇了暂时挫折困难，但确已在中国人的心目中留下了不可磨灭的印象，已经对英国人发生了有利影响。英国人现在所受的压迫，将来总有解除的一天。中国政府对于任何一种新的事物最初总是抱着强烈反对态度，生怕自己上当吃亏。但等它对这个事物的新鲜感觉逐渐冲淡，习以为常之后，它未始不可以重新考虑加以采纳'。"①根据马戛尔尼这位友人的分析，我们可以得出两个看法，第一，乾隆皇帝改变先前对西方的立场，不愿扩大与西方的交往，主要应该是因为法国的动荡，防患于未然，宁信其有不信其无，从来是威权体制维护稳定的不二选择。第二，中国政府对于新事物极为敏感，这种敏感不是第一时间追逐，而是第一时间防范这种新事物可能会带给中国的伤害，只有弄清了利弊，弄清了新事物的机制原理，一般地说，中国政府还会重新考虑，加以采纳。从这个立场去分析1793年马戛尔尼使团之所以如此结束，大致可以理解乾隆皇帝以及清廷最高层之所以如此决策的理由，政治安全是帝制国家的优先考量，经济发展、国际交流、人民福祉，均从属于这个大前提。

中国原本不该对外部世界有如此惊慌，自古以来的中国文明史其实一直在与域外文明进行积极的交流，既将自己的文明向四周扩散，所谓"以夏化夷"，就是说以主流文明去影响周边的非主流文明，中国文明的周长、边界，就在这个过程中不断加长、延伸，这是一个历史事实。另一方面，如果说中国文明的原点在黄河中下游某个很小区域的话，那么后来体量巨大的中国文明其实已经加进了许多周边文明的因子，比如我们今天很难说什么是中国最初的文化，即便是中国文明发祥地中原地区、齐鲁地区，也早已融入了来自域外的文明因子。所以从中国历史看，中国文明对域外文明的抗争大致有三次，第一次就是原来的那个"老中国"，即中原、黄河中下游、齐鲁地区那个中国，对周边的"蛮夷文化"——东夷、西戎、南蛮、北狄——的吸收、整合、重组，构建了一个全新的中国本土文化；第二次，就是两汉之际印度佛教文化东来，进入中土。印度佛教文明是与中国本土文明完全不同的两种文化形态，因而中国文明面对佛教文明的进入，相当一部分中国人欣然接纳，——因为新颖，所以接纳；另一部分人则相反，——因为新颖，所以拒绝。佛教进入中国的历史过程最足以展示中国文明面对外来异质文明所惯有的本能

---

① 《英使谒见乾隆纪实》，411—412页。

反应。儒者以一事不知以为耻，不会完全拒绝一个充满新意的东西；另一方面，儒者又有适度保守的情怀，不会面对一个新东西欣喜若狂，尽弃其学而学焉，成为一个新文明的虔诚崇拜者。马戛尔尼那位私人朋友的观察是对的，中国人对于一个异质文明，本能反应会谨慎存疑，然后仔细研究，如果确实有益无害，那么中国人也会欣然接受。佛教文明进入中国的历史证明了这一点。第三次异域文明进入中国，即15世纪以来西方文明进入中国的情形也足以说明了这一点。我们回看明清两朝长达300年的中西文明交流史，固然有杨光先那种非理性的本土抗争，但更多的从徐光启、钱谦益、李贽、顾炎武，甚至后来的乾嘉诸老貌似不谈西学，不理会西学，其实如果仔细翻检包括四库馆臣在内之前300年中国文人的作品，甚至在《四库全书》中，都有大量的西学遗存，思想的、学术的，不一而足。三次异域文明进入，都没有引起中国文明的恐慌，这一次为什么不一样了呢？

其关键就在政治统治的稳定性。乾隆时代是中国历史上一个畸形的繁荣时代，大清帝国的经济确实达到了农业文明时期中国历史上的巅峰，财政收入，朝廷所拥有的财富，可调用的财富，均前所未有。据世界经济史学者估算，19世纪之前，中国比欧洲或亚洲任何一个国家都要强大。从5世纪到14世纪，中国较早发展起来的技术和以精英为基础的统治所创造的收入都要高于欧洲的水平。14世纪之后，虽然欧洲的人均收入满满地超过了中国，但是中国的人口增长更快。1820年，即鸦片战争爆发前20年，中国的GDP比西欧和其衍生国的总和还要高出将近30%。[1]中国的总产出（GDP）仍占世界总份额的32.9%，领先西欧核心十二国（英、法、德、意、奥、比、荷、瑞士、瑞典、挪威、丹麦、芬兰）的产出总和12%，更遥遥领先于美国（1.8%）、日本（3.0%）。[2]中国原本拿着一手好牌，进可攻退可守，现金为王，有钱就是草头王，有钱就可以换来技术、设备，就可以发生自己的工业革命。

---

[1] ［英］安格斯·麦迪森著，伍晓鹰等译：《世界经济千年史》，109页，北京大学出版社，2003年。
[2] 朱维铮：《重读近代史·挨打必因"落后"》。

那时的中国，如果继续维持与西方的关系，最好能够进一步改善、密切与西方的关系，那么中国就可以利用自己强有力的经济力量，与西方刚刚兴起的工业革命共振，完全有可能在农业文明基础上增加一个工业。然而最为遗憾的是，中国那时的饱学之士，似乎对西欧的技术发展和军事潜力不感兴趣。马戛尔尼使团为了能与中国建构一个全新的关系，带来了600多箱子礼物，以展示西方科学技术的魅力。其中包括经线仪、望远镜、太阳仪、化学和金属制品。但是，中国官方毫不犹豫地拒绝了马戛尔尼："我们什么都不缺——我们既不储存这样的奇异物品，也不需要贵国的赠与。"[1]中国直到67年之后，1860年再度被西方打败，方才勉强同意与西方构建近代国家关系，而此时的西方已经跨越早期资本主义阶段，开始向资本输出、金融输出转型，中国所面对的压力越来越大，对外部世界的恐慌、不安越来越强烈。输在起点的中国步履维艰，究竟应该先迈左脚还是右脚，都已经弄不清楚了。这一次完全不同于往昔两次域外文明进入中土，不论是"老中国"的周边——南蛮、北狄、东夷、西戎，还是西天印度，这一次是时代之异，是农业文明遇到了工业文明，是三千年未有之巨变的开始。

马戛尔尼使团以失败结束了自己的使命，"减轻广州的贸易限制和苛征本来是此行目的之一；但这些限制和苛征一直继续到（鸦片）战争发生之后才给取消。他的另一目的是要取得在广州以外各地贸易的自由——在天津、宁波、珠山（原按：即舟山）及其他等处；但被断然拒绝。总之，英使此行，除了可以说'他是优蒙礼遇，备承款待，严被监护，和礼让遣去'而外，实在没有得到一点真正的好处。"[2]中英之间贸易失衡问题继续被搁置，中国没有办法扩大对英国工业品的进口，而西方对中国出口的老三样——瓷器、茶叶、丝绸——持续强劲且上升，如何解决贸易失衡，是正常贸易能否继续下去的关键。这一点绝不是农业文明时代中国传统商业理念所能解释的。农业文明背景下商品数量并非

---

[1] 《世界经济千年史》，110页。
[2] 《中华帝国对外关系史》卷一，61页，北京：商务印书馆，1963年。

没有极限，商品达到一定的量就很难再提升，因而传统的商业理念是愿买不买，毕竟数量有限，不是无限。至于中国是否进口对方物品平衡贸易，这也是中国传统商业理念中不曾有的东西，特别是中国的四民社会结构长时期没有得到改造，社会最大的两个阶级——农工——基本上不消费，尤其是对西方工业革命之后的物品更是没有感觉。为什么要用洋布呢？中国传统的土布不是很好吗？因此工业革命之后英国纺织资本家期望中国扩大进口，期望每一个中国人都穿袜子，希望每一个中国人的衣服下摆加长一寸。这原本是资本家阶级的本能期待，但在前资本主义中国省吃俭用的背景下，完全无法理解消费对于生产的意义。这是中英在18世纪晚期无法对话的根本原因。

19世纪初，英国工业革命业已完成，巨大的产能给英国带来了巨大的财富，也同时衍生出巨大的问题，过剩的产能需要消化，而远东巨大而一直没有得到很好开发的巨大市场成为英国纺织资本家急切向往的淘金地。英国必须与中国打交道，必须进入中国市场。这是19世纪初年最重要的事情之一。

1816年，英国政府任命阿美士德为大使，埃利斯、斯当东为副使前往中国。斯当东是马戛尔尼使团副使老斯当东之子，在此称为"小斯当东"。23年前，他曾随马戛尔尼使团来华，并受到乾隆皇帝的接见、赏识。乾隆皇帝接见马戛尔尼时，"双方谈话，往来有几道语言翻译，非常麻烦。皇帝有鉴于此，向和（珅）中堂询问使节团中有无能直接讲中国话的人。（马戛尔尼）特使回答，有一见习童子，今年13岁，能略讲几句。皇帝听了非常高兴，立刻命令将该童带至御座前试讲中国话。或者由于这个童子的讲话使皇帝满意，或者见他活泼可爱，皇帝欣然从自己腰带上解下一个槟榔荷包亲自赐与该童。荷包是中国皇帝赐与大臣的一种经常的东西。但从皇帝身上解下荷包赐与一个外国人则确是一个非常特殊的恩典。皇帝身上的任何微小物件在中国都认为是无价之宝。一个外国小孩获得了这个殊荣，引起当场所有中国官员的羡慕，也或者可能引起少数人的忌妒。御赐荷包不大，黄色丝绸质地，上面织成一个五爪金龙,还有几个鞑靼字。"①这个童子,就是23年后的副使小斯当东。

小斯当东带有浓厚洋腔的中文让乾隆大帝龙颜大悦,心花怒放。这是天朝的荣耀。这也是乾隆重赏小斯当东的理由。还可以想象,乾隆亲切激励小斯当东好好学习中国历史文化,将来为中英关系贡献力量。

孔子说,唯女子与小人难养,历来解家很多,但大要应该是说,对女性和小孩要多表扬,少批评,尤其不能伤害。童年的激励往往影响甚至规定了一个人的一生,小斯当东的历史再次证明了这一点。

回国后的小斯当东发奋学习中文,以及中国历史文化,立志将来在中英交往方面做出一番成就。在小斯当东眼里,中英两个大国代表着世界,能有机会为中英关系的发展贡献力量是至上光荣。

功夫不负有心人,天下从来没有白费的功夫。小斯当东的努力,再加上他父亲老斯当东的人脉资源,5年后,即1798年,小斯当东成为东印度公司广州商行的职员。1804年,升任部门负责人,享有丰厚的待遇。

但是,小斯当东志不在此。他的人生规划似乎就像乾隆帝那时所期待的,就是外交官,就是处理中英之间的外交关系,就是西方世界的中国通。所以,小斯当东一方面下大力气将《大清律例》翻译成英文,于1810年在英国出版,向西方世界介绍中国的法律制度;另一方面,小斯当东持续不断关注中英关系走势,及时向英国政府提出对策性建议。他认为,中英关系还应该进一步加强,英国应该尽快组建第二个访华团,完成马戛尔尼使团当年没有完成的任务。小斯当东当然希望在这个使团中充当重要角色。

随着在中国生活阅历的增加,小斯当东对中国的看法也在加深。他认为,中国没有进入近代国家,依然在天朝上国迷梦中昏睡,英国应该持续扩大、巩固在中国的市场份额,当然英国也有责任帮助中国告别过去,进入近代。小斯当东劝告英国政府废止那些不合时宜的做派,不要为蝇头小利丢掉原则,要如实告诉中国人世界的真相,以及世界对中国

---

① 《英使谒见乾隆纪实》,368页。

的真实看法。这就是小斯当东为什么不让阿美士德使团向嘉庆帝三跪九叩的学理基础。小斯当东明白报告阿美士德："我觉得有一个坚强的信念，屈从将是不合适的，即使因拒绝会招致完全不接受本使团的危险。我非常了解当前的使命目的的重要性。但不能使我相信由于屈从的问题而对它的成功就有一点促进，而仅获接见（这不能说是荣耀的接见）本使团，我认为用这种牺牲作代价是太大了。"①

小斯当东的看法影响了阿美士德，但是中方接待官员和世泰等人太想表现自己对皇帝的忠诚了，他们并没有在嘉庆帝与阿美士德使团中间如实沟通，密切联系，而是采取了两头说和、两头蒙骗的办法。嘉庆二十一年闰六月十九日（1816年8月12日），阿美士德使团一行抵达天津。第二天，工部尚书、镶红旗汉军都统苏楞额奉旨在天津设宴款待英使团，讨论谒见嘉庆帝的礼仪细节。宴会开始前，苏楞额要求英使和他一起向皇帝牌位行三跪九叩礼然后入席。英使毫不客气地予以回绝，并通过翻译官马礼逊强调，"贡使等来朝，一心无不诚敬。惟英吉利国礼节与天朝不能相似，在本国遇贵官尊者，系免冠拱立一俯首；在国王前系免冠跪一膝一俯首；如向国王之位系免冠拜揖一俯首，是极大之礼。"英使的解释并没有说服中方，苏楞额仍执着地要求英使向皇帝牌位三跪九叩。马礼逊最后不得不表示："贡使等虽敬心无二，实不敢改易本国礼节，恐回国时本国王见怪。惟有行礼时照本国礼节加增，仰答恩典。想大皇帝俯念夷忠，自必欢喜。"②

其实，嘉庆皇帝此时并不是那么看重那些虚假的礼节，两国交往，说到底，既要面子，更要里子。他在五月二十九日（7月23日）给中方接待官员的指示是，当英使抵达天津时，接待官招待英使时，应该借此机会讨论相关礼仪细节，"令通事告知该使臣礼应叩头谢宴，并察看该使臣情词是否欢感，据实奏闻。如该使臣不肯行中国礼仪，亦姑置弗论。"③此后不久，嘉庆帝的态度也有改变，但从总体上看，他并不想将

---

① 《东印度公司对华贸易编年史》卷三，260页。
② 《清代外交史料》嘉庆朝辑五，29页。
③ 《清代外交史料》嘉庆朝辑五，3页。

面子看作大于里子，也不想节外生枝，制造麻烦，毕竟英使万里迢迢远道而来。

在威权体制下，皇上的面子大于帝国的里子，臣下在这方面在很多时候比皇帝更关心皇上的尊严、威严，所谓皇帝不急太监急，此之谓也。但是，苏楞额太心切了，他当天并没有做通对方的工作，完全可以按照预案将此结果报告朝廷，等候指示。然而他没有这样做，或许他相信在路途中，到北京之后，还有机会说服英使，所以他在第二天带着英国使团进京去了。

纸终究包不住火。英使没有妥协的消息很快传到嘉庆那儿，嘉庆对此极为恼怒，立即命令苏楞额停止英使团进京，就地指导英使团演练中国礼仪，"倘该使臣等虚辞应允，并不演习，苏楞额等希图将就到京，将来进表之日，行礼仍不如仪，彼时将贡使等立刻遣出宫门，另派大员押送天津，登舟回国，定将苏楞额、广惠等革职，拿交刑部治罪，以为办理不善者戒，决不姑息，慎之。"①

嘉庆严厉的态度终于引起了苏楞额等人的恐慌，他们接到命令后立即责成英国使团船队在京津之间的武清等地就地待命，继续劝说英使在觐见中国皇帝时遵从中国礼仪。然而，英使阿美士德早就接受了小斯当东的劝说，不会在礼仪问题上有实质性的妥协。阿美士德后来在向他的上级解释不妥协决定时说："假如叩头这个仪式只不过是拜见君主的方式，那照着去做就不会存在什么反对，正如马戛尔尼勋爵的提议所表明的，但当它是被专横地坚持作为一种承认中国皇帝是天下的主宰，而看作是作为他的藩属的其他君主的责任而要求时，这就表示在任何情况下，都不能令人屈从的，对于它的屈辱，需要加以极慎重的考虑。"②

中方并不知道英国使团的底线，中方一直期待功夫不负有心人，日复一日地劝说诱导。嘉庆帝甚至加派理藩院尚书和世泰，礼部尚书、总管内务府大臣穆克登额二人赶赴通州等候，命苏楞额等带领贡使前来通

---

① 《清代外交史料》嘉庆朝辑五，35页。
② 《东印度公司对华贸易编年史》卷三，261页。

州会合,"向该贡使等善为开导,总以令其敬谨遵依,带同来京,成礼而回,最为善策";"逐回不如接见之为是"。①嘉庆帝在如何应对英使团问题上一度相当犹豫,见,如何见,或是不见,并没有清晰的规划,更没有划出几个明白的底线。

皇上的犹疑不决,为臣下操作留下了不确定性,也留下了可操作的空间,毕竟朝廷规定的最后期限为七月初六(8月28日),还有几天时间,因而苏楞额、和世泰、穆克登额等不愿就此结束,他们理所当然要知其不可为而为之,尝试说服英使团回心转意,万一真的回心转意了呢?

苏楞额等人一方面在通州苦口婆心地劝说阿美士德入境随俗,客随主便,一方面手把手地指导英使团成员演练三跪九叩的礼节。无奈,英使团早就内定不会遵从中方的建议,更不会接受三跪九叩这样的礼仪。七月初二(8月24日),和世泰等将这些情况上报朝廷,请求指示,称贡使正在演习礼仪,然尚未如仪。嘉庆帝得报指示说,"彼等僻处荒夷,不谙天朝礼仪,行礼起跪稍觉生疏,均无足深责,届时派员带领行礼。凡事不可过于苛细,转失驭外之礼。"②和世泰显然隐瞒了事情的真相,将英使根本不愿三跪九叩礼说成正在演练,于是引出皇上这段还算通情达理的评述。

眼看着朝廷规定的最后期限就要到了,七月初五(8月27日),和世泰、穆克登额奏称英贡使还在演练礼仪,尚能成礼,并暗示贡使极为恭敬,对皇上派员带领行礼深切感激云云。于是,嘉庆帝决定按照原计划初七日(8月29日)接见英使阿美士德及其主要随员。

初六日(28日),循例,嘉庆帝在勤政殿召见中方陪同团主要成员,了解情况。在谈及礼仪问题时,和世泰、穆克登额知道再也无法蒙骗了,遂免冠叩头道出真相,告诉皇上贡使并没有演习三跪九叩礼节。帝大怒:既未演礼,何不参奏?和世泰云:该使臣言临时遵行跪叩,故明日进见,必能如仪。

---

① 《文献丛编》辑十一"清嘉庆廿一年英使来聘案",北平:故宫博物院,1931年。
② 《清代外交史料》嘉庆朝辑五,55页。

和世泰等人说的也似乎很像那回事，于是嘉庆帝同意和世泰等连夜将英贡使阿美士德一行从通州带往北京西郊圆明园。"最后，在8月29日早上，特使（阿美士德）风尘满面，经过12个小时的酷暑夜在粗石路上的旅途困顿之后，被朝廷上的皇族和国家的大臣推拥着，拖着手，并推向皇帝召见的殿堂方向，以便立即觐见。他要求有时间去拿取委任书，把自己打扮成配得上是一个大不列颠的贵族和他的君主的特使的样子。而最主要的是，要有一段时间恢复他一万五千里旅途而产生的疲劳，以便于觐见。——但最后他宣称，他拒绝叩头。他终于突然走开；皇帝听到这个报告，对他的态度表示震怒，下令他立即在当天晚上再回通州，再从该处返回广东。"①这是英国方面的记载。

中方的记载更为细致。和世泰初六晚带着英使阿美士德一行从通州出发，经过12小时的疲劳奔波，于初七日早上抵达北京西郊圆明园。和世泰等或许心存侥幸，以为疲惫不堪的阿美士德一定会听从安排，届时生拉硬拽，应该能够完成一个说得过去的仪式。不料，英使团老早就有预判，更有决不三跪九叩的预案。所以，当和世泰等人试图强行动手时，阿美士德以礼服未备、国书未带为由，拒绝入园觐见。当此时，嘉庆帝已经按照预案端坐龙椅，王公大臣也早已穿戴整齐，列队殿堂。阿美士德的坚拒让和世泰乱了方寸，他先是向皇帝报告使臣不能快走；稍后又报告说正使突然拉肚子，稍缓片刻；第三次传见时，和世泰答称正使病倒，无法进见。嘉庆帝随即指示，既然正使病倒，那就送其回寓调治，让副使进来吧。不料，副使小斯当东同样不给面子，他对和世泰说，衣车未到，无朝服何以成体。到了这个时候，和世泰只好破罐子破摔，一谎到底，说副使亦不幸病倒了，他哀求皇上缓以时日，等正、副使病情缓解后，再安排觐见。②

理论上说，远道而来，水土不服，突然病倒，并非不可能。真实的情况当然不是这个样子，但是假如嘉庆帝心知肚明，顺水推舟，同意让

---

① 《东印度公司对华贸易编年史》卷三，261—262页。
② 《清代外交史料》嘉庆朝辑五，57页。

正、副使臣耐心治病，等到痊愈后再安排觐见，也并非完全不可能，毕竟可以在持续的交往、交流中增进了解，弄清双方的关切、症结，哪些可以妥协，哪些可以不必如此认真，或许历史进程将是另外一个样子。

然而，历史无法假设，历史毕竟就这样走过。当嘉庆帝得知副使拒绝入内觐见后，已经怒不可遏，中国为天下共主，中国的君主何曾当着群臣受过如此羞辱。嘉庆帝旋即发布御旨，著"该贡使等即日遣回，该国王表文亦不必呈览，其贡物俱著发还。所有该贡使行程及沿途伴送弹压之处，仍遵照前旨行。"①从这段文字可以感受到嘉庆帝的愤怒。阿美士德使团一次郑重其事的重大国事活动，竟然以如此低劣的小错误而结束。

我们之所以不惜浓墨重彩描述阿美士德使团的访华过程，主要想讨论对于近代中国来说，如此重大的问题，我们看到最高层决策并不是什么统揽全局，审时度势，综合判断，而是率性而为，偶然性大于必然性，面子大于里子。这是讨论近代中国时必须注意的。

跛足前行：国家机会主义

如果说1793年马戛尔尼使团访华失败，有法国大革命的某些因素，带有盛世恐慌的意味，那么23年之后的阿美士德使团访华失败就显得很无厘头，而这个时机对中国来说甚至比18世纪晚期更重要。此时，西方工业革命已经走过半个多世纪，许多重要发明、发现已经转化为实际的生产力，资本主义生产已经从工场手工业向机器大工业过渡，这也就意味着人类历史将揭开一个全新的页码，农业文明已成为过去，工业文明是人类即将面临的大问题。与工业文明相伴而出现的当然有政治的、社会结构的、文化教育的，乃至军事的、国际意识及国与国之间关系的一系列变动，这是一个划时代的大改变。中国即便在18世纪中期开始与西方同步，但由于中国不是工业革命原发地，要想在工业化、规模化、科

---

① 《清代外交史料》嘉庆朝辑五，56页。

学技术方面与西方同步，几乎是不可能的，但可以维持中国与西方工业化一个最近的距离，而不是从马戛尔尼至阿美士德，甚至之后又有若干年的完全拒绝。中国与划时代的工业革命绝缘，中国傲然停留在上一个时代。这是从大历史层面的一个观察。这个错失，加重了后世中国的压力，过往一两百年，甚至包括未来若干年中国可能将面对困扰，都可以从马戛尔尼—阿美士德这段历史中找到缘由。

从历史细节上说，18世纪是中国贸易出口的强势增长时期，中国的富裕是真金白银，中国拥有巨量资金，假如那时的中国对世界有正确的认知，中国即便不是工业革命原发国家，但中国利用自己的市场、资本，完全可以紧随工业革命的步伐，以资本换技术，以市场赚大钱，形成良性循环。当然，这个前提是愿意与世界循环，愿意开放市场，愿意引进机器、技术，愿意随着工业革命改变自己的政治组织、社会组织、军事体系、教育体系。

中国没有走上这一步，其原因非常简单，就是囿于见闻，故步自封，不知道世界，又高估了自己，以为自己有钱，以为全世界有求于中国，以为中国是世界中心，甚至是世界的主宰，不知道在那不经意的几十年，西方工业革命改变了世界，人类进入了一个新时代，而中国停留在了旧时代。中国无意与英国坐下来讨论贸易失衡问题，无奈的英国工业资本家、商人，只能按照自己的意愿，用自己所能使用的手段去自己解决问题。于是，一个全新的商品应运而生，短短20年，就悄悄逆转了中英贸易失衡的基本态势，中国从一个拥有巨大贸易顺差的国家，迅速变为一个缺少购买力的穷国。财富的积累用了几百年时间，财富的消耗只需几十年，甚至更短。

这个特殊的全新商品，就是鸦片。

鸦片，为Opiun的音译，其词源为拉丁语"汁液"，大约因为鸦片实由罂粟汁液制成。另外，阿拉伯语则称之为Afyon，所以中文很早就音译为"阿芙蓉"。称之为鸦片，应该是比较晚的事情。

罂粟原产于南欧和小亚细亚一带，在人类历史上已经存在很长时间了。人们很早就知道罂粟在医学上的功能，在西方药典中，很早就将罂粟作为可以治疗失眠、头痛，或止咳的良药。

人类在历史上的交往，远远超出后人的想象。罂粟、鸦片，究竟什么时间进入中土，这仍然是一个值得考古学关注的题目，仅仅从文献上说，唐朝已经有过这方面的记载。

鸦片在人类历史上已经存在很长时间了，考古发现早已给出证据。在中国，唐代文献中就提到过鸦片。10世纪、12世纪，以及后来13、14世纪，罂粟壳都曾作为药物使用，具有止咳止泻等功效。《本草纲目》中"阿芙蓉"：释名，名阿片，俗作鸦片。主治：1. 久痢；2. 赤白痢下。当然，中外医学家很早就知道鸦片"杀人如剑"，宜深戒之。①

鸦片对于一些未明病理的症状具有奇特的功效，因而在早期殖民活动中，在开疆拓土向荒凉处进发的时候，对付疟疾，对于丛林密布中的瘴气带来的病症，鸦片都是很重要的物品，为早期殖民者随身必备。这在荷兰人进占台湾时开始变得比较普遍，然后再从台湾经过厦门传至大陆。不过在1800年以前，鸦片还不构成中国问题，毕竟鸦片主要还是作为药物使用。非药物吸食鸦片，一般推断在嘉庆初年，即18世纪最后几年和19世纪初期，也即马戛尔尼访华（1793）与阿美士德访华（1816）之间。在这个时间段，"在广东贸易中，鸦片像其他任何物品一样是一种商品；岸上的吸食者会受到警告，零售贩也可能在官方的一时振作之下，货物会被查拿，甚或本身会受到惩处，但尤其可能的是受到马快们的查缉——所谓马快就是在中国代替警察的一种人物；但是在海上却没有禁令和限制。鸦片像英国的多啰呢和印度的棉花一样，是进口船只中的货载，公开的交易，并且用同样的方法经过船只的保商，即公行的一个会员出售的。中国对于鸦片的需要是受到欢迎的，这可以作为一种减少西方国家白银储备大量外流的手段，这种很严重的大量白银外流是由于提供和留作购买茶叶的钱币发生的；就这个目的来讲，中国人对任何商品只要有购买的需要都会是同样受到欢迎的。在禁令颁发以后贸易便不能再按照这样的方式进行，因而在澳门设立了一个存储站，在那里，

---

① 《中华帝国对外关系史》卷一，195页。

中国官吏虽然也实现财政管辖权,这样恰好使他们对于鸦片贸易更能够闭着眼睛不管。但是实际上,由于葡萄牙人的限制和征税,装载鸦片的船只,通常都是把鸦片继续留在船上并且运到黄埔,在那里成交,就在船边交货。在这段一直延展到1821年的期间中,输入鸦片的数量最多的一年也不过只5000箱多一点;在前半期中(1800—1811年)每年平均是4016箱,在后半期中(1811—1821年)每年平均为4494箱。"①鸦片渐渐成为平衡中英贸易的工具。

鸦片贸易的持续扩大带给中国极大的危害。一是极大地摧残了中国人的身体,进而有亡国灭种之虞。嘉庆二十年(1815),"谕以鸦片实系外洋所产,而流入中土,然各地风土人情有异,天朝原不禁尔国子民制作吸食鸦片,及在尔国本土传播此一习惯。但鸦片流入本地,不轨之徒购买吸食,继而陷于神智昏迷,坏人体力,乃至丧生,有害于人之身心者极大,是以律例对鸦片加以严禁。……绝不能容许尔等偷运入内,辗转售卖。"②

另一个问题是,鸦片逐年增加进入中土,一个真金白银堆起来的康乾盛世,在鸦片侵蚀下,不到30年就打回了原形。综合各方面的研究,随着鸦片大量输入中国,中英贸易格局迅速改变,中国的大量顺差迅速变为逆差。大约从19世纪20年代开始,英国的白银就不再流向中国,中国的白银却源源不断地流向了英国。以1837年7月1日至1838年6月30日一个年度的中英贸易统计为例:

英国输入中国的鸦片和其他商品的价值(英镑)	英国从中国输入商品的价值(元)
金属产品　620 114	茶　9 561 576
棉花　1 640 781	丝　2 052 288
鸦片　3 376 167	其他产品　976 060
合计　5 637 053 镑	合计　12 589 924 元
	折合英镑　3 147 481 镑

从这张简单的统计表中可以看出,鸦片成为英国输入中国商品的最大

---

① 《中华帝国对外关系史》卷一,199—200页。
② 《东印度公司对华贸易编年史》卷三,383页。

宗，竟然占总值的一半以上。在这一年多中英贸易中，中国有高达2 489 572英镑的贸易逆差，这当然意味着中国的白银大量流向了英国。仅1828—1836年不到10年间，中国流向英国的白银总计达到37 985 103元。①在工业革命成果初现时，鸦片，而不是工业品，却成为英国对华贸易的大宗，这极具讽刺意味，其原因也最值得检讨。

工业化初期的英国需要巨大的国际市场，中国在经历了18世纪繁荣之后，最具购买力。这原本是一组最好的搭档，中国只要在那个时候开放市场，中国的真金白银就能让自己跟上西方工业化的步伐，至少不会比其他后发国家慢。再说，就传统而言，中国自来具有包容外部的雅量，印度的佛教，中亚、西亚的丝绸贸易，不论是走出去，还是走进来，自秦汉以来，经唐宋元，直至郑和下西洋，中国都不能算是一个封闭的内陆国家，中国与世界有着多重复杂关系。但是，此时的中国，就是不愿意接纳西方的工业文明，不愿意主动或被动地扩大市场，不愿让外商走进来，更不愿脱离政府走上自由贸易。为此，中国因鸦片的伤害，在1840—1860年的20年间，中英进行了两次战争。战争均以中国失败而结束，相继签署了《南京条约》、《天津条约》和《北京条约》。中国的大门被迫打开，从《南京条约》的"五口通商"，进至《北京条约》北方"三口通商"，以及长江流域对外开放，中国终于迈出了走向现代的第一步。

1860年开始的现代化运动，前后持续了34年之久，至甲午战争结束。这场运动在过去几十年评价极高，被誉为"近代中国第一次现代化运动"，或者被誉为"中国现代化的起点"。传统史学将这个时间段命名为"同光中兴"，或"自强运动"、"洋务新政"。这确实是中国历史上一次巨大的改变，具有过去两千年帝制时代所不曾有的新因素、新内容。

34年的洋务新政是中国工业化的起点，中国经过几十年奋斗，终于从零开始构建了自己的现代工业基础。与同时代的日本工业化运动略有不同的是，日本在工业化起步时期，并不刻意发展军事工业，发展就是

---

① 高鸿志：《近代中英关系史》，50页，成都：四川人民出版社，2001年。

发展，工业化就是工业化，因而日本早期工业化运动相对说来比较均衡，没有出现明显的失衡。而中国的工业化运动从一开始就属于"非常态"，洋务新政的主要领导者恭亲王、文祥等从与英法联军冲突、交涉的经历中获得了三个教训："第一，他们确切的认识西洋的军器和练兵的方法远在我们之上。咸丰十年，担任京、津防御者是僧格林沁和胜保，这两人在当时是有名的大将。他们惨败了以后，时人只好承认西洋军队的优胜。第二，恭亲王及文祥发现西洋人不但愿意卖军器给我们，而且愿意把制造军器的秘密及训练军队的方法教给我们，这颇出于时人意料之外。他们认为这是我们自强的机会。第三，恭亲王及文祥发现西洋人并不是他们以先所想象那样，'狼子野心，不守信义'。英、法的军队虽然占了北京，并且实力充足，能为所欲为，但《北京条约》订了以后，英、法居然依据条约撤退军队，交还首都。时人认为这是了不得的事情，足证西洋人也守信义，所以对付外人并不是全无办法的。"基于这样的认识，恭亲王、文祥等主政者制定了一个"统筹全局"的大政方针："第一，他们决定以夷器和夷法来对付夷人。换句话说，他们觉得中国应该接受西洋文化之军事部分。他们于是买外国军器，请外国教官。他们说，这是中国的自强之道。第二，他们知道自强不是短期内所能成立的。在自强没有达到预定的程度以前，中国应该谨守条约以免战争。恭亲王及文祥都是有血性的人，下了很大的决心要推行他们的新政。在国家危机的时候，他胆敢出来与外人周旋，并且专靠外交的运用，他们居然收复了首都。时人认为这是他们的奇功。并且恭亲王是咸丰的亲弟，同治的亲叔。他们的地位是全朝最亲贵的，有了他们的决心和资望，他们在京内成了自强运动的中心。"①这个大政方针之梗概，就是"通筹洋务全局章程六条"，这6个条款，深刻地影响了此后中国30年的发展：

第一，于京师设立总理各国事务衙门，以专责成。

第二，于南北通商口岸分设通商大臣，以期易顾。

---

① 蒋廷黻：《中国近代史》（外三种），48—49页，长沙：岳麓书社，1987年。

第三，加强新设各口关税管理，以期裕课。

第四，各省办理外国事件互相知照，以免歧误。

第五，荐选通知外国语文人才，以备咨询。

第六，各海口内外商情并各国新闻纸，按月咨报总理衙门，以凭核办。①

"通筹洋务全局章程六条"递交并批准于咸丰时代，但真正获得执行落实，还是在咸丰突然去世后。由于身份的特殊，也由于"后咸丰时代"中央政治权力架构的特殊性，作为咸丰帝六弟，恭亲王肩负着非同寻常的政治责任，成为那时名副其实的"议政王大臣"，辅佐咸丰的两位未亡人，也就是恭亲王的两位嫂子——慈禧太后、慈安太后，那时的权力架构，很像中国历史上的"周召共和"，恭亲王主管朝政日常，静待小皇帝成长。所以，恭亲王向西方有限度学习的理念，便自然深刻地影响了清帝国的政治走向，不仅中央层面形成了一个很强的政治势力，具有自强、发展、学习西方的意识，而且在地方督抚中，也渐渐成长起来一批后来被誉为"中兴大臣"的政治人物，如曾国藩、左宗棠、胡林翼、李鸿章等一批汉大臣。

在清帝国政治架构中，很久以来并没有汉大臣的平等地位，假如我们去注意咸丰时代或咸丰之前很长时间清帝国的权力布局，可以清晰地感到所谓清帝国就是满洲人的天下，汉人只是大清帝国中一个并非具有决定力量的族群，汉大臣在这个政治架构中的功能微乎其微，甚至不如周边那些后来加盟进来的族群，如蒙、藏。但是，19世纪中期发生的、以推翻满洲人统治为诉求的太平天国运动给汉人提供了一个机会，满洲人对太平军近乎无计可施，八旗、绿营不堪一战，望风而逃，南部中国相继失陷，太平军迅即占领了长江领域，拥有中国最富裕的地方。不得已，清廷颁布奖励团练的命令，也就是允许汉人士大夫阶层组织地方武装遏制太平军的进逼。这是有清以来从未有过的，也是汉人士大夫从未

---

① 《钦差大臣奕䜣等奏通筹洋务全局酌拟章程六条折》（咸丰十年十二月初一日），"中国近代史资料丛刊"《第二次鸦片战争》卷五，340页，上海人民出版社，1978年。

有过的被信任。正是在这样的历史背景下，曾国藩、左宗棠、胡林翼、李鸿章等脱颖而出，他们在参与镇压太平天国运动中建功立业，为清帝国度过政治危机贡献了心智。

汉大臣在咸丰时期获得重用，异军突起，说起来还是恭亲王的政治对手肃顺当政时开启的先例。"肃顺秉政时，待各署司官眦睚暴戾，如奴隶若。然惟待旗员则然，待汉员颇极谦恭，尝谓人曰：'咱们旗人混蛋多，懂得什么？汉人是得罪不得的，他那支笔利害得很。'故其受贿，亦只受旗人不受汉人也。汉人中有才学者必罗而致之，或为羽翼，或为心腹，如匡源、陈孚恩、高心夔，皆素所心折者。曾国藩、胡林翼之得握兵柄，亦皆肃顺主之。"①据一项可信的野史记录，"肃顺于咸丰年间始为御前大臣，贵宠用事。入军机，屡兴大狱，窃弄威福，大小臣工被其贼害，怨毒繁兴，卒以骄横僭拟，获罪伏法。然是时粤寇势甚张，而将帅之有功者皆在湖南，朝臣如祁文端公、彭文敬公尚瞢焉不察，惟肃知之深，颇能倾心推服。平时以座客谈论，常心折曾文正公之识量，胡文忠公之才略。苏常既陷，何桂清以弃城获咎，文宗欲用文忠督两江，肃曰：胡林翼在湖北，措置尽善，未可移动，不如用曾国藩督两江，则上下游俱得人矣。上曰善，遂如其议。"②

肃顺开启的重用汉大臣新风，并没有因为他后来犯事被诛杀而终止，清帝国后来得以中兴，在很大程度上就是因为曾国藩以后几代汉大臣的努力。当然，清帝国最后被送进历史，在某种意义上说依然是因为满汉之间的不和谐，利益冲突，汉人士大夫阶层的成长。但在"后咸丰时代"，曾国藩这代人的贡献至为关键。同治元年（1862年），曾国藩奉旨任两江总督协办大学士，曾国荃补授浙江按察使。同一年，李鸿章率淮军抵达上海，出任江苏巡抚。从此，曾李师徒一方面负有剿灭太平军的军事责任，另一方面在长江流域，特别是上海开始了洋务新政，以实际行动响应恭亲王、文祥在中央层面的策划。

---

① 《清朝野史大观》卷七"肃顺"。
② 徐珂：《清稗类钞》册三，1403页，"肃顺荐胡文忠曾文正"，北京：中华书局，1984年。

曾国藩、李鸿章等人在地方上首先推动军事工业的产生。以时间为序，主要的军事、民用大型企业如表所示。

时间	企业	说明
1861	安徽安庆,军械所	曾国藩
1862	江苏苏州,制炮局	李鸿章
1865	上海,江南制造局	李鸿章,制造轮船、枪炮、水雷、火药
1865	南京,金陵制造局	李鸿章,苏州制炮局迁来。
1866	福州,福建船政局	左宗棠
1872	上海,轮船招商局	
1876	河北滦县,开平矿务局	
1878	兰州,兰州织呢局	
1878	上海机械织布局	1893年重建
1880	天津,电报总局	
1890	武汉,汉阳铁厂	
1892	武汉,湖北织布局	

曾国藩、李鸿章等人推动的这场现代化运动发生的时候，清军与太平军的战争还没有结束，甚至看不出必胜的结局。洋务、自强、新政，就其本质而言，无疑是要用西洋的军事手段强军，因而那时的湘军、淮军，甚至太平军，都注意到了西洋武器的优越性，甚至注意到了西方富强的根本。同治三年（1864年），李鸿章给恭亲王、文祥写了一封信，陈述他对天下大势、中国道路的看法，他说："鸿章窃以为天下事穷则变，变则通。中国士夫沉浸于章句小楷之积习，武夫悍卒又多粗蠢而不加细心，以致所用非所学，所学非所用。无事则嗤外国之利器为奇技淫巧，以为不必学；有事则惊外国之利器为变怪神奇，以为不能学。不知洋人视火器为身心性命之学者，已数百年，一旦豁然贯通，参阴阳而配造化，实有指挥如意、从心所欲之快。……前者英、法各国，以日本为外府，肆意诛求。日本君臣发愤为雄，选宗室及大臣子弟之聪秀者，往西国制器厂师习各艺，又购制器之器，在本国制习，现在已能驾驶轮船，造放炸炮。去年英人虚声恫喝，以兵临之，然英人所恃为攻战之利者，彼已

分擅其长,用是凝然不动,而英人固无如之何也。夫今之日本,即明之倭寇也,距西国远而距中国近,我有以自立,则将附丽于我,窥伺西人之短长;我无以自强,则将效尤于彼,分西人之利薮。日本以海外区区小国,尚能及时改辙,知所取法,然则我中国深维穷极而通之故,夫亦可以皇然变计矣。……杜挚有言曰:利不百不变法,功不十不易器。苏子瞻曰:言之于无事之时,足以有为,而恒苦于不信;言之于有事之时,足以见信,而已苦于无及。鸿章以为,中国欲自强,则莫如学习外国利器,欲学习外国利器,则莫如觅制器之器,师其法而不必尽用其人。欲觅制器之器与制器之人,则或专设一科取士,士终身悬以为富贵功名之鹄,则业可成,艺可精,而才亦可集。"①

李鸿章的这封信,被蒋廷黻视为"中国19世纪最大的政治家最具历史价值的一篇文章"。第一,李鸿章认定中国到了19世纪,惟有学西洋的科学机械然后才能生存;第二,李鸿章在同治三年已经看清中国与日本孰强孰弱,要看哪一国变得快。日本明治维新的世界的、历史的意义,李鸿章一下子就看清了,并且大声疾呼要当时人猛醒,要努力。这一点尤其表现出了李鸿章的不凡。第三,李鸿章认定改革要从培养人才入手,所以他要改革清朝的科举制度。不但此也,李鸿章简直要改革士大夫的人生观。他要士大夫放弃章句小楷之积习,而把科学工程选为终身富贵之鹄的。因为李鸿章认识时代之清楚,所以他成了同光年间自强运动的中心人物。②

就大势而言,李鸿章是两千年帝制最后时期最重要的领导人之一,官至直隶总督兼北洋大臣,授文华殿大学士,长时期主管中国对外通商及交涉事务,很长时间是中国最高外交官,先后参与镇压太平天国运动,主导洋务新政,处理晚清三十年最复杂的对日外交,是《中日修好条约》、《马关条约》、《辛丑条约》中方签字人,也是以"头等钦差"出使欧美第一人。

---

① 《致总理衙门》(同治三年),《李鸿章全集》卷二十九,313页,合肥:安徽教育出版社,2008年。
② 《中国近代史》(外三种),51页。

在晚清数十年的外交活动中，李鸿章是非常重要的人物，在传统叙事模式主导下，李鸿章被视为汉奸、卖国贼，好像对外妥协都不应该，好像如果不是李鸿章出面，中国的结局一定不一样，一定不会签订《中英烟台条约》、《中法会订越南条约》，更不会签订《马关条约》、《辛丑条约》，也不会同意让外国人租借香港、胶澳、旅大、广州湾，更不会割让台湾、澎湖、辽东半岛，不会在马关议和、辛丑谈判中赔了那么多钱。好像近代中国的所有责任都应该由李鸿章承担，李鸿章以一人之身担负着近代中国落后、挨打、被欺凌的全部责任。

人们当然有权利这样指责李鸿章。李鸿章在其政治生涯中也确实有失误、有不妥，比如在甲午战争后，李鸿章或许不应该意气用事弃东洋转亲"北极熊"，更不应该总是使用传统中国"以夷制夷"的老路办外交。他虽说中国外交在那时的最大难题不是自言自语、自说自话，而是要有国际视野、世界意识，要让世界觉得中国不是怪物，中国与别国一个样。只有让世界各国以平等身份待我，中国才有外交可言，才有国际地位。

李鸿章的认识是对的，只是历史条件的约束，有许多事情可能知道，或许也已经想到，但是没有用。比如李鸿章的幕僚在19世纪70年代就向他详细讲述过西方富强并不在坚船利炮，并不在生物电化，而在制度，在于西方人有一个上下沟通无滞碍的议院制度。至于日本的明治维新，李鸿章也是中国最先详细了解的人，但是没有办法，中国只有经历了头破血流，只有到了彻底失败，方才醒悟，方才走上维新，学习东洋。

历史局限了一个人的能量发挥，这在历史上常有。李鸿章可以做得更好，可以给历史少留点遗憾。然而，历史毕竟走过，没有办法遗憾。我们这一代人所能做的，就是弄清近代中国究竟是怎么一回事，李鸿章那一代中国人所做的事情究竟具有怎样的意义。

李鸿章那一代人在一片白纸上给中国描绘出了一个全新的图案，在农业文明基础上，从零开始，构建了中国工业化的初步基础。中国开始有了自己的工业，有了自己的制造业，有了自己的近代城市，也有了电报、轮船，甚至铁路。尤其值得夸耀的是，中国自郑和下西洋结束以后，虽有漫长的海岸线，但中国以内陆国家自许，虽然拥有庞大的属国，但似乎并没有想过怎样将这些属国进行殖民化改造，因而中国的水师自清朝定鼎中原以来，尽管面临所谓倭寇的骚扰，面临台湾问题，但水师并没有获得发展。自强运动开始后，清政府面临的首要问题是镇压太平天国运动，是打进金陵，收复金陵，重建统一的清帝国。

洋务新政的第一步，可以说就是强军，就是要建立一支自己的水师，因为中国在与西方诸国达成妥协后，依然存在一个巨大的心腹之患，那就是已经在南京城里长达 10 年之久的太平天国政权。太平天国的存在，让最富庶的东南半壁不在清政府的手里。

太平天国之所以在南京城里安稳如故，除却其他因素，一个重要原因是那时的南京易守难攻，巨大的江面成为南京的天然屏障，没有一支强大的水师，在那个时代确实很难破城。

为攻城，清军将领曾国藩、左宗棠等想了无数办法，甚至仿造西方的轮船，但是根本弄不清西方轮船的内在技术，仅仅外表的模仿根本无法解决问题。于是，清政府只能重金聘请西洋技师、工匠，于 1866 年设立福州船政局，开始建造新式船舰。这就是近代中国海军的萌芽形态。

聘请西洋技师、工匠在中国本土建造船舰是一条最正当的路，只是这种方式毕竟见效太慢，远水解不了近渴。因此，清政府在决定发展自己的海军之后，除了建造，还花费大量资金到西洋诸国购置战舰。1862 年，恭亲王奕䜣授命署理海关总税务司赫德委托身在英国的李泰国代为购买并装备一支火轮舰队。

李泰国曾任中国海关第一任总税务司，熟悉中国，知道中国之所需，于是他在没有与总理衙门充分协商，就自作主张为中国购买了 8 艘轮船，并且做主雇佣英国皇家海军舰长阿思本为总司令，负责统帅中国将要创建的这支海军，而且规定阿思本将来在这支军舰的行动上，只接受代表中国皇帝的李泰国的命令。

很显然，李泰国太不了解中国国情，他后来为这个鲁莽的决定付出了代价。中国不可能容忍一支桀骜不驯的洋人水师，在无法达成指挥权、管理权妥协的情况下，中国只能自认倒霉赔偿了阿思本一笔违约金。至于李泰国，也只好拿到一笔赔偿款后丢掉海关总税务司之职。中国第一次创办海军的尝试付出了不小代价，依然失败。

恭亲王、曾国藩、李鸿章等中国大臣都不会接受一个不受约束的现代化洋人军队，创办属于自己的海军就成为李泰国之后中国自强运动的本有之意。1865年，曾国藩鉴于李泰国事件的深刻影响以及他几年来尝试建造军舰不断失败的教训，建议朝廷在上海建立江南制造局，委派留美归来的容闳负责机器的采购，利用西方技术在本土制造现代化战舰。

仅3年时间，江南制造局制造的第一艘木制汽船"惠吉"号于1868年竣工，这艘船耗资8万两。至1872年，江南制造局总共打造了5艘战舰，最后一艘拥有400匹马力，配备26门火炮。

创办一支属于中国自己的海军，并让中国人自己能够制造、使用与西方技术水平比较接近的军舰、枪炮，是洋务新政既定的主题，但究竟应该怎样做，在那个时代，恭亲王、曾国藩这些主政者并没有既定蓝图或"顶层设计"。凡此均为中国历史上前无古人的事业，中央政府只能最大限度地让各省督抚自己探索，寻找办法。

如果说曾国藩、李鸿章先后领导的江南制造局从全局上为洋务新政布局的话，那么左宗棠、沈葆桢创建的福州船政局则在中国海军创办方面下了切实的工夫，直接引导了中国海军的诞生。1866年，即曾国藩创办江南制造局的第二年，闽浙总督左宗棠在福州马尾创办船政局，又名马尾造船厂。后在继任大臣沈葆桢的苦心经营下，成为远东最大的造船厂。

福州船政局由中国投资经营，但在技术、管理方面，从一开始就重金聘请西洋人为正、副监督，总揽船政局一切事务，完全按照西洋人的方式方法进行。1869年，福州船政局制造的第一艘轮船"万年青"号下水，至1874年，福州船政局共制造轮船15艘。这些战舰主要交付给福建水师或南洋水师使用，成为那个时代中国水师的主要战舰。

沈葆桢是经手处理日军1874年侵台事件的主要当事人，通过这一事件，沈葆桢预感中国的发展如果外交问题处理不好就势必与日本发生正面冲突，不仅危害中国的国家安全，而且极有可能阻碍中国的发展进程。

要想杜绝日本对中国的觊觎、蚕食，不再发生日军侵台的类似事件，沈葆桢清楚地意识到中国必须要拥有一支强大的海军，必须用实力震慑日本的野心。

日军侵台以及由此导致的琉球丢失给清政府的教训是多方面的，清政府由此确实一度意识到必须加强海防建设，必须构建强大的足以遏制日本的海军。于是1875年4月，清廷谕令李鸿章督办北洋海防事宜，沈葆桢督办南洋海防事宜，中国海军建设从此走上了轨道。

根据这一原则，沈葆桢1875年就任两江总督兼南洋大臣，督办南洋水师，负责南洋防务，选派船政学堂学生前往欧洲学习海军，后来极富盛名的严复，就是沈葆桢的爱徒，也是第一批留学欧洲的海军。

曾国藩、左宗棠、沈葆桢，都是洋务新政时期海军建设事业的开创者，都为中国海军的诞生、初期发展贡献出了心智。但是，说到中国海军建设，最重要的人物，无疑还是李鸿章。

为配合北洋海军建设，清政府于1885年创设海军衙门，任命醇亲王奕譞总理海军事务，庆亲王奕劻、李鸿章为会办，汉军都统善庆、兵部右侍郎曾纪泽为帮办。当然，既然为"北洋海军"，那么真正掌握这支新型军队的，肯定是北洋大臣李鸿章。

在李鸿章的主持下，北洋海军的发展势头相当不错。由于不错，也就引起了日本的警觉，日本在后来加大对海军的投入，并将其假想敌由俄国转为中国，在某种程度上反证了北洋海军并非失败后所说的那样不堪一击。北洋海军不仅拥有可以与日本媲美的一流战舰，而且由于中国地理环境优越，北洋海军还拥有日本海军望尘莫及的旅顺口、大连湾、威海卫基地。这些天然良港为北洋海军提供了得天独厚的条件，加上四周的炮台，使北洋海军进可攻退可守，进退自如。无论如何没有想到北洋海军残部后来会在自己的威海卫良港成为瓮中之鳖，被日军死死围住。

北洋海军在甲午战争中的失败，可检讨的问题很多，但100多年过去了，我们不应继续以成败论英雄，应如实肯定北洋海军的成绩，如实探究失败的原因。

洋务新政带给中国巨大的变化，成绩是主要的，问题当然也不少。

最主要的问题，是清帝国领导者从一开始就采取了"国家机会主义"立场，因而使这场现代化运动，甚至使整个中国近代的进程变成了跛足的、畸形的，从而给后世中国造成了极大的麻烦。

李鸿章们从一开始就很清楚西方的工业化是一个整体工程，并不是单纯的机械、科学，更不是数字化的财富，但是碍于清帝国自乾隆晚期开始的锁国主义倾向，李鸿章们无法对这些历史已证明的错误彻底清算，因而从一开始，清帝国主政者们就提出了一个非常可疑的所谓"中体西用"论搪塞批评。从某种意义上说，李鸿章这一代政治领导人缺少起码的坦诚，甚至没有17世纪排外主义者杨光先那样"光明磊落"："宁可使中夏无好历法，不可使中夏有西洋人。"洋务新政领导人一方面需要西方的好东西，另一方面强调中国文明整体上优于西方，只是在极个别方面暂时落后。这个说法固然有助于重建信心，但毫无疑问也使许多并没有深入研究中西文明差异的人产生了盲目的自信，进而使中国的变革变得困难重重。洋务新政领导人本来就担心全盘、深入地学习西方会引起自信心的丧失，进而引发对先前锁国主义错误的追究，但是部分地向西方学习，照样可以增加中国的财富，照样可以在很短的时间里看到学习西方的实惠。洋务新政领导人由此应该想到，假如中国全面学习西方，可能进步更快，财富增加更多，现在已经取得的进步是"后发中国"天然拥有的模仿能力，属于"后发优势"。后发国家如果不及时转变发展模式，如果一味陶醉于模仿的结果，那么最终无法分清已有的进步究竟是改革不彻底的结果，还是彻底改革可以更好？畸形变革成了洋务新政的基本特征，随着洋务新政成绩越来越大，打破这些基本特征越来越难。

畸形变革、跛足现代化模式使中国丧失了"国家再造"，丧失了向现代民族国家转型的最佳机会，传统的旧体制在经济增长的同时几乎原封不动地保留了下来。对比同一时期比中国稍晚一些时日的日本明治维新，他们不仅选择了脱亚入欧、全面向现代国家转型的近乎全盘西化的路径，而且从一开始就确立了废藩置县，重构国家行政体制，重建一个强有力的中央政府，从而使日本迅速完成了国内统一市场的建构。回望中国的洋务新政，各省区的督抚体制，各省区的厘金、关卡制度，使中央政府很长时间不具有足够的协调能力，不利于国内统一市场的形成，这无疑加大了社会运行、经济增长的成本，减缓了中国现代化的速度。

国家机会主义在洋务新政时期最突出的表现，就是由国家—政府垄断一切，不论是政治、军事，还是经济，诸如企业、商业、盐铁、火柴，以及技术发明等一切活动，均由政府所垄断，国家—政府，与原子化的单个生命处于直接关系中，中国不但没有结社，没有结社自由，也没有政府垄断之外的自由经济、自由企业。任何稍具规模的生产经济活动，都必须获得政府的批准，或者与政府具有某些特殊关系，比如监督、监护，比如企业、企业主，只是政府或准政府机构的"白手套"。据费正清研究，"1870年后不久，李鸿章成为公开请商人参与现代企业的第一个高级官员。李鸿章意识到国家的岁入不足以提供他为中国设想的广泛的系列工业所需要的资金，为吸引商人，他承诺以商人的管理和丰厚的利润作为交换来代替全权的官方监督。传统商人中响应者寥寥可数，而熟悉西方商务（虽然不是工业）管理的买办却反响热烈。买办提供了钱和专门知识，在19世纪70年代末以前即成功地创办了三大现代企业。但是官方的监督人开始干预其公司的事物抉择，买办和其他个人投资者逐渐醒悟，这就导致了他们停止新的投资，迫使那些已经成为经理人的官方监督人越来越多地依赖于有限的国家岁入和他们自己的个人资财。"国家垄断了一切，甚至剥夺了企业经营者、管理者必须拥有的自主权力，这是国家机会主义最严重的问题。"这样，在现代企业中国家和商人参与者的问题上，中国的事例再次与日本形成鲜明对照。在明治时的日本，政治领袖们从税收中向一定数量的重要工厂提供资金，并委派官吏去管理。但在19世纪80年代初，政府把这些工厂廉价卖给企业家，放弃了控制。在清末的中国，政府和官员个人继续维护其管理和所有权"。[①] 这就是中国的洋务新政为什么不敌日本明治维新的根本原因之一。

在《马关条约》之前，中国的私人资本并没有随着中国现代企业的

---

① 陈锦江：《清末现代企业与官商关系》，10、12页，北京：中国社会科学出版社，1997年。

发生而增长,"普天之下莫非王土,率土之滨莫非王臣",皇帝不仅是打天下坐天下的当然主人,而且是权力、权利,乃至财富的唯一来源,皇帝拥有对财富的赏赐、剥夺的权力,私有经济、财富并不具有不可剥夺的保障,"皇帝高踞于文官政府、军队和监察机构三大支柱的顶端,他在日常政务中操持着那些或者协助他维护权力,或者帮助他行使权力的为数众多的机构。专门的机构处理皇家亲贵、皇族以及旗民的事务,对宫廷内务,则与宦官一起处理。内务府财源很广,有皇庄、专门的税收和贡物(包括广州贸易的特税和贡物),有对人参和皮毛的垄断,有罚款和籍没的家产以及官窑和皇家织造,因此岁入很大。"[1]皇帝和几百个大家族不仅垄断着帝国的政治权力,而且实际上垄断着帝国的经济、财富,因而尽管在洋务新政早期经济获得了迅猛的发展,但中国的私人经济在不能获得法律的保障、不能享有完全的支配权的时候,自然无法获得充分的发展。

没有私人经济的发展、繁荣,就没有私人的政治空间,也就没有资本家阶级产生的土壤甚至可能。我们注意到中国经济在1860—1894年间迅猛发展,也注意到一大批利用官商关系、政商关系发家致富,甚至富可敌国的商业巨子,但是这些人没有一个称得上近代意义上的资本家阶级,不是他们财富来源缺少正当性,而是他们的财富并不真的,或者说并不完全属于他们自己,政府拥有最后的剥夺权力,亿万财产可以在一夜之间,可以一个任意的名义予以剥夺。在这样一种制度安排下,自由资本主义无从发生,中国的资本家阶级也就不可能出现。没有自由的资本主义,没有自由的结社,没有自由的言论空间,国家资本主义就只能是"最坏的资本主义",政府为了垄断超额利润,往往不惜与民争利,不惜牺牲社会利益,牺牲一般老百姓的利益。杨小凯在《百年中国经济史》中归纳郭廷以、费正清、陈锦江等人的研究,以为1860—1894年的"洋务运动在清末经济史上是一个彻底失败的运动。这个运动是在政治法律制度、意识形态不能根本改变的约束下进行的,因此以坚持清朝政府的

---

[1] 《剑桥中国晚清史》上,31页,北京:中国社会科学出版社,1985年。

政治垄断，没有司法独立和保护私人企业的法律制度为基础。与明治维新模仿西方的政治、法律、经济制度相反，洋务运动坚持官办、官商合办、官督商办的制度，以此为基础来模仿发达国家的技术和工业化模式。这种方法使得政府垄断工业的利益与其作为独立第三方发挥仲裁作用的地位相冲突，使其既是裁判，又是球员，因此利用其裁判的权力，追求其球员的利益。这种制度化的国家机会主义使得政府利用其垄断地位与私人企业争夺资源，并且压抑私人企业的发展。而明治维新时不但在宪法中规定私有财产神圣不可侵犯，并且全面模仿英国、德国的政治、法律、经济制度（但却不放弃天皇的实权，不搞虚君共和），除了在人民不知企业为何物，办过几个模范工厂外，基本上不办国营企业。因此政府可以发挥公平司法、执法的第三者仲裁功能，私人企业得以蓬勃发展起来。加上日本模仿专利法、公司法，使得私人企业可以利用剩余权保护推广西方专利的收益，所以西方的技术得以广泛在日本发展。"从这个视角比较中国的洋务新政与日本的明治维新，虽然都是19世纪晚期学习西方的运动，但其思路、措施、目标、效果，相差不可以道里计。中国还停留在中古时代经济权利的混沌状态，日本已经明白现代社会的基础不是政府拥有多少财富，而是政府如何保护私人财富的安全、增长。这是时代错位，由此也就注定了两国后来的结局。

晚清的洋务新政存在很多问题，这些问题也构成了甲午战争后中国维新的主题，中国的社会在甲午战争后获得了释放，地方自治渐渐开始，新教育也渐渐提上日程，新闻媒体作为一个独立的政治权力，也在甲午战争后获得迅猛的发展，有报纸无新闻的局面渐渐成为往事。一个全新的资本主义制度，包括财产制度、专利制度、法律制度，进而政治制度，公民参与制度安排等，都在1895年之后重新起步。近代中国在经历了一个漫长、曲折的探索和蹉跎之后，终于踏上"走上世界"的康庄大道，与世界同步，与世界一致，渐渐成为近代中国一个重要的目标诉求。

第二章
"大五四"文化诉求：回应西风

文学是传统中国士大夫的专门职业，在19世纪中国文学领域中，占统治地位的主要有桐城派、文选派等，当时只有诗和非小说性散文才被视为严肃文学或文学的正宗，负有"文以载道"的责任，先前几个世纪许多用白话文写作的小说、故事和剧本等常常遭到蔑视，被视为不入大雅之堂的下里巴人。到了19世纪末和20世纪初，随着中国社会世俗化的发展，一些新派诗人和政治改革家受西方思想文化的影响，试图改革文体，提倡新诗，并开始在一些新创办的杂志、报纸上用白话文进行著述。文学改良运动正在悄悄进行，只是这种改良局限在少数学者的范围内，尚没有构成对传统文学和语言的严重威胁。

新文学潜流

文学的世俗化是与中国社会的世俗化同步进行的，而这一点又与中国自古以来的文学形态有着密切的关联。

中国文学所依据的载体是中国文字和中国语言，而中国文字与中国语言似乎自古以来就是分成两个相互关联又相互有别的系统，也就是说"文言分家"：书面表达与口头表达似乎始终是两个不同的系统。所以现在有些电视剧刻意让古人用文言说话，可能是过于拟古化，因为至少在我们可以见到的文献中，诸如敦煌遗书、宋朝人的语录中，我们可以很清楚地感到古人说话与文字书面表达并不一致。这也是中国社会阶层区分的一个重要标志，一般百姓的口头俚语不登大雅之堂，但它生动鲜活，富有生活气息，所以至少自周朝开始，知识阶层中稍有头脑的人就比较注意从民间收集这些语言和作品，以丰富中国文学的表达方式和表达内容。像孔子删改之前的所谓《诗经》，实际上都是民间小调、段子、顺口溜，然后经过孔子以及其他知识阶层的加工、提升，逐渐成为庙堂之上的典雅之作。所以新文学的潜流实际上就是胡适所说的"白话"的文学史，而"白话"的文学史，也就是民间的文学史，也就是郑振铎所说的"俗文学史"。

文学的历史或许像许多人所猜测的那样，其兴衰总是与政治的情形相反背。当政治上纷乱不堪，国家不能统一，周天子地位明显下降，只是列侯之一的时候，民间的或俗的文学史就格外发达。诸子凭借自己的才情肆意表达自己的意见，总是希望以自己的言论去干预政治，以易天下，自由发言导致思想的自由发展，也使文学达到了一个空前繁荣的状态。

与春秋战国时的情形相反，秦汉重建统一后，为了巩固统一，政治上的高压不可避免地发生，特别是董仲舒之后，意识形态一元化，儒家思想成为中国社会最高的和唯一的指导思想，结果使文学走上了万马齐喑的道路，文学成了文化领域的主旋律，文以载道的使命感使文学成了令人生厌的东西。看看两汉文学主流中的所谓汉赋，其夸饰、华丽、铺张，逐渐脱离了生活实际，完全成为文字游戏。而在民间，生动鲜活的文学形态作为一股潜流继续流淌着，看看司马迁本来无意于发表，本来准备藏诸名山、留诸后世的《史记》，其语言的活泼远非汉赋可比。

东汉末年，中国政治再次陷入弱中央强地方的状态，稍后更是三国分裂，诸侯称王称霸，人民苦于战争，而文学却在这种状态下重新获得了解放。东汉末年，民间的文学潜流诸如谣言、品评人物的判语等在这个时期获得新的发展，这对于魏晋时期富于真情实感的诗歌，比较好地展现文人才情的清谈，都起到了非常大的作用。我们今天就读曹操的诗歌，其语言的口语化，充分反映了文学的潜流并没有因为两汉政治的高压而中断。《世说新语》也是这个时期的代表作,其语言鲜活,真实再现了那个时代文人的精神生活。

中国历史真的如《三国演义》开篇所说,分久必合,合久必分。魏晋南北朝几百年的国家分裂、分治,对于许多家庭来说或许有着痛苦与苦难,但是对于社会进步、思想进步,或许也有其好处,地区间的生存竞争推动了社会整体面貌的改善,区域文化特色也在种种竞争中愈加明显。到了隋唐重建统一后,中国文学再次走上秦汉时期的旧路,文学只是政治的婢女,只担负着教化人民,为统治者歌功颂德的主流意识形态的功能,文学的批判色彩不再存在,文字的雕琢、考究,都使所谓文学成了文人手中的技艺。韩愈的作品据说是那个时代最好的文章,而其中所明白表露的政治意识、道德说教,使读者提不起兴趣。

倒是从魏晋南北朝诗歌演化过来的唐诗,更多地保留了作者的真情实感,口语化的表达也反映了民间文学潜流对主流文化的影响力并没有完全衰竭。像白居易、杜甫的作品,虽然经过文人的修饰、加工,但民间生活的气息依然非常浓郁。这个传统在此后的宋词、元曲、明清话本、小说中依然保留了下来,这就为后来的新文学发生提供了历史依据和智慧资源。

隋唐之前中国人口头语言的表达方式我们现在似乎已经不是很清楚了,但唐代留下的文献使我们知道,至少在那个时期以来,中国人的口头语言与书面语言实际上存在两个系统。隋唐口头语言的表达或许受到印度佛教文化的影响,因为深奥难懂的佛教经典要扩大其受众,就必须注意其受众本身的文化程度,注意其本身的语言习惯。佛教典籍的中译说明了这一点,而明清以来基督教来华,其《圣经》以及其他典籍的翻译也都说明了这个道理。

域外典籍的通俗化翻译当然是为了下层社会,扩大受众,然而必须注意的一点是,他们的这种通俗化翻译所依据的就是民间社会活生生的语言和生活,并不是翻译者的生造。所以,我们应该注意佛教典籍、基督教典籍汉译作品中所保留的中国社会、中国语言等文化史的史料,而这些史料都构成了近代新文学的源头和资源。

仅就文学主张而言，周作人在《中国新文学的源流》演讲中强调明代公安派与竟陵派的主张，以为他们的主张甚至与胡适在新文化运动中的文学主张相类似，当然要除去胡适主张中的西洋思想文化影响。

根据周作人的研究，公安派的"三袁"袁宗道、袁宏道、袁中道，差不多在文学上都主张"独抒性灵，不拘格套"，所以他们的作品可能并不是中国文学史上最优秀的，但正如周作人所评判的那样，大都"清新流丽"，他们的诗大都巧妙而易懂，他们不在文章里面摆架子，不在文章中拉开架式大谈修身齐家治国平天下的大道理。如果看过"前七子"、"后七子"的"假古董"，就很容易明白公安派的好处。总之，如果用胡适的话说，公安派的文学是一种活的文学，而不是死的文学。

到了清代，文学上又发生了一次"反动"。清代文学的方向大致上是对公安派及竟陵派清新流丽文学形态的反动，特别是因为科举考试的缘故，清代人的文章几乎没有什么可以看的，几乎所有的文章都要蕴含某些貌似深刻的见解或中心思想，作者无法自由表达自己的见解和理念。心灵约束并不是外在的不自由，而其内心世界已经被这种外在的不自由深刻内化，成为读书人作文、说话潜意识的自律，政治上的正确和文体上的程式化，导致清代文学品质的下降。清代文学真正有点价值的，还是民间文学的潜流，像从宋元话本、明代小说演化过来的清代小说，就能够保留民间生活的情形与语言风格。这都为后来的文学革命提供了可能与条件。

科举制度、八股取士，扼杀了中国读书人的性灵，但是从科举考试、八股取士制度创设的本意看，原本是为了考试公平、录取公正而创设的制度，竟然走到了制度创设的反面。按照科举制度设计者的本意，这个制度主要的还是出于考试规范化、客观化一系列公平公正公开的考虑，因为只有在规定的字数内、时间单位内，才能考察出各位考生的差异。这就像体育竞赛一样，所有竞赛者必须遵循同一的规则，没有例外，规定动作必须执行。而且作文的评估从来都是阅读者主观色彩最浓的一门科，如果不对文章结构进行细密解析，阅卷者势必仁者见仁，智者见智。所以这个制度的创设犹如苏轼《书吴道子画后》所说的那样，"出新意于法度之中，寄妙理于豪放之外"。即要求所有试子在一定规则限制下，从事创新，一决胜负，衡量优劣。而这个"一定规则"，就是设定文章的特定章法、规则、结构、引证、论据、材料以及理论深度、文采等要素。如果作者不能紧扣题目，下笔千言，离题万里，那当然也不能得分，所以那些"补习老师"就不断总结经验，终于归纳出能够紧扣题目，讲究文章气势、结构，而又能进行个性表达、张扬个性的办法。

在八股取士的几百年中，当然是鱼龙混杂，即便是那些所谓状元，也不是个个都是优秀人才。翻看明清进士题名录，就可以深切地理解这个制度的利弊得失。然而，八股取士的弊病在近代中国大转型的年代里没有及时更新内容、刷新页面，这就使它背负了更多罪名。

鸦片战争后，中国人逐渐感到以八股取士的科举制度远远不能适应现实需要，于是他们就开始了向西方寻求真理的艰难旅程。魏源提出"师夷之长技以制夷"，强调应将中国传统学问从文史经义扩大到科学技术。此后不久，冯桂芬更明确地提出改变科举取士的方法与内容，严厉地指责八股取士使"聪明智巧之士穷老尽气，消磨于时文、试帖、楷书无用之事"。这便将吴敬梓《儒林外史》、曹雪芹《红楼梦》以及蒲松龄《聊斋志异》等文学作品对科举制的讥讽更加理论化、理性化，终于敲响了科举制的丧钟。

伴随着此后一连串战争失败后的割地赔款，尤其甲午战争后，许多有识之士更感到单单学习西方科学技术并不能从根本上有助于改变中国的处境，他们特别指责科举制度害人才，试图以改革乃至废除科举制作为中国进步的首要或先决条件。严复在1895年发表的《救亡决论》中强调，甲午战争后天下理之最明而势所必至者，就是中国不变法则必亡。但是中国变法将从何处入手？严复的答复很简单，就一句话，曰莫亟于废八股。

严复指出，不是说八股损害了中国，而是说八股取士的结果是中国无有用之才。他根据个人体验，归纳出八股取士的弊病有三：其一害曰锢智慧，其二害曰坏心术，其三害曰滋游手。有了这三大害中的一害，不亡国灭种是不可能的，何况中国现在是三害兼有。或许是因为严复三进考场三次名落孙山的结局使他产生如此情绪化的言辞。

以八股为主要内容的科举考试制度所存在的弊端，在清廷最高决策层那里也不是一点都不知道，经过几十年的议论，这一制度所存在的问题是再明显不过了。但究竟应该怎样改革，是否可能一下子废除，在清廷最高决策层那里似乎很难下决心，因为这毕竟牵涉到无数青年才俊的出路，必须找到一个妥善的解决方案。所以，光绪帝在1898年6月11日颁布《明定国是诏》时，一是明确宣布创立京师大学堂，作为新知识教育的基地以及将来青年知识分子获取功名的培养基地，似乎期待以新学堂的创办去取代旧的教育体制；二是将以八股为主要内容的科举考试制度的弊端大体指出，但对是否废除科举考试、怎样改革科举考试，并没有提出明确的办法，似乎依然期待能够寻求一个最佳的方案。

对科举制度、八股取士的批判，只是对清代文学"反动"的"再反动"，只是理论上的论证与提升，而文学尤其是民间文学并没有因科举制度、八股取士受到过多的影响或干预，清代俗文学的形态、种类都远较前代丰富，只是有些不入读书人的法眼而已。清代晚期成为文坛主流的依然是桐城派和文选派，也就是钱玄同所说的"选学妖孽，桐城谬种"。①

桐城派的首领是方苞和姚鼐，他们之所以被称为桐城派，是因为他们都是安徽桐城人。按照桐城派自己所说的传统，他们是接续《左传》、《史记》、韩愈、归有光等人往下发展，以"唐宋八大家"的直接传承者自居，主张义理、考据、辞章三方面合一。到了曾国藩，又加进去一个经济，这样就是义理、考据、辞章、经济合在一起，反映了桐城派的文学主张，大致依然是"文以载道"的主流意识形态思想，只是更强调主流意识形态也要好看、好玩，不要板着面孔说教，要有文采、有根据、有实际生活，不要空洞话语。

方苞、姚鼐都是桐城派的开创者，而到了曾国藩，桐城派真正成为中国文学的主流，这与曾国藩对桐城派文学理念的改造，加进去经济、

---

① 《钱玄同致陈独秀》，《新青年》二卷六号。

政治等因素有关，更与曾国藩个人的政治地位、涵养有关。他对文学的看法已有很大改变，他虽然不如金圣叹大胆，但因为他比较开通，所以他的文学观念就与正统的桐城派稍有不同。像后来受他的影响的吴汝纶，间接受其影响的严复、林纾等，他们对文学的看法，就与方苞、姚鼐明显地不同了。他们既注意从中国传统文学中汲取养料，更注意对西方文学的引进与吸收，注意介绍西方的科学思想。

按照周作人的说法，五四新文化运动的主流人物如胡适、陈独秀、梁启超等人，虽然无情地批判桐城派，大骂桐城派，但他们实际上也是接受了经过曾国藩改良，经吴汝纶、严复等人传播的新桐城派的文学理念，他们实际上是从桐城派的阵营中走出的反叛者。按照周作人的假设，如果没有严复翻译的《天演论》，如果没有林纾翻译的西洋小说，文学革命或许还是要发生，但至少不会在那个时代发生。

吴汝纶、严复、林纾等人已经有了新思想的萌芽，只是他们没有接着往下走，但在他们的启发下，新一代知识分子终于迈开大步，开始了一场轰轰烈烈的文学革命。在这一进程中，梁启超无疑是一个重要角色。

梁启超在文章方面是非常喜欢桐城派的，看他的文章，很明显地糅合了"唐宋八大家"、桐城派以及李渔、金圣叹等文章的精华，不是从文学的正路出发，而是期待以文学的感染力扩大其政治言论的影响力，达到改良中国政治和中国社会的目的。所以，梁启超的作品笔锋常带感情，因而在近代中国影响很大，这种影响不独在政治层面，也给予文学以很大的冲击力。特别是他的文字浅显明白，不用典，一般读者都很容易理解。

或许是受到梁启超的影响，或许是近代中国政治发展的实际需要，总之，在戊戌维新以后，中国出现了一些较梁启超文体更通俗易懂的白话报纸或白话作品，这大概是后来新文化运动中新文学的直接源头之一。只是这个时代的白话作品似乎显得很生硬，大概是习惯于文言思考与文言写作的读书人为了白话而白话，将文言硬性翻译成白话，因此从后来的眼光看，这些白话就显得不那么自然，总显得是读书人刻意为那些没有文化的普通大众专门写出来的白话，而不是一般读书人所要读的东西。

所以，近代出现的白话文、白话报纸虽然是后来新文学的一个源头，但那时白话只是文章的口头表达，是我手写我口，但文章还有另外一种比较典雅的表达方式，即书面表达，书面表达依然使用典雅的文言。这也就是后来胡适要进行文学改良的原因之一。

在梁启超和他的一班朋友中，也有一些人抱着改革文学的想法，而最突出的就是黄遵宪。黄遵宪做过30年的外交官，游历过东洋和西洋，著有《日本国志》和《日本杂事诗》，主张"诗界革命"，主张为文要摆脱一切拘牵和束缚，我手写我口，即便是民间俗语俚语，只要能够准确表达作者的意思，都不妨坦然写进作品。他不仅这样主张，而且身体力行，充分吸收乡土生活中的白话和平民文学，创作出一大批试验作品。我们去读他的《人境庐诗草》，就能深切地感到扑面而来的清风，很像《古诗十九首》中的作品那样明白流畅，那样生活化，那样直白。

黄遵宪更多的是自己实践"诗界革命"的主张，似乎还没有进行系统的文学改良或提倡新文学的想法。比较早且有意识提倡新文学的是著名记者黄远庸。黄远庸（1884—1915），江西九江人，笔名远生。他是大清王朝最后一次会试的进士，但他没有接受清政府安排的官职，而是前往日本留学。辛亥革命后，任上海《时报》、《申报》驻京记者，成为近代中国第一个真正意义上的记者。或许正是因为他的记者身份，他的文章需要更多的读者，所以他较梁启超更加自觉地试验新文体，并能够坦然地将市井琐屑、街谈巷议、民间语言等充分地吸纳进他的文章里，以进士出身彻底将先前中国士大夫看惯了写惯了的官样文章、宫门抄予以改变，创建了一种为一般读者所接受、所乐见的新闻文体。这种文体以白描式刻画为主，极具现场感，极具感染力，因而更受读者的追捧。

或许像一些研究者所认识到的那样，黄远庸对新闻文体的改革与创新在文化史上具有非同寻常的意义，这实际上意味着黄远庸是作为一个新文化运动的先驱者而存在，所以在新文化运动中，黄远庸人虽不在了，但其影响却依然遍布整个思想文化领域。更极端的说法是，后来的新文化运动中的文学革命、思想革命，不过是将黄远庸的未竟事业推向前进而已。

黄远庸反对"文以载道"的传统观念，主张从提倡新文学入手，为中国改革和发展开出一条新路。这当然是新文学的"先声"，深刻地启发了后来者。[1]

与黄远庸思路比较接近的是陈独秀。早在 1904 年，陈独秀就创办有《安徽俗话报》，以民间百姓熟悉的俗语俚语报道和评论国内外时事政治，介绍科学文化知识，向民众灌输近代国家观念和民主自由的思想。

有《安徽俗话报》的经验，陈独秀当然比较容易理解黄远庸的主张，所以他在 1915 年创办《青年杂志》时，虽然依旧采用文言稿件，但他非常注意现代文学的介绍，注意文章的通俗明白，并不是原来意义上的文言。我们看他写的《敬告青年》，就能感到这种改良后的文言所具有的感染力。也正因为这样，所以他在后来能够欣然接受胡适的文学改良主张，甚至以为这种改良过于保守，而提出"文学革命"的激进主张。

一张传单引发的故事

黄远庸、陈独秀关于中国文学的看法并没有引起国内读者的很大注意，但在美国留学的胡适却致信陈独秀，表示支持陈独秀关于中国文学应当是现实主义的观念。他在信中批评了南社的诗风，并提出了自己关于"文学革命"的一些见解，于是引发了一场被誉为"中国文艺复兴"的文学改良或文学革命运动。

胡适对中国文学怎样改良的问题关注已久，大约 1915 年初，胡适对这个问题就有系统的思考，而背景或者说刺激，据胡适自己回忆，是因为清华学生监督处书记钟文鳌。这个故事大致是：

钟文鳌是一个基督徒，深受传教士和青年会的影响。他在每月寄发给在美各地官费留学生经费时，总是夹寄一个有关社会改革的宣传单。这种宣传单有各种花样，大致内容不外乎：不满 25 岁不要娶妻；废除汉字，取用字母；多种树，种树有益。

---

[1] 《五十年来中国之文学》，《胡适文集》卷三，238 页。

钟文鳌的热心和宣传并没有在留学生中引起什么波澜，尽管许多学生不满他这种青年会的宣传办法，更不满他这种滥用职权。终于有一天，钟文鳌在传单中说中国应该改用字母拼音，理由就是方块字太难，要普及教育，非有字母不可。

其实，汉字拼音化并不是钟文鳌最先提出来的，大约在19世纪中晚期，中国士大夫在向西方学习的过程中，就已有人敏感地意识到东西方在文字上的差异可能是导致双方在近代走向的一个重要原因，于是有人开始琢磨汉字改革的可能性。19世纪80年代，福建人卢憨章在研读《圣经》以及学习西方知识时突然领悟到欧美各国皆用拼音文字，便恍然发改造汉字之宏愿。此后他用数年时间研究英文和中文，终于在19世纪90年代初写成厦门话的切音字著作《一目了然初阶》，这是中国第一个以拼音字母为导向的文字改革方案。正如书名所揭示的那样，卢憨章的研究主要解决汉字难认难记的问题，希望用拼音即切音的办法推动文化普及，"一目了然，男可晓，女可晓，智否贤愚均可晓"，以注音的方式缩短人们认识汉字的时间，提升文化普及率。

汉字拼音化是那一代维新志士对中国落后于西方原因的反省，因此在过去的100多年中，几乎所有的文字改革、文学改革，差不多都与振兴民族、重建辉煌这样的重大主题密切相关。所以，稍后又有蔡锡勇的《传音快字》（1896年）、沈学的《盛世元音》（1896年）、王照的《官话字母》（1900年）、朱文雄的《江苏新字母》（1906年）、刘孟扬的《中国音标字书》等，大致规范了后来的汉字改革方向。所以，钟文鳌只是一个热心于社会改革的基督徒，他所宣扬的汉字拼音化方案实际上是那个时代文化改革的主流意见。

胡适原本是一个热心社会改良、社会改造的人，但不知道为什么他不能容忍钟文鳌这种热心与虔诚。当他又一次收到钟文鳌寄来的汉字改革宣传单时，突然动怒写了一封信回敬，大意是指责钟文鳌这种不通汉文的人，不配谈改良中国文字问题。要想谈这个问题，就必须先下几年功夫，把汉文弄通了，那时才有资格谈汉字是不是应该废除。

这种高人一等的盛气凌人不是胡适的风格，所以，信寄出后，胡适就有点后悔。不过由此也引起胡适的另一层反省，既然指责别人不够讨论的资格，那么自己是否够资格呢？如果自己够资格，为什么不用点心思去研究这个问题呢？

有了这层反省，胡适就和他的好友赵元任商量，希望将"中国文字的问题"能够列入当年东美中国学生会"文学科学研究部"年会的主题，由胡适与赵元任分做两篇论文，讨论这个问题的两个方面：一、如何可使吾国文言易于教授，二、吾国文字能否采用字母制，及其进行方法。商量的结果，前一篇由胡适负责，后一篇由赵元任分担。赵元任后来觉得一篇论文说不清，于是连做了几篇长文，论证中国文字可以采用音标拼音，力主中国文字改革的方向就是汉字拼音化、罗马化。所以，赵元任后来就成为中国文字改革运动中非常重要的人物。

胡适的论文大致强调这样几层意思：

一、汉字是否真的阻碍了文明的传播，不利于教授；

二、汉字所以不易于普及，其原因不在文字本身，而在教授方法的不完善；

三、旧的教授方法之弊有：

1. 根据自己早年接受教育的经验，胡适认为，汉字乃是"半死的文字"，不应当以教授活文字的方法进行。这里的所谓活文字，即是指日用语言之文字，如英、法文，如中国的白话文；而死文字，则是指希腊文、拉丁文，非日用文字语言。所谓"半死的文字"，就是说其中还有一些日用成分在，如"犬"字是已死之字，而"狗"字仍是活字；"乘马"是死语，而"骑马"是活语。旧的教授汉字方法不明此意，以为书读百遍其义自见，字的意思也就明白了。这显然是有问题的，所以胡适建议汉语教学应该像教授外国文一样，须用翻译的方法，将死文字翻译成活文字，像旧教育中的"讲书"，要让学生充分理解死文字的活意义。

2. 汉字是一种视官（视觉）文字，非听官（听觉）的文字。凡一字有二义，一为其声，一为其义：无论何种文字，皆不能同时兼及声义两个方面。字母文字能传其声，不能达其意；象形会意的文字，但能达意而不能传其声。汉字在后来的发展中，逐步失去象形会意指事的特长，而教授者并不明白这一道理,于是使中国文字既不能传声,又不能达意。所以胡适建议,中国文字教学中应该加强字源学的研究,当以古体和今体同列教科书,让学生先学象形指事之字,再学会意之字。后来的小学语文教学似乎真的是循着这个方法进行。

3. 受《马氏文通》的启发和学习英语的经验教训,胡适认为中国文字本有文法,这是学习文字语言的捷径,所以,他建议将汉字文法学列为汉语教学的科目。

4. 胡适指出,中国人向来不用文字符号,致使文字不容易普及;而文法又不研究、不讲究,遂使学习汉字成为相当困难的事。所以,今后应该加强文字符号的研究和运用,以求文法明显易解,及意义确定不易。那几年,胡适正热心为中国文字创造种种标点符号,期待以标点符号弥补汉字在意义、文法方面的不足,以方便文字的学习和使用。应该说,标点符号的创造和推行,是胡适对中国文明发展的巨大贡献。

按照胡适自己的说法,他并不反对汉字拼音化,但他的历史训练使他具有一定的保守性,使他觉得汉字的拼音化可能并不那么乐观,并不那么容易推行,汉字终究是庞大中国内部联系的纽带,终究不可能被废弃而选择一种拼音文字。不过,他那时也没有想到白话文完全可以替代文言,所以,胡适当时能够想到的就是根据自己早年接受教育的经验,改良文言教授方法,使汉文比较容易教授、容易掌握。

钟文鳌的刺激使胡适意识到中国文字可能并不像近代以来许多维新志士所期待的那样,通过拼音化改变中国文字难学的特征,以提升文化普及的速度和程度。中国文字的未来出路究竟何在,胡适也没有明白的方案,只是他在1915年的夏天,确实意识到中国文字可能分为死的和活的两个方面,白话是活文字,文言是死文字。

那年暑假,胡适的朋友任鸿隽、梅光迪、杨杏佛、唐钺等正在纽约附近的小镇绮色佳(Ithaca)康奈尔大学度假,胡适的观点引起了他们的兴趣,也引起了他们的争论。梅光迪无论如何不能承认胡适的判断,以为中国文字是半死或全死的。他的驳斥引起了胡适的反省,往复的论战也使他们的观点越走越远,梅光迪越辩越趋于保守,而胡适在防守中也就越来越趋于激进。

胡适与梅光迪的争论逐步从文字问题转向文学，涉及中国文学的存废等大是大非问题。这是一个巨大转变，在这个转变过程中，胡适常常表达中国文学必须经过一场革命的意思，"文学革命"的口号就在那个夏天由这样几个青年在异国他乡"乱谈"出来了。

梅光迪（1890—1945），字迪生、觐庄，安徽宣城人。与胡适算是比较近的安徽老乡，比胡适大一岁，但却比胡适迟一年考上庚款留美学生，1911年到达美国，先入威斯康星大学，1913年转入芝加哥西北大学，专攻文学。此时他刚从西北大学毕业，准备到哈佛大学去读书，追随美国新人文主义鼻祖白璧德。

1915年9月17日，梅光迪将赴哈佛大学，胡适做了一首长诗送行，诗中有两段很大胆的宣言：

> 梅生梅生毋自鄙。神州文学久枯馁，百年未有健者起。新潮之来不可止，文学革命其时矣。吾辈势不容坐视，且复号召二三子，革命军前杖马棰，鞭笞驱除一车鬼，再拜迎入新世纪。以此报国未云菲，缩地戡天差可儗。梅生梅生毋自鄙。
>
> 作歌今送梅生行，狂言人道臣当烹。我自不吐定不快，人言未足为重轻。①

在这首诗里，胡适第一次使用了"文学革命"这个名词。这首诗颇引起了一些小风波。原诗共有420个字，全篇用了爱默生、达尔文、拿破仑等11个外国字的译音。任鸿隽将诗中的这些外国字连缀起来，做了一首游戏诗送给也将离开绮色佳康奈尔大学前往哥伦比亚大学的胡适：

牛敦，爱迭孙，培根，客尔文；
索虏与霍桑，"烟士披里纯"。

---

① 《送梅觐庄往哈佛大学诗》，《胡适全集》卷二十八，268页。

鞭笞一车鬼，为君生琼英。
文学今革命，作歌送胡生。①

这首诗的末尾当然有点讽刺挖苦胡适"文学革命"的狂言。所以胡适不愿将这首诗当作游戏看。9月20日，胡适在前往哥伦比亚大学的火车上用任鸿隽游戏诗的韵脚，写了一首很庄重的答词，寄给依然留在绮色佳的朋友们：

诗国革命何自始？要须作诗如作文。
琢镂粉饰丧元气，貌似未必诗之纯。
小人行文颇大胆，诸公一一皆人英。
愿共僇力莫相笑，我辈不作腐儒生。②

在这首诗里，胡适特别提出了"诗国革命"的问题，并且提出一个"要须作诗如作文"的方案，从这个惹出了后来的白话诗尝试。其实，这个方案，也不外乎黄遵宪的"我手写我口"。只是胡适当年不太明白黄遵宪的主张，不太了解先前中国人在白话文学上的努力而已。

不过，胡适此时坚信，中国诗史上的趋势，由唐诗变为宋词，并没有什么玄妙的道理，只是作诗更近于作文而已，更近于说话。近代诗人喜欢做送诗，其实他们并不明白宋诗的长处在哪里。宋朝大诗人的绝大贡献，旨在打破六朝以来的声律束缚，努力造成一种近乎说话的新诗体。胡适此时的主张，显然受到宋诗的深刻影响，所以格外强调"要须作诗如作文"，反对任何方式的"琢镂粉饰"，以为琢镂粉饰只会导致"元气"的丧失，并不是诗的最高境界。

如果延续诗经、汉赋、六朝诗特别是唐诗、宋词、元曲的理路进行考量，我们应该承认黄遵宪的"我手写我口"以及胡适"要须作诗如作

---

① 《叔永戏赠诗》，《胡适全集》卷二十八，270页。
② 《依韵和叔永戏赠诗》，《胡适全集》卷二十八，272页。

文"思想的合理性、有用性。这既符合进化的观念，也是历史发展的事实。文学为人的心声，文学在反映心声的时候，不可能反复琢磨、雕琢，而是脱口而出、直率表达。然而这种文学理念无论如何不能被梅光迪所接受，他在忙过了开学之初的功课后，遂于1916年春致信胡适，表达自己的不满，以为诗文截然两途，自古依然。诗之文字（Poetic diction）与文之文字（Prose diction）自有诗文以来（无论中西）已分道而驰。所以，中国求诗界革命，当于诗中求之，与文无涉。若移"文之文字"于诗即谓之革命，则诗界革命不成问题。中国诗界现在之所以需要革命，在诗家为古人奴婢，无古人学术怀抱，而只知效其形式，故其结果只见有"琢镂粉饰"，不见有真诗，且此古人之形式为后人抄袭，陈陈相因，至今已腐烂不堪，其病不仅在古人之"琢镂粉饰"。[①]

　　胡适的另一位好朋友任鸿隽也来信，表示他不能认同胡适的说法，而是赞成梅光迪的主张。胡适觉得很孤独、很孤立，但是扪心自问，他又觉得梅光迪的理由、任鸿隽的说法，都不能使他心服。胡适无论如何不能相信诗与文是截然分途的。他在回答这些朋友的来信时，反复强调自己的主张并不仅仅是以"文之文字"入诗。他的大意是：今日文学大病在于徒有形式而无精神，徒有文而无质，徒有铿锵之韵、貌似之辞而已。今欲救此文胜之弊，宜从三事入手：第一须言之有物，第二须讲文法，第三当用"文之文字"时，不可避之。三者皆以质救文胜之敝也。

　　胡适表示，他之所以如此持论，固不徒以"文之文字"入诗而已。然不避"文之文字"，自是他讨论诗的一个重要方法。在中国古代优秀诗篇中，何一非用"文之文字"，又何一非用"诗之文字"？

　　到了这时，胡适仿佛认识到了中国文学问题的性质，认清了这个问题在于"有文而无质"。那么，怎样才能拯救这"文胜质"的毛病呢？胡适此时并没有想到白话文上去，他只敢说"不避文的文字"而已。然而尽管如此胆小的建议，胡适的那班朋友还是不能理解，梅光迪依然坚守"诗的文字"与"文的文字"之间的区别，而任鸿隽则认为中国文学的最大问题

---

① 《与胡适函之三十一》，《梅光迪文录》，160页，沈阳：辽宁教育出版社，2001年。

在于文人无学：要之，无论诗文，皆当有质。有文无质，则成中国近世萎靡腐朽之文学，正当廓而清之。然使以文学革命自命者，乃言之无文，欲其行远，得乎？任鸿隽认为，中国近代文学不振，其最大原因，乃在文人无学。救之之法，当从绩学入手，而不应只从文字形式上进行讨论，寻找原因。①这个说法，有点后来所谓"作家学者化"的味道。

对于任鸿隽的说法，胡适不以为然。他认为，任鸿隽与梅光迪一样，都不明白文学形式往往是可以束缚文学的本质。"旧皮囊装不得新酒"，这是西方的老话；而"工欲善其事，必先利其器"，则是东方智慧中的古训。文字形式是文学的工具，工具不能适用，如何能够达意表情呢？

在梅光迪、任鸿隽等朋友的反复刺激下，胡适的思想在1916年春天发生了一个根本的变化，起了根本的觉悟。他曾经想过，一部中国文学史只是一部文字形式（工具）新陈代谢的历史，只是"活文学"随时起来替代了"死文学"的历史。文学与生命全靠能用一个时代的活的工具来表现一个时代的情感与思想。工具僵化了，必须另换新的、活的。这就是"文学革命"。

直到这个时候，胡适认为他才将中国文学史的本质看明白了，才认清从宋儒的白话语录到元明时期的白话戏剧和白话小说这类俗话文学才是中国文学史上的正统文学，代表着中国文学自然发展的趋势。也直到这个时候，胡适才坦率地承认中国今日所需要的文学革命不是别的，只是用白话文去替代古文的革命，是用活的工具去替代死的工具的革命。

1916年3月，胡适在写给梅光迪的信中简略梳理了自己的思路和新见解，指出宋元白话文学的重要价值。梅光迪究竟是研究过西洋文学史的人，他在回信中表示很赞成胡适的意见，以为文学革命自当从"民间文学"入手，且惟非经一番大战争不可。骤言俚俗文学，必为旧派文家所讪笑攻击，但这种攻击不仅无损我辈主张的价值，反而在无意中扩大了我辈的影响。②

---

① 《叔永答余论改良文学书》，《胡适全集》卷二十八，319页。
② 《与胡适函之三十三》，《梅光迪文录》，162页。

这封信当然使胡适激动不已，毕竟先前竭力反对他的梅光迪以"我辈"自居，以新派自居，以反对旧派文家的攻击讪笑为己任。这不能不使胡适狂喜，更坚定了他对中国文学史的认知和对文学革命的信心。4月5日，胡适充满激情与自信地写下了自己的心得：

> 文学革命，在吾国史上非创见也。即以韵文而论：《三百篇》变而为《骚》，一大革命也。又变为五言、七言、古诗，二大革命也。赋之变为无韵之骈文，三大革命也。古诗之变为律诗，四大革命也。诗之变为词，五大革命也。词之变为曲，为剧本，六大革命也。何独于吾所持文学革命论而疑之？
> 文亦遭几许革命矣。孔子以前无论矣。孔子至于秦汉，中国文体始臻完备，议论如墨翟、孟轲、韩非，说理如公孙龙、荀卿、庄周，记事如左氏、司马迁，皆不朽之文也。六朝之文亦有绝妙之作，如吾所记沈休文、范缜形神之辩，及何晏、王弼诸人说理之作，都有可观者。然其时骈俪之体大盛，文以工巧雕琢见长，文法遂衰。韩退之"文起八代之衰"，其功在于恢复散文，讲求文法，一洗六朝人骈俪纤巧之习。此亦一革命也。唐代文学革命巨子不仅韩氏一人，初唐之小说家，皆革命功臣也。（诗中如李、杜、韩、孟，皆革命家也。）"古文"一派至今为散文正宗，然宋人谈哲理者似悟古文之不适于用，于是语录体兴焉。语录体者，以俚语说理记事。……此亦一大革命也。至元人之小说，此体始臻极盛。……总之，文学革命，至元代而登峰造极。其时，词也，曲也，剧本也，小说也，皆第一流之文学，而皆以俚语为之。其时吾国真可谓有一种"活文学"出世。倘此革命潮流（革命潮流即天演进化之迹。自其异者言之，谓之"革命"。自其循序渐进之迹言之，即谓之"进化"，可也）。不遭明代八股之劫，不受明初七子诸文人复古之劫，则吾国之文学必已为俚语的文学，而吾国之语言早成为言文一致之语言，可无疑也。但丁之创意大利文，却叟诸人之创英吉利文，马丁·路德之创德意志文，未足独有千古矣。惜乎五百余年来，半死之古文，半死之诗词，

复夺此"活文学"之席，而"半死文学"遂苟延残喘，以至于今日。今日之文学，独我佛山人（吴趼人），南亭亭长（李伯元），洪都百炼生诸公之小说可称"活文学"耳。①

从此以后，胡适觉得已从中国文学演变的历史上寻找到了中国文学问题的解决方案，所以，他更加自信这条路是对的。这个心迹还可见于他在那几天后所作的一首词：

> 更不伤春，更不悲秋，以此誓诗。
> 任花开也好，花飞也好，月圆固好，日落何悲？
> 我闻之曰，"从天而颂，孰与制天而用之？"更安用为苍天歌哭，作彼奴为！
> 文章革命何疑！且准备搴旗作健儿。
> 要前空千古，下开百世，收他臭腐，还我神奇。
> 为大中华，造新文学，此业吾曹欲让谁？诗材料，有簇新世界，供我驱驰。②

这首词下半阕的口气当然是很狂的，胡适稍后也有不安，一再修改，到第三次修改时，就将"为大中华，造新文学，此业吾曹欲让谁"这段文字改写成：

> 文章要有神思。
> 到琢句雕辞意已卑。
> 定不师秦七，不师黄九；但求似我，何效人为？
> 语必由衷，言须有物；此意寻常当告谁？
> 从今后，倘傍人门户，不是男儿。

---

① 《吾国历史上的文学革命》，《胡适全集》卷二十八，334—337页。
② 《沁园春·誓诗》，《胡适全集》卷二十八，353页。

在这次改定后，胡适还写了一段文字：吾国文学大病有三：一曰无病而呻，二曰摹仿古人，三曰言之无物。①

这个概括加上胡适前此答梅光迪书提出的言之有物、讲文法、不避"文的文字"，共有六条，而言之有物与言之无物大意相同，除此一条，还有五条。这五条概括，表明胡适关于文学革命的思路大致定型。

白话诗风波

1916年6月中，胡适因事前往克利佛兰（Cleveland）城，往返两次经过绮色佳小住，其间常常与还在那里读书的任鸿隽、唐钺、杨杏佛等朋友一起谈论改良中国文学的方法。这个时候，胡适已经有了具体的改革方案，那就是用白话作文、作诗、作戏曲。其大要有九点：

一、今日之文言乃是一种半死的文字。

二、今日之白话是一种活的语言。

三、白话并不鄙俗，俗儒乃谓之俗耳。

四、白话不但不鄙俗，而且甚优美适用。凡言语要以达意为主，其不能达意者，则为不美。

五、凡文言之所长，白话皆有之；而白话之所长，则文言未必能及之。

六、白话并非文言之退化，乃是文言之进化。

七、白话可以产生第一流文学。白话已产生小说、戏剧、语录、诗词，此四者皆有史事可证。

八、白话的文学为中国千年来仅有之文学。其非白话的文学，如古文、八股、笔记小说等，不可能进入第一流文学的序列。

九、文言的文字可读而听不懂；白话的文字既可读，又听得懂。凡

---

① 《吾国文学三大病》，《胡适全集》卷二十八，355—356页。

演说、讲学、笔记，文言决不能应用。

胡适的结论是：今日中国之所需，是一种可读、可听、可歌、可讲、可记的言语。要读书不须口译，演说不须笔译；要施诸讲坛、舞台而皆可，诵之村妪妇孺皆可懂。不如此，就不是活的言语，就不可能成为中国的国语，就不可能由此语言产生第一流的文学作品。①

很显然，胡适从欧洲文艺复兴的历史事实中得出一个重要的启示，即所谓文艺的复兴，其实就是工具的革命，而这个工具就是语言文字的革命。

7月2日晚上，胡适离开绮色佳回纽约。离开前，他与梅光迪谈了半天。其要点有：

一、文学在今日不当为少数文人的私产，而当以能够普及最大多数国人为一大能事；

二、文学不当与人事全无关系；

三、凡世界有永久价值的文学，皆尝有大影响于世道人心。

对于胡适的三大要点，梅光迪似乎都有不同意见，他认为胡适的第一点是一种功利主义，第二点实际上是抄袭托尔斯泰的观点，第三点为19世纪旧观念，久为今人所弃置。②

梅光迪的批评当然不能使胡适心服，胡适以为他个人讨论中国文学改革与改良，其目的只是从中国方面着想，并没有考虑或者说顾及西方文学批评家的观点。所以，只要他的观点合乎中国实际，有助于中国进步，那么，不管是否沦入功利主义，是否拾托尔斯泰之余唾，这都是不必讨论、不必忧虑的；假如他的看法有问题，那么就应该批评其问题之所在，而不必动辄引经据典，问其与何种主义合。

其实，所有的学术问题都是争论不清的，都是各说各话。胡适与梅光迪是多年好朋友，所以他们的争论并不影响关系的延续，各自又继续忙着各自的事情。

---

① 《白话文言之优劣比较》，《胡适全集》卷二十八，391—393页。
② 《觐庄对余新文学主张之非难》，《胡适全集》卷二十八，403页。

7月8日，仍在绮色佳的任鸿隽同陈衡哲、梅光迪、杨杏佛、唐钺等人一起在凯约嘉湖上划船，不料靠岸时船翻了，又遇着大雨。虽然没有伤着人，但大家的衣服都湿了。任鸿隽有感而发，作了一首四言古体《泛湖即事》长诗：

> 荡荡平湖，漪漪绿波。言櫂轻楫，以涤烦疴。
> 既备我粻，既偕我友。容与中流，山光前后。
> 俯瞩清涟，仰瞻飞艘。桥出荫榆，亭过带柳。
> 清风竞爽，微云蔽暄。猜谜赌胜，载笑载言。
> 行行忘远，息楫崖根。忽逢波怒，鼉掣鲸奔。
> 岸逼流回，石斜浪翻。翩翩一叶，冯夷所吞。
> 舟则可弃，水则可揭。湿我裳衣，畏他人视。
> 湿衣未干，雨来倾盆。濛濛远山，漠漠近澜。
> 乃据野亭，蓐食放观。"此景岂常？君当加餐。"
> 日斜雨霁，湖光静和。晞巾归舟，荡漾委蛇。①

如果从旧的文学观念看，任鸿隽的这首四言古诗应该说写得并不错，但当他将这首诗寄给胡适欣赏指正时，不料却遭到胡适的当头棒喝。胡适指出，这首诗在写翻船一节时未免小题大做，读者方疑为巨洋大海，否则亦当是鄱阳湖、洞庭湖这样的地方。乃忽然来了一句"水则可揭"，岂不令人失望。至于"岸逼流回，石斜浪翻"等，当然都是好句，可惜都被那些大话所误。②

胡适的批评虽然比较严厉，但任鸿隽对此表示大致接受，尤其是对小题大做的指责，更是心服口服，只是对个别细节略有解释和修改。对于翻船一节，任鸿隽的解释是：在布局之初，最想用力写好这一段，以

---

① 任鸿隽：《泛湖即事》，《胡适全集》卷二十八，416页。
② 《胡适寄叔永书》，《胡适全集》卷二十八，416页。

为全诗中坚。或许是太想写好了，结果用力太过，遂流为大话。①

任鸿隽的解释已经很谦虚了，但胡适对这个解释很不满意，以为任鸿隽的解释恰好将问题说反了，不是用力太过，而是根本不曾用力。胡适说："诗中写翻船一段，所用字句，皆前人用以写江海大风浪之套语。足下避自己铸词之难，而趋借用陈言套语之易，故全段一无精彩。足下自谓'用力太过'，实则全未用气力。趋易避难，非不用气力而何？"胡适确实抓住了任鸿隽问题的关键。

而且，胡适研究《诗经》中关于"言"字的用法，专门写了《诗三百篇中言字解》，所以对任鸿隽诗中"言櫂轻楫，以涤烦疴"、"猜谜赌胜，载笑载言"等描写很不舒服，所以他又写信给任鸿隽，告诉他诗中所用"言"字、"载"字，皆系死字，至于"猜谜赌胜，载笑载言"二句，上一句为20世纪之活字，下一句则为3000年前之死句，殊不相称。②

胡适这一次的批评没有说服任鸿隽。任鸿隽在回信中指出，"言"字、"载"字为死字，只是你胡适的一家之言，未必就是历史真实。如果真像你所说的那样，凡《诗经》中使用过的字、词，我们今天所用字典、辞典，是否都不应该收入，都不应该再用？"载笑载言"或许是3000年前的话语，然而，如果可以用来表达现代生活，为什么不可使用，难道不能变成现代语言吗？

任鸿隽显然与胡适说的是两个问题，胡适只是在文法上讨论"言"、"载"的作用，而任鸿隽则是从文明史的视角探讨语言文字怎样化腐朽为神奇，怎样将死文字变成活文字，死语言变成活语言。

胡适与任鸿隽的争论如果没有外力的介入，或许到这里就可结束，因为不论任鸿隽是否接受胡适的批评，他们的讨论都无法继续下去。不料梅光迪出来打抱不平，不愿苟同胡适对任鸿隽的批评。他在写给胡适的信中说：

---

① 《叔永答胡适》，《胡适全集》卷二十八，417页。
② 《胡适答叔永》，《胡适全集》卷二十八，417页。

足下所自矜为"文学革命"真谛者，不外乎用"活字"以入文，于叔永诗中稍古之字，皆所不取，以为非"二十世纪之活字"。此种论调，固足下所恃为哓哓以提倡"新文学"者，迪亦闻之素矣。夫文学革新，须洗去旧日腔套，务去陈言，固矣。然此非尽屏古人所用之字，而另以俗语白话代之之谓也。……足下以俗语白话为向来文学上不用之字，骤以入文，似觉新奇而美，实则无永久之价值。因其向未经美术家之锻炼，徒诿诸愚夫愚妇无美术观念者之口，历世相传，愈趋愈下，鄙俚乃不可言。足下得之，乃矜矜自喜，眩为创获，异矣！如足下之言，则人间材智，教育，选择诸事，皆无足算，而村农伧夫，皆足为诗人、美术家矣。甚至非洲之"黑蛮"，南洋之土人，其言文无分者，最有诗人、美术家之资格矣。何足下之醉心于俗语白话如是耶？至于无所谓"活文学"，亦与足下前此言之。……文字者，世界上最守旧之物也。……一字意义之变迁，必须经数十百年而后成，又须经文学大家承认之，而恒人始沿用之焉。足下乃视改革文字如是之易易乎？……

　　总之，吾辈言文学革命，须谨慎以出之。尤须先精究吾国文字，始敢言改革。欲加用新字，须先用美术以锻炼之，非仅以俗语白话代之即可了事者也。如足下言，乃以暴易暴耳，岂得谓之改良乎？大抵改革一事，只须改革其流弊，而与其事之本体无关。如足下言革命，直欲将吾国之文学尽行推翻，本体与流弊无别，可乎？足下言文学革命本所赞成，惟言之过激，将吾国文学之本体与其流弊混杂言之，故不敢赞同。①

梅光迪的讨论是严肃的，他或许对胡适的认识有误解，但他在总体上赞同胡适文学革命主张的同时，不太赞同过激倾向，劝告胡适谨慎行事。这并没有什么坏处，然而胡适却不这样认为，他接着却以一首长达1000多字的白话游戏诗回答梅光迪，显得极不庄重。开篇描摹老梅生气

---

① 《与胡适函之三十四》，《梅光迪文录》，165页。

的神气：

>"人闲天又凉"，老梅上战场。
>拍桌骂胡适，"说话太荒唐！
>说什么'中国要有活文学！'
>说什么'须用白话做文章！'
>文字岂有死活！白话俗不可当！
>把《水浒》来比《史记》，
>好似麻雀来比凤凰。
>说'二十世纪的活字，
>胜于三千年的死字'，
>若非瞎了眼睛，
>定是丧心病狂！"

在第二段中有这样的话：

>老梅牢骚发了，老胡呵呵大笑。
>"且请平心静气，这是什么论调！
>文字没有古今，却有死活可道。
>古人叫做'欲'，今人叫做'要'。
>古人叫做'至'，今人叫做'到'。
>古人叫做'溺'，今人叫做'尿'。
>本来同是一字，声音少许变了。
>并无雅俗可言，何必纷纷胡闹？
>至于古人叫'字'，今人叫'号'；
>古人悬梁，今人上吊：
>古名虽未必不佳，今名又何尝不妙？
>至于古人乘舆，今人坐轿；
>古人加冠束帻，今人但知戴帽：

这都是古所没有，而后人所创造。"

在第四段，胡适写道：

今我苦口哓舌，算来却是为何？
正要求今日的文学大家，
把那些活泼泼的白话，
拿来"锻炼"，拿来琢磨，
拿来作文演说，作曲作歌：——
出几个白话的嚣俄①，
和几个白话的东坡。
那不是"活文学"是什么？
那不是"活文学"是什么？②

胡适的这首游戏诗当然是对白话能否入诗的一个有益尝试，但他的调侃和玩世不恭的腔调，无论如何都很难获得梅光迪乃至任鸿隽的认同。7月24日，梅光迪致信胡适说：

读大作如儿时听"莲花落"，真所谓革尽古今中外诗人之命者！足下诚豪健哉！③

任鸿隽也致信胡适表示：

足下此次试验之结果，乃完全失败；盖足下所作，白话则诚白话矣，韵则有韵矣，然却不可谓之诗。盖诗词之为物，除有韵之外，必须有和谐之音调、审美之辞句，非如宝玉所云"押韵就好"也。

---

① 今译雨果。
② 《答梅觐庄——白话诗》，《胡适全集》卷二十八，411—415页。
③ 《与胡适函之三十六》，《梅光迪文录》，167页。

应该承认，任鸿隽的这个批评不仅点到胡适新诗的要害，而且也是五四运动后直至现在新诗无法解决的问题。新诗之所以逐步失去读者，其原因在很大程度上都与任鸿隽的这个认识相近。

对于梅光迪、任鸿隽的批评，胡适当然不服气，他曾有信替自己辩护，说他这首诗只是一首嘲讽诗，并不算是失败。

胡适的不服气只是嘴上的，其实在心里，他也不能不承认梅光迪、任鸿隽的批评有一定的道理。所以在这种刺激下，不是迫使胡适放弃用白话写诗的尝试，而是激励他继续尝试用白话写诗的可能。因为梅光迪在信中明确表示，文章的体裁不同，小说、词曲固可用白话写作，但诗文则不可。而任鸿隽也在信中强调，要之，白话自有白话的用处，可以用来写小说、作演讲，但是不能用于写诗。

其实，梅光迪、任鸿隽的说法也表明，他们在胡适不断尝试的压力下已经开始让步，至少已经承认白话自有白话的用处，至少承认白话文学在小说、戏曲、词曲、演说等几个方面可能较文言优越，这自然是胡适的胜利。问题是白话能否在所谓的"美文"、所谓的"文"中使用呢？这是梅光迪、任鸿隽的疑问，但在胡适看来却不成问题，他自信在几年前他用白话写过许多议论文，应该说这些议论文并非都是失败。现在争论的焦点只剩下一个，那就是白话是否可以作诗。

在胡适看来，他与梅光迪、任鸿隽等人关于白话文学的争论，十仗之中已胜了七八仗。现在只剩下一座诗的堡垒。胡适相信，一旦用白话征服了诗的王国，白话文学的胜利就可说是十足的了，所以他当时就打定主意，要作先锋去打这座未投降的壁垒，就是用全力去尝试写作白话诗。

自古成功在尝试

促使胡适尝试用白话写诗的刺激还有任鸿隽这样几句话。任鸿隽说，如果白话皆可为诗的话，那么中国的京调高腔，何一非诗？所以中国文学或许确有需要改革之处，但似乎并不只是文言与白话之争。你老兄如果真的能够促动文学革命成功，那么中国文学的将来不外乎就是现在的京调高腔，高雅美文如陶渊明、谢灵运、李商隐、杜牧等人的作品将永不复见于神州，中国文学必将走上低俗、庸俗一路。这样的成功，又有什么意义呢？他劝胡适如果一定要发动文学革命，请从其他方面讲文学革命，不要只以白话诗为事。①

真是不幸而言中。当我们今天陶醉在大众欢乐之中时，我们不能不承认任鸿隽的这番告诫所具有的先见之明。因为在任鸿隽、梅光迪的全部论述中，他们始终并不排斥白话在中国文明进程中的地位，始终认为白话在口头表达、小说戏曲等方面有着无可替代的功能，但它只是在这个方面而已。中国文化的主流依然应该是一种"美文"，是一种改良后的文言。因为文言本身并没有一定之规，每个时代的美文总是具有自己时代的特色，但无论如何都不能通俗到低俗、庸俗的一路。

胡适当然听不进任鸿隽、梅光迪的劝告，他反而认为任鸿隽、梅光迪等人都有一个根本上的误解。他们都赞成文学革命，都知道中国文学已经到了不可不改革的程度，但他们所赞成的文学革命，只是一种空荡荡的目的，没有具体计划，也没有下手的途径。等到胡适提出用白话作"一切文学"的工具时，他们又都不赞成了。他们都说，文学革命决不是文言、白话之争而已，文学革命应该有它的方面，应该走大道。但究竟它的方面是什么方面，究竟它的道是什么道，他们又都说不出来，但他们只清楚地知道决不是白话。

这显然是胡适对任鸿隽、梅光迪认识的误解，正是从这个误解出发，胡适歪打正着走上了一条文学革命的正道。胡适知道，光有白话算不得新文学，知道新文学必须有新思想、新精神。但是，胡适认定，无论如何，死文字决不能产生活文学。若要造一种活的文学，必须有活的工具。那已产生的白话小说、戏曲，都可证明白话是最配做中国活文学的工具的。胡适认为，必须先把这个工具抬高起来，使它成为公认的中国文学

---

① 《一首白话诗引起的风波》，《胡适全集》卷二十八，424页。

工具，使它完全替代那半死的或全死的老工具。有了新工具，人们方有可能谈得上新思想、新精神等其他方面。这就是胡适的具体方案。

基于这个方案，胡适又认为，他的那几位反对的朋友，其实已承认了白话的部分地位，他们不能承认的只是白话能否做"美文"，能否入诗。这种怀疑，不仅是对白话诗的局部怀疑，实在是对白话文学的根本怀疑。在他们心目中，诗与文是文学的正宗，小说、戏曲只是旁门左道，他们不承认白话诗文，其实就是不承认白话可以成为中国文学的唯一工具。基于这样一种认知，胡适决心要用白话去征服诗的堡垒，要用实际例证去证明白话作诗不仅可能，而且白话可以做中国文学的一切门类的唯一工具。

白话可以作诗，本来就是一个假问题。因为从历史的文学观念看，《诗经》中的文字并不是当时的古文或文言，至于后来六朝时的诗文，像曹操的诗，像陶渊明的诗，像杜甫、白居易、寒山、拾得、邵雍、王安石、陆游等人的白话诗，都是白话可以入诗的证明。至于词曲中的例子就更多。但对于这些例子，任鸿隽、梅光迪等人并不愿意承认，因为第一，从历史上看，成功的白话诗确实不多；第二，过去的诗人只是偶然地用白话作诗，既没有用全力，更缺少自觉的意识。所以，白话能否入诗的问题依然需要实地的试验去证明。基于这样的考虑，胡适于1916年7月26日正式宣言不再做文言韵文、文言诗词，专心用白话尝试作诗、作词、作韵文。①

胡适终于与他那班讨论文学的朋友告别了，他决心用自己的试验去证明自己的主张，所以从此他也不再与梅光迪、任鸿隽这些朋友打笔墨官司了。他本指望能够说服一两个或更多的朋友一起尝试、一起试验，可惜那些朋友都太有主见了，不愿与胡适一同探险、一同前行，胡适只能单枪匹马、踽踽独行。这虽然有几分落寞、几分失望、几分悲壮，但由此也可看到胡适的固执与坚持，看到他的毅力与决心。他难道不怀疑自己在一年多的笔墨交往中都没有说服一两个好朋友，又怎能说服一国

---

① 《一首白话诗引起的风波》，《胡适全集》卷二十八，424页。

之众?

  有一天，胡适坐在窗口吃自己做的午餐，窗下就是一大片长林乱草，远望着赫贞江。胡适忽然看见一对黄蝴蝶从树梢上飞上来。一会儿，一只蝴蝶飞下去了；另一只蝴蝶独自飞了一会，也慢慢地飞了下去，去寻它的同伴去了。触景生情，落寞、孤独的胡适颇有点感触，感触到寂寞的难受，所以他写了一首白话小诗，题目就叫作《朋友》，后来又改成《蝴蝶》：

    两个黄蝴蝶，双双飞上天。
    不知为什么，一个忽飞还。
    剩下那一个，孤单怪可怜；
    也无心上天，天上太孤单。①

  这种孤单的情绪，并不含有抱怨梅光迪、任鸿隽的意思。胡适始终承认，如果没有那一班朋友的热情讨论，没有那一日一个明信片，三天一封长函的朋友切磋的乐趣，胡适的文学主张决不会经过那几层大变化，决不会渐渐结晶成一个有系统的方案，决不会慢慢地寻出一条光明的大路来。况且，在1916年3月间，梅光迪对于胡适的俗话文学主张，已很明白地表示赞成了。后来的坚决反对，也许是胡适当年的少年意气太盛，叫朋友难堪，反而引起他们的反感来了，就使他们不能平心静气地考虑胡适的历史见解，就使他们走上反对的路上去了。但是因为他们的反驳，才使胡适有实地试验白话诗的决心。所以说起来，梅光迪、任鸿隽的反对正是胡适新文学试验的真正动因。

  不过，还值得指出的一点是，在胡适后来的回忆中，总是将梅光迪、任鸿隽等人一律视为新文学的反对者，总是强调正是他们的反对促成了他下最后的决心。这个评判在一定意义上说是对的，但过分强调梅光迪、任鸿隽的反对，特别是将他们二人描绘成负面的形象，其实也与历史真

---

① 《窗上有所见口占》，《胡适全集》卷二十八，442页。

实相距稍远。举一个简单的例子，就在胡适下定最后的决心，准备单枪匹马试验白话诗之后，梅光迪仍于1916年8月8日致信胡适，提出文学革命的四大纲领：

  一曰摈去通用陈言腐语。
  二曰复用古字以增加复数。
  三曰添入新名词，如科学、法政诸新名字，为旧文学中所无者。
  四曰选择白话中之有来源、有意义、有美术价值者之一部分，以加入文学，然须慎之又慎。①

  由此看来，无论如何不能将梅光迪、任鸿隽等人塑造成新文学反对者的形象，实际上他们同是新文学的倡导者，只是与胡适所选择的路径不同而已，至多算作新文学的右翼。

  梅光迪、任鸿隽从新文学的另一方向刺激了胡适的试验，而胡适的试验在哲学上的依据则是他所接受的实验主义哲学。实验主义的基本原则是：一切学理都只是一种假设；必须要证实了，然后可算是真理。证实的步骤，只是先把一个假设的理论的种种可能的后果都推想出来，然后想办法试验这些结果是否适用，或是否能解决原来的问题。胡适的白话文学论不过是一种假设，这个假设的一部分如小说、词曲已有历史的证实了，其余的部分也就是诗词这一块还有待证明，有待实地试验。所以，胡适的白话诗试验，不过是他所信仰的实验主义的一种应用而已。也正因为如此，胡适的白话诗虽连天加夜地写作还没有几首的时候，他的诗集却已有了名字，那就是《尝试集》。这个"尝试"，据胡适说就是来源于陆游的一句"尝试成功自古无"的诗。胡适为此还写了一首诗，专门说明他的尝试主义：

  "尝试成功自古无"，放翁这话未必是。

---

① 《与胡适函之三十七》，《梅光迪文录》，171页。

我今为下一转语："自古成功在尝试！"
请看药圣尝百草，尝了一味又一味。
又如名医试灵药，何嫌"六百零六"次？
莫想小试便成功，天下无此容易事！
有时试到千百回，始知前功尽抛弃。
即使如此已无愧，即此失败便足记。
告人"此路不通行"，可使脚力莫枉费。
我生求师二十年，今得"尝试"两个字。
作诗做事要如此，虽未能到颇有志。
作《尝试歌》颂吾师：愿吾师寿千万岁！①

这就是胡适的实验主义文学观，也是他从事白话诗创作的思想基础。

"运动"起来的新文学

差不多一年的连续讨论，使胡适关于新文学的思想逐步成为一个系统，至1916年9月19日，他已经能够清楚地表达心目中或理想中的新文学究竟应该包括哪些条件，这些条件约有"八事"：

一、不用典；

二、不用陈套语；

三、不讲对仗；

四、不避俗字俗语；（不嫌以白话作诗词）

五、须讲求文法；

（以上为形式的方面）

六、不作无病之呻吟；

七、不摹仿古人；

---

① 《〈尝试歌〉有序》，《胡适全集》卷二十八，452—453页。《逼上梁山》引用时文字稍异。

八、须言之有物。

（以上为精神或内容的方面）

如果这"八事"仅仅记在胡适的日记中，或许就不会有后来的故事了，然而胡适毕竟是一个开风气的人，他想到多少总会传播多少，所以当他将这八条意见写信告诉陈独秀之后，竟然由这八条引发了一场新文学运动，引发了中国的文艺复兴。

正如我们已经知道的那样，胡适与陈独秀的交往比较早，他们的中间人就是上海亚东图书馆的主人汪孟邹。早在《甲寅》时代，胡适就给陈独秀留下了深刻印象，至1915年秋，当陈独秀主办的《青年杂志》创刊后，胡适就成为陈独秀作者阵容中的主要人物。在汪孟邹的一再催促下，胡适于1916年2月3日给陈独秀寄去一篇翻译小说，并写了一封信，谈翻译小说在新文学创造、发展中的作用，以为今日欲为中国造新文学，宜从输入西方文学名著入手，使中国知识分子有所取法、有所观摩，然后乃有自己创造的新文学可言。[①]

胡适的看法引起陈独秀的积极回应。陈独秀在8月13日的回信中表示对这个看法非常佩服，并建议胡适在功课之暇多为《青年杂志》翻译西方小说，以为改良文学之先导。陈独秀也认为，此时中国知识分子宜多翻译西方作品，尽量少创作，日本兴学40多年，其国人著述尚不足观，何况中国这样刚起步的新兴国家？[②]

陈独秀的激赏无疑鼓舞了胡适的热情，特别是当胡适在受到梅光迪、任鸿隽等人的激烈反对时，更感到陈独秀的赏识、支持来之不易。8月21日，胡适再寄书陈独秀，讨论中国文学的理想主义、古典主义和写实主义等问题，并正面陈述自己对中国文学改良的根本看法，以为中国文学的堕落主要是因为"文胜质"，有形式而无精神，貌似而神亏。欲救此弊，当注重言中之意，文中之质，躯壳内之精神。由此，胡适将9月16日写就的文学革命"八事"抄寄陈独秀，并表示不用典等八项条件只是

[①] 《论译书寄陈独秀》，《胡适全集》卷二十八，318页。
[②] 《陈独秀致胡适》，《胡适来往书信选》上，3页，北京：中华书局，1979年。

粗略的要领，详细节目当俟诸他日再作一文。①胡适终于将他的文学改良主张在国内中文刊物上公开发布。

胡适的文学革命"八事"获得了陈独秀的高度评价，他在发表时所作的按语中表示，除第五项须讲求文法、第八项须言之有物这两项略有保留外，其余六事，无不合十赞叹，以为今日中国文界之雷音，倘能详其理由，指陈得失，衍为一文，以告当世，其业尤盛。②

10月5日，陈独秀又专门回信胡适，详谈自己对这几个问题的看法。以为文学改良确为中国当前最为迫切的事情，所以《新青年》的文艺栏意在能够有所推动，只是中国自来文学中没有写实诗文以为模范，而翻译西方作品又很难唤醒国人写实主义的观念，所以陈独秀建议胡适给《新青年》撰写写实主义文字，切实作一篇改良文学的论文。按照陈独秀的设想，改良后的中国文学应该文学之文与应用之文区而为二，应用之文但求朴实、说理纪事，其道甚简；而文学之文，尚须有斟酌处。③

陈独秀的夸赞和约稿显然促动了胡适的干劲，不到一个月，胡适就写了一篇关于文学革命的论文。只是到了快要邮寄时，胡适想到过去一年多所遭到的反对，胆子变小了，态度变得谦虚了，于是将标题改定为《文学改良刍议》，通篇不再提起"文学革命"的旗帜。

胡适用复写纸将《文学改良刍议》抄了两份，一份给《留美学生季报》发表，一份寄给陈独秀在《新青年》上发表。在这篇文章中，胡适将文学"八事"的顺序略有调整：

一、须言之有物；

二、不摹仿古人；

三、须讲求文法；

四、不作无病之呻吟；

五、务去滥调套语；

---

① 《胡适致陈独秀》，《新青年》二卷二号，1916年10月1日。
② 陈独秀按语，《新青年》二卷二号。
③ 《陈独秀致胡适》，《胡适来往书信选》上，5页。

六、不用典；

七、不讲对仗；

八、不避俗字俗语。

胡适表示这个新次序是有意改动的，他把"不避俗字俗语"一件放在最后，标题只是很委婉地说"不避俗字俗语"，其实是很郑重地提出他的白话文学主张。在这篇文章中，胡适反对中国传统的"文以载道"的思想意识，主张"言之有物"，反对摹仿古人，主张"实写今日社会之情状"；肯定白话文学为中国文学之正宗，又为"将来文学必用之利器"。

《文学改良刍议》在《新青年》2卷5号即1917年1月1日发表，这篇文章实际上只是将胡适一年来的思考重新系统化，将文学"八事"拆开详论，其结论柔中有刚地表示，这文学"八事"只是自己在异国他乡的思考，容或有矫枉过正之处。然而此"八事"皆文学上的根本问题，一一有研究之价值。故草成此论，以为海内外留心此问题者作为讨论的基础，谓之"刍议"，就是这个意思。①

按照胡适的本意，文字题为"刍议"，诗集题名"尝试"，既表明一个海外留学生对国内学者的谦逊态度，似乎也不希望引起国内学者特别是老辈学者很大的反感。这大概是胡适的个性使然。

然而，老革命党人陈独秀却不这样认为。陈独秀起初对胡适的文学"八事"还有保留和怀疑，以为文学之文与应用之文可能还会有所区别。②国内好学深思的少年常乃德等人也认为说理纪事之文必当以白话文行之，但白话文的局限性使它不可能施于美术之文。③这个看法与海外留学生中的梅光迪、任鸿隽大致相同。但当陈独秀看到胡适的《文学改良刍议》之后，他的态度就发生了很大变化，不仅完全赞成胡适的说法，而且觉得胡适欲说还休的姿态太过保守，他接着写了一篇《文学革命论》，"甘冒全国学究之敌，高张'文化革命军'大旗"，以为"其首举义旗之急先

---

① 《文学改良刍议》，《胡适全集》卷一，14—15页。
② 陈独秀按语，《新青年》二卷二号。
③ 《常乃德致陈独秀》，《新青年》二卷四号。

锋"的胡适作"声援",明确提出"文学革命"的口号,并揭示自己文学革命的三大主义:

>一曰推倒雕琢的、阿谀的贵族文学,建设平易的、抒情的国民文学;
>
>二曰推倒陈腐的、铺张的古典文学,建设新鲜的、立诚的写实文学;
>
>三曰推倒迂晦的、艰涩的山林文学,建设明了的、通俗的社会文学。①

陈独秀之外,最初赞成胡适文学改良主张的还有北京大学教授钱玄同。钱玄同对胡适的观点无保留地支持,以为其结果必佳良无疑,为选学妖孽、桐城谬种见此又不知作何咒骂,虽然得此辈多咒骂一句,便是价值增加一分。②

钱玄同是章太炎的大弟子,以声韵、训诂学大家的身份支持胡适的文学改良论,提倡通俗的新文学,何忧全国不趋之若鹜,紧随其后?③所以钱玄同的支持格外宝贵,此后文学革命运动就从美国几个留学生的课余讨论转变为国内文人学者的讨论了,新文学就这样运动起来了。

---

① 陈独秀:《文学革命论》,《新青年》二卷六号,1917年2月1日。
② 《钱玄同致陈独秀》,《新青年》二卷六号。
③ 陈独秀按语,《新青年》二卷六号。

第三章
中国的启蒙运动：以《新青年》为中心

在辛亥革命爆发的前几年，民主共和思想在孙中山等革命党人的不懈宣传下日趋深入人心，尤其是经历了清政府皇族内阁、铁路国有这两大不得人心的政策的强烈刺激后，原本支持清政府进行渐进改革的立宪派也转变了态度，由先前对清政府的支持转而反对清政府，清政府的统治基础严重动摇，革命势力空前高涨。于是武昌城头的新军起义，就可以将有200多年统治根基的大清王朝送进历史博物馆，中国进入了一个新时代。

对共和的失望

清末民初的更姓易代当然不同于过往的改朝换代。按照革命党人多年来的宣传，中国在推翻满族人的清朝之后，恢复中华，建立的是一个以美国为范式的民主共和国家，而不是汉族人的帝国。

民主共和的理想太美妙了，或许是辛亥革命前数年革命党人的宣传太美妙了，总之，待到革命成功，从南京政府到北京政府，几年前，中国人种下的是龙种，收获的却是跳蚤，人们普遍感到失望。社会秩序空前混乱，无聊的党争演化成暴力冲突，人民的生活没有改善，许多人都觉得这场革命不仅没有改变自己的地位，反而在革命后"做了奴隶的奴隶"①。

前朝统治者感到失望，他们觉得新朝并没有像先前承诺的那样推动中国民主政治的发展，反而越闹越糟，与其这样让这帮不守诚信的政治小人胡闹，还不如由大清王朝复辟，夺回政权。

革命者也感到失望，他们在革命前流血牺牲，然而夺取政权没有几天，就不明不白地拱手让给了旧官僚，他们从前朝的政治边缘人变为新朝的政治边缘人，所以他们内心的怨气最大，只要一有机会就要爆发，就要冲突，就要斗争。

革命的同盟者如无政府主义者也很失望，他们在前朝冒着生命危险组织暗杀团，组织暴动，在推翻清王朝的过程中立有大功，可是新建立的政权并没有达到他们的期待，不是给人民更多的自由和选择，而是与旧政府相比有过之而无不及。所以当孙中山等南方革命势力起而反对袁世凯的时候，他们冷眼旁观，坚守中立，因为他们感到以政府反政府，不过是一场以暴易暴的闹剧。

空前的失望笼罩着中国，特别是经过"二次革命"之后，中国的政治局面彻底改变，袁世凯的势力在国内外期待建立强有力政权的背景下逐步做大，先前参加过辛亥革命的，参加过"二次革命"的革命党人、无政府主义者等政治人物大都逃亡国外。这其中就有年轻的老革命党人陈独秀。

陈独秀（1879—1942），字仲甫，安徽怀宁人。早年就参加过反对清政府的斗争，受到过清政府的通缉，曾流亡日本。1903年回到上海，协助章士钊编辑《国民日报》，翌年回芜湖创办《安徽俗话报》，宣传革命思想。1905年组织反清秘密组织岳王会，自任总会长。辛亥革命后，出任安徽省都督府秘书长。"二次革命"后再度流亡日本，又与章士钊合作编辑出版《甲寅》杂志。

章士钊（1881—1973），字行严，湖南善化人。他也是一个非常奇特的人物，1901年寄读两湖书院，结识黄兴，遂与孙中山、黄兴等革命党

---

① 《华盖集·忽然想到（三）》，《鲁迅全集》卷三，16页，北京：人民文学出版社，1989年。

人结缘。1903年任上海《苏报》主笔，与章太炎、邹容、张继等结识，意气相投，结拜为异姓四兄弟。苏报案后，章太炎、邹容入狱，章士钊在主办此案的江苏候补道俞明震的庇护下，侥幸逃脱。8月7日，又与陈独秀、张继等人在上海创办《国民日报》，更激烈地鼓吹革命。11月，回长沙，与黄兴等组织华兴会，积极从事反清暴力活动。被捕后，经蔡锷营救出狱后，东渡日本流亡。1908年转英国，入爱丁堡大学学习法律、政治、兼逻辑学。武昌起义后，章士钊欢欣鼓舞赶回国内，主持同盟会机关报《民立报》。宋教仁案发生后，章士钊积极支持孙中山起兵反对袁世凯，草拟《二次革命宣言》，并出任讨袁军秘书长。"二次革命"失败后，再度亡命日本，遂于1914年5月10日在东京创办《甲寅》杂志，稍后又有陈独秀、杨永泰、易培荃等人加入，先后为《甲寅》撰稿者有李大钊、高一涵、易白沙、张东荪、梁漱溟、苏曼殊、胡适等，后来在新文化运动中有比较突出表现的人物基本上都在这里亮过相。

《甲寅》杂志创刊时，正值袁世凯解散国会，废除约法，刻意加强专制统治之时。所以《甲寅》的主旨就是反对袁世凯的独裁倾向，鼓吹民主政治。在《甲寅》第一期，章士钊发表《政本》一文，重申两党制的政治主张，提出执政党应借反对党之刺激而维持其进步，不好同恶异，而要有容，能够容许对立面的存在。朝野相互监督，取长补短，这样统治才会有力量，政策才能够最大限度地减少失误。很显然，这篇文章对袁世凯的独裁倾向有所警惕。

袁世凯的独裁倾向导致国内政治环境急剧恶化，陈独秀在《甲寅》第二期发表的一封私人信件中表示："自国会解散以来，百政俱废，失业者盈下，又复繁刑苛税，祸及农商。此时全国人民，除官吏兵匪侦探之外，无不重足而立，生机断绝，不独党人为然也。国人惟一希望外人之分割耳"，陈独秀对袁世凯的独裁统治恨之深切，当然，这个叹息显得过于沉重。章士钊在这封信件的按语中指出，"以寥寥数语，十足写尽今社会状态。"章士钊还邀请陈独秀到东京和他一起编辑《甲寅》杂志。不久，陈独秀就来到东京，加盟《甲寅》。

陈独秀对国内政治局面的失望似乎已经到了空前程度，他在稍后发表的《爱国心与自觉心》一文，更充分地表露了这种失望。他指出，国人无爱国心者，其国恒亡；国人无自觉心者，其国亦殆。二者俱无，国必不国。接着，陈独秀分析中西对国家的两种不同认识和态度，以为中国人把国家看作与社稷齐观，爱国与忠君同义。其实，人民不过是那些缔造大业、得天下者的牺牲品而已，并没有丝毫的自由权利和幸福。欧美人看待国家与中国人明显不同。他们把国家看作为国人共谋安宁幸福的团体，人民之所以要建立国家，其目的在于保障权利，共谋幸福。这才是真正意义上的立国精神。所谓爱国，就是要爱其为保障人民权利，促进人民幸福的团体，如果不懂这个道理，那么爱之愈殷，其愚也愈深。

按照陈独秀的意思，人民爱自己的国家，首先要弄明白自己的国家在当时世界格局中所处的地位即"情势"，不知国家的目的而爱之者，如当时世界大战中的德国人、日本人，其实他们的爱国心乃为侵犯他人自由而战者，这就不是爱国主义，而是帝国主义、侵略主义。

在陈独秀看来，不知国家情势而爱之的愚忠还有中国人、朝鲜人。中国本来就面临着被瓜分的危险，但中国本身却法日废、吏日贪、兵日乱、匪日众、财日竭、民日偷、群日溃，政纪至此，夫复何言？即使像辛亥革命这样的大变动，换上一批政治新人执政，这批政治新人也没有救民于水火之诚，所有的依然是功名利禄，毁人如故，依然是敌视异己，耀兵残民，漠视法治，紊乱财政，奋私无已。总之，中国之为国，外无以御侮，内无以保民，不独无以保民，且适以残害百姓，朝野同科，人民绝望。对于这样的国家，陈独秀以为亡国无所惜，"亡国为奴，何事可怖？"

陈独秀的失望、伤感、绝望和极端判断引起了知识界极大的反响，反对者以为"不知爱国，宁复为人，何物狂徒，敢为是论？"[①]赞成者"悟其言之可味，而不禁以其自觉心自觉也"[②]。

陈独秀的愤世嫉俗与悲怆迷惘反映了当时中国知识界特别是年轻一

---

① 《甲寅》一卷八号，1915 年 8 月 10 日。
② 李大钊：《厌世心与自觉心》，《甲寅》一卷八号。

代知识人对国事的失望，他们不能不思考的一个重要问题是：为什么辛亥革命的客观效果与其主观目的这样严重背离？为什么中国人种下了龙种却收获了跳蚤？这其中是否有更为深层的背景与原因？按照这个思路，陈独秀开始向制度层面之外进行探索，并最终引发一场文化运动。

1914年11月，当《甲寅》杂志出版至第四期的时候，或许是出于经济上的考虑，这个已经很有名的杂志从东京转至上海，由亚东图书馆代理，负责印刷、发行事宜。

亚东图书馆创办于1913年春，其主人为安徽绩溪人汪孟邹，而汪孟邹的哥哥汪希颜是陈独秀在日本留学时的挚友。

1903年冬，汪孟邹在芜湖开办科学图书社，实际上是一家图书文具兼营的店面。当此时，陈独秀在芜湖筹办《安徽俗话报》，寄居在科学图书社楼上，与汪建立了深厚的感情。

辛亥革命后，陈独秀出任柏文蔚的都督府秘书长，这时候，汪孟邹也在一些朋友的鼓动下从芜湖来到省会安庆，希望陈独秀能够帮他找个事情做，也就是弄个官当当。这些朋友的好意确实不错，但陈独秀却竭力反对，不主张汪孟邹弃商从政，一方面他预感到辛亥革命后的政治局面长不了，另一方面他似乎觉得汪孟邹大概不是从政的料，所以他劝汪还是回芜湖开自己的文具书店，并答应找柏文蔚商量商量，要他帮忙凑点股份，让汪到上海再开一家书店。于是就有了亚东图书馆的成立。鉴于这层关系，陈独秀理所当然地会照顾亚东的生意，会为亚东的长远发展考虑，他不仅要让亚东在经济上有收益，更希望亚东能够在文化上有影响。这大概就是陈独秀将《甲寅》从第五期开始交给亚东代理的背景。

进入1915年，中国国内的政治形势持续恶化，袁世凯加快了帝制复辟的步伐，而日本政府为了攫取更多的利益，诱导袁世凯同意丧权辱国的"二十一条"。在这样一种政治背景下，陈独秀与易白沙从日本返回国内，于1915年6月中旬到达上海。6月20日晚间，亚东图书馆主人汪孟邹为陈独秀、易白沙接风洗尘。

或许是受国内政治环境的刺激，或许是因为参与《甲寅》的经验，使陈独秀又萌生早年创办《安徽俗话报》那样的念头，只是他此时的想法与过去已大为不同。应该是在这次接风洗尘的宴会上，陈独秀诚恳地告诉亚东主人汪孟邹，表示他个人很久以来就想创办一本杂志，只要十年、八年的功夫，这个杂志就可以使全国的思想为之改观。

对于老朋友的想法，汪孟邹当然不会怀疑，无奈亚东的实力太小了，汪孟邹是心有余而力不足，再加上亚东正在承担着《甲寅》的印制和发行，汪孟邹表示单靠亚东的力量可能有困难。

汪孟邹对老朋友陈独秀非常崇拜，他自己虽然没有力量接下陈独秀的这个计划，但他又不忍放弃，于是利用自己的人脉，找到通俗图书局的老板汪叔潜，以及群益书社的老板陈子寿、陈子沛兄弟，希望几家合作共襄盛举，办成这个新杂志。

汪叔潜的详细情况不是很清楚，大概也是安徽人，而且很可能还是汪孟邹的小老乡或者亲戚关系。他辛亥革命前曾在安徽参加陈独秀组织的反清活动，又留学日本参加同盟会；民国初年当选为第一届国会众议院议员；1915年在上海成立通俗图书局，创办有《通俗》杂志。他的通俗图书局创办不是很长时间，估计本钱、规模都不是很大。但他与陈独秀的关系比较密切，所以他很快就答应与汪孟邹一起想办法。汪孟邹宴请陈独秀之后的第三天即6月22日下午，汪孟邹等人就到汪叔潜的通俗图书局开会，商量怎样办这个刊物。

陈子寿、陈子沛是章士钊的湖南同乡，也曾留学日本，与章士钊、陈独秀似乎也早就熟悉。群益书社成立于1902年，仅比亚东早一年，经过10多年的经营，生意似乎比亚东大，所以一拍即合，陈子寿、陈子沛兄弟同意与陈独秀合作创办一个新杂志。6月23日上午，汪孟邹、汪叔潜等人赶到陈子寿的家里开会，议定由亚东、群益及通俗图书局三家合办，所有款项由三家分担。

在此后一段时间里，陈独秀、汪孟邹、汪叔潜、陈氏兄弟以及章士钊、柏文蔚等常常聚谈，讨论刊物的创办以及怎样筹措资金，扩大亚东图书馆的股本，并准备将亚东与群益合组为一家大的书局等问题。

汪孟邹、陈氏兄弟大概主要用力于筹措资金等方面，陈独秀等人从旁帮助。至于刊物构想及组织稿件，大概主要由陈独秀承担。陈氏兄弟答应每月编辑费、稿费 200 元，月出一本。至少在 1915 年 7 月 4 日，他们已经将这个新创办的杂志定名为"青年"。①

如果从 1903 年在上海协助章士钊编辑《国民日报》，第二年独自创办《安徽俗话报》算起，至 1914 年协助章士钊编辑《甲寅》杂志，35 岁的陈独秀实际上已经是近代中国不可多得的老资格报人，他所拥有的人脉也是其他人很难具备的。所以他的组稿进展应该说非常顺利，大约仅仅两个月的时间，他就基本上凑齐了《青年杂志》前几期的稿子。

1915 年 9 月 15 日，《青年杂志》第一卷第一号终于问世，这一期直接署名陈独秀的文章共有四篇，即《敬告青年》、《法兰西人与近代文明》、《妇人观》及《现代文明史》，署名"记者"的有三个栏目，即"国外大事记"四篇、"国内大事记"三篇，及"通信"栏。此外，作者还有汪叔潜、高一涵、陈嘏、彭德尊、李亦民及"一青年"共六人。

汪叔潜的情况前面已经说过，他不仅是《青年杂志》的作者，而且也是合伙人。至于高一涵，那更是陈独秀的铁杆。

高一涵（1885—1968），安徽六安人，1913 年留学日本，第二年就成为《甲寅》杂志的作者，与陈独秀是同乡加同学的关系，所以，他在《青年杂志》中的地位很重要。

陈嘏（？—1956）为陈独秀长兄陈孟吉的儿子，他在《青年杂志》第一卷前四期连载翻译小说《春潮》，原作者为俄国作家屠格涅夫，此后他一直担任该刊的英文编辑，发表翻译作品。

除了彭德尊、李亦民及"一青年"的情况现在还不太清楚外，其余的几个作者或译者其实都来自安徽，都与陈独秀有或多或少的关系。所以在很大程度上说，《青年杂志》在其初，其实就是几个安徽人办的一个刊物。

在《青年杂志》第一卷第二号，除陈独秀、高一涵、李亦民、陈嘏继续提供作品外，新增的作者有薛琪瑛女士、易白沙、汝非，至于"国

---

① 《梦舟日记》，转引自沈寂《陈独秀传论》，347 页，合肥：安徽大学出版社，2007 年。

外大事记"、"国内大事记"及"通信"三个栏目,依然署名"记者"。

薛琪瑛为江苏无锡人,为薛福成的孙女,她的母亲是桐城吴汝纶的女儿,毕业于苏州景海女学英文高等科,兼通拉丁文。她在这一期发表的作品为翻译的英国作家王尔德的爱情喜剧《意中人》。从薛琪瑛的家庭背景看,她虽然不是安徽人,但与安徽的关系却是不一般。①

易白沙(1886—1921)虽为湖南长沙人,但据说他自幼年时代即跟随父辈在安徽居住,1903 年主持怀宁中学,而怀宁就是陈独秀的老家,所以他们两人相识应该很早。易白沙后来也在"二次革命"失败后流亡日本,并很快成为《甲寅》杂志的撰稿人,应该说都与陈独秀有着密切的关系。

至于汝非,很明显是个笔名,所以就不好判断了。这样,第二期新增作者三人除一人不知真名外,另外两人都与安徽有着非同寻常的关系。

再看第三期。第三期的老作者有陈独秀、高一涵、薛琪瑛、陈嘏、"一青年"、李亦民,"国外大事记"、"国内大事记"及"通信"三个固定栏目依然署名"记者",新增作者也是三人,即谢无量、谢鸿和刘叔雅。

谢无量(1884—1964),四川乐至人,但他在 4 岁的时候就随父辈居住在安徽,也算是半个安徽人。谢无量原名蒙,字大澄,号希范,后易名沉,字无量,别署啬庵。1901 年与李叔同、黄炎培等同入南洋公学,此时与章太炎、邹容、章士钊结识,开始为《苏报》撰稿。1904 年到芜湖公学任教,并从事反清革命活动,大约此时与陈独秀交往并建立了比较密切的关系。所以"二次革命"后,也曾为《甲寅》提供作品。

谢鸿的情况不详。至于刘叔雅,就是后来大名鼎鼎的刘文典。刘文典(1889—1958),字叔雅,安徽合肥人,1906 年入安徽公学学习,因聪明好学、积极上进,为公学老师陈独秀、刘师培所赏识,当然也就受到陈独秀很大的影响,1907 年加入同盟会。1909 年到日本留学,1912 年回国,担任《民立报》编辑。1913 年再度赴日,1914 年加入中华革命党,

---

① 《意中人》"记者识",《青年杂志》一卷一号。

并任孙中山的秘书。

由此可见,《青年杂志》第一卷第三号新增的三个作者,除了谢鸿的情况待查外,谢无量是半个安徽人,刘文典是地地道道的安徽人,且与陈独秀有师生之谊。

再看第四号。第四号的老作者有陈独秀、高一涵、李亦民、薛琪瑛、谢无量、陈嘏、汝非、刘叔雅,三个固定栏目署名依旧。新增作者有方澍、孟明、潘赞三个人。方澍、孟明的情况不详,潘赞就是潘赞化(1885—1959),安徽桐城人,清末就与陈独秀一起从事反清活动,"二次革命"后流亡日本,与陈独秀的关系当然也就不同寻常。①

再看第五号。第五号的老作者有陈独秀、易白沙、高一涵、陈嘏、刘叔雅、潘赞、孟明、李亦民以及"国外大事记"、"国内大事记"两个栏目署名"记者",新增作者仍旧是三人,即高语罕、李穆、萧汝霖。

高语罕(1888—1948),安徽寿县人。他在辛亥革命前就在安徽与陈独秀一道参加反清革命活动,辛亥革命后与韩衍、易白沙等组织安徽青年军,后又一同参加反对袁世凯的斗争,所以他自然成为《青年杂志》的主力作者,只是出场稍晚一点。

李穆、萧汝霖的情况不太清楚,李穆在这一期提供的稿件是"英汉对译"作品《英国少年团规律》;而萧汝霖在这一期提供了两篇稿件,一篇是《大力士霍元甲传》,一篇为《述精武体育会事》,均为武林中事。

再看第一卷第六号。这一期的老作者有陈独秀、易白沙、高语罕、薛琪瑛、刘叔雅、孟明、谢鸿、李亦民及三个固定栏目署名"记者",另外还有一篇署名"记者"的《大飞行家谭根》,新增作者只有一人,即澍生。澍生的情况也不太清楚,大概也是一个笔名,他提供的文章是《巡视美国少年团记》。

至此,《青年杂志》第一卷的全部作者已经分析完毕,易白沙、谢无量原籍不是安徽,但他们自幼年时代就在安徽居住,也算是半个安徽

---

① 李公宰:《辛亥革命在安徽》,《辛亥革命回忆录》卷四,北京:中华书局,1963年。

人；薛琪瑛的外家为安徽大姓、名人之后，也应该算是安徽人；至于其他可考的作者无一例外为安徽人。所以学术界公认所谓《青年杂志》不管它后来的名声有多大、影响有多大，它最初其实就是一帮安徽人合办的一本普普通通的杂志而已。

创办《新青年》

《青年杂志》在创办之初影响并不大，每期印制也不过1000本的样子。这份刊物虽然由陈独秀这样的老报人主持，但并没有像他最初所期许的那样有什么特色，只是一个普普通通的刊物而已，这种刊物在大上海并不少。而且，陈独秀此时似乎在政治主张、文化主张上也比较温和，依然延续着他在《安徽俗话报》、《甲寅》时期的文化思路，而在政治上反而不如过去激进，因为陈独秀此时似乎不愿沿用《甲寅》政论的路数，而希望在文化上下功夫。在文化上下功夫的方向应该是对的，但陈独秀似乎还没有找到文化批判的视角，不知道应该从哪个方向用力，所以从《青年杂志》第一卷第六号看，所载基本上都是泛泛之论，并没有什么可以激动人心的文章。或许正是这个原因，使《青年杂志》在其创刊之初不温不火。

这本杂志出到第一卷第六号即到了1916年2月15日就有点出不下去了，这肯定与其发行量上不去有很大关系。另外一个原因是，《青年杂志》的刊名与上海青年会出版的《上海青年》周刊有点雷同，上海青年会致函群益书社，要求《青年杂志》改名，以免发生侵权问题。这大概也是《青年杂志》停刊的原因。

陈独秀是一个勇于反省又善于反省的人，他将《青年杂志》停刊，并不意味着他放弃了理想，事实上，他此后一段时间一直在为这个刊物重新出版作准备。关于刊名，既然上海青年会提出意见，那就只好改名，于是，他接受陈子寿的建议，将《青年杂志》更名为《新青年》。其实，要是细究的话，《新青年》可能比《青年杂志》更像《上海青年》，不过上海青年会无论如何不会一而再、再而三地纠缠这些细节，何况《新青年》很快就火了呢？成功者从来不会受到指责，所以《新青年》的名字后来再也没有谁提出过异议。

按照"新青年"的思路，陈独秀在稳定、巩固安徽同乡这个基本面的同时，开始扩大作者的范围，所以我们看到更名后的《青年杂志》在1916年9月1日以《新青年》第二卷第一号的名义出版时，作者阵容开始改变，明显增加了外省籍人士，甚至在知识背景上也开始改变。

《新青年》第二卷第一号的老作者有陈独秀、易白沙、高一涵、陈嘏等，三个固定栏目仍署名"记者"，另外增加了一个"读者论坛"的互动栏目。而新增的作者有李大钊、温宗尧和胡适三人。

李大钊（1889—1927）为河北乐亭人，1913年毕业于天津北洋法政专门学校，旋赴日本留学，入早稻田大学政治科，结识章士钊，并通过章士钊结识陈独秀，二人同为《甲寅》杂志撰稿人。在日本，李大钊开始接触社会主义思潮，1916年5月回国，在北京创办《晨钟报》，任总编辑。旋辞职，任《甲寅日刊》编辑。或许正是因为这一层关系，使李大钊成为《新青年》的撰稿人。

温宗尧（1876—1947），字钦甫，广东台山人。早年在香港皇仁书院任英文教员，1890年与香港新知识分子杨衢云等共组辅仁文社，研讨时政，主张革新，并逐步演变成鼓吹革命的组织。1900年，温宗尧参加唐才常的自立军起义，任自立军驻上海总代表。后与蔡元培、张元济一起创办《外交报》，为晚清维新人物。民国成立后一度追随孙中山，协助伍廷芳进行南北议和。1916年3月，参与肇庆护国军务院的筹组，支持反袁护国运动。他为本期《新青年》提供的是一篇英文稿，题目是On-education。

至于胡适，并不是陈独秀的老相识，而是汪孟邹的朋友。1877年出生的汪孟邹较1891年出生的胡适年长14岁，但他们同为安徽绩溪老乡。1903年汪孟邹到上海办亚东图书馆，第二年，年仅13岁的胡适也来到上海读书，至1910年赴美国留学。在那几年里，胡适应该与汪孟邹有不少交往。胡适到美国留学后，主要精力似乎依然放在他在上海读书时的兴趣上，那就是中国历史与文明，所以他对国内外中文出版物都很敏感。

当《甲寅》杂志在日本创刊出版后，汪孟邹就将这个由他代理的杂志寄给胡适，一方面希望胡适能够在美国帮助推广，另一方面也希望胡适为《甲寅》撰稿，因为胡适在上海读书时就办过《竞业旬报》，喜欢写写画画，是年轻的老报人。胡适就主动将翻译的《柏林之围》及写作的《非留学篇》投给《甲寅》杂志，很获章士钊的赏识，两人开始书信往还，互相仰慕。[①]大约也是在这个时候，陈独秀知道他的这个小老乡有不错的文字功夫和思想，所以当《青年杂志》创刊后，陈独秀就嘱汪孟邹逐期寄给仍在美国留学的胡适，并请胡适供稿。于是胡适就顺便寄来一篇翻译小说《决斗》。

《新青年》第二卷第一号只是表明陈独秀有突破原来那个安徽人圈子的企图，但力度显然不够大，这需要时间和等待，但到了第二卷第二号，情况就有了很大的改观。这一期的老作者有陈独秀、刘叔雅、薛琪瑛、陈嘏、谢鸿、李亦民，"读者论坛"的两封来信作者为罗佩宜和李平，"国外大事记"、"国内大事记"和"通信"三个固定栏目署名依旧。新增的作者有吴稚晖、刘半农和马君武三人。这显然是一个很大的突破。

吴稚晖（1865—1953）是老一代革命家和学者，他这时已经年过半百，享有很高的声誉。吴稚晖是江苏武进人。早年曾信仰过维新变法，但稍后即转向无政府主义，后来又参与孙中山主导的国民革命，是后来国民党的大佬之一。民国建立后，吴稚晖将精力转向文化运动，致力于提倡国语注音和国语运动，在文化界拥有重要地位。他为《新青年》提供稿件，一是说明已成名的重量级学者真正介入了《新青年》，二是《新青年》终于真正突破了安徽人的小圈子。

刘半农（1891—1934）也是一位了不起的学者，他是江苏江阴人，参加过辛亥革命，稍后在上海以向鸳鸯蝴蝶派报刊投稿为生，在上海滩颇有文名。他的加盟，使《新青年》作者多元化色彩开始呈现，而且他后来确实成为《新青年》的重要作者和新文化运动最具影响力的人物。

马君武（1881—1940），广西桂林人，1901年入上海震旦学院，同年

---

① 《胡适来往书信选》上，1页。

冬赴日本京都帝国大学攻读化学。1905 年加入同盟会，为同盟会章程起草人之一，又是《民报》重要撰稿人。同年底回国，任上海公学总教习，积极宣传革命。1907 年赴德国，入柏林工业大学学习冶金。辛亥革命爆发后回国，以广西代表身份参与起草《临时政府组织大纲》和《中华民国临时约法》，并任南京临时政府实业部次长。后出任国会参议员。"二次革命"失败后，再度赴德国入柏林大学学习，获工学博士。1916 年回国。所以，他为《新青年》提供的文章是《赫克尔之一元哲学》。

《新青年》第二卷第三号新增作者也是三人，即苏曼殊、淮阴钓叟和程宗泗。淮阴钓叟显然是笔名，而苏曼殊（1884—1918）则是大名鼎鼎的情僧，生于日本横滨，父亲为广东香山人，母亲为日本人。苏曼殊曾就读于早稻田大学预科，后学成归国，任上海《国民日报》翻译，不久出家为僧。1907 年赴日本组织亚洲和亲会，之后云游四方。他的加盟显然扩大了《新青年》的声势。

程宗泗即程演生（1888—1955），安徽怀宁人。肄业于安徽高等学堂，后留学法国，获考古研究院博士学位。回国后曾任教北京大学、暨南大学等校教授，1932 年出任安徽大学校长。

《新青年》第二卷第四号新增作者有杨昌济、汪中明两人。汪中明的情况现在还不太清楚，而杨昌济可是声名显赫的教授。杨昌济（1871—1920），名怀中，字华生，湖南长沙人。1898 年就读岳麓书院，曾加入南学会，赞同谭嗣同的思想。1903 年东渡日本留学，主攻教育学。1909 年留学英国，专攻哲学、伦理学。1913 年后在湖南省立高等师范学校等校任教，致力于人才培养，毛泽东就是他此时的学生。

到了第二卷第五号，《新青年》新增作者有陶履恭、康普二人。康普的情况不可考，而陶履恭即陶孟和（1887—1960），祖籍浙江绍兴，生于天津，南开学校第一届师范生，1906 年赴日本，入东京高等师范学校学习历史和地理，1910 年转英国，入伦敦大学经济政治学院攻读社会学和经济学，1913 年获博士学位。同年回国，任商务印书馆编辑，北京高等师范学校、北京大学教授，他是中国第一个将"社会"变成"学"的人。

《新青年》第二卷第六号的作者阵容更加强大，新增作者有吴虞、光昇、陈其鹿、曾孟鸣、李张绍南、陈钱爱琛等六人。李张绍南、陈钱爱琛分别讨论的是"女子问题",显然她们为女性知识分子。李张绍南为李寅恭的太太,而李寅恭为安徽合肥人,他们夫妇于1914年赴英国留学,李寅恭攻读农学,毕生致力于林学教育事业。而陈钱爱琛的情况不太清楚。

至于吴虞(1872—1949),那可是五四运动的闯将,被誉为"只手打孔家店"的"老英雄",是"中国思想界的清道夫"。吴虞,字又陵,四川新繁人。早岁留学日本,归国后任四川《醒群报》主笔,鼓吹新学。1910年任成都府立中学国文教员,后任教北大。他的加盟,不仅壮大了《新青年》的声势,而且给《新青年》的思想带来了强烈的冲击,所谓"片面的深刻",在吴虞的言论中被发挥到极致。

光昇(1876—1963),字明甫,安徽桐城人。1902年考入江南高等学堂,结识革命志士赵声等,后被学堂开除。回乡至桐城中学堂任教5年,然后赴日本留学,在那里与章太炎、陈独秀等人过往甚密,加入同盟会。1911年回国,任安徽省立法政学堂教务长等,柏文蔚任安徽都督时,陈独秀为秘书长,光昇为秘书。"二次革命"失败后,流亡京沪。

陈其鹿(1895—1981),昆山人,早年毕业于上海南洋模范中学。此时他为北京大学经济系学生,他向《新青年》提供的文章是《听蔡子民先生演辞感言》,记述蔡元培就任北京大学校长时的讲话及自己的体会。陈其鹿后来留学美国,归国后在各大学任教授,专攻统计学。

曾孟鸣的情况不是很清楚,他为《新青年》提供的文章是《北京航空学校参观记》。

总而言之,1916年9月1日《新青年》再度出现,其作者阵容的强大,内容的丰富,特别是其观点的犀利,在在吸引了国内知识界的眼球。所以,《新青年》很快从《青年杂志》不温不火的1000册迅速上升到15600册,成为国内最火的刊物。

如果仅仅从上述分析看,《新青年》的阵容已经很了得,而陈独秀在《新青年》第二卷第一号上就开始连续"通告":"本志自出版以来,颇蒙国人称许,第一卷六册已经完竣。自第二卷起,欲益加策励,勉副读者诸君属望,因更名为《新青年》,且得当代名流之助,如温宗尧、吴敬恒、张继、马君武、胡适、苏曼殊诸君允许,关于青年文字,皆由本志发表,嗣后内容当较前尤有精彩。此不独本志之私幸,亦读者诸君文字之缘也。"这不能说是拉大旗作虎皮,但这种略带夸张的广告应该说还是蛮吸引人的。《新青年》终于从平庸走向突出,终于初步实现了陈独秀改变中国思想界的心愿。

被打断的启蒙运动

在陈独秀的苦心经营下,《新青年》成了新文化运动的急先锋,[①]成为中国文学史和思想史上划分一个时代的刊物,此后20年中的文学运动和思想改革,差不多都是从这个刊物出发的。[②]

陈独秀《新青年》的成功经营,是他与那些朋友的智慧、努力分不开的。《新青年》之所以成为这么重要的刊物,开辟一个时代,还应该承认是时代所造成的。

自袁世凯当国,中国政治一直受到帝制复辟的困扰,守旧的知识分子则为了迎合现实政治,总是自觉或不自觉地为帝制复辟提供理论准备,曲解和宣扬中国正统的儒家教条。"真龙天子"回归的谣传充塞着没有文化,也没有受到过现代文明熏陶的一般民众的头脑。这样,年轻的中华民国一方面受到来自日本的压力,另一方面又受到来自国内旧军阀、旧官僚、旧士绅阴谋的威胁。中华民国岌岌可危,只剩下一块空招牌。

正是在这种动乱的形势下,一大批中国年轻的知识分子为了挽救国家,纷纷从国外赶了回来,他们不仅带来挽救民族危亡的良策,而且更重要的是带来了在国外所学到的新思想、新观念。这正是《新青年》得以赢得读者的社会文化背景。

---

① 蔡元培为《新青年》1935年重印本题辞。
② 胡适为《新青年》1935年重印本题辞。

经过辛亥革命、"二次革命"等一系列政治事件的刺激，陈独秀在协助章士钊编辑《甲寅》杂志时似乎就已经意识到，中国问题的关键似乎不是政治，政治问题的背后实际上蕴含着非常复杂的非政治因素，所以他回国创办《青年杂志》时，就明确一条原则，就是《青年杂志》在编辑方针上要与《甲寅》杂志作出必要的区隔，也就是说，《甲寅》是那个时代最成功的政论刊物，而《青年杂志》不准备在政论上作文章，甚至陈独秀一再表露20年不谈政治的心迹，专门用力在文化批评上，致力于从文化上为中国政治变动打下一个良好的基础。

基于这种考量，陈独秀的刊物之所以取名"青年杂志"，之所以在遭到侵权指责后依然坚持"青年"两个字，改为"新青年"，实际上是表示对老一代政治家特别是中国先前政治诉求某种程度的失望，期望新一代青年能够担起时代重任，开辟一个新时代。陈独秀意识到，只有当中国人民特别是青年觉醒之后，只有当旧社会和旧文明发生了根本变化之后，中国才能摆脱军阀控制。中国只有在文化上有办法，其他问题才能有办法、有出路。

陈独秀认为，中国政治问题的根源比人们一般想象要深得多，中国必须打破陈腐的旧传统，必须在思想上唤醒青年，在这些青年身上寄托着建设一个新中国的希望。因此，陈独秀鉴于当时险恶的政治环境，尽量避免直接卷入政治，反复声称《青年杂志》和稍后的《新青年》的目的是要改变中国青年的思想和行为，而不是开展政治批评。这个意思在他为《青年杂志》创刊号写的《敬告青年》和《新青年》创刊号写的《新青年》中都有非常明白的表述，寄希望于青年一代能够摆脱孔子之道的束缚，为中国文化开辟出一条新鲜活泼、富于生机的新路。

中国社会与文化的脱胎换骨，只能属望于新鲜活泼之青年的自觉奋斗，发挥人间固有之智能，抉择人间种种思想，视陈腐朽败的旧观念若仇敌，若洪水，若猛兽，利刃断铁，快刀理麻，决不作迁就依违之想，力排之，不可与之为邻，而建立一种全新的民族文化。

对这种全新的民族文化，陈独秀作了大概的描述，以为主要应该包括这样几个方面，即自主的而非奴隶的、进步的而非保守的、进取的而非退隐的、世界的而非锁国的、实利的而非虚文的、科学的而非想象的。简言之,即民主、自由与科学。陈独秀强调,民主与自由为现代文化的根本要义,人人生而平等,既无奴隶他人的权利,也无以奴自处的义务,"奴隶之名,非血气之忍受",而要人人均建立成一种完全的"自主自由之人格",即"我有手足,自谋温饱;我有口舌,自陈好恶;我有心思,自崇所信;决不认他人之越俎,亦不应主我而奴他人:盖自认为独立自主之人格以上,一切操行,一切权利,一切信仰,唯有听命各自固有之智能,断无盲从隶属他人之理"。以此律之于中国旧有文化观念,则不难发现中国"固有之伦理、法律、学术、礼俗,无一非封建制度之遗,持较晰种之所为,以并世之人,而思想差迟,几及千载;尊重廿四朝之历史性,而不作改进之图;则驱吾民于二十世纪之世界以外,纳之奴隶牛马黑暗沟中而已,复何说哉!"因此在陈独秀看来,自主自由完全人格之建立,有待于彻底打碎中国传统旧文化的束缚,"吾宁忍过去国粹之消亡,而不忍现在及将来之民族,不适世界之生存而归消灭也"。为民族前途计,中国文化确实到了转型换代的关键时刻,适应于中国传统社会条件的旧文化确实应该让位于现代新文化。

自主自由完全之人格的建立,是民族新文化的一个方面。民族新文化的另一个方面,在陈独秀看来,就是建立一种科学的而非想象的理性主义观念。他说:"科学者何?吾人对于事物之概念,综合客观之现象,诉之主观之理性而不矛盾之谓也。想象者何?既超脱客观之现象,复抛弃主观之理性,凭空构造,有假定而无实证,不可以人间已有之智灵,明其理由,道其法则者也。"科学既是对想象而言,更是对愚昧而说。一个国家,一个民族,如果不能确立一种科学的信念,那么只能永远停留在蒙昧或宗教的阶段。近代欧洲之所以能在中世纪的重压下异军突起,领先于世界其他民族,排除其他复杂的内外在因素不说,而"科学之兴,其功不在人权说下,若舟车之有两轮焉。今且日新月异,举凡一事之兴,一物之细,罔不诉之科学法则,以定其得失从违;其效将使人间之思想云为,一遵理性,而迷信斩焉,而无知妄作之风息焉"。仅从民主政治的社会保障方面而言,如果没有科学的发展、效率的提高,民主政治在现代社会也无从建立。

中国有着五千年的辉煌历史，文化不可谓不发达，但中国文化在本质上是一种畸形文化，它所表现出的某些人文主义倾向，既无人民自主自由的民主因素，更无近代科学作为基础。陈独秀认为，中国传统知识分子，貌似博学多才，忧国忧民，实际上并不懂科学，而是因袭阴阳家符瑞五行之说，惑世诬民；地气风水之谈，乞灵枯骨。"农不知科学，故无择种去虫之术。工不知科学，故货弃于地，战斗生事之所需，一一仰给于异国。商不知科学，故惟识罔取近利，未来之胜算，无容心焉。医不知科学，既不解人身之构造，复不事药性之分析，菌毒传染，更无闻焉；惟知附会五行生克寒热阴阳之说，袭古方以投药饵，其术殆与矢人同科；其想象之最神奇者，莫如'气'之一说；其说且过于力士羽流之术；试遍索宇宙间，诚不知此'气'之果为何物也。"①

应该说，陈独秀对中国传统文化的整体判断，虽有偏颇和不尽完全的弱点、问题，但他基本上抓住了中国传统文化何以到了近代远远落后于社会需要，而成为社会前进障碍的根本症结。不论中国文化的信仰者如何解释阴阳五行、地气风水、中医中药，以及"气一元论"如何与现代科学"暗合"等，都不能改变这些中国文化的"精华"只是一种直观的、想象的而非理性的、实证的这一事实。正是中国文化这一根本性缺陷，使之在中国被迫进入近代以来远远滞后于社会。中国不抛弃这种文化包袱，那么中国就有被抛弃的危险。于是，中国文化的命运在五四新文化运动前后成为国人极为关注的重要课题之一。

欲将中国文化彻底抛弃，而代之以西方近代文明，或造成文化断层与真空，似乎也不是陈独秀的真实想法。陈独秀确实表现出一种全盘西化的思想倾向，但他基于更现实的考虑，似乎更主张以近代西方文明充实、完善中国文化，以使中国文化发生质的变化，从而适应现代生活，促进社会繁荣。他说："凡此无常识之思，惟无理由之信仰，欲根治之，厥惟科学。夫以科学说明真理，事事求诸证实，较之想象武断之所为，

---

① 《敬告青年》，《青年杂志》一卷一号。

其步度诚缓；然其步步皆踏实地，不若幻想突飞者之终无寸进也。宇宙间之事理无穷，科学领土内之膏腴待辟者，正自广阔。"①中国民族新文化的建立，也正赖于国人对科学的重视，对想象与非理性的鄙弃。

民主、自由与科学并重，是中国民族急起直追，跻身于世界民族之林的关键。然而问题在于，民主、自由与科学的观念毕竟是外来之物，与中国传统观念意识"根本思想亦各成一系，若南北之不相并，水火之不相容"②。那么，如何解决这一冲突，便成为中国文化未来命运的关键。

欲解决中西文化的冲突，关键在区别中西社会与文化相同与相异之处何在。陈独秀认为，东西方社会与文化是两种根本不同的体系，但由于人类面对一些最基本问题的相同性，遂使"世界各国，无东西今古，但有教化之国，即不得谓之无文明。惟地阻时更，其质量遂至相越。古代文明，语其大要，不外宗教以止残杀，法禁以制黔首，文学以扬神武。此万国之所同，未可自矜其特异者"。只是到了近代，欧洲科学技术突飞猛进的发展，经济制度尤其是分配制度的不断调整，使东西文明"绝别为二"。然而，从根本上说，东西方近代"此二种文明虽不无相异之点，而大体相同，其质量举未能脱古代文明之窠臼，名为'近世'，其实犹古之遗也"。简言之，即使是近代东西方文明，也并无本质上的区别。

在陈独秀的心目中，真正构成东西方文明区别的，或者说是真正意义上的近代文明，绝不是"泛欧化主义"或"泛西化主义"，而仅仅是指法兰西文明。只有法兰西文明才超然于欧洲他国及世界其他国家文明之上，成为近代文明。也正是法兰西文明，为人类开辟了一个新的时代，以有别于以往的全部人类文明，"最足以变古之道，而使人心社会划然一新"。而其内容或特征也只在天赋人权说、生物进化论及社会主义三个方面。

天赋人权与生物进化论，其实就是民主、自由与科学精神，而社会

---

① 《敬告青年》，《青年杂志》一卷一号。
② 《东西民族根本思想之差异》，《独秀文存》，27页。

主义就不仅是一种文化观念，它在一定意义上含有社会制度的根本变革。近代资本主义社会的兴起，无疑是对君主专制的中世纪社会的彻底否定，但由于资本主义自由竞争的法则作用以及大机器生产的广泛应用，使资本主义社会的不合理性日趋突显，"政治之不平等，一变而为社会之不平等；君主贵族之压制，一变而为资本家之压制"。欲去此不平等与压制，伴随着资本主义社会的发展，不可避免地由政治革命演变成社会革命，从而造成财产为国家或社会公有，"人各从其才能以事事，各称其劳力以获报酬，排斥违背人道之私有权。"①陈独秀指出，正是法兰西这三大文明，才真正为人类历史开辟了新纪元，中国所欲学习西方者，中国文化所需充实、完善者，均不外乎法兰西这三大文明。

  历史表明，法兰西文明虽与欧洲其他民族的文明有着很大差别，但其民主、自由、平等、博爱与科学的根本精神极易为欧洲其他民族所吸收。然而在东方，在中国，法兰西文明的传播每每遇到极强的阻力，原因何在？一言以蔽之，和"国民性质的好歹"密切相关。②就国民性质而言，西方各民族好战健斗，根诸天性，成为风俗。人类历史的进化，正是竞争与互助的交互作用，只有竞争而无互助，人类残杀不已；只有互助而无竞争，也无法使社会进步。陈独秀说："鄙意以为人类之进化，竞争与互助，二者不可缺一，犹车之两轮，鸟之双翼，其目的仍不外自我之生存与进步，特其间境地有差别，界限有广狭耳。"③欧洲自古以来，宗教之战、政治之战、商业之战，几乎欧洲全部文明史，无一字非鲜血所书。而在中国，"儒者不尚力争，何况于战？老氏之教，不尚贤，使民不争，以任兵为不祥之器。故中土自西汉以来，黩武穷兵，国之大戒，佛徒去杀，益堕健斗之风。世或称中国民族安息于地上，犹太民族安息于天国，印度民族安息于涅槃，安息为东洋诸民族一贯之精神"；"西洋民族性，恶侮辱，宁斗死；东洋民族性，恶斗死，宁忍辱"。④陈独秀认

---

① 《法兰西人与近世文明》，《独秀文存》，12 页。
② 《亡国篇》，《陈独秀文章选编》上，53 页，北京：三联书店，1984 年。
③ 《答李平敬》，《陈独秀著作选》卷一，147 页，上海人民出版社，1984 年。
④ 《东西民族根本思想之差异》，《独秀文存》，27、28 页。

为在当今适者生存的国际环境下，"国人须知奋斗乃人生之职，苟安为召乱之媒！兼弱攻昧，弱肉强食，中外古今，举无异说。国人而抛置抵抗力，即不啻自署奴券，置身弱昧之林也。"①然而，中国传统观念向以苟安、柔弱为教，不思进取，造成国民无爱群向上、宁死不辱的战斗精神，"吾国旧说，最尊莫如孔、老。一则崇封建之礼教，尚谦让以弱民性；一则以雌退柔弱为教，不为天下先。"②由此不难看出东西方"国民性质"之好歹，此其一。

东方民族"恶斗死，宁忍辱"的国民性格，除儒家、佛教的伦理道德教化的影响外，最根本的原因还在于社会组织结构与西方民族根本不同。东方各民族尤其是中国，自原始社会解体而进入以血缘关系为纽带的宗法社会之后，数千年来无根本变化。在宗法社会中，以家族为本位，而个人无权利，一家之中一切听命于至高无上的家长。因此，中国人"只知道有家，不知道有国"，个人毕生的希望，也只限于成家立业，发财做官。至于中国怎样才能够兴旺，怎样才可以比世界各国还要强盛，怎样才可以为民除害，怎样才可以为国兴利，这是宗法社会下的绝大多数中国人做梦也不曾想的事。③

宗法社会尊家长，重等级，故教孝；国为家的放大，国家的一切政治，一如家族，故教忠。"忠孝者，宗法社会、封建时代之道德，半开化东洋民族一贯之精神也"。自古忠孝美谈，未尝无可歌可泣之事，然律之以现代文明社会之组织结构，宗法社会的恶劣作用则尤其明显。"一曰损坏个人独立自尊之人格；一曰窒碍个人意思之自由；一曰剥夺个人法律上平等之权利；一曰养成依赖性，戕贼个人之生产力"。总之，中国的宗法社会无视个人利益与权利，将个人消融于整体之中。而西方民族则不然，自古及今，彻头彻尾是以个人利益为至上利益，"举一切伦理、道德、政治、法律，社会之所向往，国家之所祈求，拥护个人之自由权利与幸福而已。思想言论之自由，谋个性之发展也。法律之前，个人平

---

① 《抵抗力》，《独秀文存》，23—24页。
② 《答李大槐》，《独秀文存》，625页。
③ 《亡国篇》，《陈独秀文章选编》，53页。

等也。个人之自由权利，载诸宪章，国法不得而剥夺之，所谓人权是也。人权者，成人以往，自非奴隶，悉享此权，无有差别。此纯粹个人主义之大精神也。"①西方近代社会的每一进步与发展，无不与这种个人利益至上的道德原则密切相关。从表面看，国家利益、社会利益与个人主义相冲突，实则个人利益的充分发展才是社会进步的根本原因。东方民族欲摆脱贫穷落后之境，其努力的方向之一，便是由个人本位主义取代家族本位主义。此其二。

东西方民族根本精神之差异的第三点，陈独秀认为，是西方民族以法治为本位，以实利为本位；而东方民族以感情为本位，以虚文为本位。西方民族之重视法治，不独国家社会生活、政治生活为然，即使家庭之间，其各自权利与义务，也不因感情之故有所损益。而东方民族重家族，轻个人，重虚情，轻法治，不仅社会经济生活，即使许多家庭纷争也多因经济利益而起，表面上的和睦掩盖着实质性的刻薄无情，以君子始，以小人终。

既然东西方民族精神存在如此大的差异，那么，中国学习西方，学习法兰西，建立民主、自由与科学的新文化是否可能便成为不得不考虑的问题。陈独秀认为，东西民族精神的差异，是时代之异，而非种族之异，西方民族所已解决和正面临的问题是东方民族迟早也要面临和解决的问题。因此，东方民族从现在开始，从教育入手，持之以恒，大力引进法兰西文明，那么，不远的将来必将使中国的民族精神焕然一新，以与世界同步。

陈独秀指出，人之善恶智愚，先天的力量诚然不少，后天的教育则更为重要。譬如木材的好丑和用处大小，虽然是生来不同，但必经工匠的斧斤雕凿，良材方成栋梁和精美的器具，就是粗恶的材料，也有相当的用处。教育的作用，亦复如此。"未受教育的人，好像生材；已受教育的人，好像做成的器具。人类美点，可由教育完全发展；人类的恶点，也可由教育略为减少。请看世界万国，那教育发达的和那教育不发达的

---

① 《东西民族根本思想之差异》，《独秀文存》，28、29页。

人民，智愚贤否迥然不同，这就是吾人必须教育的铁证了"。①

教育兴国。教育的重要性是包括陈独秀在内的一大批启蒙思想家的共同认识。试观当时的中国，"一国之民，精神上、物质上，如此退化，如此堕落，即人不我伐，亦有何颜面，有何权利，生存于世界？一国之民德、民力，在水平线以上者，一时遭逢独夫强敌，国家濒于危亡，得献身为国之烈士而救之，足济于难；若其国之民德、民力，在水平线以下者，则自侮自伐，其招致强敌独夫也，如磁石之引针，其国家无时不在灭亡之数，其亡自亡也，其灭自灭也；即幸不遭逢强敌独夫，而其国之不幸，乃在遭逢强敌独夫以上，反以遭逢强敌独夫，促其觉悟，为国之大幸。"②在陈独秀看来，民族的觉醒，国民性质、行为的改善，才是解救中国的唯一出路。

按理说，洋洋乎文明中国，历史悠久，文化灿烂，素有礼仪之邦的雅号，中国国民性质、行为的改善无需他求；只要在自家文明中"讨生活"，用中国传统文化教育国人即可达此目的。然而，陈独秀认为，中国传统文化包括孔子之道，已严重脱离中国现实要求，中国国民性质、行为的改善，用中国固有文明根本无法解决，中国民族的根本出路，中国国民性质的根本改善必有待于取法欧美教育。

欲取法欧美教育，必须弄清欧美教育的真相、真精神是什么，然后所办的教育才真是教育而不是科举，才真是欧美教育而不是中国教育。否则，仅从表层模仿欧美教育，而不把握欧美教育的真精神，到头来徒多设一些讲述中国腐旧的经史文学的学校之外，并不能将国民的性质、行为根本改善。陈独秀指出，真正的近代欧美教育与中国传统教育有着本质上的区别，这种区别概括起来至少有这样三个方面：

一是中国的传统教育多半是被动的而非主动的，灌入式的而非启发式的，根本不顾及儿童心理和人类性灵。至于西洋近代教育，无一不取启发式教育法，处处体贴学生的心理作用，用种种方法启发学生的性灵，

---

① 《近代西洋教育——在天津南开学校演讲》，《独秀文存》，106页。
② 《我之爱国主义》，《独秀文存》，61页。

养成自动的能力。

二是中国的传统教育所重的是神圣无用的幻想，记忆先贤先圣的遗文，而西方近代教育重在世俗日用的知识，重在直观自然界的现象。

三是中国传统教育重在记忆，忽视思考，更忽视学生全身的训练，结果，中国的青年不读书还好，读了书弄得面黄肌瘦，耳目手脚，无一件灵动中用。①

陈独秀强调，只要中国能在教育上取得长足进步，培养一代新型知识分子，具有开放的文化态度和文化心理、文化政策，吸取包括西方文化在内的全部人类遗产，建立全新的民族文化体系，便能"补偏救弊，以求适世界之生存"②，完成中国文化的现代化转化或重造。

---

① 《近代西洋教育——在天津南开学校演讲》，《独秀文存》，108—109页。
② 《今日之教育方针》，《独秀文存》，16页。

第四章
在激进与保守之间：重建五四叙事

五四运动是近代中国的思想启蒙运动，是古老的中国农业文明面对西方近代以来工业革命结果的回应。中国必将从传统的农业文明走出，必将构建与世界一致的工业文明。农业文明是基于地缘、血缘的熟人社会，工业文明不再视地缘、血缘为人际交往的重要因素，围绕着新文明生发构建，产生许多不同的看法。这些看法究其本质而言，并不是反对中国走向工业化，而是在走向工业化、构建新文明时某些细节的分歧。所谓新旧，并不是各自立场最准确的表达。

建设的文学革命

新文化运动被视为中国的文艺复兴，是整个民族精神的重新整理。在这个运动中，即或有不同意见，但在重新振兴民族精神、重建文化体系方面，实际上并没有真正意义上的反对派。在新文化运动中有左、中、右的区别，但大体上说他们都是新文化运动中一个分子，只是在某些问题上偏于激进，或偏于保守、偏于守成，或坚守中立，置身于局外而已。从这个意义上说，所谓的新旧冲突是存在的，但其性质可能并不像过去所评估的那样严重，新旧人物在某些观点上的对立、冲突、交锋，实际上很可能如胡适在美国留学时与梅光迪、任鸿隽的冲突一样，是朋友之间学术上的交锋与交集，其程度可能也不像我们后人所感觉、所想象的那样严重。他们的交锋与交集，其实就是你中有我、我中有你，新中有旧、旧中有新的状态，没有严格意义上的绝对的新，也没有严格意义上的绝对的旧。

胡适1917年初发表的《文学改良刍议》确实抓住了近代以来中国文化的关键，是陈独秀在《甲寅》时代一直在思考的怎样在文化层面为中国寻找出路的真正落实，因而在陈独秀那里有正中下怀的感觉，只是他的老革命党人的脾气，使他觉得胡适的什么"改良"，什么"刍议"等，实在是过于不温不火，过于与旧势力周旋，过于担心旧势力的攻击，所以陈独秀甘冒全国学究之敌，高举"文学革命军"的大旗，去声援胡适，推动文学革命的进展。这样，胡适不温不火的"文学改良"就变成了陈独秀风风火火的"文学革命"。

胡适、陈独秀的主张首先获得钱玄同的支持，这一点非常具有象征意味。大家都知道钱玄同是国学大师章太炎的得意门生，都知道章太炎的文章从来都是典雅的古文，一部刻意用古汉语且尽量使用冷僻字写成的《訄书》既难倒了许多读书人，更使许多读书人甘拜下风，自叹弗如。中国读书人从来都是不懂的就是最佩服的，而懂的总是给予轻视乃至蔑视。这是章太炎成功的秘诀与法宝，也是读书界对章太炎及章门弟子仰视的重要原因。

然而人们不知道的是，章太炎其实还是近代中国白话文运动的鼻祖。大约在东京办《民报》的时候，章太炎就尝试着用白话进行演说和著述，当然这些演说和著述大致都不是纯粹的学术文字，而具有教育普及、学术普及的意味。他在那时所作的一系列演讲，后来被结集为《章太炎的白话文》出版，集子的出版时间虽然较晚，但其最初发表则在1910年创刊出版的《教育今语杂志》上。而这其中一个重要人物就是钱玄同，因为这本由张静庐策划的小书中就误收了钱玄同的一篇《中国文字略说》。这又在一定程度上说明章太炎、钱玄同师徒两人可能都比较注意白话文在述学中的可能与尝试。这个尝试似乎比胡适的尝试要早好几年。所以当胡适欲以白话文作为中国文学正宗的文学改良论发表后，自然能够与钱玄同的意识接上头，获得积极反响与回应。

紧接着，刘半农也在《新青年》3卷3号（1917年5月1日）发表《我之文学改良观》，对胡适、陈独秀、钱玄同等人的主张予以积极回应，在对胡适的文学"八事"、陈独秀的三大主义及钱玄同的"选学妖孽，桐城谬种"等文学主张"绝对表示同意"，复举平时意中所欲言者，提出自己的文学改良观。刘半农认为，白话、文言暂时可处于相等的地位，同时主张打破对旧文体的迷信，从音韵学的角度提出破旧韵、造新韵，以及使用标点符号、分段等以丰富现代汉语的表达方式和表达方法。①

过去的讨论，总认为刘半农的加入说明新文学的阵营在逐步扩大，但刘半农的几点新建议又表明新文学阵营中也不是意见一致。这种说法只看到了问题的表面，其实，从刘半农的学术志向和学术重心看，他的建议只是在很大程度上丰富了胡适文学改良主张的内容，并不存在新文学阵营内部分歧这样似是而非的问题。

刘半农是一个非常了不起的学者、文人。我们在前面已大致讲过他的经历，他有良好的家庭背景，成名较早，只是成名范围限于上海滩的鸳鸯蝴蝶派，所以当他后来加入北大知识分子群时，有时也被那些出身名门正宗的知识分子稍稍轻视乃至蔑视。不过正是刘半农早期鸳鸯蝴蝶派的文学经验，使他对民间文学，对白话文在文学中的地位和发展可能有着不一般的个人体验，从而使他对胡适的文学改良主张发自内心地认同，所以他的发言和加盟不仅使新文学主张有了实践经验作为验证，而且使新文学阵营更加多样化、多元化。

新文学阵营的多样化、多元化是客观事实，其实当陈独秀的《文学革命论》发表之后，胡适就意识到这一点，就觉得陈独秀的主张与自己的主张有着很大不同，至少自己是准备以学理讨论的方式进行，而陈独秀似乎并不这样认为。

胡适致信陈独秀说，文学改良这种事情，其是非得失，非一朝一夕所能定，亦非一二人所能定。甚愿国中人士能平心静气与我们这些倡导者同力研究这个问题，讨论既熟，是非自明。我们既然已经打出文学改

---

① 刘半农：《我之文学改良观》，《新青年》三卷三号。

革的大旗，当然不会再退缩，但是我们也决不敢以我们的主张为必是而不容他人之匡正。①

很显然，胡适的这些温和的主张如他自己所说的那样，是一种实验主义哲学的基本态度，而其之所以在这个当口再次重申，也不是没有来由。因为当他的《文学改良刍议》于这年初发表后，当代古文大家也是不懂西文却是西方文学名著翻译大家的林纾就于2月8日在上海《国民日报》著文商榷，题目就叫作《论古文之不当废》，观点鲜明，理由不足。最引人发笑也反映出林纾最诚实一面的是他说的这样一段话："知腊丁之不可废，则马班韩柳亦自有其不宜废者。吾识其理，乃不能道其所以然，此则嗜古者之痼也。"②

林纾的这个说法原本并没有什么不妥当，但被胡适、陈独秀等人大肆渲染之后，则成为一种比较荒唐的文化主张。胡适说："吾识其理，乃不能道其所以然"，此正是古文家之大病。古文家作文，全由熟读他人之文，得其声调口吻，读之烂熟，久之亦能仿效，却实不明其所以然。此如留声机器，何尝不能全像留声之人之口吻声调？然终是一副机器，终不能"道其所以然"。接着，胡适以调侃的口吻挑剔林纾文中的表述毛病，用现代文法去分析林纾古文表达中的缺陷。

胡适的温和主张并不被陈独秀所接受，陈独秀或许也是基于林纾等人的刺激，以不容讨论的姿态表达自己的主张，这实际上开启了一场原本不一定会出现的文化论争。陈独秀说："鄙意容纳异议，自由讨论，固为学术发达之原则，独至改良中国文学，当以白话为文学正宗之说，其是非甚明，必不容反对者有讨论之余地，必以吾辈所主张者为绝对之是，而不容他人之匡正之也。其故何哉？盖以吾国文化，倘已至文言一致地步，则以国语为文，达意状物，岂非天经地义？尚有何种疑义必待讨论乎？其必欲摈弃国语文学，而悍然以古文为文学正宗者，犹之清初历家排斥西法，乾嘉畴人非难地球绕日之说，吾辈实无余闲与之作此无谓之讨论也。"③

---

① 《胡适致陈独秀》，《新青年》三卷三号。
② 《论古文之不当废》，《国民日报》1917年2月8日。
③ 陈独秀按语，《新青年》三卷三号。

古文家的理由或许如林纾所说,"吾识其理,乃不能道其所以然",但陈独秀的态度无疑是一种新的文化专断主义,这种文化专断主义如果所持立场是正确的如白话文学论,可能不会有什么问题,但从这个立场出发,人人都认为自己的主张是正确的,是正确到不容别人讨论而只能执行、采纳的程度,恐怕问题也不少。五四新文化运动后期出现的所谓新传统主义,其实所采纳的思路、理路,都与陈独秀的主张和致思倾向几乎完全一致。

当然,正如胡适所说,陈独秀这种武断的态度,真是一个老革命党人的口气。胡适等人一年多文学讨论的结果,得着了这样一个坚强的革命家做宣传者,做推行者,不久就成为一个有力的大运动了。①到1917年底,文学改革思想已经赢得许多北大学生的热情支持,其中包括傅斯年、罗家伦。

傅斯年和罗家伦都是五四爱国运动中的风云人物,他们同时也是新文化运动中的重要代表。傅斯年(1896—1950),字孟真,祖籍江西永丰,生于山东聊城,1913年考入北大预科,三年后转入文科。傅斯年具有深厚的国学基础,所以他在北大读书时就显得与其他学生很不一样,深受当时北大教授刘师培、黄侃、陈汉章等人的器重与赞许,他们希望傅斯年能够传承刘师培的仪征学统,或者成为章太炎学派的传人,所以这些大师级的教授对傅斯年另眼相看,期待甚殷。

然而,由于受到《新青年》所宣扬的民主与科学新思潮的影响,特别是当蔡元培、陈独秀、胡适等新派人物相继来到北大后,新文化的春风深刻地影响和激励了傅斯年,使他从先前寻找旧学的迷梦中惊醒,转而支持新文化运动,进而成为新文化运动的主力。

1918年初,傅斯年以"北京大学文科学生"的身份在《新青年》4卷1号(1918年正月15日)上发表《文学革新申义》,从道义上和学理上为胡适、陈独秀等人倡导的文学革命提供声援和支持。傅斯年指出,

---

① 《逼上梁山——文学革命的开始》,《胡适自传》,132页,合肥:黄山书社,1986年。

根据他的了解，文学革命的口号虽然响彻知识界，但国人对此抱有怀疑态度的大有人在，恶之深者，斥文学革命为邪说；稍能容者，亦以为文学革命不过是异说高论，而不知其为时势所造成的必然事实。为回击反对者、守旧者对文学革命的责难，为一般怀疑文学革命价值者释疑解惑，傅斯年在这篇文章中以历史进化论的观点对文学革命的必要性、必然性进行了充分阐释。①

紧接着，傅斯年又发表《文言合一草议》一文，对废文辞而用白话的主张深信不疑，以为文言合一合乎中国语言文化发展的必然趋势，白话优于文言，不是新文学倡导者的凭空杜撰，而是中国文化发展的必然结果：白话近真，而文言易于失旨；白话切合人情，以之形容，恰得其宜，以之达意，毕肖心情。所以在中国文学传统中，真正优秀的第一流作品如《史记》，如《汉书》，如唐诗、宋词、元曲等，其实都大量容纳、吸收了市井俚语、民间白话，历代所谓典雅文字其实都像《诗经》一样是由民间文学提升上来的，并不是文人雅士闭门造车。

在胡适、陈独秀、刘半农等人讨论的基础上，傅斯年提出"文言合一"的方案，以为文言、白话都应该分别优劣，取其优而弃其劣，然后再归于合一，建构一种新的语言文字体系。他的具体办法是：对白话，取其质，取其简，取其切合近世人情，取其活泼饶有生趣；对文言，取其文，取其繁，取其名词剖析毫厘，取其静状充盈物量。简言之，就是以白话为本，而取文辞所特有者，补苴罅漏，以成统一之器，重新建构一种新的语言形态。

进而，傅斯年还提出重新建构新的语言形态的十项规条，逐条分析白话、文言在代名词、介词、感叹词、助词等词性中的具体运用，这就将胡适等人引起的讨论向实际创造和实际运用方面深入推进。②

与傅斯年情形相像的是罗家伦。罗家伦（1897—1969），字志希，浙江绍兴人。1914年入复旦公学，1917年肄业后进入北京大学文科。罗家

---

① 《文学革新申义》，《新青年》四卷一号。
② 《文言合一草议》，《新青年》四卷二号，1918年2月15日。

伦具有良好的家学渊源，又与蔡元培是绍兴小老乡，因而他在北大读书期间如鱼得水，很受蔡元培的器重和栽培。他后来成为北大乃至全国的学生领袖，是五四爱国运动中的北大"三剑客"之一。

根据罗家伦的回忆，他的文学革命思想产生得比较早，大约在幼年时代读私塾时，他就对读死书、读天书、死读书的情形深恶痛绝，以为中国旧有的文化形态严重束缚了中国人的创造性灵，幼年时代的生命体验使他很早就期待文学形式能够发生一次革命性的变化。所以，当胡适在《新青年》发出文学改良的呼吁后，罗家伦发自内心地表示拥护，主张文学革命，强调要创造国语文学，打破古典文字的枷锁，以现代人的话，来传达现代人的思想，表现现代人的感情。

傅斯年、罗家伦的加入，为文学革命在青年学生特别是北大学生中赢得了支持者，他们在1918年和1919年所写的文章促进了文学改革在青年中的流行，渐渐减轻了文学革命来自青年学界的压力。

不过，更值得指出的是，文学改良、文学革命在1917年虽然闹得轰轰烈烈，其实那时真正站出来公开反对的也不多，静观其变、等待新文学实际成就的还是大多数。然而，在那时真正用新文学、白话文完成的作品也没有出现，即便是那些在《新青年》上发表的政治散文，虽然鼓吹新思想，鼓吹文学改良、文学革命，但其表达方式差不多也都是文言，像傅斯年的几篇文章就是如此。这就构成一种反差非常强烈的讽刺，当然也引起了文学改良者的自我警醒。傅斯年自我反省道："始为文学革命论者，苟不能制作模范，发为新文，仅至于持论而止，则其本身亦无何等重大价值，而吾辈之闻风斯起者，更无论焉。"[①]所以，到了1918年，新文学的倡导者几乎不约而同地将精力用于新文学的创作与尝试。

1918年1月起，《新青年》在北大六教授的主持下全新改版，改为完全刊登白话文作品，以崭新的面貌与读者见面，于是风气大开，知识界真正开始尝试用白话文写作各种文体。这就是胡适所期待的"建设的文学革命论"。

---

① 《文学革新申义》，《新青年》四卷一号。

在"建设的文学革命论"框架中,胡适宣布古典文学已经死亡,今后的中国只能是白话文的天下。他用十个大字概括"建设的文学革命论",那就是:"国语的文学,文学的国语"。所谓的文学革命,其实就是要为中国创造一种国语的文学。有了国语的文学,方才可能有文学的国语;有了文学的国语,我们的国语才可算得上真正的国语。国语没有文学,便没有生命,便没有价值,便不能成立,便不能发达。这就是胡适"建设的文学革命论"的基本宗旨。

在胡适看来,过去两千年中国文人所做的文学都是死的,都是用已经死了的语言文字做的。死文字绝不能产生出来活文学。所以,中国过去两千年只有些死文学,只有些没有价值的死文学。

简单地说,自《诗经》以下至于今,但凡有价值的文学,都是用白话文做的,或者是近于白话文的。其余的都是没有生气的古董,都是博物院中的陈列品。我们为什么喜欢《木兰辞》和《孔雀东南飞》?因为这两首诗是用白话文做的。我们为什么喜欢陶渊明的诗和李后主的词呢?因为他们的诗词都不是用文言文写作的,而是使用了大白话。

到了近代,活文学获得了更大发展,《水浒传》、《西游记》、《儒林外史》、《红楼梦》,都是活文学的范本,都是由活文字创造的。假若施耐庵、丘长春、吴敬梓、曹雪芹这几个人不是用白话文写作的话,而是改用文言,那么这几部作品就不可能有这样强的生命力,也一定不会有这样的价值。所以胡适的结论是:中国若想有活文学,必须用白话,必须用国语,必须做国语的文学。因为死文言决不可能产生出活文学。①

1918年,被后人看作是新文学元年。这一年,新知识分子纷纷尝试白话诗的写作,并获得了初步成果。胡适后来出版的《尝试集》,被誉为新文学运动中第一部白话诗集,这部集子中的大部分作品其实都是1918年创作的。这部作品在思想内容上诅咒政治统治的黑暗和儒家伦理、旧礼教的虚伪,展示出个性解放、劳工神圣等进取思想,但在形式上则带有旧体诗的痕迹和白话诗的不成熟,显示出从传统诗词中脱胎蜕变、逐渐寻找试

---

① 《建设的文学革命论》,《胡适全集》卷一,56页。

验的转型痛苦。但它确实代表了1918年中国新文学元年的重要成就。

仅仅是"尝试"

在胡适的影响下,刘半农、鲁迅、沈尹默、俞平伯、周作人、朱自清、康白情、陈独秀、李大钊、傅斯年、罗家伦等人都纷纷参加白话诗的写作尝试,他们中的许多人后来成为新文学运动中成长起来的新诗人。

作为文学家的刘半农,他给予中国新文学的最大贡献其实就是他的诗歌,是一个对民间歌谣、民间文艺有着独特敏感和独特认知的学者,所以他的新诗作品总是充满着浓郁的民间气息和生活感悟。1918年1月,刘半农和胡适、沈尹默三人在《新青年》4卷1号上发表了9首新诗,这是中国新诗史上破天荒的大事。刘半农的两首诗题名为《相隔一层纸》、《题女儿小蕙周岁日造像》,充分展示了作者的艺术才能、艺术想象,显示出新诗破土而出的活力和新诗的早春气息。

《相隔一层纸》
一、
屋子里拢着炉火,
老爷分付开窗买水果,
说"天气不冷火太热,
别任他烤坏了我。"
二、
屋子外躺着一个叫花子,
咬紧了牙齿,对着北风呼"要死!"
可怜屋外与屋里,
相隔只有一层薄纸!

《题女儿小蕙周岁日造像》
你饿了便啼,饱了便嬉,

倦了思眠，冷了索衣；
不饿不冷不思眠，我见你整日笑嘻嘻。
你也有心，只是无牵记；
你也有眼耳鼻舌，只未着色声香味；
你有你的小灵魂，不登天，也不堕地。
呵呵，我羡你！我羡你！
你是天地间的活神仙！
是自然界不加冕的皇帝！

从这两首诗看出刘半农对生活的观察如何细致、如何入微，文学表达如此动情、如此细腻。所以，周作人后来在给《扬鞭集》作序时说，在当年所有的写诗人中，只有两个人最有诗人的天分，一个就是沈尹默，另一个就是刘半农。废名也在《谈新诗》中称刘半农是《新青年》时代新诗作家"三巨头"之一。确实，在尝试新诗写作的阵营中，刘半农的特殊经历特别是其先前鸳鸯蝴蝶派的写作经历，都为他的新诗试验提供了很好的资源。他在那段新诗试验的时间段，横枪立马，驰骋新诗试验场，功绩赫赫，出版有《扬鞭集》、《瓦釜集》两部新诗集。

至于《新青年》时代新诗作家"三巨头"的另一大家沈尹默，他在1918年1月至1920年1月两年间，仅在《新青年》上就发表了18首白话诗，不仅数量多，而且意蕴深、质量高。他的新诗既继承了中国古典诗歌的优秀传统，又充分借鉴了西洋诗歌的象征取意、散文诗行的优点，锐意探索创新，是现代中国文学史上散文诗和象征主义新诗的源头。他在《新青年》4卷1号上发表的《鸽子》写道：

空中飞着一群鸽子，笼里关着一群鸽子，街上走的人，小手巾里还兜着两个鸽子。

飞着的是受人家的指使，带着鞘〔哨〕儿翁翁〔嗡嗡〕央央，七转八转绕空飞，人家听了欢喜。

关着的是替人家作生意，青青〔清清〕白白的毛羽，温温和和的样子,人家看了欢喜;有人出钱便买去,买去喂点黄小米。

只有手巾里兜着的那两个,有点难算计。不知他今日是生还是死;恐怕不到晚饭时,已在人家菜碗里。

《新青年》同号发表的另一篇《月夜》短小精干,寓意深远:

> 霜风呼呼的吹着,
> 月光明明的照着。
> 我和一株顶高的树并排立着,
> 却没有靠着。

这首简短的小诗具有强烈的震撼力,正像有的研究者所解读的那样,凛冽的"霜风"与清冷的"月光"构成了一幅非常刺眼凄凉的图画,寓意环境险恶,我自淡然、坦然,我虽然和一株株高人并排站着,但我只是并排站着,并没有靠着,表现了作者在霜风月光中傲然独立的心态和孤傲的情操,隐含着一种遗世独立的心境。

至于一直被人们所称颂的著名新诗《三弦》,最初发表在《新青年》5卷2号(1918年8月15日):

> 中午时候,火一样的太阳,没法去遮拦,让他直晒着长街上。静悄悄少人行路;只有悠悠风来,吹动路旁杨树。
>
> 谁家破大门里,半院子绿茸茸细草,都浮着闪闪的金光。旁边有一段低低土墙,挡住了个弹三弦的人,却不能隔断那三弦鼓荡的声浪。
>
> 门外坐着一个穿破衣裳的老年人,双手抱着头,他不声不响。

全诗静中有动,动静相间,层次分明,情境交融,言有限而意无穷,在静谧单调中蕴含着纯粹的美丽、美感。不说其所蕴含的深意,只说其艺术价值,就确实是新诗史上值得珍视的重要作品,标志着白话诗尝试的初步成功。

既然是尝试，当然既可能成功，也可能失败；既可能有人成功，也可能有人失败。作为《新青年》时代最重要的新诗作家，胡适的尝试却往往受到责难，被认为是最不成功的尝试。他在《新青年》4卷1号上发表的《鸽子》，与沈尹默的作品通题，但其意蕴似乎就有点距离：

> 云淡天高，好一片晚秋天气！
> 有一群鸽子，在空中游戏。
> 看他们，三三两两，
> 回环来往，
> 夷犹如意，——
> 忽地里，翻身映日，白羽衬青天，鲜明无比！

在同期《人力车夫》中，胡适写道：

> "车子！车子！"车来如飞。
> 客看车夫，忽然心中酸悲。
> 客问车夫，"你今年几岁？拉车拉了多少时？"
> 车夫答客，"今年十六，拉过三年车了，你老别多疑。"
> 客告车夫，"你年纪太小，我不坐你车。我坐你车，我心惨凄。"
> 车夫告客，"我半日没有生意，我又寒又饥，你老的好心肠，饱不了我的，饿肚皮。我年纪小拉车，警察还不管，你老又是谁？"
> 客人点头上车，说"拉到内务部西。"

而比较沈尹默的同题《人力车夫》，立马可以看出两人的高下。沈尹默的《人力车夫》写道：

> 日光淡淡，白云悠悠，风吹薄冰，河水不流。

出门去，雇人力车，街上行人，往来很多；车马纷纷，不知干些甚么？

人力车上人，个个穿棉衣，个个袖手坐，还觉风吹来，身上冷不过。

车夫单衣已破，他却汗珠儿颗颗往下堕。

高下在于，胡适确实做到了怎么说就怎么写，于是就显得没有意境，没有提升。显然作者提倡有力，而试验的力度不够，天才不够。即便在思想倾向上，胡适强调面对人力车夫的两难选择：坐则于心不忍，不坐则车夫又无计为生，暴露了知识阶层、上层社会的虚伪。而沈尹默则突出天寒地冻环境下穿着破旧单衣的车夫"汗珠儿颗颗往下堕"的惨状，无言中将笔触指向劳苦大众，寄托了诗人对平民百姓的无限同情和感同身受。

在新诗写作中最有成就的当然还是到了俞平伯、朱自清和康白情这一拨人的出现。俞平伯（1900—1990），浙江德清人，清末学术大师俞樾的曾孙。由于良好的家庭文化背景，俞平伯1915年考入北京大学预科。受新思想、新文化的熏陶，俞平伯思想活跃，思维敏锐，善于接受新事物，积极进取。1918年5月在《新青年》4卷5号上发表了他的第一首新诗《春水》，成为中国早期白话诗最成功的创作者之一。

《春水》

一

五九与六九，抬头见杨柳。

风吹冰消散，河水绿如酒。

双鹅拍拍水中游，众人缓缓桥上走。

都说"春来了，真是好气候。"

二

过桥听儿啼，牙牙复牙牙。

妇坐桥边儿在抱，向人讨钱叫"阿爷!"

三

说道"住京西，家中有田地。

去年决了滹沱口，丈夫两男相继死；

弄得家破人又离，剩下半岁小孩儿。"

四

催车快些走，不愿再多听。

日光照河水，清且明！①

  这首诗的第一节以近乎李白、杜甫白描手法反映劳动者的生活，写景抒情，清新婉曲，把雪融冰释、河水碧绿、杨柳返青、白鹅双双拍水游戏、众人缓缓桥上的气象和景致描写得如诗如画，历历在目，给人一种春回大地、万物复苏、生机盎然、令人耳目一新的感受。这首诗淳朴质实，自由洒脱，通俗易晓，句子长短不一，要皆朗朗上口，参差错落有致，突破古典诗歌的韵律，具有非常平实的生活气息，像第一节中不仅朗朗上口，音节和谐，声调顿挫，而且用字做句精当雅洁，形象鲜明，使读者有身临其境之感。

  在五四一代新诗人中，鲁迅毫无疑问是一位重要人物，他以唐俟笔名在《新青年》4卷5号上集中发表了3首新诗作，展现了白话文入诗的成功：

《梦》

很多的梦，趁黄昏起哄。

前梦才挤却大前梦时，后梦又赶走了前梦。

去的前梦黑如墨，在的后梦墨一般黑；

去的在的仿佛都说，"看我真好颜色。"

颜色许好，暗里不知；

而且不知道，说话的是谁？

---

① 《新青年》四卷五号，1918年5月15日。

暗里不知，身热头痛。
你来你来，明白的梦。

《爱之神》
一个小娃子，展开翅子在空中，
一手搭箭，一手张弓，
不知怎么一下，一箭射着前胸。
"小娃子先生，谢你胡乱栽培！
但（你）得告诉我：我应该爱谁？"
娃子着慌，摇头说："唉！你是还有心胸的人，竟也说这宗话。
你应该爱谁，我怎么知道。
总之我的箭是放过了！
你要是爱谁，便没命的去爱他；
你要是谁也不爱，也可以没命的去自己死掉。"

《桃花》
春雨过了，太阳又很好，随便走到园中。
桃花开在园西，李花开在园东。
我说，"好极了！桃花红，李花白。"
（没说，桃花不及李花白。）
桃花可是生了气，满面涨作"杨妃红"。
好小子！真了得！竟能气红了面孔。
我的话可并没得罪你，你怎的便涨红了面孔！
唉！花有花的道理。我不懂。

在《新青年》5卷1号，鲁迅又以唐俟的笔名发表两首诗作：

《他们的花园》

小娃子，卷螺发，

银黄面庞上还有微红，——看他意思是正要活。

走出破大门，望见邻家：

他们大花园里，有许多好花。

用尽小心机，得了一朵百合；

又白又光明，像才下的雪。

好生拿了回家，映着面庞，分外添出血色。

苍蝇绕花飞鸣，乱在一屋子里——

"偏爱这不干净花，是胡涂孩子！"

忙看百合花，却已有几点蝇矢。

看不得，舍不得。

瞪眼望天空，他更无话可说。

说不出话，想起邻家：

他们大花园里，有许多好花。

《人与时》

一人说，将来胜过现在。

一人说，现在远不及从前。

一人说，什么？

时道，你们都侮辱我的现在。

从前好的，自己回去。

将来好的，跟我前去。

这这什么的，

我不和你说什么。①

很显然，鲁迅的诗，除了表达自由外，似乎还想表达某种哲理或意

---

① 《新青年》五卷一号。

识,于是就难免有时显得僵硬,显得有点不像诗。不过,鲁迅的诗也证明了白话文可以用作说理文、议论文的可能性,这在他的小说及政论、杂文中得到更充分的证明,且达到了一个非常高的水平。

与鲁迅稍有不同,他的弟弟周作人的新诗创作在审美情趣上,更多强调艺术的美,不似鲁迅更多强调艺术的真,所以在新诗实践的层面上,鲁迅的诗作达到了某种程度的崇高的"深",而不似周作人的诗作在某种程度上达到了和谐的"善"。

在《新青年》6卷2号,周作人发表了当时被称为长诗的《小河》,并破天荒地被列为杂志头条。周作人在题记中说:"有人问,我这诗是什么体,连自己也回答不出。法国波特来尔(Baudelaire)提倡起来的散文诗,略略相像,不过他是用散文格式,现在却一行一行的分写了。内容大致仿那欧洲的俗歌;俗歌本来最要叶韵,现在却无韵。或者算不得诗,也未可知;但这是没有什么关系。"

《小河》
一条小河,稳稳的向前流动。
经过的地方,两面全是乌黑的土,
生满了红的花,碧绿的叶,黄的果实。
一个农夫背了锄来,在小河中间筑起一道堰。
下流干了,上流的水被堰拦着,下来不得;
不得前进,又不能退回,水只在堰前乱转。
水要保她的生命,总须流动,便只在堰前乱转。
堰下的土,逐渐淘去,成了深潭。
水也不怨这堰,——便只是想流动,
想同从前一般,稳稳的向前流动。

一日农夫又来,土堰外筑起一道石堰。
土堰坍了,水冲着坚固的石堰,还只是乱转。

堰外田里的稻，听着水声，皱眉说道，——
"我是一株稻，是一株可怜的小草，
我喜欢水来润泽我，
却怕他在我身上流过。
小河的水是我的好朋友，
他曾经稳稳的流过我面前，
我对他点头，他向我微笑。
我愿他能够放出了石堰，
仍然稳稳的流着，
向我们微笑；
曲曲折折的尽量向前流着，
经过的两面地方，都变成一片锦绣。
他本是我的好朋友，——
只怕他如今不认识我了；
他在地底里呻吟，
听去虽然微细，却又如何可怕！
这不像我朋友平日的声音，——
被轻风揽着走上河滩来时，
快活的声音。
我只怕他这回出来的时候，
不认识从前的朋友了，——
便在我身上大踏步过去：
我所以正在这里忧虑。"

田边的桑树，也摇头说，——
"我生的高，能望见那小河，——
他是我的好朋友，
他送清水给我喝，
使我能生肥绿的叶，紫红的桑葚。

他从前清澈的颜色,
现在变了青黑,
又是终年挣扎,脸上添出许多痉挛的皱纹。
他只向下钻,早没有工夫对了我的点头微笑。
堰下的潭,深过了我的根了。
我生在小河旁边,
夏天晒不枯我的枝条,
冬天冻不坏我的根。
如今只怕我的好朋友,
将我带倒在沙滩上,
拌着他卷来的水草。
我可怜我的好朋友,
但实在也为我自己着急。"

田里的草和虾蟆,听了两个的话,
也都叹气,各有他们自己的心事。

水只在堰前乱转,
坚固的石堰,还是一毫不摇动。
筑堰的人,不知到哪里去了?

  周作人的这首《小河》,以散文化的形式和口语化的表达技巧,描摹和表达了生命的原始动力,"小河"俨然成为万事万物生长的共同能源,诗中渗透着作者对个性自由的追求,对个性本能欲望的尊崇。《小河》实现了白话新诗对传统诗歌在形式上的突破和超越,不再追求旧诗词对格律韵脚的讲究,而是以散文化的形式,以具象去表达复杂的意象、情感,以拟人化的手法化情入景,表达更为深刻的思想内容。所以这首长诗在文学史上获得高度赞美,胡适称它是新诗中的第一首杰作,以为那样细密的观察,那样曲折的理想,绝不是旧体诗所能够表达出来的,由此证明白话诗的价值与意义。朱自清认为这首长诗全然摆脱了旧体诗词的镣铐,开创并奠定了白话新诗的历史地位和美学风格。

在《新青年》6卷3号,周作人又一鼓作气发表了《两个扫雪的人》、《微明》、《路上所见》、《北风》3首新诗,这样便确立了周作人在五四新文化运动中的地位,表明他是现代中国白话诗的重要开拓者之一。

与周作人同时的新诗人还有朱自清、康白情等人。朱自清(1898—1948),原名自华,字佩弦,号秋实,后因家境不好,为惕厉自己不随流合污,改名自清。原籍浙江绍兴,生于江苏扬州。1916年秋中学毕业后考入北京大学预科,翌年夏跳级投考北大本科,遂被录取至文科哲学门,与陈公博、康白情、谭平山等同班上课。课余喜读《新青年》等出版物,受新思想、新文化影响颇深。1918年秋,长子出生,翌年初受室友"西妇抚儿图"触动,作新诗《睡吧,小小的人》:

> 明明的月照着,
> 微微的风吹着——
> 一阵阵花香,
> 睡魔和我们靠着。
> "睡吧,小小的人。"
> 你满头的金发蓬蓬地覆着,
> 你碧绿的双瞳微微地露着,
> 你呼吸着生命的呼吸。
> 呀,你浸在月光里了,
> 光明的孩子,——爱之神!
> "睡吧,小小的人。"
> 夜底光,
> 花底香,
> 母底爱,
> 稳稳地笼罩着你。
> 你静静地躺在自然底摇篮里,

什么恶魔敢来扰你!
"睡吧,小小的人。"
我们睡吧,
睡在上帝的怀里:
他张开慈爱的两臂,
搂着我们;
他光明的唇,
吻着我们;
我们安心睡吧,
睡在他的怀里。
"睡吧,小小的人。"
明明的月照着,
微微的风吹着——
一阵阵花香,
睡魔和我们靠着。①

这首诗充分表达了作者对新生命的关爱和祝福,表达对未来的向往,对新生活的期待,对光明的渴望。作者的真情实感通过平易的叙述、简约的文字、口语化的表达,有一种朴素、亲切、娓娓道来的感觉。

至于康白情(1896—1959),更是五四时代的天才诗人,在陈独秀和《新青年》的影响下,康白情与他的同学傅斯年、罗家伦、毛子水等一起反对旧文化,提倡新文化,组织"新潮社",创作白话诗,显赫一时,极负盛名。他已经不再像他的老师辈那样尝试着用现代白话文去写诗,而是将白话文作为一种当然的工具。所以,他的诗不似先前一些尝试者那样带有旧体诗或民间歌谣的浓厚痕迹,而是典型的"诗人诗",洋溢着诗人的气质,飘洒着诗人的气息,是真正意义上的白话诗,深刻地影响了他的四川老乡郭沫若。

---

① 余捷(朱自清):《睡吧,小小的人》,《时事新报》1919年12月11日"学灯"。

康白情五四时期的诗作主要发表在《新潮》杂志上，在某种程度上可以说是"新潮诗人"、"北大诗人"。他的《雪后》写道：

雪后北河沿的晚上，没有轧轧的车声，呖呖的歌声，哑哑的鸟声，……
也没有第二个人在那里走路。
雪压的石桥，雪铺的河面，雪花零乱的河沿，——
一片莹〔荧〕光，——衬出那黑影迷离的两行稀树。
远天接地，弥望模糊。
隔岸长垣如带，露出了垣外遮不尽的林梢；
更缀上断断续续的残灯，——看到灯穷，知是长垣尽处。
兀的不是一幅画图！

人在画中行，
还把格呀格的脚声，偷闲暗数，——
一步！……两步！……三步！……
怎么？好像不是走在这里样呢？
溜来欲滑，踩去还酥，——
记取绒绒春草江南路。
忽见有淡淡的影儿，
才知道中天月色如许。①

康白情在诗中对白话的运用轻松自如，已经完全摆脱了旧体诗词和民间俗语歌谣的束缚，而且文字也变得比较典雅、比较诗意，不再像他的老师辈诸如胡适的白话诗那样显得直白无趣，而是有一种回味。

总而言之，"建设的文学革命论"经过短短几年的尝试，已经取得了丰硕的成果，白话文既然已经可以成功地写诗，那么，梅光迪、任鸿

---

① 《新潮》一卷三号，1919年3月1日。

隽当年的忧虑即可消除，林纾保卫古文、保卫文言的理由就根本不能成立。

适度的文学保守主义

文学革命以及由此引发的白话文运动，是20世纪中国最伟大的事件之一。它的意义之所在，不仅是中国文学载体的革命，文学形式的解放，而且是中国文化基本范式、中国人的思维习惯乃至日常生活习惯的根本革命，正是从这个意义上说，胡适的主张便不能不引起一些争论乃至反对。其中反对最力者，先有胡适的留美同学梅光迪、任鸿隽，后有著名文学翻译家林纾以及以"怪杰"而著称的辜鸿铭，再有北大教授刘师培、黄侃、林损及马叙伦，还有著名学者章士钊以及在现代中国颇负盛名的杂志《学衡》派的一班人，如吴宓、胡先骕等。只是由于文学革命和白话文运动毕竟代表着历史前进的方向，因此这些反对并不能达到阻挡历史前进的车轮。不过，也必须指出的是，当时间过了快一个世纪之后，反对者的言论也有值得重新检视的必要。

林纾的反对，我们在前面曾经提及，在胡适的《文学改良刍议》发表后，他最先敏感地意识到这个问题的严重性，但他似乎还没有想好反对的理由，所以他说他知道古文不应当被废除，但是说不出详细的理由。他的这个还算诚实的态度遭到胡适、陈独秀等人的奚落，于是他的看法就没有受到白话文倡导者应有的重视。

林纾（1852—1924），字琴南，号畏庐，福建福州人。光绪八年（1882）举人，以文言翻译外国名家小说见称于世。林纾是中国传统学术文化的忠实信徒，崇尚程朱理学，但也不是盲目信从，对于理学迂腐虚伪等处，也能有清醒的意识。嘲笑"理学之人宗程朱，堂堂气节诛教徒。兵船一至理学慑，文移词语多模糊"；揭露"宋儒嗜两庑之冷肉，凝拘挛曲局其身，尽日作礼容，虽心中私念美女颜色，亦不敢少动"。这些揭露当然是理学的负面，所以他身体力行，维护礼教，试图恢复儒学正宗，指责近代以来在西方思想的影响下，世风日下，人心不古，人们欲废黜三纲，夷君臣，平父子，广其自由之途辙。

在文学观念上，林纾信奉桐城派，以义法为核心，以左丘明、司马迁、班固、韩愈等人的文章为天下楷模，最值得效法，强调取义于经，取材于史，多读儒书，留心天下之事，如此，文字所出，自有不可磨灭之光气。当然，对于桐城派的问题，林纾也有认识，因此他并不主张墨守成规，一味保守，而是主张守法度，但是要有高出法度的眼光；循法度，但是要有超出法度之外的道力。

在戊戌变法的前一年，林纾用白居易讽喻诗手法写了《闽中新乐府》三十二首，率多抨击时弊之作，这不仅表明他在政治上属于维新势力，而且更重要的是他在文学表现手法上的创新及对民间文学因素的汲取。所以当白话一兴，人人争撤古文之席，而代之以白话之际，林纾也在他朋友林白水等人创办的《杭州白话报》上开辟专栏，作"白话道情"，风行一时。很显然，林纾早在19世纪末年就是文学改革者，他承认旧的白话小说具有一定的文学价值，他只是温和地反对，如果人们不能大量阅读古典文学作品，汲取古典文学营养，就不能写好白话文。

所以，当胡适文学改良的主张发表后，林纾似乎本着自己的良知，比较友好地提出了一些建设性的意见，表示在提倡白话文的同时，不要刻意将文言文彻底消灭掉。在某种程度上说，林纾的主张与梅光迪、任鸿隽等人都相似，就是在向更大多数民众提倡白话文，倡导读书人尽量用白话文写作的同时，也应该为文言文留下一定的生存空间，至少使中国文化的这一重要载体不致在他们那一代人中失传。

林纾的这个意见如果仔细想来似乎也很有道理，即便到了今天，白话文已经成为文学的主体时，我们依然会觉得古文魅力无穷，是现代语言的智慧资源。然而，当时的"一边倒"特别是陈独秀不容商量的态度，极大地挫伤了林纾的情绪。1917年初，钱玄同出面支持胡适的文学改良建议，原本是一件大好事，但钱玄同的好斗性格使他不忘顺带攻击桐城派等旧文学，并提出什么"选学妖孽，桐城谬种"等蛊惑人心的概念，这就不是简单的学术论争，而是带有一定的人身攻击的意味。

尽管如此，林纾在此后很长一段时间并没有刻意反对白话文运动和文学革命，他甚至到了1919年3月，依然为《公言报》开辟"劝世白话新乐府"专栏，相继发表《母送儿》、《日本江司令》、《白话道情》等，俨然为白话文运动中的一员开路先锋。

林纾其实为新文化运动中的右翼，他有心变革中国的旧文学，但又不主张将旧文学彻底放弃。他在1917年的《论古文之不当废》中反复强调古文对现代语言的资源价值，至1919年作《论古文白话之相消长》一文，亦依然论证古文白话并行不悖的道理，强调废古文用白话亦正不知所谓古文，古文、白话似乎自古以来相辅相成。所谓古文者，其实就是白话的根柢，没有古文根柢，就不可能写出好的白话。能读书阅世，方能为文，如以虚枵之身，不特不能为古文，亦不能为白话。林纾的这些意见如果能够听进一点点，中国文学改良或许将是另外一种情形。

从林纾政治、文学观念看，很难说他就是一位极端保守的守旧主义者，他似乎只是主张在追求进步的同时，保持适度的保守，不要过于激进。林纾的本意原本只是间接和谦和的，他不过是说古文文学作品也自有其价值，不应被革弃，而应当像西方对待拉丁文那样加以保存。"古文者白话之根柢，无古文安有白话？"①这个判断在很大程度上说确实是对的，但在那时的气氛中根本没有人给予重视。

林纾只是友善地表达了自己的一点不同看法，然而在当时的文化氛围中，这一点点不同看法也不能被容忍。1918年3月，钱玄同和刘半农在《新青年》4卷3号合演了一出轰动一时的双簧戏：由钱玄同摹仿所谓守旧者的口吻和笔调，化名王敬轩，写了一篇攻击新文化运动的信，其中故意推崇林纾的翻译和古文；而由刘半农以《新青年》记者的身份作《复王敬轩书》，以调侃的口气点名批评林纾，以为林译西方文学名著，如果以看"闲书"的眼光去看，亦尚在不必攻击之列；然而如果要用文学的眼光去评论，那就要说句老实话，即林译名著由"无虑百种"进而为"无虑千种"，也还是半点儿文学味也没有。这种完全否定式的批评，

---

① 林纾：《论古文白话之相消长》，《中国新文学大系》"文学论争集"，80页，上海良友图书公司，1935年。

显然已经超越一般的文学批评范畴，而带有蓄意攻击的意味了。这就不能不使林纾感到愤怒，感到痛苦。他自认为是新文学的同盟，却被新文学中的人物视为守旧，视为反动，于是他只能起来被动地、消极地进行辩护、辩论和说明，兼带着，也就有睚眦必报的意味了。

1919年2月17日，林纾在《新申报》为他特设的"蠡叟丛谈"专栏发表小说《荆生》，写"皖人田其美"、"浙人金心异"和"新归自美洲"的"狄莫"三人同游京师陶然亭。他们力主去孔子、灭伦常和废文字以白话行之，激怒了住在陶然亭西厢的"伟丈夫"荆生。荆生破壁而入，怒斥三人：中国四千余年以纲纪立国，汝何为而坏之？于是伟丈夫出手痛打一顿，皖人田其美等三人抱头鼠窜，狼狈而逃。

这里的皖人田其美，显然是指陈独秀，田与陈本一家，这是中国史的常识，美与秀对举；浙人金心异显然是指钱玄同，钱为金，同对异；新归自美洲的狄莫当然指新近留学归来的胡适，胡为周边族群的汉人称呼，而狄则带有某种程度的歧视。至于伟丈夫荆生，或以为是段祺瑞的重要助手徐树铮，或以为是练过武功的作者本人，或以为是林纾心目中卫道英雄的化身，是理想化的英雄。

《荆生》的发表，应该使林纾出了一口鸟气，但他似乎也有点得寸进尺，得理不饶人。紧接着，林纾又在《新申报》上发表了第二篇影射小说《妖梦》。说一个叫郑思康的人梦游阴曹地府，见到一所白话学堂，门外大书楹联一副：

　　白话通神，《红楼梦》、《水浒》真不可思议；
　　古文讨厌，欧阳修、韩愈是什么东西。

学堂里还有一间"毙孔堂"，堂前也有一副楹联：

　　禽兽真自由，要这伦常何用？
　　仁义太坏事，须从根本打消。

学堂内有三个"鬼中之杰出者":校长叫"元绪",显然影射蔡元培;教务长叫"田恒",显然影射陈独秀;副教务长叫"秦二世",显然影射胡适之。

对于这"鬼中三杰",作者痛恨无比,骂得粗俗、刻薄、无聊。小说结尾处,作者让阴曹地府中的"阿修罗王"出场,将白话学堂中的这些"无五伦之禽兽"通通吃掉,化之为粪,宜矣。这显然是一种非常拙劣的影射和比附,有失一个读书人、写书人的基本风骨与人格。

为林纾这两篇小说居间协助发表的是北大学生张厚载。张厚载即张豂子,笔名聊止、聊公等。生于1895年,江苏青浦人。时在北京大学法科政治系读书,1918年在《新青年》上与胡适、钱玄同、傅斯年、刘半农等北大教授就旧戏评价问题展开争论后,为胡、钱等师长所不喜。所以他后来似乎有意动员、介绍他在五城中学堂读书时的老师林纾创作影射小说丑诋胡适、钱玄同、陈独秀、蔡元培。

或许是张厚载的唆使,使年近古稀的林纾接连写了这两部只能是发发牢骚的影射小说。只是不巧的是,当林纾将第二篇小说《妖梦》交给张厚载寄往上海之后,他就收到了蔡元培的一封信,说是有一个叫赵体孟的人想出版明遗老刘应秋的遗著,拜托蔡元培介绍梁启超、章太炎、严复及林纾等学术名家题词。

蔡元培无意中的好意感动了林纾,他们原本就是熟人,只是多年来不曾联系而已。现在自己写作影射蔡元培的小说,似乎有点不好,所以他一方面嘱张厚载无论如何也要将《妖梦》一稿追回,①另一方面致信蔡元培,坦言自己对新文化运动的若干看法。他认为,大学为全国师表,五常之所系属,最近外间谣言纷集,这大概都与所谓新思想的传播有关。晚清以来,人们恒信去科举,停资格,废八股,复天足,逐满人,扑专制,整军备,则中国必强。现在民国将十年,上述期待都成为现实,然而国未强、民未富,反而越来越乱,问题越来越多。现在所谓的新思想

---

① 张厚载迅即致信蔡元培,表示稿已寄至上海,殊难中止。见《蔡元培书信集》上,398页,杭州:浙江教育出版社,2000年。

更进一解，必覆孔孟、铲伦常为快。其实，西方国家虽然没有像中国过去那样崇奉伦常，但西方国家的伦理观念也不是现在所谓新思想所说的那样简单。他指出，天下惟有真学术、真道德，始足以独树一帜，使人景从。若尽废古书，行用土语为文字，则都下引车卖浆之徒所操之语，按之皆有文法。凡京津之稗贩，均可用为教授。若《水浒传》、《红楼梦》，皆白话之圣，并足为教科书，不知《水浒传》中辞吻多采岳珂之《金陀粹编》，《红楼梦》亦不止为一人手笔，作者均博极群书之人。总之，非读破万卷，不能为古文，亦并不能为白话。这是林纾关于文言、白话的系统意见。

至于道德，林纾对当时所谓新道德斥父母为自感情欲、于己无恩的说法予以批评，以为当时学术界一些新秀故为惊人之论，诸如表彰武则天为圣王、卓文君为名媛，尊严嵩为忠臣等，其实都是在拾古人余唾，标新立异，扰乱思想。他认为，大凡为士林表率，须圆通广大，据中而立，方能率由无弊。若凭借自己在知识界的地位、势力而施趋怪走奇之教育，则是非常危险的。很显然，林纾尽管没有直接批评蔡元培对新思想、新道德的支持与纵容，但至少奉劝蔡元培善待全国父老之重托，以守常为是。①

《妖梦》小说没有被追回，而林纾致蔡元培的这封信却又被《公言报》于1919年3月18日公开发表。《公言报》为安福系的机关报，专以反对新思想、新文化，反对北京大学为能事，因此林纾原本可以与蔡元培等人达成某种妥协，却因这种机缘巧合而丧失了机会。

蔡元培收到张厚载具有挑衅性的来信后似乎非常愤怒，指责张厚载为何不知爱护本校声誉，爱护林纾。②至于他看到林纾的公开信后，更一反温文尔雅忠厚长者的形象，勃然大怒，公开示复，就林纾对北京大学的攻击以及对陈独秀、胡适等人废弃旧道德、毁斥伦常、诋排孔孟等言论有所辨明。

---

① 《林琴南致蔡元培函》，《蔡元培书信集》上，391页。
② 《复张厚载函》，《蔡元培书信集》上，398页。

就事实而言，蔡元培分三点解释、辩白北大并没有林纾所说的覆孔孟、铲伦常、尽废古书这三项情事，外间传言并无根据。借此机会，蔡元培公开重申他办教育的两大主张：

一、对于学说，仿世界各大学通例，循思想自由原则，取兼容并包主义。无论何种学派，苟其言之成理，持之有故，尚不达自然淘汰之运命者，虽彼此相反，而悉听其自由发展。

二、对于教员，以学诣为主。其在校讲授，以无背于思想自由、兼容并包主张为界限。其在校外的言论行动，悉听自由，学校从不过问，当然也就不能代其负责。比如帝制复辟的主张，为民国所排斥，但本校教员中照样有拖着长辫子而持复辟论者如辜鸿铭，以其所授为英国文学，与政治无涉，所以也就没有人管他；再如筹安会的发起人，被清议所指为罪人，然而在北大教员中就有刘师培，只是他所讲授的课程为中国古代文学，亦与政治无涉，所以也就没有必要由学校过问；至于嫖、赌、娶妾等事，为北大进德会所戒，教员中有喜作侧艳之诗词，以纳妾、狎妓为韵事，以赌为消遣者，苟其功课不荒，并不引诱学生与之一起堕落，则亦听之。夫人才至为难得，若求全责备，则学校就没有办法办下去。且公私之间，自有天然界限。即便如您老琴南公，亦曾译有《茶花女》、《迦茵小传》、《红礁画桨录》等小说，而亦曾在各学校讲授古文及伦理学，假使有人批评您老以此等小说体裁讲文学，以狎妓、奸通、争有妇之夫讲伦理学，难道不觉得好笑吗？然则革新一派，即或偶有过激之论，但只要与学校课程没有多大关系，何必强以其责任尽归之于学校呢？①

蔡元培的解释或许有道理，但在林纾看来，他之所以公开致信蔡元培，实际上并不是指责蔡元培管理不力，而是期望他能够利用自己的背景特别是与那些年轻激进分子的特殊关系，方便的时候稍作提醒，不要让他们毫无顾忌地鼓吹过激之论，对于传统、对于文学，还是持适度的保守态度比较好。他在写完致蔡元培公开信的第二天，就在一篇小文章中表露过自己的这点心迹，他表示自己多年来翻译西方小说百余种，从

---

① 《致〈公言报〉函并附答林琴南函》，《蔡元培书信集》上，388页。

没有鼓吹过弃置父母,且斥父母为无恩之言。而现在那些年轻一辈何以一定要与我为敌呢?我林纾和他们这些年轻人无冤无仇,寸心天日可表。如果说要争名的话,我林纾的名气亦略为海内所知;如果说争利,则我林纾卖文鬻画,本可自活,与他们并没有什么关联,更没有利害冲突。我林纾年近古稀,而此辈不过三十。年岁如此悬殊,我即老悖癫狂,亦不至偏衷狭量至此。而况并无仇怨,何必苦苦追随?盖所争者天理,非闲气也。林纾似乎清醒地知道,他与胡适、陈独秀这些年轻人发生冲突,对自己并没有多少好处,肯定会招致一些人的攻击、谩骂,但因为事关大是大非,他也不好放弃自己的原则,而听之任之。林纾决心与新文化的倡导者们周旋到底。

然而,林纾为道义献身的想法并不被新知识分子圈所认同,当他的《荆生》、《妖梦》及致蔡元培公开信发表之后,立即引起新知识分子圈的集体反对。李大钊说:"我今正告那些顽旧鬼祟、抱着腐败思想的人:你们应该本着你们所信的道理,光明磊落的出来同这新派思想家辩驳、讨论。公众比一个人的聪明质量广、方面多,总可以判断出来谁是谁非。你们若是对于公众失败,那就当真要有个自觉才是。若是公众袒右你们,那个能够推倒你们?你们若是不知道这个道理,总是隐在人家的背后,想抱着那位伟丈夫的大腿,拿强暴的势力压倒你们所反对的人,替你们出出气,或是作篇鬼话妄想的小说快快口,造段谣言宽宽心,那真是极无聊的举动。须知中国今日如果有真正觉醒的青年,断不怕你们那伟丈夫的摧残;你们的伟丈夫,也断不能摧残这些青年的精神。当年俄罗斯的暴虐政府,也不知用尽多少残忍的心性,杀戮多少青年的志士,那知道这些青年牺牲的血,都是培植革命自由花的肥料;那些暗沉沉的监狱,都是这些青年运动奔劳的休息所;那暴横政府的压制,却为他们增加一层革命的新趣味。直到今日,这样滔滔滚滚的新潮,一决不可复遏,不知道那些当年摧残青年、压制思想的伟丈夫那里去了!我很盼望我们中国真正的新思想家或旧思想家,对于这种事实,都要有一种觉悟。"①鲁

---

① 《新旧思潮之激战》,《每周评论》十二号,1919年3月9日。

迅也在一篇杂文中抓住林纾自称"清室举人"却又在"中华民国"维护纲常名教的矛盾性格大加嘲讽,敬告林纾您老既然不是敝国的人,以后就不要再干涉敝国的事情了罢。①《每周评论》第 12 号转载《荆生》全文,第 13 号又组织文章对《荆生》逐段点评批判,并同时刊发"特别附录"《对于新旧思潮的舆论》,摘发北京、上海、四川等地 10 余家报纸谴责林纾的文章。

巨大的压力,来势凶猛的批评,终于使林纾顶不住了,这位自称有"顽皮憨力"的"老廉颇"终于感到力不从心、寡不敌众,终于公开在报纸上认错道歉,承认自己在这一系列问题上处理失当,有过错。他在回复蔡元培的信中说:"弟辞大学九年矣,然甚盼大学之得人。幸公来主持,甚善。顾比年以来,恶声盈耳,至使人难忍,因于答书中孟浪进言。至于传闻失实,弟拾以为言,不无过听,幸公恕之。然尚有关白者:弟近著《蠡叟丛谈》,近亦编白话新乐府,专以抨击人之有禽兽行者,与大学讲师无涉,公不必怀疑。"在承认自己孟浪进言的同时,也表示自己对于那些"叛圣逆伦"的言论,依然会拼我残年,竭力卫道,必使反舌无声,瘦狗不吠然后已。②

不过,没过多久,林纾的态度差不多根本改变。他在致包世杰书中显得痛心疾首,表示承君自《神州日报》中指摘我的短处,且责老朽之不慎于论说,中有过激骂詈之言,吾知过矣。当敬听尊谕,以平和出之,不复谩骂。③只是在文言白话之争问题上,林纾的态度似乎变化不大,依然坚信文言白话并行不悖,各有优点,不必一味使用白话而舍弃文言:故冬烘先生言字须有根柢,及谓古文者白话之根柢,无古文安有白话?近人创白话一门自炫其特见,不知林白水、汪叔明固已较各位捷足先登。即如《红楼梦》一书,口吻之犀利,文字之讲究,恐怕都不是只懂白话不懂文言者所能成就。须知贾母之言趣而得要,凤姐之言辣而有权,宝钗之言驯而含伪,黛玉之言酸而带刻,探春之言言简而理当,袭人之言

---

① 庚言:《敬告遗老》,《每周评论》十五号,1919 年 3 月 30 日。
② 《林琴南再答蔡子民书》,《新申报》1919 年 3 月 30 日。
③ 《林琴南先生致包世杰君书》,《新申报》1919 年 4 月 5 日。

贴而藏奸，晴雯之言憨而无理，赵姨娘之言言贱而多怨，唯宝玉之言纯出天真。可见《红楼梦》作者守住定盘针，四面八方眼力都到，才能随地熨帖，今使尽以白话道之，恐怕就很难有这样的效果。①所以，真正优秀的文学作品固然应该以白话为主体，但根据人物性格、文化氛围，适度使用一些文言，可能比纯粹使用大白话还要好一些。

  林纾的"适度保守的文学改良"主张在当时并没有获得应有的尊重，尤其是没有得到新文学倡导者的重视，自然非常遗憾。好在这个讨论并没有结束，只是由于政治环境的变化，暂时转变了方向。

---

① 《论古文白话之相消长》，《中国新文学大系》"文学论争集"，81页。

第五章
"小五四"的历史逻辑与脉络

从大历史的视角看,所谓"大五四",不外乎是对西方工业革命的回应。工业革命开启了人类历史的新纪元,传统的中国文明说到底就是一个农业文明,因而面对工业化的冲击,中国文明必然要在各个方面改头换面,调整适应。所以,政治架构的调整,思想意识的转型,伦理价值观念的重建,甚至包括更具普遍性、公众性的新文学、新文字(简化字、拼音)的发明、使用,都可以从工业化这个角度给予新的解释。至于"小五四",其实就是"大五四"背景下政治调整的必然结果,只有从近代以来特别是辛亥革命之后中国政治结构演变的视角才能给予真切的解释。

民初政治架构:理想与问题

武昌起义爆发后,尽管在武昌、在南京、在部分省份发生过一些军事冲突,但从全局来说,战争并不是此后几个月的主题。当时的主题主要集中在国家未来体制的选择上,一部分立宪党人和新军将领继续信奉清廷,以为清廷在君主立宪关键时刻推出皇族内阁和铁路国有两项政策确实错了。不过知错能改善莫大焉,因而他们力主利用这次政治危机重回君宪主义道路,大刀阔斧地进行改革,实现真正意义上的君主立宪。而另外一部分人,特别是当南北僵持一段时间后,先前四散的革命党人重新聚拢，他们依然信奉孙中山17年来的口号，驱逐鞑虏、恢复中华、创建民国，因而他们不愿意在这种有利环境中重回什么君宪主义。在他们看来，过往20年、100年已经被满洲人的愚昧、自私严重耽搁了，指望满洲人的政府去立宪，历史已经证明同于与虎谋皮。革命党人坚定地认为，共和主义就是中国的唯一出路。再加上各种原因，几个月的争执，终于使共和主义占了上风，君宪主义成为历史。

然而，谁也想不到的是，大家都看好的民主共和却在实现不久就出现了问题。对于这种现象，100年来有各种各样的分析，其实仍有一点始终没有引起注意，那就是从孙中山到袁世凯的权力转移，以及由此所引发的民国法统危机。

1911年12月25日，孙中山结束17年海外流亡生涯回到了上海。此时距武昌起义已经两个月零十五天了。南北之间的谈判，也从武昌转移至上海，从湖北军政府转移至独立各省都督府代表联合会与袁世凯内阁之间了，双方争执的焦点已经不再是停战之类技术层面问题，而是国家未来体制的建构，即中国究竟应该沿着君主立宪的道路继续走下去呢，还是应该按照革命党人的信念，走上共和，建构一个现代国家呢？在这中间起到重要作用的，是南方的立宪党人。

立宪党人本是清廷君主立宪最重要的支持者，清廷在1906年走上君主立宪的道路，其实就是这批立宪党人长期鼓吹的结果。比如张謇，很早就致力于日本宪法和东西洋宪政文献的翻译和研究，他所组织翻译的一些宪政著作成为当时中国知识精英最流行的读本。

在立宪党人的推动下，特别是经过1904年日俄战争的刺激，清廷终于同意走上君主立宪道路。1905年派遣亲贵大臣出洋考察宪政，翌年宣布用9年时间实现日本式的宪政目标，两年后，即1908年公布了《钦定宪法大纲》。这确实是一个划时代的重大贡献，中国从此有了成文宪法，有了政治发展的依据和纲要。

正像后来许多批评者所说的那样，1908年《钦定宪法大纲》并不是一个真正意义上的君主立宪大纲，因为这个大纲中规定了皇权依然享有至上权利，不仅决定着国家大事，而且任命百官，其职能与先前的君主专制好像没有什么区别。这个批评是对的，《钦定宪法大纲》确实维护了皇权至上的原则。但是批评者忘记了，此时的光绪帝年仅36岁，他所追慕的对象，他心中所要仿照的榜样就是日本明治天皇、俄国彼得大帝，这些英主都拥有绝对权力，其威权至上都是不可置疑的。

然而遗憾的是，光绪帝英年早逝。《钦定宪法大纲》宣布后不久，光绪帝突然去世。接替他的如果是一个成年君主，这个宪法大纲依然不构成问题，只是光绪帝和慈禧太后在最后时刻选择了一个比较弱势的班子，3岁的小皇帝和28岁的摄政王，无论如何，其威权、其能耐都没有办法与即位30多年的光绪帝相比。于是，《钦定宪法大纲》中的问题相当明显，先前竭力鼓吹君主立宪的立宪党人开始有点不满。

如果不是稍后发生的外部危机，立宪党人或许能在既有框架中继续前行，维持9年立宪。然而连续的外部危机给立宪党人找到了调整预备立宪日程的理由，他们一次又一次地请愿，希望朝廷更改先前9年预备立宪的既定日程，他们实际上期待以早日实现君主立宪去弥补1908年《钦定宪法大纲》皇权至上的不足，希望用议会和责任内阁去弥补弱势的摄政王和小皇帝的不足。

立宪党人组织的国会请愿运动声势浩大，在几次坚持尤其是到了日本吞并朝鲜之后，也确实引起朝野各界的同情与支持。不得已，摄政王终于同意修正先前9年预备立宪计划，以5年为期，完成君主立宪的全部准备。

摄政王背后有一个庞大的满洲贵族群体，他们在立宪党人的压力下调整立宪方案，应该说有不得已的成分在。而且由于是不得已，因此他们在做出不得不让步的同时又收紧权力，不仅让满洲贵族子弟在预备立宪的最后几年抢占了一大批权位，而且在宣布国家将进入立宪状态的责任内阁名单中，毫不顾忌地将责任内阁演变成了一个权贵内阁、皇族内阁，13名阁员中竟然有9个来自皇族或皇室、满蒙贵族。

皇族内阁的出台激起了立宪党人的强烈反对，他们通过各种方式警告摄政王。当此国家发展的关键时刻，对于皇权来说，重用汉大臣可能比提升这些"官二代"更有意义。然而此时的清廷已经积重难返，满洲贵族家家都在攀比，在没有权威如慈禧太后和光绪帝的时候，哪一家也不愿放弃权力，做出让步，从大局出发辞官为民。从5月8日一直拖延至10月10日，在长达5个月的时间里，皇族内阁就是无法撤销，更不要说废除了。这就是武昌起义的一个重要原因。

武昌起义爆发后，立宪党人并没有在第一时间意识到这是中国历史的大转折，他们虽然期待朝廷应该借助于这个机会修正错误，改组内阁，但并没有对君主立宪有什么怀疑。直至各省独立越闹越凶，他们渐渐感到清廷大约要在这场革命中成为历史陈迹，无法扶持，所以他们就渐渐介入了光复，参与了反正，转而认同和支持共和主义，放弃了坚守10年的君宪主义。

立宪党人特别是东南大佬张謇、赵凤昌等人的转变意义重大，他们不仅支持上海都督陈其美、江苏都督程德全、浙江都督汤寿潜，而且他们联名致电摄政王，劝摄政王认清大局，转向共和，为皇室换取最后的尊严，为历史留下一段美好的回忆。

经赵凤昌、张謇、庄蕴宽等立宪党人的居间联络，在南北和谈开始后不久，各方就对清廷善后安排达成一致，同意优待皇室，同意未来中国的政治架构为共和，同意由袁世凯出任未来新政府首脑。这项妥协至少在12月20日南北第二次和谈时已经达成，其主旨就是清廷在下一次谈判时必须承认共和为前提。

让清廷承认共和为前提，其实也就是逼着清帝退位。因此，在此后几天的交涉中，清廷开始犹豫，因为这毕竟牵涉一个王朝的终结。

清廷的犹豫甚至不愿退位的可能性，南方立宪党人大约都有详细估计，所以，他们既希望清廷和平结束的同时，也准备利用革命党人成立一个"临时的"政府，以此逼退清廷，实现从君宪到共和的转折。

革命党人在武昌起义后，特别是上海光复后确实一直忙着筹建新政府，只是革命党人在过去17年中一直流亡海外，他们对国内政治发展缺少了解，又没有多少有用的人脉，所以革命党人要想成立新政府，也不能不求助于立宪党人。而革命党人中的黄兴、宋教仁等，在这之前都与赵凤昌有过一些联系。所以等到孙中山12月25日回到上海，第二天面见赵凤昌时,赵凤昌一句"开府建基"点破其中所有玄机与奥妙,由此不到一个星期,一个全新的"临时政府"就在南京宣布成立了。

赵凤昌的提示肯定深刻启发了孙中山和革命党人。此后,孙中山多次前往惜阴堂求教,与赵凤昌及南北政界要员协商统一建国诸要政,特别是怎样罗网英才,兼纳众流,怎样筹款,化解财政的困境等,赵凤昌都有很好的建议。熊希龄、庄蕴宽、汤寿潜、张謇等,都是赵凤昌向孙中山、黄兴、宋教仁等人推荐的,而孙、黄、宋也就其他人选征询赵凤昌的意见,赵凤昌从立宪党人一变而成为南方革命党仰仗的重要人物。这对于南京临时政府的成立,以及此后南北关系的突破,都起到了很大作用。

孙中山等革命党人请教赵凤昌是事实,赵凤昌真诚提供帮助也是事实。但在过去的研究中,大家其实不明了赵凤昌为什么要这样做,就连赵凤昌的儿子赵尊岳其实也不明白这其中的奥妙,以为是赵凤昌利用革命党人去倒袁。这个看法显然并不真实。

其实,如果回想赵凤昌在孙中山抵达上海前一直帮助袁世凯,帮助南北和谈的事实,就知道赵凤昌高人高招,是要用南京临时政府打破南北谈判的僵局,赵凤昌不仅没有背叛、疏远袁世凯,而是在用孙中山为袁世凯化解危机、化解困境。道理非常简单,就在赵凤昌向孙中山作出这样建议的时候,唐绍仪发给袁世凯的电报,要求清廷承认共和,要求以国民大会去公决未来国体和政体的建议犹如泥牛入海,朝廷用了差不多一个星期都没有给出肯定或否定的答复。这个僵局在已有的南北和谈框架内很难打破,而且还有一个重要的障碍是,如果没有南京临时政府的过渡,而通过南北和谈直接将清廷的权力、主权、外交等移交给袁世凯,那么袁世凯势必成为中国历史上最尴尬的人物,成为乘人之危火中取栗的奸臣权臣,这既是袁世凯所不乐于为,当然他的这批朋友也不会让他这样做。这毕竟会有道德上的亏欠,非智者所为。而现在如果用孙中山,用南京临时政府予以过渡,一切都是那么顺理成章,一切都是那么自然天成。

更重要的一点是,孙中山恰恰具有这种素质和想法。当孙中山听到赵凤昌"开府建基"的建议后，他在当天（12月26日）就主持召开了同盟会高级干部会议，讨论将要成立的南京临时政府究竟应该选择总统制还是内阁制。在孙中山已有的政治构想中，他其实可能更倾向于权力制衡的内阁制，以免总统总是处于权力要冲，成为各方攻击的目标。如果实行内阁制，总统只是国家象征，只是到了关键时期，到了内阁倒台或重大政治危机发生时，总统才具有协调的功能。然而，就在这一天，由于黄兴、陈其美、宋教仁等人分别向各省代表做了工作，提议由孙中山出任临时政府大总统，所以等到晚上开会讨论政治架构时，对民主政治、议会政治有着很深研究的宋教仁依然力主内阁制时，孙中山却坚决反对，以为内阁制不管有多少优长之处，但在目前并不合乎中国的需要。孙中山强调，内阁制乃平时不使元首当政治之冲，故以总理对国会负责，这个体制断非目前非常时代所相宜。我们现在不管谁去当总统，都不能既让他去当总统，又想方设法从制度上去怀疑这唯一置信之人。孙中山表示，我不肯听从各位的意见，自居于神圣赘疣，以误革命大计。

孙中山的态度深刻地影响了黄兴，于是黄兴从挽留孙中山的立场上，反复劝说宋教仁谦让，劝说他取消提议。在黄兴等人的劝说和施压下，宋教仁从大局着想，表示让步，于是新政府的架构就完全采纳了孙中山的主张，实行总统制。

南京临时政府成立后，南北和谈的僵局很快被打破，南京临时政府接受各方面建议，同意优待皇室，同意不再像革命年代那样攻击清代历史。这种种举措都为南京临时政府赢得了人心，特别是赢得了新军将领如段祺瑞的认同。段祺瑞或许没有把南京临时政府当作一支重要力量，但他的不反对、不对南京临时政府动武，其实就是在默认赵凤昌等立宪党人的安排。

根据赵凤昌等立宪党人的安排，南京临时政府之所以是"临时的"，孙中山的临时大总统之所以是"临时的"，都表明他们只是期望用这个"临时的"机构、"临时的"人作为过渡，最终将权力转移给袁世凯。这是南京临时政府得以成立的前提，也是由黄兴等革命领袖同意的，甚至可以说最早提出这个方案的就是黄兴和黎元洪。至于孙中山是否清楚这些不敢说，但他肯定知道"临时的"意义。因此，当南京临时政府成立后，孙中山迅即致电袁世凯进行解释，表示只要袁世凯劝退了清帝，那么他孙文立即辞职下野，并遵守承诺推举袁世凯继任大总统。

当然，我们现在也知道，在南京临时政府存在期间，孙中山也曾想过将"临时"改为正式，他也曾为国际承认从事过一些努力，只是列强坚守所谓中立，其实是期待一切都能和平过渡到袁世凯的新政府，所以孙中山的外交努力并没有成效。

至于在财政上，临时政府在赵凤昌等人的建议下吸纳了相当一部分立宪党人，按理说这些立宪党人只要出力，别说养个人数不多的新政府，即便真的与北方政府动刀动枪，也不是没有可能。只是这些立宪党人坚守承诺，只把南京临时政府看作"临时的"，一旦发现孙中山有意将"临时"改为正式，他们或者果断退出了新政府，或者从经济上扼住了新政府的命脉。孙中山后来遵守承诺向袁世凯转移权力，虽说维持住了信誉，但实际上也是被逼无奈，不得不遵守而已。

孙中山南京临时政府打破了南北僵局，清帝退位，孙中山辞职，参议院选举，袁世凯继任，这都是按照既定程序一步一步进行的，并没有多少意外。只是100年后重新检讨这件事，我们很容易发现，南京临时政府在袁世凯及北洋系的所谓"民国法统"中几乎毫无地位，因为一个最简单的事实是，不要说三民主义，五权宪法，军政、训政、宪政三阶段理论在袁世凯那些人眼里毫无意义、毫无地位，即便南京临时政府留下的一个最具象征意义的《中华民国临时约法》，也不被新成立的中华民国政府当作一回事。

按照孙中山和革命党人中许多人的看法，他们应该将南京临时政府支撑下去，应该组织北伐，直捣龙亭，用暴力终结清廷，也就同时终结了帝制。然而，由于立宪党人是南京临时政府的主导力量，所以革命党人的这个想法根本没有实践的机会。即便等待清帝要按照南北和谈的约定准备退位了，革命党人依然准备在退位诏书或相关文件中确认清廷统治中国200多年的事实，即便同意将来民国对皇室给予适度优待和礼遇，也应该讲清楚历史、讲清楚责任。

然而，当南京临时政府将优待条例转给北京时，隆裕皇太后对更多的条件没有表示不同意见，只是坚持应该保留"大清皇帝尊号相承不替"等几处文字表述。至于文件中的"逊位"，隆裕皇太后认为应该改为"致政"或"辞政"。

不管怎么说，清廷在这个历史关键时期，因为隆裕皇太后深明大义，制止皇族中的强硬派，接受了和平方案，现在如果对清廷的历史彻底否定或者给予羞辱，即便那些投诚反正、参与光复有功的立宪党人、新军将领也难以接受。所以当新军将领获知这些消息后，冯国璋、段祺瑞等北洋将领于2月8日联名致信南方代表伍廷芳，表示优待清室条件中的"大清皇帝尊号相承不替"应请仍照朝廷提供的原文不要更改，"逊位"这样带有刺激性的词语无论如何都不能出现在正式文件中，否则很难说服军界同仁。大家都是历史的过来人，只有尊重历史，才能说服同仁。

军人一旦干政，就是力量巨大。你可以说是南京临时政府对北洋军人愤怒的善意回应，也可以说是南方革命党人对北洋军人的屈服和顺从，不管怎么说，冯国璋、段祺瑞等军界将领的坚持得到了南京革命党人的极端重视，所有条款都按照袁世凯、梁士诒、冯国璋、段祺瑞等人的建议予以恢复和保留，最具刺激的字眼"逊位"改为"辞位"。这也算是北洋老将对清廷旧主子的最后一次回报和效忠。只是这件事情后来又有变故，正式成文的时候文字又有调整。

尊重历史是为了更好地往前走，然后到了中华民国正式成立后，尊重历史并没有得到完整的贯彻。孙中山确实遵守承诺在清帝退位后宣布辞职，推举袁世凯接替。但是袁世凯政府成立之后，在此后十几年的所谓"民国法统"中，确实忽略了南京临时政府的地位。

民国前半期的政治这样处理有其自身的原因，因为孙中山和他的同仁确实在过去十几年被迫流亡在外，不知道国内民主政治的发展情形，即便知道新政，知道预备立宪，由于斗争，由于戴着有色眼镜，因而也就不能给予公平合理的评价，一概视为清廷的欺骗。站在革命党人的立场上说，这种批判当然有自己的道理，但确实并不能概括晚清最后10年政治发展的真实情形与意义。

晚清最后10年的政治发展，从新政到立宪，其实走的就是一条精英政治的路线，这条路线虽然也要求提升民众的识字水平，要求对选区内的谘议局议员投票，但总体上说这种精英政治就是西方近代典型的民主政治架构，是精英的而非民众的。这一点与孙中山和革命党人设想的全民政治、三民主义、五权宪法等根本不同。至于革命后，按照孙中山的设想，还有一个比较长的军政时期，大约有军事管制的意思。之后方才进入训政，至于训政多久，也就很难说。训政之后方才进入宪政，这是一个漫长的过程。孙中山的这些设想正确与否不必讨论，但是很显然这些设想与晚清以来的精英政治毫无相似之处。而袁世凯就是晚清精英政治的设计师和推动者，所以，当中华民国正式成立后，在大总统袁世凯的政治理念中，哪能够想到孙中山的三民主义、五权宪法，哪能还一步一步从军政到训政再到宪政？中华民国在袁世凯时代直接进入了一个宪政时期，这或许可以说是袁世凯接续晚清民主政治变革往前走，依然是一种没有君主的立宪政治。只是从尊重历史的层面说，南京临时政府在袁世凯及北洋系的所谓"民国法统"中没有地位，而孙中山和革命党人那些理论上的创造也不被采纳，甚至根本不被提及。孙中山后来一再强调"革命尚未成功"，或许其内心深处就是从这个层面说的。辛亥革命结束了，民国成立了，可是他们为中华民国准备的理论及政治架构统统被弃之如敝屣。

如果仅仅在理论上不被重视也就算了，如果中华民国在正式开张之后，能够善待孙中山这些革命元勋，比如袁世凯竭力劝说孙中山、黄兴不要放弃政治，大家应该一块干，比如在新成立的议会中为孙中山、黄兴等革命党人留个位子，让他们在那些职业政治家的位置上发挥作用，后来的历史肯定就不一样了。然而，袁世凯这一批老道的政治家并非真的粗心大意，而是玩弄欺骗加威吓的政治阴谋手法，而且从骨子里瞧不起孙中山这些政治经验不太老道的革命党人。总而言之，袁世凯在中华民国正式开张后顺水推舟以为孙中山真的要去修铁路了，真的以为孙中山相信民权主义、民族主义完成了，剩下的只是民生主义一项了。

袁世凯的失误为民国初年的政治纷争留下了机会，这不仅是一种权力的傲慢所导致的必然结果，也是袁世凯这批自视甚高的政治家没有将尊重历史、善待前人的原则贯彻到底的必然结果。袁世凯顺手牵羊地利用了孙中山等革命家的伟大谦虚，将他们排除在现实政治之外，结果也在事实上为自己的新政权预置了一个敌对力量。一个年轻的共和国原本可以朝气蓬勃地向上发展，然而为时不久就陷入了持久党争甚至战争。这是非常可惜的，但谁也没有办法。历史没有办法遗憾。

清末民初之交的中国可能太乐观了，1912年诞生的中华民国，是亚洲第一个共和国家，也是全球民主化浪潮中第一波最大、人口最多的国家。两千年帝制顷刻瓦解，一个全新的共和体制一夜之间建立起来。中国人先前的基本共识因为满洲贵族不守信誉而被置诸脑后，这为后来的政治挫折埋下了伏笔。

1901年，梁启超在《清议报》第八十一期发表《立宪法议》，结合世界趋势，专门讨论中国政治变革的方向。梁启超指出，世界现行政治体制分为三种，即君主立宪、君主专制和民主立宪。君主立宪和民主立宪均为立宪政体，立宪政体权力有限，专制政体权力无限。表面上看，无限权力对君主有利，君主可以动用一切资源去达到目的，高效神速。其实从实际情形看，不受任何制约的君主，恰恰将自己推上权力要冲，没有可供缓和的中间地带。成功了，固然是君主伟大；失败了，则由君主承担全部责任。各级官吏都是君主的仆人，只领皇上发给的俸禄，无所用心、无所事事。这是一种很不经济、很不合算的政治体制。

梁启超指出，就三种政治体制比较而言，人类目前最理想的政治形态无疑是君主立宪。因为民主立宪施政方略变化太快，选举总统耗费巨大，竞争激烈，虽然形成了一个庞大的竞选经济，但由于这种经济形态只消耗不创造，至少在那个时代还不是一种理想的经济形态。至于君主立宪与君主专制相比较，不言而喻，君主立宪优于君主专制。

君主专制将人民与君主截然分为两个对立且不易调和的阶级，在这种体制下，君主视民众如草芥，人民视君主如寇仇。人民的日子不好过，君主的地位也时刻处在危险中。这是君主专制体制最大的问题。

君主立宪则不然。在君主立宪体制下，皇位继承有一定之规，不仅权奸没有篡位可能，即便是列在君主继承序列中的人也只好耐心等待，有的甚至一直没有继承机会，也只好认命，而不会发生君主专制体制下弑君类情形。这是因为君主立宪体制下，君主权力受到宪法制约，君主虽地位崇高，享有至上尊严，但君主权力受宪法、议院约束，君主发号施令和任免大臣，皆须经议院同意，这既最大限度地保证了决策的最小失误，也有效地遏制了政治野心家对大位的觊觎和争夺。更重要的是，君主立宪体制打通了君民间的隔膜，人民比较容易地向议院表达意见，议员在本质上说也必须代表选民利益，为选民说话。

据梁启超分析，从君主专制向君主立宪过渡是历史的必然，也是中国不能自外的唯一出路。"然则中国今日遂可行立宪政体乎？曰是不能。立宪政体者，必民智稍开而后能行之。日本维新在明治初元，而宪法实施在二十年后，此其证也。中国最速亦须十年或十五年，始可以语于此。问者曰，今日既不可遽行，而子汲汲然论之何也？曰行之在十年以后，则定之当在十年以前。夫一国犹一身也，人之初就学也，必先定吾将来欲执何业，然后一切学识，一切材料，皆储之为此业之用，故医士必于未行医之前数年而自定为医，商人必于未经商之前数年而自定为商，此事之至浅者也。惟国亦然。必先定吾国将来采用何种政体，然后凡百之布置，凡百之预备，皆从此而生焉。"①中国不会也不能立即过渡到君主立宪形态，但中国必须要为君主立宪准备条件，制定路线图，争取10年或稍长时间实现君主立宪，为中国创建一个牢固的政治体制。梁启超的这些讨论，实际上就是后来"预备立宪"政治构想的最初形态。

在保守的君主专制体制、激进的民主共和之外走出第三条道路君主立宪，是梁启超等人的杰出贡献。又经过几年争辩，特别是1904年日俄战争的刺激，1905年俄罗斯改革的影响，内外形势逼迫，五大臣出洋考察所见所闻，中国终于在1906年秋宣布预备立宪，计划用不太长的时间实行世界主要国家正在实行的君主立宪制度。这是一次具有根本意义的制度改革，必将给200多年的清帝国带来活力与希望。一个古老的帝国

---

① 《饮冰室合集》文集之五，5—6页，北京：中华书局，1989年。

将转型为一个宪政国家。

然而就在这之后不久,主导改革的光绪帝、慈禧太后突然相继去世,接替他们的新班底隆裕太后、摄政王载沣在中国历史的关键时刻接连出错,先是轻率地答应提前立宪,将"计划政治"的共识打破。接着,在第一届责任内阁人选上为反对势力提供了"皇族内阁"、"权贵内阁"的口实。再接着,新政府推出的第一项新政策"铁路干线国有化"遭到新兴中产阶级的普遍反对,并进而引发四川保路运动、武昌新军起义,各省新军相继响应。正是在这样的历史背景下,清廷实在无法挽回败局,以退求安,将全国统治权移交给了清帝国内阁总理大臣袁世凯,并授权他与南方革命党人协商筹组共和政府。

可以看出,1912年"走出帝制"有其客观原因。但是不管怎么说,中国能够"走出帝制","走向共和",也是一件了不起的历史大事变,是对几百年西方迅猛发展的积极回应。所以尽管来得有点突兀,有点超出中国人的预想、规划,但在历史大变动的当口,除了极少数具有浓厚眷恋情感的,更多人并不觉得有多大问题。袁世凯在就任临时大总统时信誓旦旦地表示:"愿竭其能力,发扬共和之精神,涤荡专制之瑕秽。谨守宪法,依国民之愿望,蕲达国家于安全强固之域,俾五大民族同臻乐利。"①应该承认,共和元年,民主早春,中国的政治气氛确实为前后几十年最好的时期,没有之一。

然而为时不久,民国二年(1913),国民党领袖宋教仁被刺。中国的政治局面为之一变,南方四省起而反袁,酿成"二次革命",但迅速失败。凡此,都让人重新担忧晚清以来始终没有解决的中央与地方权限的边际。更让人忧虑的是,君主立宪者认为,匆忙中"走出帝制","走向共和",是否违反了严复等人一直强调的中国进步必须一步步来,不能躐等,尤其不能废除君主而改用共和。严复在辛亥年最关键的时候强调:"依我愚见有一点可以肯定,即如果他们(指南方新军及革命党)轻举妄动并且做得过分的话,中国从此将进入一个糟糕的时期,并成为整个世

---

① 杨玉如:《辛亥革命先著记》,280页,香港:文化资料供应社,1978年。

界动乱的起因。直截了当地说,按目前状况,中国是不适宜于有一个像美利坚共和国那样完全不同的、新形式的政府的。中国人民的气质和环境将需要至少 30 年的变异和同化,才能使他们适合于建立共和国。共和国曾被几个轻率的革命者如孙逸仙和其他人竭力倡导过,但为任何稍有常识的人所不取。因此,根据文明进化论的规律,最好的情况是建立一个比目前高一等的政府,即保留帝制,但受适当的宪法约束。应尽量使这种结构比过去更灵活,使之能适应环境,发展进步。可以废黜摄政王;如果有利的话,可以迫使幼帝逊位,而遴选一个成年的皇室成员接替他的位置。"①简言之,等到宋案发生,特别是"二次革命"发生后,一些人不约而同地想到了一年前国体变革的匆忙。也就在这个时候,各种各样复辟帝制的主张相继出炉。

欧战让中国重回旧体制

在国际环境风平浪静时,仅仅是国内政治的扰攘不宁,还不是中国重回旧制度的理由。而只有遇到欧战这样的大事变,又是让中国相当为难的大事变,才能找到体制调整、修补的契机,才能使重回帝制有了某种可能。

1914 年,战火在欧洲燃起不到一个月,日本迅即对德宣战,成为欧洲以外第一个参与这场战争的国家。日本的理由是英国的盟友,有责任帮助英国对付德国。但是日本并不是向欧洲战场派遣远征军,而是就近发动"青岛战役",攻占德国在亚洲太平洋地区最大的军事基地。众所周知,青岛是中国的领土,只是在 1898 年春天租给了德国,"租以九十九年为限"。②

日本将青岛占领,当然不只是日德两国之间的问题,而是蕴含着中国因素。日本不仅要控制青岛,而且期待以此一举解决中国国体问题,

---

① 《清末民初政情内幕》上,785 页,上海:知识出版社,1988 年。
② 《总理衙门奏教案办结胶澳议租折》,《德国占领胶州湾史料选编》,454 页,济南:山东人民出版社,1987 年。

利用列强陷入欧战无暇东顾的短暂时机，让中国重回帝制，以便进而与中国构建共同防御体系。基于这样的考量，对日本外交极具影响力的黑龙会，在日军向青岛发起总攻的前夜，向外务省提交了《对支问题解决意见》，以为欧战为日本提供了控制中国百年不遇的绝佳机会，日本政府不应满足对青岛的占领，而应注意长远的中日关系，要让中国不得不信赖日本，依靠日本，而要做到这些，就必须调整中国的政治架构，重回帝制，只有这样，中日才能建构坚固的联盟关系。建议书指出，"欧战的发展日益急迫地警告日本亟需解决这一最根本问题。不应该认为帝国政府是在从事一项卤莽的计划。良机是一去不复返的。我们必须利用这个机会，在任何情况下决不犹豫。为什么我们一定要等待革命党人及心怀不满者自发地起事呢？为什么我们不能事先想好并安排出计划呢？当我们考察中国的政体时，我们必须问现存的共和制是否适合中国的国情？是否投合中国人民的思想与愿望？从中华民国成立之日起到现在，如果将它所经历的和它在行政和统一工作方面应该做到的比较起来，我们认为到处令人失望。甚至就是首先主张共和政体的革命党人自己也承认他们犯了错误。中国共和政体的保留，将是未来中日同盟道路上的巨大障碍。为什么一定如此呢？因为在共和国内，政府的根本原则以及人民的社会与道德的标准是与君主立宪国家截然不同的。它们的法律与行政也是相冲突的。如果日本充当中国的指导者而中国仿效日本，只有这样才能使两国合力解决远东问题而不发生争论与意见分歧。因此为了彻底改建中国政府、成立中日同盟、保持远东永久和平以及实现日本帝国的政策，我们必须利用目前机会改变中国共和政体为君主立宪，而这一立宪政体必须在一切细节上与日本的君主立宪相符合，而不是符合其他任何国家的君主立宪政体。这确实是为了实际改造中国政体必须牢牢掌握的关键和首要的原则。"①

日本政府在多大程度上接纳了黑龙会的建议，还可以继续研究，但

---

① 《黑龙会备忘录（黑龙会解决中国问题意见书）》（1914年10月29日），《中日"二十一条"交涉史料全编》（黄纪莲编），9页，合肥：安徽大学出版社，2001年。

事实是，日本政府在占领了青岛之后的对华交涉中，确实有利用欧战机会控制中国的企图。民国四年（1915）1月18日，日本驻华公使日置益以新归任为词拜见大总统袁世凯，当面递交日方精心准备的外交文件"二十一条"，并声称"日本政府对于大总统表示诚意，愿将多年悬案和衷解决，以达亲善目的"，另叮嘱"赐以接受，迅速商议解决，并守秘密。实为两国之幸"。①

袁世凯接到"二十一条"后，当晚即召集外交总次长、总统府秘书长等会议，讨论并确立交涉步骤，由于这个文件完全出乎中国政府的预料，因而交涉极为困难，特别是第五号七款：

一、在中国中央政府须聘用有力之日本人，充为政治、财政、军事等各顾问。

二、所有在中国内地所设日本病院、寺院、学校等，概允其土地所有权。

三、向来日、中两国屡起警察案件，以致酿成龃龉之事不少，因此须将必要地方之警察，作为日中合办，或在此等地方之警察官署须聘用多数日本人，以资一面筹划改良中国警察机关。

四、由日本采办一定数量之军械（譬如在中国政府所需军械之半数以上），或在中国设立中日合办之军械厂，聘用日本技师，并采买日本材料。

五、允将接连武昌与九江、南昌路线之铁路，及南昌、杭州，南昌、潮州各路线铁路之建造权，许与日本国。

六、在福建省内筹办铁路、矿山，及整顿海口（船厂在内），如需外国资本之时，先向日本国协议。

七、允认日本国人在中国有布教之权。②

---

① 《六十年来中国与日本》卷六，73页，北京：三联书店，1980年。
② 《中日"二十一条"交涉史料全编》，22页。

这几条在袁世凯看来最不能容忍，简直就是将中国视为朝鲜，视为可以控制，而且可以随时吞并、合并的地方。这是袁世凯无论如何不会答应的。为此，袁世凯一方面采取拖延战术，期待国际环境改变，寄希望于列强施压；另一方面有意识地向外界透露交涉内容，对外展开外交游说，对内以悲情激活民族主义情绪。袁世凯的谋略未必成功，在经过近3个月20多次会商后，日本终于明白了袁世凯的意思，遂于1915年5月7日向中国下了最后通牒，限5月9日下午6时前给予答复，如到期不能给予满意答复，日本"将执认为必要之手段"①。

日本的最后通牒引起了中国方面的不安，第二天（5月8日），袁世凯召集副总统、国务卿、左右丞、参谋总长、各部总长、各院院长、参政院议长、参政、外交次长、总统府秘书长等参加的会议，专案讨论日本最后通牒，袁世凯在会上发表了一个极具悲情的讲话："此次日人乘欧战方殷，欺我国积弱多时，提出苛酷条款，经外部与日使交涉，历时三月有余，会议至二十余次，始终委曲求全，冀达和平解决之目的。但日本不谅，强词夺理，终以最后通牒，迫我承认。我国虽弱，苟侵及我主权，束缚我内政，如第五号所列者，我必誓死力拒。今日本最后通牒将第五号撤回不议，凡侵及主权及自居优越地位各条，亦经力争修改，并正式声明将来胶州湾交还中国；其在南满内地虽有居住权，但须服从我警察法令及课税，与中国人一律。以上各节，比初案挽回已多，于我之主权、内政及列国成约，虽尚能保全，然旅大、南满、安奉之展期，南满方面之利权损失已巨。我国国力未充，目前尚难以兵戎相见，英朱使关切中国，情殊可感。为权衡利害，而至不得已接受日本通牒之要求，是何等痛心！何等耻辱！无敌国外患国恒亡，经此大难以后，大家务必认此次接受日本要求为奇耻大辱，本卧薪尝胆之精神，做奋发有为之事业，举凡军事、政治、外交、财政力求刷新，预定计划，定年限，下决心，群策群力，期达目的，则朱使所谓埋头十年与日本抬头相见，或可尚有希望。若事过境迁，因循忘耻，则不特今日之屈服奇耻无报复之时，

---

① 《六十年来中国与日本》卷六，241页。

恐十年以后，中国之危险更甚于今日，亡国之痛，即在目前。我负国民付托之重，决不为亡国之民。但国之兴，诸君与有责；国之亡，诸君亦与有责也。"①袁世凯的悲伤是真实的，日本强人所难是袁世凯无论如何不能承受的。

"二十一条"既然被理解为"灭亡中国"的计划书，由此引起中国内部一连串变动，延续"宋案"之后"隆大总统之权"，再造政治强人的思路，各方面的思考也渐渐不约而同地想到了这些，以为不应该再继续限制袁世凯的权力，应该给袁世凯充分授权，重造一个强势领导人与日本周旋。严复说："日本于群雄战事未解之日，要求条件，穷苛极酷，果如所请，吾国之亡，盖无日矣！大总统于一无可恃之时，尚能善用外交，以持其敝，可谓能者。日来效果，虽秘不可知，然颇闻其不致破裂矣。欧战告终之日，不但列国之局，将大变更；乃至哲学、政法、理财、国际、宗教、教育，皆将大受影响。学者于道，苟非深窥其源，则所学皆腹背羽矣。中国前途，诚未可知，顾其大患在士习凡猥，而上无循名责实之政。齐之强以管仲，秦之起以商公，其他若申不害、赵奢、李悝、吴起，降而诸葛武侯、王景略，唐之姚崇，明之张太岳，凡为强效，大抵皆任法者也。而中国乃以情性，驯是不改，其有豸乎？"②作为约法会议议员、参政院参政员，严复无条件支持袁世凯"隆权"，"是故居今而言救亡，学惟申韩，庶几可用，除却综名核实，岂有他途可行？贤者试观历史，无论中外古今，其稍获强效，何一非任法者耶？管商尚矣；他若赵奢、吴起、王猛、诸葛、汉宣、唐太，皆略知法意而效亦随之；至其他亡弱之君，大抵皆良懦者。今大总统雄姿盖世，国人殆无其俦，顾吾所心憾不足者，特其人忒多情，而不能以理法自胜耳。"③严复不仅希望给袁世凯充分授权，而且希望袁世凯不要婆婆妈妈"忒多情"，应该果断、强硬，像历史上那些强人一样大刀阔斧地用严刑峻法治理国家。

---

① 《袁世凯在国务会议上之讲话》（1915年5月8日），《北洋军阀》（章伯锋、李宗一主编）卷二，821—822页，武汉出版社，1990年。
② 《与熊纯如书之二十》，《严复集》，619页。
③ 《与熊纯如书之二十一》，《严复集》，620页。

严复是社会达尔文主义信奉者，相信"丛林法则"，相信"物竞天择，适者生存"，相信历史发展阶梯进化，反对超越，反对躐等。他原本就不认为中国有必要弃帝制用共和，"终觉共和国体，非吾种所宜。"①

"二十一条"为中国体制的调整提供了一个契机，即便没有这一次的外部危机，国内的政治混乱，外交上的没有力量，都引起了各方面的深度关切，试图补救、重建秩序的想法从1913年开始就没有停止过。正如一些观察者在民国元年就看到的那样，"革命以来新政府所实行的新政新法，不仅不能取悦人心，混乱的秩序依然不能恢复。新的设施尚未见眉目，旧的恶弊仍在困扰着人们。兴一利而生百害，内外施政经营尚不及前清时代。内地各省常常陷入混乱，生灵涂炭。天下人心已厌共和，讴歌前朝者渐多，复辟帝制的时机，似将来临，复辟分子在暗中活动，似一股涓涓暗流，在寻找它的归宿。"②这是一部分人的看法，以为"民国不如大清"，主要是因为1912年废黜君主体制太匆忙了，太缺少后续预判了。君主制的废黜不仅赶跑了一个皇帝，而是从根本上动摇了绝大多数中国人的信仰，使中国人特别是知识人一时间无所适从，他们既对新世界感到迷茫，又不可避免地对传统社会的幽静、安逸充满眷恋。

在传统中国，君主体制远非为一种当然现象，而是农业文明背景下中国社会得以协调、稳定与发展的根本条件。战国时期的诸子百家虽然在具体的政治主张上有种种差别，但在承认君主政体的合理性、正当性方面，在期望以君主政体建构一个稳定机制方面，则是相当一致的。儒家认为，"天无二日，土无二王，家无二主，尊无二上，示民有君臣之别也。"③将君主意志视为国家政治、法律制度的体现和唯一源泉。用汉代王符的话说："且夫法也者，先王之政也；令也者，己之命也。先王之政所以与众共也，己之命所以独制人也，君诚能授法而时贷之，布令而必行之，则群臣百吏莫敢不悉心从己令矣。己令无违，则法禁必行矣。

---

① 《与熊纯如书之十一》，《严复集》，611页。
② 《宗方小太郎报告》，章伯锋、李宗一主编：《北洋军阀》卷三，190页，武汉出版社，1990年。
③ 《礼记·坊记第三十》，《十三经注疏》下，第1619页，北京：中华书局，1980年。

故政令必行，宪禁必从，而国不治者，未尝有也。"①

即便从秦始皇帝算起，至1912年清帝退位，君主政体在中国存在了两千一百多年，它对中国社会发展的积极效果、负面效应兼而有之。君主政体之所以得以长期存在，决非任何人为力量所能左右，而是因为君主政体在本质上合乎中国社会存在的需要，与中国传统社会血缘政治、宗法政治及小农经济相吻合。

明清以降，随着中国社会内部新因素的不断增长，君主政体存废问题确曾一度引起人们的注意。但由于中国社会生存条件并没有发生根本性的变化，因此对君主品质、效用的怀疑不仅没有构成对君主政体的威胁，反而在某种意义上进一步改善、巩固了君主政体。顾炎武说："人君之于天下，不能以独治也。独治之而刑繁矣，众治之而刑措矣。"②在主观意图上，顾炎武期以"分权众治"克服君主政体弊病，但在实际效果上则进一步强化了君主权力，"自公卿大夫至于百里之宰，一命之官，莫不分天子之权，以各治其事，而天子之权乃益尊。"③依然将国家政治、法律制度视为君主意志的体现。

在辛亥国变之前几十年，随着西方思潮的不断输入和中国民族危机的日益加深，中国知识人、政治精英在救亡图存过程中开始重新审视自身传统，开始怀疑君主政体的象征意义，怀疑君主在政治秩序建构、维护方面的效用。如果说魏源"师夷之长技以制夷"仅出于救亡自强的目的，尚未根本怀疑中国旧有统治秩序的话，那么，19世纪60年代开始的洋务思潮就不仅仅主张引进西方政体中的某些内核改善中国旧有秩序，而是从根本上怀疑旧秩序的合理性。冯桂芬指出，中国人之所以面对西方冲击一败再败，应坦率承认中国人"实不如"西洋，"天赋人以不如，可耻也，可耻而无可为也。人自不如，尤可耻也，然可耻而有可为也。如耻之，莫如自强。夫所谓不如，实不如也。忌嫉之无益，文饰之不能，

---

① 《潜夫论·衰制第二十》，《百子全书》卷一，816页，长沙：岳麓书社，1993年。
② 《日知录卷之六·爱百姓故刑罚中》，《日知录集释》上，第501页，上海古籍出版社，1985年。
③ 《日知录卷之九·守令》，《日知录集释》上，第718页。

勉强之无庸。向时中国积习长技，俱无所施，道在实知其不如之所在，彼何以小而强，我何以大而弱，必求所以如之，仍亦存乎人而已矣。"即首先找出中国在哪些方面落后于西方，然后再确定如何学习西方，改进自身。据冯桂芬归纳，中国至少在这样几个方面不如西方，"人无弃材不如夷，地无遗利不如夷，君民不隔不如夷，名实必符不如夷。"①不仅"君民不隔不如夷"关涉中国旧秩序、君主政体，其他三个方面实际上也是君主体制的必然派生物。

近代中国的知识精英、政治精英，都曾注意到君主政体的弊病、症结，但他们也都充分意识到，在中国，君主政体只能改善，而不能骤然推翻，中国进步与发展，在相当程度上有赖于是否可能有一个圣明君主在上领导、推动改革。因为他们清楚，君主政体并非仅仅关涉君主个人，也不仅仅关涉某些利益集团，在绝大多数中国人心目中，君主是秩序和谐、持续稳定的保障和象征，其功能不仅仅有助于确定政治秩序、政治正当性、合法性，而且有助于社会公众理解人生和世界的整体意义。

正是基于中国人"意义世界"存废利弊得失的思考，我们看到，在辛亥国变前后若干年，保皇、复古的思潮就不只是政治层面的反动与革命、保守与进步，而是关涉如何在充分把握、理解国情前提下推动社会的进步与发展。1912年6月，当君主政体废黜不久，康有为就敏锐地预言："今共和告成矣，扫中国数千年专制之弊，不止革一朝之命，五族合轨，人心同趋矣。然或以为共和已得，大功告成，国利民福，即可自致，则未然也。吾所深虑却顾者，以共和虽美，民治虽正，而中国数千年未之行之，四万万人士未之知之，众瞽论日，冥行擿埴，吾虑其错行而颠坠也。夫使当中国一统之时，稍有错误，民少受害耳，于国无关也。今何时乎？乃万国竞争之日，列强群迫之时，而骤行人人所未经之涂，人人所未闻之事，此吾所深忧却顾，俯仰彷徨而不能自已也。"②换言之，

---

① 《校邠庐抗议》卷下《制洋器议》，《续修四库全书》第952册，542页，上海古籍出版社，2002年。
② 康有为：《中华救国论》，汤志钧编：《康有为政论集》下册，699页，中华书局，1981年。

康有为并不坚持认为君主体制优于共和，而是强调中国国情实在没有达到共和水平，如此骤行共和，可能适得其反，不仅无法收到预想效果，甚至可能延误中国进步、发展的时机。

与康有为具有相同或类似想法的人，在民国初年所在多有，这批人在过去一概被斥为保守、守旧，具有"清遗民"情结，但从后来政治文化发展情形看，他们的怀疑、焦虑，并非全无意义、无的放矢。在康有为等人的心目中，共和也好，帝制也罢，要必以有利于中国未来发展为依归，而不应仅仅停留在名词的优美、动听上。康有为在批评筹安会和袁世凯帝制自为时重申："自筹安会发，举国骚然，吾窃谓今之纷纷者，皆似锁国闭关之所为，皆未闻立国之根本，又未筹对外之情势者也。夫以今〈日〉中国之岌岌也，苟〈有〉能救国而富强之，则为共和总统可也，用帝制亦可也。吾向以为共和、立宪、帝制皆药方也。药方无美恶，以能愈病为良方；治体无美恶，以能强国为善治。若公能富强自立，则虽反共和而称帝，若拿破仑然，国人方望之不暇；若不能自立，则国且危殆，总统亦不能保，复何纷纷焉。自公为总统以来，政权专制，过于帝者，以共和之国，而可以无国会、无议员，虽德帝不能比焉，〈其〉威权之盛，可谓极矣。然外蒙、西藏，万里割弃，青岛战争，山东蹂躏及条款签订，举国震惊，忧为奴虏，中国之危至矣，人心之怨甚矣。"① 所以在民国初年复辟、反复辟较量中，主张、推动帝制的，并不一定实行君主专制；反对复辟的，也并非完全无视民初政治混乱。民国初年的政治、文化思潮，要在为中国人寻找自己的"意义世界"；对于混乱的政治情势，不论共和，还是帝制，都在试图重构一个有效率、有向心力的政治权威。只有从这个视角思考张勋在民国初年的政治、文化选择，才不会将一场严肃的政治体制变动视为儿戏，等同于闹剧。

在君主立宪者看来，中国人自古以来信奉的理论是知错就改，几年的政治实践证明共和体制让中国没有力量，既然如此，为什么不能改回去呢？何况在共和体制匆忙出台前的十余年，中国人的基本共识并不是共

---

① 康有为：《请袁世凯退位电》，汤志钧编：《康有为政论集》下册，933页。

和，而是君主立宪呢？于是，当时中国首屈一指的君宪专家杨度在"二十一条"结案当月重提君宪救国论，并由此引发中国政治的一次大逆转。

杨度是留日归来的宪政专家，是晚清立宪运动的重要推手，他对满洲人坐失良机非常痛悔："自海外初归，即知大祸不远，非急谋改革，莫可自救。戊申至京，以极沉痛之文词陈于朝贵，而听者藐藐，为益固鲜矣。加以两宫皆逝，亲贵弄权，度欲行之宪政，乃为官吏利用其名以为厉民之具。度于是深居太息，知事之无可为，满汉之祸必生，革命之事必起，中国亦从此已矣。每一低回往事，未尝不太息痛恨于庆、泽诸人也。"①世易时移，当中日交涉步履维艰之际，杨度向袁世凯提出一个全新思路："由今之道，不思所以改弦而更张之，欲为强国无望也，欲为富国无望也，欲为立宪国亦无望也，终归于亡国而已矣。"何以故？"此共和之弊也。中国国民好名而不务实，辛亥之役，必欲逼成共和，中国自此无救亡之策矣。"

杨度的建议是在中日交涉最困难的时候写就的，以"虎公"答客问的体裁撰写，题为《君宪救国论》，分上、中、下三篇，上篇谈君宪救国的理由，中篇记当时总统制的缺点，下篇批评清末假立宪和民国成立之后的民主立宪。这篇文章的预设读者就是袁世凯，因而杨度似乎刻意强调了叙事清晰、论证严密、文字通俗易懂，没有那么多艰涩的词句，更没有掉书袋的学术品位，杨度要的效果很直接，就是知错就改，重回帝制，当然这个帝制并不是君主专制，而是君主立宪。

更重要的是，杨度这篇文章并没有准备公开发表，至少在袁世凯点头之前没有急于发表的意思。文成后，杨度请内史夏寿康转呈袁世凯。袁世凯读罢拍案叫绝，高度赞赏、认同杨度这篇文章中的观点，以为确实应该重新思考国体变更的利弊得失，遂欣然为杨度题写"旷世逸才"四个大字，由政事堂制成匾额，赠给杨度，并嘱段芝贵将杨度的文章秘密付印，广为散播。②

---

① 《致杨雪桥师书》，《杨度集》，565 页。
② 《致杨雪桥师书》，《杨度集》，565 页。

知错就改，善莫大焉。杨度建议袁世凯弃共和，回君宪："非立宪不足以救国家，非君主不足以成立宪。立宪则有一定法制，君主则有一定之元首，皆所谓定于一也。救亡之策，富强之本，皆在此矣。"①此后的帝制运作，直至洪宪帝制方案出台，其思路均可从杨度这篇长文中找到依据。第一次世界大战引诱中国重回帝制，尽管有袁世凯个人方面的原因，但从大环境而言，与这场战争并非毫无关系。

二度复辟留下的思想难题

袁世凯的"帝制自为"不仅没有解决这个问题，而且让袁世凯的"英名"黯然失色，沦为历史笑柄。然而，袁世凯的教训照样没有引起人们的警觉，接着，张勋、康有为等人重蹈覆辙，二度复辟。

张勋，字绍轩，又写作少轩，江西奉新人，生于1854年。辛亥年，57岁，在北洋系中，属于袁世凯小站练兵时的老哥们。在稍后的平息义和拳运动时，张勋统领巡防营防剿，贡献卓著，论功赏"壮勇巴图鲁"。两宫回銮，随扈至京，谕留宿卫，授建昌镇总兵，擢云南提督，改甘肃，皆不赴。日俄战争结束后，调奉天，充行营翼长，节制东三省防军，赏黄马褂。旋命总统江防各军，驻浦口，调江南提督。

作为近代中国第一代职业军人，张勋在军事上的造诣并不怀疑，在政治上的忠诚更是格外突出。他在出任江南提督时，适值武昌变起，苏州独立，两江总督张人骏、将军铁良方与众筹战守。有持异议者，张勋毫不客气直斥之。翌日，新军哗变，张勋指挥所部与哗变新军殊死抵抗，浴血雨花台，大破之。江浙联军来攻，力量悬殊，粮援胥绝，乃转战退屯徐州，"完所部"②，损失极少，是辛亥巨变南北冲突时竭尽全力不背叛朝廷的"真男儿"。从后来的革命立场，当然可以批评张勋不识时务，不知变通，但从政治信仰、政治立场角度而言，也应该承认张勋这样的

---

① 《君宪救国论》，《杨度集》，573页。
② 《清史稿》卷473，《张勋传》，北京：中华书局，1977年。

人在历史巨变关头并非毫无意义，而且由此才可以理解张勋后来的立场与作为。

退守徐州的张勋衷心不改，张人骏、铁良均已逃走，清廷遂任命张勋为江苏巡抚，摄两江总督，张勋成为清廷与南军对峙的第一道防线，"部伍逾两万人，铠甲斗具犀利，自号定武军。皆蓄发结辫，别为制，威名棱棱称重镇。于是，康有为外为主师，万绳栻内为谋士，遗臣从之如归。当天下郊劲兵处，斩然有复辟志。"①这为后来的历史事变预留了种子，张勋也以其特殊的政治立场一时蔚然成领袖。

张勋在大变局时代没有像新军绝大多数将领那样迅即转身，认同共和，放弃君宪，而是坚守过去十几年普遍认同的君主立宪信念，"蓄发结辫"为志，这种做法遭到相当多的嘲笑、嘲弄，但从传统社会忠君的立场看，似乎并非全无可取。而且当清廷决定退位让国，袁世凯遣使劳问，张勋从容对答："袁公之知不可负，君臣之义不能忘。袁公不负朝廷，勋安敢负袁公？"②他在政治上虽不认同中国就此走上共和，但当大家都这样做时，他也只好屈从，但他同时警告袁世凯应该谨守南北妥协谈判达成的全部方案，不要辜负朝廷顾全大局、依然退位让国的一片苦心。

其实，包括袁世凯在内的北洋将领，对清廷退位深表同情，也一直通过各种方式维持清室尊严。民国与退处紫禁城的小清王朝犹如亲戚般不时走动，张勋在这样的历史背景下与退居内宫的前朝"岁时朝谒，贡奉惟谨"，不时向内宫上个奏折，"愿上忍须臾。时有变，臣必起而报清。"③反过来说，假如民国一直稳定发展下去，比大清好，张勋也就没有起而改变体制的理由了。

民国初年的政治混乱，中国人价值观紊乱，让张勋这样的政治保守主义者、文化保守主义者忧心忡忡。过去的研究说他以"上将军"的头

---

① 钱海岳：《书张勋复辟事》，卞孝萱、唐文权编：《民国人物碑传集》，49页，北京：团结出版社，1995年。
② 《清史稿》卷473，《张勋传》。
③ 《书张勋复辟事》，《民国人物碑传集》，第49页。

衔倡导蓄发留辫，倡导尊孔读经，主张定孔教为国教，驻防兖州后，派兵守卫曲阜圣地，继续维持孔府旧有的经济收入体制与来源。倡导继续前清一直奉行的礼仪习惯，以为中国人的风俗礼仪、道德伦理，不应该以一姓之天下而废弃，应该寻找那些具有超越性的价值。从适度保守、"其命维新"的立场看，而不是从20世纪形成的革命的立场看，张勋这些保守的主张，并非没有可以继续思考的空间。

　　文化上的适度保守并不是问题，政治上的稳定才是关键。然而恰恰在这一点上，民国初年确实留下了许多遗憾，民国二年开始政治纷争，让占据中原战略要点徐州的张勋不能不思考中国已经走过的路，同时也让他与那些政治保守主义者、文化保守主义者越走越近。如曾经坚决反对宣统退位的蒙古贵族升允、前京师大学堂监督刘廷琛、沈曾植、长庚、王乃徵、胡思敬、李经羲、锡良、温肃、陈曾寿、辜鸿铭、梁鼎芬，以及梁鼎芬的门生陈毅、前御史王宝田、江苏阳湖绅士恽祖祁、恽毓昌父子等。他们奔走于青岛、大连、徐州、天津等地，与各地试图归复旧制的政治保守主义者、文化保守主义者沆瀣一气，互通信息，并与紫禁城里的陈宝琛等保持着联系。"据他们说，共和政体不适于中国国情，革命以来的方针措施，有百害无一利，人心厌恶共和而眷恋前朝。为将来完成统一大业、救国安民、长治久安计，非君主政体不行。天下有心之士，无不思此。因目前时势尚非其时，暂不宜活动。复辟之时，可为君主者，实难物色其人。虽有适宜其任者，但不足以服人心。宣统退位仅一年，民心对前朝未全忘记，待机复位，依旧君临天下，此为上策。世上往往言满汉种族不同，持华夷之说，难免出于偏见。从大的方面看，满汉同种，有何种族之别？况且清朝三百年统治虐政可数者有几？在人心未离散之时，及时使宣统复位，统一天下，恢复旧业。若犹豫逡巡，时移势转，恐人心渐忘前朝，故应及早为之，此系切要事。"[①]这批政治保守主义者、文化保守主义者，虽然对袁世凯的"帝制自为"相当反感，但又从这里看到了真正的帝制复辟的希望所在。

---

① 《宗方小太郎报告》，章伯锋、李宗一主编：《北洋军阀》卷三，第190—191页。

当袁世凯的势力足以控制一切的时候，张勋和他的这些同志"虽怀兴复之志，苦于无隙可乘"。及筹安会发生，帝制复辟呼声出现时，张勋和他的这些同志"颇有携贰，复辟之机，遂动于此矣"。刘廷琛时常往来于徐州，另一积极分子胡嗣瑗正在南京冯国璋幕中，亦时以微词暗示冯，"冯意颇为之移，其贰于袁氏，胡君盖有力焉"。[1]事为袁世凯知悉，欲加害于胡嗣瑗，胡嗣瑗遂出冯幕，迁居于上海，然犹时时往冯国璋处沟通信息。

假如不发生袁世凯的洪宪帝制，假如袁世凯洪宪王朝正式开张并能持久下去，张勋和他的同志应该没有机会。然而这一切假如都不存在，袁世凯的洪宪王朝未及开张而结束，而袁世凯本人也在国人唾骂声中幽愤而逝。张勋和他的同志终于等来了机会。

袁世凯洪宪帝制的失败是一个极大教训，当共和已经成为相当一部分人的认识之后，废弃共和，重回帝制，大约只能是袁世凯这样倒退历史的结局。

但在张勋和他的那些帝制同志看来，袁世凯的失败并不表明帝制必然失败，更不表明共和已经深入人心。他们认为，袁世凯"洪宪王朝"从根本上就不对，"其有野心，欲自己称帝"，"终不可信赖"。[2]真正的帝制复辟，必须由他们这些真正的君宪主义者才能完成。他们鼓吹、推动复辟帝制，不是为了自己称帝，而是鉴于共和带来的问题，重复清帝国晚期开启的君主立宪之路，是宣统复辟，而不是其他任何人对皇权的觊觎。

在辛亥革命后一些君主立宪者看来，共和尝试显然是不成功的，放弃共和，重回帝制，只是迟早的事情。但是，由谁来重回帝制，就很有讲究了。当南北和谈还在进行的时候，严复就一再告诫国人应该利用这次机会推动君主立宪的实施，而不是别出心裁跨越式地进入共和。另一位极具思想能力的劳乃宣则认为，共和也不是不可以，但是共和应该用

---

[1] 冷汰：《丁巳复辟记》，《近代史资料》1958年第1期（总18号），109页，北京：科学出版社，1958年。
[2] 《宗方小太郎报告》，章伯锋、李宗一主编：《北洋军阀》卷三，第191页。

其本来的意义,而不是后来附加的意思,"吾愿今之言共和者恪守正解以维君统而奠民生,勿为谬解所误致蹈无君之愆而贻民生之戚。"

劳乃宣指出,所谓"共和",是正宗的中国传统,周成王登极时,因年幼不能理政,遂由周召二公辅佐王室,称"共和政治"。共和政治"其本意为君幼不能行政,公卿相与和而修政事,故曰共和,乃君主政体,非民主政体也。故宣王年长共和即罢,伊尹之于太甲,霍光之于汉昭,皆是此类,与今日东西各国所谓君主立宪绝相似,而不学之流乃用之为民主之名词,谬矣。"①

在劳乃宣看来,君宪为有君政治,民主立宪为无君政治。古之共和,明明有君,因而无论如何不能将共和解读为无君政治。现在南北都在说共和,但若以共和本意解之,则朝廷1906年宣布君宪,1908年颁布《钦定宪法大纲》,尤其是宣统即位,摄政王监国,其体制架构正与周之共和若合符节。所谓"周召共和",简直就是为当今政治情形所专设。

劳乃宣不反对共和,而是反对废除君主后的所谓共和。他认为,共和的本意在有君,只是君主年幼尚不能主政,因而需要公卿共和行政。如果废君主而共和,劳乃宣说,那就不是共和,而是民主。假如中国就此走上民主道路,劳乃宣预言,必定不会有什么好结果。因为就世界范围看,民主还是一个不成熟的体制,而且有着一些很不一样的条件制约,"抑民主之制何自始乎欧美?以工商立国,希腊、罗马早有市府之政,其人民即具有法律之知识,渐摩服习垂数千年,几于人人有自治之能力,民政久有基址。"这是西方可以实行共和的历史条件。

反观中国,劳乃宣认为,中国不仅没有实行民主的条件,而且没有实行民主的必要。就条件而言,实行民主,需要"全国人民皆谙法律";至于必要,劳乃宣认为西方国家实行民主,主要是因为那些国家的君主沿袭酋长时代劣习,暴虐成性,甚于桀纣,激而生反抗力,相推相演,乃成今日民主之制。这种情况在中国并不存在,"朝廷本无虐政,德泽

---

① 《共和正解》,《桐乡劳先生遗稿》卷一,145、141页,民国十六年桐乡卢氏刊本。

犹在人心，虽近日当轴不得其人，致滋民怨。然怨者政府，非怨君上，与欧洲革命之怨毒生于其君者迥不相侔，尤不可同日而语也。"这些分析逻辑自洽，但历史并没有沿着劳乃宣的期待往前走，清帝不得已退位，劳乃宣随之弃职而去，归隐田园。

归隐田园的劳乃宣卜居青岛，与周馥、吕海寰、赵尔巽等遗老聚居，与德人卫礼贤合办"尊孔文社"，致力于儒家伦理重建。青岛此时为德国租借地，享有特别权利，这是遗老聚居青岛的一个原因。

这批遗老静观北京时局演变，他们差不多都与袁世凯有或多或少的关系，因而对袁的动作格外关注，也给予适度回应。袁世凯就任正式大总统后，公布《中华民国约法》，重订《大总统选举法》，并逐步采取祭天祭孔、制礼作乐、恢复爵位等措施，以徐世昌为国务卿，并延聘劳乃宣等一大批遗老到参政院参政。

对于袁的这些举措，劳乃宣并不反感，以为拨乱反正，值得期待。但他个人并没有迅速返回北京，重进官场，而是"奋笔疾书"，作《续共和正解》，发挥先前"共和"理想，为袁世凯下"指导棋"。

《续共和正解》开篇，作者借客人口吻自吹："子作《共和正解》于辛亥之冬，其时革命之风方炽，而子谓特为少数无知妄人所煽动，不轨军队所劫持，昧者不察，遽谓民主之制可以实行。其实，民主之制断不能行于中国，使果行其说，若辈中骁桀之徒人人有大总统之想，必互不相下，彼此相争，诸方豪杰又必有仗义执言起而致讨者，乱民土寇因而乘之，宇内糜烂，将不可问。当其时，见子之说者不尽信也。今民主制实行三年矣，此三年中变乱百出，子之说若烛照而数计，是子洵有先见也。近者，总统之制定，党人之焰衰，大权集于一人，外虽有民主之名，而内实有君主之实。以项城雄才大略，运以精心，或者可作末流之挽乎？"①

对袁世凯改制，劳乃宣表示认同，但他认为还远不够，以为"项城今日所处，实天下至危之境也。乱党虽暂摧抑，而魁首无一歼除，处心

---

① 《续共和正解》，《桐乡劳先生遗稿》卷一，147页。

积虑，俟隙而动，丁字街之变时时可虑。武人骄纵，不可羁勒，脱巾一呼，立肇奇祸。即使早夜周防，幸免罅衅，其情亦甚苦矣。"劳乃宣的方案是，总统制说到底还不是一个具有稳定预期的机制，总统任期总有期满时，不论十年、五年，退位后无异齐民，无以自卫，终难保证不发生什么意外。为了一个最长远的稳定预期，劳乃宣重解"共和""真意"，以为袁世凯此时更应利用内外有利机会，重建一个稳定的"共和"机制，为十年后还政于清帝做准备："此时遽议归政，冲主不能亲裁。别求居摄，殊难其选，实仍无以逾于项城。故拟议预定十年还政之期，昭示天下，俾众释然，而仍以欧美总统之名行周召共和之事，福威玉食，一无所损，而名正言顺，俯仰无惭。"①

按劳乃宣设计，当时民国所遇到的困难既复杂又简单，"每闻都人传述多谓项城实有不忘故主之心，特势成骑虎，无计转圜，因思若师古之共和，一转移间，即属两全之道。"②这就是劳乃宣《续共和正解》的写作主旨。

劳乃宣对共和的解读，其实就是"帝制人为"，与袁世凯后来的"帝制自为"具有本质的不同。"帝制自为"，是要更姓易代，建立一个新王朝。"帝制人为"，则要求袁世凯"因思古者周召共和，行之于先朝失国嗣主幼冲之际者十余年，仍卒归于嗣主，与今日情事颇为相近，若依仿行之，实属两全之道。"③

据劳乃宣《君主民主平议》解释，共和制度是一个不错的设计，但其与民主毫无关联，共和是特殊历史时期的特殊举措，而民主只是某些小国，或某些具有特殊历史背景国家的一种制度安排。不必说民主之制好与坏，但关键一条是这个制度断不能行于中国。

劳乃宣指出，"无古今，无中外，莫不以家天下为立国之常道。若夫官天下则不易言矣。"家天下可以给权力传承一个稳定预期，而官天下数年一选举，除极个别国家，则往往沦为政治动荡或黑金政治。民主政

---

① 《致赵次珊书》，《桐乡劳先生遗稿》卷四，443—444页。
② 《致徐菊人书》，《桐乡劳先生遗稿》卷四，439页。
③ 《致周玉山书》，《桐乡劳先生遗稿》卷四，447—448页。

治有其适用范围，并非所有国家都具备实行民主的条件。劳乃宣与康有为等人一样，格外强调民主制除历史背景，一个限制条件就是可在一个比较小的国家中实行。

所有讨论民主政治不能在大国推行的人，都无法回避美国的经验，美国既不是小国，也不是君主制。如何理解美国经验，劳乃宣、康有为那代人各有说辞。劳乃宣认为，美国经验不可复制，因为美国说到底是一个"移民国家"："惟北美联邦区域颇大，亦能行民主之制，则以美之人民，皆英之中流以上人物因教争而迁往者，人人具有法律知识，非他国智愚灵蠢杂然不一之民所能及也。"说到底，还是美国历史背景不一样，从英国迁徙过来的移民，具有极高的文明素养。

同样为美洲国家，南美情形就很不一样。南美诸国效法北美改行民主，则每次选举，总是伴随着一场战争，其结局反不如继续充当欧洲君主国属地。劳乃宣认为，南北美的差异，主要就是人民程度不一样。人民程度还没有达到时，强行推广民主，就是东施效颦。

从世界各国情形看，劳乃宣认定"家天下为常，官天下为变。外国之民主，犹中国之禅授。同一非常之举，非普通邦国所可常行。能为环球诸国通行之常道者，惟君主之制而已。"

基于此，劳乃宣认为，反观中国废君主、行民主的三年，情况当然不容乐观，不要说上溯康雍乾嘉之盛，"试问国势之安危，民生之苦乐，比之光绪时何如，比之宣统时何如。虽乡曲愚民亦咨嗟太息而慨其不及也。是则民主之制不适用于中国，已实行试验，彰明较著，不容讳言矣。"这是劳乃宣《君主民主平议》主旨，论证民主之制不合乎中国，中国之安宁，必待重回帝制，将政权完整地交还给清帝："大清列祖列宗深仁厚泽，沦浃海内，洪杨捻回之乱，扰攘十余年，蔓延十余省，而民心未尝稍去，故卒能勘定复就敉平。迨光宣之际，亲贵用事，金壬在朝，致滋民怨。然德宗恭默无为，冲主专心典学，未尝躬为得罪于民之事，故怨者政府，非怨君上。革命变起，民皆痛恨党人。民国政成，民转追思旧泽，与夏桀、商辛之世不同，与太康、厉王之时相近。此而为少康、宣王之中兴，实顺天应人之举，非于一姓有所私也。况当日原以为欲救中国，非改民主不可。是以大清让天下于国民，今实验之后，灼知民主之制不适用于中国，是以国民又让还大清。彼此皆出于大公。譬如一物本属此家所有，众意其适用于公众，劝其让出，公之众人。及众试之，并不适用，自应仍还此家。理所当然，无待再计。奉故物还故主，尤不得谓私于一姓也。"①

劳乃宣对晚清事实描述自成一家，也有逻辑。然而问题在于：第一，不合乎时代诉求。中国已踏上民主宪政路，任何向回走的想法，都很难再有成功的机会。此后，袁世凯、张勋相继进行的尝试，其诚心不必怀疑，但结局没有一个成功。时移势易，此之谓也。

第二，劳乃宣奉清帝为至上，维持袁世凯大总统地位，让袁以大总统实际统治为大清"看家"十年，待宣统成年亲政，袁世凯如周召二公，也如日本幕府将军"奉还大政"。这个构思很有创意，但显然不是袁世凯的菜。劳乃宣重解共和，劝诱袁世凯"帝制人为"，其实只是读书人的一厢情愿。

袁世凯没有劳乃宣的境界，也没有充分理解劳乃宣、古德诺、有贺长雄，甚至杨度的君宪体制的真实含义，因而袁世凯1915年匆忙中选择"帝制自为"，等于选择了自杀，不仅自绝于共和，而且自绝于君宪，未及即位的"洪宪大帝"成了历史笑柄，袁世凯为此付出了信誉、生命，以及已经建构的历史勋业。

劳乃宣的方案是为袁世凯量身定制的，然而，袁世凯没有接纳劳乃宣的"私人订制"，"帝制自为"将自己送上了绝路。袁世凯的去世，并没有使中国政治困境得到纾解，后袁世凯时代的政治危机依然非常严重。正是在这种情况下，张勋等人继续推动向君主立宪体制回归，他们不是没有看到袁世凯的失败，而是认为袁世凯败在"自为"，而他们从开始就没有丝毫"自为"意思，因而袁世凯突然去世后，张勋和他的同志不仅不认为帝制是条走不通的路，反而认为他们遇到了非常难得的历史机遇。"张勋则不然，其恋恋故主，实出真诚。癸丑三月，曾与刘公幼云等密谋

---

① 《君主民主平议》，《桐乡劳先生遗书》卷一，157—163页。

发难于济南。事泄而止。及'二次革命'起，赴约国璋按兵不动，以要袁氏复辟。国璋不允，又不果。袁氏既死，其志愈决，日与诸公密相计议。时黎元洪继袁位昵于民党；北洋诸将自'二次革命'时，与民党结怨甚深；以黎之昵近也，颇愤之。张性情赣直，无所瞻顾，诸将有所愤而欲发者，恒推张为首以争之；张亦乐以一身担之而不辞，遂隐然有为诸镇盟主之势。"①

张勋在袁世凯之后地位渐重，一方面因为他是那个时代军政要员中很少直接表达如此明白政治理念、文化理念的，他的政治保守主义、文化保守主义，人们可以不同意，甚至坚决反对，但毕竟他直截了当地说出了自己心中的意思，有坦诚的一面；另一方面，张勋在袁世凯之后中国政治格局中权重一时，主要是因为袁世凯之后再也没有绝对的威权人物，甚且在中央政府层面，诸强相争不相上下，京外最具实力的张勋在这样一个特殊情景下脱颖而出。

在中央政府层面，后袁世凯时代，没有一个人可以像袁世凯鼎盛时期那样一言九鼎，重大问题可以找到一个妥协的方案。此时的中央，总统黎元洪与国务总理段祺瑞两强"府院之争"，外加国会，以及复杂的各政党，在对德绝交、参战等问题上各派政治势力互不相让，无法妥协。中国政治陷入一个死局中。

1917年4月6日，美国对德宣战，并希望中国能够一致行动。假如中国此时有足够的力量，站在美国方面当然不成问题。无奈此时的中国困难重重，"立即产生了财政上的问题。古老的中国在现代世界事务中采取了果敢的步骤。它现在可能要投入战争。投入战争是要花钱的，并且需要钱以备万一真的投入战争——中国在对内和对外方面都确实需要整顿好它的财政。袁世凯称帝，结果留下来一大笔债。共和国需要靠新的国家信贷系统和开发自然资源来加强它的地位。目前共和国的债额相对说来还是小的，对亿万公民的税收率也是低的。情况基本上是好的。自夏季以来，提出了这样一个问题：美国会不会由于给中国提供一亿美

---

① 《近代史资料》1958年第1期，110页，北京：科学出版社，1958年。

元的贷款,从而给中国带来一些企图统治中国和把中国分割成'势力范围'的债主呢?"①这确实是一个令人担心的问题。

国务总理段祺瑞力主追随美国,对德宣战;而大总统黎元洪则不以为然。段祺瑞为达到参战目的,电召各省督军前来北京开会,商定外交大计。4月25日,督军团会议开幕,山东督军张怀芝、湖北督军王占元、直隶督军曹锟、江西督军李纯、河南督军赵倜、山西督军阎锡山、福建督军李厚基、吉林督军孟恩远、安徽省长倪嗣冲、绥远都统蒋雁行、察哈尔都统田中玉、晋北镇守使孔庚,以及浙江、奉天、陕西、山西、新疆、湖南、四川、广东、广西、云南、贵州、黑龙江等省及热河,均派有代表"待抒怀抱"②。会议结果,一致赞同内阁方针,决计对德宣战。

在这个与会名单中,我们没有看到当时最有力量的军事强人张勋。张勋没有出席,实际上是另有安排,是有意不来。而他的地位、号召力,又是所有督军中最强的,其重要性日趋凸显。黎元洪、段祺瑞等争相拉拢他,希望张勋站在自己一边,利用其特殊地位影响各省督军。然而,就在会前,阮忠枢密信张勋,介绍了黎段两方的期待,并建议张勋应守的立场:"总统府秘书唐君郭郑(名浩镇,常州人),系黄陂之亲家,与张小松同乡至好。黄陂对于此次军事会议,深恐各省督军受芝泉之运动,赞成与德宣战,而亟盼我公来京,反对此举。因令郭郑往告小松,意欲使小松赴徐劝驾。小松则推荐道坚,电约道坚到京,由郭郑介绍私谒黄陂。但道坚、小松均不主张我公北来,因谓公之宗旨,本反对加入战团(加入协约一方面)。不如先去一电,请公电致中央,力持反对之议;如将来有必须面达之言,再由道坚前往等语。黄陂允之,嘱由道坚等拟电(道坚、小松并将贱名列入),送府拍发。"③这是黄陂黎元洪对张勋的期待,希望他站出来反对段祺瑞的参战主张;而这一点也是张勋已经表露

---

① [美]芮恩施著,李抱宏、盛震溯译:《一个美国外交官使华记》,200页,北京:商务印书馆,1982年。
② 胡平生:《民国初期的复辟派》,167页,台湾:学生书局,1985年。
③ 《张勋藏札·阮忠枢函》(1917年4月19日),《近代史资料》总35号,44页,北京:中华书局,1965年。

的立场，但阮忠枢建议张勋不要来，不要为黎元洪加持。

至于段祺瑞，也对张勋抱有很大期望。仍据阮忠枢报告，参加此次会议的倪嗣冲告诉他，"此次会议，系由伊发起，先商诸东海、芝泉，均极端赞成；曾电约大树，大树不来，我辈亦不强其必至。缘彼既不来，正可推定武作一领袖，执坛坫之牛耳。而赣、鄂两督军，究属北洋系中人，向虽趋附大树，此次与之离开，正可设法，俾与定武联成一气，是以切盼定武北来。并云：兄（指枢言）此来极好，我正与香岩商量，拟请兄来津，如能赴徐一行最妙；如暂不赴徐，亦拟请兄去电劝驾。因此次会议，表面上虽为对外，实则对内有许多作用，有极大关系。弟问系何作用？丹忱谓对内视对外尤重，如内政不修，内患环伏，尚何必谈外交？姑先就外交言之，我未到京之前，本系反对加入，即各省督军，除非北洋系外，其余十七省，我敢断言，其与我同一意见。及到京后，察看政府情形，乃幡然变计，知业经抗议绝交，则第三步文章，决无可以中止之理。其持反对议论者，约计不外五种理由，我皆可以逐层将其驳倒（其所言甚长，似皆一偏之见，故不赘述）。定武如不北来，则我等近日研究所得者，不能详晰面陈，定武势必抱定最初主见，而于个中情势，莫由了然，故不得不盼其速来。然我辈所注重者，不仅在此，最要紧者，莫如对内。中国之势力仍在北洋系，华甫为北洋重要一分子，又居于副总统地位，而对于此次会议，国家存亡所关，竟推脱不来，是自己甘心放弃。且其近来名誉扫地，正可乘此机会，排而去之。至现在内阁，虽不必完全改组，但阁员中如某某部总长，声名狼藉，必须更换，另选贤能。如提出之人，国会不肯通过，即置之不理，甚或解散国会，亦无不可。现行内阁制，名为责任内阁，则一切用人行政，元首不得加以干涉。府院权限，必须厘定分明，即如命令盖印等事，均须详细规定。如黄陂不以为然，即可借此推倒黄陂。倒黎排冯，即可拥戴东海。此系千载难逢之机会，断断不可错过。如此做去，中国庶有转机，内政庶有希望，然后始有外交之可言。东海并非不肯出山，但决不肯做第二人。如东海得居首席，一二年后，将内政整理，国势略定，再由东海之手，归还旧主，其势尤顺而易。凡此种种问题，以现在地位、声望、魄力而论，均非待定武前来解决不可。"①定武，即张勋；东海，指徐世昌；大树，华甫，即冯国璋；丹忱，倪嗣冲；芝泉，段祺瑞。阮忠枢，袁世凯幕僚，且与袁世凯有着不同寻常的关系，对于北洋系，对于民初政治均有极大影响。他向张勋复述倪嗣冲这段话，即最后那几句——"如东海得居首席，一二年后，将内政整理，国势略定，再由东海之手，归还旧主，其势尤顺而易。"——对张勋误导最甚，后来几个月的历史走势，都可以从这段话中找到痕迹。

这段话迎合了张勋这一批保守主义者的情绪，以"倒黎排冯"，推举徐世昌作为前置条件，渐次由徐世昌出面整理内务，然后找准时机将政权还给宣统，物归旧主。这是相当一批北洋旧人内心深处的一个愿望，毕竟他们当年是为大清效力，清帝退位也有他们的责任，而"民国不如大清"又让他们内心有点不安，尤其是袁世凯"帝制自为"失败后，如何将权力安全地转给宣统，"帝制他为"而不再是"帝制自为"，是这批保守主义者的基本共识。阮忠枢的复述让这个行动具有了可操作性，其幕后操盘手至少在这个时候就是段祺瑞，倪嗣冲只是将段祺瑞的意思说了出来。

张勋对黎元洪、段祺瑞两个阵营的邀请、示意，均没有给予积极回应，而是按照自己的节奏进行准备。他相信黎段相斗，或许是一个非常重要的历史机遇，把握得好，中国政治从此踏上坦途，一举解决辛亥国体变更的后遗症，重建中国人的"意义世界"，重建一个有效率的威权体制和秩序。

顺着阮忠枢的思路，张勋没有在黎段之间选边站，而是继续驻守徐州，密派心腹机要赴南北各地，与主张还政于宣统的各派势力接洽。商衍瀛在天津与张镇芳、雷震春甚至商量了利用武力配合宣统复辟的行动计划，梁敦彦基于外交背景集中讨论了对外交涉，"主张乘机即发，不必专以抗德为题，宜痛陈内政之不善，带说外交失败。我势若成，各国不必顾虑。若日本之野心，亦在因应得宜而已。"②

---

① 《张勋藏札·阮忠枢函》（1917年4月19日），《近代史资料》总35号，44—45页。
② 《张勋藏札·商衍瀛函》（1917年4月11日），《近代史资料》总35号，37页。

在张勋等人看来，中国当时最大的困扰在权力结构，因此要有一个根本解决，要有制度性变革。只有完成了这一步，剩余的问题比如府院之争、对德宣战等这些枝节问题必将迎刃而解。但在黎元洪、段祺瑞等人那里则不这样看。

4月25日的督军团会议，已经就中国参战问题达成一致。5月1日，国务会议通过对德宣战案。旋由段祺瑞率同阁员面请黎元洪核准，黎元洪也答应只要国会通过，他就履行总统在命令上盖章的责任。此后几天，为了争取两院议员的认同，段祺瑞以及各省督军都通过各自的关系与议员们沟通。

5月10日，众议院举行参战案审查会。就议员党派构成而言，即便当天的审查无法通过，但也不至于太尴尬。然而，段祺瑞的手下太想一举通过了，于是找了一些不三不四的人冒充什么"公民请愿团"，包围议会，以民粹手法威胁议员必须在当天通过此案，否则就不让议员出去。

公民团事件让相当一部分议员非常恼火，他们分批谒见黎元洪，希望总统出面调解。农商总长谷钟秀、司法总长张耀曾、海军总长程璧光愤而辞职，外交总长伍廷芳微行出走。至此，段祺瑞内阁只剩了段祺瑞一人。

5月11日，段祺瑞在府学胡同私邸召集亲信共商对策。国务院秘书长张国淦建议段祺瑞辞职，另组多党派合作的"国防内阁"，专力应对参战问题。但徐树铮、靳云鹏、傅良佐，以及在京各督军等均以为不可。权衡利弊，段祺瑞放弃了辞职念头，继续努力，让督军团成员各显其能与议员联谊，并派员到上海等地疏通宣战案，争取议会早日批准。

各方疏通并没有从根本上解决问题。5月19日，众议院复议宣战案，议员褚辅成动议，"谓阁员辞职者甚众，不如缓议，俟全体内阁改组，再行讨论。"①当时以229人对125人，未投票者54人之结果，多数通过，即以此意咨复政府；盖至此已将参战案暂时搁置，而转为变相的不

---

① 顾敦鍒：《中国议会史》（燕京大学政治学丛刊第二号），255页，苏州木渎心正堂1931年印。

信任段祺瑞而欲其辞职。后经屡次疏通,均无效果。

众议院出乎意料的做法让段祺瑞、督军团恼怒不已。当天(19日)下午,督军团在倪嗣冲私邸召集紧急会议,研究系的重要人物也出席了这次会议,并出谋划策。他们决定采取最后一个步骤,对国会再施以压力,迫使其通过参战案,否则督军便联名呈请总统解散国会。

就程序而言,众议院暂停讨论参战案,转而探究内阁信任,并不违规。但是这些督军毕竟缺少议会政治的训练,不明白议会政治的真实意义,甚至不清楚议会终究不敢否定参战案,议员们的刁难,其目标只是争取宣战之后的话语权。这些军人太霸道了,山东督军张怀芝是一个样子粗暴的大块头,他在省议会对着议员讲话时竟然这样说:"你们像一群聚在大笼子里的鸟。如果你们规规矩矩,并且唱一些悦耳的歌儿的话,那么我们就喂养你们;否则,你们就什么都没得吃。"①

军人公开干涉外交,并以此为借口破坏国会,终究不是一件体面的事。因此,在徐树铮的建议下,督军团只能撇开参战案,"借口国会宪法二读会中所通过的宪法草案条文,严重地违反宪政精神,呈请总统解散国会。"②督军们认为这个主意相当高明,决定采纳实行。同时,还补充了一个意见,就是总统如果拒绝解散国会,各督军便联名辞职,宣布不负地方治安的责任。大家也齐声叫好。

但是,又有人提醒他们,这样做也是不妥当的。因为宪法尚未完成,假如宪法不良而请解散国会,未免言之过早,不如改做两个步骤:先呈请总统咨文交国会改正宪法草案,如果国会拒绝改正,再呈请总统解散国会。此外,各督军相约不离京,可能产生另外一种后果,如果总统命令北京军警监视你们的行动,你们就会成为政治俘虏而无用武之地。联名辞职也有可能引起一种相反的后果,督军在自己的地盘内以辞职为要挟手段,是可以吓倒总统的。在北京辞职,如果总统一概批准,而以你们的部下来接任,就是自己解除自己的武装,成为手无寸铁的人。因此,

---

① [美]芮恩施:《一个美国外交官使华记》,202页。
② 徐道邻编述:《民国徐又铮先生树铮年谱》,54页,台湾:商务印书馆,1981年。

不如在总统拒绝解散国会的时候，打伙儿离开北京，回到防地进行反抗。

根据这个方案，督军团当天呈请黎元洪咨交国会改正宪法草案。文曰："日前宪法会议二读会，及审议会通过之宪法数条，内有'众议院有不信任国务员之决议时，大总统可免国务员之职，或解散众议院。惟解散时，须得参议院之同意'；又'大总统任免国务总理，不必经国务员副署'；又'两院议决案，与法律有同等效力'等语，实属震悚异常。查责任内阁之制，内阁对于国会负责。若政策不得国会同意，或国会提案弹劾，则或令内阁去职，或解散国会，诉之国民。本为相对之权责，乃得持平之维系。今竟限于有不信任议决时，始可解散。夫政策不同意，尚有政策可凭；提案弹劾，尚须罪状可指。所谓不信任云者，本属空渺无当。在宪政各国，虽有其例。较无明文内阁相对之权，应为无限制之解散。今更限以参议院之同意。我国参众两院，性质本无区别，回护自在意中。欲以参议院之同意，解散众议院，宁有能行之一日？是既陷内阁于时时颠危之地，更侵国民裁制之权。宪政精神，澌灭已尽。"

关于责任内阁的权力，督军们也有自己的看法："且内阁对于国会负责，故所有国家，法令虽以大总统名义颁行，而无一不由阁员副署。所以举责任之实际者在此，所以坚阁员之保障者亦在此。任免总理，为国家何等大政？乃云不必经国务员副署。是任命总理时，虽先有两院之同意为限制，而罢免时，则毫无牵碍，一惟大总统个人意志，便可去总理如逐厮役。试问为总理者，何以尽其忠国之谋，为民宣力乎？且以两院郑重之同意，不惜牺牲于命令之下。将处法律于何等，又将自处于何等乎？"

对宪法草案更激烈的指责是，"至议决案与法律有同等效力一层，议会专制口吻，尤属显彰悖逆，肆无忌惮。夫议员议事之权，本法律所赋予。果令议决之案，与法律有同等效力，则议员之与法律，无不可起灭自由。与'朕开口即为法律'之口吻，更何以异？国家所有行政司法之权，将同归于消灭，而一切官吏之去留，又不容不仰议员之鼻息。如此而欲求国家治理，能乎不能？"

督军们认为，正在二读的宪法草案问题太大，"以常事与国会较，固国会重；以国会与国家较，则国家重。今日之国会，既不为国家计，是以自绝于人民代表资格，当然不能存在。"因此，为国家前途安危计，"惟有仰恳大总统权宜轻重，依然独断。如其不能改正，即将参众两院即日解散，另行组织，俾议宪之局，得以早日改图。庶几共和政体，永得保障。"①

这个呈文推年龄最长的孟恩远领衔，督军、都统以及部分代表20多人在上面签名。张勋不在北京，没有在这个呈文上签名，但他在第二天专电督军团，支持解散国会，声称"勋当力持正义，为诸公后盾"。倪嗣冲当天将呈文送交国务院，请其转呈大总统。徐树铮在呈文上加盖了一个将军府的大印，另外拟就一份解散国会的命令，一并送往公府。

黎元洪当天就看到了这个呈文。他认为，各省督军以个人资格，以国民一分子的资格，就宪法草案提出修改意见，原无不可，但是联名提出来，并且要求解散国会，这就不是在轨道以内而是在轨道以外的一种行动了。总统为国家的最高行政首长，没有干涉国会制宪和解散国会的权力。他愿意以个人资格邀请国会议员谈话，代表各督军表达对宪法草案的意见。但是对于各督军送来的这个呈文，黎元洪决定不予批答。

5月20日，黎元洪邀请国会中各政团领袖——政学会的谷钟秀、研究会的汤化龙、益友社的吴景濂、政余俱乐部的王正廷到公府谈话。黎元洪介绍了督军团对宪法草案的意见，希望国会自动改正。各政团领袖表示对此并无成见，他们愿意将这些意见转达给本团体的议员进行考虑。由此可以感觉到，尽管议会、总统府、国务院之间有诸多不同意见，但是如果用心沟通，和平相处，对许多重大问题并非完全无法取得共识。

谈话将结束，有人问黎元洪，如果督军团一定要解散国会，总统有什么办法对付？黎元洪说："我抱定了九个字的主意：不违法，不盖印，不怕死。"②也就是说，在任何条件下，既不解散国会，也不对德宣战。

正在这个关键时刻，北京英文《京报》揭露段祺瑞以允许日本训练

---

① 顾敦鍒：《中国议会史》，261页。
② 徐道邻编述：《民国徐又铮先生树铮年谱》，58页。

中国军队和控制兵工厂为条件，向日本借款一亿日元。①这个条件是"二十一条"中曾经出现过的内容，因而引起舆论大哗。

段祺瑞率领各省督军所要做的事情，就是推动中国追随美国，对德国宣战，加入战团。在他们看来，宣战的障碍主要在议会，因而他们不遗余力地试图推翻议会。但是他们根本不知道美国人尽管希望中国尽早对德宣战，但美国人在任何情况下都很难接受军人们发动反对国会的政变。在这个微妙时刻，美国驻华公使芮恩施曾与外交部次长陈箓进行了一次私人谈话，他对各省督军不在自己的省份处理紧要事务而聚集在北京干涉中央政府感到奇怪。芮恩施还让这位次长清楚地理解，"为了执行参战政策而发动任何推翻国会的运动，决不会得到美国的同情。"②芮恩施知道这位次长和督军们过从甚密，他一定会将美国公使的意见转达给督军团，也会报告给黎元洪、段祺瑞。

或许是美国的看法，或许是其他因素，总之，黎元洪对于督军团的态度没有趋软，反而日益强硬。5月21日，他邀请督军团呈文领衔者孟恩远入府谈话。黎元洪诚恳地表示，解散国会在约法上是没有根据的。当前的问题在内阁而不在国会。段祺瑞已经无法继续干下去了。因此，解决时局困扰的枢纽，惟有总理辞职，另外组织一个健全的内阁。黎元洪透露，他准备在徐世昌、王士珍、李经羲、赵尔巽四个人中间选择一人继任国务总理。孟恩远表示愿将总统的意见转达给各督军，即由公府退出，前往曹锟住所召开督军团紧急会议。会议散后，孟恩远又单独前往公府面见黎元洪，介绍督军们讨论的结果，仍然建议维持段祺瑞内阁。

当天（21日）晚上，督军团又在府学胡同段祺瑞住处举行会议。会议结束，大约11时，就有一批督军，或各省军事代表实施"打伙儿离开北京"的计划，乘坐特备的火车前往天津。据芮恩施目击，他当天获知消息后，迅速驱车前往车站，"我们穿过前门，一路看到大街上有许多马车装载着军用品和家具急速地驰过。还有许多辆汽车也正在从这些马车旁急速地驰向车站。月台上一些军队在忙乱地把各式各样的军用品搬

---

① 来新夏：《北洋军阀史》，453页，天津：南开大学出版社，2000年。
② ［美］芮恩施：《一个美国外交官使华记》，204页。

进车厢。我们的朋友督军们正聚集在一辆特等客车里。"

第二天（22日）中午，黎元洪为美籍法律顾问威洛比博士饯行，芮恩施应邀作陪。芮恩施发现黎元洪的心情很愉快。督军们遭受挫折，使他心里非常高兴。"一切危险都过去了"，黎元洪宣告说，"我要免段将军的职，组织一个新内阁，并且让国会在不受强迫的情况下决定参战问题。"芮恩施为了想要知道黎元洪为什么那样信心十足，就问他将启用谁来代替段祺瑞和他的内阁，以及他是否相信不同那个重要的党派联合，政府能维持下去。"哦，我想是能够的。"黎元洪向芮恩施保证，"一切都已安排好了。"芮恩施又进一步追问，问他准备依靠什么人，黎元洪的答复使芮恩施"感到说不出的惊讶。"黎元洪说："张勋将军会帮助我。"①张勋渐次成为时局转变的关键人物。

但是，芮恩施对张勋并不看好。他认为，黎元洪依靠的不是张勋提出的主张，而是张勋与段祺瑞的不和。黎元洪虽然对于政府具有十分现代的概念，但对于这件事他却继承着中国人的一种强烈的本能，就是企图使一些强有力的人之间互相对抗，而从中制胜。

在天津，据闻各督军往访徐世昌，争取支持，但徐世昌拒而不见，不愿现在沾惹黎段之间的是非。各督军渐渐分成三派：一派有倪嗣冲、张怀芝等三四人，准备前往徐州，往商张勋，请张勋领衔电请解散国会，留总理换阁员，否则一律辞职，以为要挟；第二派有孟恩远、赵倜、田中玉等，返回任所，遥为声援；第三派就此脱离。②在徐州的张勋，此时也"有电报到津，拒绝督军等来徐，然彼等因计划既归失败，亦未便贸然回任，务欲力劝张少轩（张勋）引入彀中，共策后图，故赴徐州矣。"③

5月23日凌晨1时30分，李厚基、王占元、张怀芝、倪嗣冲自天津乘车南下，前往徐州，并邀请与张勋关系甚密、同样具有强烈复辟倾向的雷震春、张镇芳同行。雷、张二人婉辞，以为张勋"自有宗旨，非听人指使者。"众督军答曰："彼之宗旨固在复辟，余等助之复辟可也。"

---

① ［美］芮恩施：《一个美国外交官使华记》，206页。
② 胡平生：《民国初期的复辟派》，168页。
③ 《倪王李由津赴徐 雷张亦同行》，《顺天时报》1917年5月24日，第2版。

二人遂允偕行。于是众督军与张勋在复辟帝制上无须商量而达成了共识。这是"丁巳复辟"一个最值得注意的节点。

既至徐，众督军欲张勋为之泄愤，然张却以淡漠待之。时，黎元洪免段祺瑞国务总理的命令已经发布，而众督军在旅途中，并不知道；张勋"出京电相示，众愈哗。张徐语之曰：'诸君既欲泄愤，则非兵力不可。然以何名义而兴师乎？既无名义，则只得听之耳。'遂起入内。是夜，又得免倪嗣冲职，以安武军归张节制，及免朱家宝职之令。张命人以京电出示于众。众怒汹汹，请张出共议。久之，未至。众排闼径入，谓张曰：'公意必在复辟，余等誓从公后。'张曰：'既若此，大善。然此事非空言，且须坚定不渝。'众曰诺。乃皆定约署名而散。大旨分三部〔步〕进行：一解散国会，二迫黎退位，三复辟。"①

众督军如此爽快，让张勋错以为帝制复辟大业确实遇到了千载难逢的历史机遇。

这一段描述极具画面感。张大帅绝对不像过去许多人所描述的那样迂腐不堪，脑后一个小辫子，摇头晃脑，而是一个足智多谋者，很会设局，又会把握节奏，抑扬顿挫，调动各督军情绪似如来佛。

当然，这段描述也不可尽信，不同或相互冲突的描述所在多有。一个略有差别的说法是："及到徐州，代表毕集，立开（第四次徐州）会议。张勋亲自出席，略说数语，意谓现在时局如此，势非复辟不可，大家如以为然，即请签名为证。倪嗣冲首起赞成，连曰是是，老大哥所见不错的。各代表亦同声应曰是。而张笑谓倪曰：老三，你只会吃饭，如何会办事。盖倪张系香火兄弟，倪第三也。彼时倪也微笑应之，曰是，于是依次签名，倪为首，而奉天代表为殿，其间绝无表示反对者，更无发表赞成意见者。人谓彼时张勋之气势足以慑人，余知各代表亦未尝无深明大义者，不过当场出诸仓卒，只得屈从一时，殆一离徐，多数反对，而张勋固在梦中也。"②换言之，张勋是有备而来，欲借北京政治危机实

---

① 冷汰：《丁巳复辟记》，《近代史资料》总18号，110页。
② 翘生：《复辟纪实》，25页，台北：文海出版社，1984年。

现复辟目的，而众督军没有料到黎元洪此次出手如此迅猛，事出突然，事到临头，又碍于军界同行的面子，在张勋突然动议帝制复辟时，无法反对，也不便反对，但事后就很难说了。

5月24日午前，各督军纷纷启程离开徐州，返回各自任所。张勋致电大总统黎元洪，陈述徐州会议情形，重申各督军绝对反对罢免段祺瑞，声称"凡任免官吏，向由国务院发出，非经国务总理副署，不能发生效力"，并以"如无持平办法，必将激生他变"威胁黎元洪。无奈，黎元洪也属于开弓没有回头箭，他既然已经发布罢免段祺瑞的命令，也只好一条道走到黑。段祺瑞在黎元洪罢免令之后迅速通电全国，拒绝承认黎元洪的免职令，以为这份文件没有经过他这位国务总理副署，"将来地方及国家因此生何影响，祺瑞一概不能负责"。至于黎元洪先前信心满满，以为可以在徐世昌、王士珍、李经羲、赵尔巽四人中间任选一位接任国务总理，结果，最优先的徐世昌死活不愿出来帮忙。至于王士珍，段祺瑞在21日往访，希望其代理国务总理，王推辞不就；25日，黎元洪亲访王士珍私宅，劝王出任国务总理，王依然婉言谢绝。28日，黎元洪特任李经羲为国务总理，动荡不安的政局似乎有可能平息。

然而仅仅过了一夜，29日，安徽省长倪嗣冲首先发难，通电宣告安徽独立，宣布"自今日始与中央脱离关系"："大总统继任以来，群小弄权，扰乱政局，国会议员乘机构煽，日事纷哗。派别竞争，权利攘夺，正人则多方阻抑，党人则尽力疏通，以致脏私之案，层见迭出，几乎政府一空。所定宪法，又系议院专制。现象如此，其何能国？为大局计，为小民计，非筹解决之法，不足以拯危亡。世有救国之英杰乎？嗣冲不敏，愿执鞭以随其后矣。自今日始与中央脱离关系，合特奉闻。"①倪嗣冲旋即下达动员令，并截留津浦路车辆，运兵北上。

倪嗣冲"与中央断绝关系，其影响及于各方面甚大"。同一天（29日），河南督军赵倜、省长田文烈致电黎元洪，宣告河南独立。

---

① 《蚌埠倪嗣冲艳日通电》（1917年5月29日），章伯锋、李宗一主编：《北洋军阀》卷三，115页，武汉出版社，1990年。

翌日（30日），浙江督军杨善德、省长齐耀珊在张勋"以期一致"电催下宣布浙江独立；奉天督军兼省长张作霖也在这一天通电声明"与中央脱离关系"。

第三天（31日），黑龙江督军兼省长毕桂芳、帮办军务许兰洲致电黎元洪，要求收回免段职令，否则"江省亦惟有取各省自保治安之法，一致进行"；陕西督军陈树藩通电宣布陕西将与安徽、山东、河南"采取同一行动，与中央脱离关系"，理由是"国会专制"；山东督军兼署省长张怀芝致电黎元洪，要求解散国会，重组内阁，否则山东将"对中央脱离关系，与奉皖豫浙秦等省为一致行动"；驻岳军总司令吴光新通电称独立各省"已相继自由行动，与中央脱离关系"，宣布岳阳"自本日起，一律戒严，所有地方行政、财政、司法、交通各机关，应移居于司令官监督保护之下"。

时局至此，北京政府陷入瘫痪状态。各条铁路对一切为督军们办理运输的命令都绝对服从。督军们的计划是要使北京陷于孤立和窒息状态。他们控制了通向北京的铁路，而且禁止装载粮食。黎元洪的北京政府由于缺乏军事和财政方面的权威迅即陷于瘫痪。不得已，黎元洪6月1日发布一道命令，召安徽督军张勋入京共商国是："本大总统德薄能鲜，诚信未孚，致为国家御侮之官，竟有藩镇联兵之祸，事与心左，慨歉交深。安徽督军张勋功高望重，公诚爱国。盼即速来京共商国是，必能匡济时艰，挽回大局。"①

对于黎元洪的邀请，张勋期待已久，因而欣然从命。只是黎元洪所想与张勋所想根本就不是一回事。6月6日，张勋致电独立各省，宣布7日将"挈队入京，共商国是"，切盼独立各省一致进行，"各省业经出发军队，均望暂屯原驻处所，勿再进扎。"对于各界关于其将进京复辟帝制的传闻，张勋在答《大陆报》记者时给予否认；要求黎元洪三日内解散国会，否则他张勋决不负调停责任。

7日，张勋率定武军12营，号称6000人，实则4000多人，或曰

---

① 孙曜：《中华民国史料》，347页，上海：文明书局，1929年。

5000余人，自徐州乘车北上。8日抵达天津。抵津后，知日本人不予支持，不得不停止前进，待机入京。对于复辟，张勋也开始有点彷徨犹豫，不知如何进行。

抵达天津当天（8日），张勋下车首先往访直隶省长朱家宝。之后前往李经羲私宅拜谒，稍事晤谈。接着拜访徐世昌，商量调停办法。这一天，张勋还与奉大总统黎元洪命专程前往天津迎接进京的总统府秘书长夏寿康会晤，张勋提出收拾时局、调解纷争的诸多条件：第一，解散国会；第二，行责任内阁；第三，解散省议会；第四，修正约法；第五，惩办群小；第六，赦免帝制关系人物；第七，改造宪法会议。

同一天（8日），张勋先遣卫队500人进入北京，驻扎天坛；随后又遣1500人继至，驻扎于南城永定门外。"张勋的理论是：一个骑兵的本分就是使人畏惧。这些野蛮的骑兵，穿着宽大的黑色制服，辫子盘在脑后，以征服者的神气骑着马在北京城横冲直闯。这位'调解者'带来了足够的兵力以支持他的意见。"①

滞留天津的张勋似乎不再急于进京调停，他以最后通牒方式致书黎元洪，要求黎元洪必须在3天内解散国会，"如不即发明令，即行通电卸责，各省军队自由行动，势难约束"②，由此发生的任何问题，他张勋不负责任。张勋限黎元洪48小时就此给予明确答复。

张勋武力进京调停政治纷争，是当时震惊中外的一件大事，引起了国内外各界的广泛关注。支持者有之，日本驻华公使就认为"张勋将军的调解是和平的最后希望。最好取消国会，它是碍事的，它几乎使人不可能办事"。而美国政府对此明确反对，指示驻华公使芮恩施传达一个声明，恳切希望中国国内政界和谐一致，强调中国的参战问题与中国政界团结和把党派争端放在一边的问题相比，是一个次要问题。芮恩施口头上又连带提出了一个个人声明，说美国认为这是一场为了民主原则的战争，如对美国敦请中国参战有任何曲解，认为美国企图对中国的行动自

---

① ［美］芮恩施：《一个美国外交官使华记》，209页。
② 《民国日报》1917年6月14日。

由加以强制和限制，美国对此将感到遗憾。芮恩施明确表示，不论美国多么希望中国与它在战争中合作，它都不愿利用政治纷争或无视国会而跟任何派系合作来达到这一目的。因而美国对张勋进京调停政治纷争，甚至企图解散国会的行动，一直抱有相当警惕。①

张勋的最后通牒让黎元洪后悔不迭，所谓引狼入室，不过如此。黎元洪走投无路，只得按照他请来的调解人的要求，签署了解散国会的命令，并派人送给代理国务总理伍廷芳副署。伍廷芳是民国共和体制最早的倡导者、构建者之一，因而他并没有顺从地接受黎元洪的指令。据无意中亲历其事的美国公使芮恩施目睹："几天以后我同伍廷芳博士在一起的时候，有一张内阁秘书的名片送了进来。我晓得他是想诱劝伍博士签署一项解散国会的命令。我早上就听说黎总统终于屈服了，因为张勋拯救中国的第一张药方就是宣称必须解散国会。总统依赖张勋的援助。他无可奈何，必须接受他召来的人的指挥。我同坐在外面汽车里等我的朋友重新聚谈。他刚才无意中听到内阁秘书的司机和外交部的传达的谈话。司机曾说：'你们的老头子预备签字吗？你最好设法使他签署，否则或许会发生问题的。'这些部属们正在睁大了眼睛注视着。……伍廷芳博士起来反对副署解散国会的命令。对于唯灵论、素食主义和长寿术等事情，我也许并不能总是十分认真地了解他，但是我钦佩他即使在黎总统屈服以后，仍有沉着的勇气，毫不妥协。"②

伍廷芳不愧为坚定的共和主义者。据说张勋曾气势汹汹地威吓过伍廷芳："兵临近畿，旦夕即可横决，设以一人之梗议，致大局之全隳，责有专归，悔将何及？"但伍廷芳不为所动，坚定地表示："约法无解散国会明文"，非得全国一致赞同，不能"遽然从事"。黎元洪、冯国璋等见伍廷芳不肯向张勋妥协，转而敦促李经羲"即日进京就职"，副署解散国会的命令。而李也躲闪不前。③

在任何时代，均不乏逆行、逐臭者，"6月13日黎明以前，伍（廷

---

① ［美］芮恩施：《一个美国外交官使华记》，210、208页。
② ［美］芮恩施：《一个美国外交官使华记》，209—210页。
③ 李新、李宗一主编：《中华民国史》编二卷二，73页，北京：中华书局，1987年。

芳）博士被人从床上叫醒，请他副署总统指派兴致勃勃的步军统领江朝宗将军代理国务总理并接受伍博士辞职的命令。拂晓前江朝宗将军就签署了解散国会的命令。总统同意发出这个命令，因为有人告诉他不这样做就不可能制止北京的动乱。"①

国会既经解散，张勋、李经羲第二天（14 日）由津入京。15 日，张勋赴总统府谒见黎元洪，商讨解决时局的办法。第二天（16 日），张勋做出一个惊人的举动，进宫叩见前清废帝溥仪，将帝制复辟的闲言碎语转化为实际的政治运作，这确实是一个作死的节奏。

据溥仪《我的前半生》描述，"在这（张勋入宫）以前，我亲自召见请安的人还不多，而且只限于满族。我每天的活动，除了到毓庆宫念书，在养心殿看报，其余大部分时间还是游戏。我看见神武门那边翎顶袍褂多起来了，觉着高兴，听说勤王军发动了，尤其兴奋，而勤王军溃灭了，也感到泄气。但总的说来，我也很容易把这些事情忘掉。肃亲王逃亡旅顺，消息不明，未免替他担心，可是一看见骆驼打喷嚏很好玩，肃亲王的安危就扔到脑后去了。既然有王爷和师傅大臣们在，我又何必操那么多心呢？到了事情由师傅告诉我的时候，那准是一切都商议妥帖了。阴历四月二十七日（16 日）这天的情形就是如此。这天新授的'太保'陈宝琛和刚到紫禁城不久的'毓庆宫行走'梁鼎芬，两位师傅一起走进了毓庆宫。不等落座，陈师傅先开了口：'今天皇上不用念书了。有个大臣来给皇上请安，一会奏事处太监会上来请示的。''谁呀？''前两江总督兼摄江苏巡抚张勋。''张勋？是那个不剪辫子的定武军张勋吗？''正是，正是。'梁鼎芬点头赞许，'皇上记性真好，正是那个张勋。'梁师傅向来不错过颂扬的机会，为了这个目的，他正在写我的起居注。"

溥仪接着回忆："按照清朝的规矩，皇帝召见大臣时，无关的人一律不得在旁。因此每次召见不常见的人之前，师傅总要先教导一番，告诉我要说些什么话。这次陈师傅用特别认真的神气告诉我，要夸赞张勋

---

① ［美］芮恩施：《一个美国外交官使华记》，210 页。

的忠心，叫我记住他现在是长江巡阅使，有六十营的军队在徐州、兖州一带，可以问问他徐、兖和军队的事，好叫他知道皇上对他很关心。末了，陈师傅再三嘱咐道：'张勋免不了要夸赞皇上，皇上切记，一定要谦逊答之，这就是示以圣德。''满招损，谦受益。'梁师傅连忙补充说，'越谦逊，越是圣明'。"①

16日上午七点半，张勋找出压在箱底的那些前清时期的官服，头戴红顶花翎，身穿纱袍褂，坐汽车至神武门，换乘特赏肩舆，赴宫请安，并带定武军统领四人，随同入谒。清废帝溥仪当即赏给张紫禁城骑马的资格，即时叫起，张勋随同四统领入内。行礼毕，四统领退出，张勋则由世续、绍英、耆龄三人并禁卫军索团长，护卫营唐统领，导入养心殿谒见，面陈时局。四皇妃复亲临养心殿，垂询一切。

据溥仪回忆，"我进养心殿不久，他（张勋）就来了。我坐在宝座上，他跪在我面前磕了头。'臣张勋跪请圣安……'，我指指旁边一张椅子叫他坐下（这时宫里已不采取让大臣跪着说话的规矩了），他又磕了一个头谢恩，然后坐下来。我按照师傅的教导，问他徐、兖地方的军队情形，他说了些什么，我也没用心去听。我对这位'忠臣'的相貌多少有点失望。他穿着一身纱袍褂，黑红脸，眉毛很重，胖乎乎的。看他的短脖子，就觉得不理想，如果他没胡子，倒像御膳房的一个太监。我注意到了他的辫子，的确有一根，是花白色的。后来他的话转到我身上，不出陈师傅所料，果然恭维起来了。他说：'皇上真是天生聪明！'我说：'我差的很远，我年轻，知道的事挺少。'他说：'本朝圣祖仁皇帝也是冲龄践祚，六岁登极呀！'我连忙说：'我怎么比得上祖宗，那是祖宗……。'这次召见并不比一般的时间长，他坐了五六分钟就走了。我觉得他说话粗鲁，大概不会比得上曾国藩，也就觉不到特别高兴。可是第二天，陈宝琛、梁鼎芬见了我，笑眯眯地说张勋夸我聪明谦逊，我又得意了。至于张勋为什么要来请安，师傅们为什么显得比陆荣廷来的那次更高兴，内务府准备的赏赐为什么比对陆更丰富，太妃们为什么还赏赐了

---

① 爱新觉罗·溥仪：《我的前半生》，67页，北京：群众出版社，1913年。

酒宴等等这些问题，我连想也没有去想。"①

也有资料说当天宴请的主人就是宣统，前清摄政王载沣，以及载涛、毓朗贝勒均在坐。十一时半始撤宴。张勋献纳修理陵寝经费，为数甚巨。清室亦赏赐古瓷名画数件。张勋这一天一切礼节，悉依旧例，即持前两江总督职衔谒上，仍称奴才，仿佛重回大清帝国时代。②

另据"熟悉内幕"的冷汰记录，清废帝宣统与张勋的这次会面极端重要，实为张勋决定复辟的关键："先是张入都后，即持前两江总督职衔入宫谒上。上召见，慰劳甚至，继问沿途灾象毕，张遂奏曰：'自改共和以来，政治芜秽，变乱数起，国势飘摇，民不聊生，求皇上悯生灵之愁苦，复亲大政，以救中国。'上曰：'朕年幼，难担此重任。'张曰：'昔圣祖仁皇帝冲年亲政，手夷大难，奠定寰宇。皇上天亶聪明，上符圣祖，必致中兴之业。'上肃然起立曰：'朕何敢比圣祖？'张曰：'皇上知其难则不难矣。天下虽大，其要只在中枢之得人，有好军机则有好督抚，有好督抚则有好州县，今旧日老臣尚有在者，可资辅佐。'上问其人，张举张人骏、刘廷琛、袁大化等以对。上问刘廷琛何如。张曰：'此人极忠，但性情太急耳。'上曰：'忠爱之士，固多耿直者。'此后上问甚多，自言年幼难担重任者屡。临退，上问曾见王爷否，盖言醇邸也。张答尚未。上曰：'适所语，不必告王爷，王爷胆小。'张出语人，惊叹不置，谓皇上甫十二龄，而出语非成人所及，可见帝王自有真。其决即复辟之意，源于此矣。"③这段对话较溥仪的回忆更多细节、更多实质性内容，但是也被一些研究者以为不可信，理由为"时溥仪为十二岁的儿童"，如此理智、深刻的谈吐，"实难使人相信，但由此可以看出张勋等人的反动宣传伎俩。"④

溥仪的英姿、胆略、睿智让张勋佩服不已，坚定了他复辟帝制和彻底解决时局危机的勇气、信心。一个篱笆三个桩，一个好汉三个帮。张

---

① 爱新觉罗·溥仪：《我的前半生》，68页。
② 胡平生：《民国初期的复辟派》，第212页。
③ 冷汰：《丁巳复辟记》，《近代史资料》总18号，112—113页。
④ 冷汰：《丁巳复辟记》"编者按"，《近代史资料》总18号，109页。

勋清楚，关涉国体变更如此大的事情，没有一批志同道合的文武百官肯定是玩不转的。张勋遂通过各种关系约请在上海等地主张复辟的同志尽快进京，共襄盛举；并委托陈曾寿亲至上海，邀请并迎接最著名的几位帝制复辟分子沈曾植、王乃征、郑孝胥、李季高、沈爱苍北上。6月25日（五月初七日），陈曾寿抵津，正准备搭乘津浦线列车南下时，忽然收到北京来电，告诉他沈、王二公同康有为已经启行，请在津稍候。27日（初九日），沈、王、康到津，遂一同入都。张勋派员接待，设行馆于法华寺中，①唯康有为居于张宅。"康有为自辛亥以后，当局屡招致不肯出，平居持论亦主复辟，诸君子以此多与往还。然虽主复辟，欲行虚君之制，宗旨固别有所在。张亦知之，故相待礼貌极优，而正事概不与商。虽居张宅，实同赘疣耳。"②

这个说法只是一面之词，另一个说法可能更合乎实际。被誉为中国"现代圣人"的康有为抵达北京之后，参与了张勋的复辟密谋，并且成为一个很重要的角色。"康有为是1898年反对专制政体的第一次改良运动的领导人，后来一直是坚决的君主立宪派信徒。他用哲学的理论鼓励张勋，并为他撰拟一切文告。他们两人都相信，皇帝复辟一定会立刻使所有督军们都积极支持政府，因为督军们的真实情感是明显地拥护帝制的。他们的同意被认作当然之事，在拟就的文告中也明白地假定已得到了他们的同意。"③这些当然都不是真实的，就像1898年那次政变一样，康有为的超级想象，成为下一步政治发展的起点。也正是从这个意义上说，康有为不仅断送了戊戌年间政治变革的前程，而且实际上将一个原本可以继续在紫禁城里长久传承的"小清帝国"永远送进了历史。

28日（初十日），张勋请沈曾植、王乃征到张勋位于南河沿的私宅会议，雷震春、张镇芳已先在，雷、张二人专任联络北方军队之务，其余

---

① 一说居于贤良寺。《瘿庵诗集·沈培老挽诗》："是时初复辟，畿甸虑构兵。萧寺谒吾师，苦口劝之行。"南海先生与公及王病山同寓贤良寺。详见徐全胜：《沈曾植年谱长编》，451页，北京：中华书局，2007年。
② 冷汰：《丁巳复辟记》，《近代史资料》总18号，113页。
③ [美] 芮恩施：《一个美国外交官使华记》，211页。

则预于密谋诸人。这一天的会议大体决定了行动方案,然后由各人分头进行准备。

29日(十一日),无事。

30日(十二日),张勋已让他的一些亲密顾问,特别是康有为,拟妥了必需的皇帝上谕。上谕中说,政府的首要官员如冯国璋、陆荣廷,以及其他同样显赫的人物,都奏请皇帝恢复帝制。中央政府和各省最高级官员的任命名单也已准备妥当。还有一份准备好的上谕说,民国大总统黎元洪本人曾奏请重建帝国,这道上谕封黎元洪为一等公。这是认为黎元洪的同意是当然之事的一个惊人事例。

等到各种上谕都准备就绪并可以提出时,30日晚,张勋在江西会馆举行宴会,邀请北京军警机关的首长参加。在喝了很多酒以后,张勋宣布了他"拯救中国"的计划,他说各种筹备工作都已办妥,并已确实获得军事上和外交上的支持。于是他指着陆军总长兼参谋总长王士珍说:"当然,你是支持这个行动的啰。"

王士珍闻言大为震惊,但他知道没有办法拒绝了,因为在他面前摆着的是一个既成事实。张勋也用同样的办法取得了步军统领江朝宗和警察总监吴炳湘两位将军的同意。①

另一个不同的版本说,30日晚,张勋赴同乡会之招,往会馆观剧,至12时始归。归后,张勋以电话约陆军总长王士珍、步军统领江朝宗、警察总监吴炳湘、第十二师师长陈光远等四人立即前往其南河沿私宅。四人至,散坐院中。张勋突然发话:"余此次入都,实为复辟而来,今已定于明晨举行,诸公意如何?"王士珍、江朝宗犹豫未决,问各省及外交有接洽否,又以西南反对为虑。张勋以徐州会议之情形,陆荣廷、陈炳焜、谭浩明催办此事之电,及外交接洽之状告之。盖陆荣廷春间入都,曾以前广西提督职衔入宫请安,蒙宣统召见,极服皇上之英明。南返时经过徐州,曾与张勋谭宴甚欢,早有成约。两天前,陆荣廷曾同陈炳焜、谭浩明二督密电张勋催办。至于外交方面,据张勋经历,年余来,时有

---

① [美]芮恩施:《一个美国外交官使华记》,212页。

日本人至徐州,述其总理寺内切望中国复辟之意。张勋入都后,暗约梁敦彦担任外交,梁诺之。微探各使馆意向,均无异辞,唯美使稍有怀疑之态。张勋介绍完这些情形后,以一语断之曰:"此事余志在必行,诸君赞同,则请立即传令开城,放余天坛兵队入内。否则请各归布置,决一死战。"①王、江等皆唯唯,遂下令打开城门,让驻扎在天坛等处的张勋定武军进城,遍布各处。

这件事就这样进行了。张勋指使王士珍和另外四个人立即到黎元洪总统寓所,去唤醒正在睡觉的黎元洪。这是黎元洪命中的不幸,人生中的两次重大事件都是在睡梦中被人惊醒。王士珍等人要黎元洪同意奏请恢复帝制的奏折。

与此同时,张勋带着其他人到皇城去。但是他的计划并没有得到皇室中王爷们的支持。张勋以重金贿赂了管理宫门的太监,太监替他和他的随从打开了宫门,并把他带到小皇帝的寝宫。

据溥仪回忆,7月1日,一大早,还是在毓庆宫,陈宝琛、梁鼎芬和朱益藩三位师傅一齐出现,面色都十分庄严,还是陈师傅先开的口:"张勋一早来了……。""他又请安来啦?""不是请安,是万事俱备,一切妥帖,来拥戴皇上复位听政,大清复辟啦!"陈宝琛说到这里,看到溥仪正在发怔,赶紧说:"请皇上务要答应张勋。这是为民请命,天与人归……。"溥仪被这个突如其来的喜事弄得昏昏然。他呆呆地望着陈宝琛,希望多说几句,让他明白应该怎样当这个"真皇帝"。"用不着和张勋说多少话,答应他就是了。"陈宝琛胸有成竹地说,"不过不要立刻答应,先推辞,最后再说,既然如此,就勉为其难吧。"如此安排之后,溥仪回到养心殿,召见了张勋。②

在养心殿,溥仪身着黄纱袍马褂,头戴困秋帽,上覆红绸,端坐在皇帝的宝座上。身穿蓝纱袍黄马褂的张勋率领众人伏地行三跪拜礼,阶下定武军高呼万岁三声。张勋奏请复辟折说:"经国以纲纪为先,救时以根本为重。我朝开基忠厚,圣圣相承。立教则首尚人伦,敷政则勤求

---

① 冷汰:《丁巳复辟记》,《近代史资料》总18号,113页。
② 溥仪:《我的前半生》,68页。

民隐，是以皇灵赫濯，敬者懔若帝天，化泽涵濡，爱者戴如父母。虽经发、捻寇氛之巨，卒赖二三大臣效忠疆场，用能削平祸乱，弼我丕基。盖仁泽入人既深，而王纲又以维系之也。二十载以来，学者醉心欧化，奸民结集潢池，两者相资，遂成辛亥之变。孝定景皇后不忍以一姓之尊荣，罹万民于涂炭，勉循所请，诏设临时政府。原冀惠安黎庶，止息干戈，岂意根本动摇，竟以安民之心，助彼厉民之虐。彼时臣勋、臣国璋等，孤军血战，莫克回天；臣嗣冲、臣怀芝等虽力遏妖氛，卒难荡决；贻忧君国，寝馈难安，忠愤填胸，积年成痏。然不敢不仰承庙略，幸冀升平。蒙难艰贞，于兹七载。乃共和实行以后，上下皆以党贿为争端，各便私图，以贪济暴，道德沦丧，民怨沸腾。内外纷呶，迄无宁岁，苍黎凋瘵，逃死无门。此实非孝定景皇后逊政之初心，我皇上所当收回政权，实行安民，以仰承先志者也。"①"民国不如大清"，这是张勋建议宣统中止1912年与临时政府达成的逊位协议，收回政权。

据溥仪回忆，张勋这次当面说的不像奏折上写的那样斯文，大概意思差不多，就是"隆裕皇太后不忍为了一姓的尊荣，让百姓遭殃，才下诏办了共和。谁知办的民不聊生……共和不合咱的国情，只有皇上复位，万民才能得救。"听了张勋的啰嗦、念叨，溥仪按照师傅的交代回答说："我年龄太小，无才无德，当不了如此大任。"张勋夸了一顿，又把康熙帝6岁做皇帝的故事念叨了一遍。听着张勋叨叨着，12岁的宣统竟然想出了这样一个问题："那个大总统怎么办？给他优待还是怎么着？"张勋答道："黎元洪奏请他自己退位，皇上准他的奏请就行了。"这显然是个假消息，但张勋的情报确实如此，这也是他后来不得不失败的原因。黎元洪、徐世昌、冯国璋、瞿鸿禨这些前清旧臣对民国现状确有不满处，也确实发过"民国不如大清"的感慨，但这并不能与他们主张、同意帝制复辟划等号，更不能假借他们的名义伪造请求帝制复辟的奏折，否则只要一个人出来声明，整个事情肯定砸锅。②张勋、康有为，都是以自己

---

① "张勋奏请复辟折"，章伯锋、李宗一主编：《北洋军阀》卷三，213页。
② 章伯锋、李宗一主编：《北洋军阀》卷三，218页。

的想象代替了事实。张勋既然如此表达，宣统按照师傅的交代，一句话结束了此次"召见"："既然如此，我就勉为其难（重当皇帝）吧。"①丁巳复辟，宣统复辟，就这么简单。

召见结束后，陆续有人来给溥仪磕头、请安、谢恩，稍后奏事处太监拿来一堆提前准备好的上谕用印，一口气发布了9道谕旨。最关键的复辟谕说："朕不幸，以四龄继承大业，茕茕在疚，未堪多难。辛亥变起，我孝定景皇后至德深仁，不忍生民涂炭，毅然以祖宗创垂之业，亿兆生灵之命，付托前阁臣袁世凯，设临时政府，推让政权，公诸天下，冀以息争弭乱，民得安居。乃国体自改共和以来，纷争无已，迭起干戈，强〔抢〕劫暴敛，贿赂公行。岁入增至四万万，而仍患不足；外债增出十余万万，而有加无已。海内嚣然，丧其乐生之气，使我孝定景皇后不得已逊政恤民之举，转以重苦吾民，此诚我孝定景皇后初衷所不及料，在天之灵，恻痛而难安。而朕深居宫禁，日夜祷天，彷徨饮泣，不知所出者也。今者复以党争激成兵祸，天下汹汹久莫能定。共和解体，补救已穷。据张勋、冯国璋、陆荣廷等，以国体动摇，人心思旧，合词奏请复辟，以拯生灵；又据瞿鸿禨等为国势阽危，人心涣散，合词奏请御极听政，以顺天人；又据黎元洪奏请奉还大政，以惠中国而拯生民各等语。览奏情词恳切，实深痛惧，既不敢以天下存亡之大责，轻任于冲人微眇之躬，又不忍以一姓祸福之誓言，遂置亿兆生灵于不顾。权衡重轻，天下交迫，不得已允如所奏，于宣统九年五月十三日临朝听政，收回大权，与民更始。"②仅从这些文字看，仅从宣统方面看，既然"民国不如大清"，既然有那么多老臣一再吁请，那么勉为其难，收回大权，与民更始，"拯救民众于水火之中"，自然有其"正当性"。可惜的是，这里所说的许多前提条件，诸如冯国璋、陆荣廷、瞿鸿禨、黎元洪等呼吁，并不真实，甚至相反。

还应该指出，丁巳复辟并不是要恢复到君主专制的体制，而是要恢

---

① 溥仪：《我的前半生》，68页。
② "宣统复辟谕"，章伯锋、李宗一主编：《北洋军阀》卷三，216—217页。

复经过改革的君主立宪体制，甚至是虚君体制。这个体制在清末改革十多年一直求而不得，现在却被作为一个重要的方案提出来备选。宣统复辟谕规定了新体制必须遵守的九个原则："一、钦遵德宗景皇帝谕旨，大权统于朝廷，庶政公诸舆论，定为大清帝国，善法列国君主立宪政体。一、皇室经费，仍照所定每年四百万元数目，按年拨用，不得丝毫增加。一、禀遵本朝祖制，亲贵不得干预政事。一、实行融化满汉畛域，所有以前一切满蒙官缺，已经裁撤者，概不复设。至通婚易俗等事，并着所司条议具奏。一、自宣统九年五月本日以前，凡与东西各国正式签订条约及已付债款合同，一律继续有效。一、民国所行印花税一项，应即废止，以纾民困。其余苛细杂捐，并著各省督抚查明，奏请分别裁撤。一、民国刑律不适国情，应即废除，暂以宣统初年颁定现行刑律为准。一、禁除党派恶习，其从前政治罪犯，概予赦免，倘有自弃于民而扰乱治安者，朕不敢赦。一、凡我臣民，无论已否剪发，应遵照宣统三年九月谕旨，悉听其便。"①这九条宣布，大致属于清末十年政治变革中一致呼吁强烈而始终无法落实的内容，由此可以看出，统治者在自己掌握着绝对权力时不愿意改革，一旦失去了权力，想改革而不得，因而对于先前的改革呼吁愿意给予最大限度的回应。

复辟的第一天，张勋让溥仪一口气下了九道谕旨，以为黎元洪"奏请奉还国政"，因而封黎为一等公，以彰殊典。特设内阁议政大臣，其余官制参照宣统初年，现任文武大小官员均著照常供职；授张勋、王士珍、陈宝琛、梁敦彦、刘廷琛、袁大化、张镇芳七人为议政大臣；授张勋的参谋长万绳栻、冯国璋的幕僚胡嗣瑗为内阁阁丞。授梁敦彦、雷震春、朱家宝、张镇芳、王士珍等为外务、陆军、民政、度支、参谋等部尚书，授徐世昌、康有为为弼德院正副院长，授张勋为直隶总督兼北洋大臣，冯国璋为两江总督兼南洋大臣，陆荣廷为两广总督。稍后，又授瞿鸿禨、升允为大学士，并授沈曾植、萨镇冰、劳乃宣、李盛铎、詹天佑、贡桑诺尔布为学部、海军、司法、邮传、理藩部尚书。一个与民国毫无关联

---

① 章伯锋、李宗一主编：《北洋军阀》卷三，217页。

的帝制政府就这样搭建起来了。只是这个政府实际上只存在了一天，而且只是理论上存在，并没有投入实际的运转。

据亲历其事的美国公使芮恩施记录，"正如人们可以想象到的，这时发生了一些可笑的事情。一个颇著声望的人被国务总理请去和总统讨论关于就任内阁某部总长的职务。我的一个中国朋友听到复辟的消息后，还在早晨十时左右在旅馆里遇见他。问他来北京有何任务，这位著名人物表示信任地说，他只等马车接他到总统府去。'没有总统了'，人家告诉他说，'现在是一个帝国了；皇帝已经在今晨四时登位了。'这位大人物听到这消息，其惊愕之状，令人发笑。"像军事首领头天晚上被欺骗一样，北京也被欺骗了一天。"当复辟的消息传开时，群情激动，一片欢腾。到处飘扬着黄龙旗子，全城很快地呈现着节日的景象。对过去的光辉的记忆的复活，似乎使北京居民全都成为帝制派。但是，这一运动到7月2日早晨已经达到了它的顶点。"①

顶点就是衰败的开始。7月1日，梁启超闻讯后，立即发一反对通电："倡帝政者，首借口于共和政治成绩之不良，夫近年政治之不良，何容为讳，然其造因多端，尸咎者实在人而不在法，苟非各界各派之人，咸有觉悟，洗心革面，则虽岁更其国体，而于政治之改良何与者。若曰建帝号，则政自肃，则清季政象何若，我国民应未健忘，今日蔽罪共和，过去罪将焉蔽？况前此承守成余荫，虽委裘犹可苟安，今则悍帅士狡，挟天子以令诸侯，谓此而可以善政，则莽、卓之朝，应成郅治，似斯持论，毋乃欺天！帝政论者又动以现今之党派轧轹为口实，夫党争之剧，吾侪亦曷尝不疾首痛心，然须知既以宪政号国中，则党别实无可逃避，容之则渐纳于轨，蘖之则反扬其波，今之定策，拥立者岂能举全国青年才智之士而尽坑之，坑之不尽，党固在也，坑而尽，又焉知来者之不如今也。今之主动者，以浅薄之凭借，而谬师操、懿之故智，处文明之世运，而梦想雍、乾之操术，叩以立宪之义，盖举朝莫之能解，使其政府幸而有一年数月之寿命，则其政象吾敢为预卜曰，桓玄、朱温时代之专

---

① ［美］芮恩施：《一个美国外交官使华记》，212—213 页。

制而已。夫专制结果，必产革命，桓玄、朱温宁有令终，所难堪者，则国家之元气与人民之微命也。然使果能得一年数月之苟安，则吾民或且姑为容忍，殊不知立国于今世，非闭关所能自存，苟不获自厕于国际团体之林，则国实不成为国。"在梁启超看来，共和在当时确实有许多问题，但中国的出路不在于复辟，而在于完善。今次复辟，就外交论，就财政论，就军事论，均无正当性、合法性，也没有存在的理由。梁启超大胆预测，"虽举国之士，噤若寒蝉，南北群帅袖手壁上，而彼之稔恶自毙吾敢决其不逾两月。"①这就是政治远见，与乃师康有为相比，二人的差距实在太明显了。

梁启超不仅发布通电，号召志士起而反对，捍卫共和，而且与研究系同仁汤化龙，以及徐树铮，迅速拥戴段祺瑞复出，再造共和。

张勋、康有为，以及清室遗老对外部的真实情形太缺乏了解了，他们说黎元洪如何如何，完全不是那么回事。黎元洪不仅没有什么"奏请奉还国政"的声明，相反却借机逃到日本使馆避难，并迅即发布通电："此次政变，动摇国体，不能行使职权，请冯副总统依法代行大总统职务，并任段祺瑞仍国务总理，此后一切救国大计，由副总统、总理协力进行。"②这也为段祺瑞重新出山提供了一个法律上的依据。7月2日晚，段祺瑞、梁启超、汤化龙等一行驰抵马厂，往见陆军第八师师长李长泰。李长泰出身于北洋武备学堂，与段祺瑞为同班同学，因而对段祺瑞毫无保留地给予支持。3日上午8时，李长泰召集军事会议，议决公推段祺瑞为讨逆军总司令。同日夜，段祺瑞即以讨逆军总司令名义发布檄文，痛斥张勋，指为逆贼，"颠覆国命，震扰京师，天宇晦霾，神人同愤。"通电追述事件始末，宣布"本军伐罪吊民，除逆贼张勋外，一无所问；凡我旧侣，勿用以胁从自疑。其有志切〔且〕同仇，宜诣本总司令部商受方略，事定后，酬庸之典，国有成规。若其有意附逆，敢抗义旗，常刑

---

① 《梁任公反对复辟之通电》，丁文江、赵丰田编：《梁启超年谱长编》，824—825、826页，上海人民出版社，1983年。
② 吴廷燮编：《段祺瑞年谱》，42页，北京：中华书局，2007年。

所悬，亦难曲庇。至于清室逊让之德，久而弥新，今兹构衅，祸由张逆，冲帝既未与闻，师保尤明大义。所有皇室优待条件，仍当永泐成宪，世世不渝，以著我国民念旧酬功全始全终之美。祺瑞一俟大难戡定之后，即当迅解兵柄，复归田里，敬候政府重事建设，迅集立法机关，刷新政治现象，则多难兴邦，国家其永利赖之。"①

继段祺瑞、冯国璋、陆荣廷、徐世昌等相继通电，反对复辟。4日，段祺瑞马厂誓师，并与冯国璋联电历数张勋八罪，即以讨逆军总司令名义任命段芝贵为东路军司令，曹锟为西路军司令，倪嗣冲为皖鲁豫联军司令，并以梁启超、汤化龙、李长泰、徐树铮为参赞，靳云鹏为总参议，傅良佐、曲同丰为军事参议，张志潭为秘书长，曾毓隽、刘崇杰、叶恭绰、丁士源分任军需、交涉、交通、军法处长。段祺瑞宣布就任国务总理，用实力讨伐张勋已经成为一个不必怀疑的政治选择。

5日，曹锟率讨逆军西路军攻占卢沟桥，东路军冯玉祥第十六混成旅、李长泰第八师攻占黄村。6日，冯国璋在南京就代理大总统职，段祺瑞设国务院办公处于天津。张勋面对前所未有的压力，通电申述徐世昌、冯国璋先前均曾赞同复辟，徐州会议各省督军亦曾就此作出决定。尽管张勋将帝制复辟的责任分解给各位，但毕竟将一个概念转化为政治实践的，还是张勋本人。

外部压力实在太大，尤其是各国外交官也并不是张勋、康有为原先所认识的那样，赞成帝制复辟。军事压力、外交压力终于使张勋帝制派内部发生急剧分化，清室中的一部分人将责任全部推给张勋，康有为逃到美国使馆避难，公使团劝告清室解除张勋所部武装，而张勋的部下也渐渐不再赞成复辟主张。7月11日，段祺瑞通告公使团，宣布将于明天进攻北京，炮击天坛及皇城附近张勋部。

7月12日黎明，进攻北京的战斗打响了。大约11时，战斗进入高潮，皇城被飞机扔下的炸弹击中。中午之前不久，张勋由一个在中国警察方面工作的德国职员伴送到荷兰公使馆。张勋是被他的部下将领用近

---

① 吴廷燮编：《段祺瑞年谱》，42、47页。

乎使用武力的方法劝服的。张勋还抱着可以调解的幻想，但荷兰公使告诉他，那是不可能的。张勋又想回到他的部队去。当然这也是不能允许的，丁巳复辟至此以失败告终。

"张勋（帝制复辟）冒险计划的迅速失败并不是由于中国北方没有要求帝制的情绪这一固有的弱点。事实上，北方军界倾向帝制是众所周知的。人们认为帝制运动是会发动起来的，如果能更慎重地计划和筹备的话，或许可以容易获得成功，至少会在一个时期内获得成功。这次完全失败是由于张勋指望北方军人对帝制的倾向，却忽视了事先的磋商，因为这种磋商会使潜在的支持转化为实在的力量。如果这是正确的话，那么张勋的失败无疑地使中国的帝制事业受到一次极大的挫折。在两次复辟的企图失败后，野心家们在从事这种冒险以前将要再三考虑了。这就是说，复辟的种种努力实际上有助于进一步维护共和政体。"[①]中国因张勋主导的"丁巳复辟"付出了巨大代价，但其最大的收获是将帝制彻底送进了历史。中国没有像法国大革命之后那样没完没了地复辟，反复辟；共和，反共和。法国在经历了160多年之后，直至20世纪50年代晚期第五共和国建立，方才彻底打消了帝制复辟的可能。中国如果从1912年初清帝退位算起，至1917年丁巳复辟，前后不过6年，经历不过两次，此后的中国，帝制再也没有存在的空间，再跋扈的统治者，最想集权、专制的统治者，无论怎样变换名词花样，再也没人胆敢尝试帝制，尽管内心深处有着浓厚的帝王情结。这就是历史进步，这就是世界潮流。

共和体制肯定不是人类最优体制，这个体制顾及了公平、权利、正义，但也确实有碍于效率。如何将这些需求汇为一炉，对于政治学家来说，还是一个未解难题。究竟是牺牲正义、公平、权利，追求效率，还是在尊重正义、权利、公平前提下提升效率，这都是值得政治学家继续探究的问题。但作为政治家，一定要切记历史潮流犹如长江、黄河，无论如何曲折，一定要流向大海。自从大航海时代开始，全球化就是一个不可遏止的趋势，与全球化相配套的制度设施，不论从亨廷顿"第三波

---

① [美] 芮恩施：《一个美国外交官使华记》，220页。

民主化浪潮"的观点看,还是从托夫勒"第三次浪潮"的观点看,民主化,让人民拥有更多的权利,都是毋庸怀疑的事情。政治家能够改变历史的方向,但这种改变一定要顺应历史大势,而不是逆行。

作为战胜国:失望情绪却在弥漫着

从大历史视角看,欧战不仅改变了近代中国的历史走向,也改变了中国过去几十年的国际地位,使中国在不经意间重回世界中心,改变了1840年之后无法决定自己命运,更没有办法就国际事务发声的历史。这是一次巨大的改变,只是由于后来历史的复杂性,后来者忽略或者不愿提及而已。

欧战爆发,新兴的中华民国不论是出于自身利益的考量,还是出于对人类整体利益的关注、责任,都不可能完全置身事外、局外中立,日本对青岛的占领更使中国必须正视欧战,必须选择自己的立场,必须在维护自己利益的前提下,站在国际正义方面,大胆参战,勇于出兵。当时与闻其事,且主张立即参战的张国淦和段祺瑞之间有段对话,大体上表明了中国参战可能会给中国带来的好处。张国淦说:"中国应当立即对德宣战,因为青岛问题,日本借口英日同盟先我而为之,则我即难于应付,而且日后纠葛更多,最好能运动德国自动的交还青岛,日本自无所借口。如不行,则我即宣战,亦是与日英共同动作,不使在中国土地上,我守中立,彼来用兵。"对此,段祺瑞明确表示:"我是主张宣战,所以在此僻静处作些战事准备,奈一般军人都不赞成,德国曾提议交还青岛,为日本所遏,而日本又将援日英同盟,进攻青岛。"[①]

张国淦、段祺瑞主张参战的目的是希望从德国手中直接收回青岛,

---

① 许田:《对德奥参战》,《近代史资料》总2号,51页。"编者按"称:"这是许田先生二十年以前的旧作,所记都是亲身经历的事实。"关于"许田"的情况史无记载,幸此文又被杜春和先生收入他所主编的《张国淦文集》(北京燕山出版社2000年3月)之《北洋从政实录》中,由此知所谓"许田"应为张国淦。张国淦时任内务部次长,但因"丁母忧",未到任。

以及德国在山东的权益。不是张国淦、段祺瑞不愿意继续履行中德之间戊戌年间达成的租借条约，而是此一时彼一时，德国不可能在应付欧洲战局的同时有心有力照顾其在远东的利益。

然而，此时大总统袁世凯疲于应付内外困境，竟于1914年8月6日欧战刚刚开始就宣布中立。袁世凯的用意是："本大总统因各交战国与我国缔约通商，和好无间，此次战事，于远东商务关系至巨，且因我国人民在欧洲各国境内居住经商，及置有财产者，素受各国保护，并享有各种权利。故本大总统欲维持远东之平和，与我国人民所享受之安宁幸福，对于此次欧洲各国战事，决意严守中立。"①袁世凯的这一思路，是近代中国事不关己、高高挂起的外交政策的延续，这一政策是任何一个负责任的大国所不屑为的，更不要说这场战争不仅与中国有直接的关系，更有可能在中国的土地上上演。尽管前有日俄战争殷鉴，袁世凯仍然采取了清政府那种消极、自私的所谓"韬光养晦"式的外交战略。

袁世凯的善意中立并没有赢得交战双方的好感，尤其是日本更不领情。两天后（8月8日），日本决定对德宣战，并将目标锁定山东青岛。由此引发一系列复杂交涉。对于日本的动向，德国政府并不理会。于是日本于8月23日联合英国对德宣战。24日，日本政府要求中国政府参照1904年日俄战争的先例，将山东省黄河以南划为日本对德"作战区域"，并撤退中国驻胶济铁路的驻军。中国政府乘机提出助英日攻青岛的建议，但遭到了日本方面的拒绝，青岛遂由德国的租借地转入日本人的控制之下。这就是中立政策的后果。

中国错过参战的最佳时机，并没有错过全部时机。只要善于捕捉，这样的机会总会有的。1915年秋，协约国方面鉴于战场上的实际进展，有意劝说中国参战，而中国方面尤其是袁世凯为了自己的政治利益，也必须平衡他与协约国方面的关系，他也有意参加到协约国方面来，但是他必须得到协约国方面的承诺，以便中国正在推动的国体调整不至于中

---

① 袁世凯大总统令，见白蕉：《第一次世界大战之中国参战》，《人文月刊》第7卷，第1期，5页。

途生变。据蔡廷干致莫理循信，11月1日一大早，袁世凯曾向蔡廷干表示：他有意参战，但他"必须有一个，或者找到一个好的借口或者托辞，以便参加进去"①。

列强一方为中国准备了足够的理由："中国是不是仍然保持中立？中国在1904—1905年间没有能够维持她的中立，受到眼睁睁看着别人在她的国土上大战的屈辱。去年又再次出现同样使全中国人民感到屈辱的局面。眼看着日本军队在中国领土上进军，从德国手里夺取德国早先用历史上最不公正的手段从中国抢到的土地"；"现在，中国有一个好机会来收复她失去的许多东西，并在世界各国的眼中建立起她的地位"；"做出决断的时刻已经到了。这一决断必须很快做出。中国应当放弃中立并宣称她是站在公理和正义一边的。并将向各大强国，英、法、俄、日、意，提供她的支援，同他们携起手来永远摧毁日耳曼帝国的邪恶力量。中国自己有过被压迫的经验，她应当挺立在全世界面前支持一切被压迫者。中国的贸易正在被战争和德国的行动所毁，她应当为了自己的利益，尽自己份内的一切力量，使战争得告结束"；"中国必须与英、法、俄、日与意大利联盟并对德宣战。采取这一步骤的最强烈的理由如下"：

1. 中国要为被压迫者的事业，和提高她在各国中的地位而奋斗。

2. 她将扭转将来再有可能受到侵略的危险，因为谁也不能侵略自己的盟友。

3. 她将同今后行将主宰世界的各大强国结成联盟。

4. 这些强国当中，英、俄、法、日是环绕中国的国家。无论发生什么事，他们都将照顾到在战争高潮中出面援助他们的友好邻邦，使得针对中国的侵略行动不再发生。

5. 中国将在确定媾和条件的会议上得到一个席位，如果她像现

---

① 《清末民初政情内幕——〈泰晤士报〉驻北京记者袁世凯政治顾问乔·厄·莫理循书信集》下，498页，上海：知识出版社，1986年。

在这样始终保持中立,她的话将永不能在任何议和会议上受到听取。

6. 中国将以其资源为盟国服务,这些资源可以成为物质上的援助,尤其是对于俄国和日本。她的兵工厂能够为战争生产军火,她能够供应庞大数量的军用物资。钱财将源源不绝地流入中国像现在流入日本一样。中国将能摆脱她的财政困难。大连将代替现在的海参崴成为转运送往俄国的大量军用物资的进口港。

7. 中国将在承认她的帝制政体这件事上,能够有把握地获得同她结成联盟的各大强国的支持。

8. 中国将能有把握地期待同她结成联盟的各方强国,赞助中国增加关税,解决蒙古问题,解决西藏问题,并安排好许多有关改善人民生活问题的办法。

9. 中国将能收回天津的德、奥租界及汉口的德国租界。难道还能相信同盟国会容许德国依然保持租界?

10. 中国将能永远停付对德国的义和团赔款,按目前汇率计算这笔尚待支付的钱,高达 155 250 000 元以上。①

这些条件引起了袁世凯和中国政府的兴趣,于是在随后一段时间里,各大国驻华、驻日外交官开始劝说日本同意中国参战。但日本政府出于自身利益的考虑,明确拒绝了这些要求,而中国方面由于正忙于洪宪王朝开张准备,遂使中国参战这样的大事没有在袁世凯手里办成。这是非常遗憾的一件事情。

日本的阻挠没有让中国顺利参战,而国内的洪宪帝制重建,在一开始筹备时似乎很顺利,但到了1915年底,却突然引发一系列抗议。1916年,中国在帝制复辟和反复辟冲突中度过。世界各国虽然没有忘记中国参战问题,但中国一方面实在是忙不过来;另一方面,中国参战也必须有一个恰当的借口,否则也不容易在已恢复共和体制的中国顺利通过。

洪宪帝制没有开张就关门了,袁世凯之后,副总统黎元洪在段祺瑞

---

① 《清末民初政情内幕》下,500—502页。

支持下出任中华民国大总统，段祺瑞任总理，共和体制得以恢复。

以黎元洪、段祺瑞为首的民国政府在平息了南方反袁势力的不满之后，也开始注意欧洲战场上的形势。他们比较一致的看法是，如果欧洲战场持久未决，尚持中立态度的美国势必会加入到协约国方面，中国借此机会应该义无反顾地站在协约国方面，争取在战后为中国赢得一个有利的国际环境，洗刷中国在前此数十年中所蒙受的耻辱，提升中国在国际政治中的地位。这样的机会终于在等待中到来了。

1917年1月31日，中国驻德国公使颜惠庆收到德国外交部的一件照会，"内称英伦诸岛将全部被封锁，还有法国海岸和地中海；给希腊留一条自由航行的通道。"这就是德国所谓"无限制潜水艇政策"。颜惠庆获知这个消息后，第一反应就是"美国将怎么办？"①像第二次世界大战一样，美国被动拖下水之后，战争格局迅速为之一变。相信颜惠庆此时也猜到了美国可能的反应。

德国的政策引起国际社会的高度关切，先前宣布中立的国家或慑于德国的压力保持缄默，或逐步借此放弃中立的立场，走向与德国绝交、宣战的道路上来。协约国方面，英国表现得最为愤慨，它期待着美国由此机会立即采取行动，加入到协约国方面。在美国国内，反德的舆论日趋达到高潮，迫使美国政府于2月3日宣布与德国绝交，并于次日通报中国政府，指出美国政府之所以采取这一行动，"惟此非仅德、美间之问题，乃中立国拥护《国际法》之大问题也。窃冀中国政府与美国执相同态度。"②

按照政府预案，中国借此机会加入到协约国方面本来不成问题。当德国政府宣布潜水艇政策的第二天，中国政府外交部致电驻德公使商谈中国加入协约国问题，③中国加入协约国似乎只是时间问题。

然而，当美国驻华公使芮恩施将美国政府的决定，以及给中国政府的建议当面通知大总统黎元洪时，黎元洪却显得非常吃惊，对美国政府

---

① 《颜惠庆日记》卷一，503页，北京：中国档案出版社，1996年。
② 美国政府对中国政府的通报，转引自白蕉：《第一次世界大战之中国参战》，《人文月刊》7卷1期。
③ 《颜惠庆日记》卷一，503页。

的建议表现出相当怀疑和不赞成。他向美国公使提出三个疑问：1. 当前战况怎样？交战各方力量对比或消耗程度怎样？2. 协约国即便在美国援助下，能赢得决定性胜利吗？3. 这种对中国国内形势具有深远影响的国际行动，我们必须予以仔细考虑。

据芮恩施观察，黎元洪对于美国政府的建议有利于中国的内容印象深刻；至于中国参战在道德上的意义，黎元洪也能认同美方的观点。当然，黎元洪最关心的还是中国参战对国内政治的冲击。芮恩施强调，"为了正义事业和友好的伙伴而采取的在国际方面的主张这种积极的行动对中国可能产生的影响，即可以使中国不再去注意它的无休止的党派斗争。"①黎元洪对于这样的看法完全赞同。

黎元洪的担心是，中国接受协约国的建议对德宣战，加入战团，那么会不会因此而让那些军人大出风头，加强了军方的势力，使中国问题更加复杂化。在与芮恩施的第二次会谈中，黎元洪直截了当地提出了这个问题："采取一项积极主动的对外政策，尤其是万一导致战争，那岂不会加强军方的势力吗？"②在一定意义上说，外交确实是内政的延续，外交问题处理不当，当然会导致国内混乱，"弱势总统"黎元洪有这种忧虑，似乎也在情理之中。

与黎元洪的反应稍有不同，段祺瑞由于早在1914年就主张中国应该加入协约国，因此，当德国潜水艇政策公布后，他的幕僚班子就立即为他准备了中国加入协约国，并进而参战准备的一系列预案。1917年2月1日下午，陆徵祥在第一时间得知美国将对德国潜水艇政策进行抗议，并准备与德绝交的消息后，迅即告诉国务院秘书长张国淦，称"此是中国一好机会，当与各交战国一致行动"。张国淦闻之也异常兴奋，立即约外交界主要人物陆徵祥、魏宸组、王大燮等交换意见，详尽讨论中国在外交上应采取的步骤及办法，并于当天深夜由张国淦向段祺瑞当面汇报，建议段祺瑞务必注意，中国如欲加入协约国，"即当自动的以一个独立

---

① 芮恩施：《一个美国外交官使华记》，187页，北京：商务印书馆，1982年。
② 《一个美国外交官使华记》，189页。

国家的资格参加，不可依附一国，授人以柄。"在谈到出兵问题时，张国淦格外强调，"出兵一层最关重要，吾为弱国，若不出兵实实在在尽点力量，将来和平会议时，出兵的国家与未出兵的国家自有分别，恐将受制于人而我无发言之余地。且北洋军队现在多有暮气，如果出兵若干师，选择最精良的将领同精壮的兵士前往欧洲战场，将来回国时，即以此有新知识、新经验的参战军作基本，扩充全国新军队，改革北洋与各省一班旧军队，况'北洋'二字，在全国中尤不可存此名目。"段祺瑞本来就是主张参战最力的人，在听了张国淦这番语重心长的建议后，更加坚定了参战信心。段祺瑞所担心的只是中国在财政方面的困难以及美国对中国在战后地位的承诺在多大程度上是有效的。①

在随后几天与美国公使的谈判中，中国政府主要关心的是两件事：首先，中国需要经济援助，以便使中国能够最后参战，如果需要中国参战的话；第二，美国应当承诺防止协约国方面做出把中国的自然资源、军队、兵工厂或军舰置于外国控制之下的一切安排，因为这种安排与中国完整的国家独立不相容。

对于中方的忧虑，美国公使给予比较满意的答复。他指出，他已向华盛顿建议，如果中国政府赞成美国的建议，美国政府应采取措施拨出中国即刻所需要的资金，并且采取步骤动用庚子赔款，目前至少可以被分期偿付的大部分赔款用于中国政府的目的。至于战后安排，美国公使芮恩施明确指出，"如果中国一旦采取美国提议的行动，欧洲盟国的代表只会表示赞同，至少其中有些代表是衷心表示赞同的。就日本而言，从情况的发展来看，日本对这个行动也将表示赞同的，中国采取明确的立场站在战争的这一方，虽然还没有完全与协约国联合，但中国将可以博得协约国的善意。在这种情况下，要对中国的主权进行任何干涉必将更加困难。要对一个已经表明愿意做朋友的国家采取强制行动，简直是不可想象的。而且，由于是美国主动邀请中国参与对德抗议的，因此要

---

① 张国淦：《北洋从政实录·对德奥参战》，《张国淦文集》（杜春和编），158页，北京：燕山出版社，2000年。

绕过美国总统采取任何行动或不同美国政府协商,都将是不可能的"①,中国将会从国际外交中得到许多有利的成果。

有了美国政府的承诺,中国政府方面的决策就进展得比较顺利。2月9日下午6时,中国政府外交部照复德国驻华公使辛慈,就德国实行无限制的潜水艇封锁政策提出严重抗议,"切盼德国尊重中立国权利,且重视两国友谊,勿将此项计划(海上封锁)置诸实行,万一出于中国愿望之外,抗议无效,中国迫于必不得已,势将与德国断绝外交关系。"②这就为抗议和下一步外交行动留下了足够余地。

中国政府对德国海上封锁政策的抗议,不仅赢得了协约国方面的欢迎,实际上也是近代以来中国在外交方面一次前所未有的重大举措。不论这一决策将给中国带来怎样的后果,它都意味着中国开始以一个负责任的大国形象出现在国际政治舞台上,国际正义、国家利益在这一决策过程中得到了完美的体现。正如与闻其事的美国驻华公使芮恩施所说的那样,中国政府"是根据他们对正义事业的判断和他们国家的最大利益独立行事的。这是一个自由政府的行动,没有一点儿对它施加压力的企图,也没有要求对它给予补偿的想法。如果把这个行动同某些其他国家政府参战的情况加以比较的话,就可看出这个行动将永远是中国的一件光荣的事。顺便说一句,这是中国第一次独立地参加世界政治活动。中国已经摆脱了长期的超脱状态,在现代国家中占有自己的地位了。"③中国不仅可以就自己的利益发声,而且可以就国际事务表达自己的看法并提出自己的方案,这是1842年之后从来没有过的,又与1842年之前中国在东亚的宗主国地位极不相同,这是近代民族国家重构后中国的新生。欧战为中国提供了千载难逢的机遇,通过参战,世界接纳了中国,中国真正走上了世界。

在中国政府外交预案中,对德抗议只是参加协约国阵营的第一步,德国政府无论如何也不会听信中国一纸抗议而改变它蓄谋已久的潜水艇海上

---

① 《一个美国外交官使华记》,195页。
② 《我国对德态度之决定》,《晨钟报》1917年2月10日。
③ 《一个美国外交官使华记》,196页。

封锁政策。基于这种判断，中国政府在对德抗议后的政策选择，只能是抗议中已经提及的断绝外交关系，并进而为中国加入协约国、直接参战创造条件。对于这一点，段祺瑞早在2月3日内阁会议上就说得很明白："抗议即是绝交先声，不能抗议无效，便自中止。"①所以，中国政府在抗议之后必须做的事情，就是疏通各方面一致对外，"平时政争虽烈，至此自各牺牲意见，互相握手，群策群力，以贯彻其对外之主义"②，以国民举国一致的表示以为政府对外政策之后援，这既是现代国家必备的素质，也是当时中国政府所期待的东西。

对德抗议照会发表的第二天，国务总理段祺瑞偕阁员至参众两院秘密会议上报告政府决定的来龙去脉，说明政府将要采取的外交措施，请求两院支持。两院会议以鼓掌的方式表示对政府的支持、理解。然而国会中隶属于韬园系及丙辰俱乐部等派系的少数议员却不顾大局，欲以此为政争之工具，达其倒阁计划。③这显然是"举国一致"声中最不该出现的不和谐之音，实在有点拿国家外交及其前途开玩笑的意味了。

韬园系和丙辰俱乐部均为宪政商榷会所属的两个派系，他们在国会中拥有最大势力，基本成员多为国民党人或倾向于国民党政治主张的人。前者原本为旧进步党中之孙洪伊、丁世峄一派。当袁世凯帝制运动之初，他们就倡言反对，南下上海，与南方国民党人取一致行动。南北统一后，孙洪伊任内务总长，丁世峄任总统府秘书长。

丙辰俱乐部多为旧国民党中的激进分子，其成员有林森、居正、田桐、马君武、褚辅成等。

韬园系因孙洪伊与内阁成员谷钟秀、张耀曾屡屡不合，故对于段祺瑞内阁持批评态度；而丙辰俱乐部一些人瞧不起谷钟秀等人，于是两派之间有不少共同语言。

对德问题发生后，韬园系新得辞去总统府秘书长但仍为国会议员的丁世峄为之统领，丁遂与同样不满意于段祺瑞内阁的丙辰俱乐部中的马

---

① 《张国淦文集》，160页。
② 秋水：《举国一致》，《晨钟报》1917年2月11日"时评"。
③ 《对德抗议后之各方面》，《晨钟报》1917年2月11日。

君武、温世霖等人结合,将韬园系及丙辰俱乐部改组为"民友社","以纯民党相标榜,而大活动于国会",动辄"主张破坏",主张倒阁。①

国会中分成不同的政治派别,是共和体制的必然。国会对政府的监督当然应该有反对的声音,而且有反对必然有赞成,这样方可使政府决策不致出现太大的失误。从当时国会派别格局看,反对段祺瑞对德政策的政治派别除了韬园系、丙辰俱乐部及后来改组而成的民友社外,还有政余俱乐部、益友社、政学会。最激烈的反对者为民友社,丙辰俱乐部为民友社的别动队,政余俱乐部虽然反对段内阁的对德政策,然其激烈程度较前两派稍逊。益友社原本赞成段内阁的外交方针,但其后发生分化,仅余张继、吴景濂等人赞成,其余成员则改持反对态度。至于政学会,原本是段内阁外交方针的讴歌者,其后因受民友社及丙辰俱乐部的影响,张耀曾、谷钟秀又被迫辞职,于是渐渐恢复其反对党的原形。从反对者构成看,这些派别基本上与南方革命党人有直接或间接的关系。

赞成、支持段内阁对德政策的在国会也不乏其人。其主要派别有三:一是宪法研究会,二是宪政讨论会,三是中和俱乐部。宪法研究会由旧进步党系分化而来,以梁启超、王家襄、陈国祥、林长民、蓝公武诸人为领袖。后又与同样来源于旧进步党的汤化龙、刘崇佑、梁善济、李国珍等组成宪法讨论会合组,仍称宪法研究会,以梁启超、汤化龙为领袖,成为政府的坚定支持者,与段内阁在许多内外政策上都保持高度一致,当然也就成了国民党系的坚定反对者,在议会中占有150名议席,也是议会中最有实力的党团。宪政讨论会多由官僚组成,其党员在议会中占有70名议席,其政见多依宪法研究会的政见为转移。至于中和俱乐部,更是典型的政府御用党,其成员主要有李盛铎的民彝社,张伯烈的宪友会,靳云鹏、李国筠的平社、澄社,以及议会中的各个小政团如宪法协议会、宪政会、苏园、新民社、衡社、友仁社、静庐、正社等11个政团,他们成立的时间为1917年3月25日,即对德外交第二个阶段。

---

① 谢彬:《民国政党史》,《近代稗海》辑六,60页,成都:四川人民出版社,1987年。

从议会政治生态看，对段祺瑞内阁内外政策有支持，有反对，应该说是比较理想的结构。如果各议会党团出于国家利益整体考量，对内阁政策进行监督与批评，肯定有助于政府政策的正确性、连续性。无奈此时共和体制毕竟刚刚恢复、建立，各党派间缺少起码的信任、沟通，对于政府也缺少基本认同，党派利益大于国家利益。"上焉者以政治为转移，次焉者以感情为向背"①，他们不是从对德外交利害关系上入手进行研讨，而是以党派利益、感情因素为出发点，于是导致后来一些不应该出现的冲突，不仅延误了中国外交进程，而且导致督军团干政及张勋复辟，使中国政治严重倒退。

在中国政府对德抗议照会发出前后，议会及国内舆论对于政府的举措虽然有某种程度的不和谐之音，但基本上能够赞成政府的主张。当时反对者最担心的不是中国政府的抗议，而是在抗议无效后的进一步举措，即绝交，进而加入战团。这从谭人凤、章太炎2月9日联名致黎元洪、国务院及参众两院的电文中就可清楚地看到这种担心。电文称："闻最近有加入协约之议，不胜怪诧。欧人交战，各有利害，我无与焉。此次美、法邦交决裂，原为德人败其商务，中国无商务可言，何取邯郸学步？"在谈到战争的结果时，电文称："迩来军实空虚，士心怯弱，蒙匪小寇，尚不能速奏荡平，加入战争，果有何力？假饬德人战胜，则赔款割地之害，嫁祸无穷。细审此事，有百害而无一利，譬如勇夫，勇羸弱者交媾其间，无益于彼而有害自身，亦不自量甚矣。存亡之机，系于一发，愿勿以国家为孤注也。若夫东国邦交，自宜亲睦，亦曰亚东主义而外，非我所敢知而已。"②谭、章这些论证，遂成为后来反对段祺瑞政府对德政策的滥觞，也是议会中几个反对派别最主要的理论凭借。

为段祺瑞政府提供参战理论根据的主要是梁启超、汤化龙等人，他们在推动中国政府对德抗议后，确曾不遗余力地鼓吹中国应当尽快走出第二步，即对德绝交及宣战。梁启超认为，对德抗议后的必然结果是对

---

① 《张国淦文集》，165页。
② 《谭石屏章太炎反对加入协约电》，《中华新报》1917年2月11日。

德绝交，是加入协约国阵营，"至协商诸国对于吾国之加入，固极乐承。然我政府不可不随时先与接洽，如与我最有密切关系之日本，尤应时时彼此互换意见，以求一致之进行，斯为根本之办法也。"汤化龙说得更明白："我政府对德抗议，吾人认为正当办法。抗议既发，第二步之断绝国交，第三步之宣战，或为不可避之事实。政府既毅然出于第一步，必有最后之决心，与一贯之计划，决非轻易尝试者。"①鼓励政府在既然走出第一步之后，应该义无反顾地走下去，直至宣战而加入协约国战团而止。

梁、汤二人对政府的支持是有意义的，特别是与他们关系极为密切的《晨钟报》在中国参战问题上的鼓吹，应该说对于化解国民对参战的恐惧，对中国必须参战意义的理解都很有帮助。问题在于，当国民在外交问题上尚无根本觉悟的情况下，在第一步既然走出而尚无实际结果的条件下，这样鼓吹去走第二步、第三步，无疑也容易增加国民的疑虑，增加反对者的恐惧。

事实上，当段祺瑞的内阁向参众两院议员解释中国必须对德进行抗议政策时，除极个别议员如中和俱乐部中的议员略有不同声音外，议员中的大多数对政府的举措并没有提出更多的反对意见，他们基本上还是接受了政府的主张。问题出在中国政府的抗议发出后很久，德国政府对中国的抗议置之不理，而中国国内各政治派别开始分化，主张走第二步、第三步的越来越坚决，而反对的力量也开始聚集，并逐步形成相当势力，甚至在政府内部找到了自己的代言人，这就使段祺瑞对德政策的推行遇到了意外的困难。

段祺瑞如果一如既往地遵守与黎元洪的约定，与美国保持一致，中国对德绝交及宣战，参加协约国的政策或许不应该出现什么问题。然而由于后来一些意想不到的事件出现，使段祺瑞无法继续遵守与美国保持一致的信诺，转而依靠日本，遂使问题日趋复杂，并衍生出后来的"府院之争"。

---

① 《客述梁任公、汤济武两先生之外交谈话》，《晨钟报》1917年2月11—12日。

在中国是否与德国破裂,以及是否与协约国保持一致的问题上,日本政府原先的立场是竭力阻挠中国与德国决裂,与协约国保持一致。日本政府期望隔绝中国与美国等协约国方面的联系,并期望乘西方国家无暇东顾,扩大和巩固它于大战爆发之后所获得的在华权益,尤其是它乘参战之机所夺取的德国在华权益。

日本的在华扩张引起了美、英等西方国家的忧虑,这些国家的驻华外交官、记者等不断呼吁西方国家扩大对中国的援助,以抵制日本在中国及远东地区的扩张。但这些西方国家一直因自己方面的原因而无暇顾及日本在中国影响不断扩大的事实。只是等到德国潜水艇政策公布之后,美国政府在准备与德国宣战之后,协约国方面才开始认真对待日本对中国的影响,鼓励中国摆脱日本的影响,勇敢地站在协约国方面来。实际上,日本在获悉美国介入中国对德外交活动后,也迅速改变其阻止中国参战的立场,转而鼓励、支持中国参战。

1917年2月11日,段祺瑞致电驻日公使章宗祥,令其探询日本政府对于万一中德绝交有何意见。同日,章回电称日本政府建议中国政府不必长时期等待德国政府对抗议照会的回复,在抗议照会提交给德国一个星期后,德国没有满意的答复,即可认为德国政府是在有意侮辱中国,中国政府就应该"即行断绝国交","惟为中国有利起见,深望断绝国交后,再进一步加入联合战团"。①12日,日本驻华使馆参赞芳泽谦吉往访段祺瑞,当面表达日本政府希望中国政府不必等待德国政府的答复,可尽快宣布与德国绝交。

有了日本政府的支持,段祺瑞也开始加快了对德问题的处理步伐。2月14日,国务会议决定,如德国潜水艇有击中立船只事,即为中国与德国绝交之时期。同日,外交部将这一决定通知章宗祥,要求章在与日本方面交涉时,希望日本政府对于中国将向协约国提出的酌加关税及缓解庚子赔款等事项予以支持。电文称:"如一旦宣言与德断绝国交,民间不察,必疑中德将有战事,金融贸易必受影响,而北部回民煽动之事,

---

① 章宗祥:《东京之三年》,《近代史资料》总38号,26页。

防范尤当注意。我虽不与宣战，一切准备，需费甚巨，嗣后内政上对于财政之改革，自必积极进行。但缓不济急，且又不能以借外债为救济财政之策。如联合国能允我酌加关税及将庚子赔款缓解或延长年期，则于目前财政不无裨益。政府拟将此问题与联合国提商，望先向日外部密探意见，并盼其助成此举。"①

接到外交部电报后，章宗祥即与日本外相面谈。日本方面表示，中国政府所提酌加关税及缓解赔款两层，日本政府将会仔细考虑中国的要求，并将相机向协约国方面提出。至于日本政府之所以力劝中国与德国绝交，日本外相表示"实专为中国计。联合国胜，究系多数，中国将来尚有因应之余地；若德胜则独行称霸，联合国既无力相抗，恐彼时中国惟德命是听，安能自立？况现在胜败之势，业已了然，中国何惜一德，而使联合国疑为敌视。"②中国国家利益最大化，除了积极参战，似乎别无他途。

但是，在共和早期，政党政治还没有走上正轨。政党利益、歧见，严重制约了政治发展。随着对德宣战临近，政府外的反对力量逐步聚集，导致政府内开始发生分化，最明显的变化就是黎元洪由先前并不反对的立场，退为坚决的反对派。

黎元洪在袁世凯之后之所以得以顺利出任大总统，实际上得益于段祺瑞的邀请、支持，因为按照北洋系内部更多人的看法，他们更希望徐世昌出山。从这点来说，黎、段之间的关系应该不错，决不至于在对外政策上闹出那样大的乱子，造成府院之间如此重大的冲突。

黎元洪和段祺瑞的个人关系在袁世凯之后一段时间确实不错，但为时不久便因有人从中挑拨而恶化，再加上段祺瑞纵容飞扬跋扈的徐树铮，对黎元洪根本不尊重，随之黎元洪对段的好感越来越少，并开始注意限制段祺瑞的权力。③

对德问题发生后，黎元洪在伍廷芳等人的影响下，同意与美国一致行动，加入协约国，最终向德国宣战。但他同时也担心，万一中国宣布

---

① 《东京之三年》，《近代史资料》总38号，27页。
② 《东京之三年》，《近代史资料》总38号，28页。
③ 《北洋从政实录》，《张国淦文集》，360页。

进入战争状态之后，会加强军方的权力，实际上是担心段祺瑞会通过参战，谋取外援，而增加其权力，这一担心在某种程度上和南方革命党人的担心比较一致。因此，黎元洪在对德问题上的态度变化，从一开始就埋有伏笔。①

尽管有这些担心，黎元洪在对德问题开始之初的一段时间里，并没有完全站在段祺瑞内阁的反对面，所以当政府通过对德抗议照会时，黎元洪也没有表示出自己的反对。据张国淦说，黎元洪之所以反对段祺瑞对德问题的决策，实际上是在对德抗议后、对德绝交前，而其中的原因，似乎主要是日本因素在起作用。②

日本的帮助、允诺，让段祺瑞在对德绝交及宣战问题上日趋坚定。而随着段祺瑞日趋坚定，则是黎元洪日趋犹豫、退却。他明确告诉段祺瑞，对德抗议是国务院权限范围内的事，总统府不会过多干涉。但至于对德绝交，则必须提交国会讨论。很显然，黎元洪期待以此制约段祺瑞、国务院的行动。

对于黎元洪关于"绝交案"须向国会提交的说法，有阁员表示反对，以为绝交尚未宣战，似可不必交国会。而段祺瑞则表示，总统主张交议，当尊重总统意见。而且参众两院不了解外交内容，交议亦可促使议员们注意外交问题。应该说段祺瑞这种主张，既尊重了议员的权力，也是对黎元洪的让步。似乎从段祺瑞内心，他不想在参战问题上与黎元洪闹僵。他似乎也相信，黎元洪应该很清楚中国参战与不参战的区别，相信黎元洪会从国家整体利益考量，同意中国在适当时候参加到协约国方面来。

遵照黎元洪的建议，段祺瑞与国会方面进行了沟通，诸议员对政府对德绝交方案并无异议，只强调政府如果向德国宣战，应该持慎重态度。国会方面似乎也接受了段祺瑞断交、宣战的理由。

与国会的沟通完成后，剩下的只是总统府。由于总统黎元洪此时对段祺瑞多少已有些不信任，故而双方隔膜是客观存在，误会也就在所难

---

① 《一个美国外交官使华记》，189 页。
② 《对德奥参战》，《张国淦文集》，166 页。

免。总统府方面以为国务院为"专擅",而国务院方面则以为总统府为"干涉",而"政客构煽其间,以势力消长之说,挑拨双方感情。于是府方暗中联络各省军人,而院方尤挟军人以自重,浸浸乎有一发难收之势"①。府院裂痕愈演愈深。

总统府方面欲联络的各省军人,首推在南京的副总统冯国璋。冯以副总统身份坐镇东南,是最有势力的军人。而且当对德冲突发生以来,冯的公开言论,几乎都站在总统府方面,主张对德交涉要谨慎,支持黎元洪采取中立立场。②后因受梁启超、张国淦等人的影响,转而暗中支持段祺瑞的对德方针。"一日,冯径电段,对参战极端赞成,并言已电沿江各省,不致有他项问题。"③只是这一密电在当时并未公开透露出来,外界并不了解冯国璋态度的变化。

当府院冲突日趋加剧时,冯国璋应邀于2月21日由宁入京。由于冯此时真实态度尚未公开,府院双方都以为冯国璋是自己的支持者,双方俱望冯氏一言以为轻重。

到京的最初几天,冯国璋仍未表明立场,但当他与黎元洪、段祺瑞,以及元老派徐世昌、王士珍等人分别密谈后,便开始公开亮出自己的态度。2月25日下午,冯国璋与徐世昌、王士珍、段祺瑞四人在徐宅聚谈甚久,最终达成对德绝交并加入协约国的共识。冯国璋甚至答应尽力说服黎元洪也同意对德绝交并加入战团。

2月26日,黎元洪主持召开特别会议,决计对德方针及外交方略。冯国璋力劝黎元洪同意中国加入协约国,但黎元洪根本不为所动,主张继续坚持中立,甚至表示"即使辞去总统,亦不能承认"。第二天,黎元洪在答记者问中再次强调,中国决"不可以冒险投机之精神加入战争","对于此事之真正决断,必出之于人民。"当冯国璋已不再可信赖时,黎元洪将全部赌注压在国会。2月28日,国务院全体阁员谒见黎元洪,说明对德应由绝交而宣战,再加入协约国。对此要求,黎元洪明确主张,

---

① 《对德奥参战》,《张国淦文集》,168页。
② 冯国璋致黎元洪电,《申报》1917年2月12日。
③ 《对德奥参战》,《张国淦文集》,166页。

此事必征得国会同意。

遵照黎元洪的要求,段祺瑞于3月2日向国会外交委员会提出对德外交关系问题,先行疏通政府与国会的关系。3日,段祺瑞主持国务会议,通过对德绝交案及《加入协约国条件节略》。4日,段祺瑞偕阁员到总统府,请总统在国务院将提交给议会的文件上盖印。而此时黎元洪却说此事重大,当再慎重考虑,拒绝盖印。段祺瑞见状,愤而离去,当晚即宣布辞职并离开北京前往天津,府院之争因参战问题迅速激化、公开化。

段祺瑞的离开,黎元洪原以为并不是一件非常重要的事情,好合好散,也不是不可以接受。第二天,黎元洪与北洋系几位掌门人徐世昌、王士珍、冯国璋面商此事,他希望徐世昌、王士珍能够分别出任总理和陆军总长。徐世昌、王士珍均不答应,冯国璋自告奋勇前往天津请段祺瑞归来复职。冯国璋敲定并经黎元洪同意的段祺瑞复职条件是:一、内阁确定的外交方针,总统不再反对;二、内阁拟定的命令,总统不得拒绝盖印;三、内阁训示各驻外使节、督军、省长,总统不得干预。①大总统终于变成了一个荣誉职务。

黎元洪的退让,让中国参战成为可能。3月7日,段祺瑞以政府名义密电各省及驻外公使,通知他们对德外交方针已获总统赞同,各省"切勿再生异议"。②并命令各驻外公使向各驻在国政府宣布中国政府对德绝交决定,并磋商条件。据3月8日国务院、外交部发给驻日公使章宗祥的电报说:"对德问题,现只待各方面更加疏通,即行断绝国交,至必要时再为扩张之办法。我国此次动机,全为人道公法起见,绝不含有交换利益之意。惟外交既有变动,财政必生影响,故前电曾以赔款、关税等问题,请贵使用半公式的交涉,希望日政府尽力,并由陆前总长转达驻京各使。旋准协商七国公使正式复牒,表赞成意见。当答谢各使好意。兹有致日本政府节略一件,文如下:'中国政府目前所希望于协约国之

---

① 《中华新报》1917年3月8日。
② 《中华民国史》编二,卷二,56页,北京:中华书局,1987年。

具体的条件,兹特向日本政府秘密表示,深望日本力予赞同。第一,庚子赔款,德奥方面,永远撤销;协约国方面之赔款,希望以援助中国财政之好意,十年内暂缓偿还。十年后仍照原有金额按年递付,不另加利息。第二,中国政府希望以援助中国财政之好意,承认中国即时将进口关税额增加五成,并由中国政府陆续改正关税价表,改正后,即按实价值百抽七五征收。至中国政府将厘金裁撤后,即实行光绪二十八年、二十九年、三十年与日、英诸国所定商约,将关税加至实价值百抽十二五。其复进口之子口半税,亦即于正税加至十二五之时废止。第三,《辛丑条约》及附属文书中,有妨碍中国防范德人行动之处,如天津周围二十里内中国军队不能驻扎。又使馆与沿铁路各军队等类,希望解除。至中国对协约国应负之义务,至左列两端为止:一、原料之资助;二、劳工之援助。"①日本政府对于中国政府的要求给予充分体谅,3月12日,日本内阁决定如中国参战,可缓付庚款至大战终止,关税按实价征收百分之五,大战期间中国军队出入天津附近。

参众两院这时也极为配合政府的决定。3月10日、11日,分别通过对德绝交案。14日,政府公布与德国绝交令,并布告全国。外交总长伍廷芳照会德使辛慈,通知与德国政府断绝现有外交关系,并令驻德公使颜惠庆下旗回国,中国在德国的利益委托给丹麦代表负责管理。随后,德国在天津、汉口的租界被中方派人占领。中国海军也顺势扣押了被拘留在中国港口的德国船只。

4月6日,美国对德宣战。中国从绝交到参战再次提上日程。然而这时国内各界反对参战的呼声一浪高过一浪。即便段祺瑞的内阁在讨论参战问题时,也出现了罕见的不一致。是否参战,成为各派政治势力角逐的关键。4月9日,段祺瑞电召各省督军来京开会,商定外交大计。25日,督军团会议开幕,各省督军"各抒怀抱"②,最后以压倒多数赞同段祺瑞内阁的方针,决计对德宣战。

---

① 《近代史资料》总38号,32—33页。
② 胡平生:《民国初年的复辟派》,167页,台北:学生书局,1985年。

5月1日，国务会议通过对德宣战案。旋由段祺瑞率同阁僚面请黎元洪核准。黎元洪也明白只要国会通过，他就履行总统在命令上盖章的责任。此后几天，段祺瑞，以及内阁成员、各省督军都通过各自的关系和议员沟通。

5月10日，众议院举行参战案审查会。莫名其妙地出现了公民请愿团包围议会的事件，这让段祺瑞内阁很被动。19日，众议院复议宣战案。议员褚辅成以内阁成员辞职者众为由建议搁置，多数通过。

众议院出乎意料的做法让段祺瑞、督军团恼怒不已。当天（19日）下午，督军团在倪嗣冲私邸召集紧急会议，研究系重要人物也出席了这次会议，并出谋划策。他们决定采取最后一个步骤，对国会再施以压力，迫使其通过参战案，否则督军便联名呈请总统解散国会。由此又衍生出张勋拥戴清废帝溥仪复辟的大事变。段祺瑞马厂誓师，平息叛乱，三造共和，居功至伟，回任国务总理，冯国璋接替黎元洪，就任大总统。

新的政治格局形成后，参战问题再次提上日程。不过这一次不再存在国会干扰之类的问题，因此参战问题不再成为问题。8月14日上午10时起，"中国与德奥两国同时进入战争状态，所有中国与德奥两国订立之条约，无论关于何种事项者均一律废止。"①

中国参战并不是大规模出兵欧洲，实力较量，更多的是一种象征性的意义，是一种道义上对正义的支持。那时的中国没有力量向欧洲派遣参战军，但也力所能及地向协约国运送了大量的粮食，向法国派遣了一个军事调查团。还在中国没有宣布参战前，就有多达14万的中国劳工在欧洲战场为协约国军队服务，其中至少有6000多人因为疾病、敌人的攻击或者恶劣的医疗条件而长眠于异国他乡。②这是中国人为世界和平做出的贡献。

参战是欧战带给中国的一个巨大机会。第一，为中国赢得了进入巴

---

① 《外交部关于中国参战致各国公使照会》（1917年8月14日），《中华民国时期外交文献汇编》卷一下，1370页，北京：中华书局，2016年。
② ［法］多米尼克·马亚尔：《第一次世界大战期间在法国的中国劳工》，《国际观察》2009年第2期。

黎和会的入场券。没有参战,中国就是一个局外者。如果不幸弄反了,与德国结盟,更是一件糟糕的事情。当然相信中国文明在关键时刻总能找到正确的方向,尽管挫折连连,毕竟总会有个差强人意的结果。第二,庚子国变、辛丑谈判中的一些问题有了新解,德国的庚款停付不必说了,其他国家的连带利益,也都因为中国参战而重新考量,毕竟大家成为同一条战线上的盟军。第三,中国的国际地位,因为参战而获得调整,中美关系再继续拉近。中国与其他大国的关系也有新的变动。即便是中日关系,也有新的动向。第四,由于中国通过参战重回国际舞台中心,参与巴黎和会,中国问题进而进入国际视野,在巴黎和会没有如愿解决的问题,在随后几年也逐步获得解决。中国渐渐成为国际社会重要的一极,渐渐成为不容忽视的大国。第五,中日关系也因中国参战获得调整。1918年初,日本向中国提供了大量贷款,并协助中国组建了一支现代化的参战军。进而,两国外交当局讨论并调整了一些历史遗留问题,诸如关于山东问题的换文,对胶济铁路经营、管理、警备等问题,都有相当细致的安排。这些外交讨论互有让步,对于中日关系,对于山东地方,应该说有妥协总比没有讨论听之任之好。但后来民族主义情绪高涨,中日之间的妥协又成为争议的焦点,甚至成为巴黎和会的焦点,引发后来的政治动荡。

中国是在 1917 年 8 月 14 日宣布参战的。一年后,1918 年 11 月 11 日,协约国与德国签订休战条约,标志着持续 4 年之久的第一次世界大战宣告结束。满打满算,中国参战时间一年两个月。但这一年多的时间,却改变了世界,也改变了中国。

为庆祝协约国胜利,中国许多机关团体放假 3 天,北京各界还在天安门外、中央公园等处持续数天举行演讲大会,蔡元培、陈独秀、李大钊等相继发表演讲。11 月 15 日,蔡元培演讲的题目是《黑暗与光明的消长》,从他的这个演讲中,可以看出中国人对协约国的胜利充满了怎样的期待。他说:"距今一百三十年前的法国大革命,把国内政治上一切不平等黑暗主义都消灭了。现在世界大战的结果,协约国占了胜利,定要把国际间一切不平等的黑暗主义都消灭了,〈别〉用光明主义来代他。

所以全世界的人，除了德、奥的贵族以外，没有不高兴的。"①在演讲中，蔡元培提出了几个例证，第一是黑暗的强权论消灭，光明的互助论发展。"此次大战，德国是强权论代表。协商国，互相协商，抵抗德国，是互助论的代表。德国失败了，协商国胜利了。此后人人都信仰互助论，排斥强权论了。"第二是阴谋派消灭，正义派发展。第三是武断主义消灭，平民主义发展。"法国、美国都说是为正义人道而战，所以能结合10个协商的国，自俄国外，虽受了德国种种的诱惑，从没有单独讲和的。共和国的外交，也是这一回胜利的要素。现在美总统提出的十四条，有限制军备、公开外交等项，就要把德系、俄系的政策根本取消。这就是武断主义的末日，平民主义的新纪元了。"第四是黑暗的种族偏见消灭，大同主义发展。蔡元培由国际局势延伸至国内局势，"我希望国内持强权论的，崇拜武断主义的，好弄阴谋的，执著偏见想用一派势力统治全国的，都快快抛弃了这种黑暗主义，向光明方面去"。②蔡元培的意思是，欧战是一场悲剧，但结局不错，人类由此获得了新生，黑暗即将过去，光明就在前面。

蔡元培的乐观并非没有道理，也不是他一个人的感受。战争结束前10个月，1918年1月8日，美国总统威尔逊在参众两院发表政策演讲，明确提出"十四点和平纲领"，这是中国人以及协约国民众趋向乐观的一个重要原因。这十四点纲领内容主要是：

1. 公开外交，不得有任何秘密国际谅解；
2. 无论和平与战争时期，公海航行中绝对自由；
3. 尽可能排除一切经济上的壁垒，国际贸易机会均等；
4. 充分地相互保证各国军备应缩减至足以维持国内安定的最低限度；
5. 解决一切殖民地纠纷时，须以诚相见，绝对公正，在决定一切有关主权的问题时，应兼顾当地居民的利益与殖民地政府之正当要求；
6. 撤出全部俄国领土上的外国军队，世界上其他国家应该提供俄国

---

① 《蔡元培全集》卷三，216页，北京：中华书局，1984年。
② 《蔡元培全集》卷三，216—218页，北京：中华书局，1984年。

以独立决定其政治发展和国家政策不受阻碍的机会,对它的需要和渴求的,给予一切帮助;

7. 从比利时撤军并使其复国;

8. 撤出法国所有占领区并恢复原状,将阿尔萨斯和洛林归还法国;

9. 调整意大利边界;

10. 奥匈帝国的人民应获得自治的机会;

11. 罗马尼亚、塞尔维亚和门的内哥罗境内占领军撤退,巴尔干诸国的政治经济独立和领土完整,由国际保证;

12. 承认土耳其帝国内土耳其部分主权,但土耳其统治下的其他民族应获得绝对的自治权,达达尼尔海峡在国际保证下永远开放为自由航道;

13. 建立独立的波兰国家,其政治经济独立和领土完整由国际章约予以保证;

14. 必须根据旨在就不论大小国家的政治独立和领土完整提供相互保证的专门条约,组织一个普遍性的国际联合机构。

威尔逊提出的这十四条原则,"以为美国谋和不易之条件。此等原则,若以条件视之,则其精神尚佳,而其措置,其实质,盖未尽善也。其中所要求者,为国际条约之公开而使秘密外交停止,公海之上得自由航行,自由通商,减裁军备,及以民族独立之各项原则为许多政治上厘定之根据等。而十四条最后之一条,则要求成一'普遍之国际联合'以保障世界之和平"[①]。

这十四条原则受到世界各国的普遍欢迎。无论如何,似乎为各处有理性之人所欲得之和平。不仅正直、合礼的德国人、俄国人可以承认威尔逊的这些原则,即正直而合礼的法国人、英国人、比利时人,亦莫不可以承认之。于是短短数月,全世界皆推其信仰于威尔逊而视为前途之光明。此后差不多两三年的时间,国际政治事务中心话题,无不围绕着威尔逊的十四条原则展开。

在中国,对威尔逊的十四条原则,同样给予热情的欢迎,这些原则给备感屈辱的中国人以希望。陈独秀在给《每周评论》撰写的发刊词,

---

① 韦尔斯:《世界史纲》下,786页,上海人民出版社,2006年。

大体上代表了那时中国人的一般看法："自从德国打了败仗，'公理战胜强权'，这句话几乎成了人人的口头禅。列位要晓得什么是公理，什么是强权呢？简单说起来，凡合乎平等自由的，就是公理；倚仗自家强力，侵害他人平等自由的，就是强权。德国倚仗着他的学问好，兵力强，专门侵害各国的平等自由，如今他打得大败，稍微懂得点公理的协约国，居然打胜了。这就叫做'公理战胜强权'。这'公理战胜强权'的结果，世界各国的人，都应该明白，无论对内对外，强权是靠不住的，公理是万万不能不讲的了。美国大总统威尔逊屡次的演说，都是光明正大，可算得现在世界上第一个好人。他说的话很多，其中顶要紧的是两主义：第一不许各国拿强权来侵害他国的平等自由。第二不许各国政府拿强权来侵害百姓的平等自由。这两个主义，不正是讲公理不讲强权吗？我所以说他是世界上第一个好人。"①中国人对战后充满了憧憬，因为中国之前受到的磨难太多了。

然而，中国人的兴奋并没有持续很久。很快，陈独秀就发表了一篇题为《威大炮》的随感，讥讽威尔逊："有一班人因为孙中山好发理想的大议论，送他一个诨名，叫做孙大炮。威尔逊总统的平和意见十四条，现在也多半是不可实行的理想，我们也可以叫他做威大炮。"②

特别是从巴黎和会上传来的消息越来越令人失望时，中国人对西方，特别是对美国的失望情绪与日俱增。美国驻华公使芮恩施记录下了这种失望的情绪："世界上或许没有一个地方会像中国那样对美国在巴黎的领导寄予那么大的希望。中国人信任美国，他们信赖威尔逊总统发表的关于原则的多次声明，他所说的话已经传到中国的最边远的地区。由于控制巴黎和会的老年人所作的决议，他们已陷于非常失望和幻灭的境地。我想起中国人民如何忍受这样的打击，就感到烦闷和沮丧，因为这个打击意味着毁灭他们的希望和破坏他们对国际公道的信心。""我担心，这种普遍失望的情绪可能会激变为一种反美情绪；这并不是因为我们对于

---

① 《〈每周评论〉发刊词》，《独秀文存》，388页。
② 《威大炮》，《陈独秀著作选集》卷一，476页，上海人民出版社，1984年。

这种不公道的决定要比别人负更多的责任,而是因为中国人非常相信我们的力量、影响和对原则的忠诚。他们很难了解美国为什么会这样卑鄙地彻底地屈服。外国报纸也说美国要负主要责任。……我担心中国人也许会感觉到他们是在朋友家里被人家出卖了,但是他们以坚强不屈的精神接受这个打击。他们从来没有因为威尔逊总统在巴黎的行为而讲过谴责美国的话,来伤害我的感情。他们对我表示非常灰心,但只说威尔逊总统一定遇到了他们所不知道的极大的困难。"[①]对西方失望、怀疑的情绪就这样滋生着、蔓延着,过去二十年坚定走向世界的信念在这种情绪影响下开始动摇。

---

① 《一个美国外交官使华记》,276—277页。

第六章
北京大学：新教育、新文化与新政治

五四新文化运动的发生说复杂很复杂，说简单又很简单。除却时代背景和时代恩赐外，也就是陈独秀从日本归来突发奇想要办那么一个叫作"青年"或者"新青年"的杂志，经过短短几年的鼓吹，那些来自西方的新思想竟然真的成为改变中国人意识的动力，这是《新青年》和陈独秀的不朽功绩。另外一个可以与陈独秀和《新青年》相辅相成、相得益彰的是蔡元培和北京大学。如果不是蔡元培主持北京大学，大概就不会有陈独秀出任北大文科学长；如果陈独秀没有出任北大文科学长，《新青年》的作者阵容不会这样强大，《新青年》的影响力也就不会空前，更不会绝后。当然，如果没有陈独秀和《新青年》，北京大学也不可能在那个时代成为新文化运动的中心。所以，历史的因果与循环非常值得玩味，很难说哪个原因才是最根本的。

新教育：京师大学堂

北京自元朝开始成为中国的政治中心，中间除极个别年份外，一直是元明清和民国的首都，历时近千年。长时期的政治中心地位，使北京成为一个非常特殊的政治城市：政治敏感，但趋于保守；文化繁荣，但容不得异端；经济无忧，但总显得暮气沉沉。总之，北京这个政治中心不知从何时开始，直至近代，成为中国政治保守势力的大本营，许多新思想、新文化在这里萌生，但又总是在这里被扼杀，被绞死。

1894年甲午战争爆发，经过30年洋务新政强势发展的"大中国"竟然不敌东邻小国日本，痛定思痛，中国人意识到还是中日两国在过去30年所走的路不同。中国在1860年开始走上向西方学习的路，但中国人始终自以为聪明，坚信中国所需要的只是西方的"用"、西方的"末"，只是西方的科学技术。至于西方国家的政治体制、西方的"体"、西方的"本"，中国不仅不需要，而且始终认为西方的"本"、西方的"体"远不如中国的好。那时的中国人，发自内心地坚信"民主是个好东西"，但这个"好东西"并不是放之四海而皆准，各国国情不同，各国的政治发展就不可能整齐划一，仅就政治体制、国家权力架构、民意表达等方面而言，民主"还是中国的好"。于是自19世纪60年代至90年代长达30年的洋务运动，结果就是一场"跛足的现代化"，经济虽然发展了，但经济的基础、政治的架构则始终没有变。

而日本自1868年开始向西方学习，由明治天皇为主导进行变法，史称"明治维新"。日本没有多少文化包袱，没有多少文化积淀，没有传统的太多束缚，所以日本人像先前千余年坦然向中国学习一样，彻底转身向西，全盘西化，与先前高度崇拜的中国文化彻底告别，甚至与身在其中的亚洲脱离，目标是在远东、在亚洲建设一个西方式的国家，当时日本人的口号就叫作"脱亚入欧"。

日本这个民族具有很强的韧性，一旦确定了发展目标就举国一致。仅仅用了20多年的时间，就重建了一套比较完整的政治体制、权力架构，更重要的是，重建了日本人的政治文化心态。日本俨然成为亚洲的一个西方国家，与西方近代国家在政治上获得了平等地位，以兄弟相称，从而拉开了与中国的距离。先前较日本先进的中国，竟然在那几十年不知不觉中落后于日本。

当中国还在陶醉30年辉煌成就的时候，日本人正在做着灭亡中国的准备。1894年中日两国军队轻轻交手，"大中国"就仓皇败在"小日本"的手中。

甲午战败不仅是中国的奇耻大辱，也是中国的一次警醒。中国是一个不怕失败、不怕挫折的民族，于是在甲午战后很短的时间里，中国就重振精神，甚至向自己的"敌人"日本学习，试图走上日本仿照西方发展的道路。中国进入了一个"维新时代"，经过几年筹备、酝酿，至1898年达到高潮，中国从先前的经济变革进入政治变革、文化变革的阶段。那一年，短短的100天，清政府以光绪帝的名义发布了一系列变法诏书，其中一个最重要的诏书，也是新政开始的第一份诏书，就是在北京建立一所大学堂。

清政府要建立京师大学堂的本意，是因为在那之前几十年，大家都逐步意识到旧有的科举考试制度已经无法满足世界的变化和中国的需要，科举制度所考的内容主要是传统体制下官僚养成所需要的人文知识，而近代西方对中国的冲击，或者说中国最迫切需要的是自然科学、技术科学之类的新知识和现代法律、国际事务方面的专家，而这些内容在旧有的科举考试体制中似乎很难容纳。稍前，严修提出设置特科以选择这些方面的人才，但那还是不能满足中国对新知识的需求，于是有建立京师大学堂以弥补旧有体制缺陷的目的和用意。

1898年轰轰烈烈的变法因各种机缘巧合在100天后草草结束了，失败了，新政期间的许多政治、经济、文化方面的新政策也相继被废除。然而，京师大学堂却没有在旧制复辟的过程中受到伤害，成为"维新时代"留下的很少一部分痕迹中一个重要的痕迹。

维新运动短暂的潮水已经消退而成为历史陈迹，只留下一些贝壳，星散在这恬静的古都里供人凭吊，但是在京师大学堂里，却集结着好些蕴蓄珍珠的活贝。特别是由于命运之神的摆布，幸运的京师大学堂居然在后来短短30年历史中对中国文化与思想，对中国历史发展做出了重大贡献。

当然，京师大学堂也是19世纪中叶开始的中学与西学、科举与学校长期冲突、对峙的产物。按照清政府1898年的办学意图，京师大学堂的基本方针是为清王朝培养一批具有近代知识而又能效忠于清帝国的知识分子。故而京师大学堂的办学宗旨只能是"中学为体，西学为用；中学为主，西学为辅"。这是清政府能够接受的"西化"极限。按照规划，京师大学堂不仅是中国的最高学府,是一所大学,而且还是清政府的最高教育行政管理机关,担负着指导全国教育特别是新教育的规划、指导和管理功能。

作为维新时代留下的纪念品,京师大学堂终于在1898年之后得以存在。但到了1900年,却因为洋学堂的关系而受到义和团运动的强烈冲击,先是被义和神拳的弟兄们作为基地,作为拳坛,继则被这些神拳兄弟视为和洋学堂、教堂一样的舶来品,遭到空前劫难。

八国联军打进北京后,京师大学堂一度因曾被义和神拳的弟兄们设为神坛而受到联军的占领和摧残,以致学校关门,师生流离,校舍建筑遭到破坏,图书仪器荡然无存。直到1901年底,议和结束,《辛丑条约》签订,清政府方才下令恢复重建京师大学堂,并于1902年初委派吏部尚书张百熙为管学大臣,着手筹办。

张百熙是晚清具有新思想、新见解的开明官僚,1901年百废待举之际就向清政府提出"增设官制,整理财政,变通科举,广建学堂,创立报馆"五条革新大计,并明确建议将京师大学堂改隶国子监,正名为大学,"以一学术而育真才",改总理衙门附设的同文馆隶属于大学,重建中国教育新体制。所以,清政府于1902年1月10日任命吏部尚书张百熙为官学大臣,经理大学堂一切事宜,负责大学堂重建,也算是用其所长,使其有机会一展抱负。

出任官学大臣后,张百熙很快提出《筹办京师大学堂情形疏》,建议清政府先开预备、速成两科,预备科分为政科、艺科,速成科分为仕学、师范两馆。仕学馆主要对官员队伍中可造之才进行在职培训,使之适应当时正在启动的新政需要;预备科及师范馆则主要从事基础教育、理论教育,着眼于长远发展。

一个篱笆三个桩,一个好汉三人帮。张百熙接受京师大学堂重建使命后,遂聘请吴汝纶担任京师大学堂总教习,具体负责京师大学堂的日常事务。

吴汝纶是晚清著名教育家,也是桐城派的重镇,先后入曾国藩、李鸿章幕府,与张裕钊、黎庶昌、薛福成合称"曾门四大弟子"。后弃官从学，长期主持莲池书院，弟子遍天下，不仅使他声望大增，而且使他俨然成为晚清颇具影响力的"意见领袖"，一言九鼎，名满天下。

吴汝纶确实是当时担任京师大学堂总教习的最佳人选，在张百熙多次恳请下，吴汝纶最终答应了这一任命，但提出的条件是，在赴任就职前前往日本考察学政。

1902年5月，吴汝纶一行启程赴日，先后在长崎、神户、大阪、西京和东京等地考察了各级各类学校和相关机构，拜访了众多日方官员，了解日本在过去几十年的发展尤其是教育的作用、功能及举措，后来他将自己的所见所闻、所思所想整理成册，定名为《东游丛录》。

然而在日本考察期间，吴汝纶因留学生事与驻日公使蔡钧发生龃龉，10月22日归国抵达上海后，以拟返乡谋办桐城小学校为借口，固辞不就京师大学堂总教习职。

任命吴汝纶是清政府已经决定了的事情，吴汝纶的反悔使张百熙非常为难，至踵门长跽以请，吴不为所动，云家事放纷，非归不了。又经丧乱，精力短耗，若必欲其任京师大学堂总教习，恐有生之年难返乡园。且他这次返回安徽，也不是没有事情，当务之急是他必须尽快将李鸿章遗稿整理出来，"以答厚我之意"。

吴汝纶的理由不可谓不充分，然而深悉其内情的严复则认为，吴汝纶之所以反悔，除了与蔡钧龃龉外，主要的还是吴汝纶担心京城人众，"新少旧多"，大学堂的未来实在难以逆料，他不愿将一世英名毁于一旦，不欲以是累其盛名，为晚节诟病。

严复与吴汝纶有着非常友谊，他在甲午后暴得大名，在某种程度上说得益于吴汝纶的提携和推举，而且现在严复实际上也处于待岗状态，并没有正式职务和工作，他当然希望吴汝纶就任大学堂总教习，这样他自己或许有机会出任副总教习或洋文总教习。这一点或吴汝纶，或张百熙似乎都曾当面答应过他，所以严复比张百熙可能更期待吴汝纶改变主意。①

其实，就对京师大学堂的兴趣而言，严复可能比吴汝纶更甚。吴汝

---

① 《与张元济书之十三》，《严复集》，547页，北京：中华书局，1986年。

纶清楚地知道，张百熙和清政府之所以对他感兴趣，之所以任命他为总教习，主要的还是看中了吴汝纶的名气，要的是他的招牌，并不一定是他的本人，"大学堂求我，是要三字招牌，非叫我穿八卦衣也。"①有了这样清晰的认知，已经60多岁的吴汝纶岂肯轻而易举被人当枪使？

严复则不然。严复对京师大学堂的重建有着相当兴致，所以他在张百熙获得官学大臣的任命后，即应邀进京参与相关事务的讨论。他在到京第二天即去拜访张百熙，上来就向张百熙提出一连串的建议，其中最重要的一个建议是将京师大学堂原总教习丁韪良（William A.P.Martin）尽快除名，为吴汝纶出山扫清障碍。对于这个建议，张百熙面有难色，并没有当场答应。

继问办法，严复建议重建后的京师大学堂设四斋：

一正斋，从西文入手，驯至头等学业，以待少年之俊与各省学堂所送之高才生；

二附斋，以中语演绎西文，专讲西史、理财、立法、交涉诸科，以待年稍长之京朝官；

三外斋，募自备资斧游学外洋已得学凭子弟，课以中学，如掌故、词章之类；

四改同文馆为外交学堂，以言语、公牍、国际课之，以备外部出使之取材。

严复的这几个建议深得张百熙等主事诸公的赞赏，也被吸收到相关方案中。

在这次谈话前后，外间诸人皆以洋文教习推荐严复，然张百熙在与严复见面时不知什么缘故，根本没有提及这件事，这当然使严复感到失望，他猜想可能和过去在北洋的经历相似，"谮者必多，未必果尔"。吃不到葡萄的人总会说葡萄酸。严复说到这里，愤愤不平地向友人知己表示："使复而不为总教者，其不幸自在大学，于复无所失也；不独无所失，且甚得也。"为什么这么说呢？严复认为，主要是现在把握大学堂权

---

① 《致熊季廉书》，《严复合集》卷五，16页，台北：辜公亮文教基金会，1999年。

力的这批人则以为清政府同意复兴大学，为他们应得之权利，不敢公然自言，则数数唆丁韪良日用总教习权力，促张百熙开学。地方、办法、师徒，一切必仍旧贯，且出要挟之言。而严复建议将丁韪良罢职，且曰天下无以延师课徒而启国衅者，一个丁韪良也没有什么好怕的，去则去，留则留。这内部矛盾如此之多、之激烈，所以严复即便不去，似乎也不觉得是多大的损失。①

其实，严复的建议还是很得张百熙的赏识，张百熙甚至有让吴汝纶出任总教习而以严复辅之构想。2月13日，张百熙奏准以于式枚为京师大学堂总办，李家驹、赵从蕃为副总办，吴汝纶为总教习。大学堂下设编译书局，以李希圣为总纂，以严复为总办。然而，吴汝纶不肯就职，在这种情形下，严复也推辞不就。后在张百熙再三恳请并派员劝驾后，直至3月4日，严复方同意应聘为京师大学堂编译局总办，负责先行编辑普通读本，以备颁行海内小学堂。②严复正式介入京师大学堂事务，成为京师大学堂的一员。后经准备，至1902年12月17日，京师大学堂开学，各方面开始步入正轨，中国现代高等教育终于揭开新的一页。

新文化：严复

按照张百熙的规划，京师大学堂重建后，将总理衙门附设的同文馆并入，设置有速成、预备两科。速成科分为仕学馆、师范馆，预备科分为政科与艺科。翌年增设进士馆、译学馆及医学实业馆。至1910年已成为拥有经、法、文、格致、农、工、商等七大专业设置的综合性高等教育机关。

辛亥革命爆发后，京师大学堂受到短暂影响，一度陷入无法维持的局面，教员、学生请假回籍者已居多数，以致不能上课③，大学堂负责人

---

① 《与张元济书之十三》，《严复集》，548页。
② 《与张元济书之十四》，《严复集》，550页。
③ 《给学部呈》，转引自萧超然《北京大学与五四运动》，22页，北京大学出版社，1986年。

只好呈请暂行停办,以待时局好转,再通知回学堂上课。

1912年,南京临时政府成立,临时大总统孙中山委任蔡元培为临时政府教育总长。2月12日,宣统帝溥仪宣告退位,大清王朝的政治统治终结。13日,孙中山履行诺言,向南京临时参议院辞临时大总统职,并推荐袁世凯继任。15日,南京临时参议院选举袁世凯为临时大总统。不到10天,先前代表北方"民意"受袁世凯指派前往汉口、上海参与南北和谈的严复于2月24日拜谒袁世凯,由于两人关系匪浅,袁世凯当场指派严复参加临时大总统就职前的咨询策划机关"临时筹备处"。恰当此时,京师大学堂前监督劳乃宣以国体既变,统一政府已告成,即上书请派员接收大学堂事务。于是第三天即2月26日,袁世凯又指定严复为京师大学堂总监督,接管大学堂事务,薪水月300两。此缺本系三品实缺京堂官,但新政府有意将之贬值,使严复虽然接手,但心里老大不高兴。

不高兴归不高兴,但任命消息传出后,即有人来荐管理员、教员等①,这又不能不使严复对权力略有亢奋。3月8日,严复正式就职,到校视事,开始主持大学堂的日常工作。京外人士属望甚殷,运动求缺者四面而至,这使严复心中很高兴。欣喜之余,也不无烦恼,那就是经费支绌。大学堂每月至省须两万金,即使不开学也需要一万五②,大学堂的存款早已告罄,度支部、学部一文不给,辄以馕军为亟,致受事匝月,不能定期开学,更无论拾遗补缺,有所改良。③再加上《国风日报》时时反对严复的作为和主张,做尽谣言,这更使严复心里很不爽。他曾向家人仔细算过一笔账:海军总长已有他的同乡、学生刘冠雄出任,教育总长为蔡元培,如果教育部下属的名词馆不撤销,他一直兼任的海军参谋犹在,那么他每月的收入将在600金,姑且敷衍,与家人节俭过日子,胜大学堂总监督数倍。于是严复暗自发誓,大学堂财政问题如果不能顺利解决,他个人辞职也只是早晚的事情。

大学堂的经费在清末民初是一个非常复杂的问题,按照清政府最初

---

① 《与夫人朱明丽书之五十一》,《严复集》,770页。
② 《与夫人朱明丽书之五十四》,《严复集》,772页。
③ 《与熊纯如书之一》,《严复集》,602页。

的构想，由户部将500万两库平银存放于华俄道胜银行，以每年所生利息的绝大部分约2万两作为大学堂办学经费。1902年大学堂恢复重建时，经张百熙奏准"经费宜宽筹"的原则，清政府批准将这批存款的年利息2.2万两全部拨归大学堂专款专用，并由大学堂直接向道胜银行办理存支手续，年终开单呈览结账，无须向户部造册报销。①

1905年，学部成立，中国教育体制面临一次大的调整。学部尚书荣庆为压抑管学大臣张百熙，并试图独揽京师大学堂管学专权，遂要求道胜银行将这笔款项转由学部代管，于是，从此以后京师大学堂办学经费便须按月向学部领取。

辛亥革命后，学部就不再给京师大学堂划拨经费，道胜银行的款项也不能由大学堂提取，财政部稍有积存，便立即移作军费，大学堂捉襟见肘，形同停顿，学部分文不发，堂中异常支绌。严复在开学前专程前往教育部商量，教育部相关主事竟然置之不理，置若罔闻。②幸亏严复与袁世凯关系比较特殊，经其反复交涉并经袁世凯批准，4月7日，大学堂方获准向道胜银行筹借经费7万两，暂时缓解了大学堂经济方面的困难，大学堂重新开学有了可能。③

严复的京师大学堂总监督来自袁世凯的指定，但这个指定似乎并没有与临时政府教育总长蔡元培商量，或者说并不是蔡元培的意见。

4月8日，散在上海的京师大学堂学生唐宗郭、秦炳汉、夏昌炽等人上书并走访蔡元培，称京师大学堂"去年停课，五月于兹，各科教员，既坐消岁月；同堂多士，更闲掷居诸。抛一年有半之研摩，前劳尽废；虚三载有成之考绩，后效难期。半途易辙，志士灰心；中道回车，英贤短气"。他们希望新政府成立之后，教育部能够尽早定下开学日期，"俾峨峨髦士，获竟前修，蔼蔼吉人，郁成大器。"对于这些学子的合理要求，蔡元培深表嘉许，并答应一旦到京赴任，迅即安排开学事宜。④4月

---

① 《光绪朝东华录》，4822页。
② 《大事记》，《教育杂志》1912年第一期。
③ 《与熊纯如书之三》，《严复集》，604页。
④ 《民立报》1912年4月9日。

24日，蔡元培在北京就任教育总长，旋践前言，即派教育部专门教育司第一科科长王云五、第三科科长杨焕之会同接收京师大学堂，并迅即向袁世凯提出改名建议，理由是从前京师大学堂职员有总监督、分科监督、教务提调，各种名目、名称，似欠适当，事权亦觉分歧。所以建议改名为"北京大学校"，大学堂总监督改称为大学校校长，总理校务；分科大学监督改称为分科大学学长，分掌教务；分科大学教务提调即行裁撤。大学校校长须由教育部于分科大学学长中荐一人任之，庶几名实相符，事权划一，学校经费亦得借以撙节。①

根据蔡元培的建议，教育部于5月1日下令京师大学堂改称北京大学校，废除原总监督，设校长，各科设学长。5月3日，呈准袁世凯发布命令，任命严复署理北京大学校校长。②这是北京大学历史上一次重要改制，使北京大学具有明显的近代特色，较先前旧式大学堂有了很大进步。

经过一番紧张的准备，北京大学校于5月15日举行开学典礼，学生到者百余人，教员数十人，教育总长蔡元培、英国驻华公使朱尔典、税务司及东西洋博士、学问专家，咸来观礼。严复主持典礼并致词，蔡元培发表演说，略谓大学为研究高尚学问之地，即校内课余，仍当温习旧学③，表达了蔡元培对中国高等教育的期待。

尽管有如许困难，严复在接办北京大学校后，仍力所能及地对校内事务进行了积极改革，校中一切规模，颇有更张，即职教各员亦不尽仍旧贯。严复有长期掌管北洋水师学堂的经验，对于管理北京大学校并不觉得太困难，只是鉴于北洋水师学堂的经验与教训，严复也希望在主持北京大学校时能够有所改进，有所调整。所以，自受命以来，亦欲痛自策励，期无负所学，不怍国民，至其他利害，诚不暇计。

基于这种意识，严复在教学内容与教学方法上都进行了大胆改革。对文科，他遵照教育部及蔡元培制定的基本原则，将经科合并到文科，

---

① 《为北京大学堂改称并推荐严复任校长呈》，《蔡元培全集》卷二，162页，北京：中华书局，1984年。
② 《民立报》1912年5月5日。
③ 《教育杂志》1912年第四期。

经、文合一，以为完全讲治旧学之区，用以保持中国四五千载圣圣相传之纲纪彝伦道德文章于不坠。且又悟过去所谓将中西文化合一炉而治之者徒虚言耳，为之不已，最终结果则至于两亡，不中不西，不伦不类。鉴于此种教训，严复在整顿北京大学校文科的时候，下决心"尽从吾旧，而勿杂以新；且必为其真，而勿徇其伪"，希望能够重振真正意义上的中国传统文明。在没有物色到合适人选前，严复决定由他自己兼任文科学长，具体主持文科教学改革。[1]这是文科中保持旧学的方面。

文科还有一个重要功能是开拓眼界，融汇古今中外学识。严复指出，大学文科应该是对东西方哲学、中外历史、地理、文学，都理宜兼收并蓄，广纳众流，以成其大。当然真要办到此点，颇为不易。所招收的学生，不仅需要西文根底深厚，且要有中文基础，又尊重中国文化，兼治始能有益。这是在文科方面的创新。

对于法科，严复提出要改变目前北京大学法科科目以学习外国法律为中心的现状。他说各国法律学校无不以本国法律为主。中国特别自共和立宪以来，大学法科应以新政府的约法、参议院以及将来可能会制定的各种新法律为主课，而以外国及历代法律为参考借鉴。

对于北京大学校的理科建构，严复也有一套全盘规划，把先前的格致科正式改为理科，以与西方近代科学接轨。

至于工科，严复提出在理工科的地质、化学、土木、矿冶四科当年毕业生中另行通过极严格的选拔考试，择其普通学、专业学以及外国语成绩较优者，各选派两三名送往德国、美国学习，为北京大学校储备师资。另外，实验室要整顿，凌乱图书要清理，仪器、药品等要配置。

关于农科，严复的考虑与工科相似，即从相关学科毕业生中物色优秀生选派到日本留学，两年为期，回来创办或加强农科。

至于商科，严复建议将原先规定的三年学习期限改为四年，前两年学习公共课程，后两年学习专业课，专业课大致有经济学、财政学、商学、交通学等。[2]

---

[1] 《与熊纯如书之三》，《严复集》，605 页。
[2] 张寄谦：《严复与北京大学》，《近代史研究》1993 年第 5 期。

严复对北京大学校改革的另一个重点是教职员队伍的调整。多年的北洋水师学堂总教习、总办的经历,学贯中西尤其是对西学的精通,使严复具有一般教育家所不具备的鉴别人才的能力,而且更重要的是,严复是一个自视甚高的人,他对人才的企求总是立有一个很高的标杆。他决定,在他主持北京大学校的时候,各科监督、提调,必用出洋毕业优等生,即管理员亦求由学校出身且有经验者,无他,切戒滥竽而已。①这个规定虽然有点唯学历的感觉,但对于先前几任管理者随意聘请教职员,用人不当,确实是一个巨大的冲击。

合格的、优秀的教职员选出之后,还要有严格管理与考核。严复要求所有教员必须专职教学,不得在政府里有任何兼职;否则,一经发现,一律开除。尤其值得注意的是,严复基于自己的学术背景和文化理想,在他主持北京大学校的短暂岁月里,他虽然主张对中国传统文化进行"尽从吾旧,而勿杂以新"的研究,但他毕竟是近代中国西学第一人,知识的广博仅从"严译名著"就可以看到其跨越政治学、经济学、法律、哲学、逻辑学、历史学等诸多学科,他对西方思想文化有着非常人所能达到的境界,所以他在强调加强对中国传统文化研究的同时,更不会忘记克服困难,利用北京大学校的有利机会和条件,积极开设介绍西方近代文化思想与近代学术课程,竭力提倡学习西方新学,积极提倡外语教育,要求学校所有课程除了国学外,必须一律用外语教授。一时"校中盛昌西语之风。教员室中,华语几绝。开会计事,亦用西语。所用以英语为多,有能作德语者尤名贵,为众所称羡"②。这种近似于国际化的教学方式,是北大100多年历史中很少有的一段时间。北大如欲重建昔日辉煌,至少要在这些方面痛下决心。

在基础建设方面,严复在主持北京大学校的那些日子里,也积极争取各方面尤其是蔡元培及教育部的支持与帮助,筹划恢复因辛亥革命而被迫停止的校舍建设工程。蔡元培也从大局考量,以为校舍建设工程不

---

① 《与熊纯如书之三》,《严复集》,605页。
② 萧超然:《北京大学与五四运动》,23页。

可半途而废，且大学为全国学校之模范，观瞻所系，遂与相关部门协商，派员支持，筹备款项，即行开工。①

严复的辛勤努力换来了北京大学校秩序的恢复和教学水准的提升，然而由于先前政治动荡的冲击，学生在开学之后到校不过百人，其中法政科竟不足10人，理科更少，结果造成"十羊九牧"，教员多于学生，学校不堪重负，尤其是那些外籍教师虽然薪金很高，但他们实在是"在岗失业"，往往几个教师才指导一个学生，月费多金，而效率低下。所以开学不到一个月，有关北京大学校的谣言就在教育部、在北京教育界不胫而走，有的说北京大学校办学经费困难，程度不高，管理不善；有的竟然直接建议政府不如将北京大学校解散，另行组建新的教育机构。

谣言的传播起初并没有引起严复的注意和重视，因为民主初生的时候，言论自由，任何一件事情都不可能获得举国一致的赞同，而且那时党派斗争已经开始，政党政治、责任内阁已经面临诸多难题，蔡元培一再请辞，教育部本身亦人心惶惶，所以谁都没有太过重视这些谣言。然而由于这些谣言越传越盛，特别是目标越来越集中，说法越来越统一，那就是解散北京大学校似乎成了大家的共识。在这种情况下，严复开始着急，他遂在7月1日向教育部呈递了一份《论北京大学校不可停办》的说帖，从北京大学堂历史、中国教育现状、世界各文明国家对高等教育的重视，以及高等教育在一个民族发展过程中的作用等方面详细申述北京大学校存在的意义以及不可停办的理由。

严复指出，北京大学校从京师大堂算起，创建已十有余年，为全国最高教育机关，未尝一日停辍。去年辛亥革命爆发，学生相率归散。民国建立，国用愈绌，几至不名一钱。此时京师大学堂仅图看守，亦且费无从出。后来在政府支持下，经费问题暂获解决，重新开学。比者颇闻斯校有停办之意，本校长始亦赞同其说，解散了之，也未尝不是一个解决办法，不过仔细想想，还是觉得就此解散甚为可惜。

至于不可停办、不可解散的理由，严复主要讲了这样几点：

---

① 《教育杂志》1912年第四期。

一是不论北京大学校与世界特别是欧美一流大学相比还有多少差距，但毕竟是中国人自己创办的第一所高等学校，不说耗费了多少银子，仅十余年惨淡经营的人力物力，一旦停办解散，实在太可惜。

二是关于北京大学校的程度，也并非反对者所说的那样低下、那样不堪，各国大学程度高低不可一概而论，也没有统一的标准。只是北京大学校能够坚持下去，其程度终有提高之一日。

三是反对者以为目前中国程度低下，尚不需要高等教育，而只需加强普通教育即可。严复指出，这种说法甚为荒唐，不知高等大学与普通教育双方并进，本不相妨。普通教育所以养公民之常识，高等大学所以养专门之人才；无公民则宪法难以推行，无专门则庶功无由克举。

四是当此革新方亟之时，旧学要保存，新学要学习，在在需要培养人才，所以仅从保存新旧诸学的观点看，这所全国唯一的准大学更不能半途而废，就此撤销。

五是经费问题更不能构成撤销停办的理由，因为区区一校所待以存者，对于整个国家财政来说，不过九牛一毛，但其所保存者甚大，所规划者至远，如此，一个堂堂大国竟然养不起一所大学，说起来真令人汗颜。[①]

严复有关北京大学校不可停办的五条理由论证清晰，观点明确，所以教育部收到后当即答复，说教育部并没有解散北京大学校的计划，并饬严复忠于职守，严加整顿，以期进步。[②]

然而，谣言的力量有时可以战胜事实，有时很有杀伤力。在教育部负责人信誓旦旦地表示不会解散、停办北京大学校不到一个星期，7月7日，教育部突然下达结束北京大学校的命令，并将教育部已议决的"结束北京大学校办法"通知学校。理由是：大学校自开办以来历十余载，中更经丧乱，因陋敷陈，学生之班次虽增，陶植之成绩未著。政体既变，各方对于大学校咸有不满之意。不得已，只好将北京大学校停办。

---

① 《北京大学与五四运动》，26页。
② 《民立报》1912年7月3日。

教育部的决定显然草率了一点，三天后（7月10日），全国临时教育会开幕，会上讨论了教育部拟将北京大学校停办的决议，嗣以事实困难，停办之议遂亦打消。北京大学校在侥幸中度过了这次劫难。

新政治：蔡元培

北京大学校存在下来了，但教育总长蔡元培辞职了，新任总长范源廉被严复目为"东学党人"，处处与严复的主张相反对，在无法解散北京大学校的前提下，欲令教育部将大学校长更易。①再加上另外各方面原因，严复在北京大学校的处境似乎越来越不妙。反对者甚至在报纸上点名攻击严复，暗示严复吸食鸦片，携带禁物②，为最终将严复解职制造理由。

无端的攻击，无聊的争斗，使严复很不耐烦，于是他在10月7日辞去北京大学校校长职。第二天，大总统任命章士钊接替。章士钊因公在上海，一时无法北上就职，袁世凯遂于18日任命马相伯代理，但北京大学校学生均不满意此项任命，竟然引发直接冲突，破口大骂，且有欲用武者。③不得已，马遂于12月27日辞职。北京大学校进入一个多事动荡之秋。

到了袁世凯帝制复辟失败，黎元洪于1916年6月7日继任大总统，政府改组势所必然。而国会里的一些浙江籍议员鉴于浙江局势，便想请正在国外的蔡元培回国做浙江省省长，并打了电报与蔡商量。正在德国的蔡元培回电说，他回来是可以的，但不愿做官。在这种情形下，正在北京的马叙伦便对汤尔和说，北京大学校长胡仁源有点做不下去，何妨把蔡请回来替他。汤尔和说，这是很好的，但是蔡先生不是办事之才，你可以帮助他？马叙伦便说自己现在不行，"但是我有办法，我们只需把北大内部布置好了，就不使蔡先生为难，以后更无问题了。我想找仲

---

① 《与甥女何纫兰书之二十七》，《严复集》，844页。
② 杨曼青：《论严复》，《北京新报》1912年9月25日。
③ 《与甥女何纫兰书之二十九》，《严复集》，845页。

甫（陈独秀）来做文学院长，是很合适的，理学院长让夏元瑮担任，声望够的（他是夏曾佑先生的儿子，德国留学生，本是北大教授，研究相对论），法学院长仍旧不动吧，另外请沈尹默在实际上帮忙。"汤尔和连声说好。第二天，汤尔和就去和教育总长范源廉说了，范正找不到北大校长的合适人选，开心得了不得。①于是9月1日，范源廉便以北京黎元洪政府教育总长的名义致电尚在法国巴黎的蔡元培，请他回国担任北京大学校长。

蔡元培是中国文化所孕育出来的著名学者，但是又充满了西洋学人的精神，尤其是古希腊文化的自由研究精神。他的"为学问而学问"的信仰，植根于对古希腊文化的透彻了解，这种信仰与中国"学以致用"的思想传统适成强烈对照。蔡元培对学问的看法，据蒋梦麟说，基本上与孙中山的看法一致，不过孙中山的见解来自自然科学，而蔡元培的见解则导源于希腊哲学。

蔡元培认为，美的欣赏比宗教信仰更重要。这是与希腊文化交融的一个耐人寻味的实例。蔡元培的思想中融合着中国学者对自然的传统爱好和希腊人对美的敏感，结果产生对西洋雕塑和中国雕刻的爱好，他喜爱中国的山水画，也喜爱西洋油画，对中西建筑和中西音乐都一样喜欢。他对宗教的看法基本上是中国人的传统见解，认为宗教不过是道德的一部分。他希望以爱美的习惯来提高青年的道德观念，这也就是古语所谓"移风易俗莫大于乐"的传统信念。高尚的道德基于七情调和，要做到七情调和则必须透过艺术和音乐或与音乐有密切关系的诗歌。

蔡元培崇信自然科学。他不但相信科学可以产生发明、机器以及其他实益，而且相信科学可以培养有系统的思想和研究的心理习惯，有了系统的思想和研究，才有定理定则的发现。定理定则则是一切真知灼见的基础。

蔡元培年轻时锋芒很露。他在绍兴中西学堂当校长时，有一天晚上参加一个宴会，酒过三巡之后，他推杯而起，高声批评康有为、梁启超

---

① 马叙伦：《我在六十岁以前》，58页，北京：三联书店，1983年。

维新运动的不彻底,因为他们主张保存清室来领导维新。说到激烈时,他振臂高喊道:我蔡元培可不这样,除非你推翻清廷,否则任何改革都不可能!

蔡元培在早年写过许多才华横溢、见解精辟的文章,与当时四平八稳、言之无物的科举八股文适成鲜明的对照。有一位浙江省老举人曾经告诉蒋梦麟,蔡元培写过一篇怪文,一开头就引用《礼记》里的"饮食男女,人之大欲存焉"一句。交卷时间到时,他就把这篇文章交给考官。蔡元培就在这场乡试里中了举人。后来他又考取进士,当时他不过30岁左右。以后就成为翰林。

蔡元培晚年表现了中国文人的一切优点,同时虚怀若谷,乐于接受西洋观念。他那从眼镜上面望出来的两只眼睛,机警而沉着;他的语调虽然平板,但是从容、清晰、流利而恳挚。他从来不疾言厉色对人,但是在气愤时,他的话也会变得非常快捷、严厉、扼要,就像法官宣判一样的简单明了,也像绒布下面冒出来的匕首那样的尖锐。

蔡元培身材矮小,但是行动沉稳。他读书时,伸出纤细的手指迅速地翻着书页,似乎是一目十行地读,而且有过目不忘之称。他对自然和艺术的爱好使得他心境平静、思想崇高、趣味雅洁,态度恳切而平和,生活朴素而谦抑。他虚怀若谷,对于批评或建议都能欣然接纳。

1916年冬,蔡元培在法国接到教育部电促回国,任北大校长。是年底,蔡元培回国,初到上海,有人劝他不必就职,说北大腐败极了,进去若不能整顿,反于自己的声名有碍。蔡元培承认这种看法当然是出于对他的爱护。但也有少数人就说,既然知道北大腐败,更应进去整顿,就是失败,也算尽了心。这也是"我不入地狱谁入地狱"的意思。当然,责任心促使蔡元培还是接受了后一种说法,所以他决定无论是否担任北京大学校长,都应该进京实地考察,看看能否着手进行整顿。①

基于这种判断,蔡元培于1916年12月21日抵达北京,大风雪中,来此学界泰斗,如晦雾之时忽睹一颗明星。②政界、学界,尤其是他的那

---

① 《民国日报》1916年12月22日。
② 《中华新报》1917年1月1日。

些浙江籍北方教授们劝驾甚殷，蔡元培终于有点架不住，遂决定接受北京大学校长的任命。①

12月26日，大总统黎元洪发布命令，任命蔡元培为北京大学校长。翌年1月4日，蔡元培到校视事。在蔡元培的主持下，北京大学开始一连串的重大改革。1月9日，蔡元培到校发表就职演说，提出以"抱定宗旨"、"砥砺德行"、"敬爱师友"作为治理整顿北京大学的基本要求。他对北大学生说：诸君来此求学，必有一定宗旨，欲求宗旨之正大与否，必先知大学之性质。现在人们肄业专门学校，学成任事，此固势所必然。而在大学则不然，"大学者，研究高深学问者也。"现在外面的人每每指责北京大学腐败不堪，所有到北京大学来求学的人，似乎皆有做官发财的思想。所以毕业预科者多入法科，入文科做学问、继续深造的越来越少，入理科从事创造、献身科学的就更少之又少。这种情形之所以发生，主要是因为中国官本位的传统太过深厚，而以法学科目作为干禄之终南捷径。外面的这些指责是否有道理，我们姑且不论，然弭谤莫如自修，人讥我腐败，而我不腐败，问心无愧，于我何损？果欲达其做官发财之目的，则北京不少专门学校，入法科者尽可肄业法律学堂，入商科者亦可投考商业学校，又何必来北京大学呢？蔡元培在此次演讲中善意告诫北大学子："诸君须抱定宗旨，为求学而来。入法科者，非为做官；入商科者，非为致富。宗旨既定，自趋正轨。"②

北大的腐败主要从文科发生，所以蔡元培的整顿，也就从文科入手。他在刚到北京时，先访有小诸葛之称的汤尔和，汤尔和是杭州人，先后留学日本和德国，获有医学博士学位，他与蔡元培有很深的关系，在政治和人际交往方面自认为很有一套，因而在现代中国许多重大问题上都很愿意参与，很愿意建言，愿意"搅和"。不过从大的方面说，他在蔡元培治理整顿北大，在新文化运动过程中，贡献还是很大，形象还是很正面的。

---

① 《整顿北京大学的经过》，《蔡元培全集》卷七，20页，北京：中华书局，1989年。
② 《就任北京大学校长之演说》，《蔡元培全集》卷三，5页。

汤尔和此时为北京医学专门学校校长,是北京教育界的大人物,对北大情况了如指掌。他在向蔡元培详尽介绍了北大情况之后建言道:"文科、预科的情形,可问沈尹默君,理工科的情形,可问夏浮筠君。"至于文科,汤尔和说:"文科学长如未定,可请陈仲甫君;陈君现改名独秀,主编《新青年》杂志,确可为青年的指导者。"汤尔和随手送给蔡元培十余本《新青年》杂志,请其看看,之后再作决定。

陈独秀在蔡元培的印象中本来就有一种不忘的印象,早在1904年蔡元培与刘师培合作编辑《警钟日报》的时候,刘师培就向蔡元培介绍过陈独秀。刘师培格外强调:"有一种在芜湖发行的白话报,发起的若干人,都因困苦及危险而散去了,陈仲甫一个人又支持了好几个月。"这个印象太难磨灭了,所以蔡元培现在听了汤尔和的介绍,回想起刘师培的评说,再看看如雷贯耳的《新青年》,蔡元培毫不犹豫地当即决定无论如何也要请陈独秀来北大担任文科学长。

蔡元培从汤尔和那里探知陈独秀正因亚东图书馆及群益书社筹集资金的事来到北京,寓居前门外一家旅馆。这样的巧合,蔡元培当然不愿错过,尽管他刚刚接手北大,忙乱不堪,他依然于12月26日晨9时,专程前往这家旅馆拜访。陈独秀那些天白天四处接洽,晚间看戏,睡晚起迟,所以,当蔡元培来的时候,陈独秀似乎还没有起床。

陈独秀获悉蔡元培的用意后,起初并不想接受,因为他的《新青年》正如日中天,不论是社会效益还是经济效益,可能都远远超过去北大担任文科学长,所以他再三强调要回上海办《新青年》。

陈独秀的坚持使蔡元培更为感动,也使他更加坚定聘请陈独秀的信心。此后数日,蔡元培差不多天天来看陈独秀,有时来得很早,他就招呼茶房不要叫醒,只要拿个凳子给他坐在房门口等候。

蔡元培的"三顾茅庐"、"礼贤下士"终于打动了陈独秀,特别是蔡元培建议将《新青年》搬到北京来办之后,办杂志可以与文科学长两者兼顾,这就使陈独秀没有后顾之忧,总算找到了一个两全其美的平衡点。

继陈独秀之后,蔡元培又聘用一批提倡白话诗文和文学革命的先驱者担任北大教员,其中包括文字学和声韵学家钱玄同、语言学家和诗人刘复,以及诗人、书法家沈尹默。

钱玄同（1887—1939）,原名钱夏,号疑古,浙江吴兴人。1906年秋,19岁的钱玄同第二次来到日本,入早稻田大学。这一年,因《苏报》案入狱的章太炎出狱后也来到日本,主编同盟会的《民报》。多余的时间则应中国留学生之请,宣讲国学。钱玄同就在这个时候开始师从章太炎治国学、治小学,是章太炎门下大弟子之一,在文字、声韵等方面有着精深的研究。

1910年,钱玄同回国,在他的家乡浙江做中学国文教员。第二年,钱玄同在故乡吴兴拜访了经学大师崔适,得读崔适的重要著作《史记探源》稿本,并通过崔适阅读了康有为的名著《新学伪经考》,这使钱玄同的学术观点发生了很大改变,由先前笃信章太炎的古文经学转而康有为、崔适的今文经学,相信所谓古文经为刘歆伪造的说法。1913年,北大代理校长何燏时及胡仁源接手北大后,为了打击先前守旧的桐城派势力,陆续聘请一些章太炎门生弟子充任北大教授,这样钱玄同就来到北大担任文字学教授及北京大学研究所国学门导师。

钱玄同在政治上、学术上都比较激进,两次帝制复辟给他非常强烈的刺激,使他的看法与陈独秀在文化上为中国政治发展打下坚实基础的想法不谋而合,所以他积极投身于新文化运动,反对复古,反对帝制复辟,不仅是蔡元培主持的北京大学著名的新派教授,而且成为陈独秀《新青年》的重要作者,新文化运动的核心成员之一。他个人在《新青年》上先后发表60多篇文章,鼓吹新文化、新思想,更重要的是,他是中国现代文学史上第一篇白话小说《狂人日记》的催生者,如果没有他的不断催促与约稿,鲁迅沉睡的文学激情不可能在那个时候醒来。

鲁迅的《狂人日记》所攻击的是吃人的礼教,而这个观点正与钱玄同当时的激进主义主张相吻合,其价值已远远超出文学革命本身,而具有思想史的意义。所谓五四时期全盘反传统的思想,其最初的端倪大概都可从钱玄同的言论中找到蛛丝马迹。

钱玄同是近代中国比较早试验用白话写文章的学者之一,早在1910年,他就与章太炎、陶成章在东京创办《教育今语》杂志,尝试用白话撰写学术性文章，以期为一般读者提供有思想、有见解的历史文化知识。所以，他不仅推动鲁迅用白话尝试写小说，而且推动胡适用白话去写诗、写韵文，尝试白话在各种文体中的可能性和局限性。1917年7月，他对胡适在《新青年》上发表的白话诗提出意见，以为胡适的白话诗并不彻底，还没有摆脱文言的束缚，没有走出文言的窠臼。胡适虚心接受钱玄同的建议，此后的诗作基本上不再使用文言。同年10月，胡适将他一年来所写的白话诗编成《尝试集》，请钱玄同作序并指正。钱玄同在序言中详尽表达自己白话入诗的想法以及言文一致的道理。

鲁迅的《狂人日记》和胡适的《尝试集》，都是现代中国新文学最早的试验和成绩，而这两部作品都与钱玄同有着如此密切的关系，可见钱玄同在新文化运动中的地位。有人将他与陈独秀、胡适并列，誉为五四"三杰"。

在蔡元培北大班底中，钱玄同的地位也非常重要，他不仅是浙江籍，而且是章太炎的弟子，浙江籍使他与蔡元培以及那些来自浙江的学者有着许多共同语言，担当着许多责任；而太炎弟子这个背景也非常重要，因为在蔡元培时代的北大，著名教授中与太炎的关系太密切了，许多人其实都是太炎门生，太炎本身不进北大，但北大实在是太炎学术的天下。

至于刘复（刘半农），我们在介绍《新青年》作者阵容时提到过他，他是才子型的青年才俊，成名早，但主要局限于文学特别是通俗文学，他对旧文学的贡献当然很大，只是鸳鸯蝴蝶派的名声似乎总不是太好听。不过蔡元培似乎并不计较这一点，他确实欣赏刘半农的才华，所以在他接任北大校长时，就欣然接受文科学长陈独秀的推荐，向这位连中学都没有毕业的文学青年颁发了北京大学预科国文教授的聘书。只是在北大这个自负的校园里，刘半农还是没有承受住没有学位的压力，他后来还是在蔡元培的支持下到国外留学，弄了一个博士学位回来。不过这都是后话，是在新文化运动后期。

说到沈尹默，那也是蔡元培主持北大非常仰仗的人物。沈尹默（1883—1971），原名君默，原籍浙江吴兴人，但因他的父亲在陕西供职，所以沈尹默出生于陕西汉阴。不过从原籍上说，沈尹默与钱玄同是小老乡，与蔡元培等浙江籍教授是大老乡。1905年，沈尹默与三弟沈兼士自费赴日本留学。他们兄弟在日本待了9个月，因家庭经济不宽裕，无力供他们继续求学，沈兼士考取了日本铁道学校，留日攻读；而沈尹默则于1906年返回中国，先是在陕西住了一年，又返回浙江吴兴闲居。不久，到杭州高等学校、幼级师范、第一中学等教书。第一中学校长马幼渔和沈尹默的三弟沈兼士在日本是同学，都是章太炎的门下弟子。其时，沈兼士也从日本返国，在嘉兴教书。

1912年10月7日，严复辞去北大校长。第二天，大总统袁世凯任命章士钊接替。章士钊因在上海无法北上，袁世凯遂任命马相伯代理。但北大学生不接受，马相伯很快也辞职。北大进入动荡岁月。后由工科学长何煜时代理校长，预科学长胡仁源与沈尹默是同乡，都是浙江吴兴人。何煜时、胡仁源都曾留学日本，与曾在日本留学的许炳坤都是非常要好的朋友。而许炳坤又是沈尹默、沈兼士兄弟留学日本时的监护人。所以，许炳坤就向何煜时、胡仁源推荐沈尹默到北大预科担任教授，时在1913年2月，沈尹默刚刚30岁。

根据沈尹默后来的说法，何煜时、胡仁源之所以同意沈尹默到北大当教授，原以为他是章太炎的弟子。章太炎当时享有崇高的学术声望，他的门生弟子也都陆续回国，由于沈尹默的三弟沈兼士是章门弟子，所以何煜时、胡仁源推论沈尹默也是章太炎的门生。其实，沈尹默在日本只有9个月，并没有从太炎受业。与此同时，真正的太炎弟子朱希祖、马裕藻、沈兼士、钱玄同、黄侃等都陆续来到北大，一时间，北大成了章太炎的天下，尽管章太炎本人并没有去北大任教。

在北大的太炎门生，大致分为三派：第一派是以黄侃为首的守旧派，这一派的特点是凡旧皆以为然；第二派是以钱玄同、沈兼士为代表的开新派，钱玄同自称疑古玄同，其意可知；第三派是以马裕藻为代表的中间派，两边都不得罪，依违两可，皆以为然。不过，太炎门生在北大虽然分为三派，互有冲突乃至斗争，但对北大原先在严复时代的旧人则采取一致的立场，以为这些旧人都过时了，应该让位，北京大学的讲堂应该由他们占领。

由于沈尹默在北大的资历比较老，所以当蔡元培要到北大当校长时，汤尔和建议蔡元培请沈尹默多帮忙，至少请他关照一下文科与预科。这时，沈尹默似乎还不认识蔡元培，但当他听说蔡元培决心整顿北大的计划后，立即表示支持。蔡元培到校后，沈尹默鞍前马后出主意想办法，有思考有主见，足智多谋，但是并不出风头，而是凡事后退，赤诚相见，坦率建言，在北大改革中起到非常重要的作用，据说"教授治校"的方案就是沈尹默最先提出来的，所以朋友们送给他一个"鬼谷子"的雅号。正面呢，是说他足智多谋，善思考；反面则暗指他是一个阴谋大家，这对他后来的处境可能有直接关系。

不过，由于沈尹默并不是太炎门生，又不是在浙江出生长大的浙江人，也可能是因为其性格使然，他虽然后来也参加《新青年》的编辑，成为新文化运动的主力之一，但他后来还是与陈独秀、蒋梦麟、汤尔和发生冲突，闹了一些矛盾，逐步在北大被边缘化。

沈尹默不是太炎门生，但他的三弟沈兼士却是货真价实的太炎弟子。沈兼士在日本留学时有正经的专业，但他的兴趣却在国学的小学方面，后来他就专做文字学的形声研究，在这方面下过很大功夫。沈兼士也是1913年进入北大的，他与研究元史的陈垣相互赏识、相互提携，遂成为国学研究的名流，出任北大研究所国学门主任，带领学生及同仁将久积凌乱的大内档案整理出来，有功史学，夫岂浅显。

沈尹默、沈兼士兄弟在北大很有名气，他们的兄长沈士远也因机缘巧合于1913年来到北大，成为北大所谓"一钱、二周、三沈、五马"中的"三沈"之一。①

沈士远、沈尹默、沈兼士是亲兄弟，分别生于1881、1883和1887年。大先生沈士远的名气不大，但在周作人看来却是直爽，有北方人的气概，他最初在北大预科教授国文，讲解得十分仔细。讲义中有一篇《庄子》的《天下篇》，据说沈士远能够将这一篇文章讲上一个学期，因

---

① 所谓"一钱"，即钱玄同；"二周"，即周树人、周作人；"三沈"，即沈士远、沈尹默、沈兼士三兄弟；"五马"，指马裕藻五兄弟。

此学生们送给沈大先生一个外号叫"沈天下"。沈士远后来转任北大庶务主任，当五四运动发生时，担任北京中等以上学校教职员联合会书记，参与组织领导了整个五四运动，为营救被捕学生，挽留蔡元培和保护北大等做了大量工作，展现了非常强的行政领导能力。所以，后来的岁月中，他一直担任教育系统的行政领导。

沈氏三兄弟是中国现代学术史上的奇观，也是中国文化史上一门数杰传统的延续。①

蔡元培主持北大后的中心人物除陈独秀外，还有那年夏天刚刚从美国回来的胡适。关于胡适，我们在介绍《新青年》时也说过他的前期情况。他在美国留学的时候，最关心的还不是西方思想与学术，而是中国历史与文化，关心中国的文化革新与思想革新，所以他的中文写作远远多于英文写作，特别是他因汪孟邹的关系与陈独秀接上头之后，他在《新青年》上的关于文学革命的言论震动了国人，开辟了一个新时代，所以胡适也因此暴得大名。1917年，胡适完成博士论文后回国，遂被蔡元培聘为北大教授。这一年，胡适满打满算不过26岁。

年轻的胡适能言善辩、足智多谋，性情温厚、待人诚恳，很快赢得了蔡元培和陈独秀的高度信任，而且他的徽州出身也使蔡元培误以为他是乾嘉汉学院派后人，赞美他"真是旧学邃密而且新知深沉的一个人"。所以，一方面授权胡适与沈尹默、沈兼士兄弟、钱玄同、马幼渔、刘半农等教授一起以新方法整理国故，一方面授权他整理英文系。而胡适自己不仅以异于传统的观点讲授中国哲学史，赢得了学生的信任，而且因他的关系，也为北大请到一大批好教员。

1917年4月以后，新散文和短篇小说的先驱者周作人也到北大教书。周作人与周树人合称北大"二周"。周树人即鲁迅，是周家大先生，周作人为二先生，周氏三兄弟的小弟为周建人。大先生周树人1902年留学日本，也曾师从章太炎。1909年回国。辛亥革命后因蔡元培的提携，到南

---

① 周作人：《三沈二马》，《北大旧事》（陈平原、夏晓虹编），421页，北京：三联书店，1998年。

京临时政府教育部任职，后转至北京政府教育部继续任公务员。或许是因为其性格因素，或许他始终无法集中精力于公务，总之，大先生在官场上始终郁郁不得志。官场上的不得志使他将精力用之于其他方面，比如写作，而大量的写作肯定影响了本职工作，更使他在官场的环境恶化。于是大先生不再将官场作为自己达到终老之地，他在担任教育部部员、佥事的同时，兼在北京大学、北京女子师范大学担任几个钟点的课程，1918年以"鲁迅"的笔名在《新青年》上发表《狂人日记》，这是现代中国文学史上第一篇白话小说，奠定了新文学运动的基础。大先生鲁迅也就由此成名。

周家二先生周作人（1885—1967），又名起孟、启孟、启明，号药堂、知堂、独应等，1906年留学日本，1911年夏回国，任浙江省教育司视学及绍兴教育会会长等，1917年4月任北大教授，兼国史编纂处纂辑员。

周作人是新文化运动的重要代表人物，他参加发起文学研究会，曾任新潮社主任编辑，主持北京大学歌谣研究会，也是《新青年》的重要作者之一。他的文学主张影响了"五四"一代青年，而他的创作实践也极大地丰富了新文学的业绩。

遵循兼容并蓄的原则，蔡元培在北大主持校政的那些年，确实吸纳了大量人才，甚至对那些政治观点上比较激进的人，蔡元培也是唯才是用。1918年2月，李大钊被任命为北大图书部主任，尽管李大钊这时还没有获得教授的资格。

李大钊（1889—1927），字守常，河北乐亭人。早岁毕业于北洋法政专门学校，1913年留学日本，此时与章士钊、陈独秀相识，参与《甲寅》杂志的撰稿与编辑。1916年回国，成为《新青年》的撰稿人之一。陈独秀出任北大文科学长后，李大钊大概因章士钊的推荐，出任北大图书馆馆长，实际上也就是接替章士钊。所差别的是，章士钊是以教授兼图书馆主任，而李大钊只是图书馆主任而没有教授衔。其间的原因，据章士钊说，主要是因为李大钊的学问实至而声不至，北大同僚皆擅有欧美大学的镀金品质，而李大钊没有，于是不免被势利者小视。这在很大程度上反映了北大当时的学风和门户之见。好在李大钊是一个有真才实学并埋头苦干的人,也只是两年时间,李大钊声名鹊起,与北大各科名教授并驾齐驱。先后被聘为历史学、政治学、经济学及法学教授,并当选为北大评议会评议员,在北大权力圈子中占有一席之地。后来更成为马克思主义在中国最早、最热情的传播者,成为中国共产主义运动的先驱者之一。

1919年,"只手打孔家店"的著名学者吴虞也被蔡元培、陈独秀及胡适等人邀请到北大担任教授。他既是《新青年》最为激进的作者之一,也是北大比较激进的教授,只是由于他的旧学没有办法与黄侃那些人比,而新学又没有留学欧美大学的经历和学位,所以他虽然在公共知识分子圈很风光,实际上在北大内部还是比较边缘的。他对孔子和儒家伦理的批判,在稍后的梁漱溟那里基本上都给驳了回去。

此外,蔡元培主持北大后,聘请的新派教授还有高一涵、陶孟和,以及早期心理学和逻辑学家陈大齐及中国最早研究科学方法的学者王星拱等。

高一涵、陶孟和等是《新青年》的作者,我们在前面略有介绍。高一涵有日本留学的经历,也是《甲寅》杂志的撰稿人,大概在那里与章士钊、陈独秀、李大钊等人结识。1916年7月,高一涵回国,应李大钊之约到北京参与创办《晨钟报》。蔡元培、陈独秀入主北大后,高一涵于1918年进入北大,任北京大学丛书编译委员,兼北大、中国法政专门学校教授。由于他与陈独秀关系密切,给《新青年》供稿也最多,所以他在学术界名声大噪,成为很有成就的政治学教授。

陶孟和原为南开优等生,先后留学日本和英国,并获得英国伦敦大学经济政治学院社会学博士学位,是正儿八经的科班出身。1913年,陶孟和回国,翌年就进入北大任教授。所以并不是蔡元培引进的人才,但他发挥非常重要的作用大概是在蔡元培进入北大之后,先后担任过系主任、文学院院长、教务长等。陶孟和在学术上的贡献是推动了中国社会学的产生。早在1918年,他就在《新青年》撰文倡导社会调查,希望能够把中国社会的各个方面都能进行系统的调查,一则可以知道中国社会的好处，诸如家庭生活种种事情，婚丧祭祀种种制度，凡是使人民全体生活良善的地方，都应该保存光大；二则通过系统调查，可以寻出中国社会上种种凡是使人民不得其所，或阻碍人民发达的地方，当讲求改良、改进的办法。陶孟和是当时真正意义上的大知识分子，其学问也为同仁所钦佩、所推崇。

与陶孟和一样，陈大齐也不是蔡元培等人引进的，而是在他们之前就进入北大。陈大齐（1886—1983），字百年，浙江海盐人。1901年入上海广方言馆学习。1903年赴日本留学，后入东京帝国大学文科哲学门，专攻心理学。1912年毕业后回国，在浙江几所学校短暂任教，1913年任北京法政专门学校预科教授，第二年起进入北大担任心理学教授。1917年在北大创建中国第一个心理学实验室，是中国心理学的重要开创者。陈大齐还是《新青年》的政论作者之一，是五四运动的赞助人，与鲁迅关系密切。在新文化运动中关于科学与灵学的争论中，陈大齐发表了《辟灵学》、《心灵现象学》等文章，率先从心理学的观点解释某些神灵现象，在社会上产生了很大反响。

王星拱（1887—1949），字抚五，安徽怀宁人，与陈独秀是小老乡，与胡适等皖籍教授关系密切。王星拱早年入安徽高等学堂，深受学堂监督严复的影响和赏识。1908年官费留学英国，入伦敦大学皇家理工学院，专攻化学，苦读10年，于1916年获硕士学位后回国，旋被蔡元培聘请为北京大学教授。王星拱在专业工作之外，与陈独秀、沈尹默、钱玄同、程演生等进步教授发起组织北京大学俱乐部，并参与《新青年》的编辑，积极为《新青年》撰稿，宣传科学知识，反对宗教迷信。在新文化运动后期的科学与玄学论战中，王星拱坚定地站在科学一边，主张科学万能，是马赫主义在中国的主要宣传者之一。科学方法论是科学精神的核心，也是新文化运动的主题之一，作为科学研究者出身的王星拱，于1920年出版《科学方法论》，系统介绍归纳、逻辑、观察、试验、假定等一系列科学方法概念，启发了国人的科学意识，是现代中国所谓"绝对科学主义"的重要代表人物。

自古以来，中国的知识领域一直是由文学独霸的，现在北京大学在蔡元培、陈独秀等人的主持下,却使科学与文学分庭抗礼了。历史、哲学和四书五经也要根据现代科学方法来研究,为学问而学问的精神蓬勃一时。保守派、维新派和激进派都同样有机会争一日之长短。背后托着长辫子,心里眷恋着帝制的老先生如辜鸿铭与思想激进的新人物如胡适并坐讨论,同席笑谈。教室里、座谈会上,社交场合里,到处讨论着知识、文化、家庭、社会关系和政治制度等问题。这种情形很像中国文明的"轴心时代"春秋战国时期的百家争鸣,或者如古希腊苏格拉底和亚里士多德时代的重演。蔡元培就是中国的老哲人苏格拉底,同时,如果不是全国到处有同情他的人,蔡元培也很可能遭遇苏格拉底同样的命运。在南方建有坚强根据地的国民党中,同情、支持蔡元培的人很多,他之所以义无反顾地以"我不入地狱谁入地狱"的精神去整顿北大,改造北大,在他背后实际上有孙中山一派政治势力的支持,孙中山与蔡元培是多年老朋友、老同志,他们共同期待改造后的北大能够为中国革命、为中国社会进步做出更大贡献。后来,蒋梦麟接替蔡元培出任北大校长,其背后也有着相同的力量。

蔡元培和他的同志的通力合作,使北大很快就发生了很大变化,但是中国的和外国的保守势力却一直指责北京大学在蔡元培的支持纵容下肆意鼓吹无宗教、无政府、无家庭的所谓"三无主义",如同苏格拉底被古希腊人指责戕害青年心灵的情形如出一辙,蔡元培和他的同志在这些保守势力的眼里就是嵇康、阮籍、李贽那样的"名教罪人",就是中国传统的叛徒。争辩不足以消除这些毫无根据的猜疑,只有历史才能证明他们的虚妄。历史不是已经证明了苏格拉底的清白无罪吗?历史不也已经证明了嵇康、阮籍、李贽等人"越名教而任自然"代表着个人主义的觉醒,代表着历史的进步吗?

蔡元培提倡美学以替代宗教,提倡自由研究以追求真理。文科学长陈独秀则提倡赛先生和德先生,认为科学与民主才是能够使中国现代化的两种武器。自由研究导致思想自由,科学破坏了旧信仰,民主则确立了民权的主张。同时,哲学教授胡适正在进行文学革命,主张以白话文代替文言文,以作为表情达意的工具。白话比较接近中国的口语,因此比较易学易懂，它是表达思想的比较良好也比较容易的工具。在过去知识原是士大夫阶级的专利品，推行白话的目的就是普及知识。白话运动推行的结果是，全国各地产生了无数的青年作家。几年之后，中华民国教育部下令全国小学校一律采用白话为教学工具。

在蔡元培、陈独秀、胡适以及全体北大师生的共同努力下，北京大学成为中国知识沙漠中的一片绿洲，革命的种子在这块小小的绿洲上很快地发育成长。北京大学一时间成为中国未来希望之所在，成为中国新文化运动的中心。新派教授竭力提倡思想文学的革新与创造，旧派学者则恐惧国学之沦亡，竭力以保存国粹为能事。于是新旧两派作思想学术之竞争，而国立北京大学遂为此竞争之中心点。高屋建瓴，其势将弥漫全国，由黄河而长江，由长江而浙水、闽水、珠江，必将相继而起。昔欧洲文艺复兴，肇自意大利古城。由意而德而法而英，卒至蔓延全欧，终于酿成18世纪之大光明时代，而中古千年之漫漫长夜，若遇天笑而复光明，星星之火，竟至燎原。彼被动派之反抗，犹若扬风止火，适足以助其焰耳。今日中国之新潮发轫于北京古城，犹欧洲文艺复兴运动之发轫于意大利古城。其弥漫全国之势，犹欧洲文艺复兴运动之澎湃全欧洲。这难道不是中国文明的新希望、新期待吗？①

北大成为中国新文化运动的中心，成为全国瞩目的文化焦点。这个新文化运动或许真的类似于爆发于意大利的欧洲文艺复兴运动，以星星之火，竟至燎原，反对派的反对不仅没有遏止新文化、新思想的传播，结果适得其反，扬风止火，风助火威，火借风势，越烧越烈，于是引起全国性的思想启蒙运动。

1918年11月，北京大学学生傅斯年、顾颉刚、徐彦之等21人自发成立了一个规模很小的"新潮社"。他们在陈独秀、李大钊等人的帮助下，编辑出版了《新潮》杂志（英文名为"Renaissance"，即"复兴"之意。）随后，一批对新文学和历史感兴趣的学生如罗家伦、潘家洵、康白情等人也参与进来，至1919年12月，新潮社的成员已有37人，其中大

---

① 《教育评论》，《过渡时代之思想与教育》，449页，上海：商务印书馆，1933年。

部分为北大学生。新潮社的成员在狭义的五四政治运动中大多数成为带头人，在广义的新文化运动中更是起到不可估量的作用。其中最有影响的有：

傅斯年，现代中国著名的历史学家，曾任中央研究院历史语言研究所所长、台湾大学校长；

罗家伦，历史学家、教育家，曾任北京清华大学、重庆国立中央大学校长；

顾颉刚，现代中国最著名的中国古代史和民俗史研究专家，主编有《古史辨》多卷本，开创现代中国史学中疑古思潮流派；

康白情，现代中国浪漫派抒情诗人；

毛子水，教育家和历史学家；

江绍原，教育家、宗教史学家；

汪敬熙，作家、心理学和生理学家；

吴康，哲学家；

何思源，教育家，曾任山东省政府主席、北平市市长；

李荣弟（小峰），出版家，曾创办现代中国颇富影响的"北新书局"，出版有许多重要的新文学著作；

俞平伯，著名散文作家、诗人、文学评论家，《红楼梦》研究专家；

郭绍虞（希汾），作家，中国文学史专家；

孙伏园（福源），著名编辑和作家；

张申府（崧年），基尔特社会主义者，罗素哲学、数理逻辑学者，曾对辩证唯物主义的传播一度起过重要作用；

叶圣陶（绍钧），著名小说家、诗人、教育家；

杨振声（金甫），中国文学家、教育家，曾任国立青岛大学校长；

刘秉麟（南陔），经济学家；

孟寿椿，曾任上海国立暨南大学文学系主任；

冯友兰，著名哲学家和中国哲学史专家；

朱自清，著名散文作家、诗人。

《新潮》在创办之初就提出批评的精神、科学的主义和革新的文辞的三条原则，他们支持《新青年》和《每周评论》所提倡的改革运动，在某些方面甚至比《新青年》和《每周评论》更激进，因此出版后即在新知识分子层面获得广泛的欢迎和崇高的声誉，虽诞生于北大校园，却具有全国性的影响。

由北大内部星星之火引发的新文化运动唤醒了一代"新青年"，自1917年起，许多年轻人，他们纷纷组织各种各样的政治团体、学术团体，秉持不同的政治立场、学术立场，有自由主义的，有激进主义的，有无政府主义的，有基尔特社会主义的，有新村运动，有勤工俭学，有留学运动。这些团体或许在当时影响并不算太大，并不具有全局性的影响力，但他们中的大多数在后来的政治运动、社会改造运动中发挥了重要作用，甚至有的影响或左右了中国历史走向，如毛泽东。

毛泽东和他的一批朋友于1918年在长沙创办的"新民学会"，拥有七八十名成员，这些人后来差不多都成为中国共产党的领导人。新民学会成立后，招募和组织学生去法国勤工俭学，并在那里发展扩大了激进分子的阵容，推动了后来的政治革命。

在毛泽东等人组织新民学会的同一年，留学日本归来的王光祈、曾琦、李大钊、张尚龄、雷宝箐和周芜等在北京创办"少年中国学会"，期待以"科学的精神，为社会的活动，以创造少年中国"。

同一年成立的新团体还有以北大学生为中心的"国民社"，编辑出版《国民》杂志，致力于鼓吹新知识分子和民众相结合，其宗旨为：一、增进国民人格；二、研究学术；三、灌输国民常识；四、提倡国货。其主要成员有邓中夏、高君宇、黄日葵、段锡朋等。

第七章
"救亡压倒了启蒙"

如果不发生意外的话，按照学术发展的一般规律，不论是文言白话的文学革命和文学改良争论，还是反传统与继承传统的新旧之争，其最后的结果一定是为中国的未来发展寻找一个比较适中的妥协方案。然而中国的问题委实复杂，当新文化启蒙运动刚刚发动不久，却因政治上的变动使这场启蒙运动没有按照既定的方向继续前行，陈独秀、胡适准备用20年时间为中国打下政治变革坚实的文化基础的想法受到了嘲弄，于是有学者判断是"救亡压倒了启蒙"，中国的启蒙运动不幸中断。其实，仔细辨析1919年政治事件前后的中国思想文化界，我们恰恰可以得出一个很不一样的判断，那就是1919年的五四爱国运动确实一度打断了启蒙运动的进程，改变了启蒙运动的方向，但正是这场政治上的变动，极大地促进了启蒙运动的发展，加速了启蒙运动前行的步伐。只是五四运动后的启蒙运动已不再是陈独秀、胡适等人在五四运动前所规划的那样一种启蒙运动而已。

外交失败

1919年的五四运动，爆发于民族危难之际，是一场以先进青年知识分子为先锋，广大人民群众参加的彻底反帝反封建的伟大爱国革命运动，是一场中国人民为拯救民族危亡、捍卫民族尊严、凝聚民族力量而掀起的伟大社会革命运动，是一场传播新思想、新文化、新知识的伟大思想启蒙运动和新文化运动。集中体现为中国人民反对日本帝国主义的斗争，由对外的斗争转向对内的斗争，进而引发一场国内政治的重新洗牌、重新组合。

在近代中国历史中，日本始终是一个重要因素。中日两国一衣带水，有过上千年的友好历史，日本从中国学到了不少本事，然而到了近代，由于西方的压力，中日两国分道扬镳，各走各的路。

如果只是各走各的路，井水不犯河水的话，那么中日两国尽管不会持续友好，但作为邻国，总还是要继续相处。然而，日本在转身向西，加入欧美俱乐部之后，迅即奉行"走别人的路，让别人无路可走"的军国主义扩张的霸道原则，一再欺负中国。

1894年，日本在甲午战争中一举打败中国，震惊了国人，中国在赢得起输得起的前提下，大致接受了日本的议和条件，割让土地，支付巨额赔款，且心悦诚服地开始了向西方、向日本学习的艰难历程。在《马关条约》之后的几年前，中日关系恢复到近代最好的水平，中国人真诚佩服、相信日本人。

然而好景不长，到了1900年庚子事变，日本带头忽悠各国联合向中国出兵，随后又是《辛丑条约》的签订及巨额赔偿。更奇怪的是，1901年开始的新政，特别是稍后开始的预备立宪、官制改革，中国又一次踏上向日本学习的征程，那时的中国人并没有对日本失去信任，前往日本留学的青年络绎不绝。他们不仅学习日本的科学技术，而且学习日本的政治管理、法律制度，"小日本"俨然成为"大中国"的启蒙老师和家教。中国人在日本那里学到了社会主义、无政府主义、新村主义，还有后来矛头直接对准日本的民族主义。

中国之所以在后来将民族主义的矛头对准日本，主要是因为日本在近代始终觊觎中国的领土和财富，始终对中国不怀好意，至少中国人是这样感觉和这样认为的。而最直接的证据，就是日本利用袁世凯急于恢复帝制、重建中国政治秩序的急切心理，向中国提出了令人难以置信的"二十一条"。

1915年1月18日傍晚，日本驻华公使日置益违反正常外交途径，在与中国总统袁世凯进行私人会晤时,向袁世凯提交了几页用印有兵舰和机关枪水印的纸写文件。日方文件之所以选择这种特别的水印纸决非出于偶然,它暗示了日方的意图和文件的内容。这个文件,就是引发后来一系列重大政治变故的所谓"二十一条"。

"二十一条"实际上要求由日本人来控制中国的南满洲、东部蒙古、山东、东南沿海和长江流域。接受这些条件就等于让日本人在所有这些地区实行殖民统治,掌握整个中国的经济和行政控制权。它要求中国政府在政治、财政、军事事务方面聘用有影响的日本顾问;要求中国政府提供建造日本医院、教堂、学校的土地所有权;要求中国重要地区的警察要由中日两国共同组织和管理;要求中国所需的军火不得少于50%从日本购买,或在中国建立中日合办的兵工厂等等。"二十一条"对中国人自尊心的伤害,实胜过任何真正的坚船利炮。如果这个条约实现了,中国也就全部沦亡在日本之手。

当日本公使将"二十一条"的原文递交给袁世凯的时候,要求中国方面"绝对保密,否则要负一切严重后果之责"。日本担心条约内容透露出去,将更进一步激化它与列强之间的矛盾,引起第三国干涉。为了能使袁世凯痛快地答应日本的要求,日置益在递交这份文件时甚至露骨地暗示,如果贵总统接受日本此种要求,那么日本政府对袁总统亦能遇事相助。所谓袁总统将要遇到的困难,显然是指正在紧锣密鼓进行的"帝制自为运动"。

但在谈判过程中,中国对"绝对保密"则有自己的想法。中国不仅不担心内容透露出去,而且由于弱国无外交的根本特征,反而期望将内容透露出去,以引起列强的干预,从而形成对中国有利的局面。在此后长达4个月的谈判过程中,中国政府采取了前所未有的异乎寻常的做法,将"二十一条"的性质和主要内容一点一点地透露给了新闻界,以争取国际社会在道义上的同情和支持,换取国内民众和舆论界的理解、谅解、同情和声援。

正是由于中方代表在谈判过程中异乎寻常地采取争取公众舆论支持的政策,遂使中国公众舆论第一次在政治混乱、落后、军阀统治的条件下，有了发言的机会。在谈判进行的过程中，全国许多地方群情激愤，人民表达愤慨心情的来信每天都像潮水一般地涌入总统府；29个省的都督向中央政府呼吁，不要向"二十一条"屈服；知识分子传达公众民族屈辱感的心声，全国上下处处可闻。几乎所有的中国报纸都表现出强烈的反日情绪。

人民的支持依然不能从根本上提高袁世凯的政治底气和抗争勇气。1915年5月7日下午3时，日本政府向中国政府提出最后通牒，宣布除个别过于苛刻的条款有所修改外，要求中国不得再加修改地3日内予以接受。如果日本方面届时收不到中国方面的圆满答复，那么日本政府有权采用自己认为合适的手段。

日本的最后通牒终于使袁世凯屈服。5月9日晚11时许，中国政府终于在通牒规定的最后时刻答应接受日本的所有要求，并以此为基础于5月25日签订条约。

当中国政府接受最后通牒的消息传出来以后，中国人的愤怒心情达到了顶点。"勿忘国耻"的标语在全国触目皆是，它被刷在墙上，附入商标，或印在信纸信封上。5月7日和9日很快被命名为"国耻纪念日"。这个屈辱的历史也被写进了教科书。

袁世凯接受日本的胁迫，并没有对他的"帝制自为"运动产生多大的积极作用。当袁世凯紧锣密鼓地筹备帝制时，最先向中国方面提出质疑和反对的，就是日本。日本还支持反对帝制复辟的中国人士如孙中山和蔡锷，这样，袁世凯的"帝制自为"终于在内外交困中迅速走向终结。

1916年6月6日，袁世凯在国人的一片咒骂声中死去。第二天，副总统黎元洪依法就职，继任总统。在孙中山等南方革命党人的强烈要求下，黎元洪宣布恢复1912年《中华民国临时约法》，召回旧议员，组织新内阁，由段祺瑞掌握实际权力，担任总理。

对黎元洪的做法，孙中山甚为满意，他指示中华革命党通告国内外各支分部，停止党务活动，准备重新进入国会，进行议会斗争。①在事实

---

① 《中华革命党本部通告》，《孙中山全集》卷三，33页，北京：中华书局，1984年。

上承认黎元洪政府的合法性。

同年10月,日本的政局也发生了一些变化,内阁改组,寺内正毅继大隈重信出任首相,遂改变对华政策。当时日本经济正经历着空前的战时繁荣,到处都有可供发展新企业的剩余资本,因此日本政府便试图通过贷款和投资的方式在中国建立经济根基,并使中国殖民化。这项新政策导致日本从1917年1月到1918年9月的一段时间向段祺瑞政府提供巨额的"西原贷款"。

由于这些贷款的影响,段祺瑞政府越来越倒向日本。1918年上半年,中日两国就《中日陆军共同防敌军事协定》进行谈判,5月16日在北京签字。5月19日,中日两国政府又签订《中日海军共同防敌军事协定》。根据这些协定,中国政府允许日本有权在北满洲和外蒙古驻军,借口是防止苏联和中欧同盟国的入侵,允许日本使用中国的军事地图,为中国陆军和海军配备日本教官等等。这样,日本政府通过借款的行动用金钱买到了当年向袁世凯索要而没有全部得到的特权。寺内下台时曾夸耀:大隈内阁向中国要求"二十一条",惹中国人全体之怨恨,而日本却无实在利益。本人在任期间,借与中国之款,三倍于从前之数;其实际上日本从中国获得的权益,何止十倍于"二十一条"?

中国的殖民地化因段祺瑞政府的亲日政策而越来越严重。

在段祺瑞逐步倒向日本的同时,他与黎元洪之间的矛盾也越来越不容易调和。总统府与国务院之间的冲突已经到了一触即发的程度。当时,日本大规模给段祺瑞贷款,除支持段祺瑞扩张政治势力外,也希望段祺瑞能够尽快宣布对德作战,减轻日本的压力,并使日本有机会控制中国的政治和经济。

然而,此一时彼一时。此时,以美国为代表的西方国家并不希望中国迅即参战,所以国内的政治势力在参战和不参战的问题上形成了观点鲜明对立的两大派。而最可悲的是总统府与国务院竟然分属这两个派别,成为两派中枢,并引外部势力为奥援。

1917年4月25日,段祺瑞在北京召开督军团会议,向黎元洪和国会施加压力,胁迫他们同意参战。5月7日,国务院向国会提出对德宣战案。8日，国会对这个议案进行讨论。10日，在段祺瑞授意下，由流氓、乞丐、军警包围国会，殴打、辱骂议员，胁迫他们必须在当天通过参战案，遭到拒绝。19日，段祺瑞策动各省督军要求黎元洪解散国会。至此，府院对立不可调和。23日，黎元洪发布命令，免去段祺瑞的国务总理兼陆军总长职务。

段祺瑞当然不会束手就缚，他遂纠集北洋系军人谴责黎元洪违法，黎元洪于是同意张勋出面调停。然而张勋又有自己的打算，他不是调停黎元洪和段祺瑞的矛盾，而是于7月1日借机进入北京，拥前清废帝宣统小皇帝复辟。

张勋的蛮干给段祺瑞的武装干涉提供了非常好的口实。7月4日，段祺瑞马厂誓师，稍后遂以"再造共和"的姿态进入北京，平息张勋的短命复辟，又逼黎元洪让位于副总统冯国璋。

冯国璋、段祺瑞之间有过短暂的合作，但由于他们分属于北洋系的两大系统，利益的驱使造成他们并不可能真正合作或长期合作。

受日本政府贷款的影响，段祺瑞政府越来越依赖日本，当然也因为有了这些经济上的援助，段祺瑞在国会的势力也急剧膨胀。段祺瑞的重要"家臣"徐树铮在得到曹汝霖等财政官员的支持后，组织了一个势力雄厚的安福俱乐部，用来收买国会议员，巩固段祺瑞在国会和政府中的势力。所以在那段时间里，段祺瑞真的做到了呼风唤雨、为所欲为的程度。当然，段祺瑞的专断独裁及对部属的纵容等，也引起公众和其他利益集团的不满和猜忌。而恰当此时，又注入了一个"苏联因素"。

1917年11月7日，在俄罗斯爆发了震惊世界的十月社会主义革命，诞生了人类历史上第一个社会主义国家，世界历史开始了一个新纪元。同时，也对中国的历史进程发生了巨大而深远的影响，给沉闷而迷惘的中国带来了新的希望，直接推动了五四运动的爆发。

在十月革命爆发后的第三天，中国传媒上即开始对这一伟大事件进行系列报道，人们对俄罗斯的新进展感到欢欣鼓舞。尤其是到了1918年2月间，苏维埃政府宣布废除以前沙皇政府与他国所签订的一切不平等的国际条约，更给灾难深重的中国人民带来鼓舞，中国人不仅感到与俄国之间的不平等条约已有希望解除，而且开始佩服、向往起俄国人的社会革命了。

十月革命在政治上对中国的影响是多方面的，给中国送来了马克思主义和社会主义只是问题的一个方面，问题的另外一个方面是，苏维埃政权在宣布废除沙皇政府与中国政府签订的那些不平等条约的同时，也宣布废除沙皇政府与日本政府之前签订的一系列秘密协约，先前的日俄同盟解体，远东政治格局发生了巨大变化。日本政府遂将注意力转向中国，希望乘机出兵西伯利亚，扩张日本在远东的势力。

日本要出兵西伯利亚，最便捷的进军路线当然是通过中国东北地区，沿中东路进入俄国。日本政府为此向段祺瑞政府提出合作要求，经过协商，两国政府于1918年5月在北京签署《中日共同防敌军事协定》。

日本签订该协定的目的，一方面为了干涉苏俄革命，另一方面也是为了借此进一步控制中国，特别是巩固其在中国东北的统治。日本政府可以以协同作战为理由，在中国境内自由地动用军队，而且可以以军事合作的名义，参与编练中国军队；尤为重要的是，有利于日本控制和掌握中国军火制造的原料。在政治上，基于同盟关系，日本积极参与中国内政，以便于从各方面扶植亲日的政治势力。在经济上，以同盟协作之名，开发其丰富的资源，努力开拓市场，以利于日本经济的发展。总而言之，《中日共同防敌军事协定》将中国牢牢地绑在日本的战车上，使中国成为日本的军事盟友乃至附属。

《中日共同防敌军事协定》从表面上看是对等合作，但实际上是不平等的，是中国单方面承担片面的义务。它与"西原借款"一起构成了日本套在中国脖子上的两大枷锁，达到了"二十一条"都没有达到的目的。

段祺瑞政府的亲日政策激起了中国民众的愤怒和抗议。在日本和法国的中国留学生举行了游行示威，谴责段祺瑞政府"出卖中国"。留日学生开始集体回国，以抗议日本政府对中国的欺凌。

1918年5月，中国民众反对《中日陆军共同防敌军事协定》的情绪空前高涨。5月21日，北京许多大学的2000多名学生举行声势浩大的示威游行，抗议中国政府签署《中日共同防敌军事协定》。此后，天津、上海、福州等许多城市的学生也举行了类似活动，他们敦促地方政府要求北京政府废除与日本的军事协定。各地商人鉴于第一次世界大战后期日本对中国市场的控制日趋严重，他们也在学生的影响下举行集会，抨击段祺瑞政府的亲日政策。这些活动虽然对政府的决策并没有多少直接和有效的影响，但它标志着新知识分子与其他社会力量较大规模合作的开始，在某种意义上说是1919年五四运动的预演。

段祺瑞的亲日政策虽然遭到国内民众的普遍反对，但由于其政治势力盘根错节，而安福系又牢牢控制着国会，所以段祺瑞不仅没有在民众的反对声中调整对日关系，反而在一系列错综复杂的政治冲突中增强了自己的政治势力。1918年10月，安福系控制的国会将大总统冯国璋挤下台，北洋系元老徐世昌出任大总统，段祺瑞被免去国务总理职务，而仅仅保留参战督办的身份，但北京政府的实际权力依然掌握在段祺瑞的手里。

与北京政府对峙的是孙中山在南方领导的中华民国军政府。这是中国当时的实际状况，从法理角度看，南北两政府都有其存在的法律依据。事实上，不论是南方政府，还是一般国民，都视段祺瑞的北京政府为一政治实体，否则南方政府就不会和北方政府对等谈判，五四爱国民众也就不会向段祺瑞的北京政府请愿。

就国际地位看，国际社会承认段祺瑞政府是中国的合法代表，出席巴黎和会的代表除了王正廷代表南方军政府外，其余的均应看作北方政府人士。

段祺瑞之所以能在那么多反对声音、反对力量面前屹立不倒，在很大程度上得益于他在北洋军阀派系中的实力以及他的国际视野和决断。第一次世界大战爆发后，段祺瑞比较早地意识到这对中国来说是一个重要机会，中国要成为世界主流国家，要与各大国平起平坐，就必须加入协约国，对德作战；即便从解决中国当时所面临的实际问题，段祺瑞也认为参战是唯一办法，只有参战，只有胜利，中国才能从列强手里收回某些权利。段祺瑞的这个判断当然是政治赌博，因为谁也无法预测这场战争究竟要进行多长时间。

然而，段祺瑞的判断并不能成为中国人的意志，当时的中国人包括袁世凯、黎元洪、孙中山等一大批第一流人物，几乎一直反对中国参战，反对中国加入协约国。1914年大战爆发后，袁世凯政府宣布中立，日本则以参战的名义乘机向德国在远东的据点发动进攻，出兵占领了德国在山东的势力范围和青岛，实际上是利用战争机会扩大对中国的侵略，只是这种做法使中国有苦说不出，中国的处境一下子陷入非常尴尬的地步。

袁世凯死后，黎元洪继任大总统，段祺瑞为总理，稍后又举冯国璋为副总统。中国原本可以利用这个机会调整政策，加入协约国。然而黎元洪在这个问题上与段祺瑞发生分歧，直至闹到府院冲突，黎元洪免了段祺瑞的职务，而段祺瑞则唆使各省都督闹独立，结果引发张勋复辟，段祺瑞马厂誓师，进北京"再造共和"，黎元洪离京出走。段祺瑞政府乘机于1917年8月14日宣布对德奥作战，使中国成为协约国的一员。

1918年11月11日，第一次世界大战终止，协约国与德国签订休战条约。尽管中国很晚才宣布作战，并且也没有真正出兵欧洲，不过中国的协约国地位是不容动摇的，段祺瑞一下子成为最具有远见的政治家，享有很高的威望。中国人也欣喜若狂，北京政府于11月14日宣布放假3天，并举行盛大阅兵典礼和游行示威以庆祝协约国胜利，一直被视为中国耻辱的"克林德碑"也被移走。中国人总算跟着协约国出了一口鸟气，一洗1840年以来所受到的痛苦和屈辱。

当人们在庆祝协约国胜利的时候，新知识分子领导者相信，协约国的胜利是民主战胜了专制和军国主义，工人和平民战胜了压迫者。从这个观点出发，他们认为，自1898年以来德国抢占的中国领土和权益应该归还给中国，大战期间在日本胁迫下所签订的中日条约和协定应当废除或调整。特别是美国总统威尔逊1918年1月8日提出以"十四条原则"作为解决战后问题的出发点，倡导"公理战胜强权"，更使中国人对威尔逊倡导的"国际联盟"的成立及其巴黎和会寄予无限的希望：中国希望成为一个正常国家，享有一个大国应有的尊严与地位；列强必须以平等姿态待我。更重要、更明白的要求是：日本从德国手中攫取的山东权益和青岛必须归还给中国。中国对威尔逊总统给予很高期待，更对巴黎和会寄予无限希望。

然而，巴黎和会不断传来的消息却令中国人深感失望：日本将取代德国在中国的地位。

由于当时的中国处在南北分裂状态，巴黎和会中国代表团由南北双方组成，总代表为曾在1915年和1919年任外交总长时签订了中日之间一系列协约的陆征祥，而这一系列协约均以"二十一条"为基础。全权代表还有南方领导人之一、广州参议院副议长王正廷，驻美公使顾维钧，驻英公使施肇基，驻比利时公使魏宸组（后由伍廷芳之子、南方政府代表伍朝枢接替）。成员共63人。从代表团的构成看，其内部发生冲突、发生分歧在所难免。北京政府大体上倾向于亲日，而南方政府则主张实行更强硬的对日政策，并一直试图推动中国民众对北京政府亲日政策的怀疑。职业外交官顾维钧由于受美国人的影响，在某种程度上也持同情南方政府的态度。这样，中国在巴黎和会的处境从一开始便显得有点不太妙。

而且，从多年来中日交涉的过程看，中国政府在许多问题上处理不慎，也为日本的骄横提供了口实，增加了中国在巴黎和会上的难度。

不过，中国毕竟也在战争进行过程中宣布参战，毕竟也是战胜国，也是巴黎和会的当然参加者。所以，中国政府内部研判尽管有许多障碍需要克服，但也真诚期待利用这次机会尽可能多地收回过去丧失的权益，介入国际社会大家庭的正常生活。中国政府代表团在会议之初提出的议案是"七点希望"：

一、废弃势力范围；

二、撤退外国军队、警察；

三、裁撤外国邮局及有线无线电报机关；

四、撤销领事裁判权；

五、归还租借地；

六、归还租界；

七、关税自主权。

"七点希望"显然没有满足国人对巴黎和会的期待，在欧洲的中国学生对此很不满意,他们结成团体,派出代表,要求中国代表团必须向和会提出废除"二十一条"及山东权益问题。在这种情况下,中国代表团又向和会提交陈述书,请求取消1915年5月25日的中日协定即"二十一条"要求及换文,收回在大战期间被日本乘机夺取的德国在中国山东的全部权益。

然而,当这两个提案提交和会时,却遭到无情的拒绝,认为不在和会讨论之列。在这种情况下,中国的唯一希望就是山东问题能够得到解决。

在列强中,美国政府比较同情中国,但却无能为力。1919年1月27日,美、英、法、意、日代表举行五强会议,当会议开始讨论德属殖民地问题时,日本代表声称胶州湾租借地及铁路并德国在山东的所有权利,都应无条件让与日本。为此,日本还公开了英、法、意1917年2月与日本签订的秘密协定,这些协定保证三国在战后"支持日本有关德国在山东权利的处理主张"。有了这些秘密保证,日本在会议上的力量得到了加强,而原本有意支持中国的美国,则陷入孤立无援的境地。

第二天,五强最高会议所透露的消息更对中国不利。因为早在1918年9月24日,中日两国政府曾就修建济南—顺德、高密—徐州铁路进行秘密借款谈判,并达成秘密协定。其结果是这两条铁路的全部产权和收入为偿付借款而抵押给了日本。在借款的同时,日本向中国提出"七点建议",根据"七点建议",胶济铁路沿线之日本军队除济南留一部队外,全部调集于青岛。胶济铁路之警备,可由中国政府组成巡警队任之,巡警队本部及枢要驿并巡警养成所内,应聘用日本人。胶济铁路所属确定后,归中日两国合办经营。对于日本的这个建议,中国驻日公使章宗祥在换文中答复说:"中国政府对于日本政府右列之提议,欣然同意,特此奉复。"所有这些内容在此前均被严格保密,甚至连中国代表团的某些全权代表都不知道。这样一来,日本在和会上所提出的对山东和有关铁路的要求,便具有某种所谓"法律依据"。中国代表团为此感到尴尬,最想帮助中国的美国代表也觉得没有办法再支持中国。

对于日本代表提出的这些"法律依据",中国代表尽其所能进行辩驳,大要归为所有这些协定和合同都是中国政府在日本的胁迫下而被迫同意的,而且中国既然在大战中向德国宣战,则情形已大不同,故这些协定与合同亦为今日所不能执行。而日本代表则辩解说,1918年关于铁路的合同和有关山东问题的换文是在中国参战以后签订的,因此不能说中国是受了日本的胁迫。

正是由于上述诸多原因,中国在巴黎和会上要想达到自己的目的,当然会困难重重。1919年4月30日,美、英、法等国秘密决定,把德国在山东的所有权益转让给日本,而根本没有提及日本1914年做出的将山东权益"交还给中国"的诺言。

巴黎和会一直引起国人的高度关注,和会上的一举一动时刻牵动着国人高度敏感的神经。遍布世界各地的华人团体不断发表通电之类的声明,向中国代表团施加压力,唯恐他们在日本的恐吓下放弃中国权益,要求与会各大国保证充分尊重人权,维护中国权益,表示中国决不会承认列强秘密协定,中国应有的权利一定能够收回。

运动学生

然而,当巴黎和会决定将德国在山东的权益转让给日本的消息传到北京时,中国公众顿时显得非常沮丧和高度愤怒。面对这一事实,中国人开始觉醒,他们逐步意识到,列强"仍然是自私和军国主义的,并且都是大骗子"。这种沮丧与愤慨的情绪在青年学生中更加强烈,到了4月底,包括新潮社、国民杂志社、工学会、同言社和共学会在内的学生团体联合召开会议,酝酿于5月7日举行游行示威,因为这个日子是"国耻纪念日"4周年,4年前的那一天,日本人向中国政府发出"二十一条"的最后通牒。

学生组织的这个决定很快得到北京所有大专院校学生团体的赞同,为首的有北京大学、高等师范学校、工业专门学校及法政专门学校,他们开始着手动员全体学生参加5月7日的抗议活动,并向全国报界和公共团体发出一份通电:"青岛归还,势将失败。5月7日在即,凡我国民当有觉悟，望于此日一致举行国耻纪念会，协力对外，以保危局。"

进入5月，从巴黎传回的消息越来越使人震惊。这些报道说，和会即将拒绝中国关于公正解决山东问题的要求，中国提案受挫的主要原因是因为中国的"卖国贼"策划的"欣然同意"的换文。时逢中国驻日公使章宗祥自东京匆忙回国，并在天津与另一位著名亲日派陆宗舆聚谈。4月30日，章宗祥回到北京，但却住到曹汝霖的家中。第二天，外国报纸报道，章宗祥将不再返回东京任职。还有传言说他将接替陆征祥出任外交总长和巴黎和会总代表的职位。这个消息引起公众的极大怀疑，人们普遍认为中国政府上层人物正在阴谋出卖国家利益。

中国人现在不仅怀疑中国政治领袖可能出卖国家权益，而且开始怀疑国际公正、正义和公理。陈独秀指出，"巴黎的和会，各国都重在本国的权利，什么公理，什么永久和平，什么威尔逊总统十四条宣言，都成了一文不值的空话。"这个"分赃会议，与世界永久和平、人类真正幸福，隔得不止十万八千里，非全世界的人民都站起来直接解决不可。若是靠着分赃会议里那几个政治家、外交家在那里关门弄鬼，定然没有好结果。"他号召人民公开站出来表达意见，寻求"直接解决"。

据五四运动亲历者和组织者许德珩回忆：4月底，巴黎和会决定了要把德国强占我们的"山东权利"判给日本帝国主义强盗继承。同时还拒绝了取消袁世凯与日本所订的"二十一条"卖国条约。5月1日，我们得到这个晴天霹雳的消息，参加在《国民杂志》社的各校学生代表，当天下午在北大西斋饭厅召开了一个紧急会议，讨论办法。高工的一个学生代表夏秀峰当场咬破手指，写血书，大家激昂得眼里要冒出火来。

5月3日，北京民众的激愤情绪达到白热化的程度。各政治团体和社会团体纷纷召集紧急会议，讨论时局。北京商会致电其他城市的同类组织，敦请他们支持中国在巴黎和会的要求。上海商会决定于5月6日举行会议，讨论应对时局的办法。国民外交协会派代表谒见大总统徐世昌，要求他命令中国代表团，如果山东问题不能合理解决，就拒绝在和约上签字。国民外交协会还决定邀请其他社会团体参加定于5月7日在中央公园举行的国民大会。留学生救国团还致电大总统徐世昌：宁愿公开决绝，亦不愿屈辱求生。

面对公众的压力，北京政府不愿积极回应民众的期待和呼吁，反而采取严厉措施镇压骚动，这种火上浇油的举动事与愿违，学生团体决定将原定5月7日举行的抗议活动提前进行。

5月3日下午1时许，在北京各大学校园出现一张布告，号召北京所有大专学校学生代表召开临时紧急会议，研究对策。当晚7时许，临时会议在北京大学法科大礼堂举行，来自国立高等师范学校、法政专门学校和工业专门学校等校学生代表1000多人参加了会议，礼堂里里外外都挤满了人，这算是北京全体学生大团结的一个会议。《新潮》社和《国民杂志》社成员主持会议，《国民杂志》社领导人之一易克嶷（一说为北大法科四年级学生廖书仓）作主席。北大新闻研究会邵飘萍发表演讲，分析巴黎和会的可能结果，紧接着，张国焘、许德珩等许多同学发表了慷慨激昂的演说。他们一致认为造成巴黎和会如此结果的原因是腐败和不公正，因此有必要做出某种举动予以回应，让中国人和全世界人民都看到强权绝对不是公理。

会场情绪激愤高昂，不可控制。北大法律系一学生当众咬破中指，撕破衣襟，以血书写"还我青岛"四个大字。面对此情此景，所有与会者肃然感动，会场气氛凄凉悲壮。还有一位学生大声哭诉，并拿出一把菜刀，表示如果今天的会议不对明天的示威游行做出肯定决议，他就当场自杀。于是会议决定在第二天即5月4日而不是原定的7日举行集会，抗议政府的外交政策。

与会学生还意识到，在第二天的示威活动中决不能使用暴力，只能进行和平有序的抗议，以免秩序混乱而被其他政党所利用。他们希望明天的抗议活动只是学生团体的独立行动，只是像留日学生对付章宗祥那样，将白旗送到曹汝霖、章宗祥、陆宗舆等人的家中就行。

5月4日，星期天，上午10时许，包括北大、陆军学校在内的北京13所大专院校的学生按照计划在法政学校集会，通过五项决议：

一、通电国内外有关团体，呼吁他们抗议巴黎和会的山东决议案；

二、努力唤醒全国各地的民众；

三、组织北京市民的群众集会；

四、建立一个北京全体学生的统一机构，负责协调学生的活动以及与其他组织的联系；

五、决定当天下午游行示威的路线为：由天安门出发，经东交民巷，转向哈德门大街商业区。

然而，毕竟因为筹备的时间过于匆促，北京各高等学校学生参加示威游行队伍的，也只有城里几个学校，郊外的像清华学校等都赶不及参加。下午一点半左右，天安门广场上聚集了3000多名学生，他们代表着北京13所大专学校。北京大学的学生担任了这次集会和示威活动的领导角色。学生们还散发了《北京学界全体宣言》传单，呼吁全国工商各界团结起来，召开国民大会，外争主权，内除国贼。

天安门的集会只是说会后先到总统府要求拒绝在巴黎和约上签字，并惩办曹汝霖、章宗祥、陆宗舆三个卖国贼，再到东交民巷英、美、法、意等公使馆，表示国民外交的声势，并没有决议到曹、陆、章等住宅去的。①

半个小时的集会结束后，学生们按照既定计划于下午2时许便列队从天安门广场向南通过位于现在正阳门北侧、毛主席纪念堂一带的中华门。在队伍前头有两个学校各举一面巨大的五色国旗。随后是一幅讽刺性的挽联：

卖国贼曹汝霖、陆宗舆、章宗祥遗臭千古；
卖国求荣，早知曹满遗种碑无字；
清新媚外，不期章惇余孽死有头。
北京学界泪挽。

示威学生给北京市民留下了深刻印象。许多市民感动得沿街而立，热泪盈眶，倾听学生呼喊口号。许多旁观的外国人也向示威学生欢呼致

---

① 周予同：《五四运动片断》，《五四运动回忆录》上，266页。

意。学生队伍秩序井然地在大街上行走着。如果不发生意外，示威的活动将很快结束。

但是到了后来，示威学生的情绪发生了变化。他们经过中华门到棋盘街，转向东到了东交民巷西口。东交民巷的巡捕和中国警察联合阻止示威学生进入这块享有治外法权的外交使馆区。学生在与使馆方面电话联系后，推举罗家伦、张国焘等代表进入美国使馆拜访美国公使芮恩施。可惜芮恩施因事外出，学生代表只好留下一份说帖，希望中国学生今天的行动能够得到美国政府和人民的理解、同情和援助。学生代表还去过英、法、意三国公使馆，然而因为是星期天，各国公使都不在，只派官员接见，表示同情。

大约两个小时后，游行队伍仍未获得巡捕让他们通过使馆区的许可。同时，东交民巷入口处的中国警察和军队也对游行队伍强行干涉，企图迫使学生返回。在这双重失望境遇中，学生们包括一些加入游行队伍的市民显然已被激怒。忽然有人大声喊道："到外交部去！""到曹汝霖家里去！"

在这紧要关头，示威游行总指挥傅斯年劝学生不要去，但是如同所有群众运动一样，组织者已无法有效控制局势。于是游行队伍退出东交民巷向北行进，沿户部街、东长安街，到东单碑楼和石大人胡同，向曹汝霖的住宅赵家楼二号进发，因为有消息说那里正在举行秘密会议。

示威学生显然被警察激怒了，他们沿途高呼口号，打倒卖国贼曹汝霖、陆宗舆、章宗祥乃至段祺瑞、徐树铮等人的口号此伏彼起，响彻云霄。

大约下午四时半，游行队伍到达赵家楼曹宅，他们先是和平地要求曹汝霖亲自出面解释与日本签订秘密协订的原因。守护曹汝霖住宅的警察和宪兵对学生的要求充耳不闻，反而一再试图强迫学生退走。这使示威学生怒火中烧，他们不断呼喊口号，并开始有人向窗口和墙内扔石子和白旗。学生们试图冲进去，但没有成功。

就在学生准备撤退返回学校时，有5名不肯屈服的学生爬上墙头，打破窗户，跳进宅内。然后打开大门，于是大批学生冲了进去，满屋子搜索曹汝霖等人，然而什么都没有发现，学生显得很失望，于是有人将室内一些物品捣毁，并放火烧了房子。

大约5时左右，有人在地下室发现了章宗祥和交通部航政司司长丁士源及日本记者中江丑吉。学生们立即一起动手将章宗祥打倒在地。章宗祥顺势躺在地上装死。

大火着起，许多学生感到害怕，于是自动散去，有的回家，有的赶回学校。中江丑吉和一些警察乘机将躺在地上的章宗祥拖到邻近一家杂货店躲避，不料在那里被一些学生认了出来，结果遭到一顿狠揍，还有人将杂货店里的皮蛋摔到他的身上。

这时大批武装警察和宪兵已经赶到，把赵家楼一带围得水泄不通。他们逮捕了30多名学生带往司令部，其余的1000多名学生跟在后面不肯散，各自承应对这次事件负责，要求入狱。结果全体被关到北京大学第三院（法学院），外面由宪兵和警察严密驻守。

如果站在客观、公正的立场上看，中国拒绝在"巴黎和约"的最后文本上签字，不仅维护了中国的主权尊严，而且将在国际社会引起强烈的反响，有助于中国国际地位的提高。正如福开森当年所描述的那样："据美国人之感想，以威总统对于山东问题让步于日本，以期日本加入国际联盟，实属铸成大错。现在群情忿慨，甚为反对。欲图补救，惟有中国绝端拒绝签字之一法而已。若拒绝签字，则较诸保留为尤善，且有助于中国之国际地位甚大也。""美国舆论及参议院对于巴黎中国代表团拒绝签署和约一事，深表赞同，情意恳挚"。①因此，中国政府拒绝签字是正确的选择。

中国政府代表团最后确实这样做了，这也确实是五四运动的巨大历史功绩。在一定程度上也可以说，在五四运动的巨大革命洪流下，当时军阀政府不得不被迫向帝国主义进行交涉，巴黎和会的代表陆征祥等竟不敢签字和约。这是中国人民的胜利，这是中国革命走上新民主主义阶段的开始。②

---

① 《秘笈录存》，226页，北京：中国社会科学出版社，1984年。
② 叶恭绰：《一九一九年南北议和之经过及其内幕》，《北洋军阀史料选辑》下，21页，北京：中国社会科学出版社，1981年。

不过，当我们回过头来重新审视一下巴黎和会上中国代表团的全部交涉过程，我们便很容易发现北方政府虽然在是否签约上有过某些犹豫，但自始至终的主流见解差不多都是拒绝签约，从来没有人愿意放弃中国的利益，放弃山东、青岛主权。先看陆征祥等人于五四运动爆发前二日即5月2日引咎辞职书中的一段话："我国对德宣战，原冀列席和会。乃此次和会办法，迥与历次公会不同，各国列席全权先即大分差等，我国仅得其二，抗议虚掷东流。此祥之无状者一。到会列席，原为提议商酌，冀有公道之主张，稍减利权之损失。所有希望各案，尤以胶州为先，迭次陈述理由，各国多表同意，内有政府之决心，外有国民之后盾，乃力争数月之结果，终违当日之初衷。此祥之无状者二。"①

很显然，中国代表团在巴黎和会上关于自身利益的预案，一开始的底牌就是要收回山东主权，只是由于种种原因而未能实现。对这一结果，代表团和北方政府当然负有责任，特别是交涉与解释的责任。但毕竟国势太弱，所谓"弱国无外交"，其本意就是弱国可供交换的东西太少，无法争得在国际上应有的地位和尊严。

然而问题在于，既然中国政府的底牌是收回山东主权，何以因此又引起规模如此宏大的五四爱国运动？欲解释这一问题，只有从秩序与爱国的内在关联入手，还要注意中国当时南北两个政权存在的事实，注意国内政治分裂对外交的伤害。

爱国是一个公民最起码的责任心，如果一个人连自己的国家都不爱，那么他在自己的国家里便难以生存。作为中国的政治家，最大的耻辱莫过于卖国，最高的荣誉也就是看他能否在盖棺论定时获得爱国者的美谥。对于国民特别是青年学生，自古以来就有一种强烈的爱国主义情结，特别在涉及国家主权、民族利益时，我们的国民，尤其是青年学生便极容易唤起自己的良知。因此我们看到，中国聪明的政治家无不注意以爱国心调动青年的热情。比如蒋介石虽然并不认同五四新文化运动的启蒙价值和文化意义，但他在谈及五四运动时，也不能不肯定五四运动中学生

---

① 《陆专使等引咎辞职》，《秘笈录存》，145页。

们的爱国热情。简言之，在不同的中国人那里，爱国的心态是完全不相同的。

青年的爱国激情最纯真。如果秩序处在最佳状态，政府可以对社会和青年进行有益的指导，社会公众和青年也比较容易以理性态度利用自己的权利监督政府。依此反观五四运动爆发的那一年，我们看到中国的秩序是近代以来最坏的几个年头之一，不仅南北政府对峙且和谈不成，且政府内部各利益集团也在进行无休止的明争暗斗。如北方政府，安福系所组成的新国会，于1918年9月选举徐世昌为大总统，冯国璋遂下野。安福系认为这次选举既能倒冯，又举一个毫无军权实力的北洋元老徐世昌来做傀儡，那么段祺瑞仍居有参战督办地位，无论是出面组阁与否，实际上操纵全部军政大权。但是徐世昌并非甘心作傀儡，他这次能被选出为大总统，亦正是利用直皖二系之争，坐收渔人之利。

史料表明，五四运动爆发前夕，不仅青年学生不了解巴黎和会以及此前几年中日交涉的真实情形，即或某些当事者对政府的"秘密外交"及各利益集团之间的关系也不甚了了。三四月间，上海报界接王正廷专使自巴黎来电云：吾辈提议于和会者，主张废除"二十一款"及其他密约不遗余力，推测日本之伎俩仅有二途：曰引诱，曰用武。然皆与正义公道相违，必不出此。但吾国人中有因私利而让步者，其事与商人违法贩卖者无异，此实卖国之徒也。所望全国舆论对于该卖国贼群起而攻之，然后我辈在此乃能有讨论取消该条件之余地。

王正廷的电文既披露于各报，于是群情愤怒如触汤火，谓果有是人者，真秦桧再生于今日，李完用复乎中土矣！时人既读此电，以为此卖国贼必指在巴黎之华人掣专使之肘者，始疑叶玉虎，然叶滞在美洲尚未抵欧，于是群疑梁启超。①

作为中国政府代表团的正式成员和南方政府的唯一代表，王正廷仅以"推测"之词吁请国内舆论有所表示，可见此时中国之秩序处于一种

---

① 蔡晓舟、杨景工：《五四》，《五四爱国运动》上，450页，北京：中国社会科学出版社，1979年。

非正常状态。

再看五四亲历者匡互生1925年对五四大游行背景的回忆。他说:"北京各校全体学生本来有一种5月7日举行示威运动的预备。不料自5月1日起,由巴黎和会传到北京的消息一天险恶一天。到了5月3日,由几家报纸和几个外国教员宣传的消息,竟说中国的外交已完全失败,并说失败的原因完全在曹汝霖、章宗祥、陆宗舆等秘密订定的高徐、济顺两路借款合同的换文上所有的'欣然承诺'四个大字上面。因为'二十一条'的承认还可以说是由于最后通牒压迫的结果,在以谋永久和平相标榜的和会场中可以借着各国的同情把全案推翻的,但日本的外交家却能立刻拿出中国专使所未曾知道的密约换文上所有的'欣然承诺'四个字来作非强迫承认的反证,来作钳制中国专使的口的利器。这一个消息宣传以后,北京所有的学生除了那些脑筋素来麻木的人以外,没有不痛骂曹、章、陆等没有良心的,没有不想借一个机会来表示一种反抗的精神的。因空气这样紧张的缘故,大家就有提前举行示威运动的提议,于是5月4日举行游街大会的议案就由各校代表会议议决了。"①

当我们冷静思索巴黎和会的消息是如何传到学生那里去的时候,我们不能不怀疑政府内部运作程序的紊乱、各派系之间的争斗,也不难觉察政治家的无力、无助,以及对青年学生的期待。据当时参与政府处理和会事务的叶景莘回忆说,5月1日,外交委员会决定不签约,由汪大燮、林长民将电稿亲呈总统徐世昌,徐令国务院拍发巴黎中国代表团。但2日国务院又密电专使签约,院里电报处一个林长民的同乡当晚潜去报告他。3日清晨,汪大燮、林长民到会,汪命即刻结束会务,林密电梁启超并请他通知巴黎中国留学生,他另又通知国民外交协会嘱发电反对。叶景莘打了个英文电给上海复旦公学李登辉校长,说政府主签,我们在此已尽其所能反对,请上海响应。这个电的署名是随便写了三个英文字。傍晚,叶景莘到汪大燮处报告,汪问还有什么办法可想,叶景莘说:北

---

① 匡互生:《五四运动纪实》,《五四运动回忆录》上,305—306页,北京:中国社会科学出版社,1979年。

大学生本要游行，何不去告北大校长蔡元培先生。汪大燮即坐马车从东单二条口赶到东堂子胡同西口蔡宅。蔡即电召北大学生代表于当晚九点在他家会议。①叶、林的爱国热情我们无需怀疑，但是我们不能不想到当局要员当此关头首先想到学生，其实真有思考的空间。

如果一个民族中的青年学生对政治麻木不仁，对时事漠不关心，那么这个民族不但难以实现现代化，恐怕也难以生存和延续。一个民族的真正希望在于青年，在于学生，因此，怎样才能唤起青年学生的觉醒，调动青年学生的积极性、创造性和爱国心，这是任何一个政府都不能不高度重视的大事。

从学生方面而言，热情、好动，无不具有强烈的爱国意识和奋发精神，这无疑都是值得永远保持的优良品质。但是，青年学生在保持发扬自身优势的同时，也应时时以一种理性态度对待自身，明确自己的真正责任与历史使命。

一个民族的现代化是一个艰难而痛苦的历程，它不仅需要持续稳定的国内秩序和和平的外部环境，而且需要民族成员有一种锲而不舍的韧性，一代一代地进行下去。青年是民族的未来和民族的希望，青年的责任与历史使命不仅要爱国，而且要有真本事、真本领来建设祖国，青年要善于保存实力，要善于把力量贡献到祖国更需要的地方。诚如蒋梦麟和胡适当年所总结的那样，伟大的五四爱国运动，从远大的观点看起来，自然是几十年来的一件大事。从这里面发生出来的好效果，自然也不少。引起学生的自动精神，是一件；引起学生对于社会国家的兴趣，是一件；引起学生作文、演说的能力，组织的能力，是三件；使学生增加团体生活的经验，是四件；引起许多学生求知识的欲望，是五件；这都是旧日的课堂生活所不能产生的。我们不能不认为这是学生运动的重要贡献。

---

① 叶景莘：《巴黎和会期间我国拒签和约运动的见闻》，《文史资料选辑》辑二，150页，北京：中国文史出版社，1986年。

政府反应

北京政府曾竭力阻止过5月4日的游行示威活动。教育部的一位代表曾在警官陪同下，5月4日上午11时许来到北京大学，劝说学生们各自返回学校，不要参加游行，可以改为推选代表向政府或驻华公使团交涉。步兵统领吴长泰和警察总监吴炳湘也劝学生放弃游行。学生们当然没有听从他们的劝告。

在火烧赵家楼的过程中，警察和学生在院子里确实发生过一些冲突，但是警察在那种情况下的态度是很温和的，他们中的一些人实际上是持"宽容中立"的态度。这种冲突一直持续到六点差一刻。此时大多数示威者已经散去，只有几十个人留下来围观，大概想看看会有什么结果。

随后，警察总监吴炳湘和步兵统领李长泰匆忙赶到，警察才突然改变态度，向空中放了几枪，并遵照警察总监吴炳湘的命令，在现场逮捕了几名学生，又在沿途逮捕了一些。总计整个事件有32名学生被逮捕，其中包括北大20人，有易克嶷、曹永、许德珩、江绍源、李良骥、杨振声、熊天祉等；高等师范8人，有向大光等，其余的有工业专门学校2人，中国大学和汇文大学各1人。

事件发生的当天晚上，曹汝霖在六国饭店召集党羽秘密研讨如何对付学生的策略。经过密商，他们一致认同在目前形势下不宜与学生直接冲突。第二天，曹汝霖致信大总统徐世昌，表示自己无意严惩火烧赵家楼的学生，并要求辞去交通总长职务，但对学生的指责，曹汝霖也在这封辞职信中作了辩护。随后，陆宗舆仿照曹汝霖的做法，也向总统递交了辞职信。显然，政府中也有人希望对学生进行安抚以寻求妥协。

寻求妥协只是政府内部一部分人的看法，而政府内部更多的人似乎主张采取强硬的手段。国务总理钱能训于事发当天晚上在家里召集会议，许多阁员纷纷攻击北大和蔡元培，要求关闭北京大学，解除蔡元培的校长职务，迅即处理被捕学生。教育总长傅增湘提出反对意见，为蔡元培略作解释，迅即遭到钱能训的斥责：你说蔡元培的校长位置不能动摇，那么我问你：如果蔡元培不幸而死，你又如何？钱能训不惜屈格以如此恶毒语言攻击北大和蔡元培，可见政府对当天事件的恼怒。

随后，政府下令司法部进行调查，以便对事件的负责人加以惩罚。5月5日，教育部下令限制学生的活动。同时北京加强了警察和军队的戒备，以控制学生的活动。政府准备将被捕学生交法庭审判。

当北大的学生游行返回学校后，在晚上7点左右点了一次名，发现一些学生失踪。消息很快在学生中传开：失踪的学生已被警察和军队逮捕，并将依戒严令受审。

这种消息虽然不一定可靠，但是正处在激动中的学生知道之后，自然怒不可遏。他们立即召集在校的学生于当晚在北大法科大礼堂举行会议，控诉警察对他们的粗暴对待，担心已被捕的学生可能被杀害，他们觉得他们全体对事件都负有责任，而不仅仅是那些被捕的学生。于是他们决定全体到警察厅去自首，从而减轻被捕学生的责任；有的建议一起到国务院交涉，或者直接找警察总监吴炳湘交涉。群情激昂，意见不一。

当此时，蔡元培邀同法律专家王宠惠步入会场，他那安静、从容的态度，使骚动不安、不知所措的学生立刻稳定了下来。蔡元培走上讲台对学生们说："你们今天所做的事情我全知道了，我寄以相当的同情。"话未毕，全堂呼声雷动。蔡元培继续说："现在不是你们学生的问题，是学校的问题；也不只是学校的问题，是国家的问题"；"我是全校之主，我自当尽营救学生之责。关于善后处理也由我办理。我只希望各位听我一句话：从明天起照常上课。"大家一致表示听从，于是学生们就散会了。

那时，北京政权表面上是徐世昌当总统，其实政府的实际权力还在参战督办段祺瑞手里，所以要想使被捕学生尽快获释，就必须由段祺瑞点头。蔡元培在当晚离开学校后，径赴段祺瑞平日最敬重的老前辈孙宝琦的家中，请求孙宝琦对段祺瑞说明当日学生的举动并无恶意，全出自爱国热忱，希望政府能够尽快释放学生。孙宝琦当时因这件事闹得太大，稍感为难，犹豫彷徨，不肯表态，蔡元培就呆坐在孙家会客室里不肯走，至夜里12时许，孙宝琦无可奈何，答应明天找段祺瑞试试看，这样，蔡元培方才回家休息。

当天晚上，北京其他大专学校的学生也举行过类似的会议。

第二天（5月5日）上午9时，北京所有大专学校的学生代表3000多人在北大法科大礼堂召开会议，决定委派以后来担任金英中学校长的方豪为首的代表，向各校校长和教育部发出呼吁，请求他们向北京政府大总统请愿，释放被捕的学生。会议还决定，在这些被捕学生获得释放之前，这些学校的学生将拒绝上课。

在此次会上，国会议员符定一在讲话中表明支持学生。罗家伦也向大会报告，他已成功地完成了争取商人和新闻界支持的任务。学生此时的注意力并不仅仅限于营救被捕学生，他们同时还坚持要求达到他们示威的目的。会上通过的决议还有：

一、上书大总统，要求惩办卖国贼，归还青岛；

二、上书教育部，说明5月4日事件的理由；

三、通电国内外关注此事的各组织团体，请求他们一致行动。

此外，会议还讨论了抵制日货的可能性。

此次会议的最大成果，是学生们迈出了具有深远意义的一步。他们为了营救被捕学生和推动爱国运动的发展，决定成立永久性的"北京中等以上学校学生联合会"。

翌日，由北大和高师学生代表负责起草的"北京中等以上学校学生联合会章程"获得通过，他们立即成立了这个重要的学生组织。它是中国第一个全市范围内中等以上学校的永久性学生组织，并成为随后几年在几乎所有中国重要城市中成立的众多类似组织的典范，它还促成了一个月以后全国学生运动司令部"中华民国学生联合会"的成立。

北京学联的成立，是朝着统一全市学生运动迈出的成功一步。他们要求释放被捕同学的意图，立即受到绝大多数知识分子特别是教师以及全国大多数社会和政治团体的支持。

5月5日下午2时许，蔡元培在北大与北京13所大专学校的校长开会，讨论营救被捕学生的方案。参加会议的有教育部管辖的6所大专院校的校长，他们是：北大校长蔡元培、高师校长陈宝泉、工专校长洪镕、农专校长金邦正、法政专科校长王家驹、医专校长汤尔和等。他们一致认为昨天的事件是多数市民的运动，不可让被拘捕的少数学生负责；若指此次运动为学生运动，亦当由各校校长负责。各校校长表示一旦被捕学生获释，他们就将向政府提出辞呈，而蔡元培则坚定地表示由他一人"抵罪"。这就为后来的变故留下了契机。校长们除继续劝说学生保持冷静外，还决定通电各省教育会，要求各省教育会采取反对军阀政府逮捕和惩罚学生的联合行动。

当天的会议决定成立以蔡元培为首，包括高等师范校长陈宝泉、农专金邦正、工专洪镕、医专汤尔和、中国大学姚憾为代表的校长团，先赴警察厅找警察总监吴炳湘。吴炳湘推说逮捕学生的命令是国务院下的，因此释放学生也非有国务院的命令不可。接着，校长团前往教育部，教育总长傅增湘不在，他们只得再去国务院及总统府，但国务总理钱能训和大总统徐世昌均避而不见。①第二天的营救活动就这样结束了。

5月6日上午，蔡元培等14所高校校长继续在北大开会，讨论营救学生的办法。午后，这14位校长又一同前往教育部，教育总长傅增湘答应向钱能训商洽。晚间，蔡元培又率校长团前往警察厅，与警察总监吴炳湘争辩甚久。

尽管北京政府在五四运动发生后立即采取了一些防范措施和严格的新闻审查，但是聪明的学生依然通过一家外国通讯社向天津的外国租界发了一封电报，5月5日又从那里转发给上海，随后又传到了其他城市。于是来自全国各地各社会、政治团体的抗议电像潮水一般涌向政府，新闻界的大多数都率直地表示对学生的同情和支持。许多商业组织还向学生提供了援助。

5月6日，北京总商会为了支持学生，决议所有会员一律不买日货，断绝中日之间一切工商业联系，要求政府严厉承办卖国贼和欺压百姓的官僚。同一日，上海商业工团联合会致电北京政府和蔡元培，表达他们对学生的同情。第二天，又致电政府，敦促释放被捕学生。这些来自工

---

① 《民国日报》1919年5月8日。

商界的电报具有重要的意义，它表明中国商人对于事件的关心。5月6日，南方政府出席上海和会的首席代表唐绍仪致电北京政府大总统徐世昌，支持北京学生的爱国行动。同日，北京政府出席和会的首席代表朱启钤也致电北京政府，报告上海公众的情绪，敦促北京政府宽大处理参加游行和被捕的学生。朱启钤还与唐绍仪联名致电在巴黎的中国代表团，要求他们坚持青岛归还中国的立场。

在上海的孙中山得知学生的行动后，立即与广州军政府的其他6位总裁联名致电北京政府，支持学生的行动。广州的非常国会在专门讨论五四运动而召开的两院联席会议之后，通电各省政府和其他团体，要求北京政府释放被捕学生，维持各校现状，严惩卖国贼。

甚至一些军阀和君主立宪制的拥护者也对学生的爱国行为表示支持。康有为在电文中公开赞扬学生的行动"诚自宋大学生陈东、欧阳澈以来，稀有之盛举也。试问四万万人对于学生此举，有不称快者乎？"后来成为北方最有势力的军阀吴佩孚以及湖南督军张敬尧、江西督军陈光远等，也公开表示支持学生，要求北京政府解除曹、章、陆的职务，并坚持归还青岛的主张。

各地的声援与支持无疑对北京政府构成极大的压力，一些社会名流，国民外交协会的汪大燮、林长民、王宠惠等也于5日致函警察总监吴炳湘，自愿保释，要求政府鉴于"群情激动，事变更不可知"的现实，从速释放被捕学生。

即便是被学生攻击为"卖国贼"，并在事件中遭殴打的章宗祥，也命夫人具名呈请政府释放学生，化解危机。

所以，当蔡元培等大学校长5月6日晚间与警察总监吴炳湘进行交涉时，政府方面鉴于各方压力，特别是明天又是"五七国耻纪念日"，北京学生及社会各界都正在酝酿筹备召开更大规模的国民大会，为避免酿成激变，吴炳湘乘机向蔡元培等大学校长提出保释学生的两个条件：

一、明日不准学生参加国民大会；

二、各校学生明日一律上课。

对于警方的这两个条件，蔡元培和各校校长当即答应，目的是希望被捕学生尽快获得自由。①然而那些没有被捕的学生为了营救自己的同学，在5月5日就通过了一个罢课决议，所以蔡元培等校长从警察厅出来，就直奔北大校长室，将那些学生领袖罗家伦、方豪等四五个人找来，介绍校长们与警方达成的谅解，表示只要明天全体复课，警察厅就可以放人。这些学生领袖闻言也表示为难，理由很简单，就是昨天刚刚决议罢课，明天便复课，恐怕很难做到。罗家伦说：现在如果尽让同学们关在里面，也不是个事情。况且这一次游行活动，我们学生中也有放火及殴伤等重大情节。表示明天复课的事情可以再商量。不过，罗家伦担心的是，假如学生们明天复课，警察厅不放人，怎么办？对此疑问，蔡元培等校长严肃地表示："我们可以用生命、人格为担保，而且吴炳湘也曾发誓过：'如果复课而不放学生，我吴炳湘便是你们终身的儿子'。"有了这些情节，罗家伦等学生领袖当夜就分成5个小组，分别去通知全体学生，所以第二天北京各大学均先后复课，为五四善后和解提供了比较好的环境。②

运动转向

学生复课的承诺给了警方足够的面子，5月7日上午，北京各高校各备汽车前往警察厅，迎接被捕获释的同学。10时许，这些学生一起到达北大，然后各自回归学校。蔡元培和北大全体师生齐集红楼文科门外，列队欢迎。大家见面，格外激动，许多人哭泣不已。过了些时候，待各校同学离开，师生情绪平缓后，蔡元培方召集北大同学到操场训话。蔡元培说：诸君今天于身体上、精神上必然有些困乏，自然当略为休息，况且今天又是国耻纪念日，何必就匆匆上课呢？诸君或者疑我不谅人情，实则此次举动，我居间有无数的苦衷，所以不得不望诸君稍为原谅，坚持上课，自己略微受些委屈，并且希望诸君以后遇事能够坚持冷静的态

---

① 《民国日报》1919年5月11日。
② 罗家伦口述：《蔡元培时代的北京大学与五四运动》，《传记文学》1989年第五期。

度。①蔡元培的训话显得非常伤感，似乎有告别之意，只是学生们当时没有感觉到而已。

被捕的学生被释放了，学生们也重新走进教室了，蔡元培觉得自己的责任也尽到了，于是他在5月8日向大总统徐世昌、教育总长傅增湘递送了辞呈，表示：

> 元培自任国立北京大学校长以来，奉职无状，久思引退。适近日本校全体学生又以爱国热诚，激而为骚扰之举动，约束无方，本当即行辞职；徒以少数学生被拘警署，其他学生不忍以全体之咎归诸少数，终日皇皇，不能上课，本校秩序极难维持，不欲轻卸责任，重滋罪戾。今被拘各生业已保释，全体学生均照常上课，兹事业已告一段落。元培若再尸位本校，不特内疚无穷，亦大有累于大总统暨教育总长知人之明。谨竭诚呈请辞职，并已即日离校。一切校务，暂请温宗禹学长代行。敬请大总统简任贤者，刻期接任，实为公便。②

蔡元培被迫辞职有着复杂的背景和原因。

从学生一方面说，参加游行示威，反对签订凡尔赛和约，是每一个中国人都愿意做的事。学生们因为有较好的组织，比较敢言，顾虑比较少，所以打了头阵，并且因此拨动了全国人民的心弦。曹汝霖、陆宗舆、章宗祥三位亲日官员辞职，被捕学生释放，上海和其他各地的全面罢课罢市风潮歇止以后，大家都以为五四运动就此结束，至少暂时如此。但是北京大学本身却成了问题。处于北大校长位置上的蔡元培恐怕比谁都清楚地意识到这一点，他不辞职可能会被免职，与其如此，还不如化被动为主动。

事实上，五四运动发生后，政府内部确实将责任推给了蔡元培，不

---

① 《民国日报》1919年5月10日。
② 《北京大学日刊》1919年5月17日。

仅认为蔡元培几年来对北大管理不力，而且认为蔡元培的思想观念特别是他对新思想、新文化、新人物的支持，才是导致这次事件的根本原因，因此为杜绝类似事件的再次发生，必须拿掉蔡元培的北大校长。

在政府倾向如此明显的条件下，官方舆论对北大和蔡元培显然不利。有的建议解散北京大学，有的建议撤免蔡元培的校长职务，还有人不断扬言要焚烧北大校舍，甚至有人扬言准备以300万元买凶刺杀蔡元培。鉴于蔡元培在当时学界、政界的地位，这种种传言、动议自然不难传到他的耳朵里。

蔡元培在学生游行示威、火烧赵家楼的当天就已知道，根据政府方面的观察，此次事件虽然有13所高校学生参加，而主导者为北京大学学生；而北京大学学生之举动，悉由校长暗中指挥，故5月4日一系列事件的责任全在蔡元培。①这是一个合乎逻辑的推理过程。蔡元培是政府任命的大学校长，代表政府管理大学，却容忍甚至推动学生闹事，向政府施压。假如这些推理都能成立，那么蔡元培不去，难犹未已。政府诸公意识到这一点，蔡元培本人也看得非常清楚，因此，蔡元培的处境和结局也不难预测。

蔡元培是一个敢做敢当的人，责任感、道义心，在在使他不能畏缩不前，不能那样不负责任地一走了之。他明知自己和他所领导的北京大学处于敌对势力的严重包围和威胁之中，并且清楚地知道自己也不可能继续留任，但是为了营救被捕学生，为了给全体师生一个交代，他仍然以镇定的态度对关爱着他的朋友们表示，北京大学校长职务他肯定会辞去，但是必须等那些被捕学生安全归来。至于人身安全，蔡元培更是镇静以待，表示如果真的危及身体而保全了大学，那么亦无所不可。②

被捕学生获释的当天，也就是学生全体复课的5月8日，谁都感觉游行示威、火烧赵家楼的事情应该告一段落了，然而政府却难以咽下这口气，准备在这一天连发三道命令：

---

① 《由天津车站南下时的谈话》，《蔡元培全集》卷三，296页。
② 《民国日报》1919年5月12日。

一、查办北大校长；

二、整顿学风；

三、由警察厅将已释放的学生送交法庭惩办。

查办北京大学校长蔡元培的命令据说因傅增湘拒绝副署而未能发出，另外两道命令则由各报发表，并已内定由安徽孔教会会长马其昶接替蔡元培出任北大校长，而马其昶的政治观点、文化观点都与新文化运动相反对。

政府内定的情况甚至讨论过程，蔡元培8日午后即由一平日甚有交谊而与政府接近之人告知。蔡元培知道这些情况后，并没有慌张失措。他以为，现在学生既然已经获释，此时自己如果再不辞职，倘若政府真的迫不及待，先下一道命令免去他的北京大学校长，那么一人之不体面尤为小事，而学生恐不免因此引起另一场骚动，尤其是他担心学生会因他的离职而发动拒绝马其昶的运动。基于这种判断，蔡元培不愿为难政府，更不愿连累学生，当即决定自行辞职。①他认为，如此一面保全学生，一面又不令政府为难。始可以保全大学，在他亦可谓心安理得。②

蔡元培在5月8日晚间决定辞职，还有另外一个解释，即有人告诉他政府决策内幕，特别是有关将不利于他的传闻后，蔡元培并没有害怕，以为这种说辞不过是反对派的恐吓之辞而已，完全可以置之不理。但是有人告诉他：不然。君不去将大不利于学生。因为在政府方面以为君一去，则学生无能为力，故此时以去君为第一义。君不闻此案已送检察厅，明日即将传讯乎？彼等决定，如君不去，则将严办此等学生，以陷君于极痛心之境，终不能不去。如君早去，则彼等料学生当无能为，将表示宽大之意以噢咻，或者不复追究。这也是导致蔡元培匆忙辞职的背景和原因之一。③

5月8日晚，蔡元培托人将早已准备好的辞职呈文分头送出，请求自动解除北京大学校长的职务，然后不辞而别，携北大总务处职员段子均

---

① 张国焘：《我的回忆》，55页，北京：现代史料编刊社，1989年。
② 《蔡元培辞去校长之真因》，《晨报》1919年5月13日。
③ 《由天津车站南下时的谈话》，《蔡元培全集》卷三，297页。

于9日晨5时30分悄然离京,至天津,寓新旅社楼房四十一号。

临行前,蔡元培还留下一则令人困惑不解、一直无法获知谜底的启事:

> 我倦矣!"杀君马者道旁儿。""民亦劳止,汔可小休。"我欲小休矣!北京大学校长之职已正式辞去,其他向有关系之各学校、各集会,自5月9日起一切脱离关系。特此声明,惟知我者谅之。①

蔡元培的这个启事在北大师生中引起了极大震动。特别是由于这个声明所使用的典故极易引起人们的误会,尤其是"杀君马者道旁儿"一语,许多人不理解,有人甚至曲解为"君"者指政府,"马"者为曹汝霖、章宗祥,"道旁儿"指北京各校学生。当由程演生引《风俗通》中"长吏马肥,观者快之,乘者喜其言,驰驱不已,至于死"等语,说明蔡元培用此语,"谓己所处之地位,设不即此审备所在,徒徇他人之观快,恐溺身于害"。还有的人曲解蔡元培以隐晦曲折的"道旁儿"典故指责北京各校学生误事。

为平息这一典故所引起的纠纷,蔡元培于途中专门致函北大学生进行解释,他表示自己深信北大同学及北京各高校学生5月4日的举动,纯粹出于爱国热忱,并无他意。我蔡元培个人也是国民一分子,岂有不满意于诸君之理?唯在官言官,在商言商,在校言校,我个人作为国立大学校长,理所当然必须在事件平息后引咎辞职。这是从职责所在、道义担当方面着眼,是我的唯一选择。我之所以在事件发生的第二天即5日提出辞呈者,主要是因为还有少数学生被拘警署,不得不立于校长之地位,以为之尽力。待政府诸公如教育总长傅增湘、警察总监吴炳湘等主持及他校校长援助,被拘诸生均经保释。我蔡元培个人所能尽之责止于此。如不辞,更待何时?至一面提出辞呈,一面出京,且不以行踪告人者,所以避挽留之虚套,而促继任者之早于发表,别无他意。②至于

---

① 《蔡元培启事》,《北京大学日刊》1919年5月10日。
② 《告北大同学诸君》,《蔡元培全集》卷三,296页。

"道旁儿"的真实含义和他的心迹，他在多年之后依然纠结在心，表示自己之所以坚定辞职，实为平日苦于应接不暇之繁忙，而亟思休息。这个解释虽然没有说清"道旁儿"的真实含义，但至少说明他对这件事情还是很在意。

其实，不论是蔡元培，还是知识界，对5月4日政治运动所可能产生的后果，都有比较清醒的认识。在5月4日政治运动发生的背后，也确实有蔡元培的力量和影响，他确实在此事件发生前曾希望而且暗示过学生这样做。现在结果出来了，蔡元培当然应该承担自己的那份责任。

蔡元培悄然抵达天津后，第二天迁至法租界大来泰二十一号。在那里寓居数日，静观北京政局变化，然后转道赴杭州，寓居从弟国亲家，后又借寓西湖杨庄。临湖依山，环境非常优美。他此时似乎真的期待像传统社会文人雅士那样，就此退隐江湖，息影山林，在读书之暇，倘徉湖山，了此一生。无奈北大纠纷未已，代表迭来，函电纷至，非迫使蔡元培回京复职不可。

蔡元培是当时国内极负盛名的大教育家，他的不辞而别立即引起广泛的反响。当天，北京大学即召集各校代表进行紧急磋商，决定以北京大学全体学生的名义呈请北京政府挽留蔡元培：

> 窃此次学生行动纯出至诚，乃本校校长过自引咎，呈请辞职，并已离校赴津。生等闻知，不胜惶恐，谨于本日决议全体停课待罪，无论何种谴责甘受无辞。若令校长得留，则生等虽去校之日，犹怀补过之思，否则非微贻教育前途以莫大之危险，且恐激起全国舆论之非难。伏乞万毋允准辞职，以维学务而平舆情。①

对于北大学生的要求，教育部在第二天（5月10日）给予不太积极的回应，表示此次蔡元培辞职出京，教育部获悉消息后已去电并派员挽留，但话题一转，严厉要求北大学生"务当照常上课"。这自然使北大学

---

① 《近代史资料》1955年第二期。

生甚感不快。

北大全体学生除向教育部请愿外，也于10日派出代表赶往天津挽留蔡元培，复致电上海唐绍仪，谓蔡元培校长因受外界胁迫，辞职他去，请唐绍仪一致挽留。又致电上海《时报》转各报、各省教育会、各团体，揭露政府当局迫使蔡元培出走的真实原因，表示蔡元培辞职离京后，群情惶惑，恐酿大变。

对于北大学生的举动，北大教授和北京各大学师生乃至北京社会各界都给予充分的同情和支持。10日，北京中等以上学校学生联合会决定各校推派代表一人至天津挽留蔡元培，并联合上书教育部，呼吁教育部接受北大学生的要求，表示此次学生行动，纯属全体公意，与各校校长绝不相关，尤非北京大学校长一人所能够代任其咎。且蔡元培校长德高望重，海内宗风，自其入长大学，招致贤哲，成绩斐然，不特亲立门墙者咸受熏陶，即其他学校学子亦得常亲教泽，全国舆论尤极推崇。万望教育部俯顺众情，对于蔡元培校长的辞职请求，不要批准，并迅速明令切实慰留，保此教育一线之曙光，即培国家后日之元气。我们完全可以承认这里所说的都是北京各校学生真情实感的流露，但是这样推崇蔡元培，这样强调蔡元培个人在教育界的作用，实际上是置教育部诸公非常难堪、非常尴尬的境地。教育部诸公在郁闷心情的支配下，怎能真诚出面挽留蔡元培呢？

社会各界的同情与支持无疑激励北大师生的抗争勇气，10日下午一时许，由北大全体教职员推举出来的代表马叙伦、马寅初、李大钊、康宝忠、徐宝璜、王星拱、沈士远等一起前往教育部，谒见教育总长傅增湘，请其设法挽留蔡元培。傅增湘明确表示，他个人是诚恳挽留蔡元培。代表们复问大总统徐世昌和总理钱能训的意见，傅增湘默然有间，表示总统、总理的意见，他个人并不深知，因此不便代为回答。言下之意是告诉各代表，问题的关键不在教育部，而在总统府和国务院。

在北大教职员代表往访傅增湘的同时，北京各高等学校中有12所学校的教职员也在北大召开联合会议，讨论挽留蔡元培的问题。他们一致认为能否挽留蔡元培已经不是蔡个人的问题，也不仅是北大一校的问题，而是关系到教育及外交前途的大问题,所以他们决定上书政府,务请挽留蔡元培。第二天继续开会,然后由各校校长、教职员们在所起草的呈文上签字,并亲赴政府呈递。[①]他们甚至通过各种方式向外界散布消息,表示如果蔡元培不留任,北大教职员甚至整个北京各高等学校都有可能联合起来进行抗争,最激烈的手段甚至有可能一致总辞职。蔡元培原本担心他的辞职会引发北大拒绝马其昶的风波,不料拒马风波还没有出现,就先发生了挽留蔡元培的大风波。这自然使政府诸公非常恼怒。

对于北大师生、北京各大学教职员挽留蔡元培的请求,北京政府起先毫无表示。这自然引起社会各界的严重不满,更引起有意利用此次事件而达到倒阁或其他政治目的的派别、政党或个人的兴趣。5月9日,护法国会参议院议长林森自广州致电蔡元培,表示学生为收回国土,愤激击贼,北京政府逮捕多人,实在是太过分。"公愿以身代,仁者用心,令人感泣。讨贼得罪,是非倒置,何以立国?"这就将原本只属于法律和行政的问题上升到政治层面的问题。

对于北京及全国各地的反应,滞留天津的蔡元培也不是一点都不知道,但他可能根本想不到这件事情会越闹越大,所以他在以谈话方式表达自己辞职的原因后,并没有提出缓解时局紧张的方案。而在北京,教育总长傅增湘因对蔡元培深表同情和挽留,不同意那么严厉地镇压学生娃,反而遭到安福系的责难。无奈中,傅增湘仿蔡元培的先例,于11日离部出走,由次长袁希涛暂时代行部务。

袁希涛字观澜,江苏宝山人,是地方成长起来的教育家,晚清时担任江苏学务处议绅,辛亥革命后与黄炎培一起参与江苏省教育设施事宜。后应蔡元培之邀,任职教育部。与蔡元培、黄炎培、蒋梦麟都是多年老朋友,有交情、有感情。所以在他代理部务之后的第二天(12日),情况就发生了变化,他致电上海江苏省教育会副会长沈恩孚(信卿),表示蔡元培校长9日辞职离京出走,各校员生纷纷请留,情势急切,教育部已派佥事沈彭年前往上海当面挽留。我袁希涛个人昨天也亲谒总理钱能训,

---

① 《晨报》1919年5月11日。

又谒大总统徐世昌，他们均嘱教育部迅速设法挽留蔡校长。他请沈恩孚一旦在上海见到蔡元培，务请先转达总统、总理及教育部挽留之意，并请沈恩孚将这个意思转达给与蔡元培关系甚好的张元济、蒋梦麟两先生。①至此，蒋梦麟正式介入由5月4日学生游行示威、火烧赵家楼所引起的风波。

13日，北京各校教职员联合会派出9名代表到总统府请愿。其他各高等学校校长也相率辞职，以示声援。同日晚9时，北京大学评议会和教授会也举行联合会议，一致决议请蔡元培回校，并称以维持大学为挽回校长之唯一方法。蔡校长未返校就职之前，本校教职员及学生全体当竭力维持蔡校长年来所苦心经营之大学。奔走进行一方面，已由干事会担任。校中行政及教务、庶务各方面，应由评议会及教授会各举出委员3人襄同蔡校长所委托之温学长代行主持。②

北京教育界的局势令人焦虑，而蔡元培的消息几乎完全中断，上海方面的沈恩孚也没有及时回复，或许是沈恩孚还没有见到蔡元培，或许是见到了而没有结果。总之，当袁希涛尚未收到沈恩孚回复的时候，他于13日又致电沈恩孚，倾诉现在的难处。他表示，北京直辖各校校长继续辞职，因为挽留蔡元培的事情尚没有结果，他们就不愿答应回校任事。现在各校学生代表每天开会，似乎也在酝酿更多的事情，现状如此，深以多延时日，无法维持为虑。③由此可以感觉到政府对学生运动特别是教职员的动向感到有点担心，担心失控，所以政府在挽留蔡元培的问题上开始转向。第二天（14日），大总统徐世昌公开发布挽留蔡元培的指令：

> 该校长殚心教育，任职有年。值兹整饬学风，妥筹善后，该校长职责所在，亟待认真擘理，挽济艰难。所请解职之处，着毋庸议。

大总统既然出面挽留蔡元培，那么当然也应该保证大总统不能太没

---

① 《五四爱国运动档案资料》，235页，北京：中国社会科学出版社，1980年。
② 《评议会教授会联合会布告》，《北京大学日刊》1919年5月15日。
③ 《五四爱国运动档案资料》，235页。

有面子，何况此次挽留蔡元培并不是政府高层一致，徐世昌挽留蔡元培或许是真诚的，但毕竟段祺瑞并不赞成这种做法。所以袁希涛在徐世昌发布挽留指令的第二天（15日），又密电上海黄炎培，请黄炎培无论如何也要劝说蔡元培接受政府的挽留，不要再节外生枝，以为反对者提供借口：

>　　政府留蔡指令已发表。直辖各校长亦多允仍任职。蔡公已否过沪？倘对于挽留一节，遽仍表示决绝，则风潮难息，牵连教育大局，深可危虑。①

袁希涛的担心并不过分，不仅北京直辖各校骚动不安、人心惶惶，而且天津、上海学界和商界似乎也将卷入这场冲突。5月15日，上海学生联合会发表宣言，强烈要求政府维持蔡校长和大学尊严，以为蔡校长文章道德，中外推崇，自长北大以来，全国学界，始有发皇振厉之气。乃一二玩冥奸佞之徒，竟不容思想界有一线生机，竟不容世界潮流有一分输入。"夫蔡先生去，则大学虽存犹死，大学死，则从此中国之学术界，尽入一二有权威者掌握之中，而学界前途遂堕于万劫不复之境。岂惟蔡先生一人，北京大学一校之关系，中华将来之文明，实将于此决其运命。"②宣言甚至表示："政府不维持蔡校长地位与大学尊严，一星期后将以最后法对付。"③蔡元培一人之去留关系中华民族生死存亡，或许太过，但此事如果不能获得很好解决，必然导致一系列的混乱则是事实。

教育部或者说袁希涛挽留蔡元培、化解僵局的用意肯定是真诚的，这份真诚也感动了北京教育界的领袖。5月16日，北京国立各高校校长陈宝泉、洪镕、金邦正、汤尔和等人联名致电蔡元培：

---

① 《五四爱国运动档案资料》，236页。
② 《民国日报》1919年5月15日。
③ 《黄炎培日记》卷二，62页，北京：华文出版社，2008年。

> 公去留关系极大，万勿坚辞，为吾道留一生机。泉等现以时局艰难，暂出维持现状，仍视公为去留。①

这份电报表达了这样几层意思：一是他们现在之所以出来协助政府维持各校，这是责任所系，并不是与蔡元培的选择有了不一样；二是希望蔡元培不要把门关得太死，面子固然重要，但是也要适度，不要因一人之选择影响教育界的整体利益。

大总统徐世昌已经发布了挽留指令，教育部已经派员当面挽留，代理部务的袁希涛更是三番五次地通过私人关系表达善意，但是蔡元培依然不为所动。从他个人尊严、大学尊严的立场看，他现在当然还不好竟自回去复职，因为在他感到政府的挽留带有某种程度的勉强或不情愿，而他现在真的回校复职很可能使北大师生乃至全国师生大失所望，因为教育界与政治界的纠纷由来已久，政治界对教育界的干预日甚一日，所以蔡元培这次似乎真的希望以自己的牺牲为教育独立、教育自主能够赢得更大的空间，所以他在各方挽留声中毅然决然于5月16日午前11时30分自天津登上津浦车南下，翌日夜抵上海，寓法租界天主堂密采里旅馆。②

蔡元培的坚持使事情没有转好的迹象。16日，北京各高校教职员联合会推举代表前往教育部拜见次长袁希涛，商酌与教育部所派南下挽留蔡元培的代表一起出发。在北京大学内一贯反对新文化运动，自称与蔡元培"志不同道不合"的黄侃教授，竟然也因蔡元培的辞职而表示要离开，他的理由是："环顾中国，除蔡元培，亦无能用余之人"，既然蔡元培不愿回来，我黄侃也就不必待在这里了。③

蔡元培能否复职成为时局好转的关键，在这种情况下，北京各校特派出学生代表17人前往天津查找蔡元培的踪迹，各处探询，不得要领。于是又推出总代表8人，会同天津各校代表两人联合南下，于16日抵达

---

① 《五四爱国运动档案资料》，236页。
② 《蔡元培年谱长编》中，208页。
③ 《时报》1919年5月16日。

上海，准备当面劝说蔡元培返回北大。可是他们到了上海根本摸不着门道，于是在上海各报刊登广告，公开查访蔡元培的踪迹。①

政府代表、学生代表寻找蔡元培的消息都是公开的，蔡元培当然都知道，他似乎也觉得这样僵持下去也不是个办法，至少不能将事情的焦点只集中在他一人身上。5月18日上午，他找来蒋梦麟、黄炎培、沈恩孚、赵厚生等人商量，最后决定给大总统徐世昌、总理钱能训、教育总长傅增湘发一电：

> 奉大总统指令慰留，不胜愧悚。学生举动，逾越常轨，元培当任其咎。政府果曲谅学生爱国愚诚，宽其既往，以慰舆情；元培亦何敢不勉任维持，共图补救？谨陈下悃，伫候明示。

这封电报应该就是蔡元培与他的友人18日拟定的，因为从口气上看，似乎是蔡元培自从北京蒸发后第一次与外界联系，这在国务院、教育部的两份复电中也可感觉到。

国务院电报说：

> 来电诵悉。我公慨任维持，热诚至佩。群望所属，同跂德音。此次学生举动，逾越常轨，深堪惋惜。政府办理此事，本属持平，外间谣传，并非事实。前车来轸，群论纷庞。伫盼行旌，迅资整理。院号印。

教育部电报说：

> 来电敬悉。倾谒首揆，述及学生前事，政府并无苛责之意，深望我公早日回京，主持校务，以慰众望，曷胜盼祷。希涛号印。②

---

① 《时报》1919年5月17日。
② 《北京大学日刊》1919年5月23日。

如果从双方此次通电的大致情况看,在双方承认学生举动"逾越常轨"的前提下,似乎有了转机,问题应该很快解决,蔡元培也应该很快返回北京,返回北大。那几天与蔡元培有着密切接触的蒋梦麟曾于5月22日与黄炎培联名致函胡适,表示蔡元培已就回校任职事作出决定,此事若不另生枝节,北京大学可望恢复原状。这是从积极方面着眼。不过,蒋梦麟在这封信中也讲到一些情况值得注意:一、南方人士,大概也就是黄炎培、蒋梦麟这些教育界人士考虑北京大学别解散的可能性,如果北京大学不幸被政府解散,首先要面对的第一个难题就是杜威一年讲学如何继续进行,因为在此之前经蔡元培以北大校长的身份联系,哥伦比亚大学已经同意给假,假如北大真的散了,杜威在北大讲学的可能性就不存在了。为了解决这个问题,上海同仁已有心理准备,表示一旦北大解散成事实,当由上海集资礼聘。二、黄炎培、蒋梦麟表示,同仁所最希望者,为北京大学不解散,蔡元培复职,南方同仁当竭全力办南京大学,有蔡元培在北京帮忙,事较易。办成后,渐将北京新派学者转移到南方,将北京大学留给旧派,任他们去讲老话,十年二十年后大家比比优劣。这大概是蒋梦麟的想法,而黄炎培则不愿意将北京大学拱手相让,表示"北方亦要占据,且逆料旧派无组织之能力"。看过此信稿的沈恩孚也认为,"此时未打败仗,万无退回老巢之理。"由此可见南方教育界比较一致地将北大因5月4日事件引发的学潮看作是一场新旧两派的冲突。三、蒋梦麟在信中表示,如果北京大学万一不幸散了,那么教育界同仁当在南方组织机关,办编译局及大学一、二年级,卷土重来。总之,蒋梦麟、黄炎培在此次事件中所领悟的经验和教训竟然是:南方大学必须组织,以为后来之大本营,因将来北京还有风潮,人人知之。所以他们竭力劝说胡适等北方教育界人士:"万勿抱消极主义,全国人心正在此时复活,后来希望正大也。"①不管蒋梦麟、黄炎培等南方人士如何设计,但从这封信中可以感觉到蔡元培在南方教育界人士的劝说下,似乎已下定决心准备返回北大复职。

---

① 《黄炎培、蒋梦麟致胡适》,《胡适往来书信选》上,47页,北京:中华书局,1979年。

然而到了 5 月 26 日，在上海、杭州往返观察时局的蔡元培竟突然决定不回北大了：

> 北京国务总理、教育总长钧鉴：
> 号电敬悉。卧病故乡，未能北上。元培。宥。①

蔡元培为什么在先前已答应复职后，这样突然改变主意呢？一个重要的理由是他通过这些天的观察和思考，觉得北京政府对他慰留并无诚意。而这些观察与思考，其实也是他周围那帮朋友的观察与思考。这在蒋梦麟 5 月 24 日致胡适的信中就有些微痕迹，蒋梦麟一方面劝胡适等北方教育界同仁委曲求全，尽量保全北京大学；另一方面却又怀疑北京大学很可能最终保不住，他一再告诫胡适注意这一点，"如你看来大学有不能保存之势，也要早些写信给我。我们可以早些儿预备你们来上海。"②这后一点怀疑肯定深深影响了蔡元培，使蔡元培觉得既然政府可能在他回北大复职后依然会撤销北大，那么他何必再回去第二次受辱呢？

或许蔡元培的敏感是对的，北京政府在外界压力下是表示过挽留蔡元培的意思，教育部代理部务的次长袁希涛也应该是出于真诚，但是政府政治高层鉴于学潮不断、罢课不断、游行不断的事实，也想来个根本解决，与其迁就外界压力召回蔡元培，北京教育界乃至全国教育界继续不得安宁，不如长痛不如短痛，快刀斩乱麻，准蔡元培辞职，另找听话的大学校长，示范天下，稳定政治秩序。蔡元培的开明民主、兼容并包、思想自由等主张，在政府高层看来，就是一切不安宁的根源。政府执意去蔡是基于这一点，而学术界、教育界执意要求政府挽留蔡元培，实际上也是基于这一点。这一微妙的心理较劲，在当时许多人都看到了。6 月 3 日，蔡元培收到汤尔和的来信，汤尔和就不主张蔡元培北上复职，他的理由是："来而不了，有损于公；来而即了，更增世忌。"③与其两面不

---

① 《晨报》1919 年 5 月 28 日。
② 《蒋梦麟致胡适函》，《胡适秘藏书信及函稿》卷三十九，419 页。
③ 《蔡元培年谱长编》中，212 页。

讨好，不如暂时退隐。

为了向政府施加压力，北京、上海学界在教育界大佬的把握下，有节制地进行罢课、游行示威，甚至有节制地动员市民参加。5月19日，北京各校学生罢课；26日，上海各校学生跟着罢课，人数达两万多人。他们发表宣言，要求政府维持北大校长蔡元培的职位及大学的尊严。这些活动的背后，都有人主持或操刀，有人把握着火候。在上海，幕后重要人物其实就是蒋梦麟、黄炎培等南方教育界大佬。蒋梦麟在5月26日当天写给胡适的信中，就透露出这一点，表示当天的罢课，"弟等已将舵把住，不至闹到无意识。"

蔡元培不愿复职的消息传到北京后，又引起一轮新的抗议。6月2日，北大学生张国焘等人在市区讲演时被警察逮捕。第二天，北京各校学生游行示威，北京政府出动警察进行镇压，又有400余人被逮捕。6月4日，军警又拘捕学生700余人。北京大学成了一个庞大的"临时监狱"。6月5日，北京学生5000余人向警察厅自请入狱，北京教育界处于一片混乱之中。学潮还引发了社会混乱，这一天，上海市民开始罢市，标志着学潮有向社会蔓延的趋势。

北京政府在蔡元培请辞后，曾任命马其昶为北京大学校长，但这一计划在北大师生的反对下并没有实现。现在蔡元培依然不愿返校复职，其实政府也确实不想让他复职了，于是蔡元培不愿复职的声明实际上也给政府打开僵局提供了一个重要的口实。6月5日，北京政府内阁会议决定准蔡元培辞去北京大学校长职务，以胡仁源继任。翌日，徐世昌照此发布大总统令。[①]胡仁源如果能够顺利接下北京大学这个摊子，北京乃至全国的学潮可望很快结束。

胡仁源曾为南洋公学特班生，与蔡元培有师生之谊。胡仁源有哲学思想，文笔工雅，蔡元培爱才心切，对其比较器重。胡仁源后来留学英国，习工科，这在蔡元培看来也是一大优点，以为以性近文哲的学生肯习工艺，尤为难得。胡仁源回国后入北大，1916年任北大工科学长，并

---

① 《顺天时报》1919年6月6日。

代理校长。蔡元培主持北大后，仍请胡仁源任工科学长，而胡仁源不愿，遂改聘他人。以曾经代理校长的人来接替蔡元培，资格恰好。但政府内外推戴胡仁源的人，似乎手段太不高明。他们一方面运动少数北大学生欢迎胡仁源；一方面又发表所谓《燃犀录》，捏造故事，丑诋蔡元培、沈尹默及理科学长夏元瑮等人，于是激起大多数北大学生的公愤，公言拒胡，并查明少数迎胡之同学而制裁之。①

6月6日晚，北大学生举行全体大会，就政府任命胡仁源为校长事通过两项决议：

一、举代表谒见胡仁源，警劝其万勿来校；

二、上书总统，请收回成命。

北大全体学生在上总统府呈文中以为大总统任命胡仁源为校长不合乎情理，因为蔡校长第二次来电，只说卧病故乡，未能北上，并没有说坚决不北上。蔡校长既然没有再次辞职，政府亦没有罢免明文，那么突然任命胡仁源，不仅不合乎情理，而且也没有依据。现在这样突然任命，显然是想拒绝蔡校长北上复职。这是从期待蔡元培回校复职的立场上说的。

从胡仁源情况看，学生们在呈文中表示其学问信望，均不称为大学校长。学生为自身学问计，为教育前途、国家前途计，决不敢妄从明令，听其蟊贼大学，戕害国本。

北大学生的要求依然是：拒胡迎蔡。

第二天（6月7日）下午一时许，北大教职员召开全体紧急大会，到者200余人，一致决议不承认胡仁源为北大校长，继续坚持要求政府催蔡元培返校复职。②同一天，全国学生联合会筹备处也公开致电总统府、国务院、教育部，坚决拒绝胡仁源出任北大校长，继续坚持挽留蔡元培。③

11日，北大教职员集会声明，北大校长除了蔡元培之外，"绝不承

---

① 《自写年谱》，《蔡元培全集》卷七，321页。
② 《晨报》1919年6月8日。
③ 《民国日报》1919年6月7日。

认第二人"。北京中等以上学校教职员联合会也向大总统徐世昌、总理钱能训递交呈文,反对任命胡仁源为北大校长,请求政府继续挽留蔡元培。该会还致信胡仁源,警告胡仁源不要贸然就职,因为时局的关键主要是恢复教育原状,而恢复教育原状的关键就是各校校长一律复职,而各校校长一律复职的关键又是蔡校长能否复职。①12日,全国和平联合会也致电总统府、国务院、教育部,表达类似的看法,请求政府平息此次风潮,出以诚意,似当坚持到底,挽留蔡元培,不应另委他员,致发生种种误会,而使教育前途陷于危险。②

很显然,教育界挽留蔡元培大致是真诚的,政府中的一些人挽留蔡元培也是真诚的,但政府中还有一些人比如当时可以公开认定的那些安福系的人就不一样了,他们不仅不愿意挽留蔡元培,而且坚决主张罢免蔡元培甚至追究他的责任。政府内一再出台后来被认为是"馊主意"的换人方案,在很大程度上说明了安福系的心迹。鉴于此种状况,蔡元培太清楚不过地知道自己应该如何做。为了自己的名誉,更为了北大的未来,为了北大不至在僵局中被撤销,蔡元培于6月15日再发宣言,重申不肯再任北大校长的决心:

> 一、我绝对不能再作那政府任命的校长:为了北京大学校长是简任职,是半官僚性质,便生出许多官僚的关系,那里用呈,那里用咨,天天有一大堆无聊的照例的公牍。要是稍微破点例,就要呈请教育部,候他批准。什么大学文、理科叫作本科的问题,文、理合办的问题,选科制的问题,甚而小到法科暂省〔行〕学长的问题,附设中学的问题,都要经那拘文牵义的部员来斟酌。甚而部里还常常派了什么一知半解的部员来视察,他报告了,还要发几个训令来训饬几句。我是个痛恶官僚的人,能甘心仰这些官僚的鼻息么?我将进北京大学的时候,没有想到这一层,所以两年有半,天天受这

---

① 《民国日报》1919年6月16日。
② 《晨报》1919年6月17日。

个苦痛。现在苦痛受足了,好容易脱离了,难道还肯投入去?

二、我绝对不能再作不自由的大学校长:思想自由,是世界大学的通例。德意志帝政时代,是世界著名开明专制的国,他的大学何等自由。那美、法等国,更不必说了。北京大学,向来受旧思想的拘束,是很不自由的。我进去了,想稍稍开点风气,请了几个比较的有点新思想的人,提倡点新的学理,发布点新的印刷品,用世界的新思想来比较,用我的理想来批评,还算是半新的。在新的一方面偶有点沾沾自喜的,我还觉得好笑。那知道旧的一方面,看了这点半新的,就算"洪水猛兽"一样了。又不能用正当的辩论法来辩论,鬼鬼祟祟,想借着强权来干涉。于是教育部来干涉了,国务院来干涉了,甚而什么参议院也来干涉了,世界有这种不自由的大学么?还要我去充这种大学的校长么?

三、我绝对不能再到北京的学校任校长:北京是个臭虫窠(这是民国元年袁项城所送的徽号,所以他那时候虽不肯到南京去,却有移政府到南苑去的计划)。无论何等高尚的人物,无论何等高尚的事业,一到北京,便都染了点臭虫的气味。我已经染了两年有半了,好容易逃到故乡的西湖、鉴湖,把那个臭气味淘洗净了。难道还要我再作逐臭之夫,再去尝尝这气味么?

我想有人见了我这一段话,一定要把"我不入地狱,谁入地狱"的话来劝勉我。但是我现在实在没有到佛说这句话的时候的程度,所以只好谨谢不敏了。①

这大概就是蔡元培此时的心声。

不过,这篇措辞激烈的宣言在亲友劝说下在当时并没有公开发表,而是由其堂弟蔡元康拟了一个广告稿交给上海各报发表,以回应北京政府的一系列举动:

---

① 《不肯再任北大校长的宣言》,《蔡元培全集》卷三,297—299 页。

孑民家兄回里后，胃病增剧，神经非常衰弱，医生切嘱屏绝外缘，现正紧要关头，不许见客，不许传阅函电。辱承亲友存问，深以不能接见为歉。特用代为声明，凡我至亲好友，务请勿劳驾，勿惠函电，俾得静养。种种不情，诸希亮察。①

按照蔡元培手拟的声明，北上复职的大门似乎完全关闭了，毫无弹性；而按照蔡元康的这个广告，事情还有回旋余地，并没有把大门完全关上。关键还是看各方势力的较劲。

北京政府方面是希望不惜代价尽快平息学潮，恢复秩序，于是出台一个又一个"馊主意"，先是马其昶，继则胡仁源，现在看胡仁源在各方面的反对下也没有希望了，教育部遂于6月17日发布训令："署北京大学校长胡仁源现经调部办事，所有校务，仍由工科学长温宗禹代理。"②事态又回到任命胡仁源之前的胶着状态。

其实，政府要想打破这个胶着的僵局并不难，学术界、教育界不是一再呼吁蔡元培复职吗？蔡元培不是因为身体不好需要静养吗？那么为了减少冲突，北京政府此时如果打开思路，从蔡元培方面选择替补者，事情或许就那么简单，比如蔡元培离校时委托的工科学长温宗禹，再比如从北大评议会、教授会中选择一个与蔡元培有比较密切关系的新派人物比如胡适，应该能够很快平息风潮。然而政府不愿再任他人，乃循北大教职员及学生之请，继续以挽留蔡元培为第一选择。6月17日，国务院、教育部分别致电蔡元培，催促北上，并派教育部徐鸿宝秘书专程前往杭州面商迎接。③

国务院、教育部此时希望蔡元培北上复职的心情是真诚的，但是在法律上似乎还存在一层障碍。教育部在6月17日的训令中调胡仁源到教育部任职，但是大总统徐世昌先前发布的任命胡仁源为北大校长的命令并没有撤销；而在政府内部，还有安福系贼心不死，至少在蔡元培的观察中，

---

① 《申报》1919年6月17日。
② 《北京大学日刊》1919年6月17日。
③ 《北京大学日刊》1919年6月23日。

总觉得安福系的那帮人时刻与他过不去，时刻准备"倒蔡"。基于这样的心理状态，蔡元培于 6 月 20 日复电国务院、教育部，仍拒绝复职。①

蔡元培的坚持或许有自己的考虑，有法律上的依据和担心，但是这种坚持并没有坚持多久。6 月 24 日，北京中等以上学校教职员联合会康宝忠、马叙伦致电蔡元培："号电闻部已代复，仍坚挽留，勿再辞。君默、幼渔祃日南谒，当能接洽。"②

康宝忠即康心孚，陕西城固人，生在四川，为章太炎的亲近弟子之一，也是章门学派此时在北大的掌门人，此时为北大教职员干事会干事、北京教职员联合会总务干事、主席。其最先在北大讲授社会学，因而被誉为中国第一位社会学家。五四运动发生后，康宝忠被推举为教职员会负责人，他办事认真，不辞辛劳，终致心力交瘁，于当年 11 月在授课时发病身亡。

马叙伦，字夷初，浙江余杭人，北大哲学系教授，是政治上最热心的人物之一。五四运动起，他被推为北大教职员会书记，后又出任北京中等以上学校教职员会联合会书记。他们两人介入许多次与政府代表的谈判，对于内情当然知道得比较多。

君默即沈尹默，原名君默，浙江湖州人，与蔡元培有比较好的乡谊和友谊。

幼渔即马裕藻，字幼渔，浙江鄞县人，章太炎的大弟子之一，精通文字学、音韵学，其弟马衡、马鉴、马准、马廉均为北大教授，被誉之为"一门五马"，与周树人、周作人的"二周"，沈士远、沈尹默、沈兼士的"三沈"及钱玄同合称为"一钱、二周、三沈、五马"，他们在北大的时候，真的是北大的黄金岁月，也是经典组合。马裕藻为人忠厚，有长者风范，任北大国文系主任达 14 年，被称为"好好先生"。他与蔡元培也有着非同寻常的关系。

基于这种分析，我们不难看到，北京方面委派沈尹默、马裕藻于

---

① 《民国日报》1919 年 6 月 23 日。
② 《蔡元培年谱长编》中，218 页。

"祃日南谒"，必将能够带来事情的重大转机。

"祃日"为22日的电报韵目代码，也就是说，当康宝忠、马叙伦6月24日致电蔡元培的时候，沈尹默、马裕藻已经到了杭州或者正在路上了。据蔡元培的记载，他于6月26日进城，晤学生代表狄福鼎、李吴桢，又晤沈尹默。28日，又进城，晤马幼渔即马裕藻、徐森玉即徐鸿宝，又晤李吴桢、狄福鼎。

徐森玉即徐鸿宝，为教育部秘书，是教育部派来专门迎接蔡元培的。沈尹默、马裕藻为北大、北京各校教职员联合会的代表。狄福鼎是江苏昆山人，李吴桢也是江苏人，他们两人此时都是北大学生，在五四运动中比较活跃，所以被推为南下请求蔡元培北上复职的代表。他们在与蔡元培见面时，反复劝说蔡元培打消辞职念头，尽快回京复职。

在各方面的劝说下，蔡元培的心情大为好转，似乎也准备接受劝说回京复职。所以蒋梦麟在6月28日复胡适的信中，就明确告诉胡适及北方朋友，他24日刚从杭州见过蔡元培回上海，那时蔡元培似乎对是否回京复职可能还有犹豫，但在各方朋友的不断劝说下，蔡元培终于来了信，表示有回校的意思。照蒋梦麟看来，蔡元培终究是要回北大的，所以他对胡适等一班朋友在他离开北大那些天里辛苦维持心存感激，同时也劝胡适等人不要着急。言下之意，回北大复职的大原则可以定下来了，但怎样复职似乎还没有想好。

蔡元培是一个勇于负责的人，他之所以在各方劝说下放弃辞职想法，可能也与胡适来信进行指责有关。胡适在信中似乎批评蔡元培这样一走了之的做法对大学太不负责任，一是一大批朋友先前看在蔡元培的份上制定有五年、十年计划，现在忽然一抛，似乎太不负责任了；二是胡适等人在协助蔡元培主持北大时不遗余力，曾经手定了五年、七年契约，还有与杜威教授之间的合同，现在蔡元培忽然一抛，使留在北大的朋友感到很尴尬。①

---

① 《蒋梦麟致胡适函》（1919年6月28日），《胡适秘藏书信及函稿》卷三十九，429页。

胡适指责蔡元培的话并不涉及私德，所以蔡元培看了之后并不太生气，他除了为自己辩解外，也不能不考虑到胡适等一班朋友的感受，不能不考虑他们的意见。这大概也是蔡元培决定返回北大复职的原因之一。

现在有足够的证据表明蔡元培决定回京复职是在6月28日那一天，但对于怎样复职、何时复职，似乎蔡元培还没有考虑清楚。

6月29日，小诸葛汤尔和抵达杭州，汤尔和与蔡元培关系密切，而且他的主意也往往被蔡元培所接受。晨8时许，汤尔和乘船至杨庄，晤蔡元培，历述蔡元培5月9日离开北大后的情形，为蔡元培支招，言此后出处之策。蔡元培对汤尔和有言必听。这使汤尔和格外高兴和自负，以为"在云山隐约之中，推襟送抱，亦一乐也"，其自喜可想。①

30日，心情好转的蔡元培从杨庄进城，在那里与汤尔和、沈尹默晤谈；又与马裕藻、徐森玉、童亦韩等人晤谈；并见了学生狄福鼎等。童亦韩是蔡元培的绍兴小同乡，1898年蔡元培出任绍兴中西学堂监督后，童亦韩曾与蔡元培一起去临安、宇航等地为绍兴的侨农办了一所小学。后来，童亦韩也进入北大，担任国史馆征集编纂，与蔡元培关系似乎也不错。

连续多日的讨论特别是汤尔和的到来，大致趋势已经不会有多少改变，然而此时也有一些干扰或者说是善意的劝阻。7月3日，与蔡元培关系密切的张元济致信蔡元康，劝蔡元培不要回京复职。其理由有三：

一、政权必归安福系，其专横无理，可以想见；

二、所谓旧学家必依附攀援，大张旗鼓，恐难免文字之祸；

三、学生气焰过盛，内容纷纠，甚难裁制，纳之轨范。

在张元济看来，蔡元培出而有补于世，固所甚盼，惟恐现在非其时。为大局计，有友朋计，张元济反对蔡元培回京复职，他请蔡元康将这个意见务必转达给蔡元培。②

张元济的提醒当然有根据，特别是他对安福系的判断，也正切中时

---

① 《汤尔和日记摘抄》，《胡适来往书信选》中，223页。
② 《致蔡元康》（1919年7月3日），《张元济全集》书信卷三，479页，北京：商务印书馆，2007年。

局变化的要害。7月4日，安福系众议院议员克希克图发表《恢复民国元年大学学制意见书》①，准备提交安福国会通过，以此破坏蔡元培在北大的改革。

针对克希克图的意见书，胡适立即撰文批驳，以为这个提议很不通，是公然破坏蔡元培过去两年多在北大进行的内部改革，"使蔡校长难堪，使他无北来的余地。"②傅斯年说得更清楚，他指出，克希克图的意思原不是什么学制不学制，因为安福系不是个有心教育的东西，克希克图不是个懂得学制的人，况且他的这个意见书又不成理由，造了许多谣言，动人听闻，其目的只有一个，那就是阻止蔡元培北上复职。因为对人的关系，克希克图牵连到制度上，为了达到阻止蔡元培复职的目的，竟然不惜把几年来惨淡经营的大学制根本推翻，不惜使这硕果仅存的国立大学成个落花流水的现象，这居心真不可问了。③

张元济的劝说引起了蔡元培的思考，克希克图的做法更激起蔡元培非回北大不可的信心，因为这不是过去两年的心血问题，而且实在关涉中国教育的前途与未来。所以，到了这个时候，蔡元培回京复职已经没有什么悬念了。用汤尔和的话说，至少在7月10日，蔡元培回京复职"大约不致中变"。他的证据是，在7月9日这一天，蔡元培对代理教育部部务的傅岳棻6月26日来电予以回复，对于能够复职给予比较明确的答复：

> 宥电敬悉。元培才力短浅，重以宿疾，迭经辞职。乃辱叠电慰留，并由徐秘书面达盛意，感歉之余，宁敢固执初见？谨当暂任维持，共图补救。惟月来旧恙屡发，迭经医家劝告，谓系胃疡前兆，尚须严重摄生。倘允俯鉴区区，宽以时日；一经就愈，即当束装北上。④

---

① 《民国日报》1919年7月5日、7日。
② 胡适：《论大学学制》，《民国日报》1919年7月9日。
③ 傅斯年：《安福部要破坏大学了》，《晨报》1919年7月20日。
④ 《申报》1919年7月13日。

这个态度已经非常明白，只是出于面子的原因，还是得拿身体说事，否则与先前的理由不好对接。同一天，蔡元培还致电全国学生联合会、北京中等以上学校学生联合会、北京大学学生干事部，讲了大概一致的理由，就是身体突然有点问题，但是各方雅意、重责，也使自己不容坚持先前辞职息肩的初意，所以他准备答应大家的要求，回京复职，不过他在这里要求学生"亦能推爱仆之心，有所觉悟；否则，教育前途必生障碍。非特仆难辞咎，诸君亦与有责焉"①。

蔡元培的意思学生们很快领悟，第二天，全国学生联合会、北京中等以上学校学生联合会、北京大学全体学生分别复电，表示"此后自当严循轨道，力学报国，藉答我公至意"；②"蒙以诚恳之辞促其觉悟，敢不拜嘉"；③"此后当益自策励，求学救国，万不至逾越轨范，以贻先生忧。"④

凡此，均为汤尔和所说蔡元培北上复职不致中途再生变化的理由。但是，从当时实际情况看，蔡元培虽然答应可考虑放弃辞去北京大学校长一职，但一来他的身体状况似乎确实不允许他立即赶回北京；二来他先前信誓旦旦地表示决不回北大，因此也必须给他留下一个回旋时机和面子。所以，汤尔和在说服了蔡元培放弃辞职，同意回京复职后，便提出一个折衷方案，即蔡元培答应回北大，但并不需要他立即去，而是派遣蒋梦麟暂时赶去代理。蒋梦麟是蔡元培最信任的弟子之一，由蒋梦麟去代理，应该可以代表蔡元培的意思；而蔡元培暂时不北上，在面子上更显得庄重。

于是，汤尔和在同一天（7月10日）又与蒋梦麟谈及"遣代"问题。由于是第一次提及由蒋梦麟代表蔡元培去管理北大，蒋梦麟似乎并无足够的思想准备，或者说根本没有想到这件事会与自己有关，且这样密切，所以他在开始可能觉得汤尔和是在开玩笑，稍后即以在上海的工作太过

---

① 《民国日报》1919年7月10日。
② 《民国日报》1919年7月11日。
③ 《北京中等以上学校学生联合会复蔡元培电》，《晨报》1919年7月11日。
④ 《北京大学全体学生复蔡元培电》，《晨报》1919年7月11日。

于繁忙而加以拒绝。

在上海的工作对于蒋梦麟来说确实太忙,但是最重要的可能还是蒋梦麟并不想现在就去北大。试想不久前蒋梦麟还向胡适说如果北大不幸解散之后怎么办的考虑,在北方教育界的眼里,蒋梦麟、黄炎培等南方教育界对北方教育界似乎始终心存芥蒂,现在因蔡元培辞职而引起的风波,结果由蒋梦麟去掌管北京大学,这不是使那些谣言成了真的事实了吗?所以,蒋梦麟唯一的选择就是婉拒。

整个6月,蒋梦麟往返于杭州、上海之间,但他从来没有想到过蔡元培的辞职会和自己有关。那时,蒋梦麟也算是上海滩上的大人物,在运动中起到相当重要的作用。6月6日,上海商学工报界假总商会开会,时有南京路某商店代表到会报告工部局干涉罢市事,会议遂推蒋梦麟与虞洽卿等五人前往英美领事公馆疏通,继有蒋梦麟宣读推定上海商学工报联合会临时干事名单,蒋梦麟出任临时干事。13日,蒋梦麟致信胡适,述说这一段时间的忙乱:"学潮已告一段落。以后不知道什么样。上海因工人相继罢工,危险极了,几乎闹大乱子。我吃了不少苦,倦极了。昨晚警报来,谓学生被巡捕打死了几个。使我悲痛了一晚。次早方才知道流弹打死的系商人,非学生,我才放心。"①

由五四学生运动引发的社会运动使蒋梦麟受到极大的震动,他当时就决心抱定宗旨:"信仰惟学可以为人,惟学足以救国,毁誉成败等浮云耳。"②所以,蒋梦麟不可能想到离开上海,离开他的《新教育》,离开江苏省教育会,他似乎期待以思想家、教育家名世。他在6月发表的一篇文章中对五四新文化运动大加赞扬,以为这个运动必将像欧洲文艺复兴运动那样推动中国历史进步。欧洲文艺复兴运动的起始是要求人类本性的权利,后来引到发展自然界的新观念和研究的新方法。而中国的五四学生运动,就是这解放的起点。改变你做人的态度,造成中国的文艺

---

① 《蒋梦麟致胡适函》(1919年6月13日),《胡适秘藏书信及函稿》卷三十九,463页。
② 《蒋梦麟致罗家伦函》(1919年6月13日),《胡适秘藏书信及函稿》卷三十九,464页。

复兴。解放感情,解放思想,要求人类本性的权利。这样做去,我心目中见那活泼泼的青年,具丰富的红血轮、优美和快乐的感情、敏捷锋利的思想,勇往直前,把中国萎靡不振的社会、糊糊涂涂的思想、畏畏缩缩的感情,都一一扫除。①

基于这种要做思想家、教育家的心理期待,蒋梦麟怎么会轻易答应汤尔和的要求呢?他的理由就是在上海的工作已经很忙,他确实无力再分散精力去顾及北大的事务。

蒋梦麟婉拒的理由实在是不太过硬,所以当汤尔和劝他半年留京、半年在沪,可兼顾而不至偏废时,蒋梦麟的理由也就不成立,反而对汤尔和的建议颇以为然。于是,在蔡元培暂时不能北上的时候,由蒋梦麟作为蔡元培的个人代表前往北大处理日常事务。至此,由 1919 年 5 月 4 日学生游行示威引发的蔡元培辞职,又由蔡元培辞职而引发的教育界风潮总算结束了。

---

① 《改变人生的态度》,《过渡时代之思想与教育》,27—28 页。

第八章
文化演进中的政治因素

正如我们已经知道的那样，1919年的五四运动并不是一个单纯的学生运动，而是先前若干年中国政治、社会各种问题累积的必然结果，是先前若干年新思想、新文化传播的必然结果，所以五四爱国运动就构成了五四新文化运动的一个必然组成部分，它在一定程度上改变了先前新文化运动前进的方向，但又在很大程度上推动了新文化运动向纵深发展。说"救亡压倒了启蒙"有一定道理，但并不全对。比较合理的一个说法，应该是救亡促进了启蒙，只是这个启蒙已经不是原来意义上的启蒙，不是个人意识的觉醒，不是17世纪以来的西方意思，而是已经赋予了某些新的内容，具有了鲜明的20世纪色谱。

微妙的政治操作

正如蔡元培、蒋梦麟、胡适等人所预料的那样，五四爱国运动爆发后，以及此后若干年中，北京的学潮接连不断，于是北京政府就将矛头对准北大，对准蔡元培，总觉得是蔡元培主持北大，放任纵容的结果。

北京政府对北大、对蔡元培的不满，在五四大游行之前即已出现，只是没有找到适当的理由，政府不便发作，不便直接拿蔡元培是问而已。

1919年3月18日，《公言报》在《请看北京大学思潮变迁之近状》

的标题下，批评陈独秀以新派首领自居，教员中与陈独秀沆瀣一气的，主要有胡适、钱玄同、刘半农、沈尹默等，学生闻风而起，服膺师说，张大其辞者，亦不乏人。即前后抒发其议论于《新青年》杂志，近又由其同派之学生组织一种杂志曰《新潮》者，以张皇其学说，更有《每周评论》之印刷发行。顾同时与之对峙者，有旧文学一派，旧派中以刘师培为首，其他如黄侃、马叙伦等，则与刘师培结合，亦组织一种杂志曰《国故》，名义出于学生，而主笔政之健将，教员实居其多数。盖学生中固亦分新旧两派，而各主其师说。两派的杂志《新青年》、《新潮》、《每周评论》与《国故》等旗鼓相当，互相争辩，当亦有裨于文化。但文章批评说，遗憾的是，他们两派总是忘其辩论之范围，纯任意气，各以恶声相报复。

这篇文章还说，日前哄传教育部有训令给北京大学，令北大将陈独秀、钱玄同、胡适三人辞退。但据记者详细调查，则知尚无其事。这虽然否认了北大将辞退陈独秀、钱玄同、胡适等人的传言，但无风不起浪，谣言依然在知识界继续流传。

由于《公言报》的这条消息直接牵涉《国故》杂志和刘师培，《国故》和刘师培即便不能认同于陈独秀等人的学术主张，但他们也不愿介入这种人事纠纷，于是《国故》杂志社和刘师培很快发表声明予以驳斥。只是这个声明只涉及《国故》和刘师培自身，至于其他事项，他们当然也不愿表态。

《国故》与刘师培的声明是否受到某种压力，我们不好推测，但蔡元培有恩于刘师培，而刘师培和《国故》且都是北大的人和北大的杂志，则是事实。这个事实当然使他们不希望北大内讧，即便内讧，他们也不希望这些家丑外扬。①刘师培和《国故》杂志社的声明在一定程度上化解了新派教授对老派教授的怀疑。

北大内部的纠纷有着复杂的背景，更多的当然还是新旧两种思想观念的冲突。从前面的论述中，我们没有忘记另外一条线索，那就是北大

---

① 《北京大学日刊》1919年3月21、24日。

之所以惹来外部麻烦，其实就是从1919年1月1日初版发行的《新潮》杂志开始。林纾、张厚载以及报章杂志如《公言报》的批评说到《新潮》，而最直接的警示，则是对北大爱护有加的教育部长傅增湘。傅增湘3月26日致函蔡元培说："自《新潮》出版，辇下耆宿对于在事员生，不无微词"；"国学靡敝，士之秀且杰者，谋所以改弦而更张之。笃旧之伦，疾首疚心，为匡掖废坠之计，趋涂虽殊，用心则一。异同切劘，互资进行，尊闻行知，无妨殊轨。近顷所虑，乃在因批评而起辩难，因辩难而涉意气。倘稍逾学术范围之外，将益启党派新旧之争，此则不能不引为隐忧耳。吾国伦理道义，人群纪纲，镌于人心，濡于学说，阅数百千年。其间节目条教，习惯蜕衍，或不适于现代，亦属在所不免。然而改革救正，自有其道。以积渐整理之功，行平实通利之策，斯乃为适。凡事过于锐进，或大反乎恒情之所习，未有不立蹶者。时论纠纷，喜为抨击，设有悠悠之辞，波及全体，尤为演进新机之累。甚冀执事与在校诸君一扬榷之，则学子之幸也。鄙意多识蓄德，事属一贯。校内员生，类多闳达，周知海内外名物之故与群治之原。诚能朝益暮习，与时偕行，修养既充，信仰渐著，遵循轨道，发为言论，自足以詟服群伦。若其以仓卒之议，翘于群众，乂有未安，辄以滋病，殆有未可。至于学说流裔，如长江大河，支派洄洑，无可壅阏，利而导之，疏而瀹之，毋使溃溢横决，是在经世之大君子如我公者矣。"①由此可见，傅增湘对《新潮》所代表的激进思想的高度关注，当然他也肯定受到来自政治高层和守旧势力的压力。

傅增湘确实受到政治高层和守旧势力的压力，正如研究者和许多文献记载的那样，段祺瑞和安福系对蔡元培的教育理念很不赞同，他们其实一直在关注着蔡元培和北大的动静，担心教育上出问题，担心学生闹事。所以蔡元培、陈独秀，乃至汤尔和、马叙伦、沈尹默等人的理念和防范看，其实也是一直在提防着段祺瑞和安福系的黑手。

说来其实也很奇怪。段祺瑞和安福系的主要人物都来自安徽，而陈

---

① 《傅增湘致蔡元培函》，《蔡元培书信集》上，403—404页。

独秀、胡适这些人也是安徽人，但是这两股安徽势力各自争锋，他们就是不愿意交叉、不愿意沟通，宁愿与外省人一起收拾安徽人。所以陈独秀在6月被捕时所散发的传单，其主要斗争矛头就是段祺瑞和安福系的徐树铮、段芝贵等人。

大约在3月末，安福系参议员张元奇以北大教员、学生鼓吹新思潮的"出版物实为纲常名教之罪人"，特地前往教育部，请教育总长傅增湘加以取缔，当时携去《新青年》和《新潮》等杂志为证。张元奇还表示，如教育总长对此无相当之制裁，则将由新国会提出弹劾教育总长案，并弹劾大学校长蔡元培。但据新国会中的人说，弹劾案的提出须得到多数议员的赞成，此次张元奇表示要弹劾傅增湘，只不过是参议院中少数耆老派的意见，并不能形成参议院的共识。张元奇向傅增湘提出警告，不过是恫吓而已。①

尽管张元奇和安福系一时还没有足够的理由扳倒傅增湘和蔡元培，但他的恫吓也不能不引起傅增湘的重视。4月1日，蔡元培应傅增湘的要求到教育部面谈一切。由于年初以来外间议论纷纷，《新青年》早在2月15日出版的6卷2号开篇就刊登大字声明，否认《新青年》与北大有直接的隶属关系。声明指出，"近来外面的人往往把《新青年》和北京大学混为一谈，因此发生种种无谓的谣言。现在我们特别声明：《新青年》编辑和做文章的人虽然有几个在大学做教员，但是这个杂志完全是私人的组织，我们的议论完全归我们自己负责，和北京大学毫不相干。"②这个声明一方面告诉我们外间的谣传还真的不少，而且时间也比较早；另一方面为保护北大和蔡元培，陈独秀等人理直气壮地声明这个杂志与北京大学无关。

《新青年》编辑部的声明，减轻了蔡元培的一些压力，蔡元培需要向傅增湘并通过傅增湘向安福系说明的只是《新潮》杂志的问题。

《新潮》确实是经蔡元培、陈独秀同意出版的一个刊物，其经费补助

---

① 《申报》1919年4月1日。
② 《新青年编辑部启事》，《新青年》六卷二号，1919年2月15日。

也来自北大官方。根据傅斯年的回忆，他与罗家伦、顾颉刚、潘家洵（介泉）、徐彦之（子俊）等同学在蔡元培思想自由、兼容并包教育理念的影响下，觉得应该成立一个社团，创办一个杂志，表达一些主张，为自己将来走向社会提供一次锻炼的机会，所以他们想到了创办新潮社，创办《新潮》杂志，并由徐彦之找文科学长陈独秀汇报，得到陈独秀的大力支持。陈独秀表示："只要你们有办的决心和长久坚持的志愿，经济方面可以由学校担负。"所以说，《新潮》当然是北大的刊物，尽管是以学生为主体。

有了陈独秀的表达和支持，傅斯年等人加快了筹备步伐。1918年10月13日，他们召开第一次预备会，确定了杂志的基本宗旨：

一、批评的精神；

二、科学的主义；

三、革新的名词。

基于这三点宗旨，徐彦之将杂志的英文名字定为"the Renaissance"，直译应该是"文艺复兴"，而中文名词在罗家伦的坚持下定为"新潮"，其实也蕴含着英文的意思，两个名词恰好可以互译。11月19日，开第二次会，把职员举妥，着手预备稿件。北大图书馆馆长李大钊把图书馆的一个房间拨给新潮社使用，北大出版部主任李辛白帮助他们把印刷发行等事情搞定。于是到了1919年1月1日，《新潮》如期面世。

《新潮》出版之后，很快产生了很大的影响，有几家报纸几乎天天骂《新潮》，几乎将骂《新潮》作为他们的职业。傅斯年等人不免有受气负苦的地方，甚而至于树若干敌，结许多怨，尤其是傅斯年和罗家伦两个人，更是因此成为许多人攻击的对象。特别是有位"文通先生"，一贯和北大过不去，所以当《新潮》出版两期之后，他又开始看不惯，有一天拿着两本《新潮》和几本《新青年》送给"地位最高"的一个人看，加了许多非圣乱经、洪水猛兽、邪说横行的评语，纵容这位"地位最高"的人来处治北大和傅斯年等人。

这位"地位最高"的人交给教育总长傅增湘斟酌办理，并示意蔡元培辞退陈独秀、胡适这两位教员，开除傅斯年和罗家伦这两位学生。这就是当时传言的所谓"四凶"。他们两个是《新青年》的编辑，两个是《新潮》的编辑。

接着就是所谓新参议院的张元奇找到傅增湘，要求查办《新青年》、《新潮》和蔡元培，弹劾傅增湘。接着就是老头子们啰唣当局，当局啰唣蔡元培。接着就是谣言大起。校内校外，各地报纸上，甚至辽远若广州，如成都，也成了报界批评的问题。谁晓得他们只会暗地里投入几个石子，骂上几声，啰唣几回，再不来了。按照罗家伦在《北京大学与五四运动》中的说法，这位"文通先生"就是江瀚，而那位"地位最高"的人，就是大总统徐世昌。①

所谓全盘反传统

按照傅斯年当时的说法，《新潮》之所以在创刊仅仅两期时就遭到如此磨难，主要的还不是《新潮》本身，而是"由于《新青年》记者"，《新潮》不过占了一小部分。②那么《新青年》究竟在哪些问题上被这些人盯上了呢？

根据陈独秀1919年1月15日所写的《〈新青年〉罪案之答辩书》，《新青年》确实被一些人视为"离经叛道的异端，非圣无法的叛逆"，看作"邪说、怪物"。至于具体内容，根据陈独秀的归纳，大致有这样几项：无非是破坏孔教，破坏礼法，破坏国粹，破坏贞节，破坏旧伦理（忠、孝、节），破坏旧艺术（中国戏），破坏旧宗教（鬼神），破坏旧文学，破坏旧政治（特权、人治），共9条。而追本溯源，《新青年》之所以被那些人视为洪水猛兽，视为异端邪说，只是因为拥护那德莫克拉西（Democracy）和赛因斯（Science）两位先生。理由是：要拥护那德先生，便不得不反对孔教、礼法、贞节、旧伦理、旧政治；要拥护那赛先生，便不得不反对旧艺术、旧宗教；要拥护德先生又要拥护赛先生，便不得不反对国粹和旧文

---

① 《传记文学》1978年第五期。
② 《〈新潮〉之回顾与前瞻》，《傅斯年全集》卷一，292页，长沙：湖南教育出版社，2003年。

学。①所以,我们要谈五四新文化运动中的所谓"全盘反传统",所谓"全盘西化",都应该按照这个线索去探究。

按照陈独秀等人的解释和自我答辩,五四新文化运动倡导者的主要目的就是改造强盗世界,创造少年中国。其主要方法之一就是"输入学理",用新思想代替旧思想,用新观念代替旧传统。中国传统思想的核心是以孔子学说为主干的儒家思想。儒家思想在中国历史上曾经起过积极的作用,但到了近代以后,由于中国社会经济情况的变化,儒家思想已越来越不能适应现代社会的需要,正在成为社会进步、经济发展的障碍。尤其是在袁世凯当政之后,出于稳定社会秩序和帝制复辟的双重需要,袁世凯默许乃至纵容尊孔活动,更使儒家思想在新知识分子阶层中失去信仰。

1912 年,梁启超的弟子陈焕章和一批旧文人沈曾植、梁鼎芬以及严复等人在上海成立孔教会。1913 年,在袁世凯一手操纵下制定的《天坛宪草》竟然明定"孔子之道必须是国家教育中人格培养之基础"的条款,遂引起思想界激烈的争论。特别是在袁世凯企图复辟帝制的时候,更是卖力地借助于孔教正统思想的支持,不仅发布祭孔的命令,而且下令封孔子的后裔。所有这些都引起新知识分子的激烈反对。

围绕着孔教问题的争论,并没有随着袁世凯的死亡而结束。1916 年 8 月,一些国会议员继续重提在宪法草案中确立孔教的地位问题。康有为甚至还致信大总统,以为孔子的学说已统治中国两千年之久,一旦废弃,中国必将分崩离析,"无孔教,即无中国"。

辛亥革命后,传统主义和新传统主义的泛滥,引起了新知识界的极端反感和不满,因为即便新传统主义者所说的社会乱象都是事实,那么也不能将这种社会乱象的根源推给新思想的传播,为文化保守主义提供口实。

针对文化保守主义的观点,新知识分子借助于"德先生"和"赛先

---

① 《〈新青年〉罪案之答辩书》,《独秀文存》,242—243 页,合肥:安徽人民出版社,1987 年。

生"，开始了对传统理论观念的攻击。他们的目标首先是要破除孔子学说的至上权威，打破儒家思想两千年来对中国政治、伦理思想不容置疑的统治地位。当《青年杂志》刚创刊的时候，就发表过几篇攻击孔子学说的文章。1916年，易白沙的《孔子平议》在《新青年》上发表，力图"一扫两千年来孔教信仰的秘密"，最早对儒家学说、孔子伦理发动攻击，以为孔子思想中包含有许多为独夫民贼所利用的东西，实为中国专制主义政治文化的思想土壤。易白沙的观点在思想界引起了极大反响。

如前所说，易白沙虽然原籍湖南，但其自幼追随父辈长时期生活在安徽，1903年应邀赴安徽执教，主持怀宁中学，继为师范学堂、旅皖湖南中学堂校长，较长时期在安徽怀宁一带从事教育事业。而怀宁就是陈独秀的老家，所以易白沙在某种程度上说与陈独秀算是半个小老乡，他们的相识应该比较早。他们后来一同在"二次革命"后流亡日本，一同为《甲寅》杂志撰稿，一起于1915年6月自日本回国创办《青年杂志》。陈独秀、易白沙应该是最亲密的朋友。

在与陈独秀、章太炎等革命志士的交往及感召下，易白沙的思想渐趋激进，他越来越觉得中国几千年专制主义传统的形成很可能与儒家思想独尊而非儒学派被严重遏制有着密切的关联，所以他个人越来越倾向于设法恢复或者说重建非儒学派的思想传统，以消逝已久的墨家学说特别是墨家中"尚同"、"非攻"、"兼爱"等去与西方近代的自由、平等、博爱思想相嫁接，以自由、平等、博爱的现代普世价值替代不合乎现代需要的儒家伦理。

易白沙的《孔子平议》是儒学史上的一篇重要文章，是历史上第一次揭示儒家思想与现实生活不合的一面，特别是从西方思想层面发问，就显得这篇文章更有理论深度，率先揭开儒家思想与专制主义的内在关联，指出现代中国未来发展的基本走向。

在《孔子平议》中，易白沙认为，中国两千年持续尊孔的大秘密，就在于历代统治者都能够利用孔子为傀儡，垄断天下之思想，使思想失去应有的自由，使思想总是摆脱不了儒家的束缚。所以，易白沙给儒家思想的定义就是"帝政主义"，儒家思想的精义在于谄谀帝王，以维护一己之私利，与共和精神是根本不相容的。他的几个最基本判断是：

孔子尊君权漫无限制，易演成独夫专制之弊；

孔子讲学不许问难，易演成思想专制之弊；

孔子少绝对主张，易为人所借口；

孔子但重做官，不重谋食，易入民贼牢笼，为独夫民贼作百世之傀儡。

基于这几个基本判断，易白沙认为孔子的希望不在素王，是在真王，所以各国诸侯都疑孔子是一个有政治野心的危险人物，所以孔子凄凄惶惶周游列国，依然没有哪个诸侯敢用他。①

易白沙对孔子和儒家学说的批判和非议并不是简单的感情用事或谩骂，而是有比较深厚的学理基础。他确实比较系统地研究过儒家思想，研究过中国政治史。他在1916年写的《帝王春秋》中，对历史典籍所记载的历代帝王种种丑行集中展示，以详尽的史料揭露两千年的中国史就是一部"吃人"的历史，这对鲁迅后来的创作应该说有直接的启发。

《帝王春秋》分人祭、杀殉、弱民、媚外、虚伪、奢靡、愚暗、严刑、奖奸、多妻、多夫、悖逆等12个方面，将中国历史上残贼百姓的元恶大凶一一表露出来，以此追究中国两千年停滞不前的根源主要在于君主专制主义的绝对统治，而始终没有建立起可以遏制皇权的法制体系。

按照儒家理论，人治的最高境界是圣人之治，然而在现实生活中，历代君主帝王耳目失聪的庸主多，具有雄才大略、文治武功的圣主少。一国之权系于庸主一人，专制王权下的奇特现象便层出不穷，有身居宫中20年不见大臣的帝王，有动辄与外间交通断绝自我封闭的君主，即便历史上有个别刚明之主，也往往被身边佞幸阿谀奉承，飘飘然不知今昔是何年。按照易白沙的分析，在人民不能当家做主，政治权力不在人民手里的时候，君主专制主义政治制度所能诞生的只能是庸才、奴才，最好也不过是为君主一人负责的家奴。这种制度必然给国家、给民族带来无穷的祸害。

专制主义者从来只关心手中的权力，从来都是把自己的利益说成是

---

① 易白沙：《孔子平议》，《青年杂志》一卷六号。

全民的、整个社会的利益，其实他们根本不会顾及人民的利益和整个社会的利益，他们的心中从来都分得清"你们"与"我们"。为了"我们"可以牺牲"你们"，所以君主专制体制下必然实行愚民政策，使百姓都成为只关心柴米油盐日常生活的小人，成为政治上的驯服羔羊。于是两千年的中国政治和百姓无关，只是一家一姓之兴亡。而这种专制主义的思想基础，在易白沙看来，就是儒家伦理和孔子思想。

易白沙虽然对孔子表现出不恭，但尚未从根本上排斥孔子、批评孔子。他也从历史主义的立场，承认孔子学说在中国历史上具有非常大的正面作用，以为孔子当春秋之季世，虽称显学，不过九家之一。主张君权，但于七十二诸侯，复非世卿，倡均富，扫清阶级制度之弊，为平民所喜悦。故天下丈夫女子，莫不延颈举踵而愿安利之。所以说，孔子学说也有其适应和代表所处时代之要求的一面，有其历史价值。孔子的问题是他死后被历代君主帝王所利用，片面发展孔子思想中尊君独裁的内容，为专制君王服务。这当然并不都是孔子的责任，但是孔子之所以被利用，其有自可利用之处，所以两千年中国历史中的问题，孔子也就不能辞其咎。易白沙大体上对孔子和儒家思想采取一种历史主义的观点，并没有从根本上彻底排斥孔子和儒家思想，而真正从根本上排斥孔子和儒家思想的则是吴虞等人。

吴虞被胡适誉为"只手打孔家店的老英雄"，誉为"中国思想界的清道夫"，他在五四新文化运动中的最大贡献，就是比较系统地对孔子思想和儒家学说进行了清算。这当然也与其个人独特的生命体验相关联。

吴虞早年隐居乡下，即怀"非儒"之论，"戊戌以后，兼求新学"①，倾心于西方近代社会政治学说，"不顾鄙笑，搜访弃藏，博稽深览，十年如一日"，为"成都言新学之最先者"。②1905 年，吴虞留学日本，就读于东京政法大学，"习其政法，廿年来所讲学术，划然悬绝。"③吴虞

---

① 《邓守瑕〈荃察余斋诗文存〉序》，《吴虞集》，141 页，成都：四川人民出版社，1985 年。
② 廖平：《骈文读本序》，《蜀报》第 2 期，1910 年 9 月。
③ 《邓守瑕〈荃察余斋诗文存〉序》，《吴虞集》，141 页。

1906年在日本所作《中夜不寐偶成八首》，声言"孔尼空好礼，摩罕独能兵。遘祸庸奴少，违时处士轻。最怜平等义，耶佛墨同情"。表现出浓厚的"非儒"倾向。

1907年，吴虞毕业归国，从事教育，继续以所学西方近代社会政治学说反孔"非儒"，"大与时俗乖忤"，"愈觉悟儒家之非，其间每有所感，就托意于诗文"。①吴虞认为，"中国自秦以来，以愚黔首为上策"，这一基于儒家所谓"民可使由之，不可使知之"的统治路线，给中国带来了极大的灾难。中国千百年来最大的失误，恐怕只在于没有造成"完全之国民"，政府政策虽有时"适乎时势之需要，而一国人民之智识能力，不足以应之"。就拿共和制度来说吧，如中国"单简之社会，则无以造完全之学人，蕞尔之国民，则难以建共和之大国也"。任何社会制度的选择，均应与该社会民众的一般智识水平相一致。"其民愈智者，其国愈尊；其教愈博者，其化愈优"。中国当前最大的问题似乎不在君主立宪或共和民主之间的选择，其要在于提高民众觉悟，"祛壅塞扞格之弊，若手臂之相为用，而后可以收富强之效"。②这样，吴虞基于对中国历史文化的分析，得出了和严复、梁启超等人同样的结论，即开民智。

严复、梁启超的所谓开民智，是立足于提高民众文化素质，而吴虞则是以开民智为前提，对千百年来的统治思想儒家文化进行了严厉的批判和指责。他指出，天下大患有两个最致命的问题，一是君主专制，一是教主专制。"君主之专制，钤束人之言论；教主之专制，禁锢人之思想。君主之专制，极于秦始皇之焚书坑儒、汉武帝之罢黜百家；教主之专制，极于孔子之诛少正卯、孟子之拒杨、墨。"一个国家的学术思想状况如何，犹如一个人的精神状态，没有新思想和新言论，国家便无从兴盛，"盖辩论愈多，学派愈杂，则竞争不已，而折衷之说出，于是真理益明，智识益进，遂成为灿烂庄严之世界焉。故知专制者，乃败坏个人品性之一大毒药也。夫与己不同道，则诋为异端，詈为邪说，不以为非

---

① ［日］青木正儿：《吴虞底儒教破坏论》，《吴虞集》，479页。
② 吴虞：《读〈管子〉感言以祝〈蜀报〉》，《吴虞集》，11页。

圣无法，即以为叛道离经，斯诚社会之污点，学术家之深耻也。而儒家则不惮而恒蹈之"。如孟子之攻击杨、墨，也只是门户意气之私见，而实未窥见杨、墨学说的真实用意，"有入室操戈、扼吭拊背之胜算也"。①因此，吴虞向往"思想自由之风潮"。

基于这样的认识和吴虞特殊的家庭环境，1910 年 11 月，吴虞发表《家庭苦趣》一文，不仅揭露了乃父的丑恶行为，而且认识到其父的行为"亦孔教之力使然"，进一步坚定了他对儒家伦理的批判态度。他指出，在儒家精神的影响下，"中国偏于伦理一方，而法律亦根据一方之伦理以为规定，于是为人子者，无权利之可言，惟负无穷之义务。而家庭之沉郁黑暗，十室而九；人民之精神志趣，半皆消磨沦落极热严酷深刻习惯之中，无复有激昂发越之概。其社会安能发达，其国家安能强盛乎？"正是这种强烈而又直接的刺激，使吴虞对中国传统社会条件下的家族制度进行了全面的批判和清算。

吴虞认为，中国之所以两千年来"颠顿于宗法社会之中而不能前进，推原其故，实家族制度为之梗也"。家族制度强调贵贱等级，推崇忠孝节义，把孝的观念推而广之，用之于整个社会，它看重的不是人人生而平等的原则，而是先天性的不平等。因此，在中国历史上，"家族制度之与专制政治，遂胶固而不可以分析"，儒家以"孝悌"二字为基本精神的伦理观念也"为二千年来专制政治与家族制度联结之根干，而不可动摇"。②

对儒家伦理观点及其所支持的家族制度，吴虞从孝与礼两个方面进行了批判。他认为，儒家的全部伦理道德和社会意识，都是建立在"孝"的基础上的。在一家之中，由家长专制，强调孝的道德，造成明显的不平等和大多数家庭的不幸。在中国，由于宗法、血缘关系的牢不可破性，近代意义上的民族国家一直没有真正建立，近代中国的所谓国，不过是家的放大而已。一国之君主，便是一家之家长。不论这个君主是如何昏庸残暴，都由于其家长地位的至上性而不受到限制，一国的人民也只能

---

① 《辨孟子辟杨墨之非》，《吴虞集》，13—14 页。
② 《家族制度为专制主义之根据论》，《吴虞集》，60、61、63 页。

像一家之子女那样来"孝顺"君主，而这个"孝"的政治性术语，便是"忠"。这种以忠孝观念支撑的社会秩序，对除君主之外的每一个人来说，尽管奖之以名誉，诱之以禄位，实际上毫无平等之感，而是一种典型的愚民政治，其结果是把中国变成一个制造"顺民的大工厂"。吴虞强调，如不打破、抛弃儒家的忠孝观念，就不可能造成新的国民，中国欲实现共和，只能是一种美妙的幻想。他说："是故为共和之国民，而不学无术，不求知识于世界，而甘为孔氏一家之孝子顺孙，挟其游獩怒特蠢悍之气，不辨是非；囿于风俗习惯酿成之道德，奋螳臂以与世界共和国不可背叛之原则相抗拒，斯亦徒为蚍蜉蚁子之不自量而已矣！"①

在吴虞看来，中国传统社会中与忠孝观念相得益彰，有功于历代统治者的莫过于儒家所倡导的"礼"。他认为，忠孝观念要求人们进行自觉的道德反省，而礼或儒家倡导的礼教则带有某种强制性的道德规范。吴虞吸收了鲁迅对中国传统文化的批判，以为正如鲁迅所指出的那样，如果将儒家的礼教精神推到极点，非杀人食人不算成功。因此，研究传统社会的礼制，"不在辨其仪节而在知其所以制礼之心"。从儒家和历代统治者"制礼之心"来推测，盖不外以礼来规范人们的言行，起到与刑交互为用的目的，"以尊卑贵贱上下之阶级为其根本"，"偏重尊贵长上，藉礼以为驯扰制御卑贱幼下之深意"，从而使被统治者"柔顺屈从"，安于现实，不做非分之想。②

基于这种分析，吴虞通过对活生生历史事实的罗列，对礼教进行了猛烈的抨击。他指出，"我们中国人，最妙是一面会吃人，一面又能够讲礼教。吃人与礼教，本来是极相矛盾的事，然而他们在当时历史上，却认为并行不悖的，这真正是奇怪了"。"孔二先生的礼教讲到极点，就非杀人吃人不成功，真是惨酷极了！一部历史里面，讲道德说仁义的人，时机一到，他就直接间接的都会吃起人肉来了。就是现在的人，或者也有没做过吃人的事，但他们想吃人，想咬你几口出气的心，总未必打扫

---

① 《家族制度为专制主义之根据论》，《吴虞集》，65页。
② 《礼论》，《吴虞集》，135—137页。

得干干净净!"因此,"到了如今,我们应该觉悟:我们不是为君主而生的!不是为圣贤而生的!也不是为纲常礼教而生的!什么'文节公'呀、'忠烈公'呀,都是那些吃人的人设的圈套来诳〔诓〕骗我们的!我们如今应该明白了!吃人的就是讲礼教的,讲礼教的就是吃人的呀!"①

吴虞认为,孔子学说的基本功能是维护传统的家庭制度和伦理观念,是中国专制主义的理论基础。忠孝是扼杀人性的,礼教是吃人的,都是和现代精神不相容的;忠孝与礼教又都是儒家所倡导的,逻辑的结论,儒家是必须排斥的。为此,吴虞引用道家与法家的学说以与儒家学说进行分析和比较。他认为,中国人两千年来都上了儒家的圈套,"还自夸是声明文物礼乐之邦,把那专制时代陈腐的道德死守着,却偏要盲从死动的阻遏那新学说、新道德输入,并且以耳代目,那眼光就在牛市口以上盘旋,全不知道世界潮流、国家现象,近来是什么情况。莫说孔孟的灵魂在山东眼睁睁看着日本来占据他桑梓的地方,他的道德和十三经通通没用,止有忍气吞声;就是活起来的孔教会、儒教会的人,又能把旧道德去抵抗日本吗?"一句话,儒家的道德即使不是骗人的把戏,也早已远远过时,无法指导现实生活,而应让位于"新学说、新道德"。这是吴虞思想认识的最终目标。

很显然,吴虞对儒家文化的排斥与批判达到了中国历史上前所未有的程度,然而,对中国文化的未来发展,吴虞并没有来得及认真思考。他虽然相当钟情于西方近代的文明与共和制度,但民元以来中国政治的实际发展似乎又使他对西方文化产生了相当的怀疑与隔膜,因而,在吴虞的心目中,排斥儒家文化后的中国文化真空地带应当用墨家学说和老庄之道来填补。结果,原本激进的非儒主张并没有得出什么更为先进的结论,中国还需按照旧有的轨道发展,中国文化的未来只是以墨家学说、老庄之道代替儒家精神。

吴虞对儒家文化的批判没有得出积极的结论,但他那大胆的精神与勇气确实在当时中国学术界引起了强烈反响。胡适称他为"只手打孔家

---

① 《吃人与礼教》,《吴虞集》,167、171 页。

店的老英雄"①，陈独秀更对吴虞的大胆言论"钦仰久矣"，欣喜若狂，引为同道，并在吴虞思考的基础上前进一步，指出中国文化发展的新方向。陈独秀对吴虞说："窃以无论何种学派，均不能定为一尊，以阻碍思想文化之自由发展。况儒术孔道，非无优点，而缺点则正多。尤与近世文明社会绝不兼容者，其一贯伦理政治之纲常阶级说也。此不攻破，吾国之政治、法律、社会道德，惧无由出黑暗而入光明。"②对吴虞的观点给予无保留的支持。

陈独秀认为，作为个人信奉某种学说是符合现代社会的信仰自由原则，可置之于不议不论之列，但作为一个民族或国家，是否尊崇某一种学说，就不是一个信仰自由问题，而是关系到民族与国家的命运，不可置之不理，必应"律以现代生活状态"，看其学说"是否尚有遵从之价值"。"自古圣哲之立说，宗教属出世法，其根本教义，不易随世间差别相而变迁，故其支配人心也较久。其他世法诸宗，则不得不以社会组织生活状态之变迁为兴废。一种学说，可产生一种社会；一种社会，亦产生一种学说。影响复杂，随时变迁。其变迁愈复杂而期间愈速者，其进化之程度乃愈高。其欲独尊一说，以为空间上人人必由之道，时间上万代不易之宗，此于理论上决为必不可能之妄想，而事实上惟于较长期间不进化之社会见之耳。若夫文明进化之社会，其说之兴废，恒时时视其社会之生活状态为变迁。"③若欧美现代社会不但不为其古代圣人亚里士多德的学说所拘囿，也不为其近代社会的思想家康德等人所支配，而是以其生活状态的实际需要创造出一种新的时代思想。

反观中国社会，自辛亥革命以来，实行共和政体好几年，却忽然间闹了一出帝制复辟闹剧。民初几年的政治发展充分表明，中国多数国民虽然嘴里不反对共和，心里向往共和，但由于传统思想观念的长期熏陶，在他们的"脑子里实在装满了帝制时代的旧思想，欧美社会国家的文明

---

① 胡适：《〈吴虞文录〉序》，《吴虞文录》卷首，上海：亚东图书馆，1921年。
② 陈独秀：《答吴又陵（孔教）》，《独秀文存》，646页。
③ 《孔子之道与现代生活》，《独秀文存》，81页。

制度，连影儿也没有，所以口一张，手一伸，不知不觉都带君主专制臭味"。这样的社会心态，显然不足以承担民族改造与民族进步、复兴之大任。因此，陈独秀明确提出："如今要巩固共和，非先将国民脑子里所有反对共和的旧思想，一一洗刷干净不可。因为民主共和的国家组织、社会制度、伦理观念，和君主专制的国家组织、社会制度、伦理观念全然相反——一个是重在平等精神，一个是重在尊卑阶级，——万万不能调和的。若是一面要行共和政治，一面又要保存君主时代的旧思想，那是万万不成。而且此种'脚踏两只船'的办法，必至非驴非马，既不共和，又不专制，国家无组织，社会无制度，一塌糊涂而后已！"①在陈独秀看来，社会观念必须与社会现实保持一致，既不能脱离现实需要去追求更新的东西，更不能使思想观念远远落后于社会现实。在当时条件下，政治上既已由君主专制转到民主共和，那么在观念上决不能再归复到孔子之道和儒家文化。否则，不仅在理论上实在是不通，而且在事实上也实在做不到。陈独秀在这里表现出非常焦灼的情绪，他希望从文化哲学的层面上清理孔子和儒家思想。在他看来，孔子思想和儒家伦理充塞中国人的日常生活，是中国人迈入现代社会、实行民主共和的巨大障碍。

那么，孔子之道或儒家精神在哪些方面与民主共和不兼容呢？陈独秀认为，从大的方面看，孔子思想、儒家伦理与代表欧美现代文明的法律上的平等人权、伦理上的独立人格和学术上的破除迷信、思想自由这三大原则相冲突相对立，所以中国人要想进入现代文明社会，就必须与传统、与孔子思想、与儒家伦理彻底决裂，必须在伦理层面获得彻底觉悟，必须与儒家伦理为核心成分的旧文化、旧伦理、旧道德、旧思想，甚至旧风俗、旧习惯等彻底决裂，重现中国人的价值体系。陈独秀说："自西洋文明输入吾国，最初促吾人之觉悟者为学术，相形见绌，举国所知矣；其次为政治，年来政象所证明，已有不克守缺抱残之势。继今以往，国人所怀疑莫决者，当为伦理问题。此而不能觉悟，则前之所谓觉悟者，非彻底之觉悟，盖犹在惝恍迷离之境。吾敢断言曰：伦理的觉悟，

---

① 《旧思想与国体问题——在北京神州学会讲演》，《独秀文存》，102、103页。

为吾人最后觉悟之最后觉悟。"①

中国传统伦理观念，向以儒家三纲五常之说为之大原，共贯同条，不可偏废。三纲之根本精神，为维护等级制度。所谓名教，所谓礼教，皆不外乎拥护此别尊卑、明贵贱的等级制度。而共和立宪制，则以自由平等独立之说为大原，与等级制度根本相反，与纲常名教绝不相容。因此，欲确立共和制度和共和观念，在陈独秀看来，首要的任务就是要坚决排斥儒家伦理中的三纲五常，绝不可能以侥幸的心理希冀政治上采用共和立宪制，复欲于伦理上保守纲常等级制。"盖伦理问题不解决，则政治学术，皆枝叶问题。纵一时舍旧谋新，而根本思想，未尝变更，不旋踵而仍复旧观者，此自然必然之事也。"②

陈独秀从伦理层面排斥儒家文化，实质上是从根本上否定孔子之道，因为"孔子之道，以伦理政治忠孝一贯，为其大本，其他则枝叶也"③。陈独秀无意否认孔子之道与传统社会相合的一面，也无意否认孔子之道在中国历史发展上的功绩。他只是强调，中国社会发展到今天，基本国情业已改变，那么，"一种学说，一种生活状态，用之既久，其精力低行至于水平，非举其机械改善而更新之，未有不失其效力也。此'道与世更'之原理，非稽之古今中外而莫能破者乎？"中国的"现代生活，以经济为之命脉，而个人独立主义，乃为经济学生产之大则，其影响遂及于伦理学。故现代伦理学上之个人人格独立，与经济学上之个人财产独立，互相证明，其说遂至不可摇动；而社会风纪、物质文明，因此大进。"④在这种现实条件下，如仍坚持以丧失个人独立人格为前提的儒家伦理原则，显然远远背离现代生活。陈独秀说："儒者三纲之说，为一切道德政治之大原；君为臣纲，则民于君为附属品，而无独立自主之人格矣；父为子纲，则子于父为附属品，而无独立自主之人格矣；夫为妻纲，则妻于夫为附属品，而无独立自主之人格矣。率天下之男女，为臣，

---

① 《吾人最后之觉悟》，《独秀文存》，41页。
② 《宪法与孔教》，《独秀文存》，73页。
③ 《复辟与尊孔》，《独秀文存》，112页。
④ 《孔子之道与现代生活》，81—83页。

为子，为妻，而不见有一独立自主之人者，三纲之说为之也。缘此而生金科玉律之道德名词，——曰忠，曰孝，曰节，——皆非推己及人之主人道德，而为以己属人之奴隶道德也。人间百行，皆以自我为中心，此而丧失，他何足言？奴隶道德者，即丧失此中心，一切操行，悉非义由己起，附属他人以为功过者也。"①简言之，"孔子生长封建时代，所提倡之道德，封建时代之道德也；所垂示之礼教，即生活状态，封建时代之礼教，封建时代之生活状态也；所主张之政治，封建时代之政治也。封建时代之道德、礼教、生活、政治，所心营目注，其范围不越少数君主贵族之权利与名誉，于多数国民之幸福无与焉。"②陈独秀一方面注意到孔子学说中有某些有价值的东西，但他坚决反对不加区别地接受孔教。他的基本观点是，孔子的学说是中国传统社会的产物，不适应现代社会生活的需要，因而应在改造之列。

继吴虞、陈独秀、易白沙对孔子思想进行批判之后出现的另一位反孔斗士为新文化运动旗手鲁迅。鲁迅对儒家伦理的批判遍及整个传统社会和生活领域，而且还涉及中国人的国民性问题。他的方法不是作理论上的探讨，而是用辛辣的笔调、幽默的语言、精湛的文格，作成各种文学性的文字，因而赢得了更多的读者。

鲁迅对孔子的反对，大致只在这样两个层面：一是他与当时的社会思潮相一致，反对以孔子的是非为是非，所以如果有人越是将孔子当作圣人，他就越把孔子当作凡人，当作丧家犬；越是有人将孔子的言论说成句句是真理，鲁迅就越是要在孔子言论和行动中找出破绽，找出漏洞。鲁迅不是在出孔子的洋相，他实际上是在揭露那些利用孔子以达到自己目的的人。第二个层面是，鲁迅始终反对将孔子当作"敲门砖"。他认为，不论是过去上千年，还是到了近代，所有尊孔的人都不是在深入研究了孔子学说之后把孔子作为一种信仰，而是把孔子当作一种工具，当作达到某种目的的"敲门砖"，敲开了门，孔子这块"敲门砖"也就可以放到一边了，并不必把孔子的话当真，因为如果当真的话，孔子的话中

---

① 《一九一六年》，《独秀文存》，34—35页。
② 《孔子之道与现代生活》，《独秀文存》，85页。

也很有一些不利于统治者的言论。从这个意义上说，鲁迅反对孔子，除了孔子思想本身有些不合乎现代社会要求的专制主义思想、愚民主义的思想外，更多地出于权势者对孔子的利用，所以对于孔子本人这个历史人物，鲁迅还是给予很高的敬意，承认孔子本人确实是时之圣者，确实有伟大的一面，至少孔子生在一个巫神势力如此严重的时代，他能够不随流俗，不谈论鬼神。这都是孔子作为一个历史人物非常伟大的一面。

对于孔子生前的处境，鲁迅始终给予非常的同情，以为不仅孔子的理想不曾实现，而且其一生都在被别人的猜疑中度过，蒙受着极大的屈辱。活着的时候颇吃了不少苦头，跑来跑去，虽然曾经贵为鲁国警视总监，但立刻下野，失业了，且为权臣所不容、所轻蔑、所嘲弄，甚至为暴民所包围，饿扁了肚子。孔子只是到了死后很多年，种种权势者开始使用种种白粉给他化妆，一直抬到很高的位置，成为万世之表，大成至圣，但其实就是"一块砖"。所以，对孔子的生前死后，鲁迅都从历史主义的立场给予个人同情，并不抹杀孔子个人的历史贡献。他所讨厌的只是权势者的利用。

在对儒家思想和孔子的批评中，比较温和的看法无疑属于胡适。胡适当然承认中国文明必须经过现代化改造，必须与西方文明接上头，否则就无法建构现代社会。不过他并不认为儒家文明都是糟粕，只是儒家文明在长期的历史进程中被遮蔽。所以，要想恢复儒家文明的精华，就要重建中国文化的土壤，就要引进非儒学派的思想因素，将儒家重新送回到先前诸子百家中的一家这个地位上，让它在百家争鸣中自由发展、自由竞争，这样不仅儒家思想可以恢复活力和生机，其他学术流派、思想流派，也都可以找到自己的合适位置。这确实是不同寻常的现代学术理念。所以后来学者在评价五四新文化运动中的批孔反儒思潮时，一方面批评这种全盘反传统的过激之处，另一方面也承认正是胡适等人的理性主义原则，使儒家从先前被遮蔽、被妖魔化的状态下解放出来。新文化运动的最大贡献在于破坏和扫除儒家僵化部分的躯壳和形式末节，以及那些束缚个性的传统腐化部分。但新文化运动主观上并没有、客观上也做不到打倒孔孟的真精神、真意思、真学术，反而因其洗刷扫除的功夫，使得孔孟程朱的真面目更加显露出来。据胡适《先秦名学史》中的提示，新文化运动对儒家思想的要点主要是两个：第一，解除传统道德的束缚；第二，提倡一切非儒家的思想，亦即提倡诸子之学。但推翻传统的旧道德，实为建设新儒家的新道德做预备功夫。提倡诸子哲学，正是改造儒家哲学的先驱。用诸子来发挥孔孟，发挥孔孟以吸收诸子的长处，因而形成新的儒家思想。正如后来的新儒家所说的那样，假如儒家思想经不起诸子百家的攻击、竞争、比赛，那也就不成其为儒家思想了。愈反对儒家思想，儒家思想愈是大放光明。[①]从学术史立场看，最为吊诡、最为不可思议的是，后来的所谓新儒家，其思想渊源差不多都能追溯到胡适那里，普遍认为胡适对儒家思想的批评和揭示，开启了他们对儒家文明和孔子思想的重新思考。

根据陈独秀《〈新青年〉罪案之答辩书》归纳，那些从根本上反对新文化的人，以为新文化运动全盘反传统的第二大"罪状"是"破坏礼法"。林纾在影射小说和致蔡元培的公开信中都提出这样的指控。那么，新文化运动的主流人物，究竟是怎样"破坏礼法"的呢？

中国传统礼法、体制的破坏，其实并不始自五四新文化运动，它实际上伴随着中国近代化的开启，传统礼法制度就逐步走向解体，至辛亥革命时已经到了无法维持社会秩序的程度，所以辛亥革命后一大批传统主义者提出要重建礼法制度，要求由政府出面组织尊孔等维系人心的活动。或许正是这一代传统主义者过分强调礼法重建在现实生活中的作用，激发了五四一代知识分子反对重建礼法的努力，以为这个重建是本末倒置。陈独秀在1915年国内尊孔思潮甚嚣尘上时就严肃地指出，西洋民族以个人为本位，东洋民族以家族为本位，而无个人权利，一家之人，听命于家长，所以东方社会国不过是家的放大，社会政治、郊庙典礼、国之大经、国家组织，一如家族，尊元首，重阶级，故教忠；忠孝者，宗法社会封建时代之道德，半开化东洋民族一贯之精神。自古忠孝美谈，未尝无可歌可泣之事，然而从现代文明社会的视角进行观察，宗法制度

---

① 贺麟：《儒家思想的新开展》，《文化与人生》，5—6页，北京：商务印书馆，1988年。

的恶果，盖有四端：

一曰损坏个人独立自尊之人格；

二曰窒碍个人意思之自由；

三曰剥夺个人法律上平等之权利，如尊长卑幼同罪异罚。

四曰养成依赖性，戕贼个人之生产力。

另一方面，西洋民族以法治为本位，以实利为本位；而东洋民族以感情为本位，以虚文为本位。比如东洋民族夫妇问题，纯由生育子女而生，不孝有三，无后为大，旧律无子，得以出妻。重家族，轻个人，蓄妾养子之风，大概也由此而生。亲之养子，子之养亲，为毕生义务。不孝不慈，皆以为刻薄非人情。①凡此至旧礼俗，在陈独秀看来当然都在反对和改造之列。

从个人解放、人格独立的立场，陈独秀坚决反对儒家三纲之说，以为三纲五常虽为中国一切道德政治之大原，但其所造成的问题也是严重的：君为臣纲，父为子纲，夫为妻纲，率天下男女，为臣，为子，为妻，而不见有一独立自主之人，这就是中国问题的根源之一。由此又衍生出来的道德名词若忠、孝、节，都不是推己及人的主人道德，而为以己属人的"奴隶道德"。②举国皆为奴隶道德，这样当然不足以建设现代国家。

在陈独秀思想的影响下，五四思想家对以忠、孝、节为核心的儒家伦理进行了批判，摧毁社会风俗赖以存在的思想基础。他们指出，中国礼教都是从忠、孝、节这三个观念引发出来的，也最充分地表现了中国人的虚伪、利己，缺乏公共心、平等观，三纲所导致的中国人分裂的生活、偏枯的现象，诸如君对臣的绝对权，夫对于妻的绝对权，男对于女的绝对权，主人对于奴婢的绝对权等，这一方面造成一个盲目服从的社会，另一方面也造成无数的社会悲剧。所以正像鲁迅、吴虞等人所分析的那样，所谓的礼法，其实就是吃人的礼教，应该坚决废除。

基于这种原则，五四思想家对传统伦理观念下的各种陋习进行了严

---

① 《东西民族根本思想之差异》，《独秀文存》，29—30页。
② 《一九一六年》，《独秀文存》，34—35页。

肃的批判，诸如片面重孝的观念必然导致早婚、七出休妻、纳妾、重男轻女、婚姻不能自主、不能优生优育等陋习，片面的贞节观念必然要求女子单方面守贞、守寡、殉夫等，这实际上都是非人道的东西，是对女性的不公正。所以五四思想家建议中国人应该建立现代文明生活方式和现代伦理观念，组建平等、民主的新家庭，坚决废止男尊女卑的旧观念，号召妇女解放、婚姻自主、恋爱自由，重建社会生活、社会伦理的方方面面。

在五四思想家的呼吁、鼓吹下，在短短的几年时间，中国社会面貌大为改观，大学开始向女生开放，中学男女同学，传统中国伦理观念中的男女授受不亲、男女之大防终于冲破，自由恋爱、文明婚礼开始取代父母之命、媒妁之言。在社会公共空间里，男女合室办公、同堂上学，相互尊重尤其对女性礼让的文明风气逐渐成为社会主流。至于先前包办婚姻，除个别在婚后确实建立了深厚感情，或不易、不宜离婚，如李大钊、胡适等人外，更多地则选择了不同方式解除婚约，各奔东西，娜拉出走成为那个特殊时代争取婚姻自由的流行方式。当然也有个别的如鲁迅则选择了另外一种处理方式，娜拉不出走，但允许另一方重组家庭。

对于传统礼法中对女性的束缚，五四思想家继承前代思想家的思维路线继续前行，力主妇女有权处置自己的身体，不再对身体进行无端的束缚和摧残，诸如天足运动、天乳运动、剪发运动、废娼运动等，都在很大程度上解放了中国女性，使中国女性从男尊女卑、重男轻女的社会风俗中解放出来，中国的婚姻家庭观念、婚姻家庭模式，在五四运动前后终于发生了鲜明的变革，构成了后世中国婚姻家庭的基本模式和框架。

在礼法制度改革中，丧礼的改革是另一重要项目。在五四一代思想家看来，过去中国的丧礼制度太过虚伪，且具有不合人性的等级观念、迷信色彩、宗法体制，所以他们力主对丧礼制度进行改革，主要是借助于西方丧礼中隆重而简朴的风格、特征，重建中国丧礼的新制度。在这方面，胡适等人身体力行，而政府在稍后也逐步接受新的改革方案，逐步废止旧的形式，制定新制度。

在陈独秀的《〈新青年〉罪案之答辩书》中，还有一个最受旧人物诟病的就是对所谓"国粹"的破坏。实事求是地说,五四思想家当时也确实说过一些极端的、过火的话,诸如废除汉字,将中国古籍都扔到茅坑等,即便从辩护的立场说,也属于过激之辞。

在人们开列的国粹名单中,汉字无疑是第一位的,然而这个第一位的国粹,却在新文化运动开始时期,就受到专门研究语言文字学的专家钱玄同的激烈批判。他公开提出废除汉字,走拉丁文道路,希望用一种新造的世界语作为人类沟通的语言工具。钱玄同的这个主张,一时间成为学术的主流,瞿秋白、鲁迅、傅斯年,以及一大批无政府主义者,似乎都接受了这一看法,进行世界语的尝试。

其实,最早提出汉字问题并采取废除思维路向的并不自钱玄同始,它实际上是晚清以来中西文化交流中,中国文化的一种反省和自我批判,我们在前面介绍卢憨章的《一目了然初阶》的时候,已经有过一些分析。沿着卢憨章的思路,或者是另外开辟新的思路,此后中国文字改革的潜流一直没有停止,吴稚晖、王照、劳乃宣等都有不同程度的尝试与创制。所以尝试者、创造者的目的都是唯一的,那就是怎样方便提升中国人的文化水准,怎样使中国人能够多识字、快识字。特别是流亡在巴黎、东京的无政府主义者,更直接主张采用世界语,逐步废止汉字的使用。所以,钱玄同的主张并不是突兀而起,而是渊源有自。

钱玄同的论证是从赞同陈独秀废除孔学、改革伦理这一角度切入的,他的论证逻辑是,欲废孔学,不可不先废汉文;欲驱除一般人之幼稚的、野蛮的、顽固的思想,尤不可不先废汉文。钱玄同指出,中国文字,衍形不衍声,以致辨认、书写极不容易,音读极难正确。这一层,近二十年来很有人觉悟,所以创造了一些新字,有用罗马字拼音等主张,层出不穷,甚至那在政治上很顽固的劳乃宣,也主张别造"简"字,以图减少识字的困难。除了"选学妖孽,桐城谬种",要利用中国旧文字,显其能做骈文、古文的大本领外,恐怕没有人不感到汉字之拙劣,欲图改革,以期便用。这主要是从汉字的形体上考虑的。

还有一种意见,是利用西文中的新名词弥补汉字对新时代、新事物、新学理的表达缺陷,诸如直接将一些音译写入汉文。

钱玄同是一个对汉字有着深入研究的学者，他对上述种种办法当然都做过深入的研究和考察，他认为近代以来文字改革的种种办法都是治标而不治本，而最根本的办法就是以取消问题作为解决问题的唯一方式，即"废灭汉文"。

从汉字形成与发展史的观点看，钱玄同认为，汉字虽然说是发生在黄帝之世，其实在春秋战国之前，本无所谓学问，文字之用也很少。自诸子之学兴，而后汉字始为发挥学术之用。但儒家以外之学，自汉即罢黜；两千年来所谓学问，所谓道德，所谓政治，无非推衍孔二先生一家之学说。所谓《四库全书》者，除晚周几部非儒家的子书外，其余则十分之八都是教忠教孝的书。经不待论；所谓史，也不过是大民贼的家谱，或小民贼杀人放火的账簿，诸如平定什么方略等；至于子、集之书，在钱玄同看来又没有什么价值，大都是什么王道圣功、文以载道之类的妄谈。还有那十分之二，更荒谬绝伦，说什么关帝显圣、纯阳降坛、九天玄女、黎山老母的鬼话；其尤甚者，则有婴儿姹女、丹田泥丸宫等说，发挥那猿人时代生殖器崇拜的思想。所以，钱玄同认为，两千年来用汉字书写的书籍，基本上没有什么价值。欲祛除三纲五常之奴隶道德，当然以废孔学为唯一办法；欲祛除妖精鬼怪、炼丹画符的野蛮思想，当然以剿灭道教为唯一办法。欲废孔学，欲剿灭道教，唯有将中国书籍一概束之高阁。何以故？就是因为中国书籍千分之九百九十九都是这两类之书故；中国文字自来即专用发挥孔门学说及道教妖言故。①这就是以取消问题作为解决问题的唯一办法，省事倒是省事，但显然就是恩格斯说的将婴儿与洗澡水一起倒掉的故事。

今天看来，钱玄同这样以取消问题作为解决问题的手段，或许过于可笑，但在当时确实是一代思想家的集体思考。五四时代除了钱玄同在汉字问题上这样认识外，他如蔡元培、陈独秀、鲁迅、周作人、胡适等，都出于各种原因有过类似的考虑或主张，所以我们不能嘲笑我们的先人

---

① 《中国今后之文字问题》，《钱玄同文集》卷一，164页，北京：中国人民大学出版社，1999年。

怎么能这样幼稚与可笑，而应该尊重他们的考虑与判断，尊重他们的思考逻辑和思维方式。他们认为汉字书写难、认识难，不利于文化普及，不利于大众文明程度的提升等，这都是事实，即便到了今天，这个事实并没有改变。所以，正如鲁迅说的那样，不错，汉字是古代传下来的宝贝，但我们的祖先比汉字还要古，所以我们更是古代传下来的宝贝。为汉字而牺牲我们，还是为我们而牺牲汉字呢？这是只要还没有丧心病狂的人，都能够马上回答的。①

鲁迅的心情和好意是可以理解的，但在今天看来，他的二选一、非此即彼的论证逻辑，当然还值得重新推敲。

在所谓"破坏国粹"的"罪名"下，新文化运动的另一个最惹争议的内容就是在废除汉字的基础上提出不要读中国古书，至少是少读中国古书。林纾在致蔡元培的公开信中说："若尽废古书，行用土语为文字，则都下引车卖浆之徒所操之语，按之皆有文法。"这句话就是批评有人主张尽废古书，不用文言，使用民间口语作为书面语言交流方式。林纾说这样一来，势必导致中国语言文法的混乱和低俗化。

林纾的担心当然也有道理，只是他的批评并没有弄明白主张者的真意思。提出废除古书的主要是鲁迅。鲁迅确实是五四一代思想家中最为激进的人，他对守旧势力竭力宣扬的什么国粹似乎很看不上。他曾说，如果一定要说是他国没有而中国独有的学问就是国粹的话，那么头上的疮疤也是别人没有的，那也算是国粹吗？鲁迅和他那一代思想家最不能接受的，就是那班守旧势力总是以中国陈旧的东西去抵制、抵抗西方的新思想新文化。所以鲁迅、巴金以及其他一些激进主义者极而言之，就是要废除汉字，提倡拼音化，抛弃古书，烧毁所有线装书。

鲁迅认为，方块汉字是愚民政策的利器，不但劳苦大众没有学习的可能与条件，就是特权阶级，也有许多人不是那么容易学会。汉字一直停留在社会上层，一直扮演着上层文学、贵族文学的角色，属于文人的文学和私人的文学。而属于下层社会即老百姓的文学一直没有正式的记

---

① 《汉字和拉丁化》，《鲁迅全集》卷五，557页，北京：人民文学出版社，1981年。

载，一直停留在口头的表达上，即便历代有文人将民间口头文学进行提升，使之上升为唐诗宋词元曲中的一部分，增强文学的表现力，但这种提升本身就是一种伤害，就使民间文学丧失了原汁原味。所以，五四一代思想家提出废除汉字、抛弃古书，其最根本的用意，就是要实现文化普及化，实现人人能读书，人人能写字，使文学、文字不再成为贵族的专利和专用品。

五四主流派的激进观点引起极大的争论，除这些文字改革、语言改革、文学改良等问题，受到稳健知识人诟病的，主要是对旧伦理，即儒家伦理的批判，以及引起的社会新问题。

在中国传统社会，中国的老百姓基本上没有独立的人格和自由，而中国的妇女则更惨，她们不仅经常受到粗暴的对待，而且实际上与整个社会相隔绝。传统社会的习惯法中根本没有把妇女作为"人"来看待，她们既无法享有财产的继承权，更无法像男子那样接受一定的教育，"女子无才便是德"，他们的责任在未婚之前是听父母的摆布，结婚之后，便是"相夫教子"，听命于丈夫，丈夫死了之后还要听命于儿子，这就是所谓的三纲五常伦理观念对中国妇女的最基本要求。而且，他们为了取悦于自己的丈夫，在最近的几百年中一直受到"三寸金莲"这种非人道的摧残，更使她们变得像跛足人一样，既丧失了一定的劳动能力，更失去社交的能力和自由。她们单方面地为男人信守贞操，而中国传统社会中的男人则可因"不孝有三，无后为大"的观念，自由地纳妾，自由地寻花问柳。

到了近代，由于西方新思潮的传入，进步的中国人已越来越感到，中国传统社会旧的家庭制度和对妇女的不公正待遇可能是中国社会难以进步的障碍之一，因此自清末以来，不断有人呼吁解放妇女，实行社交自由、男女平等的社会准则。到了新文化运动开始之后，这种主张更日趋高涨，陈独秀、胡适、吴虞、陶孟和、周作人以及鲁迅等都有大量的文章提倡这种主张。经过与旧势力的反复较量，五四之后中国妇女终于从传统的观念和制度中解放出来，她们不仅能够享有独立人格的生活权利，而且在社会生活的各个方面已可以与男人平等竞争。回想中国妇女的解放道路，不能不感谢五四启蒙先驱的恩赐。

对中国妇女束缚最终的就是贞节观念。贞节观念在中国由来已久，儒家伦理中的三纲五常在很大程度上就是规范了那个时代人们的日常伦理，其中一个最重要的内容就是夫妻间的贞节关系。这个贞节观的基本要求是，女子在丈夫不论何种原因不在了，都不应该再嫁，要从一而终，嫁鸡随鸡，嫁狗随狗，不能红杏出墙，甚至不能随便出门，以尽量避免外界的干扰，更不能和外面的男人随便接触。

旧的贞节观念对女性当然是不合理的和非人道的。记得在皖南山区也就是程朱理学大师朱熹的故乡，贞节牌坊林立，都是为了表彰那些坚贞的女性。其实，从历史的观点看，皖南徽州朱熹理学故乡的贞节牌坊是事实，二程和朱熹确实不断宣扬过饿死事小，失节事大，强调女性保持、保守贞节的重要性。然而现在的问题是，既然二程和朱熹这样竭力宣扬贞节观念，那是否说明不遵守这些规定已经是非常普遍的问题呢？因为如果人人都遵守，已经成为习以为常的事情，道德家还会这样不遗余力地兜售吗？真实的情况可能是，中国这个民族自先前逐渐成形之后，就是一个比较开放的民族，即便在两性问题上也并不像理学家、道学家们所宣扬的那样保守，《诗经》中所保留的大量情歌，唐诗宋词元曲中所保留的那些带有情爱的因子，可能都是中国人在两性问题上自由的表征。或许正是因为这种自由，才需要适度约束。这就是需要表彰的理由。

当然，这只是从历史上的情形来说。而道德家、理学家、道学家确实一再宣扬贞节观念，期待那些寡妇不论什么原因都要坚守住，从一而终，因此在这样一种舆论氛围中，历史上也确实出现过一些惊天地、泣鬼神的节妇烈女的故事，确实有许多妇女在"存天理，灭人欲"的口号中浑浑噩噩地度过了一生。更为恶劣的是，无数妇女为了那可笑的贞节名声，不惜自杀殉夫，成为烈女。

传统贞节观念还有一个重要缺陷，就是这个观念是单方面地要求女性，从现代男女平权的立场上看，当然是不公平的。不论这种不公平的贞节观念是怎样形成的，它势必都会随着近代女权主义的传入而发酵、而崩溃。

由于儒家伦理的贞节观念过于腐朽，所以五四思想家基于西方自由、平等、博爱的理念，理所当然地不赞成传统的贞节观念，支持妇女解放、男女平等。以为现代社会的一个最大特征，就是不分种族、不分阶级、不分地域、不分性别，都能够在政治上、社会上、经济上、教育上得到一个均等的机会，去发展他们的个性，享有他们的权利。西方近代妇女参政运动就是本着这种精神而起的，因为女子虽然与男子性别不同，但她们在社会上也与男子一样，有她们的地位，在生活上有她们的要求，在法律上有她们的权利，她们当然不愿受到男权的欺压和奴役。五四思想家呼吁中国女同胞要向西方学习，要争取自己的权利，要有志气去改造中国这个"半身不遂"的社会形态。①只有中国的女性获得了解放，才是中国社会的健全，才是中国民主的真正实现。

对于束缚女性身心的贞节观念，五四思想家给予严厉的谴责和批判。陈独秀指出，传统礼教要求男子不事二主，女子不事二夫，做不到这一点，就被视为失节，视为奇耻大辱。中国人遂以家庭名誉之故，总是通过各种各样的手段强制其子媳孀居。不自由之名节，至凄惨之生涯，年年岁岁，使无数年富有为之青年女子，身体精神俱呈异态。②所以，要建设一个现代文明国家，就必须解放妇女，而要解放妇女，就必须废除旧的贞节观念。于是贞节观念、贞操论，遂成为五四话语中一个重要的话题。

在1918年5月15日出版的《新青年》4卷5号，周作人将日本学者与谢野晶子的《贞操论》翻译发表。这篇文章的基本观点是：贞操是对等的对男女双方都具有约束力的义务，贞操是人人应该遵守、人人应该实践的行为准则，一味要求女性为男人守贞洁显然是不对等的，也是不合理的。③

按照周作人的预想，贞操问题确实是中国一个重要的问题，但在当时的背景下，并不一定会引起人们的注意，可能还不是一个迫切的问题。然而出乎周作人的预料，他这篇译文发表后，立即引起一番热烈讨论，

---

① 李大钊：《战后之妇人问题》，《新青年》六卷二号，1919年2月15日。
② 陈独秀：《孔子之道不合乎现代生活》，《新青年》二卷四号。
③ 《贞操论》，《新青年》四卷五号，1918年5月15日。

并由此打开妇女解放的突破口。

胡适在《新青年》5卷1号上发表《贞操问题》一文，指出中国传统的贞节观念确实问题多多。在文明国家，男女用自由意志，由高尚的恋爱，订了婚约，有时男的或女的不幸死了，剩下的那一个因为生时情爱太深，故情愿不再婚嫁。这是合情理的事。若在婚姻不自由的中国，男女订婚以后，女的还不知男的长得如何，根本谈不上情爱。如果这时男方发生不幸，贞节观念、伦理观念却要求女子为那没见过面的男人殉情，实在是一件忍心害理的事情。所以，妇女的解放，就要从点滴做起，第一步就是要反对这种不人道的烈女论，要渐渐养成一种舆论，不但永远不把这类事情看作可表彰的事，还要公认这是不合人情、不合天理的罪恶；还要公认劝人做烈女，罪等于故意杀人。

贞节确实不是一个人的事情，并不仅仅是女子应该单方面遵守的道德。中国的男人要他们的妻子为他们守贞守节，而男人自己却公然嫖妓，公然纳妾，公然"吊膀子"。再婚的妇女在社会上几乎没有社交的资格，在许多地方不许再婚的妇女参与新人的婚礼，视为不祥。而再婚的男人，多妻的男人，丝毫无损他们的身份和地位，甚至在很多时候，可能还会增加其身份和地位。这显然是一种不平等。所以，胡适建议中国人应该重建具有现代意识的贞节观，男女双方要互相尊重，心思专一，不肯再爱别人，这就是贞操，就是贞洁。贞操是一个人对另一个人的一种态度，因为如此，所以男子对于女子，也该有同等态度；若男子不能照样还敬，他就不配受这种贞操的待遇。这就是孔子所说的"己所不欲，勿施于人"。你要想让你的妻子做到这一点，那你就应该为你妻子做到这一点。

关于"寡妇再嫁"。胡适认为这完全是一个个人问题，女子如果对他已死去的丈夫真有割不断的情义，她自己不忍再嫁；或是已有孩子，不肯再嫁；或是年纪已大，不能再嫁；或是家道殷实，不愁衣食，不必再嫁。女子处于此种境地，自然守节不嫁。还有一种女子，对她丈夫，或有怨心，或无恩意，年纪又轻，不肯抛弃人生正当的家庭快乐；或是没有儿女，家又贫苦，不能度日。处此境地的女子没有守节的理由，为个人计，为社会计，为人道计，都该劝她改嫁。贞操乃是夫妇相待的一种态度。夫妇之间爱情深了，恩谊厚了，无论谁生谁死，无论生时死后，都不忍把这爱情转移给别人，这便是贞操。夫妻之间如果没有爱情恩意，就没有贞操可说。如果不问夫妇之间有无可永久不变的爱情，如果不问做丈夫的配不配受他妻子的贞操，只晓得主张做妻子的总该替丈夫守节，这就是一偏的贞操论，是不合乎人情公理的旧伦理。

关于烈妇殉夫。胡适指出，寡妇守节最正当的理由是夫妇之间的爱情，妇人殉夫最正当的理由也是夫妇间的爱情。爱情深了，生离尚且不能堪，何况死别？再加上宗教的迷信，以为死后可以夫妻团圆。因此有许多妇女，夫死之后，情愿杀身从夫于地下。这个不属于贞操问题。但是胡适认为，无论如何，这也是一个个人恩爱问题，应该由个人按照自己的意志自由决定，不应该由外力加以引导，政府更不能制定法律表彰妇人自杀殉夫的举动。

关于贞女烈女问题。未嫁而夫死的女子，守贞不嫁的，是贞女；杀身殉夫的是烈女。夫妇之间如果没有爱情，就没有什么贞操可说。① 依此看来，那未嫁的女子，对于他的未婚丈夫有什么爱情可言呢？既无恩爱，就没有什么贞操可守。

对于胡适的看法，鲁迅给予积极的回应。他在《新青年》5卷2号发表的《我之节烈观》中，仔细研究了节烈观念在中国发生、发展的过程，以为在古代社会，女子多当作男子的物品，或杀或吃，都无不可。男人死后，和他喜欢的宝贝、日用的兵器，一同殉葬，更无不可。后来殉葬的风气渐渐改了，守节便也渐渐发生。但大抵因为寡妇是鬼妻，亡魂跟着，所以无人敢娶，并非要她不事二夫。中国太古的情形，现在已无从详考。但看周末虽有殉葬，并非专用女人，嫁否也任便，并无什么裁制，便可知道脱离了这宗习俗，为日已久。由汉至唐也并没有鼓吹节烈的。直到宋朝，那一班业儒的才说出"饿死事小，失节事大"的混账话，看见历史上"重适"两个字，便大惊小怪起来。出于真心，还是故意，现在却无从推测。其实也正是"人心日下，国将不国"的时候，全国士民，

---

① 《贞操问题》，《胡适全集》卷一，640页。

多不像样。或者业儒的人,想借女子守节的话来鞭策男子,也不一定。但旁敲侧击,方法本嫌鬼祟,其意也太难分明,后来因此多了几个节妇,虽未可知,然而吏民将卒,却仍然无所感动。此后皇帝换了几家,守节的思想反倒更加发达。皇帝要臣子尽忠,男人便愈要女子守节。到了清朝,儒者真是愈加厉害,看见唐朝文章中有公主改嫁的话,便勃然大怒。"国民将到被征服的地位,守节盛了,烈女也从此着重。因为女子既是男子所有,自己死了,不该嫁人;自己活着,自然更不许被夺。然而自己是被征服的国民,没有力量保护,没有勇气反抗,只好别出心裁鼓吹女人自杀。"鲁迅指出,只有自己不顾别人的民情,又是女应守节、男子却可多妻的社会,造出如此畸形的道德,而且日见精密苛酷,本也毫不足怪。但主张的是男子,上当的是女子。所以鲁迅认为,既然平等,男女便都有一律应守的契约。男子决不能将自己不愿守或不能守的事,向女子特别要求。鲁迅的主张是,节烈既然极难、极苦,无益于国家,无益于社会,无益于人生,所以也就失去存在的价值。①

　　胡适、鲁迅的看法代表了五四一代思想家的普遍认识,也深刻地影响了此后中国人在贞节、贞操、节烈问题上的看法。随着社会生活的不断变化和女权意识的增强,单方面的节烈要求越来越受到人们的谴责,社会上这种现象也就越来越少,旧的伦理道德观念也都随着这些变化而变化。社会上种种解放运动,是打破大家族制度的运动,是打破父权家长专制的运动,是打破男子专制社会的运动,也就是推翻孔子的孝父主义、顺夫主义、贱女主义的运动,旧的道德伦理观念终于在强烈的社会思潮冲击下土崩瓦解,新的道德伦理观念也随着新生活的开启逐步建立。②

　　除政治的、伦理的分歧,旧派学者还指责新派学者破坏旧艺术,这主要是指五四新文化运动对京剧等国粹艺术的讨论以及稍后所进行的改革。

---

① 《我之节烈观》,《鲁迅全集》卷一,125页。
② 李大钊:《由经济上解释中国近代思想变动的原因》,《新青年》七卷二号,1920年1月1日。

新文化运动发动之初，《新青年》杂志曾开辟专栏对京剧改革进行讨论，发表了胡适、刘半农、钱玄同、周作人、傅斯年等人的文章，对传统京剧提出批评，同时也发表了宋春舫、张厚载、齐如山等人为京剧辩护的文章。

《新青年》是最早关注中国现代戏剧改良和改革的杂志，而最早发表此类文章的是胡适。胡适虽然不是戏剧家，但他率先于《新青年》4卷6号（1918年6月15日）开辟"易卜生专号"，发表他的第一篇关于戏剧改良的文章《易卜生主义》。这一期《新青年》还发表有胡适与罗家伦合译的三幕话剧《娜拉》和陶孟和翻译的《国民公敌》、吴若男翻译的《小爱友夫》共三个易卜生剧本，还有戏剧专家袁振英编译的《易卜生传》，比较集中地向国内读者介绍了"现代戏剧之父"、挪威戏剧家易卜生的事迹和他在戏剧方面的巨大成就。

对于中国读者来说，易卜生并不是胡适第一次向中国人介绍，早在1908年，鲁迅就在《文化偏至论》和《摩罗诗力说》中介绍和评论过易卜生，称赞易卜生倡导个性解放和坚持真理的斗争精神，只是对易卜生在戏剧方面的巨大成就，鲁迅似乎还没有来得及介绍。

胡适在他的《易卜生主义》中，系统、全面地向中国读者介绍了易卜生的思想，特别是他在戏剧改革方面的巨大成就，强调易卜生的文学、易卜生的人生观，其实只是一个"写实主义"。[①]然而，胡适毕竟不是戏剧方面的专家，因而他对易卜生的关注和介绍，主要的是从思想上特别是从易卜生对社会的批判意识上着笔，对于易卜生的艺术成就着墨不多。

这一期的《新青年》本来只是介绍易卜生主义和他的戏剧成就，但是在这个专号后面，还附有张厚载一篇讨论中国旧戏的文章，由此引发了五四新文化运动时期中国戏剧改良和改革的争论。

张厚载来信的起因是他看了胡适、钱玄同、刘半农等人的相关文章后所引发的不满。胡适的文章是《历史的文学观念论》，发表在1917年5月1日出版的《新青年》3卷3号。在这篇文章中，胡适不经意地写道：

---

① 《易卜生主义》。《胡适全集》卷一，612页。

"昆曲卒至废绝,而今之俗剧乃起而代之。今后之戏剧,或将全废唱本而归于说白,亦未可知。"胡适在"俗剧"下自注:"吾徽之'徽调'与今日'京调'、'高腔'皆是也。"①

胡适的这个说法,特别是自注当然有点外行,因此引起了对戏剧很有研究且以"评戏见称于时"的张厚载的极端不满。大体上说,张厚载能够赞成胡适、陈独秀等人发起的文学改良、文学革命的主张,但在具体细节上,却又不能同意胡适等人的判断和批评。他指出,胡适的这个表述和判断显然是错误的,"高腔"即所谓"弋阳腔",其在北京舞台上的命运与昆曲相等,至现在则昆曲且渐兴,而高腔将一蹶不复起,从来没有听说过有高腔起自昆曲的事。至于胡适所谓"废唱"而归于"说白"的判断,张厚载更不能接受,以为"绝对的不可能"。②

张厚载对刘半农的不满,主要是刘半农在《我之文学改良观》中论戏剧改良的一段,刘半农说:凡"一人独唱,二人对唱,二人对打,多人乱打",中国文戏武戏之编制,不外此十六字。③对于刘半农的判断,张厚载坚决反对,不敢赞同。他指出,只有一人独唱、二人对唱,则《二进宫》中的三人对唱,难道不是中国戏?至于多人乱打,"乱"之一字,实在不太恰当。中国武戏之打把子,其套数有数十种之多,皆有一定打法。优伶自幼入科,日日演习,始能精熟;上台演打,多人过合,尤有一定法则,绝非乱来。我们在台下看上去,似乎显得是乱打,其实演员在台上,固从极整齐、极规则的功夫中训练出来的。台上一分钟,台下十年功。我们不要以外行的眼光胡乱批评中国传统艺术。这就是张厚载对刘半农的不满。④

至于张厚载对钱玄同的不满,主要是钱玄同在致陈独秀信中的一些说法。钱玄同在那封信中指出,在中国传统戏剧艺术中,南北曲及昆腔,虽鲜高尚的思想,但在词句方面尚斐然可观。若今日之京调戏,理想既

---

① 《历史的文学观念论》,《胡适全集》卷一,30—31页。
② 张厚载来信,《新青年》四卷六号。
③ 刘半农:《我之文学改良观》,《新青年》三卷三号。
④ 张厚载来信,《新青年》四卷六号。

无，文章又极恶劣不通，固不可因其为戏剧之故，遂谓有文学上之价值。至于中国戏剧，专重唱功，所唱之文句，听者本不求其解，而戏子打脸之离奇，舞台设备之幼稚，无一足以动人情感。①这就从根本上否定了传统戏剧艺术在文学史上的价值。不言而喻，钱玄同的判断是有点过于激进了，所以引起张厚载的严重不满。

张厚载指出，戏子之打脸，皆有一定之脸谱，在昆曲中分别尤精，且隐喻褒贬之意，此事亦未可以"离奇"二字一笔抹煞。

总之，在张厚载看来，胡适、刘半农、钱玄同三位老师对中国戏剧可能并不太懂，所以发言就显得武断和不通。其实，中国戏剧，其恶劣之处固然不少，然其本来面目，亦确自有其真精神。所以，中国戏剧的改良，亦必以近事实而远理想为是，否则理论甚高，但并不能解决中国戏剧中的问题，并不能对中国戏剧、戏曲的改良有多大的助益。②公平地说，100年过去了，当一切均成为往事的时候，我们应该承认张厚载本着"吾爱吾师，吾更爱真理"的原则，对三位北大教授又是他的授业老师的批评，还是有不少合理价值的。

其实，北大三位教授对来自学生的批评还是比较宽容的，一是三位教授在当期的《新青年》就有商榷文字；二是将张厚载的来信和他们的商榷文字一并刊登，肯定了张厚载批评的价值，并对自己的立论进行了解释。

胡适在肯定张厚载的专业能力和欣赏趣味的同时，也表达了自己对张厚载的批评并不愿完全接受，表示有时间会专门就分歧展开详细的讨论。胡适大致上是以与人为善的态度对待张厚载的不同意见，他甚至专门致信张厚载，邀请他写一篇文章，把中国旧戏的好处非废唱用白不可能的理由，再详细说一说。张厚载就写了一篇文章在《晨钟报》上发表，跟胡适颇有一番辩论。后来，胡适仍嘱张厚载再做一篇文章为旧戏辩护，以为大家进行讨论的基础。有了胡适的一再鼓励，于是张厚载又发表了《我的中国旧戏观》，系统地为中国旧戏进行辩护。③

---

① 钱玄同致陈独秀，《新青年》三卷一号。
② 张厚载来信，《新青年》四卷六号。
③ 张厚载：《我的中国旧戏观》，《新青年》五卷四号。

与胡适的态度不同，钱玄同对张厚载的批评商榷是嬉笑怒骂、恶言恶语，表示自己所说的"离奇"，即指此"一定之脸谱"而言；"脸而有谱，且又一定，实在觉得离奇得很"。若云"隐寓褒贬"，则尤为可笑。朱熹做《通鉴纲目》，学"孔老爹"的笔削《春秋》，已为通人所讥讪；旧戏索性把这种"阳秋笔法"画到脸上来了，这真和张家猪肆记卍形于猪鬣，李家马坊烙圆印于马蹄一样的办法。哈哈！此即所谓中国旧戏之"真精神"乎？①

钱玄同的调侃掩饰不住他的不专业，也很失一个大学教授的风度，因为你面对的毕竟是你的学生，你的学生要和你进行严肃的讨论。

然而，钱玄同的现象并不是唯一的，刘半农的答复也是这样嬉笑怒骂，对张厚载所挑出来的问题不正面回应，而是以嘲讽的口吻予以回敬：平时进了戏场，每见一大伙穿脏衣服的，盘着辫子的，打花脸的，裸上体的跳虫们，挤在台上打个不止，衬着极喧闹的锣鼓，总觉眼花缭乱，头昏欲晕。虽然各人的见地不同，我看了以为讨厌，决不能武断一切，以为凡看戏者均以此项打功为讨厌，然戏剧为美术之一，苟诉诸美术之原理而不背，即无"一定的打法"，亦决不能谓之"乱"；否则，即使"极规则极整齐"，似亦终不能谓之不"乱"。②终究不愿意承认张厚载的批评蕴含有一定的道理。

陈独秀也不能同意张厚载的看法，但他的态度是严肃的，讨论是真诚的。他认为张厚载之所以如此偏爱中国旧戏，主要的还是没有进行中西戏曲戏剧的比较研究，没有看到中国旧戏在国民劣根性的形成上负有莫大责任，"打脸"、"打把子"二法，尤为完全暴露我国人野蛮暴戾之真相，而与美感的技术立于绝对相反之地位。至于"打有定法"、"脸有脸谱"的说法，在陈独秀看来不过与八股文也有固定程式是一个道理，但并不表明其具有文学上、美术上的价值。③

或许是因为陈独秀的启发，钱玄同在接下来的讨论中，比较注意从

---

① 钱玄同跋语，《新青年》四卷六号。
② 刘半农跋语，《新青年》四卷六号。
③ 陈独秀跋语，《新青年》四卷六号。

文学价值上批评中国旧戏。他在稍后发表的《随感录》中指出，中国旧戏最近在北京忽然流行起来了，于是有一班人都说中国戏剧进步了，中国的文艺复兴终于来到了，其实这真是梦话。中国的旧戏，在文学上确实没有什么价值，要中国有真戏，这真戏自然是西方近代以来形成的话剧，绝不是中国旧戏中的"脸谱"派的戏，要不把那扮不像人的人，说不像话的话全数扫除，尽情推翻，真戏就不可能在中国真正发生。①

钱玄同、刘半农等人对中国旧戏的彻底否定引起各方面的反对，就在他们对张厚载来信大加驳斥后不久，上海《时事新报》就刊载署名"马二先生"的文章，对钱玄同、刘半农、陈独秀、胡适四人的看法进行回敬。

对于"马二先生"的意见，刘半农还有想了解的意思，而钱玄同则径直认为不值得一驳，懒得理会，因为他和陈独秀一样的自信，自己的认识一定是正确的，一定不需要什么人参与讨论，只需参照执行即可。这显然也是一种文化专断主义。

钱玄同指出，中国的戏，本来算不上什么东西。不过是《周礼》里"方相氏"的变相罢了，与文艺、美术，不但是相去甚远，简直是南辕北辙。若以中国戏剧为中国的通俗文学，则无异于指鹿为马。

对于胡适前此在答张厚载信中所说的几句话，钱玄同很不满意。胡适说："君以评戏见称于时，为研究通俗文学之一人；其赞成本社改良文学之主张，固意中事。"而钱玄同则认为，他们之所以给《新青年》做文章，主要是给"纯洁的青年"看的，决不求张厚载这样的年轻人"赞成"。张厚载这样的人既然欲保存"脸谱"，保存"对唱"、"乱打"等"百兽率舞"的怪相，一天到晚，什么"老谭"、"梅郎"地说个不停。听见人家讲了一句戏剧要改良，于是断断置辩，说"废唱而归于说白乃绝对的不可能"，什么"脸谱分别甚精，隐喻褒贬"，此实与一班非做奴才不可的遗老要保存辫发，不拿女人当人的贱丈夫要保存小脚同是一种心理。简单说明之，即必须保存野蛮人的物品，断不肯进化为文明人而

---

① 钱玄同：《随感录》，《新青年》五卷一号。

已。他们既然要保存野蛮，让他们去保存去吧。我们如其一定要撕下他们的"脸谱"，也未免太傻了。①钱玄同甚至当面警告胡适：如果你胡适继续这样看得起张厚载，我钱玄同就离开《新青年》。

钱玄同不仅瞧不上张厚载，还瞧不上作为戏剧家的宋春舫。宋春舫于上海圣约翰大学毕业后游学瑞士、法国，掌握数种欧洲文字，对中西戏剧都有很深的研究，归国后任北京大学法国文学教授，给中国带来了西方现代戏剧理念，是名副其实的戏剧专家。他对《新青年》文学改良和戏剧改革的呼吁有过积极的回应，曾在《公言报》发表专论，讨论中国戏剧应该如何改良。以为歌剧之影响远不如白话剧，无论如何都算得上一个新派人物，只是其人少年得志，且多作日报文字的缘故，在文中不免随手写来，太过粗心，往往有词不达意，或发生笔误，影响理解之处。

对于宋春舫这样的"同道人"，钱玄同同样大加打伐，丑诋宋春舫之戏剧谈。对此，胡适当然很有意见，以为这是将同路人推向敌对方面，是故意树敌。至于谈到张厚载，胡适更不能认同钱玄同的做法。胡适认为，张厚载文章的毛病与宋春舫有点相似，都是受了多做日报文字和少年得志的流毒，所以他想挽救他，使他为新文化运动所用，成为新文化运动的一员。若张厚载真的不可救药，那也只好听之任之，但也决不会痛骂他的。胡适告诉钱玄同，他之所以请张厚载做文章，也不过是替自己找做文章的材料而已。他以为这种材料，无论如何总比凭空闭门造出一个王敬轩的材料要值得辩论些。你钱玄同凭空造了一个王敬轩，为什么不能容忍我胡适找一个真实存在的张厚载做文章呢？②

胡适的态度显然是与人为善，如果新文化运动都能够按照他的这种温和态度进行，中国文化在经过一番现代文明的熏染和淘洗之后，必将步入复兴。然而，钱玄同们的文化专断主义的"不争论"，使许多原本为新文化的同道反而成为新文化的敌人。钱玄同批评胡适道：对于千年积

---

① 刘半农、钱玄同：《今之所谓"评剧家"》，《新青年》五卷二号。
② 《胡适致钱玄同》，《胡适来往书信选》上，25页。

腐的旧社会，你不必过于同他周旋，平日里对外议论，就应该旗帜鲜明，更不必与那些腐臭的人去周旋。因为那些旧人物，你胡适无论怎样敷衍他们，无论怎样低首下心，他们还是要骂你胡适的。①

对于钱玄同的指责，胡适的解释是：我用不着替自己辩护。我所有的主张，目的并不止于"主张"，乃在"实行这主张"。故我不屑"立异以为高"。我"立异"并不"以为高"。我要人知道我为什么要"立异"。换言之，我"立异"的目的在于使人"同"于我的"异"。很显然，胡适目的明确，策略讲究，不似陈独秀的专断，钱玄同的蛮干，刘半农的嘻哈。所以后来的历史能够记住的是胡适的温和而坚定，是陈独秀等人的全盘反传统。至于新文化运动，则由此被扣上"破坏旧艺术、旧文学"的帽子。

或许正是胡适的温和与宽容，由他负责编辑的《新青年》5卷4号成了"戏剧改良专号"，刊发了他自己的《文学进化观念与戏剧改良》，傅斯年的《戏剧改良各面观》和《再论戏剧改良》，宋春舫的《近世名戏百种目》，并以附录的形式刊发欧阳予倩的《予之戏剧改良观》和张厚载的《我的中国旧剧观》，在通信栏中还刊载有张厚载的《"脸谱"——"打把子"》通信。

在《文学进化观念与戏剧改良》一文中，胡适刻意强调，那班崇拜现行的西皮二簧戏，认为是中国文学美术的结晶的人，固是不值一驳；就是有些人明知现有的皮簧戏实在不好，终不肯主张根本改革，偏要主张恢复昆曲。现在北京一班不识字的昆曲大家天天鹦鹉似的唱京腔戏，一班无聊的名士帮着吹打，以为这就是改良戏剧了。这些人都只是不明文学废兴的道理，不知道昆曲的衰亡自有衰亡的原因；不知道昆曲不能自保于道咸之时，决不能中兴于既亡之后。所以胡适说，现在主张恢复昆曲的人与崇拜皮簧的人，同是缺乏文学进化的观念。

根据文化的进化观念，胡适参照王国维等人的关于中国戏剧史研究的最新成果，认为西洋戏剧是自由发展的进化，中国戏剧只是局部自由

---

① 《钱玄同致胡适》，《胡适来往书信选》上，26页。

的结果。

胡适认为中国戏剧中乐曲以及脸谱、嗓子、台步、武把子、唱功、锣鼓、马鞭子、龙套等，都是前一时代留下的"遗形物"，而西洋戏剧则已经达到"自由发展的进化"，所以中国戏剧必须扫除旧日的种种"遗形物"，采用西洋最近百年来继续发达的新观念、新方法、新形式，方才可使中国戏剧有改良进步的希望。胡适指出，中国戏剧进化史的教训是：中国戏剧一千年力求脱离乐曲一方面的束缚，但因守旧性太大，未能完全达到自由与自然的地位，中国戏剧的将来，全靠有人能知道文化进化的趋势，能用人力鼓吹，帮助中国戏剧早日脱离一切阻碍进化的恶习惯，使戏剧渐渐自然，渐渐达到完全发达的地位。

基于对中西戏剧文化的比较研究，胡适认为中国戏剧最应该向西方戏剧学习的至少有这样两个方面：

一是悲剧的观念。胡适指出，中国文学最缺乏的是悲剧的观念。无论小说，还是戏剧，总是期待一个美满的结局，总是有一种团圆的迷信。这实际上是中国人思想薄弱的铁证。做书的人明知世上的真事都是不如意的居大部分，明知世上的事不是颠倒是非，便是生离死别，他却偏要使天下有情人都成了眷属，偏要说善恶分明，报应昭彰。作者闭着眼睛不肯看天下的悲剧惨剧，不肯老老实实写天下的颠倒惨酷，只图说一个纸上的大快人心。这便是说谎的文学。

反观西洋文学，自古希腊以来，就有极深密的悲剧观念：第一，承认人类最浓挚、最深沉的感情不在眉开眼笑之时，乃在悲哀不得意无可奈何的时节；第二，承认人类亲见别人遭遇悲惨可怜境地时，都能发生一种至诚的同情，都能暂时把个人小我的悲欢哀乐一齐消纳在这种至诚高尚的同情之中；第三，承认世上的人事无时无地不在极悲惨的伤心境地，不是天地不仁，造化弄人，便是社会不良使个人消磨志气，堕落人格，陷入罪恶不能自脱。有了这种悲剧观念，故能发生各种思力深沉、意味深长、感人最烈、发人猛醒的文学。这种观念乃是医治中国那种说谎作伪、思想浅薄的文学作品的绝妙圣药。

二是文学的经济方法。胡适指出，中国传统的戏曲是最不讲究经济方法的。明清传奇中的《长生殿》和《桃花扇》，要连演几天才能够结束，几十本的连台本戏需要更长的演出时间。而西方戏剧一直在讲究经济方法，近代的西方戏剧虽然不像古希腊戏剧那样严格遵守各种程式，但一部戏主要讲述一件事情的限制还是存在的。易卜生的《娜拉》和《国民公敌》都是这方面的典范。而中国戏剧不知剪裁，不知戏剧的经济。补救这种笨伯的戏剧方法，别无他道，只有研究世界的戏剧文学，或者可以渐渐养成一种文学经济的观念。

依照胡适的观点，中国的文学特别是戏剧文学，现在已到了暮气攻心、奄奄一息的时候。如果赶紧向西方学习，赶紧灌下西方的"少年血性汤"，或许还有救。然而这位病人的不肖子孙讳疾忌医，还要禁止医生，不许下药，还说什么"中国人何必吃外国药"，所以，中国戏剧是否可救亦未可知。[1]

傅斯年的《戏剧改良各面观》是他一年来向朋友不断表达的一种看法，只是在看到张厚载与胡适之间关于"废唱"问题的讨论，才使他情不自禁地将自己的意见写成文章。但傅斯年开宗明义地作了两点声明：

第一，我对于社会上所谓旧戏、新戏，都是门外汉；

第二，我对于中国固有的音乐和歌曲，都是门外汉。

既然都是门外汉，那么，为什么还要参与讨论呢？傅斯年认为，正因为他是门外汉，所以他不曾陷入中国戏剧的感情深渊，不曾对中国戏剧有什么既成概念，所以他能够以耳目所及以为材料，以直觉为判断。

在中国戏剧必须改良等大的方面，傅斯年与胡适的看法基本一致，认为中国旧戏是各种把戏的集合品，缺少思想性，缺少文学性，毫无美学价值。所以中国旧戏必须参照西方戏剧重新改造。在剧本问题上，傅斯年的观点具有一定的建设性，对于照搬直译的西洋剧本持有异议，认为中国戏剧的当务之急是自己创造，自己编制新剧目，不妨用西洋剧本做材料，采取西洋剧本的精神，弄来和中国人情合拍了，加工成为变换形式、存留精神的改造本。批判旧戏、创造新戏是历史的必然。中国戏

---

[1] 《文学进化观念与戏剧改良》，《胡适全集》卷一，145—150页。

剧的发展应该有一种开放性的视野和世界性的眼光，要有"为人生"的文学精神。①

欧阳予倩是现代戏剧的开创者之一，他不仅很早就参与实践了戏剧改良，而且很早就形成了自己的戏剧改良观。他认为，中国旧剧，非不可存。惟恶习惯太多，非汰洗净尽不可。为此，欧阳予倩提出两条建设性意见：一、必须组织关于戏剧之文字，包括剧本、剧评、剧论；二、必须养成演剧之人才，创办演艺人才培训机构。

至于剧本一项，欧阳予倩主张应该尽量多地翻译外国剧本以为模范，然后试行仿制。不必故为艰深，贵能以浅显之文字，发挥优美之理想。无论其为歌曲，为科白，均以用白话，省去骈俪之句为宜，主要还是为了使人们能够容易理解。②欧阳予倩是戏剧改良的实践者，是戏剧界中的人物，他的说法是亲身体验得来的。他说中国旧戏需要改良，需要引进西方的表达方式，显然要比戏剧界之外的陈独秀、胡适、钱玄同的言论更有说服力。

《新青年》戏剧改良专号这一期附有张厚载《我之中国旧剧观》，也是胡适有意邀请张厚载提供的。在胡适的意识中，即便张厚载的言论不可取，也可作为说话的材料，作为批驳的对象，引发更热烈的讨论。

张厚载对于中国传统戏曲的认识主要集中于美学价值。第一，他认为中国旧戏是"假象的"，即写意的；第二，中国旧戏有一定的规律，如台步、身段、板眼、语调之类的程式化，都可以说是中国旧戏的习惯法；第三，中国旧戏的一大特征，是音乐上的感触和唱功上的感情。

有人说中国旧戏就是因为有这许多规律、许多情形，所以不好，所以应该改造。对此，张厚载表示不敢赞同。他认为，要说中国旧戏的不好，只能说中国旧戏在这几个方面用力太过，不能说它有这几种规律、形式、情形，而不好；所以我们只能说中国旧戏用假象即写意的地方太多，却不能说用假象、用写意就是不好；只能说中国旧戏用规律的地方

---

① 《戏剧改良各面观》，《傅斯年全集》卷一，55页。
② 欧阳予倩：《予之戏剧改良观》，《新青年》五卷四号。

太多，不能说用规律就是不好；只能说中国旧戏用音乐的地方太多太滥，不能说用音乐、用唱功就是不好。因噎废食，那是极端的主张，不是公平的论调。

张厚载由此得出的结论是：中国旧戏是中国历史的产物，也是中国文学、美术的结晶，可以完全保存。社会急进派必定要如何如何的改良，都是不可能的，除非竭力提倡纯粹新戏和旧戏来抵抗。但是纯粹的新戏如今很不发达，拿现在的社会情形来看，恐怕旧戏的精神，终究是不能破坏或消灭的了。[①]

张厚载用"假象会意，自由时空"来概括中国旧剧的特征，应该说也自有其道理。"假象会意"是借用中国文字学中的概念表达对中国戏剧艺术的本质看法，其实就是说中国戏剧具有写意主义的特征；"自由时空"是指中国戏剧舞台调度的灵活性，它不仅突破了西方古典戏剧的"三一律"，也突破了话剧艺术"三堵墙"的时空规定和限制，从而使中国旧戏在舞台上的时空表现有了无限的可能。正像胡适等许多批评者所说的那样：跳过桌子便是跳墙；站在桌子上便是登山；四个跑龙套便是一千人马；转两个弯便是行了几十里路；翻几个跟头、做几个手势，便是一场大战。如果没有中国戏剧艺术写意的意境，确实很难欣赏。但这种表达方法确实又是中国戏剧艺术的最高意境，充分表现了舞台调度的自由和灵活。西方艺术家在看过梅兰芳的演出后，也确实惊叹中国舞台艺术的表达方式自有其价值和意义，舞台上简单的一张桌子、两个凳子，就是全部道具和布景，至于它所表达的意境完全要靠观众本身的艺术资质去想象，不似西方写实艺术一切都要弄成真的一样。使用布景和道具绝不是戏剧的进步，却意味着观众头脑的迟钝。

而且，张厚载的这个表述是参照西洋戏剧特征对中国戏剧特征的最早概括。稍后，戏剧家余上沅将中西戏剧进行比较，确认中西戏剧的不同特点，一个重写实，一个重写意。中国戏剧特别是京剧实为一种写意的艺术，与西方戏剧特别是胡适、傅斯年、陈独秀、钱玄同所期待的写实主义

[①] 张厚载：《我之中国旧剧观》，《新青年》五卷四号。

是根本不同的。所以不懂得中国旧戏的写意艺术特征的，总觉得中国旧戏应该废除，没有前途；而懂得写意意境的，则是中国戏剧经过适度的改造，一定还会有很好的未来和很多的受众。所以从这个意义上说，五四新文化运动主流对中国旧戏的批判，被视为对中国旧戏某种程度上的"破坏"，也不能说毫无道理。写实主义如果不加适当控制和艺术化处理，确实容易使艺术成为政治解释的工具，后来风行一时的所谓"问题剧"，其实都是在减少文艺作品的艺术含量，增加它的政治性、工具性。

根据陈独秀《〈新青年〉罪案之答辩书》的归纳，所谓新文化运动之"罪名"的最后两项是"破坏旧宗教"（鬼神）与"破坏旧政治"（特权、人治）。破坏旧宗教，就是批判旧宗教的有神论和唯心论，宣扬唯物论和无神论；破坏旧政治，就是批判旧的军阀政治、帝王政治，重建平民政治、民主政治。

五四新文化运动的基本精神就是民主与科学，民主与专制对立，科学与迷信相反，与宗教相对。所以要宣传科学，就必须反对迷信，反对宗教。陈独秀在创办《青年杂志》之初就有非常明确的意识，他说：科学是什么呢？科学就是我们对于事物之概念，综合客观之现象，诉之主观之理性而不矛盾的一种表达方式。那么想象是什么呢？想象就是既超脱客观之现象，复抛弃主观之理性，凭空构造，有假定而无实证，不可以人间已有之智灵，明其理由，道其法则。过去在蒙昧时代，当今浅化之民，有想象而无科学。宗教美文，皆想象时代之产物。近代欧洲之所以走上富强之路，领先世界，其主要原因就是科学之兴。所以科学对人类特别是现代社会的功绩，决不在人权说下。科学、民主，若舟车之有两轮。[①]坚持科学信念，就必须反对宗教，反对愚昧，废弃偶像，反对一切不科学的东西。

就历史唯物主义的观点看，陈独秀并不否认宗教在人类历史上曾经起过巨大作用，因为在人类文明早期，各个族群之间的争夺，最后除了武力解决外，总是要凭借宗教以止残杀，凭借法禁以制黔首，凭借文学

---

① 《敬告青年》，《独秀文存》，8—9页。

以扬神武。①这是人类早期文明所走过的共同道路。

只是到了近代总不然。近代文明，东西方走上了不同的道路，最足以代表西方文明精神的，在陈独秀看来，其实就是人权说、进化论和社会主义这三件大事，科学精神日彰，宗教的影响日缩。宗教胜残劝善的功能虽然继续存在，但其迷信神权、蔽塞人智的愚昧宣传越来越受到人们的抨击和反对。宗教生活和世俗生活逐渐分离，即便在近代西方人的精神世界中，实际上就存在两个世界，一个是有神的宗教世界，一个是无神的世俗世界。

在中国，由于中国人自古以来始终没有建立一个健全的宗教观念，中国人素来缺乏一种健康的、健全的宗教生活，所以中国的宗教不论是本土的，还是外来的，在向一般民众传布时总是带有很强的有神论、有鬼论色彩。民国建立后，民主共和的思想逐步深入人心，但随着政治上、文化上的复古主义兴起，有神论、有鬼论的思想不是消停了，而是发达起来了。民国初年的上海知识界，突然间竟有人于1917年发起成立"灵学会"，出版《灵学丛书》，大肆宣扬妖言鬼话，蛊惑人心，装神弄鬼，占卜打卦，扶乩招灵，大有国之将亡的感觉。

上海灵学会的发起人主要有杨璇、俞复、陆费逵、丁福保、严复等人，由于他们的知识构成，已经不是中国原来意义上的民间迷信，而是借助于西方近代科学诸如心灵学、妖怪学、催眠术、灵魂照相等技术研究灵学，探讨灵魂、鬼神、生死等问题以及预测未来，回答生死病老、死后世界等问题，并试图以终极关怀回答当时中国人所面临的道德沦丧、秩序重建等此岸世界问题。

灵学会以"科学"的面貌宣扬非科学的迷信，因此具有更大的欺骗性。他们通过新兴传播媒体，如报纸广告与期刊发行，使之成为一项可以花钱来学习的"知识"或"技能"。这就将本土迷信与现代科学比较"有机"地结合起来，因而具有更大的欺骗性。

对于弥漫国中的妖气，陈独秀和他的同志陈大齐、钱玄同、易白沙、

---

① 《法兰西人与近世文明》，《独秀文存》，10页。

鲁迅等以《新青年》为阵地，对其发起猛烈的攻击。

陈大齐在《辟"灵学"》一文中，以心理学、生物学证明扶乩者所得之问，确是扶乩者所作。他们若不是有意作伪的"奸民"，就是无意作伪的"愚民"。他们喜欢当古人的奴隶，以做奴隶为荣，而以脱离古人羁绊为耻。因而假冒鬼神之名或借古人的招牌以自欺欺人，这就是中国人的奴隶的劣根性。①

我们知道，陈大齐是现代中国有名的心理学家，他的解释和批判完全来自西方的科学。其实，灵学发展到现代阶段，也早已摆脱古代那种比较荒唐的形式和内容，而带有许多"科学"的因素和"科学"的色彩，实际上也是以心理学的研究实现宗教式的预期，比较严肃的表达其实就是利用心理暗示，比较低劣的表现就是术士捣鬼。这在前人的研究中已有很多揭示。

如果从纯科学的立场看，扶乩当然是没有办法解释的，它很可能是人类至今无法用科学知识进行透视、剖析和阐释的古代方术之一，是一种不太容易解释的现象。有意识的作鬼是一回事，而比较严肃的扶乩可能是另外一回事。所以对扶乩，如果仅仅从科学的立场进行批判和驳斥，可能并不足以服众，并不能有效说服民众不要信服这些东西。所以，要有效回击灵学宣传，可能最有效的办法不是科学，而是从常识入手，从日常情理揭示其不合理性。陈独秀指出，中国人鬼神信仰特别地盛行，完全支配了中国人的人心。今之士大夫于科学方兴时代，犹复援用欧美人之灵魂说，曲征杂引，以为鬼之存在，确无疑义，于是著书立说，鬼话连篇，不独己能见鬼，而且摄鬼影以示人。即好学尊疑之士，亦以西方直觉主义哲学方盛，物质感觉以外，难道就没有真理可寻？遂于不能以科学解释的鬼神问题，未敢轻断其有无。于是陈独秀乃采尊疑主义，于主张无鬼之先，对于有鬼之说多所怀疑，向有鬼论者提出八点质疑：

一、吾人感觉所及之物，今日科学略可解释。倘云鬼之为物，

---

① 陈大齐：《辟"灵学"》，《新青年》四卷五号，1918年5月15日。

玄妙非为物质所包,非感觉所及,非科学所能解,何以鬼之形使人见,鬼之声使人闻?

二、鬼果形质具备,惟非普通人眼所能见;则今人之于鬼,犹古人之于微生物;虽非人人所能见,而其物质的存在与活动,可以科学解释之,当然无疑。审是则物灵二元说,尚有立足之余地乎?

三、鬼若有质,何以不占空间之位置,而自生障碍,且为他质之障碍?

四、或云鬼之为物有形而无质耶?夫宇宙间有形无质者,只有二物:一为幻象,一为影象。幻为非有,影则其身亦为非有。鬼既无质,何以知其为实有耶?

五、鬼既非质,何以言鬼者,每称其有衣食男女之事,一如物质的人间耶?

六、鬼果是灵,与物为二,何以各仍保其物质生存时之声音笑貌乎?

七、若谓鬼属灵界,与物界殊途,不可以物界之观念推测鬼之有无;而何以今之言鬼者,见其国籍语言习俗衣冠之各别,悉若人间耶?

八、人若有鬼,一切生物皆应有鬼;而何以今之言鬼者,只见人鬼,不见犬马之鬼耶?①

陈独秀从唯物论的一元论和经验主义立场,反对物灵二元论,从常识揭示鬼神存在只是一种骗人的把戏,不足以信。

经验主义当然是有局限的,你有你的经验主义,我也有我的经验主义。你的经验主义看不到鬼神的存在,而我的经验主义却可以看到鬼神的存在。那么,怎么办呢?这只能说明两个人的天赋、气质、信仰,或其他方面的差别。所以陈独秀从经验主义立场批判有鬼论,可以说服一部分信仰者,但不可能说服全部信仰者,甚至必然引起信仰者的反弹。

---

① 《答陈独秀先生〈有鬼论质疑〉》,《独秀文存》,158—163页。

"平日主有鬼论甚力"的易乙玄就对陈独秀的质疑"不觉大怪",以为陈独秀如此聪明的人,对于鬼之有无,尚不能十分明解,所以他反话正听,表示愿意给陈独秀释疑解惑,针对陈独秀的八项困惑逐条解释。

对于陈独秀的第一条质疑,易乙玄解释道:人之能见鬼形,或闻鬼声者,因富有一种之灵力。感觉不过灵力之利用品而已。所谓灵力,为先天的、常住的、自存的,或谓之本体,或谓物灵乃本体之属性。灵力弱者与鬼交通难,故人与鬼交通之难否,一视其灵力之强度如何以为定。夫灵力之有强弱,一如感觉之依人而异。至感觉所及之物,不尽能为科学所解释,如幻象,光学者莫辨其由;而感觉所不及之物,亦有时能为科学所解释,如微生物,非显微镜则终不能见之。近世心理学者,多谓感觉应属于精神上的物质,故能与科学接近,而又能与心灵哲学接近。西洋近虽有以精密器械证明有鬼,然究不过示人以信,止人之谤,而此超自然之理,则终非科学所能解释,亦如科学之不能诠释哲学的情形一样。

对于陈独秀的第二点质疑,易乙玄解答说:鬼非普通人眼所能见,诚然。若谓今人之于鬼,犹古人之于微生物,则差矣。微生物非借显微镜不能见之;若鬼,富有灵力之人则易见,否则不易见,此盖有难见易见之别。而微生物则直能见不能见耳。夫惟微生物可用显微镜见之,故能施以科学的解释。盖有显微镜即可见微生物,今不能谓人有灵力即可见鬼。此界说极为明了,而犹斤斤以物灵二元为说,是不明本体与现象之别。

针对陈独秀的第三点质疑,易乙玄先引王充《论衡》中的言论及他自己出版的《心灵学》予以解答,并归纳为两点予以解说:

一是理论上的证明。既然鬼之存在,已无疑义。假使有显界而无幽界,则鬼必无所栖迟,将如王充所谓"满堂盈庭"、"填塞巷路"。唯有幽界,故鬼安居乐业,一如吾人,不相妨害。二是实质上的证明。即搜集种种事实,助以精密之器械,继以正确之试验,可以知除显界外,尚有一幽界。鬼本为有形无质,故不占空间之位置,所以就不存在自碍碍人的嫌疑。

易乙玄的基本观点就是:人之所以能见鬼形,或能听到鬼神的声音,是因为人富有一种灵力。若鬼，富有灵力之人易见，否则不易见，此盖有难见易见之别。①

很显然，易乙玄的辩解从有鬼论的立场看当然无误，但是无论如何也很难使一个无神论者接受这种辩解。所以，陈独秀在读过这篇辩解后表示，自己先前发表的《有鬼论质疑》言之过简，读者每多误会。因此，陈独秀又对易乙玄的解说逐条驳斥，予以更正。②

陈独秀的更正主要是建立在刘文典反驳易乙玄的基础上。刘文典在《新青年》5卷2号上发表的《难易乙玄君》中指出，易乙玄的谬论不足辩，其最要害的问题就是易乙玄们以鬼神论阻碍科学的发生与进步，引诱民族精神走向堕落。他用韩非的话反驳易乙玄说："用时日事鬼神，信卜筮，而好祭祀者，可亡也。"如今的中国妖雾弥漫，乱象丛生，这真是应了中国一句古话：国之将亡，必出妖孽。

刘文典是研究中国古典文学的专家，具有很好的哲学素养，所以他对易乙玄的批驳，具有一定哲学深度和历史感。他从哲学与历史的层面上逐条批驳易乙玄的论点，比如陈独秀在批驳易乙玄时指出："鬼既非有质，何以言鬼者每称其衣食男女之事，一如物质的人间耶？"这显然是从经验主义立场反对易乙玄的有鬼论。

对于陈独秀这样的反驳，易乙玄很不以为然。他说，陈独秀的这个说法较之王充《论衡》所说，不过范围稍广，其实不值一驳。然我们对于幽界衣食男女之事，不主张尽如人间，有相同处，有不相同处。据《鬼语》所载，鬼之衣服可随意而得。总而言之，吾人今日最急于研究者，在于证明有鬼。至幽界衣服男女之事，须待能与鬼以一定之交通后，始得明其真相。

易乙玄说得像真的一样，对此，刘文典难之曰：陈独秀之说与王充《订鬼篇》之文，何以不值一驳？易乙玄又何妨试一驳之？《鬼语》也是书，《论衡》也是书，王充为东汉鸿儒，其思想学识，不特为中夏古代

---

① 易乙玄：《答陈独秀先生〈有鬼论质疑〉》，《独秀文存》，158—161页。
② 陈独秀按语，《独秀文存》，166页。

所稀见,即欧洲近世亦鲜其俦匹。易乙玄因《鬼语》是如此说,以为《论衡》即可不攻自破。试问《鬼语》是否圣书,其一句一字皆绝对真理耶?"昔秦之焚书也,非秦籍皆烧之。撒拉逊人之焚亚历山大埠图书馆也,非回籍皆烧之。充易子之意,凡非鬼书,皆在可焚之例。呜呼!易子思想如是,吾又何必辩哉?"①

在刘文典从哲学、历史层面批驳易乙玄的同时,钱玄同、易白沙等人也从各个角度对有神论、有鬼论给予批驳。钱玄同依据自己的专业,着重从音韵文字学的立场批评扶乩的荒谬,以为扶乩的要是有心作伪,则当科以"左道惑众"之罪,自不消说;如无心作伪,则为扶者之变态心理,绝非那些怪物果真降坛。钱玄同希望青年认清扶乩的迷信本质,相信科学,呼吁青年如果还想在20世纪做一个人,还想中国在20世纪算是一个国家,就应该承认自己有脑筋,自己还想研究学问,那就应该赶紧鼓起勇气,奋发毅力,剿灭这种最野蛮的邪教,和这班兴妖作怪、胡说八道的妖魔。②

刘半农归纳《灵学丛志》提供的事例,证明所谓扶乩均为妖人作伪之铁证,于是深恨世间之无鬼,因为如果真有鬼的话,那么这些妖人辈既出其种种杜撰之伎俩以污蔑之,鬼必醢其脑而食其魂。至妖人辈自造之谬论,如丁福保说禽兽等能够见到鬼,那么丁福保似非禽兽,何以知禽兽之事?这本身就是一个悖论。③

在所有批判者中,易白沙的《诸子无鬼论》似乎影响最大。他通过对先前诸子思想的系统清理,证明在中国的思想传统中,既有有鬼论的传统,也存在无鬼论的传统。"古之帝王,神道设教,运天下于掌,遂以不祀鬼神之国为野蛮,必灭其地而虏其君。"由于在中国上古,鬼神盛于帝王,所以鬼神论就与帝王政治有着密切关联,神权充当了世俗政权的护身符。其实,在诸子清醒的意识和论证中,鬼神之说类似于上天的存在,它其实只是要以上天的存在去制约世俗社会的"天之子"。类此,

---

① 刘叔雅:《难易乙玄君》,《独秀文存》,171页。
② 玄同:《随想录》,《新青年》四卷五号。
③ 玄同:《随想录》,《新青年》四卷五号。

管仲、老聃、庄周、韩非、刘安、王充诸子在某种程度上承认鬼神的存在，但这种存在不是存在于空间或实体，而是存在于人们的心中，主要还是看心中是否有鬼。①

宗教离不开鬼神，鬼神必然依附于宗教，凡言宗教者必言鬼神。所以，陈独秀和他的同志自那之后对有鬼论、有神论进行了长时期不妥协的斗争，并终于改变了中国人在这一问题上的看法。

陈独秀指出，宇宙间物质的生存与活动以外，世人多信有神灵的主宰，他们认为宇宙人生的秘密，并不是科学所能解释的，决疑释忧，舍宗教而无他求。因此，所有处于愚昧阶段的人群，总是把神的意志奉为不可抗拒的最高意志，总是心甘情愿地做神的奴隶。其实，但凡信仰宗教的人，必先自欺，始克自解，而自欺与自解都是愚昧的表现、迷信的结果。所以，宇宙人生真正能决疑释惑的只有科学。因此陈独秀鲜明地提出"以科学代宗教"的主张，以为只有破除迷信，推倒一切偶像，才能真正开拓人们真实的、健康的信仰，才能带给人们真实健康的生活。"破坏！破坏偶像！破坏虚伪的偶像！吾人信仰，当以真实的合理的为标准；宗教上，政治上，道德上，自古相传的虚荣，欺人不合理的信仰，都算是偶像，都应该破坏！此等虚伪的偶像倘不破坏，宇宙间实在的真理和吾人心坎儿里彻底的信仰永远不能合一！"②这就是新文化运动对宗教的大致破坏。至于新文化运动对旧政治的破坏，我们在许多地方都已谈到，这里就不专门讲述了。

新传统主义

五四新思潮对孔子、儒家思想及中国传统的批判，引起另外一个后果，那就是为了弄清历史真相，此时一部分学者用科学的方法对中国古典遗产进行清理和重新研究，从而引发五四新思潮发动之初根本没有预

---

① 易白沙：《诸子无鬼论》，《独秀文存》，172页。
② 《偶像破坏论》，《独秀文存》，156页。

想到的结果,就像贺麟曾经说过的那样,五四新文化运动通过对传统的批判,却愈发揭示了传统的真相,增加了对传统的认知,从而引发辛亥革命后新传统主义的再度崛起。

所谓反传统主义者虽然看到了中国现代化问题的症结,但由于他们过分张扬中西文化之异,并将这种差异看作是"传统"与"现代"之间的矛盾,这实际上反映了他们的"欧洲中心主义式"的困惑。

很显然,作为"后发"的中国在迈向现代化道路时,可供借鉴的榜样当然是那些西方"先发"国家。但由于民族性格、文化背景的不同,后发国家并不一定要走上西方先发国家的经典模式,更不可能全然抛弃自己的文化传统而全盘西化。不过,这些现在看来并不复杂的问题,但在思想前驱者那里确曾深深地困扰着他们许久。

而且,由于反传统主义者过于张扬传统的惰性,过于相信精神力量的反作用,因而使他们在理论体系建构上不能不留下另外一个重要漏洞。因为即使我们可以像他们一样承认中国传统文化罪孽沉重,儒家伦理道德信条已成为社会发展与进步的严重束缚,那么,我们也不必相信只有尽快抛弃这些信条和中国文化的全部才能前进。也就是说,"五四"一代思想家对中国文化、儒家伦理不合乎现代生活的批判固然有其合理意义,但中国社会的进步与发展似乎并不必然与传统彻底决裂,彻底抛弃传统。

一方面,中国的文化传统确已成为中国社会现代化的巨大障碍,中国的进步与发展确实需要一次思想启蒙运动。正像"只手打孔家店的老英雄"吴虞所说的那样,泰西有马丁·路德开创新教,为后来数百年西方宗教界开辟了一块新国土;有培根、笛卡尔创新学说,为此后数百年学界开辟一新天地。反观中国,吴虞认为,儒教不革命、儒学不转轮,中国就不可能产生新思想、新学说,没有新思想、新学说,就不可能造就新国民。悠悠万事,惟此为大。①

与吴虞的看法相类似,陈独秀的好朋友易白沙也认为,孔子尊君权

---

① 《儒家主张阶级制度之害》,《吴虞集》,98页,成都:四川人民出版社,1985年。

漫无限制，易演成独夫专制之弊，与现代民主政治的原则不相合；孔子讲学不许问难，易演成思想专制之弊，与现代思想自由、言论自由的原则相冲突。①所以，中国的进步与发展，在这批五四思想家看来，要必须彻底摆脱孔子思想和儒家伦理的束缚。

孔子思想与儒家伦理对于中国人来说并不是一种外化的东西，中国人是否能够说想摆脱这些束缚，就一定能够做得到呢？

其实，正像许多研究者已经指出的那样，现代化是一个漫长的过程，是一个复杂的系统工程和综合的概念。它的进步与成功固然需要价值观念的转换，思想背景的调整和更新，思想文化观念的滞后固然不行。但是另一方面，我们不应该忘记思想文化只是社会存在的产物，它对社会存在可以产生意想不到的推动与阻碍作用。然而当社会存在并没有发生根本性改变时，人为地、过早地要求实现"人的现代化"，除了激起一些无谓的反感、反对、反扑与反抗外，又有多少实际功效呢？

五四新文化运动中的激进派确实有一种全盘反传统、反儒学的思想倾向，他们把儒家学说与传统文化说得一无是处，以为中国的未来前途只能有待于中国能否放下老大帝国的架子，能否虚心地学习和接受西方近代文明。然而这种观点虽为五四新文化运动所特有，但据此并不能代表新文化运动的全部。事实上，同样都是五四新文化运动中的人，他们的主张并不完全相同。比如新文化运动中的稳健派如胡适，他虽然同样对孔子思想和儒家学说持一种严厉的批评态度，但出于学者的理性态度和科学精神，他似乎从来不主张将儒学彻底打倒，而主张持一种分析和批评的态度。

胡适比较早地就认识到，中国几百年来的落后确实应该归罪于儒学，因为儒学在宋明之后仅仅作为一种意识形态，而无法再提供新的工具和方法。宋明理学的根本要义，或者说理学家们着意寻找的新方法，与西方近代以实证、实验为根本特征的科学方法相比相距千里。儒家传统经典《大学》中的"格物致知"仍带有一种直觉主义的神秘色彩，所强调的知识"以积蓄学问开始引导至豁然贯通的最后阶段的方法"，到了16

---

① 易白沙：《孔子平议》，《新青年》一卷六号。

世纪的王阳明,更将这一方法推到极端,宣布"天下之物本无可格者,其格物之功只在身心上做。"离开了心,即无所谓理,也无所谓物。很显然,王学的"格物"并不是以科学的方法去研究事物,而是去心之不正,以全其本体之正。

对于王学的缺点,以及宋明理学中的全部争论,胡适有着较为明白和正确的认识,既看到了他们的不足,又着意发掘他们认识中的合理内核,以寻求与西方近代科学方法沟通的突破点。胡适认为,宋明理学的全部争论主要是关于"格物"两字究竟应作何种解释,以朱熹为代表的一派以为应解为"穷究事物之理",以王阳明为代表的一派则解为"正心致良知"。在胡适看来,前者的解释虽然十分接近于西方近代以来的归纳法,即强调从寻求事物之理开始,旨在借助于综合而获得智慧的最后启迪。但是,由于朱熹的学说缺乏实验的程序,忽略了心在格物中的积极的、指导的作用,朱学的逻辑方法对于中国新的哲学范式的建立并不能起到太大的作用。至于王学,由于把心看作与天理同样广大,又以演绎的方法部分地克服了朱学只见局部不见整体的缺陷,具有一定的价值。然而在根本点上,王学的逻辑理论与科学的程序和精神也是不两立的。

而且更为重要的是,在胡适看来,整个宋明理学不论其内部对格物致知有多少相异的解释,但他们无不把"物"训为"事"。这一人文主义解释虽然合乎中国传统精神,但必然会造成忽视客观事物之理的倾向。因此,包括宋明理学在内的中国哲学虽然有不少新的创造,但在根本点上都不可能突破经典儒家哲学的束缚,创立新的范式。故而胡适强调,宋明理学的出现虽为中国哲学的发展提供了新的机会,但结果却是中国哲学最不幸的事。宋明理学对"物"的人文主义解释,势必强化经典儒家哲学中原有的纯理性的和伦理性的部分,从而使以后中国哲学与科学的发展极大地受害于没有适当的逻辑方法。

既然知道了西方科学的逻辑方法较中国传统思维方式先进,那么是否意味着可以用西方的方法来直接填补中国方法的缺陷,或者说是否可以"中体西用"的原则引进西方科学的方法呢?胡适认为,问题决不如此简单。如果一个民族因生存的需要被迫地从其他民族输入新文化,那么这个民族必定感到不自在，必定会激起各种各样的强烈反对。同时，如果对新的文化的吸收不是有组织的吸收，而是用替换的形式，用外来文化取代固有文化，造成民族固有文化的消亡，这不仅不太可能，而且即使可能，也实在是全人类的重大损失。

在胡适看来，文化的交流与发展是一个极为复杂的过程，虽然现代的欧美文化较中国文化远为先进，但也不是可以盲目引进的，而必须使现代文化的精华与中国固有的文化精神真正联结起来，而不发生"排异"反应。为此，首要的问题是寻求彼此双方可以融通、联结的基础或契机。也就是说，必须在中国大地上寻找出一块可以嫁接欧美文化的土壤，并在这两种不同文化内在调和的基础上建立中国自己的文化新体系。

那么，这块土壤在哪里呢？按照胡适的分析，儒家文化经过宋明理学的阶段，已充分证明儒学的生命力已经枯萎，因此在现代社会条件下，任何复兴儒学的努力都是无益的和徒劳的。中国文化的未来发展有待于从儒学的道德伦理枷锁中解放出来。

怎样才能从儒学的枷锁中解放出来？胡适认为，必须满足下列两个条件，一是西方现代文化的大量输入，一是提倡非儒家的诸子学研究，以减轻儒家一尊的束缚，开思想自由之风，并以非儒学派的恢复为基础，嫁接西方现代文化。尤其是后者，胡适认为是绝对必要的。其理由是：

第一，只有非儒学派的恢复，才能真正打碎中国思想的儒家枷锁，才能使儒学真正回到它本来的历史地位上去。事实上，用历史的眼光来观察，在秦汉以前，儒家学说只是盛行于中国古代的许多学派中的一派，因此，只要不把它看作精神的、道德的、哲学的权威和唯一源泉，而只是灿烂的哲学群星中的一颗明星，那么，儒学的被废黜便不成问题。换言之，胡适的真实意思不是要将儒学彻底打倒，而是以恢复儒学在历史上的真实地位，放弃儒家学说一家独尊的至上权威，把儒学作为思想史的研究对象，而不是意识形态的法典。

第二，胡适认为，非儒学派的恢复之所以是必要的，是因为在这些非儒学派中可望找到移植西方哲学和科学的最佳土壤。从历史的和发展的观点看，现代西方文化最重要的贡献，差不多都能从中国古代那些非儒学派的思想里找到遥远而高度发展了的先驱。

基于这样的认识，胡适在他自己的学术实践中，一方面竭力彰扬非儒学派的精神与方法，另一方面则从历史学的角度揭示儒家思想文化在历史上的发生、发展与变化。他到北京大学讲授中国哲学史，辟头一章就是"中国哲学的结胎时代"，用《诗经》作时代的说明，丢开传说中的"黄金三代"，截断众流，径直从有可信记载的周宣王以后讲起。胡适的这个魄力在当时确实引起不小的震动。也是在那些年中，胡适用历史的方法研究《水浒传》、研究《红楼梦》等古典小说，研究历代争论不休的井田制等问题，在杂乱陈芜的历史陈述中清理出历史的本来线索。所有这些都给当时的学术界以极大的冲击和震动。使读者自然觉得已有的历史并不可信，要想建立真实的历史，就必须别除儒家的正统观念，不能再把儒家经书当作万世的常道，而要对一切旧事物持一种现代理性的怀疑态度，彻底废除儒学的迷信偶像。

反传统主义者无限夸大了思想和文化的力量，以为思想与文化的变动必定能够带动社会的变动与进步，所以他们对适度的文化保守始终不能理解、不能原谅，相激相荡，激进的越来越激进，保守的越来越保守。

五四新文化运动的思想主流当然对辛亥革命后第一代传统主义者形成前所未有的冲击，传统主义第一代代表人物在他们的冲击下基本上成为历史的陈迹，中国现代化的发展有可能沿着这条新开辟的道路前进一个时期。也就是说，假如不发生重大意外，中国似乎迟早有可能走上西方先发国家现代化的经典道路。

然而，历史的发展总是伴随着那些出人意料的事件。正当中国人满腔热情地学习西方、追逐西方的时候，西方社会内部却爆发了具有毁灭性效果的问题。第一次世界大战不仅在一定程度上打碎了中国人学习西方的迷梦，而且使西方人对自身文化的真正价值也产生了深深的怀疑，中西文化之间的关系由此发生了变化。

在第一次世界大战前一个相当长的时期里，欧美人士对于东方民族多以为"劣等民族"。那时，西方人根本瞧不起东方人，他们忘记两百年前其祖先对中国人的崇拜与仰慕，他们中即便有人说上一句两句一个中国人或中国文化的好话，其实也不过是出于外交辞令或者好奇心而已。欧美人士对自己的文化有着莫名的自信，以为西方文明可能就是文明的终结。然而谁也料想不到的是，第一次世界大战的突然爆发，使欧美人士对自己的文化产生了深深怀疑，他们弄不明白的是，究竟是西方文化暂时出了问题，还是西方文化本身就有问题。于是他们中一些有识之士开始对其文明的真价值进行反省，开始虚心听取他人对于自己的文明的批评，连带所及，自然对东方文明、对中国文明青睐有加，另眼相看了。①

第一次世界大战暴露了西方近代文明的内在矛盾和缺欠，西方人开始注意东方文明也是一种客观事实。问题在于，西方人此时对于东方文明的赞美，其立足点是以东方文明的优长之处去弥补西方近代文明的内在矛盾和缺欠，丝毫不意味着东方文明在整体上比西方近代文明高明，更不是要实行"全盘东化"，以东方文明取代西方文明。曾对中国文明怀有相当好感的英国思想家罗素在游历中国后写道："在我看来，一个普通的中国人，即使他贫穷悲惨，也要比一个普通的英国人更为幸福；他之所以幸福，是因为该民族建立在比我们更人道、更文明的观念基础上。不安定和好斗不仅造成了明显的罪恶，而且使我们的生活充满了不惬意，无法享受到美的愉悦，使我们几乎没有沉思的美德。在这方面，我们在过去的百年里迅速地变得更为堕落。我并不否认，中国在另一方向上也走得太远了。但是正由于这个原因，我认为东西方的接触可能对双方都是富有成果的。他们可以向我们学习必要的、最低限度的实际效率，而我们则可以向他们学习某些沉思的智慧，这些智慧使他们持续地生存下来，而其他古老民族则已消亡了。"②

罗素不是从学理的角度去评判中西文化的利弊得失，他的关怀只在于西方文化如何汲取其他民族文化的优长之处，从而使西方民族在经历了第一次世界大战的惨痛后变得更加聪明起来。

---

① 平佚：《中西文明之评判》，《东方杂志》1918年第六期。
② 罗素：《中国问题》，转引自《世界名人论中国文化》，458页，武汉：湖北人民出版社，1991年。

很显然，罗素的这些想法在第一次世界大战后的西方并不是孤立的文化现象，当时的西方哲人差不多都在思考同一问题。他们基于自身难题对东方文明给予适度的赞美和关注，在一定程度上承认孔子思想儒家伦理的优越和合理之处，反视西方伦理为全然的物质主义，比较愿意赞美东方的理想主义，而悲西方人过于物质主义，成了物质主义的奴隶，结论是西方人应该适度放弃自己的物质主义，向东方的精神文明学习。①

谁得病谁知道，西方人的这个判断与认知原本就是其智慧的一个体现，这个判断足以说明西方文化尽管经历了第一次世界大战的毁灭性打击，但其并不会因这样的打击而就此毁灭、就此消沉，并不意味着西方文明的没落与毁灭，更不意味着东方文明有可能拯救世界，即通常所说的"三十年河东，三十年河西"。西方哲人的这种态度与寻求，表明西方文化还很年轻，还充满着生机、大气、大度与深刻的反省精神，表明西方文明的自我调控功能并没有因第一次世界大战的摧残而失灵。

然而可悲的是，西方哲人如此寻常的话头却深深地刺激了中国人，不仅使相当一部分中国人深感对西方文化的失望，表示此后将不再单纯地吸收西方文明，而是要挖掘自己古老的传统，寄希望于自家那些圣圣相传、历久不灭的精神文明。②

更为可悲的是，西方哲人如此平常的话头和带有远方来客的客气话语，竟然激起一批中国人的自我陶醉和盲目乐观，似乎"中国人的世纪"真的要到来了那样。这批第一次世界大战后出现的新传统主义者与辛亥革命后第一代传统主义者稍有不同的是，他们不仅认为中国文化是解决中国问题的良药，中国的现代化只能基于传统的立场上起步，而且乐观地认为中国文化是拯救人类免于毁灭性灾难的唯一出路。辜鸿铭在《战争和出路》中不无自信地写道："如果能够研究中国文化，就可以帮助解决现代世界最困难的问题，这个问题就是要拯救西洋文明的破产。"就连近代中国"西学圣人"严复也在第一次世界大战后，在西方哲人那些

---

① 平佚：《中西文明之评判》，《东方杂志》1918年第六期。
② 伧父（杜亚泉）：《迷乱之现代人心》，《东方杂志》1918年第四期。

寻常话语的刺激下莫名其妙地亢奋，以为孔子之道儒家伦理终于迎来了一个历史性的转机，终于可以成为世界文明的中心。①一个原本深沉的启蒙思想家竟然表达如此浅显怪异的思路，以为第一次世界大战充分证明西方文明的问题，西方文明的核心只有"利己杀人，寡廉鲜耻"八个字，回观孔孟之道，真量同天地，泽被寰区，是拯救世界的灵丹妙药和不二法门。②基于此种比较怪异的认知，严复转而欣赏辜鸿铭那些惊世骇俗的东方文明优胜论，以为辜鸿铭的看法虽然可能稍嫌太过，但亦不无理想，不可抹杀。辜鸿铭至少看到了西方文明专言功利而致人类生灵涂炭的内在缺陷。对于这一点，竭力向中国人传播西方文明的"西学圣人"严复却深以为然。③这不能不令人感到吃惊和难堪。

严复、辜鸿铭等人的言论，在第一次世界大战后的中国思想界并不是一种孤立的文化现象。在某种意义上说，这个文化现象既是对先前全盘反传统主义理论漏洞的修补，是对全盘反传统主义的一个反动，也是基于对西方近代文明在第一次世界大战的干扰下而出现的暂时困境所产生的困惑，是对辛亥革命后第一代传统主义者思想遗产的认同和继承，甚至他们中的许多人诸如严复，本身就是辛亥革命后的第一代传统主义者。

与辛亥革命后第一代传统主义者稍有不同的地方在于，第一代传统主义者基本认定西方近代文明不仅不合乎中国国情，而且在某种程度上可能正是引起中国动荡不安的根源。中国当时最迫切的问题不是要不要走上现代化的道路，而是如何抵挡住西方文化的冲击，从而使圣圣相传的文化传统不在他们那一代人手中丢失。他们的人文关怀侧重点不是中国社会怎样向前走，而是如何对待文化传统这个沉重的历史包袱。

辛亥革命后第一代传统主义者经过全盘反传统主义者的冲击，就其理论形态来说已不再引起人们的兴趣。然而由于全盘反传统主义理论体系的内在缺欠，以及其理论体系在现实中国缺乏足够的可操作性，再加

---

① 《与熊纯如书之七十三》，《严复集》，690页，北京：中华书局，1986年。
② 《与熊纯如书之七十五》，《严复集》，692页。
③ 《与熊纯如书之二十三》，《严复集》，623页。

上此时西方社会内部所爆发的那些令人生畏的问题,于是人们的关怀点便不能不从外部移入内部,不能不思考既要使中国获得进步与发展,又要使中国避免西方业已出现的那些问题。因此在一定意义上说,因第一次世界大战而崛起的新一代传统主义者,他们已不再像他们的前辈——辛亥革命后的传统主义者——那样,竭力排斥西方近代文明,而是能够站在相对比较坦然的立场上面对西方近代文明对中国文明的冲击,能够在一种比较适度的范围内主张中西调和,重建中国文化的新体系。曾经竭力反对过张之洞"中体西用"说的梁启超在目睹了欧洲所遭受的第一次世界大战的惨状之后表示,包括他个人在内的中国人先前的看法可能真的有问题,中国确实不应该像张之洞所反对的那样全盘西化,转身向西走,即便不像张之洞那样用"中体西用"的教条去规范中国文明的未来,但中国文明实际上还真在这个世界肩负着比较重大的历史责任,这个责任,就是拿西方文明来扩充我的东方文明,又拿我的东方文明去补助那西方文明,从而产生一种新文明。[①]由此可见,第一次世界大战后的新传统主义者的人文关怀已不是排斥西方文化,而是中西文化如何在这新的历史环境下优势互补,重构一种新的文明形态。

梁启超、罗素还有美国哲学家杜威等中外学术名流的鼓吹貌似公允,在社会上引起了强烈反响,整个世界在第一次世界大战的打击下人心惶惶,以为末日到来,唯独中国人却在此时找回了信心,找回了尊严,找回了文化上的自大,单方面或者说一厢情愿地期望未来的世界文化是东西文明调和的产物,至少在未来的世界文明中应该更多地注意到或者说注入更多的中国元素。善良的愿望几乎使人们以为就是事实。

正是在这种学术文化背景下,原来无心著书立说的梁漱溟实在忍不住了,不得不站出来将自己与众不同的思考贡献给国人,于是不自觉地参加了五四新文化运动中这场东西文化大论战。

梁漱溟的个人经历非常奇特、非常惊人,说他是中国历史上"最后一个儒家",当然不错;但要说他是中国历史上"最后一个叛逆",可能

---

① 《欧游心影录》,《饮冰室合集》专集之二十三,35页,北京:中华书局,1990年。

更准确。因为他的一生，总是在与时代潮流或者说与时代主流较劲，当科举还是中国士大夫唯一进身之阶的时候，他去学什么 ABC；当别人都要革清政府命的时候，他却说要保皇；当民国建立，共和实现时，他却要出家，却要学佛；当别人都说往西走，向西方学习时，他却说往东走，往西走的路不通。至于此后至其生命终结，梁漱溟几乎始终以一种叛逆的心态面对这个世界，始终期待保持着一种独立、冷静、自由的思考，当然是否做到是另外一回事。

传统的说法总以为梁漱溟参加五四时期东西文化论战是站在陈独秀、胡适一派的对立面，是东方文化派即顽固守旧派的主将或代表人物。梁漱溟个人从来不承认这一点，考诸梁漱溟思想的全部发展线索，也很容易看出这个传统判断把复杂的学术问题看得过于简单，似乎真如两军对垒，阶级阵线分明。

正如我们前面反复说过的那样，在当时的文化论争中，最激进的莫如陈独秀等《新青年》一班人，他们有感于辛亥革命的失败而激烈抨击传统文化，集中批评孔子思想和传统道德，鼓吹全盘西化，或全盘法兰西化，或全盘俄化。但是，陈独秀一班人往往困惑于西方学者欧洲中心主义的迷雾，以为西方文化具有自己的民族性，尤其是西方文化的不可推广性，因而主张把西方的一套全盘照抄。同时，他们也惯于中国知识分子以复古为旗帜而求革新的传统手法，以一种无以名状的逆反心理，不辨中国文化的民族性，把现代化等同于西方化，提出一些无法实行，至少是当时不可能立即实行的绝对化的理论。如陈独秀基于中国政治变革长时期不能彻底实现的分析，而以为政治制度的改革是枝叶，中国的改革应该重新开辟新的途径，抛弃或者暂时放弃戊戌以来在制度方面的努力，而单刀直入地探寻、移植西方文化，接受民主与科学，以唤醒国人"最后之觉悟"。①

应该说，陈独秀等人确实看到了中国问题的症结，只是在解决的途径上过于激进，一方面必然引起反对派的竭力抵制，另一方面又不可避免地

---

① 《吾人最后之觉悟》，《独秀文存》，37页，合肥：安徽人民出版社，1987年。

使后来者更为激进,以致走上偏激的道路,使其主张更缺乏可操作性。

循陈独秀思路而发展出来的偏激主张,主要有陈序经。陈序经在后来发表的《中国文化的出路》中,就嫌陈独秀所要的西化只是民主与科学,除此之外,没有别的,因此认为陈独秀所要的西化并不是全部的西化,陈独秀的贡献仅仅在于他根本否认中国一切的孔教化,并非主张全盘西化,因而只是一种消极的文化主张。①

在陈序经看来,积极的文化主张应是全盘西化的功夫,也就是说,要将西方文化视为一个整体,对于西方的一切,不论好的还是坏的,包括军国主义和金钱主义都应该毫不犹豫地引进。他强调,假使我们以为西方社会的军国主义和金钱主义产生不少罪恶来,所以要反对,那给西方社会带来无限好处的民主与科学也并不都是好东西,也曾同样制造出不少罪恶来。我们不会因为民主、科学还有这样那样的问题而拒绝它们,那么我们为什么要因为军国主义、金钱主义存在某些问题而拒绝它们进入中国呢?我们要享受民主、科学的利益,就应该接受民主、科学发脾气时给我们吃的亏;同理,我们可能会在接受军国主义、金钱主义时吃点亏,然而谁又知道我们不会因此而获得意外的收获呢?②

文化作为一个整体,自然不是此方一厢情愿地在吸收彼方文化时,吸收其精华而拒斥其糟粕,任何一种文化都是一个密不可分的整体,都是其物质文化、精神文化以及各要素间的高度统一,每一个精神文化都有其相应的物质文化作依托,而每一个物质文化也总不外乎有一种精神文化作为表现形式。全盘西化论者有鉴于此而强调全盘引进西方文明,以改造乃至抛弃、替换中国旧文化,虽过于偏激且缺乏可操作性,但并不是毫无可取之处,至少他们看到了文化的不可分割性。

然而,全盘西化论者过于偏激的文化、政治主张严重挫伤了中国知识分子的自尊心、自信心,不论在学术界还是在一般社会中都只能引起反感,而无法获得国人的共鸣。从反感出发又势必引起激烈的反对而走

---

① 《中国文化的出路》,《走出东方——陈序经文化论著辑要》,138 页,北京:中国广播电视出版社,1995 年。
② 《东西文化观》,《走出东方——陈序经文化论著辑要》,153 页。

上另一极，使一些人仿佛是基于民族主义的情绪，坚持中国文化不论其性质如何都可以放之四海而皆准，从而提出另外一种绝对化的主张。

1916 年，杜亚泉在《静的文明和动的文明》中，以为西方社会多民族纷争，自然环境适宜于商业，于是西方人的观念，以为社会存在是互相竞争的结果，依对抗而维持。中国的情形则不然。中国社会自古以来只是一家一姓兴亡之战，自然环境只适宜于农业，于是中国人的观念便以为社会的存在只是各方面相互调适、相互让步的结果。基于这种观念上的歧异，遂使西方社会注重人为，反对自然，生活向外，竞争重于安逸，胜利重于道德，无时不在战争之中，无处不是竞争之地；而中国人基于自己的生存条件，一切皆注重自然、顺从自然，听命于自然的安排，不作无畏的抗争，生活向内，安分守己，不能无限开源，只能勤俭克己而节流。中国人除自然的个人外，别无假定的人格，道德高于胜利，与世无争、与物无竞，时时处处以避免战争、避免竞争、避免一切人为的冲突为第一要务。

按照杜亚泉的分析，中西文化的差异是性质之异而非程度之差，两者之间根本无法进行先进与落后的比对。从这个意义上说，中国固有文明面对西方文明的冲击、挑战，不仅不应该退缩，不应该被抛弃，恐怕正应该重建信心，重建自尊，重新拿起自己老祖宗留下的这些文明遗产，去拯救、去调整世界文明在西方近代文明的诱导下一味偏重物质的缺失，重建世界文明的新体系。①

在五四新文化运动东西文明论争中，除全盘西化和固守东方文化两个极端思维外，还有一种折衷调和说。这种种学说都表明中国人对文化问题的焦虑、关注与自觉，表明不仅中国文化到了一个可能会发生转变的关键时期，而且世界文明也可能因西方和东方的各自问题进行新的调整和重建。正是在这样一种历史文化背景下，梁漱溟开始了他的东西文化比较研究，开始思考并提出一种新见解。

梁漱溟既没有留学欧美或日本的经历，也没有前清的功名，甚至没

---

① 伧父：《静的文明与动的文明》，《东方杂志》1916 年第十期。

有什么显赫的地位与名声，他只是因为一篇有关印度佛教的文章，被同样具有哲学爱好的蔡元培看上，而蔡元培却又有机会当北大校长，于是身份独特的梁漱溟在蔡元培兼容并包、不拘一格降人才的政策影响下，成了北大的一名教师。他对东西文化这些问题的思考，也就是从1917年底追随蔡元培到北大时开始的。

蔡元培聘请梁漱溟到北大，是要他为北大文科学生讲解佛教哲学或者印度哲学。只是他在讲解佛教哲学一段时间后，萌发了对东西文化及其哲学进行综合研究的兴趣。1918年，梁漱溟发布广告征求研究东方文化的同志，并开办一个孔子哲学研究会。

经过两年多时间的研究和思考，梁漱溟于1921年暑假应约到济南演讲"东西文化及其哲学"，系统地讲述自己对东西文化、对人类文明未来的看法。

在这个系列演讲中，梁漱溟既不满意于陈独秀、胡适等五四新文化运动主流派的激进文化主张，也反对梁启超、杜威、罗素等人的文化调和说，而是从文化路径上重新区分世界文明的各个分支，从精神生活、物质生活和社会生活三个方面重新检讨世界文化各个主要分支的基本状况和基本态度。

按照梁漱溟的分析，如果仅仅从精神生活、物质生活和社会生活三个方面看，东方文化远不及西方文化优越。尤其是西方近代以来的科学与民主精神，是世界上无论哪一个现代民族都不能自外的东西。从这个意义上说，东方文化是一种未进的文化，西方文化是一种既进的文化。那种认为东方人在政治制度、社会风俗习惯以及物质享用方面虽不及西方人，而在精神方面比西方人有长处的新旧派人物，梁漱溟认为这种观点全然不对，且非常有害，实在是很含混不清，极糊涂、无辨别的观念，没有存在的余地。①

梁漱溟指出，我们比魏源、曾国藩、李鸿章以及康有为等人的进步，

---

① 《东西文化及其哲学》，《梁漱溟全集》卷一，341页，济南：山东人民出版社，1989年。

就在于从"以物质观西方化"的眼光转移到从文化的根本即思想、精神方面的异点上观察西方化。所谓文化改造、哲学更新都是对着中国固有文明而说的,何以还说固有的精神文明优于西方,可以保留?很清楚,在梁漱溟的观察中,新旧两派都陷入一个自相矛盾的境地。正如严复早就指出的那样,文化是一个整体,其本末、体用不可能分开观察,更不可能只用其末、只用其用,而不顾及其本、其体。与严复的致思理路大致相同,梁漱溟强调文化无论东西,物质方面与精神方面总是一贯的,而且精神方面尤为根本,绝没有物质方面必亡而精神方面可存的道理,所以要改革就从根本上改革做起。很显然,梁漱溟这是将文化视为一个整体的系统工程,不是可以零售或搭配出卖的。这个看法当然较之先前的全盘西化和守旧的东方文化主张都要更细致、更精细。

通过对东西方及印度三方面文化进行充分的比较研究后,梁漱溟对世界未来文化作了大胆预测。他认为,世界未来文化就是中国文化的复兴,有如古希腊文化在近代西方的命运一样。按照他的演绎,人类生活只有三大根本态度,由这三大根本态度演变为各别不同的三大系文化,即西方、中国与印度。这三大系文化自其成绩论,无所谓谁家的好,谁家的坏,三家文化都曾对人类文明做出过伟大贡献。然自其态度论,则有个合宜不合宜的问题。

相比较而言,梁漱溟认为,希腊人态度要对些,因为人类原处在第一项问题之下;中国人的态度和印度人的态度就嫌拿出得太早了些,因为问题还不到。不过希腊人也并不因为他们看清了历史发展的走向而有意为之,而是历史背景、地理环境等各种复杂因素综合导致,所以欧洲在经历了希腊罗马时代之后,却莫名其妙地转入一个长达千年之久的"中世纪",直到欧洲文艺复兴乃有机会重新回到原先的道路,重走希腊人走过的路,重新捡起希腊人的态度。由于西方人这次坚定地走希腊人的路,并且一直走下去而不放弃、不抛弃,于是人类文化上所应有的成功如征服自然、科学、民主都由此成就出来,这就是所谓近世西洋文化。①

---

① 《东西文化及其哲学》,《梁漱溟全集》卷一,526页。

西方文化的历史发展是否如梁漱溟所描述的那样简单，我们不必深究。我们的兴趣只是，处在现代化过程中的梁漱溟确实看到了传统与现代之间存在着密切且并不总是处于对抗性状态的矛盾。西方近现代的历史表明，传统的东西并不是都有碍于现代化，只要进行拣择性批评，传统便可以为现代化服务。如果一味把传统与现代对立起来，实质上是把传统一概归为过去的东西，一概视为一成不变的僵死教条。梁漱溟对西方文化发展历程的分析，其价值首要在于正确揭示了传统与现实的真实关系，澄清了把传统等同于过去，而牺牲其现代内涵的误会，从而有助于理解中国传统文化在现代化过程中的实际作用。

梁漱溟认为，西方文化在近代的胜利，只在其适应了人类目前的问题；而中国文化、印度文化在近代的失败，也非其本身有什么好坏可言，不过就在其不合时宜罢了。在人类文化形成之初，都不能不走第一条路，不能不解决人类的生存与繁衍问题。中国人自不例外，但中国人不待把这条路走完，却中途拐弯到第二条路上来，把以后方要走到的路提前走了，成为人类文化的早熟。但是人类明明还处在第一问题未了之下，第一条路不能不走，哪里容你顺顺当当去走第二条路？所以中国文化就只能委委屈屈表现出一种暧昧不明的文化状态和文化情怀，不能够像西方文化那样鲜明，那样直接，那样有力地推动社会在第一条路向上走下去。

从19世纪末20世纪初中国社会的实际出发，梁漱溟对中国文化的这种埋怨和责难情有可原。即中国没有真正解决人类生存与繁衍的基本问题，便无从谈精神的充实与发展。中国的首要问题尚不是谈论生命的活泼流畅，而是尽快地解决生老病死的物质匮乏。但是，揆诸历史事实，我们又看到梁漱溟这种表面责难而实则赞美的中国文化论，从根本上仍未弄清中国文化何以产生、发展、繁荣的社会历史原因，仍是一种理念演绎，以先验的结论去评判中国文化，因此其价值便值得怀疑。

应该说，这种中国文化"早熟论"在当时或稍后的中国学术界并非梁漱溟一人所持有，秉承各种思想流派的学者似乎都看到了此点。只是同样基于"早熟论"，但问题视角、论证方法和评估原则却差异很大。大多数人以为中国文化早熟，跳过了其发展的必要阶段，那么，目前的中国应该充分抓住时机，迎头赶上，顺利解决人生第一问题。然而梁漱溟认为，中国文化虽在以前不合时宜，而此刻则机运到来。因为第一条路走到今日，病痛百出，现在西方人都想抛弃它而走第二条路。尤其是第一条路走完，第二条路移进，不合时宜的中国人的态度、东方文化却时来运转，静以待变，终于等来了"三十年河西三十年河东"的历史机遇，不知不觉中成了最合乎现在需要的人生态度和文化形态，于是西方人开始将目光转向东方，期待在东方、在中国固有的文化中能够寻找到解救西方社会问题的良方。

平心而论，梁漱溟的这些看法用在当时中国固然不妥，至少在潜意识层面反映了中国传统知识分子的崇古心理，他忘记了传统的中国社会是以农业生产为主要方式，而现代社会的重要标志则为大机器的工业生产。由于生产方式的绝对不同，就不可能批评地把中国人的态度重新拿出来。在传统社会条件下，中国人的基本态度是进取心不足，守成心有余，缺乏创业冲动，安于知足常乐，缺乏创造性和主动性。这样一种人生态度无论怎样进行批判性的扬弃，也不可能具有现代性，不可能和现代化同日而语。当然我们不会忘记，梁漱溟不是在狭隘的眼界中讨论中国民族之前途，不是在说中国人应该如何做，而是站在人类文明发展的高度对全人类的忧思，是讨论全人类文化之命运，寻求拯救人类文明之良方，寻求具有普世价值的终极关怀。明于此，我们就不应该对梁漱溟的这些论点进行过多指责，而应看到其哲人的睿思、忧患、畅想。

站在全人类文化发展的高度，梁漱溟宣称世界文化的最近的未来必将是中国文化的复兴，中国的儒家文化一定能够在新的历史条件下获得新的生机和新的开展。梁漱溟的这个判断在一定意义上确实是不拘泥于只从现在出发的实用功利来考察问题，而是从深远的未来前景规划、重整中国文化。但是，在当时的中国，正如胡适所感叹的那样万事不如人，梁漱溟这种孤独的意见似乎只是梦一般的幻想，其本质仍是从过去看未来，而不是从未来看过去，因为他所说的世界未来，他所憧憬的未来情形只是中国过去的摹本加上现代化的生产工具和生活方式。

传统是流动于过去、现在与未来整个时间流程中的过程，而不是在过去就已凝结成形的一种实体。它除了已成形的过去存在外，还应包括尚未被规定的东西，传统永远处在创造之中，永远向未来敞开。但是，世界的未来决不可能是物质的丰富、技术的进步加上传统的社会情景，而是以往历史所未有过的情景。那么，未来的文化不仅不可能是中国文化的复兴，甚至也不是人类文明总和的复兴，而只能是在人类既往文明基础上的新创造，是对全部传统进行改造、整合与重建。

当然，我们看到梁漱溟站在人类文明的高度重新审视既往文化，展望未来文化，不仅对西洋文化有所批评，而且对中国文化并无偏袒之情，那些所谓梁漱溟为东方文化派的论点显然未见于此。因为我们知道，梁漱溟虽对中国文化拯救现时弊端百出的西方文化寄予厚望，但也承认中国文化在全人类实行之后，也必然会生出新的弊病来，当初借以解救痛苦的是西方文化，后来贻人以痛苦的可能还是西方文化。因此梁漱溟虽然相信世界未来文化就是中国文化的复兴，但从长远看决不会是中国文化万世一系的独霸天下，而必被更高级、更精致的印度文化所取而代之。①

印度文化在未来世界文化中或许具有自己的价值，但是在最近期的人类文化构成中，梁漱溟似乎也不认同将是印度佛教文化的复兴，相反，他觉得应该在最近期坚决排斥印度佛教文化。他的理想文化形态是：

第一，要排斥印度的态度，丝毫不能容留；

第二，对于西方文化是全盘承受，而根本改过，就是对其态度要改一改；

第三，批评地把中国原来的态度重新拿出来。

梁漱溟说，这三条是他多年来研究东西文化和人类共同体的前途等问题后得出的最后结论，是几经审慎而后决定的，并非偶然的感想。他强调，中国文化所有的不好不对，所有的不及人家之一点，就在步骤凌乱，成熟太早，不合时宜。并非中国文化的态度不对，只是这态度拿出太早不对，这是中国唯一致误之所由。中国人不待抵抗得"天行"就不去走征服自然的路，所以至今仍被自然所困扰；中国人不待"有我"就去讲"无我"，不待个性伸展，就去讲屈己让人，所以至今中国人也没有

---

① 《东西文化及其哲学》，《梁漱溟全集》卷一，527页。

真正从种种威权底下解放出来；中国人不待理智条达，就去崇尚那非逻辑、非理性的精神，就专好用直觉，所以至今中国思想也不得清明，学术也都无眉目。

中国文化既然已经如此发展，现在既不可能回头重走西方文化的第一条路，也不可能往回去走印度人的第三条路。假使没有外力的入侵，没有国际环境及中国文化生存条件的变化，中国文化必将长此终古。然而，西方文化踏着传教士、探险者的足迹潮水般地涌向中国，中国文化与正有成就的西方文化相比确实相形见绌，自然经不起西方文化的威凌，只有节节失败，忍辱茹痛，听其践踏，仅得不死。这一切的错误都应归结到中国文化的贻误，只缘一步走错，弄到这般田地。那么，怎么办呢？梁漱溟指出，鉴于近代以来的残酷事实，不能不承认中国文化的不好，也不能叹惜致恨于古圣人的道理未得畅行其道。中国之所以落到目前这种境地，全由于我们自己的文化而莫从抵赖，也正为古圣人的道理行得几分，所以才致这样，倒不必恨惜。但中国人绝不能后悔，绝不能怨尤，以往的事不用回顾，中国人只需爽爽快快打定主意，决定现在的路应该怎样往下走。简单一句话，梁漱溟认为，中国人唯一可走的路就是抛弃过去的成见，抬起头来往前看。

传统不是凝固的过去，而蕴涵有丰富的现在。一厢情愿地抛弃传统，在一张白纸上作最好最美的图画，只能是诗人般的幻想语言。传统的最大特点恐怕就在于不论现代人是否理睬它，它都会无私忘情地关怀着现代人。正确的选择大概是，现代人既不能对传统束手无策、裹足不前，但又不能不在向前迈进的同时拿出一定的精力关照一下自己的传统。

那么，往前看，在当时的中国，什么是最重要的问题呢？梁漱溟认为，当时中国最需要的是怎样能让个人权力稳固，社会秩序安宁，不如此，中国就不能巩固国基，就不能在国际上成为一个现代民主民族国家，也不能让社会上一切事业得以顺利进行。原则上说，梁漱溟并不反对中国学习西方，只是更加强调在这一学习过程中鉴于西方国家已经走过的道路，已经发生过的弊害，而知道什么应该戒备，什么应该防范，并为世界第二路文化的实现积蓄力量、准备条件。因此从这个意义上说，确实不好将梁漱溟的文化理念归为保守或者激进的任何一方。在激进者看来，他保守；在保守者看来，他激进。这就是梁漱溟文化理念的独特之处。

《东西文化及其哲学》的出版，在学术界乃至整个社会都引起了强烈的反响，使梁漱溟"暴得大名"，以北京大学区区讲师的身份成为国内学术界的新闻人物，誉之者称这部书为"新文化里面第一部有价值的著作"[①]，不满者则设法捕捉书中的漏洞或论证不严密的地方大加发挥，攻其一点，不及其余。然而从舆论的总体看，各方面对这部著作反响不一，有褒有贬，更多的则是"语言不通"，出现理解误差，本义和释义分离，有的评论则干脆与这部著作成为两码事，只是借着评论这部著作为由头表达自己的一些看法而已，东西文化经过数十年的接触，终于有了一次规模不小的混战机会。

对《东西文化及其哲学》最先发表评论的似乎是曾经参与创办《学衡》杂志的刘伯明。刘伯明具有西方哲学的系统训练，因而在他看来，梁漱溟的这部书在基本倾向上无疑是文化保守主义的。而适度的文化保守，也正是刘伯明的主张。所以，他自认为梁漱溟的同道，对这部著作给予比较高的评价。刘伯明认为，就总体上看，梁漱溟的《东西文化及其哲学》一书确有贡献于今日，其影响之及于学术界者必甚健全，其原因就在于当今中国学者大率喜欢侈谈西化乃至全盘西化。其所谓西化，又往往限于最新而一时流行的东西，往往视中国固有文化如敝屣、如糟粕。

在刘伯明看来，《东西文化及其哲学》之所以有价值，是因为梁漱溟的主张和研究方法与众迥殊，书中所体现的既不是狂热的全盘西化论和民族虚无主义立场，也不是固守东方文化的保守主义，而是采取一种客观分析的立场，视中、西、印三大文化为各自独立的体系，不可绳以共同准则，更不可固执成见，品第其高下。三者种类不同，故各有特长，不能说其中有先进、后进之分。

但对梁漱溟关于三大文化前景的分析，刘伯明也提出了严厉的批评。他认为梁漱溟把三大文化看成独立发展的系统，各有所长和所短，无疑

[①] 恶石：《评〈东西文化及其哲学〉》，《民国日报》1922年3月28日"觉悟"副刊。

是正确的。但在论及世界文化未来时，却把三大文化看作一条直线，以为西方文化反映了人类最初的理想，随着人类的发展，必然由西方化走向中国化，再由中国化走向印度化。刘伯明指出，梁漱溟的这一演绎不仅和前面的立论相矛盾，而且明显地表现出是以"佛学成见"评论西方化及中国化。

不惟如此，梁漱溟彻底否定东西文化调和的可能性，虽言之凿凿，也实在难以被当时大多数学者所接受。仅就感情层面而言，中西文化既有所长和所短，那么，理想的未来无疑是集二者之长，摒弃所短，创造出尽善尽美的新文化。若就理论而言，当然中西文化属于两种完全不同的文化体系，文化作为一个整体也不可能被零星批发和搭配出售，但是两种不同的文化一旦接触，不可能不发生一些影响和变异，对各自文化的发展不能不受某种影响。梁漱溟过于强调中西文化的不可调和性，显然过于看重文化的整体不可分割性。刘伯明指出，中西文化的调和或互补，在某种意义上不是一点也不可能。如西方人略于人情世故，仅是相对于中国人过于精通、过于讲究人情世故而言，并非西方人一点都不懂得人情世故。况且西方文化的特色，如计算精确、注意小节等，正是中国文化崇尚浑融之所短，中国文化的未来发展应正视所短，吸收其他文化所长而弥补之。

在谈到西方文化时，精通英文，兼通法文、德文、希腊文及梵文等各种语言文字，并专治西洋哲学的刘伯明自然比梁漱溟有更深的理解，他以为梁漱溟对西方文化的判断基本上不正确，其谬误之处较为易见。因为西方文化是一个内容十分复杂的体系，而不仅仅是科学与民主，或仅仅是希腊、罗马和近世文化。通观西方思想文化的沿革，至少有三种极为明显的倾向，一是科学，二是神秘，三是人本。此三种倾向，自希腊以来即有之。而梁漱溟以为希腊人只有科学精神，重视现世，优游以乐生，故走上人生的第一路向，此固通常之说，但在刘伯明看来，具有缺乏学术的严谨和必要的限定。[1]

---

[1] 刘伯明：《评梁漱溟〈东西文化及其哲学〉》，《学衡》三期，1922年3月。

梁漱溟《东西文化及其哲学》的失误不仅表现在著者以主观态度规范西方文化，而且表现在他以哲学论文化，以哲学代表文化，而不是用科学来分析文化的整体和全貌，因此，著者的结论难免令人生疑，即或正确，充其量也不过说了文化的一部分。最先发现这一点的是张东荪，张东荪对哲学与文化有深入独到的研究，他的批评应该是专家之言。

张东荪指出，根据梁漱溟对中、西、印人类三种生活样法的分析，便知道梁氏所谓"东西文化及其哲学"只是"哲学观的东西文化论"，而不是民族心理学的东西文化论。依照民族心理学的研究，民族的特性或人性并不是不能改变的，因此我们不必因民族有特别本能而就以为不能采用他族的文明了。梁漱溟把东西文化之根本都还原到哲学上，只能算一种观察而不能算研究，更不能算研究文化全体的方法。张东荪强调，研究中国哲学全体不能只举一个孔子，孔子之外别有老、庄、申、韩等多家；研究印度哲学不能只举佛教尤其是唯识家，佛教以外尚有别家哲学。至于西方哲学，近代的不必说了，即以希腊哲学为例，已是百花齐放、异说纷呈了。虽说各种哲学学说影响于该民族的生活有势力大小的不同，然却不能说该民族绝对不受某一学说的影响。张东荪还指出：一个事实是，无论哪一民族，其中的哲学学说都不止一个，并且是很复杂的，但是其民族中的各种哲学虽互相反对而都带有这个民族的特性；一个事实是思想的交通，如印度哲学却不一定在印度，所以在一个民族中可以有一种哲学思想竟和他族中的一种哲学相同。张东荪认为，从这两点事实便可证明，哲学是哲学者的宇宙观与人生观，他发明这种宇宙观与人生观虽受民族根性与时代背景的影响，却有些是出于个人的创造力。

基于上述分析，张东荪对梁漱溟关于中、西、印文化的判断进行了批驳。他认为，第一，文化不是由哲学所产生，因为同时影响于文化的有许多相反的哲学学说，所以不能说中国文化是孔子哲学所产生的；第二，文化与哲学的范围不相应，因为哲学终究有一些个人的努力，这种个人的人生观与宇宙观决不是该民族中人人所同具的。无论中国文化或梁漱溟说的中国人的生活样法与孔子的思想有多大的关系，然而终不能并为一谈，印度文化无论与佛家思想有何等关系，毕竟是两个东西。

和刘伯明一样，张东荪对梁漱溟三大文化交替发展的演绎表示怀疑和"最不满足"。比如近代以来的西方思潮确实有一种反对"物欲的征逐"的倾向，如反对国家主义，反对战争，反对阶级制度以及社会主义诸派别，但是这种倾向只是主张向前追求应改变方法而绝不是以中国的"自得主义"取西方"向前奋进主义"而代之，绝不是像梁漱溟所演绎的那样是"持中意欲"以自得安分。质言之，张东荪认为，西方现代思想之所以发生如此改变，主要是因为向前要求用了自由竞争的方法，以致同类相残过甚，现在必须改用"互助"的手段，专心于征逐自然。以前是个人逐物，所以同类相残，现在变成社会逐物，则所得更多。实质上这是一种"社会的享乐主义"，而绝不是梁漱溟所说的什么西方文化必然要发展到中国的自得主义的"持中意欲"。

至于印度文化，梁漱溟认为其代表人类文化发展的最终归宿，必将在较远的未来代中国文化而大兴。张东荪指出，这种主张是大谬而特谬的，他以为这种"超绝"的"从事"（即从事于超绝的功夫），只能问可能与不可能；如其可能，则今天也可能；如其不可能，则其今天不可能，明天也不可能，断不能说今天不可能而明天就可能。果真如此，则我们不能不问明天所以异于今天在哪些地方。如果说是条件未备的关系，则条件显然是不在自身而在环境，而将来的环境不可能使人类比现在更烦闷。生活即是奋进，而奋进中必然含有烦闷，所以努力的人生观永远是正流，如佛教"向后追求"的厌世的人生观则永远只能是一个伏流。那么，到了将来，厌世的哲学不会消灭，但也决不会大盛，不能成为一种文化，不能为哪一个民族所独有，而只能是人类个体中的一种情绪，不能限于某一民族。

按照张东荪的本意，梁漱溟人生三种路向的分析本无错误，但不能划定为中、西、印三大民族所固有，三种人生路向在各个民族的人生观和宇宙观中都有不同程度的存在，它们之间的影响和渗透是必然的。中国人不可能如梁漱溟所期望的那样，在最近的将来全盘承受西方文化，同时又重提中国原有的态度。一个民族有它由历史而来的根性，断不是一旦要采取外来的文化而能立刻办到的。并且外来的文化充分灌入以后，固有的根性也不会消灭，必仍杂然呈露于其间，所以总不免有些变态。在一定意义上说，中国文化在世界文化上只占很小一部分，印度文化则是一个伏流，西方文化实在已不是西方本身的了，已大部分取得世界文化的地位，大部分含有世界文化的要素。因此，中国人采取西方文化便不是直抄他族的东西，而是吸收人类公共的东西，更不存在梁漱溟说的先全盘承受西方文化，再加以根本改造的可能性。①

和张东荪的说法不同，从欧洲留学归来的年轻哲学家李石岑在他的评论中根本否认梁漱溟人生三条路向分析的合理性和价值。李石岑认为，人类生活的全部发展都是向前走，只不过是走法不同，或是走的快慢不同，譬如西方人向前走，是左冲右撞走过来的；孔子向前走，是一面走一面安排，不吃力地走过去的。但都是同一路向，并不像梁漱溟演绎、设计的那样具有许多条路向。

与三条人生路向相连带的，是梁漱溟提出的中国现在应取的三种态度，即第一要排斥印度的态度，丝毫不能容留；第二，对于西方文化是全盘承受而根本改过；第三，批评地把中国原来的态度重新拿过来。关于第三个态度，李石岑和张东荪一样，认为孔子虽然伟大，确实感化过许多中国人，但孔子的思想只是在他生前或死后不多久的时候现了一现，并不能代表中国文化的全部。李石岑指出，中国此刻促使世界文化走向第二路不妨慢些讲，孔子哲学，此时暂可不必提倡；无论真孔、伪孔，此刻尽可不必去理论。因为你想批评地拿出"孔子原来态度"，其结果必致引起许多"非孔子原来态度"，那"非孔子原来态度"，力量定归比"孔子原来态度"大。李石岑强调，梁漱溟发誓要寻出孔子的真面目，只能是孔子一人之幸，却是中国人之全体不幸。中国现在所需要的仍然是陈独秀一班人对孔子的批判，只有这样，才可以推翻军阀的靠山，拔掉老百姓的迷根，才不至于被那些"伪孔"、陋儒等所利用。如果孔子的儒家哲学确有价值，那就尽情宣扬，也不必拉上孔子。

---

① 张东荪：《读〈东西文化及其哲学〉》，《时事新报》1923年3月19日"学灯"副刊。

不难看出，在对待孔子和中国文化的态度上，梁漱溟的真意并不被当时人所理解。不仅反对梁漱溟基本观点的一班学者如此，即使是那些"差不多全体赞成"梁漱溟观点的人也并没有真正理解梁漱溟的思想真谛。①

最先赞成梁漱溟观点的人，恐怕要数严既澄。严既澄对五四新文化运动多有指责，因而对梁漱溟对孔子思想和儒家文化的张扬以为是"深得吾心"，对梁漱溟"研究的精细"表示极为"佩服"，至于梁著中所表达的基本观点，严既澄表示"差不多全体赞成"，尤其是梁漱溟对孔子的评判以及对儒家伦理思想的发挥，严既澄认为是"全书最精到、最有价值处"，同时又提出一些相当严厉的批评。严既澄认为，一个民族的文化，断不是一个人领着路便可以把整个民族带入那一条路去的，大概非整个民族本来有这种趋势不行。同理，中国文化的发展，就绝不是孔子一人之功，而是客观形势、外部条件使然。依照严既澄的意思，大概环境的影响、客观的原因，是不免的；因为有了这样的环境，所以产生出这样的志向来，积渐成惯，更得天才来鼓舞推动，于是大家便不知不觉地走向那一条路上去，这才说得圆通。

梁漱溟对孔家哲学的发挥，盖以"性善"的假定为根基。最突出的是孟子对他人言性的批评，无不拿礼、义来比喻同嗜之味，同听之声。基于性善，梁漱溟对儒家思想发挥到极致，以为依靠儒家思想，便能达到"全凭直觉"的最高境界。对此，严既澄指出，梁的愿望或许不错，但这种观点和愿望毕竟是立足于假定的根基。根据近代心理学的研究，这个假定似乎已不能成立，因为一个人刚生出的时候，仅是混沌而已，性恶固然不可能，性善恐怕也无从谈起，人之初性善，还是性恶，先秦诸家争论不少，但从现代科学看，可能还是告子的说法比较可信，即性犹湍水，决诸东方则东流，决诸西方则西流。换言之，导之以善则善，

---

① 如《民国日报》1922年3月28日副刊"觉悟"刊载的恶石《评〈东西文化及其哲学〉》一文，表示对梁漱溟书中的观点差不多"统都赞成"，实际上并不理解梁漱溟这部著作的真意，特别是对梁漱溟所谓"三条路向"的"说破"，对梁漱溟思想的阐释并不准确。

诱之以恶则恶。

按照严既澄的意思，梁漱溟对儒家思想的阐释，的确是合理的人生态度，是一种"近代化的"孔家思想，本可不必论辩是否合乎孔子的原意，只要看其是否合理，是否合乎现代需要即可。从这个观点去观察，就不必说梁漱溟对儒家伦理的阐释是否合乎历史事实，只看他的论证是否合乎逻辑，是否能够自圆其说。可惜，在当时西化之风正烈之时，梁漱溟并没有勇气这样做，只是羞羞答答地强调世界文化的不远将来才是中国文化的复兴，而最近期的中国文化则是全盘承受西方化，西方化与东方化之间也无调和的余地，似乎二者是同一序列中的先后阶段。梁漱溟的这一判断反映了其内心的孤独和苦闷，和其身体力行的一些追求大相径庭，不可避免地使其的论证露出破绽，当然也引起了严既澄的不满足。严既澄在揭露了这些破绽后强调，东西文化不但有调和的可能，而且是非调和不可。①

对于这些正反两方面的意见，梁漱溟一概采取泰然处之的沉默，自始至终一概不愿作答，这一半是因为大家的赞美没有抓住梁漱溟的兴奋点，而那些"批评诲示"好像也没有能引起他作答的"兴味"，更多的原因则如梁漱溟所说的那样，由于理解的误差，他从这些不着边际的批评诲示里，很少"领取什么益处或什么启发"。②

然而到了1923年，胡适在《读书杂志》上发表《读梁漱溟先生〈东西文化及其哲学〉》的长篇文章后，梁漱溟起初仍不想作答，仅写一信寄给胡适，除表示感谢外，又稍嫌含蓄地指责胡适文中"间或语近刻薄，颇失雅度"，不明白胡适何以如此。③

对于梁漱溟的愤怒，胡适迅即专函作了解释，称自己做文章往往喜欢在极庄重的题目上说一两句滑稽话，有时不免流为轻薄，有时流为刻薄，虽有时因此增加文章的辩论效力，然也往往因此挑起反感。这大概

---

① 严既澄：《评〈东西文化及其哲学〉》，《民铎》1922年第三期。
② 《东西文化及其哲学》第三版自序，《梁漱溟全集》卷一，321页。
③ 《读梁漱溟先生的〈东西文化及其哲学〉》附录一"梁漱溟先生第一次来书"，《胡适文存》卷二，181页，合肥：黄山书社，1996年。

有向梁漱溟致歉的意思。只是胡适在此话题一转，表示轻薄与刻薄固非雅度，然凡事太认真亦非汪汪雅度。玩世的态度固可以流入刻薄，而认真太过，武断太过，亦往往可以流入刻薄。①很显然，胡适毫不客气地批评梁漱溟不懂得幽默，太缺乏幽默，认真太过，武断太过，所以实际上是流入另一种形式的刻薄。

胡适的批评似乎引起了梁漱溟的反省与默认，稍后，梁漱溟复函表示自己最近正在研读宋明理学家的著作，"服膺阳明"，深悔往时态度。言下之意，对先前的冒犯与不恭表示歉意。②至此，梁漱溟与胡适之间的不快暂告结束。

不料过了半年的光景，《努力周报》停刊，胡适在所作"停刊词"中旧事重提，称"努力同仁"在过去的一年半中在政治革新方面做了一些有益的事情，对于中国政治发展或许起到一定的积极意义，但是这种现实政治的努力远非他们的理想，他们用力之所在和成就之所在可能还在文化方面。胡适表示，在过去一年半中，《努力周报》必将留在中国思想史上的，不是政治上的革新建议，而是对梁漱溟、张君劢一班人的批评。③

稍后，新文化运动另一主将陈独秀接着胡适的话题往下说，宣称梁漱溟、张君劢被胡适等人教训一顿，哑口无言，为中国思想界赢得一线曙光。陈独秀还调侃式地宣称："梁漱溟说我是他的同志，说我和他走的是一条路，我绝不能承认。"④这对不知幽默为何物，且每每以圣贤自我期许的梁漱溟来说，是可忍孰不可忍？

按照梁漱溟的理解，他虽然对新文化运动中的主流意见有所保留，但大体上他是赞成这些意见的，从来都以陈独秀、胡适为同道。现在胡

---

① 《读梁漱溟先生的〈东西文化及其哲学〉》附录二"答书"，《胡适文存》卷二，182页。
② 《读梁漱溟先生的〈东西文化及其哲学〉》附录三"第二次来书"，《胡适文存》卷二，182页。
③ 《一年半的回顾》，《胡适文存》卷二，363页。
④ 陈独秀：《精神生活东方文化》，《前锋》1924年第三期。

适、陈独秀白纸黑字不仅不承认梁漱溟是他们的同道者，反而将梁漱溟视为新文化运动的对立面、障碍物，以为正是梁漱溟们阻碍了思想革新运动的进行。这使梁漱溟感到很难过、很伤心。

当然，梁漱溟也不否认他和胡适、陈独秀等人在思想上的差异或不同。他表示，他有他的精神，陈独秀、胡适有自己的精神，各有各的精神和价值，这正是思想能够独立存在的前提和条件。不过，他毕竟没有要打倒陈独秀、胡适而后才能成功的意思，他们在思想上只是有差异，而不是有冲突，有斗争。①他们不仅算不上敌人，而且应是"盟友"，他所做的一切包括"继绝学，开太平"，以当代孔子自居，也与胡、陈"打倒孔家店"的口号并不矛盾，而是相辅相成。

这只是梁漱溟的一厢情愿。在新文化运动时，胡适、陈独秀并不把梁漱溟作为盟友，而是把他列为与张君劢同类的"言敌"。仅就学术观点或对中西文化的基本看法而言，胡适认为梁漱溟"不免犯了笼统的毛病"：笼统地断定一种文化若不能成为世界文化，便根本不配存在；笼统地断定一种文化若能存在，必然翻身成为世界文化，并由此造出一条笼统、"整齐好玩"的一条线，一种"全凭主观的文化轮回说"，一种臆想的人生三条路向说。

在胡适看来，梁漱溟不仅对中西文化基本态势的整体观察过于笼统，就是对中、西、印具体文化的分析也犯有笼统的毛病。比如对印度文化的判断，梁漱溟认为其根本精神是意欲反身向后要求，而胡适则以具体的例子（甚至是梁漱溟举过的例子）证明不是"那么一回事"，印度宗教"何尝不是极端的向前要求"？

再如中国文化，梁漱溟以"调和持中"、"随遇而安"来概括，确实显得笼统和不全面，诚如胡适所说，这种人生态度不能说是哪一国的文化特征，这种境界乃是世界各民族的常识里的一种理想境界，绝不限于一民族或一国。中国思想中固然有，世界其他民族思想中也不乏其例，因为这种"美德"始终是世界民族常识中的一种理想境界。

---

① 《答胡评〈东西文化及其哲学〉》，《梁漱溟全集》卷四，739页。

至于梁漱溟判断中国人的思想是安分知足、寡欲摄生，既不提倡物质享受，也没有印度的禁欲思想，这在胡适看来，更与中国社会实况有很大出入。胡适以具体的事例批评梁漱溟发明的文化公式只是闭着眼睛的笼统话，全无真知灼见。其根本缺陷只是有意要寻出一个或者说发明一个简单公式，而不知简单公式决不能笼罩一大系的文化，结果只有分析辨别的形式，而实在都是一堆笼统话。

　　平心而论，胡适的批评相当程度上击中了梁漱溟论证的缺陷。并没有受过严格学术训练的梁漱溟为了证明自己的观点，在材料的取舍上是只注意与自己的观点有关的东西，而忽视了其他特别是足以反证的材料。仅以中国的文化而言，梁漱溟显然是以孔子的思想（梁氏心目中的孔子）代表整个儒家思想，又以儒家的思想代表整个中国人的思想，这难免犯有以偏概全的错误。

　　梁漱溟的错误不仅表现在三条文化路向的判断上，而且表现在对中、西、印三大文化系统的性质判断上。梁认为，西洋生活是直觉运用理智，中国生活是理智运用直觉，印度生活是理智运用现量。这便将各个民族不同时代知识程度的差异视为各个民族的本质区别。文化无他，只是民族的生活样法而已，从本质上说各个民族的生活样法无论怎样千差万别，在根本上都是相同的。用胡适的话来说，此即"有限的可能说"。①

　　根据"有限的可能说"，中、西、印三大系文化都有自己的光明时代与黑暗时刻，只是欧洲民族在最近的几百年，由于环境的逼迫而快走了几步，在征服环境方面的成绩较其他民族大了一些。这和赛跑一样，虽然只有一个人得第一，但其他的人只要不停地走下去，终究也能到达目的地。

　　胡适的这些论证，对于批驳梁漱溟的文化观自然有力，以梁漱溟思想表达过程中的内在矛盾否定了他所创造的文化公式。但是，应该注意的是，胡适在论证的过程中偷换概念，将梁漱溟本来讨论的文化问题扩

---

① 《读梁漱溟先生的〈东西文化及其哲学〉》，《胡适文存》卷二，172页。

而大之为整个社会的改革和进步问题。①

对胡适的这些批评,梁漱溟并不心服,以为胡适并没有真正弄懂《东西文化及其哲学》中所论问题,甚至怀疑尽管胡适写有长篇批评文章,但他可能并没有看过《东西文化及其哲学》一书,至少是没有认真看过,因此梁漱溟不客气地请胡适用心思"俯察"原书。②

胡适的冷嘲热讽深深地激怒了梁漱溟,无奈胡是以学术讨论作掩护,梁也奈何不得。但从梁回答胡的那篇演讲中,我们不难看出梁的愤怒之情,也比较容易地感到他们之间的冲突并没有完,他们迟早还会"较量"一番。

机会总是有的。几乎就在梁、胡争论的同时,中国思想界发生了"科学与人生观"的论战,当时叫作"科学与玄学之争"。关于这场争论,我们在下一章会专门讨论,现在只关心胡适与梁漱溟在这场论争中的表现。

在这场标志着"中国思想自觉"的文化论争中,胡适起先并没有出场,但是到后来亚东图书馆要将各家讨论文章结集出版时,出版者邀请胡适作序,胡适借此介入这场思想论争,表示自己是信仰科学的人,并提出自己的"新人生观",即"自然主义的人生观"。

胡适指出,自然主义人生观是根据天文学、物理学、地质学、古生物学、生理学、心理学和社会学等科学知识提出来的,是建筑在两三百年科学常识之上的一个大假设。这种人生观认为,人在自然界中真是一个藐乎其小的微生物,因果法则支配着人的生活,但人能考究宇宙间的自然法则,利用它来驾驭"天行"。

---

① 林毓生在《胡适与梁漱溟关于〈东西文化及其哲学〉的辩论及其历史涵义》一文中指出,胡适对梁漱溟的批评虽然盛气凌人,实际上与梁漱溟的理论并没有接头。综观胡适的批评,可以知道他对梁漱溟理论架构所呈现的困局并没有真正的了解,所以梁漱溟能够给予有力的反驳。事实上,胡适对梁漱溟所谓中国传统文化属于一特别类型,应该连根拔起、全部抛弃的看法,是暗地赞成的,因此也就无法指出梁漱溟理论背后的整体论的问题了。另外,林毓生认为,胡适所谓世界历史属于同一类型的历史主义,比梁漱溟的历史主义更为粗糙,因此胡适也就不可能指出梁漱溟历史主义的理论困境。见《思想家:跨世纪探索》,35页,上海:华东化工学院出版社,1989年。

② 《答胡评〈东西文化及其哲学〉》,《梁漱溟全集》卷四,756页。

就本质而言，胡适强调的科学人生观是一种积极向上的人生追求，这一点和梁漱溟此时的主张并无区别。然而，由于先前胡适对梁漱溟《东西文化及其哲学》不客气的冷嘲热讽，不能不在梁漱溟的心中留下一点芥蒂，不能不使梁漱溟寻找机会报此"一箭之仇"；当然，和胡适一样，梁漱溟的批评也是以学术讨论的形式出现的。

1923年12月9日，梁漱溟在北京大学第三院大讲堂作连续演讲的第三讲，专门批评胡适的人生态度。但为了使听众不觉得自己是"小家子气"，梁漱溟在开篇反复陈说、辩白自己批评胡适的心迹。他解释说，由他直接批评胡适似乎于礼敬上不大好，因为胡适先生是诸位同学的师长，是我们敬爱的朋友，似乎不应该批评到他的为人，而且这许多年来社会上很不注重礼敬，这本身就不太好。因此今天由他梁漱溟开宗明义地宣称公开批评胡适的人生观，自然也难免此弊。然而出于学术争鸣的考虑，梁漱溟认为他又有责任出面批评胡适。

梁漱溟解释道，这是因为这几年社会上有一种与从前人生态度不同的风气。这种风气如果有一个很有思想、很有价值的人替它做中坚，把它的道理说得圆融通妙，便可以站得住脚，真正成为一种时代风气。不过，由此也不可避免地会出现一些流弊，即由于是很有思想、很有价值的人做这种风气的中坚，使社会公众中不容易觉察此种风气的不足和缺点，而盲目相信。对于当时在人生观上的新风气，梁漱溟觉得问题不少，有专门批评的必要，而这种批评必须对准倡导这种风气的中坚人物，所以批评胡适便在情理之中了。

对胡适人生观的批评，梁漱溟集中在胡著《不朽》一文中所表现的观念，认为这篇文章"说理圆到"，而且能代表《新青年》一派的人生观，值得批评。

胡适的这篇文章发表在《新青年》第6卷第2号，确实在某种程度上代表了胡适和《新青年》一派思想家的人生思想。胡适认为，社会是一个有机的整体，世间的人不可能不受制于"世界一切动作的影响"。作为个人的"小我"不可能独立地存在，而是和无量数"小我"有着直接或间接的交互关系，进而言之，是和社会的全体乃至世界的全体都有互为影响的关系。于是胡适充满激情地提出了他的"人生不朽论",以为种种从前的因,种种现在无数"小我"和无数他种势力所造成的因,都成了我这个"小我"的一部分。我这个"小我",加上种种从前的因,又加上种种现在的因,传递下去,又造成无数将来的"小我"。这种种过去的"小我",和种种现在的"小我",和种种将来无穷的"小我",一代传一代,一点加一滴,一线相传,连绵不断,一水奔流,滔滔不绝——这便是一个"大我"。"小我"是会消灭的,"大我"是永远不灭的。"小我"是有死的,"大我"是永远不死的,永远不朽的。"小我"虽然会死,但是每一个"小我"的一切作为,一切功德罪恶,一切语言行事,无论大小,无论是非,无论善恶,都永远留存在那个"大我"之中。那个"大我"便是古往今来一切"小我"的纪功碑、彰善祠、罪状判决书、孝子慈孙百世不能改的恶谥法。这个"大我"是永远不朽的,故一切"小我"的事业、人格,一举一动,一言一笑,一个念头,一场功劳,一桩罪过,也都永远不朽。这便是社会的不朽,"大我"的不朽。①

胡适的"不朽论",无非是说历史是一个连续的发展过程,历史不会亏待任何人,任何人的作为都既受历史因素的制约,反过来又影响历史的发展,不管这个影响是大是小。因此,作为"小我"的个人,不仅受那不朽的"大我"以往发展的制约;而且应有一种历史使命感,时刻想着如何利用现在的"小我",方可以不辜负那"大我"的无穷的过去,又不至于贻害那"大我"的无穷未来。这也就是那后来传之久远的"蝴蝶效应"的另一种说法。

胡适这样说,似乎并没有什么大错。梁漱溟也真诚地认为胡适的这番话"说得的确很好","实在可以于大家有许多益处"。并称假如自己不是以前本来站在另外一个立足点上,"一定也要很受他的感化"。

所谓另外一个立足点,是指梁漱溟素来反对对人的行为进行价值判断。他早就指出,人的行为的合理性不在于功利价值,而在于是否出于愉快的心理、自然的心理。一切严重教训以利害威迫人不得为恶或引诱

---

① 《不朽——我的宗教》,《胡适文存》卷一,506页。

人使之为善,都根本上与人的生活毫无关系,并不能使人变恶为善,反而给人一种不良影响,就是伤害人的生机,妨碍心理的愉快。妨碍了人的愉快心理,即可发生很多的恶行为。至于时常使人自省、悔过,洗涤旧恶,注意对历史负责的训诫,梁漱溟也认为不是最好的办法,因为人的本性有善有恶。所以最好的办法是着眼到自己好的一面,不要去理会那坏的一面。①否则,以历史责任的名目过于刺激,结果毕竟是不能长久的,实在也全无效力。

由于是站在别的立足点上,梁漱溟打心底里对胡适的"不朽论"不以为然,以为其"浅薄无能力"。他指出,胡适的这番话对于在情志上没有什么不安的人可以听得入耳,如果在情志上大动摇的人,如因失恋而几至自杀者,那就完全不相干。即使对于那些深感人生的空虚和烦闷及对于人生十分疲乏的人,也是完全无效。这一理论的有效性,在梁漱溟看来只限于那些已具有积极人生理念的人。何以故?

梁漱溟认为,胡适这些让"小我"负责任的话实在太浅薄,不足以对付生活。真正尝过人生酸甜苦辣的人,一定晓得这些道理无济于事,因为它不具有为青年解决烦闷的能力。胡适的这种人生态度是把重心放在外面,是要替生活"找"出一个价值和意义,而不明了生活本身的内涵和价值。

再进一步,梁漱溟批评胡适的这些道理不但没有救药的能力,实在恐怕还要增加人的烦闷。因为一些人本来很烦闷,听说有一片好道理可以替他解决,当然高兴,等到看见所谓顶好的道理也不过如此,岂不使人更失望、更烦闷?

那么,人生的这种烦闷难道就没有法子解决吗?不是的。梁漱溟认为,人生这种烦闷的病源就是一个"找"字。一个人当其烦闷时,实际上是在那里"寻找"人生的真意义,你再引导他去"找",结果是愈"找"愈"找"不到。梁漱溟指出,人生的意义与价值是不能"找"到的,"人生意义与价值究竟在何处"这样的问题是根本不应该解答的,

---

① 《如何可以使人的行为合理》,《梁漱溟全集》卷四,677页。

因为人生本无意义与价值。人生无所谓有意义与有价值，也无所谓无意义与无价值。①很显然，梁漱溟是采用佛教对付人生的基本方法，以取消问题作为解决问题的最佳选择。

然而，人生是一客观实在，不论人生是有意义还是无意义，这本身就是意义。梁漱溟指出，人生的意义就在生活本身，不要说凡夫俗子，就是孔子和他那些最杰出的学生一生所着力的也只在生活上，如果我们弄清孔子和他的学生们的生活，也不难明了他们的人生意义。②但是，决不能把人生的意义绝对化，以为人生的意义在于斗争，有无限量的历史责任，这样说，显然也未能把握人生的真谛。在这个意义上说，梁漱溟对胡适人生观的纠正不无道理，只是显得太过了些。

新中有旧、旧中有新

东西文化论战中的一个重要问题是新旧问题，不论是坚持向西方学习的西化派，还是坚持走自己路的东方文化派，其实都是教条主义的看法这些问题，都没有弄明白文化从来不存在绝对的新和绝对的旧，新与旧只是一个相对概念，新中有旧、旧中有新，才是文化发展的正常形态。所以在五四新文化运动东西文化论战中，另一个并不太为人熟悉的看法就是中西调和，他们执着地探讨中西、新旧、古今之间调和的可能性和调和之道。

1919年9月，杜亚泉撰文指出，思想上新旧的真实意义实际上是因时代的不同而不同。"新旧"二字在现代的意义颇为复杂，若仅以简单的观念，为现代思想界派别之标志，则诚有似旧非旧、似新非新，新中有旧、旧中有新，含混而不容易弄明白。

其实，"新旧"二字本从时间观念上发生，其间自然含有时代关系。时代不同，意义亦异。一个最简单不过的例子是，1898年戊戌时以主张

---

① 《批评胡适之先生的人生态度并述我自己的人生态度》，《梁漱溟全集》卷四，762—763页。
② 《孔子真面目将于何求》，《梁漱溟全集》卷四，770页。

仿效西洋文明者为新，主张固守中国习惯者为旧。但是仅仅过了20年，到了1918年第一次世界大战后，西洋现代文明已远远不能适应新形势，且有破产的迹象。因而此时的判断是，主张维持现代文明者为旧，主张创造未来文明者为新。

根据杜亚泉的论证，新中有旧、旧中有新，此亦一是非，彼亦一是非。这样一来，杜亚泉便轻而易举地将原来那些主张中国固有文化与习惯的旧观念解释成最具有现代价值的新思想，于是他便格外地强调新旧思想的折衷、东西文化的调和。

杜亚泉认为，中国固有文明虽然不能直接应用于未来世界，然而中国固有文明也颇有足以证明西洋现代文明有问题、有错误，能够为世界未来文明的创建提供某种借鉴。用科学的方法去刷新、去激活中国固有文明，中国固有文明就会成为世界未来文明的一个重要组成成分。

基于这种判断，杜亚泉认为现时代中国的新思想、新文明，不仅对于中国固有文明要持一种多元开放的文化胸襟，用科学的方法去刷新、去激活，而且在人们对西方近代思想文化普遍失望的今天，依然不应该视西方近代文明全为负面的东西，而是应该注意相当地吸收，只是不要全盘地模仿、全盘照搬而已。①

杜亚泉的看法引起了学术界的共鸣。就在杜亚泉这一见解发表的同一个月，章士钊在寰球中国学生会发表了一篇主旨类似的讲演，引起了各方面的争论。

章士钊在演讲中反对新旧时代不相衔接、不相融合的观点，以为新时代与旧时代不可能截然为两个时代。那么所谓新时代的新青年云云，其实也有旧时代的旧因素。所以谈论时代，谈论青年，谈论问题，都不要被表面上的光鲜名词所迷惑，而是要看其精神、其实质。任何一个时代都不可能是纯而又纯的"新"，当然也不可能是纯而又纯的"旧"。新与旧，只是相对而言，相对待而存在。我们不可能以1912年1月1日为界划出新时代与旧时代的截然区别，无法指出1912年的1月1日与1911

---

① 伧父（杜亚泉）：《新旧思想之折衷》，《东方杂志》1919年第九期。

年 12 月 31 日有什么根本不同。所以宇宙进步的真相可能是逐步的"移行",而非突然的质变、突然的"超越"。这是章士钊在文化变迁理论中的一个巨大贡献。

在章士钊的眼里,新旧时代连绵相承,不可能划出明确的新旧分界。宇宙的进化,只能是"移行"的,而不能是"超越"的。所谓移行的,就是说世界万物,不论进化到何种阶段,都是"新旧杂糅"的。新旧杂糅,就是调和。这样一来,所谓调和,实乃社会进化的最高原则。世上一切无日不在调和之中。中国青年无论政治方面、学术方面或道德方面,唯一正确的态度无非是尽心于调和之道而已。

章士钊在演讲中虽然一再声明自己从来不是一个文化保守主义者,因为他在 18 年前就是一个激进的革命论者,并主废学以救国。但这种声明并没有多少实在意义,不过与汪精卫的"烈士情结"相似而已。过去的激进不能代表永远激进,过去的守旧也不能代表永远守旧。进入民国之后的政治经验可以证明章士钊的思想在变化,只是这种变化可能并不是从激进到激进,也不是从激进到守旧,而是有一种折衷调和的意味在。章士钊一再说"新机不可滞",但他的那些原本具有相当意义和价值的调和论,在当时就不免显得具有浓厚的守旧与保守之嫌。因为他毕竟一再强调一个社会的良性发展,包括政治上、经济上、文化上,特别是道德上的守旧,必甚于开新。凡欲前进,必先自立于根基。而所谓根基,其实就是所谓旧。没有旧,决不可能有新;不善于保旧,决不能迎新;不迎新的弊端,只是使进化推迟;而不善于保守,不善于保旧的弊端,则近似于自杀。①章士钊的这个说法虽然听起来似乎很有道理,但实际上与 19 世纪末年盛行的"中体西用"调和论有什么区别呢?

东西文化融合论者除了基于精神与物质二元结构困惑外,他们的另外一个重大失误,便是预设西洋文明在物质建设上的成就和东方文明在精神文化上的意义。事实上,不论是东方文化还是西方文化,区别来看,它们都只能是各自独立的整体,精神与物质不可能截然分开,更不可能

---

① 士钊:《新时代之青年》,《东方杂志》1919 年第十一期。

存在物质文明超前进步而精神文明趋于破产的道理，否则便无法理解物质与精神之间的真实关系。

实际上，中国文化在过去近百年逐渐感到破产，逐渐感到不支，逐渐感到没落，这主要是在西洋文明的映照、比对下而逐渐产生的感觉。中国文化的落后也绝不仅仅表现在物质方面，而是中国文明在整体上与西方近代文明存在着差异。也就是说，不论这种差异是否意味着彼优此劣，彼今此古，但中西文明之间的差异只能是一种整体性，而不可能将之分解为精神与物质的二元结构，更无法以此二元结构进行对应性的比较研究。果如此，中国自洋务运动发生以来，几乎没有停止过物质文明建设，何以时间过去那么久了而依然从整体上落后于西方呢？

相对正确的解释应该是，物质文明与精神文明是任何一种文明的两种不同表现形式或不同侧面。物质的与精神的，在任何时候都不可能各自分别发展，他们总是有着内在关联或互动。假如真像一些人所说，物质与精神二者互相敌视、互不相容，那么许多历史现象就不好理解。通常意义上的所谓物质文明，不外乎人类精神能力的外在表现或物化表达；而精神文明不可能脱离该文明赖以产生、赖以存在的物质基础，其精神与物质的关系之密切，可能正像形之与影，辅之与车，相辅相成而不可须臾离开。正确的比喻，大致如人类肉体与心灵的关系，离开肉体则心灵不能存在，而心灵活动程度过低，则不管有怎样强健的肉体，其心灵活动也不能超越一般动物之上。[1]根据这个原则，要么承认中国文化整体性落后或进步，而绝不可能存在中国的精神文明优于西方，而西方的物质文明优于东方这样含混不清、模棱两可的判断与估计。

所以，当章士钊这种貌似调和而十足保守的观点一经发表，立即激起学术界的极大反响。张东荪批评章士钊的"移行"说完全是常识的揣测，因为他看见两个圆体移行，就拿来作个比喻，哪里晓得生物的进化和社会的进化却不是如此，所以不根据专门科学的事实而单靠着常识推

---

[1] 三无：《文明进步之原动力及物质文明与精神文明之关系》，《东方杂志》1921年第十七期。

理，必定要失败的。实际上生物的进化乃是"突变"，就是说生物到了一定时期突然自变其形态，在没有变的时候，那变的因已经潜伏在当中了，所以只有"突变"与"潜变"两种形式。突变是变的表现，潜变是变因的发生，凡是一个生物他表面上不变，但变的因已经在那里潜萌暗长，到了时候便突然呈露出来。生物的进化如此，社会的进化也是如此。在一个社会中，表面上没有变化，而里面不能没有变的种子。这个种子渐渐多了，一旦爆发，便成了一个新社会了。所以，张东荪说社会进化、文化发展只有突变和潜变，而没有移行，没有调和，一旦调和了，便不能产生出变化。①据此，张东荪强调，守旧论不足阻害新机，而调和论最是危险。现在是思想的潜变时代，所以不能调和，一经调和，那么成熟的新思想便消灭了，社会改造的动因也就没有了。②

在这场新中有旧、旧中有新的争论中，蒋梦麟未敢忘记自己的社会责任，他也曾著文系统地说明新思想不能用时代来定，也不能以西洋人作标准。

蒋梦麟指出，新思想是一个态度，这一个态度是向那进化的一方面走的，抱这个态度的人，视中国向来的生活为不满足，向来的思想无法使中国人得到知识上充分的愉快。所以他们要时时改造思想，希望得到满足的物质生活、充分愉快的知识活动。他们既视现在的生活为不满足、现在的知识活动为不能得到充分的愉快，所以把固有的生活状况、固有的知识就批评起来，这就引起旧思想的反抗。具有旧思想的人说，你们天天讲什么新思想，迎和青年厌旧喜新的心理，把中国的国粹都抛弃掉了，把中国的道德都破坏了。于是凡有讲新思想的，就送他一个过激派、共产主义派、无政府主义派徽号，这是他们消极地反抗新思想。从积极方面做，他们就讲起来古文是这样好，向来的道德观念是那样好，简单一句话，他们以现在的生活为满足。即使不满足的，也是国粹丧失的缘故。以现在的知识活动为不能得到充分愉快的，也是不尽心讲国学的缘

---

① 张东荪：《突变与潜变》，《时事新报》1919年10月1日。
② 张东荪：《答章行严君》，《时事新报》1919年10月12日。

故，但把国粹、国学发挥起来，满足的生活就来了，充分的知识活动就"乐在其中"了。

蒋梦麟认为，怀有旧思想的人对于西洋文化未必是不欢迎的，不过不要和他们向来的见解太离奇。所以他们听惯了一种新学说，起初以为离奇，极力反对，后来渐渐地受不知不觉的感化，倒也赞成了。中国的新派，并不是说凡中国所固有的都不好，他们只是要推倒他们所据为安乐窝的固有观念。新派是要改造旧观念，组织一个能够使生活丰富起来的新系统。所以，从这个意义上说，新旧两派都是有价值的。在新陈代谢的时候，是用不着来讲调和的。

根据蒋梦麟的观察，新知识是一个态度，是为了追求丰富的物质生活和愉快的精神生活，而不是一个方法，也不是一个目的。旧的方面是对于这新态度的反动，也并不是方法，不是目的。新旧既不是方法，又不是目的，所以不是两个学派。两个学派之中能容调和派，新旧之间是用不着调和派的。①显然，蒋梦麟的主张比较倾向于张东荪，但也没有完全抹煞杜亚泉、章士钊思想主张的部分价值。这可以说是蒋梦麟"亦中亦西"、"不中不西"态度的具体表示和展开。

针对蒋梦麟"新思想是一个态度"，以及抱这个态度的人向来视中国人的物质生活为不满足，向来视中国人知识上的生活不愉快的说法，杜亚泉表达了不同看法。

杜亚泉认为，新思想不仅是一个态度，而且是有实在内容的。只是现代中国所传播、所渲染的所谓新思想，大多只是主张推倒一切旧习惯，而附之以改造思想、改造生活等虚情假意的门面语。假如按照这些新思想主张者的看法，新思想真的只是一种态度，那么"思想"二字实在不能成立，因为态度非思想，思想非态度。以为思想就是态度，就好比说鹿就是马。

根据这些分析，杜亚泉指出，态度呈露于外，思想活动于内，态度为心的表示，且常属于情的表示；思想为心的作用，且专属于智的作用，

---

① 蒋梦麟：《新旧与调和》，《晨报》1919年10月14日。

二者不能混而同之。至于以向来生活与智识为不满足、不愉快，只是一种感情、一种判断，感情非思想。

对于当时思想界特别是《新青年》等所倡言的新思想，杜亚泉很不以为然。因为在他看来，这些所谓的新思想，既不"新"，更不是"思想"。在杜亚泉看来，这些新思想的主张者唯一的主张仅仅是"推倒一切旧习惯"，这只是出自感性的一种冲动，而不是出自理性的一种思想。杜亚泉认为，旧习惯的破坏只是新思想成立后的自然结果，新屋既筑，旧屋自废；新衣既制，旧衣自弃。现在中国思想界不去积极筑新屋、制新衣，而是专事破坏，不仅将旧屋推翻了，甚至连茅房也一并焚毁了；不是制作大量的新衣服，使人们旧貌换新颜，而是将人们身上那点仅有的破衣服都给剥掉了。破旧而不立新，势必造成思想的断层、文化的断层。这个断层实际上成为阻遏新思想、新文化传播最有力的力量。人们以为主张推倒一切旧习惯，就真的能够将旧习惯推翻、抛弃，其实不知道旧习惯、旧思想依然顽固地存在于人们的头脑之中。在杜亚泉看来，中国思想进步与发展不能遵循先破后立的原则，而应遵循先立后破的道路。[1]杜亚泉的这种见解在很多年之后引起了人们的关注和思考，不过那已是大破之后了。

---

[1] 伧父（杜亚泉）：《何谓新思想》，《东方杂志》1919年第十一期。

第九章

文明再造：五四精神与遗产

在中国文明发展史上，文明交流互鉴与文明再造成功的例子并不鲜见。先秦时期，今天属于中国域内之各文明体经过长时期碰撞并终致大体融合，从后来的观点看，似乎只是中国文明内部的问题，其实如果放到当时，本质上就是各个异质文明的交流、互化，直至融合。只是后来都是从中国文明大家庭的视角进行观察，人们不再觉得是个问题。中国域内文明整合之后不过两三百年，一个真正意义上的异质文明印度佛教传进中土，一方面印度佛教迅速赢得了一个庞大的信仰群，所谓"南朝四百八十寺，多少楼台烟雨中"，完全可以说那时的中国简直就是一个佛教国家。再经过几百年的交融，中间甚至有过中国式的宗教战争"三武毁法"，但是又怎样呢？至唐末宋初，印度佛教文明成为中国文明的一个组成部分，此后的中国文明不论宋明理学，还是近代新学，不讨论佛教，不明白佛教，就根本无法说清楚。文明之所以有摩擦，表明两个文明间有相异的因素，而相异就是不同，就是独有的价值，冲突不可怕，冲突就是竞争，就是互学互鉴，也就意味着新文明的重构，旧文明或成为历史陈迹，进入博物馆，或凤凰涅槃，开启新的生命历程。五四时期表明中西文明的碰撞相当剧烈了，当然也就意味着"后五四时代"旧有的中国文明一定会凤凰涅槃，一定会重构、新生。

新与旧：古今中西

在五四运动中及其之后的一段时间里，文学革命和思想启蒙成为中国知识界的基本共识。真正的反对派实际上势力很小，影响不大，辜鸿铭、刘师培、黄侃、林纾、严复、陈衍、马叙伦等人，虽然个人在某些专业领域中的影响巨大，他们对新文化运动的非议、批评，也获得知识界的一些共鸣，但总的说来影响不大，而且他们的反对并不是真反对，也就是说，他们在反对新文化运动的同时，也承认或主张文化的革新与进步，甚至他们中的许多人，用胡适的话说，还是20年前的革命党或维新党，只是随着时代前进而落伍，或者说随着时间推移，逐渐被边缘化而心有不甘，故为惊人之论而已。

在新文化运动中真正有力量的反对派主要的还是那些来自接受过西方学术训练的人物，他们对西方的理解并不比胡适、陈独秀等差，甚至在很大程度上可以说，他们自认为或公认为其对西方的理解远在陈独秀、胡适之上，所以他们总有点瞧不起陈独秀、胡适等人的文学主张和文化理论。在前，有胡适的留美同学梅光迪、任鸿隽；在后，有胡先骕和《学衡》杂志，以及文坛老将章士钊等人。然而，岁月不饶人，新文化的反对派尽管在几个阶段都闹腾了一番，但他们还是后继乏人，力度不足。

反对派的前期主将梅光迪的处境很不好，或许是因为他与胡适的关系，或许是因为胡适的事业与形象太光彩照人。总而言之，梅光迪事实上成为文化上的失败者，他尽管在后来对20世纪20年代文化、文学方面的论争有过反思，有过总结，也曾得出一些有意义的结论，但确实在后来的中国学术界并没有留下多少正面的，或积极的影响。

1919年，梅光迪获得硕士学位后回国，第二年出任南开大学英文系主任，不久应刘伯明的邀请，转任南京高等师范学校西洋文学系主任。1921年，南京高师改名为东南大学，留学美国的吴宓也于这一年来到这里。翌年，梅光迪、吴宓及刘伯明等人共同创办《学衡》杂志，东南大学和《学衡》俨然成为南部中国与北京大学和《新青年》相抗衡的文化中心。

梅光迪和吴宓、刘伯明都有留学美国的经历，都大致信奉美国人文主义大师白璧德的新人文主义思想。他们向中国人介绍过白璧德的人文主义，也期待中国能够有一场真正的人文精神复兴或者说重建。他们对新文化运动特别是胡适以及胡适传播的那些杜威主义、实验主义，还有胡适深度介入的新文化运动，一直有很尖锐的批评，认为胡适和新文化运动带给中国的并不是一场真正的、有价值的精神启蒙，而是一场虚幻的精神鼓噪，是将中国文化发展的正路引到了一条斜道，偏离了中国文化正常发展的轨道。中国人丢失了自己的精神家园，迷失在胡适等人所指点的西行途中。中国文化丧失了自主性和自身特质，日渐成为西方文化的翻版。

1922年1月，由吴宓主编的《学衡》杂志由中华书局在上海出版，这个刊物开宗明义地宣布自己只是"论究学术，阐求真理，昌明国粹，融化新知，以中正之眼光，行批评之职事"，于国学则立以切实之工夫，为精确之研究后整理而条析之，明其源流，着其旨要，以见中国文化有可与日月争光之价值。其实说来真是奇怪得很，标榜适度保守立场的《学衡》同仁几乎个个都是对中西文化有精到研究和理解的饱学之士，他们看到了西方文化的精髓，又看到了中国文化的价值，他们主张中国应该在文化上向西方学习，但不能丧失文化的自主性、主体性。然而奇怪的是，他们这种并不绝对化的折衷主义主张，竟然可以被胡适等人一棍子打到守旧、保守、落后的阵营，而且使他们百口莫辩，在后来很长时间段，都成为五四新文化运动的对立面，是一拨食古不化的守旧派。这无疑是历史的误会，是错读。他们这一批留学归来的知识人，就其本质而言，才是真正学通中西、博通古今，期望在中国本位立场上重建中国文明。这个重建，当然是对人类全部文明遗产的充分吸纳、全面继承，这一点大约类似于宋初五子重建新儒学，化解魏晋南北朝隋唐长达八九百年的儒释道冲突，重建对后世影响深远的"新儒学"。《学衡》以及那些曾被打入五四新文化运动另册的知识人，差不多都可以作如是观。当然，也必须承认，直至今日，读书界、知识界，还就是有人相信胡适等人对《学衡》的认定无误。由此也可见常识往往不准确，但是纠正常识又往往非常难。学术的责任，就是重建常识。

《学衡》不反对西方文化，不反对中国学习西方，但《学衡》确实反对胡适，反对陈独秀。所以当胡适看到《学衡》创刊号后，他是不是真生气我们不知道，但他确实说过，梅光迪几个人出了这本《学衡》，是专门用来攻击胡某人的，因为在创刊号上就有几篇文章都是以胡适为批评、辩驳的对象，这就不免使人感觉到《学衡》有点"小家子气"，只记住了胡适、陈独秀等人的问题和缺陷，而忽略了、否定了他们在文化上的贡献；只看到了陈独秀、胡适的"新"与"西方"，而忽略了，或者说无视了陈独秀、胡适的"旧"与"东方"。其实，如果心平气和地观察陈独秀、胡适，我们应该看到他们实际上并不是绝对的西方主义者、绝对的反传统主义者，他们实际上属于"过渡时代的过渡人物"，他们的思想是新旧杂陈，旧中有新，新中有旧，与梅光迪、胡先骕等《学衡》诸公相比，新与旧、西方与东方，只是比例不一样而已，双方都不是绝对主义、极端主义。

从这个视角反观《学衡》、梅光迪，可以调整一下发问的视角，胡适、陈独秀既然拥有那么多的拥护者、赞成者和粉丝，那么，为什么不能肯定他们一点点呢？这不是显得《学衡》太小气了吗？所以《学衡》出版之后，引起读书界、知识界的激烈争论，有赞成的，如上海的《中华新报》；有谩骂的批评，如《时事新报》，认为其多无价值。直至1922年2月4日，周作人化名"式芬"，在《晨报副镌》发表《评〈尝试集〉匡谬》，对《学衡》创刊号发表的胡先骕《评〈尝试集〉》以及梅光迪的《评提倡新文化者》提出反批评，话说得比较中肯，稍有价值。周作人指出，胡先骕的批评，评新诗原很好，只可惜他太"聋盲吾国人了。随意而言，很有几个悖谬的处所，不合于'学者之精神'"[①]。周作人的反批评，巩固了新文学阵营主流派的信心，所以胡适对来自《学衡》的批评不仅不以为意，反而引以为荣。正如胡适后来不断表示的那样，他所发

---

① 式芬（周作人）：《评〈尝试集〉匡谬》，《晨报副镌》1922年2月4日。

表的观点,从来不惧别人的批评,甚至谩骂,毕竟,"反对就是注意的表示",真正的反对者,有力量、有理据的反对者,不仅不必畏惧,反而应该竭诚欢迎,因为他们即便仅仅为了反对,也必须仔细研究过对手。《学衡》的愤怒与几近非理性的骂街,并没有激怒胡适,甚至使胡适感到洋洋得意。他在南京时,曾戏作一首打油诗题《学衡》:

> 老梅说:
> "《学衡》出来了,老胡怕不怕?"(迪生问叔永如此)
> 老胡没有看见什么《学衡》,
> 只看见了一本《学骂》![1]

正如鲁迅此后所说,谩骂和恐吓绝不是战斗。岂止不是战斗,反而有损自己的人格,从学术史的观点看,就属于得不偿失,有失学人应有的风度。

胡先骕(1894—1968)是现代中国植物学领域泰斗级的大学者,1913年留学美国,专攻植物学。1916年回国,往北京大学谋职未果,两年后受南京高等师范学校聘请,出任该校农科教授,后参与创办东南大学生物系、中国科学社生物研究所,是著名"活化石"水杉之发现者。他毕生潜心于草木研究,著作等身,桃李满天下,在专业领域享有国际声誉。专业之外,或许是其少年时代受著名学者沈曾植的影响,胡先骕还是中国传统文化的捍卫者,旧学功底极深,文理兼通,博学多才,所作诗文被很多专门者推崇,或视为一流。或许是因为这些原因,胡先骕总有点瞧不上胡适这样暴得大名,因此他在文学革命高潮时,就在《东方杂志》发表《中国文学改良论》,站在传统文化立场上,对胡适等人倡导的白话文和文学革命理论主张提出批评,以为中国文学不能不说没有问题,但文学的改良总不能因噎废食,视中国文学皆为陈腐卑下不足取,而不惜尽情推翻之。殊不知陈独秀、胡适等人立言大有所

---

[1] 《胡适日记》,《胡适全集》卷二十九,509页。

蔽,他们故作堆砌艰涩之文者,固以艰深以文其浅陋。而此等文学革命家,则以浅陋以文其浅陋。

不过,比较奇怪的是,胡先骕也与梅光迪、任鸿隽当年讨论时犯了同样的毛病,即他首先承认了中国文学确实存在问题,承认他在许多问题上的看法与胡适的看法多所符合,承认自己也和胡适、陈独秀等人一样,素怀改良文学之志,他们之所以对胡适、对陈独秀、对所有力主文学革命的人有意见,主要是不满意于他们的鲁莽灭裂之举,而以白话推倒文言,或者说以白话完全取代文言,他们期望为文言留有一定的生存空间。因为在他们看来,如欲创造新文学,必浸淫于古籍,尽得其精华,而遗其糟粕,乃能应时势之趋,而创造一时之新文学。①现在我们冷静思索胡先骕、梅光迪、蔡元培、林纾、严复、钱穆,直至钱钟书等一系列为文言文招魂呐喊、助力实践的言论和行动,我们确实应该承认五四新文化运动的文化专断主义确实有某些过激之处,原本可以让白话文从文学的边缘进入主流,成为一般民众掌握新知识的工具,让文化更普及、更普遍,而不仅仅是古典中国的精英主义。同时,应该给文言、雅言,给知识人的用语留下相当的空间,在知识传承、文人交流部分保留文言、雅言,而不是像后来那样一俗再俗,甚至将原本不登大雅之堂的俚语俗语、引车卖浆、贩夫走卒日常用语引进课堂,进入纸面,甚至成为政府公文用语。这不是接近民众,实际上是迎合了低俗,降低了文化品位,失去了引领社会进步的功能。批评五四主流将文化传统腰斩固然稍过,但五四主流确实将中国文化从一种比较雅致的精英文化经过一个世纪的世俗化处理,已经面目全非。

按照胡先骕后来的说法,他之所以起而反对胡适和陈独秀,除了他对中国传统的高度信仰,不容他人毁灭的使命感外,还有一个是看不惯胡适等人欺负林纾等老先生看不懂英文,所以他这个留学归来的新青年路见不平,拔刀相助,引经据典,以西文的矛来陷胡适的西文的盾②,结

---

① 胡先骕:《中国文学改良论》,《东方杂志》1919 年第二期。
② 胡先骕:《对于我的旧思想的检讨》,转引自《胡先骕先生年谱长编》,70 页,南京:江苏教育出版社,2008 年。

果确实弄巧成拙，自取其辱。

不言而喻，胡先骕等人在对待新文化运动的立场上是矛盾的，他们承认中国文学应该改良，但是不承认胡适等人见解的合理性，以为胡适等人的见解充满着激进，有把中国文化毁灭的危险。不过，他们对旧文化特别是文言文、中国旧戏的意见，还是比较正确、比较有价值的，比如在新文化运动关于中国旧戏的讨论中，胡适、钱玄同、陈独秀、刘半农、傅斯年等人，将中国旧戏看得一无是处，一味期待，甚至有意促进中国旧戏的毁灭，期待中国全盘引进西方话剧，特别是胡适，以为西方的写实主义才是文学发展的正途，而中国旧戏的写意主义则存在很多问题。

对于胡适的这个观点，胡先骕很不以为然。他在1920年发表的《欧美新文学最近之趋势》中，根据欧美近代以来小说发展的趋势，以说明写实主义、自然主义终非文学之极致，要紧的是树立起"美术之价值"。①这个看法至少对新文化运动极具激进色彩的所谓主流有所修正，因而蕴含着内在价值。

胡先骕等人关于文化、文明，以及中国文化发展方向等问题极富合理性的看法被历史大潮吞噬了、湮没了，特别是"新青年"们将胡先骕们上来就以"讥讽口吻"定位为守旧主义者，②这就使胡先骕们的话语权和话语价值打了很大的折扣，③使"新青年"们在话语上着了先鞭，占了优势。而胡先骕以及梅光迪等人心中自然觉得憋屈，因为他们内心并没有反对新文化，他们所反对的只是胡适、陈独秀。所以他们的委屈与社会思潮相激荡，于是原本并不存在的新旧阵营还真的逐步形成，连这些原本并不守旧的人，也越来越觉得或者说越来越怀疑自己是不是真的守旧？这大概就是胡先骕执意写作《评〈尝试集〉》的历史背景和心迹。

---

① 胡先骕：《欧美新文学最近之趋势》，《东方杂志》1920年第十八期。
② 胡先骕：《梅庵忆语》，转引自《胡先骕先生年谱长编》，85页。
③ 罗家伦：《驳胡先骕君的〈中国文学改良论〉》，《新潮》一卷五号。

这篇长达两万多字的《评〈尝试集〉》，对胡先骕来说当然是一种有意义的精神活动，该文旁征博引中外文学批评家的言论以证明胡适《尝试集》中新诗尝试和文学革命的主张，以为《尝试集》之价值与效用，基本上为负面的，不仅了无价值，而且还将扰乱中国青年人的思想。胡先骕指出，中国青年既与欧洲文化相接触，势不能不受其影响，而青年识力浅薄，对于他国文化之优劣无抉择之能力，势不能不于各派皆有所模仿。然以模仿颓废派之故，至有如是之失败，则入迷途之少年，或能憬悟主张偏激之非而知中道之可贵，洞悉溃决一切法度之学说之谬妄，而知韵文自有其天然之规律，庶能按部就班力求上达，且同时表示现代社会之文学尚未产生。以此反观胡适的《尝试集》，胡先骕认为，胡适或许可以称为"真正新诗人之前锋，亦犹创乱者为陈胜、吴广而享其成者为汉高，此或《尝试集》真正价值之所在欤？"①

按照吴宓在《吴宓自编年谱》中的说法，胡先骕这篇批评《尝试集》的长文写出后，历投南北各日报及文学杂志，无一愿意刊登者，亦无一敢为刊登者。不得已，胡先骕遂与情趣相同的梅光迪、刘伯明、吴宓诸人合作创办《学衡》，所以在一定意义上说，是先有了这篇批评胡适的文章，再有《学衡》，《学衡》杂志之发起，半因胡先骕的这篇文章。②

胡先骕对自己这篇文章中的观点和文章将会产生的影响很自信，表示此文刊出后，《新青年》、《新潮》两刊物中迄无人作一文以批评之，仅罗家伦曾作一讥讽口吻之短评而已。胡先骕的这个看法显然是不对的，因为我们知道，这篇文章发表后，各方面的争论还是有的，有赞成，有反对，除了署名"式芬"实为周作人的批评，还有鲁迅的《估〈学衡〉》，更是对《学衡》进行了尖锐而不遗余力的鞭打、讥讽和批评，以为所谓《学衡》者，实在不过聚在"聚宝之门"左近的几个假古董所放的假毫光；虽然自称为"衡"，而本身的秤星尚且未曾钉好，更何论于他所

---

① 《评〈尝试集〉》，《学衡》1921年第一期。
② 《吴宓自编年谱》，229页，北京：三联书店，1995年。

"衡"的轻重的是非。所以，决用不着较准，只要估一估就明白了①，竭尽贬损之能事，像胡适斥之为"学骂"一样，以为《学衡》实在没有多少价值。

就专业水准而言，胡先骕主要的还是一个自然科学家，他对胡适新文化的痛恨更多的还是自己的直观感受，而不是一种专业自觉，真正具有专业水准的当然还是梅光迪、吴宓等人。

梅光迪与胡适是不错的朋友，但他又确实痛恨胡适的所言所行，以为胡适是中国文化的"罪人"，是中国文化传统、礼仪制度的破坏者。在他看来，中国文化之可宝贵，历代圣贤，特别是儒家思想之高深，中国旧礼俗、旧制度之优点，都被胡适假新文化的名义破坏殆尽，所以他有责任出来对胡适迎头痛击，保卫中国文化，以中国文化的申包胥自居自勉。②

梅光迪认为，中国的文化传统当然并不是毫无问题，实际上，面对西方文化的冲击和中国现代化的压力，中国文化传统在过去几百年中也积累并形成了许多问题，至少已经陷入狭隘的故步自封、自我满足、自我欣赏、自我陶醉的自我状态之中，不知外部世界的变化，更没有与域外文明一较长短的勇气。所以，在梅光迪的意识中，中国文化传统中的问题当然也应该正视和解决，只是不能像以胡适、陈独秀为代表的文化激进主义那样，凭借西方文化将自己的文化传统拦腰斩断，彻底毁灭，而是参照西方文化价值体系，为现代中国重塑平衡稳定的社会文化心态，为中国的文化复兴创造条件与可能。

至于中国文化复兴的理论基础，梅光迪认为正是胡适等人所要打倒的儒家思想伦理。尽管胡适一再声称他的目的并不是要打倒儒家、打倒孔子，但在梅光迪以及一切持适度文化保守的思想家看来，胡适的主张即便本身没有排斥孔子和儒家伦理的意思，但也为排斥孔子和儒家伦理的思想开了方便之门。

---

① 《估〈学衡〉》，《鲁迅全集》卷一，377页。
② 《吴宓自编年谱》，177页。

根据梅光迪的理解，以陈独秀、胡适为代表的新文化运动仅仅将程朱理学中的心性之学和修己之学看作是孔子儒学正宗，并让这种儒学正宗承担近代中国落伍的原罪，这显然是不对的。孔子和儒家伦理的真价值决不仅仅是程朱理学所发展的那点东西，而近代落后的根源更不能完全归罪于儒学和孔子。按照梅光迪的说法，新文化运动对孔子和儒学的排斥，或许是对的，但他们排斥的内容可能并不是真孔子、真儒学。梅光迪的这个判断与同时兴起的所谓新儒家有着比较类似的特征，也与利玛窦等早期来华传教士具有相同或相近的致思倾向。他们都是力图为孔子和儒学辩护，而辩护的思路都是说秦汉以来历史上的所谓孔子、所谓儒学，都是假的，都是历代腐儒的误解误释，所以他们不仅要批判清儒，返归宋儒，还要批判宋儒，返归秦汉之儒，进而批判秦汉之儒，返归先秦原始之儒。其实，原始儒学儒家内部也并不是一个完全逻辑自洽的严密体系，儒家各派之间也有很大的差别，孟子与孔子不同，与荀子不同，但他们都是儒家大学者，究竟应该相信谁的呢？这其实就是梅光迪、《学衡》诸同仁与新儒家的共同困惑，只是他们都不曾真正直面这样的问题而已。

梅光迪之外的《学衡》诸同仁中，有分量者还有吴宓、柳诒徵、刘伯明等，他们都对孔子和儒家推崇备至，都反对新文化运动对中国传统文化的破坏，但他们的思想深度和学问的广博，似乎都没有办法与新文化运动主流思想相提并论，所以他们只能在"后五四"时代被长时期地边缘化，由此也可看出新文化运动的反对派后继乏人。新文化运动不论有着怎样多的缺点与问题，但它毕竟合乎历史前进的大趋势。

中国知识人尤其是新知识人之间的团结与联合只是表面现象，这是他们当时面临共同对手的暂时选择。因此，当新文化运动反对派后继乏人之后，新知识人群体首先在思想上，继而在行动上的不一致就与日俱增，并最终导致新文化运动分流。

引发新文化运动分流的主要原因是时代，五四运动前后国际国内格局的再转再变以及不断"左"倾化，从而使中国问题更加复杂化，特别是资本主义早期发展过程中也确实积累了相当多的问题，中国人在经历了几十年追踪式的学习之后，不仅没有获得资本主义发展的好处，反而受到了前资本主义时代从未有过的危机、屈辱。对于那时的中国人来说，资本主义已经成为往事。中国与世界，都将因这一场欧战而发生方向性的改变，这是那时人们的普遍性预估。悲观的有严复，他在1917年认为，"吾国此后，自是遍地荆棘。常说瓜分之惨，恐怕后来有求瓜分不可得者（如土耳其是已）。欧战无论如何，大势明年必了。了后便是簇新世界，一切旧法，所存必寡，此又断然可知者也。国之程度，丝毫无从假借，于战时观之最明。俄以强大著称，然以蚕食小部有余，至与强对作战，则无往不败，此其故不在兵而在国之政俗，此番革命，底里尽露，混沌元黄，其苦趣殆过中国。英、法、美、德、意、奥、班、蒲诸国，第使政俗稍高，临危皆可有救；其过小之国，如比如塞，虽一时有亡国之惨，而他日可望复苏。吾辈观之，则知救国根本，当在何处著手矣。中国目前危难，全由人心之非，而异日一线命根，仍是数千年来先王教化之泽，足下记吾此言，可待验也。"①

乐观者有蔡元培、李大钊、毛泽东等一大批人，他们认为俄罗斯是西方资本主义发展的薄弱环节，但是俄罗斯这一次利用欧战的机会，转国际战争为国内战争，引爆革命，为人类历史开辟了新纪元，给正处于十字路口的中国人带来了一个全新可能。

对于这种可能，多少年后，当中国革命将要成功时，毛泽东有一真切回忆。他说："帝国主义的侵略打破了中国人学西方的迷梦。很奇怪，为什么先生老是侵略学生呢？中国人向西方学得很不少，但是行不通，理想总是不能实现。多次奋斗，包括辛亥革命那样全国规模的运动，都失败了。国家的情况一天一天坏，环境迫使人们活不下去。怀疑产生了，增长了，发展了。第一次世界大战震动了全世界。俄国人举行了十月革命，创立了世界上第一个社会主义国家。过去蕴藏在地下为外国人所看不见的伟大的俄国无产阶级和劳动人民的革命精力，在列宁、斯大林领导下，像火山一样突然爆发出来了，中国人和全人类对俄国人都另眼相

---

① 《与熊纯如书之六十二》，《严复全集》卷八，352页，福州：福建教育出版社，2014年。

看了。这时，也只是在这时，中国人从思想到生活，才出现了一个崭新的时期。中国人找到了马克思列宁主义这个放之四海而皆准的普遍真理，中国的面貌就起了变化了。"①毛泽东的描写虽然有点文学化，但大致反映了第一次世界大战、巴黎和会、十月革命等一系列大变局带给中国的深刻影响。中国是世界的一个组成部分，如果不从全球史视角进行考察，就很难理解20世纪之中国政治转型及其意义。

十月革命给中国带来了新的希望，所以当这个消息传来，中国人的兴奋一点都不亚于俄国人。北大教授李大钊是中国旧民主主义革命的积极参与者，对于民主共和，他和同时代的中国知识人一样，格外欢迎、真诚实践，但是民主共和只给中国人带来短暂的亢奋，共和不几年，就被一连串的帝制复辟运动所破坏，李大钊和那个时代许多革命者一样，陷入空前的苦闷、悲观，直至绝望，所以当欧战结束的消息传来，李大钊情不自禁地欢呼"庶民"的胜利，"我老老实实讲一句话，这回战胜的，不是联合国的武力，是世界人类的新精神。不是那一国的军阀或资本家的政府，是全世界的庶民。我们庆祝，不是为那一国或那一国的一部分人庆祝，是为全世界的庶民庆祝。不是为打败德国人庆祝，是为打败世界的军国主义庆祝。"②李大钊以为民主主义、劳工主义既然取得了胜利，今后世界的人人都成了"庶民"，也就都成了工人，至于利用欧战空隙而发动且获得成功的十月革命，在李大钊看来，更是人道主义的胜利，是平和思想的胜利，是公理的胜利，是自由的胜利，是社会主义的胜利，是20世纪新潮流的胜利。李大钊从大历史视角观察十月革命，以为十月革命代表了20世纪人类发展的方向，因而中国只能跟上，无法抗拒。"我们应该准备怎么能适应这个潮流，不可抵抗这个潮流。人类的历史，是共同心理表现的记录。一个人心的变动，是全世界人心变动的征兆。一个事件的发生，是世界风云发生的先兆。1789年的法国革命，是19世纪中各国革命的先声。1917年的俄国革命，是20世纪中世界革

---

① 《论人民民主专政》，《毛泽东选集》卷四，1359页，北京：人民出版社，1967年。
② 《庶民的胜利》，《李大钊文集》上，593页，北京：人民出版社，1984年。

命的先声。"①基于这种认识，李大钊很快转变为一个马克思主义者，并决心用最快的时间，从纸上的空谈转变为实际的方面、实践的方面，于是他很快成为中国共产党的缔造者之一，决心将社会主义理想转化为千百万中国人的政治实践。

随着李大钊等知识人对苏俄的好感不断增加，社会主义研究与宣传已是中国知识界一股重要思潮。他们倾向于认为，中国问题虽然复杂，但如果采用某种特定的西方理论便可一揽子解决，在他们的心目中，这种特定理论显然是指马克思主义和社会主义。

在李大钊看来，社会主义不仅是一种思想体系，具有非常浓厚的理论色彩，而且是一种崭新的社会制度，是一种运动中的社会实践。如果从社会实践方面进行观察，社会主义至少可以分成这样几个方面：

一、政治上，社会主义必须实行无产阶级专政，因为无产阶级专政既是社会主义的政治制度，也是以生产资料公有为基础的社会主义经济制度得以形成和发展的前提；

二、就法律方面而言，社会主义必须将旧的经济生活与秩序彻底废止、彻底扫除，另行规定一种新的经济生活与经济秩序，将资本财产法、私有者改为公有者的一种制度，因为生产资料主要是归公共所有，还是归资本家私人所有，在李大钊等早期社会主义者看来，这是区分社会主义与资本主义两种经济制度的主要标志；

三、从经济方面而言，李大钊认为，社会主义必须使劳动的人满足欲望，得全收益，因为只有实行按劳分配的原则，才能消灭剥削，使劳动者摆脱贫困。

在李大钊看来，未来中国要实行社会主义制度，就必须满足这样三个条件，否则便不是社会主义。

经李大钊等人的竭诚宣传，马克思主义、社会主义在中国迅速深入人心，特别是在青年知识分子中逐步拥有一批坚定的信仰者。1919年下半年起，陈独秀也开始谈论社会主义，开始相信世界上的军国主义和

---

① 《庶民的胜利》，《李大钊文集》上，595页。

"金力主义"已造成了无穷罪恶,现在是到了应该抛弃的时候了。陈独秀的思想开始向社会主义转变,逐渐接近马克思主义,开始承认用革命的手段建设劳动阶级的国家,创造那禁止对内对外一切掠夺的政治法律,为现代社会第一需要。由于陈独秀在新文化运动中拥有巨大的声誉和影响,他的"加盟",遂使社会主义的影响与日俱增、如日中天,知识界越来越多的人开始逐步意识到社会主义救中国的道理。

马克思主义、社会主义的影响日益扩大,自然加剧了知识界、新文化运动的分化、分流乃至分裂,新文化运动的"右翼"自然对马克思主义、社会主义宣传非常敌视,以为是新文化运动启蒙思潮的中断、转向,乃至走向失败的表征,他们依然期待继续坚守原来的启蒙理想,期待为中国社会进步奠定牢固的思想文化基础,严厉反对将思想启蒙为主导的新文化运动转变为一场政治运动,更不应该成为一场改造社会现状的运动,依然应该继续"撇开政治,有意识地为新中国打下一个非政治的【文化】基础"①。

按照比较传统的说法,在《新青年》早期,陈独秀、胡适等一批新文化运动的中坚人物为了避免与旧势力发生直接冲突,刻意避免谈论现实政治,专注于文学、文化、思想的革新,发誓要从教育、思想、文化等方面入手,追求一种非政治的文化基础。这个说法在一定意义上是成立的,但是也应该看到《新青年》的早期,其中坚、支柱也有一些人是"天生的政治动物",对现实政治有一种天赋的敏感,陈独秀、李大钊、高一涵乃至蔡元培等,他们不仅高度关注现实政治的发展变化,而且对现实政治有一种欲罢不能的敏锐直觉。所以当俄国十月革命的消息传来之后,当第一次世界大战胜利的消息传来之后,他们并不是个人孤独地享受胜利的喜悦,而是狂欢、同欢,远比专业政治家兴奋,并终于由此走上了以学术参与政治的路子。于是有专门谈论政治的刊物《每周评论》的诞生。

《每周评论》第一期于1918年12月22日出版,1919年8月31日出

---

① 《胡适口述自传》,《胡适全集》卷十八,355页,合肥:安徽教育出版社,2003年。

版至第 37 期时被查封。前 25 期由陈独秀主编，陈独秀、李大钊等都是主要撰稿人。从第 26 期起，因陈独秀被捕，李大钊出走，遂由胡适接任主编，《每周评论》的政治议论开始转向，对现实政治的关怀逐渐减少，而逐步向学理方面扩展。再加上胡适个人是比较胆小的人，他的政治理念、文化理念，也使他不愿意更多地谈论现实政治、谈论空洞的道理，所以《每周评论》必然转向。

胡适主编的《每周评论》对现实政治的放弃或减弱，主要是他依然倾向于避免与现实政治发生过多的纠葛，减弱对教育、文化和思想问题的关注。胡适的想法从他的立场上看，自然有自圆其说的理由，只是也必须明白的一个道理是，你可以不关爱现实政治，但并不意味着现实政治不存在，所以在胡适接手主编《每周评论》时，另一份专门谈论政治的《星期评论》于 1919 年 6 月 8 日在上海创刊。

《星期评论》是孙中山中华革命党主办的周刊，由戴季陶、沈玄庐任主编，孙中山、廖仲恺、李大钊、陈独秀、李汉俊、胡适、刘大白等都曾为之撰稿。这个刊物在体裁格式上和胡适主编的《每周评论》很相像，所以胡适认《星期评论》为《每周评论》的兄弟，特别使他感到兴奋的是，《星期评论》的言论主张代表了团体，而那些主张又是经过几年研究的结果，是脚踏实地的具体政策，而不是空洞的说教和口号。这是胡适感到高兴的最重要一点，所以他热烈祝贺《星期评论》的出版，并由衷地表达自己对《星期评论》和国内舆论界的期待："现在的舆论界的大危险，就是偏向纸上的学说，不去实地考察中国今日的社会需要究竟是什么东西。那些提倡尊孔祀天的人固然是不懂得现时社会的需要，但是那些迷信军国民主义或无政府主义的人就可算是懂得现时社会的需要吗？要知道舆论家的第一天职就是要细心考察社会的实在情形。一切学理、一切主义（Isms），都只是这种考察的工具。有了学理作参考材料，便可使我们容易懂得所考察的情形，容易明白某种情形有什么意义，应该用什么救济的方法。"①

---

① 《欢迎我们的兄弟——〈星期评论〉》，《胡适全集》卷二十一，180 页。

胡适当然知道他的这种议论有许多人一定不愿意听。但是就在当时北京的《公言报》、《新民国报》、《新民报》和日本的《新支那报》，都在极力恭维安福系王揖唐主张民生主义的演说，并且恭维安福系设立"民生主义的研究会"的办法。有许多人自然嘲笑这种假充时髦的行为。但是胡适看了这些消息，发生了一种感想，那就是：安福系也来高谈民生主义了，这不够给我们这班新舆论家一个教训吗？胡适强调，这个教训可分三层说：

第一，空谈好听的"主义"，是极容易的事，是阿猫阿狗都能做的事，是鹦鹉和留声机都能做的事。

第二，空谈外来进口的"主义"，是没有什么用处的。一切"主义"都是某时某地的有心人，对于那时那地的社会需要的救济方法。我们不去实地研究我们现在的社会需要，单会高谈某某"主义"，好比医生单记得许多汤头歌诀，不去研究病人的症候，如何能有用呢？

第三，偏向纸上的"主义"，是很危险的。这种口头禅很容易被无耻的政客利用来做种种害人的事。欧洲政客和资本家利用国家主义的流毒，都是人所共知的。现在中国的政客，又要利用某种"主义"来欺人了。

在胡适看来，这三条合起来，可以看出"主义"的性质。凡"主义"都是应势而起的。某种社会，到了某种时代，受了某种的影响，呈现出某种不满意的现状，于是有些有心人，观察这种现象，想出某种救济的法子。这是"主义"的原起。"主义"初起时，大都是一种救时的具体主张。后来这种主张传播出去，传播的人要图简便，便用一两个字来代表这种具体的主张，所以叫它作"某某主义"。主张成了"主义"，便由具体的计划，变成一个抽象的名词。"主义"的弱点和危险，就在这里。因为世间没有一个抽象名词能把某人某派的具体主张都包括在里面。比如"社会主义"一个名词，马克思的社会主义和王揖唐的社会主义不同，你的社会主义和我的社会主义不同，绝不是这一名词所能包括的。你谈你的社会主义，我谈我的社会主义，王揖唐又谈他的社会主义，同用一个名词，而中间的内涵或许隔开了七八个世纪，或许隔开了两三万里，然而你、我和王揖唐都可自称为社会主义家，都可用这个抽象名词去骗人。所以胡适告诫人们一定要注意"主义"的大缺点和大危险。

由于胡适深觉高谈"主义"的危险，所以他郑重奉劝新舆论界的朋友："请你们多提出一些问题，少谈一些纸上的主义。"

更进一步说："请你们多多研究这个问题如何解决，那个问题如何解决，不要高谈这种主义如何新奇，那种主义如何奥妙。"

在胡适看来，当时中国应该赶紧解决的问题，真是多得很。从人力车夫的生计问题，到大总统的权限问题；从卖淫问题到卖官卖国问题；从解散安福部问题到加入国际联盟问题；从女子解放问题到男子解放问题，在在都是一个火烧眉毛的紧急问题。我们不去研究人力车夫的生计，却去高谈社会主义；不去研究女子如何解放，家庭制度如何纠正，却去高谈公妻主义和自由恋爱；不去研究安福部如何解散，不去研究南北问题如何解决，却去高谈无政府主义；我们还要得意扬扬夸口道：我们所谈的是根本解决。胡适至此嘲笑道：老实说罢，这是自欺欺人的梦话，这是中国思想界破产的铁证，这是中国社会改良的死刑宣告！

当然，胡适也不忘告诫他的读者，不要误会他的意思，他并不是劝人不研究一切学说和一切"主义"。学理是研究问题的一种工具。没有学理做工具，就如同王阳明对着竹子痴坐，妄想"格物"，那是做不到的事。种种学说和"主义"，我们都应该研究。有了许多学理做材料，见了具体的问题，方才能寻出一个解决的方法。但是胡适真诚希望中国的舆论家，把一切"主义"摆在脑后，做参考资料，不要挂在嘴上做招牌，不要叫一知半解的人拾了这些半生不熟的"主义"，去做口头禅。"主义"的大危险，就是能使人心满意足，自以为寻着包医百病的"根本解决"，从此用不着费心力去研究这个那个具体问题的解决法了。①这就是胡适刻意强调的"多研究些问题，少谈些主义"。

很公平地说，胡适的主张基于杜威实验主义哲学，是一种改良主义的政治主张，只是这种主张将"主义"之间的差异表面化，并一再征引时代思潮的主流社会主义、无政府主义作为例证，于是引起知识界一场

---

① 《多研究些问题，少谈些"主义"》，《胡适全集》卷一，325—328页。

激烈的争论。这场为时不长的争论或被看作新文化运动分裂的一个信号，用胡适后来的话说，是中国自由主义知识分子与中国马克思主义者"冲突的第一回合"。①这个说法当然有点夸大其词。

进步党专栏作家蓝公武此时正在主持《国民公报》社务，且正在热心研究、宣传马克思主义。他是胡适的朋友，他看到胡适的这篇《多研究些问题，少谈些"主义"》的文章后，遂把它转载在《国民公报》上，又在这个报上发表了一篇《问题与主义》的文章。蓝公武的议论，在胡适看来很可以在许多地方补正他的原作，因此他对蓝公武的讨论不仅不反对，而且竭诚欢迎。

蓝公武指出，胡适的这篇文章，劝人少讲"主义"，多研究"问题"，说得非常痛辟。中国舆论界应该从这篇文章中得到很多有益的启示。但是中国思想界现在是混沌已极，"扶得东来西又倒"。胡适的这篇议论恐怕会得到一个意外的结果。况且胡适在议论里头，太注重实际问题，把"主义"、学理那一面的效果抹杀了一大半，也有些因噎废食的毛病。

在谈到"问题"时，蓝公武指出，各种"问题"往往是交错的，而不是简单孤立的。许多"问题"如果没有主观的思考或某些理论的帮助是不能被认作"问题"的。譬如法国大革命时所标示的自由、平等，和中国辛亥革命所标示的"排满"，算是具体的方法呢，还是理想的目标呢？这可以不言而知。故凡是革命的问题，一定从许多要求中抽出几点共通性，加上理想的色彩，成一种抽象性的问题，才能发生效力。若是罗列许多具体方法，即就变成一种条陈，连"问题"都不成，如何能做一般的进行方针呢？于是可见，"问题"并不仅限于胡适所说的具体性，而抽象性的问题，可能在某种时候显得更重要。而且当"问题"初起时，一定先为抽象性，后才变成具体性的。照此讲法，主义、学说，如何可以说是不重要，而一笔抹煞呢？这是蓝公武对胡适的一个重要补正。

蓝公武的第二点补正，是他不能完全同意胡适对"主义"性质的判断。胡适认为，所谓"主义"，从一种救时的具体主张，因为传播的缘

---

① 《胡适全集》卷十八，354 页。

故，才变成一种抽象的"主义"。蓝公武认为，胡适的判断有对的一面，但似乎并不完整。许多"主义"，它的重要部分，并不在从具体主张变成抽象名词，却在那未来的理想。世间有许多极有力量的"主义"，在他发生的时候，即为一种理想，并不是什么具体方法，信仰这"主义"的，也只是信仰他的理想，并不考究它的实行方法。即如从具体方法变成"主义"的，也决不是单依着抽象方法便能构成，尚须经过理想的洗练，改造成的。所以，理想乃"主义"的最要部分。一种主张能否成为"主义"，似乎全靠这一点。

在蓝公武看来，"主义"是一件事，实行的方法又是一件事，其间虽有联属的关系，却不是必然不可分离的。一个"主义"，可以有种种的实行方法，甚至可以互相冲突，绝不相容。各种的实行方法，也都是按照各部分人的利害必要，各各不同。因为方法与"主义"，不过是目标与路径的关系；向着这目标走，果然是一定不变；至于从哪一条路走，路中所遇事物如何，行路中间所起的事变如何，与这目标并无必然的联系。换句话说，"主义"并不一定含着实行的方法，那实行的方法，也并不一定要从"主义"中推演出来。所以同一"主义"，在甲地成了某种现象，在乙地又成了一种现象。乃同在一地，信仰同一"主义"的人，因实行的方法不同，变成种种极不相容的党派，这也是很正常的。

胡适反复强调"主义"的危险，而按照蓝公武的分析，"主义"本身并没有什么危险。所谓的危险，都在贯彻"主义"的实行方法。因为凡是"主义"，必定含着一种未来的理想，不过是一种标准趋向态度，并非实行方法。在同一"主义"之下，可以有种种不同或是相反的方法。危险不危险，全看选择的精确不精确，与"主义"本身没有关系。所以胡适说"主义"危险，在蓝公武看来，就有点因果倒置了。

按照蓝公武的分析，"问题"与"主义"，并不是相反而不能并立的东西。谈"主义"也并不是那么容易的，谈"问题"也并不都是那么难的。"主义"的易与难，不在"主义"本身，而在随便乱谈；"问题"的难，不难在解决方法，而难在解决后的好结果。再进一步言，解决的结果何以有好坏，好结果何以很难，这不可不有一判别标准。这个标准，就是一种"主义"。所以胡适强调不要从"主义"做功夫，让人们去想实际解决的方法，那自然是难极了。这是蓝公武在"补正"之后，对胡适的第一点质疑，打一个并非十分恰当的比方：胡适的多研究些"问题"，少谈些"主义"有点类似于"知易行难"，而蓝公武的主张则有点"行难知亦不易"的意思。

胡适对"主义"兴趣索然，竭力排斥，主要是他对那些空谈外来进口的"主义"高度反感，以为没有什么用处。以为一切"主义"，都不过是某时某地一种具体方法转变来的，和我们实际的需要未必相符；各有各的需要，各有各的办法；所以说外来的"主义"是无用的。胡适的这个论证自有其道理和逻辑。但蓝公武认为，现今的世界日趋一体化，各社会的需要渐渐趋于一致、趋于近似。一地有效的"主义"，在他地未必无效。我们只能问"主义"是否有效，而不必问其出身、问其来历。况且从所谓实际需要看，当今中国所面对的新需要、新问题，哪一件不是外来的思想、"主义"所产生的呢？这正是作为"后发展国家"在现代化进程中必须面对的问题。应该承认，蓝公武的第二点质疑也是有道理的。

第三，胡适之所以反对纸上的"主义"，强调这种"主义"有为无耻政客用来做害人的危险。他对这个问题的讨论，直接动因似乎就是王揖唐不靠谱的社会主义宣扬，以及那些过度膨胀的无政府主义思潮。①胡适的这种担心有一种因噎废食的味道。无耻的政客，决不能用来欺人的，王揖唐的社会主义依然是王揖唐的社会主义，并不会有多少人去上他的当。所以不必因噎废食，因为王揖唐谈论社会主义，我们就不再谈论社会主义？②

当胡适的《多研究些问题，少谈些"主义"》在《每周评论》发表的时候，陈独秀入狱，李大钊也因为上了黑名单而逃离北京，前往故乡昌

---

① 蓝公武：《问题与主义》，《胡适全集》卷一，329—337页"附录"。
② 无独有偶。梁漱溟在民国初年放弃社会主义信仰，并不是因为他认识到了社会主义有什么问题，而是他格外讨厌那时大讲特讲社会主义的江亢虎，"因为憎恶他们，倒使我对社会主义隔膜了。"《我的自学小史》，《梁漱溟全集》卷二，687页，济南：山东人民出版社，1990年。

黎五峰山。在那里，李大钊挥笔写就《再论问题与主义》一文，投递给胡适，以为其中有的或可与胡适的主张相互发明，有的是他们对社会的告白。

在这篇文章中，李大钊主要谈了四个问题：

第一，李大钊认为，"问题"与"主义"有不能分离的关系。因为一个社会问题的解决，必须靠着社会上多数人共同的运动。那么要想解决一个问题，应该设法使这个问题成为社会上多数人共同的问题。要想使一个社会问题成为社会上多数人共同的问题，应该使这社会上可以共同解决这个那个社会问题的多数人，先有一个共同趋向的理想、"主义"，作他们实验自己生活上满意不满意的尺度或是一种工具。有那共同感觉生活上不满意的事实，才能一个一个地成了社会问题，才有解决的希望。不然，思想家尽管研究社会问题，社会上多数人却一点不生关系。那个社会问题，是永远没有解决希望的；那个社会问题的研究，也仍然是不能影响于实际。所以李大钊强调，我们的社会运动，一方面固然要研究实际的问题，一方面也要宣传理想的"主义"。这是交相为用的，这是并行不悖的。不过，李大钊也坦然承认：我们最近发表的言论，偏于纸上空谈的多，涉及实际问题的少，以后誓向实际的方面去做。这是李大钊读了胡适那篇文章后发生的觉悟。

第二，李大钊承认假冒牌号的危险。他指出，一个学者一旦成名，他的著作恒至不为人读，而其学说却如通货一样，因为不断的流通传播，渐渐磨灭，乃至发行人的形象、印章都难分清。亚当·斯密留下了一部书，人人都称赞他，却没有人读他。马查士留下了一部书，没有一个人读他，大家却都来滥用他。英人邦纳（Bonar）氏早已发过这种感慨。况在今日群众运动的时代，这个"主义"、那个"主义"多半是群众运动的隐语、旗帜，多半带着些招牌的性质。既然带着招牌的性质，就难免招假冒牌号的危险。王麻子的刀剪，得了人们赞许，就有旺麻子等来混用他的招牌；王正大的茶叶得了群众的照顾，就有汪正大等来混用他的招牌。今日社会主义的名词，很在社会上流行，就有安福派的社会主义跟着发现。这种假冒招牌的现象，讨厌诚然讨厌，危险诚然危险，淆乱真实也诚然淆乱真实。可是这种现象，正如孙中山所说，新开荒的时候，有些杂草毒草，夹杂在善良的谷物花草里长出，也是当然应有的现象。王麻子不能因为旺麻子等也来卖刀剪，就闭了他的剪铺。王正大不能因为汪正大等也来贩茶叶，就歇了他的茶庄。开荒的人，不能因为长了杂草毒草，就并善良的谷物花草一齐都收拾了。所以，李大钊强调，我们不能因为安福派王揖唐也来讲社会主义，就停止了我们正义的宣传。恰恰相反，因为有了假冒牌号的人，我们愈发应该一面宣传我们的"主义"，一面就种种问题研究实用的方法，好去本着"主义"作实际的运动，免得阿猫阿狗、鹦鹉、留声机来混我们、骗大家。

第三，关于所谓过激主义。李大钊坦诚表示他个人是喜欢谈论布尔什维克主义的，也确实因此给《新青年》、《每周评论》两个刊物及其同仁带来一些困扰和麻烦。他在向同仁表示歉意的同时，依然觉得布尔什维克主义的流行，实在是世界文化上的大变动。我们应该研究它、介绍它，把布尔什维克的真相昭布在人类社会，不可一味听信反对派的造谣，就拿凶暴残忍的话抹煞布尔什维克的一切。李大钊强调，在这种浅薄无知的社会里，发言论事，简直是万难，东也不是，西也不是。我们惟有一面认定我们的"主义"，用它作材料、作工具，以为实际的运动；一面宣传我们的"主义"，使社会上多数人都能用它作材料、作工具，以解决具体的社会问题，不必再计较什么过激主义、洪水猛兽、异端邪说的罪名。

第四，关于"根本解决"。李大钊指出，"根本解决"这个话，很容易使人闲却了现在，不去努力，这实在是一个危险。但这也不可一概而论。若在有组织、有生机的社会，一切机能都很敏活；只要你有一个工具，就有你使用它的机会，马上就可以用这工具做起工来。若在没有组织、没有生机的社会，一切机能都已闭止，任你有什么工具，都没有你使用它做工的机会。这个时候，恐怕必须有一个根本解决，才有把一个一个的具体问题都解决了的希望。依马克思的唯物史观，社会上法律、政治、伦理等精神的构造，都是表面的构造，它的下面，有经济的构造作它们一切的基础。经济组织一有变动，它们都跟着变动。换一句话说，就是经济问题的解决，是根本解决。经济问题一旦解决，什么政治问题、法律问题、家族制度问题、女子解放问题、工人解放问题，都可以解决。可是专取这唯物史观的第一说，只信这经济的变动是必然的，是不能免的，而于他的第二说，就是阶级竞争说，了不注意，丝毫不去用这个学理作工具，为工人联合的实际运动，那经济的革命，恐怕永远不能实现，就能实现，也不知迟了多少时期。有许多马克思派的社会主义者，很吃了这个观念的亏。天天只是在群众里传布那集产制必然降临的福音，结果除去等着集产制必然成熟以外，一点预备也没有做，这实在是现在各国社会党遭了很大危险的主要原因。李大钊承认，遇着时机，因着情形，或须取一个根本解决的方法，而在根本解决以前，还须有相当的准备活动才是。①

胡适承认，蓝公武和李大钊两人的批评，使他的意思发挥得更透彻明了，还有许多匡正的地方。他认为，蓝公武、李大钊二人的意见，有很相同的一点，那就是他们都说"主义"是一个"共同趋向的理想"，是"多数人共同行动的标准，或是对于某种问题的进行趋向或态度"。这个解说，胡适认为与他的看法并没有冲突。

对于蓝公武、李大钊批评中不能接受的部分，胡适也作了解释。他说他们误会了一些概念，比如"具体"，比如"抽象"。在对这些误解进行了辩解后，胡适再次重申自己的原则、看法：多研究些具体的问题，少谈些抽象的"主义"。一切"主义"，一切学理，都该研究，但是只可认作一些假设的见解，不可认作天经地义的信条；只可认作参考印证的材料，不可奉为金科玉律的宗教；只可用作启发心思的工具，切不可用作蒙蔽聪明、停止思想的绝对真理。如此，方才可以渐渐养成人类的创造的思想力，方才可以渐渐使人类有解决具体问题的能力，方才可以渐渐解放人类对于抽象名词的迷信。②

胡适的这篇长达 5000 多字的《三论问题与主义》发表之后，意犹未尽，觉得还有几个小意思不曾发挥明白，故又写作《四论问题与主义——论输入学理的方法》。在这篇文章中，胡适就输入学理的方法提出三点意见：

---

① 李大钊：《再论问题与主义》，《胡适全集》卷一，338—344 页"附录"。
② 《三论问题与主义》，《胡适全集》卷一，353—354 页。

第一，输入学说时应该注意那发生这种学说的时势情形。胡适指出，凡是有生命的学说，都是时代的产儿，都是因为对当时某种不满意情形而发生的。这种时势情形，乃是那学说所以出世的一个重要原因。若不懂得这种原因，便不能明白某人为什么要提出某种"主义"。每种"主义"初起时，无论理想如何高超，无论是何种高远的乌托邦，都只是一种对症下药的药方。若要知道一种"主义"，在何国何时是适用的，在何国何时是不适用的，我们就必须先知道这种"主义"发生的时势情形和社会政治状态是什么样子，然后可以有比较，然后可以下判断。一种"主义"发生时的社会政治情形记得越明白、越详细，这种"主义"的意义就越容易懂得完全，这种"主义"的参考价值也就越大。所以胡适说输入学说时，就应该注意那学说发生时的时势情形。

第二，输入学说时应注意"论主"的生平事实和他所受的学术影响。胡适指出，学说是时代的产儿，但是学说又代表了学说提出者的心思见解。而这个某人的心思见解之所以与他人不同，主要是与其所受到的教育、所接受的影响有关。所以要弄明白一个学说是否合乎社会需求，就应该弄明白这个学说发生时的社会情形、论主的情形等细节，从细节中发现价值与问题。

第三，输入学说时应该注意每种学说所已经发生的效果。胡适强调，凡是"主义"，都是想应用的，都是想世间人信仰奉行的。那些已经充分实行，或是局部实行的"主义"，他们的价值功用，都可在他们实行时所发生的效果上分别出来。那些不曾实行的"主义"，虽然表面上没有效果可说，其实也有了许多效果，也发生了许多影响，不过我们不容易看出来罢了。因为一种主张，到了成为"主义"的地步，自然在思想界、学术界发生了一种无形的影响，规范许多人的心思，改变许多人的言论行为，改换许多制度风俗的性质。

这三点意见，总起来说就是一种"历史的态度"。凡对于每一种事物、制度，总想寻找出它的前因与后果，不把它当作一种来无踪去无影的孤立东西，这种态度就是历史的态度。胡适认为，输入学说的人，若能如此存心，也许可以免去现在许多一知半解、半生不熟、生吞活剥的

"主义"的弊害。①

胡适的《四论问题与主义》原本计划发表在1919年8月30日出版的《每周评论》第37期上,无奈这期刊物正在印刷时,刊物被查封,财物被没收,只有少量已印制好的刊物流传出来,于是"问题与主义"的论争在外力作用下戛然而止。

参与"问题与主义"论争者仅三人,他们的政治倾向、思想信仰当此时并没有根本冲突,他们在这个问题上也没有根本的对立和斗争,只是互为补充,丰富论证和论据。在对"主义"与"问题"的重视方面,稍有轻重缓急,但并没有谁力主非此即彼,要"主义"不要"问题",或要"问题"不要"主义"。所以,这场争论原本说不上是一场争论,只是后来他们几个人的政治分野太大,不仅外人回观他们当年的商榷补正有若斗争,即便他们自己也慢慢地有了这种冲突、斗争的感觉了。

当然,不可否认的是,这两种思想倾向在后来的中国政治思想上依然各有传人。点滴的改良,渐进的进步,基本上属于自由主义的共识;而寻求一个根本解决,寻求制度层面的突破,大约就是李大钊主张的传人。只是事情并不那么纯粹,如在很多时候主张渐进、主张改良的梁漱溟,在很多时候也认为改良是中国的基本出路,但如何改良,却也面临着"主义"之类的根本困扰。中国必须政治上有办法,否则点滴的改良于事无补,"必自其政治上有办法始。此无可疑也。然一旦于老中国有认识后,则于近几十年中国所以纷扰不休者,将必恍然有悟,灼然有见;而其今后政治上如何是路,如何不是路,亦遂有可得而言者。"②而所谓"政治上有办法",其实就是胡适所反对、李大钊所强调的"主义"重于"问题"。

儒学再解释

走俄国人的路,是"后五四时代"中国政治上的一个外部选择;而

---

① 《四论问题与主义》,《胡适全集》卷一,355—359页。
② 《中国文化要义自序》,《梁漱溟全集》卷三,6—7页。

与五四新文化运动相伴而生的一个内部选择,是如何处理传统。平心静气地回溯五四时期各家的主张,也可以发现他们各派之间有冲突、有紧张,也有共荣共鸣。我们知道,陈独秀、吴虞、胡适等人对儒家伦理不合乎现代生活的部分坚决抵制、严厉批判,进而引发出所谓全盘反传统。

其实,从思想史层面进行观察,所谓全盘反传统,或许真的要打倒至少真的是在打倒孔家店和儒家伦理,然而历史发展的结局与他们的主观诉求几乎完全相反。贺麟后来在《儒家思想的新开展》中的描述最为清晰:"五四时代的新文化运动,可以说是促进儒家思想新发展的一个大转机。表面上,新文化运动是一个打倒孔家店、推翻儒家思想的一个大运动。但实际上,其促进儒家思想新发展的功绩与重要性,乃远远超过前一时期曾国藩、张之洞等人对儒家思想的提倡。曾国藩等人对儒学的倡导与实行,只是旧儒家思想的回光返照,是其最后的表现与挣扎,对于新儒家思想的开展,却殊少直接的贡献,反而是五四运动所要批判打倒的对象。新文化运动的最大贡献在于破坏和扫除儒家的僵化部分的躯壳的形式末节,及束缚个性的传统腐化部分。它并没有打倒孔孟的真精神、真意思、真学术,反而因其洗刷扫除的功夫,使得孔孟程朱的真面目更是显露出来。新文化运动的领袖人物,以打倒孔家店相号召的胡适先生,他打倒孔家店的战略,据他英文本《先秦名学史》的宣言,约有两要点,第一,解除传统道德的束缚;第二,提倡一切非儒家的思想,亦即提倡诸子之学。但推翻传统的旧道德,实为建设新儒家的新道德做预备功夫。提倡诸子哲学,正是改造儒家哲学的先驱。用诸子来发挥孔孟,发挥孔孟以吸收诸子的长处,因而形成新的儒家思想。假如儒家思想经不起诸子百家的攻击、竞争、比赛,那也就不成其为儒家思想了。愈反对儒家思想,儒家思想愈是大放光明。"①

在贺麟看来,所谓五四反传统主义的贡献只是破坏和扫除了儒家伦理中僵化和陈旧的部分,只是儒家思想的形式末节,以及束缚个人的传统腐化的部分。而这一部分内容,其实也是历代正统儒学竭力排斥的,

---

① 贺麟:《文化与人生》,5—6页,北京:商务印书馆,1988年。

也是正统、正宗儒家学者从来不以为然的东西。所以，五四新文化运动主流思想家原本要打倒孔子和儒家，结果却和历代正统、正宗儒家学者一样，做了剔除异端、正本清源一类的工作，从而使儒家的真面目更加显露，儒家的真精神更加张扬。这是五四新文化运动主流思想家无论如何也没有想到的结果。

要张扬儒家的真精神，就要剔除历代儒者根据他们的时代需要附加在儒家文本之上的各种依附物。于是在五四新文化运动主流思想的影响下，自清中期以来一直存在的疑古学术潜流终于浮出水面，成为现代学术成立的一个重要标志，这就是以顾颉刚为代表的现代疑古学派，或称为古史辨派。

古史辨派的创始人顾颉刚深受胡适在五四新文化运动中所提出的"整理国故"思想的影响，主张用历史演进的观念和大胆的怀疑精神，吸收和运用西方近代社会学、考古学等方法，重新探讨中国古代的历史，考辨中国古代典籍，重建古史系统。

除了受胡适的思想影响外，顾颉刚的古史辨还有一个重要的学术源头，即钱玄同的思想影响。我们知道，钱玄同曾是古文经学大师章太炎的得意弟子，后又接受今文经学疑古大师崔适的思想。由于这种特殊的学术传承机会，从而使钱玄同对今文、古文两派都不满意，以为这两派都犯了从主观成见出发的错误，对于古籍的整理都不实事求是。他认为，今文经学是孔子学派所传衍，经长期蜕化而失掉了它的本来面目。古文经学异军凸起，古文经学家得到一点古代材料，用自己的意思加以整理改造，七拼八凑而成其古文学，目的是用它作工具，而和今文家唱对台戏。所以今文家攻击古文经伪造，这话对；古文家攻击今文家不得孔子的真意，这话也对。我们今天，该用古文家的话来批评今文家，又该用今文家的话来批评古文家，把他们的假面目一齐撕碎，方好显露出他们的真相。钱玄同将这些意思告诉他的门生顾颉刚，并谆谆告诫顾在治学时一定要从开始就弄清一个目标，知道现在治经学的任务不是要延长经学的寿命，而是要促成经学的死亡，使得我们以后没有经学，而把经学的材料全数变成古代史、古代思想史的材料。钱玄同还宣称，西汉董仲舒和京房等是今文经学的开创者，而我们乃是经学的结束者。我们要结三千年来经学的账，结清了就此关门，就此打烊，就此歇业。这样，章学诚等前辈学者所向往的将经学变成史学的前景，我们就能将其实现。

由于顾颉刚具有经学的训练和基础，因而他在胡适、钱玄同等人的点拨下很快便心领神会。他充分利用乾嘉汉学的学术成就，开创疑古学的新领域。真正做到了入经学之室，操经学之戈，以伐经学。他在1923年发表的《与钱玄同先生论古史书》中大胆地提出"层累地造成的中国古史"的观点，认为传统的所谓中国古史完全是后人一代代垒造起来的，并非客观真实的历史。这一创见在当时中国学术界立即引起轰动，胡适、钱玄同、傅斯年、周予同、罗根泽等表示支持，并齐心合力考辨古史，出版《古史辨》丛刊，他们这一自发的学术共同体遂被称为古史辨派或疑古学派。

古史辨派的工作就是推翻伪古史，他们的方法就是严格地不信任一切没有证据或不能被证明的东西。他们在儒家经学上的意义，就是将自东汉王充、马融以来，及至唐宋刘知几、欧阳修、郑樵、程颐、朱熹、王应麟，以及明代宋濂、胡应麟，清代姚际恒、阎若璩、康有为、崔述等人疑古惑经的学术传统在新的历史条件下发扬光大。他们在经学上的成就就是依靠科学的方法将儒家经典进行了科学的整理和批评，破除了它的神圣尊严，还其本来面目，从而扫除儒家经学在学术界的余威，使经学真的完成自己的历史使命而终结。

古史辨派的工作是将儒学恢复到先秦诸子百家之一的地位，表面上看是压抑、贬低了儒家思想的地位，实际上则为儒家思想获取了再度辉煌的可能和机会。与古史辨派从学术上考辨儒家学术的理路稍有不同，新儒家则主要从思想上辨明儒家思想传统在现代社会发生发展乃至重新发达的可能性。

现代新儒家一般都从梁漱溟的演讲《东西文化及其哲学》开始算起，其实这一思想源流的源头可能还要早。当近代中国面对西方的压力不断反省自身，最终将中国问题的原罪推给儒家思想的时候，就有了重新检讨儒家思想价值的学术潜流。只是到了梁漱溟，由于各方面的机缘巧合，他遂大胆地宣言儒家思想可能还有价值，甚至还有拯救西方思想破产的可能，于是新儒家的思想从潜流浮出水面，并终致蔚为大观，成为20世纪乃至21世纪中国最重要的学术思想流派之一。尽管这一百多年自诩新儒家的并不具有同样的思想出发点、归宿点，也不具有相同的价值理想，但这都不影响他们借着儒家的名头阐幽发微，指点江山，争当王者师，也尽管20世纪中国统治者相当一部分已经不拿单纯的、纯粹的，或者杂糅各家的所谓儒家当一回事。

梁漱溟是"后五四时代"中国重要的思想家，它最早意识到西方文化可能面临的危机，也最早意识到中国文化将有翻身的一天。他的这些思想深刻地影响了20世纪中国儒学的存在与发展，是公认的新儒家第一代最具影响力的代表人物。

梁漱溟对儒家精神的了解和体认，如同他的其他思想见解一样，表面上看似乎"一以贯之"，始终不变。其实，认真计较起来，就不难发现其不同阶段的细微乃至显著的差别，更不难发现"这些理论思想是以物质利益和由物质生产关系所决定的意志为基础的"①。

在梁漱溟生命历程的最初阶段，由于其家庭背景的特殊性和时代风气使然，可以说他对儒家文化知之甚少，几乎没有受到儒家精神的熏染。这一点与同时代的思想家相比显然是极其独特的。

梁漱溟出身于"书香门第"，或称"世宦之家"。乃父梁济少承家教，"作事不避迂拘，思唤起世道人心，去浇薄而就诚笃，不惜以性命贡献于社会。"②由于知识的熏陶和时代风气的影响，梁济和同时代的知识分子一样，不愿也无法把全部精力用在举业上，于屡试不第之后，于戊戌年

---

① 马克思、恩格斯：《德意志意识形态》，《马克思恩格斯全集》第3卷，213页。马克思、恩格斯在分析康德思想时指出，18世纪末德国的状况完全反映在康德的《实践理性批判》中。康德的思想见解完全符合德国市民的情况，是"以现实的阶级利益为基础的法国自由主义在德国所采取的特有形式"。不过，康德和德国市民在当时都很难觉察到这一点。在下面的分析中，我们可以看到梁漱溟实际上也存在着类似情况。

② 梁济：《桂林梁先生遗书·别竹辞花记》，442页，商务印书馆，1927年。

(1898）以四旬之龄步入仕途，为内阁中书。

举业的失败，使梁济感到的不是个人的悲哀，而是民族的悲哀，传统精神的悲哀。当此世纪之交的转变时刻，梁济对以儒家精神为代表的传统文化持严厉的批判态度，指出社会危机之所以一波未平，一波又起，除去其他方面的原因外，就意识层面而言，全由于那些居于社会领导地位的知识分子"平日专读滥书，识见迂腐，专享安舒，不悉艰难"之故。①因此，梁济认为，欲使中国富强，必先行改造中国旧文化；欲改造中国旧文化，必须另行铸造新文化的载体知识分子。因为中国旧有的知识分子积习太深，全由旧的教育制度、教育内容所误。基于此，梁济反复强调，"洋务西学新出各书深切时事，断不可以不看。"②并一再谆谆告诫学子要将出洋留学当作一件正当要紧之事去做，"勿惜费，勿惮劳，即使竭尽大半家资亦不为过。"③在这种思想指导下，其子梁漱溟所接受的早期教育可想而知。

在梁济出任内阁中书的同一年，5岁的梁漱溟开蒙读书，梁济为之延师于家，教授《地球韵言》，讲述世界大事，一反以儒家经典课童子的蒙学传统。加之是年清廷在维新运动中宣布停科举，废八股，只"力求实事"的梁济，④自然衷心拥护这一改革，更决心不让儿辈事帖括，而以新学、西学教育子女。

翌年，一福建陈姓先生在北京创办中西小学堂，由于这所学堂以学习西方近代科学为主，因而被当时市井之人俗称为洋学堂。梁漱溟在这个学校读了两年，既念英文，又念中文，"很有味道"。后转入彭翼仲创办的蒙养学堂，采用商务印书馆新编教科书，系统接受西方近代科学文化的熏陶，而对于中国传统文化特别是儒家经典"竟未一读"。⑤

---

① 梁漱溟：《梁济先生年谱》，《桂林梁先生遗书》卷首，14页，北京：京华印书局，1925年。
② 《梁济先生年谱》，9页。
③ 《梁济先生年谱》，16页。
④ 《论读书次第缓急》，转引自《梁济先生年谱》，9页。
⑤ 《梁济先生年谱》，16页。

1906年夏，梁漱溟考入顺天中学堂，在这里一口气上了五年半，正式毕业。顺天中学堂虽不是北京最早成立的中学，但和北京最早的五城中学堂有着难以割舍的渊源关系。受时代风气影响，顺天中学堂也格外重视西方近代科学文化的教育，英文总教习由曾在英国学习海军的王邵廉兼任。在这所学校的几年，是梁漱溟思想发展的重要阶段。据他自己回忆，此时所受的影响仍然是西方近代科学，很少看中国旧书，国文讲义照例不看；国文先生所讲，照例不听。①

　　梁漱溟之所以如此，除了他此时具有一种"不自觉的夸大狂的心态"外，据他自己所说，是因为他已有了自己的人生思想，胸中已有了一种价值标准。此时的梁漱溟虽然对西方近代以来"乐利主义"、"最大多数人幸福"、"实用主义"、"工具主义"等尚无所闻，但其价值标准却与近代西方功利主义的思想不期而同然，总是以利害得失来说明是非善恶，亦即以是非善恶隶属于利害得失之下。认为人生大要归于去苦、就乐、趋利、避害这几个方面而已。②这一思想虽出之于梁漱溟的头脑，实启导于乃父梁济。按照梁漱溟的评价，梁济虽不是一个天资超群的人，然秉性笃实，用心周匝细密，意趣超俗，不肯随意流转，更有一腔热血、一身侠骨。他虽然也研习儒书，服膺孔孟，实际上其思想与为人乃有极像墨家之处，也与近代西方功利主义思想相暗合。所有这些，自然深深地影响着少年梁漱溟。

　　少年梁漱溟很少受中国传统文化特别是儒家思想的影响，他的追求和向往是西方近代以来的新思潮，这虽与其家庭背景密切相关，实际上也是时代使然而不得不然。

　　在当时，留心时事、有志事功的梁漱溟已能接触到在中国北方内地的青年学生所可能看到的最好资料，如梁启超主编的《新民丛报》、《新小说》，以及稍后一些的立宪派的《国风报》，革命派的《民报》等。所

---

① 梁漱溟：《我的自学小史》，《我的努力与反省》，26页，桂林：漓江出版社，1987年。
② 梁漱溟：《自述早年思想之再转再变》，《中国哲学》辑一，336页，北京：三联书店，1979年。

有这些，特别是梁启超的文章是当时内地一般学生所不能拥有的"丰富资财"。显然，这些文章对梁漱溟思想的形成与发展产生了莫大的影响。梁漱溟承认，梁启超在《新民说》等著名文章中，一面提示了新的人生观，又一面指出了中国社会应该如何改造。这关系到人生问题、中国问题的双方，恰好符合梁漱溟此时的精神需要。同时，梁启超等人在报刊上大量介绍西方近代思想，也使梁漱溟受益匪浅。至于梁启超关于周秦以至近世诸子等非儒学派的许多论述，意趣新而笔调健，不仅在思想上，而且在生活上都给梁漱溟以很大的"帮助"。①

梁启超的影响是巨大的。此时的梁漱溟不仅钦佩梁启超的学问，而且坚信梁启超、康有为诸人为中国问题所开的君主立宪的处方是解决中国问题的灵丹妙药，因而不自觉地成为"编外"的立宪党人。

君主立宪能否从根本上解决中国社会的危机，这是一个理论上的问题。而在实践上，随着革命派势力的日趋强大，立宪派的影响也在明显地日趋缩小。加上清廷出尔反尔，将各地立宪代表驱逐出京，遂使许多立宪党人大失所望，其中一部分人逐渐转向革命，或变成了革命者。梁漱溟恰于此时结识了革命党人甄元熙，常为甄的革命激情所感动，加上正在发生的事实教育了他，遂使梁漱溟对君主立宪的主张彻底失望而转向革命。

1911年上半年，梁漱溟置家庭和舆论的反对于不顾，由甄元熙介绍加入京津同盟会，毅然剪除清朝顺民标志的发辫，一度担任《民国报》编辑和记者。

记者的生活使梁漱溟受到很大的锻炼，但现实的不尽人意也使梁漱溟思想发生了相当大的转变。

在《民国报》期间，梁漱溟得读日本近代著名社会主义运动先驱幸德秋水的《社会主义神髓》一书，书中一些反对财产私有的话深深印入梁漱溟的心中，并迫使他不断地思索这个问题，终至将梁漱溟引到反对财产私有的路上。梁漱溟认为，财产私有是引起人群中间生存竞争的根源。由于

---

① 梁漱溟：《我的自学小史》，《我的努力与反省》，30页。

生存竞争，所以人们常常受到生活问题的威胁，不免于巧取豪夺。这在被欺被害的人固属不幸而可悯，即那行骗行暴的人，亦太"可怜"了，太不像个"人"了。梁漱溟指出，人类不应该成为这个样子，这是财产私有制度的恶果，不能责怪哪一个人，若不能从根本上解决、废除财产私有制，徒以严法峻刑对待个人，囚之杀之，实在是不通的事。①

很显然，在梁漱溟看来，欲从根本上克服这些社会弊端，枝枝节节的修补都无济于事，只有"拨本塞源，只有废除财产私有制度，以生产手段归公，生活问题基本上由社会共同解决，而免去人与人间之生存竞争"②，才能从根本上克服这些社会弊病。

基于这些思考，梁漱溟于1912年冬撰成《社会主义粹言》一书，真诚地认为社会主义在中国的倡说，决非"无病呻吟"，而是在一定程度上把握了中国问题的病根。各家各派的救国方案"事属过去，其方兴未艾者，独社会主义耳"③。

对社会问题的探求，使梁漱溟一度激进于社会主义，成为社会主义理论的宣传者和实行者。然而，由于种种原因，特别是对江亢虎之辈的冒牌社会主义的憎恶，使梁漱溟在理论上未能更深入地探索社会主义，成为社会主义者，反而对社会主义"隔膜"了。

早在十四五岁的时候，梁漱溟就曾找来一些佛教的书翻阅；到了十七八岁，梁漱溟拒绝父母为之订婚；到了20岁，也即梁漱溟对社会主义信仰发生危机的时候，"遽而倾向印度出世思想"，研习佛典，归心佛法，遵从佛教戒条，以出世自励，怀抱为僧之念。④

对社会黑暗以及国民党内部斗争的憎恶，使梁漱溟愤然离开《民国报》，⑤而潜心于佛教典籍的研究。此后，"语及人生大道，必归宗天竺，

---

① 梁漱溟：《我的自学小史》，《梁漱溟全集》卷二，689页，济南：山东人民出版社，1991年。
② 梁漱溟：《我的自学小史》，《梁漱溟全集》卷二，690—691页。
③ 梁漱溟：《谈佛——与张蓉溪舅氏书》，《正谊》第1卷第1期，1914年2月25日。
④ 梁漱溟：《我的自学小史》，《梁漱溟全集》卷二，691页。
⑤ 梁漱溟在山西省立第一中学的讲演，1922年1月。

策数世间治理,则矜尚远西,于祖国风教大原,先民德礼之化,顾不知留意。"①"所谓年来思想者,一字括之,曰僧而已矣!"②

经过几年的玩索,梁漱溟作成《究元决疑论》一篇长文,"可以算是四五年来思想上的一小结果"③,为自己所持人生观在理性层面进行了哲学证立。《究元决疑论》的发表,是梁漱溟佛教哲学观的系统总结。不料在发表此文之后,竟又引起其生命观的巨大变化。

1917年,梁漱溟因此文结识了北京大学校长蔡元培,受聘到北大担任印度哲学讲席,先后开设佛教哲学、印度哲学等课程,并相继发表《唯识约言》、《唯识述义》、《印度哲学概论》等有关佛教、佛学的论文和著作。然而不久,由于西方近代思潮包括各种社会主义学说潮水般地涌进中国,并在中国相当一部分知识分子中间觅得知音,形成一股强大的反传统势力。梁漱溟对这些新思潮虽然"莫逆于心",但环境氛围却对他继续宣讲古印度哲学无形中形成莫大压力。④在此种情形下,梁漱溟在讲授印度哲学的同时,开始注意中国传统文化特别是儒家精神的现代意义,试图从人类发展史的角度比较研究中国、印度和西方三大文化体系的异同问题,以期指明中国文化的未来发展方向。

1918年10月,梁漱溟公开征求研究东方文化的合作者,申明自己之所以举"东方化"和"欧化"为对,虽非彻底反对欧化,但其意侧向孔子,"欧化实世界化,东方所不能外。然东方亦有其足为世界化,而欧土将弗能外者。"⑤自11月起,梁漱溟在北大每星期讲演"孔子哲学之研究"一次,在替释迦牟尼说法的同时,又替孔子说个明白,着力宣扬孔子的儒家思想。

梁漱溟指出,孔子之道与佛教精神,从表面上看毫无相同之处。佛教的出世思想,在儒家看来诚为异端,在所必排,因为佛教的教义足以

---

① 梁漱溟:《思亲记》,《梁济先生年谱》附录。
② 梁漱溟:《谈佛——与张蓉溪舅氏书》,《正谊》1卷1期,1914年2月25日。
③ 梁漱溟:《究元决疑论》,《漱溟卅前文录》,46页,上海:商务印书馆,1923年。
④ 梁漱溟:《我的努力与反省》,51页。
⑤ 梁漱溟:《为征求东方学启事》,《北京大学日刊》1918年10月31日。

破坏孔子的教化。然而从佛教的立场来观察，儒佛二教尽有相兼相容之余地。佛之教化，所有地方，俱以容纳各种教化，而佛之极简单而洞虚的教化则无处不可触贯。因此，佛教对一切思想均持雍容大度的态度，而不特别排斥。因而在本质上说，儒家精神与佛教教义并无太大区别，至少在形而上学等某些层面有相通相容之处。

不难看出，此时的梁漱溟虽然意识到儒家精神的重要，并试图对儒家精神进行现代诠释，但在根本点上，梁漱溟是以佛教的眼光看待儒家，是以佛释儒，或引儒入佛。不过，梁漱溟此时也朦胧地意识到佛教精神的不合人意处。他坦率地承认，自从他归心佛法之后，切志出世，未能领略儒家精义，年来生活，既甚不合世间生活正轨，又甚不合出世生活正轨，精神憔悴，自己不觉苦，然实难久支。换句话说，仅从人生的情趣而言，预示着梁漱溟至少要在出世与入世之间择其一。

梁漱溟对儒家精神的最初体认，很明显是基于自己的人生困惑，是试图以理性精神克服宗教的非理性主义，是一种人本思想的自觉。他指出，当他初入于出世思想时，盖甚薄视孔子，及后乃从此问题证出孔子之至足贵。住世思想之最圆满者无逾于孔子，其圆满抑至于不能有加。所谓西土思想无其类者即是此物，所谓欧土将弗能外之东方化者亦是此物，而彻上彻下孔子所谓"一以贯之"者即是此物。①

很明显，梁漱溟根据个人生命体验已充分认识到儒家人生观是一种"最圆满的"人生观，已预示着他将从先前对印度佛教出世思想的倾心而归结到儒家的人生。这是梁漱溟思想历程的一大转变，是对先前"人生是苦"认识的一大修正，并最终促使梁漱溟放弃出家之念而回到世间来。

不过，梁漱溟此时尚未做这种转变。因为正像梁漱溟自信的那样，他是一个肯用心思的人，不打定主意他是不会去改变的。他相信，人生道路的选择，唯一的就是诚实。如果对先前的人生信仰发生了疑问，那就必须诚实地作答，"既答了就要行，觅着了路就要走，走路必须诚实。诚实的

---

① 梁漱溟：《在孔子哲学第一次研究会上的讲演》，《北京大学日刊》1918年11月1日。

去走一条路，就是积极，就是奋斗"①。在这个意义上说，这种转变或者说选择是不容易的，是极其痛苦的。因为它不是知识促进的，而是"欲望与情感"的驱动，是人们从情感上发自内心地要求改变往昔的人生观。②

梁漱溟这次人生观大转变的完成，如他自己所说，正是发乎情感和体内的需求，而时间在此后一年之余即1920年春初。当时，万物复苏，生机勃发，少年中国学会邀请梁漱溟作宗教问题的演讲。长年累月坚持宗教生活的梁漱溟在家撰写讲词，不料下笔数行，总不如意，思路窘塞，头脑紊乱，不禁掷笔叹息。抬头远望，春意昂扬的大自然不自觉地对梁漱溟内在生命力有所驱动，触景生情，感触良多，静心一时，随手翻阅《明儒学案》，"东崖语录"中"百虑交锢，血气靡宁"八个大字无意跃入眼帘，梁漱溟不觉蓦地心惊，顿时头皮冒汗，默然有省。遂由此决然放弃出家之念，于是年冬结婚，开始过起尘世间的生活。③

其实，梁漱溟回到世间来，虽说触发于一时，而酝酿、启动颇早。梁漱溟应邀执教北大，加入知识分子一堆，不免引起好名好胜之心；好名好胜之心发乎身体，而身则必然有男女之欲。当此时，梁漱溟虽决心过佛教徒的生活，其实只不过是时时处处在精神上抑制、遏止其欲念而已。这种矛盾冲突在毅力的支配下可以获得一度平衡，但绝不可能持久。一旦平衡被打破，或者逢到适宜的机会和借口，自然要放弃出家之念。

从理论上说，前此的梁漱溟很少受中国传统文化特别是儒家精神的熏染。如他自己所说"甚薄视孔子"，对儒学义理多不甚明了，加上当时社会风气、学术风气特别是欧风美雨的影响，梁漱溟难免小视中国传统文化特别是被时人视为与现代生活"不适'的孔子之道。④随着知识的增进和情感需要的增加，梁漱溟一旦有暇领略中国文化的精髓，又难免不被中国文化、儒家精神的博大精深所吸引，难免不在思想上发生脱胎换骨的变化。据梁漱溟多次回忆，当他初次研读《论语》时，通篇不见一

---

① 梁漱溟：《一个人的生活》，《梁漱溟全集》卷四，562页。
② 梁漱溟：《李超女士追悼会演说词》，《梁漱溟全集》卷四，573页。
③ 梁漱溟：《我的努力与反省》，52页。
④ 陈独秀：《孔子之道与现代生活》，《独秀文存》，81页。

"苦"字,开篇竟是"不亦乐乎"的字样,而且全部《论语》始终贯穿一种积极的、和乐的人生观,语气自然,神情和易,这不能不引起梁漱溟的思寻研味,终于使他觉悟到"欲望之本,信在此身;但吾心则是卓越乎其身而能为身之主宰","生命流畅自如则乐,反之,顿滞一处则苦"。①

当然,按照梁漱溟的解释,以他这种怀天下之大任的胸怀和性格,之所以抛却佛家生活而归入儒家生活,决非仅仅因为个人欲望不得满足之故,而是一种不容推卸的历史使命感在驱使着他。他说:"我不容看着周围种种情形而不顾。——周围种种情形都是叫我不要作佛家生活的。一出房门,看见街上的情形,会到朋友,听见各处的情形,在在触动了我研究文化问题的结论,让我不能不愤然的反对佛家生活的流行。而联想到我自己,又总没有遇到一个人同意于我的见解,既〔即〕或有,也没有如我这样的真知灼见。所以反对佛教推行这件事,只有我自己来做。这是迫得我舍掉自己要做的佛家生活的缘故。我又看着西洋人可怜,他们当此物质的疲敝,要想得精神的恢复,而他们所谓精神,又不过是希伯来那点东西,左冲右突,不出此圈,真是所谓未闻大道,我不应当导他们于孔子这一条路来吗?我又看见中国人蹈袭西方的浅薄,或乱七八糟,弄那不对的佛学,粗恶的同善社,以及到处流行种种怪秘的东西,东觅西求,都可见其人生的无着落,我不应当导他们于至好至美的孔子路上来吗?无论西洋人从来生活的猥琐狭劣,东方人的荒谬糊涂,都一言以蔽之,可以说他们都未曾尝过人生的真味,我不应当把我看到的孔子人生贡献给他们吗?然而西洋人无从寻得孔子,是不必论的;乃至今天的中国,西学有人提倡,佛学有人提倡,只有谈到孔子羞涩不能出口,也是一样无从为人晓得。孔子之真若非我出头倡导,可有那个出头?这是迫得我自己来做孔家生活的缘故。"②

梁漱溟从佛家生活转到儒家生活,虽然信誓旦旦,大有普救众生之慨,但透过这番慷慨陈词,我们不难发现其内心深处经历了一番痛苦的

---

① 梁漱溟:《自述早年思想之再转再变》,《中国哲学》辑一,340页,北京:三联书店,1979年。
② 梁漱溟:《东西文化及其哲学》自序,《梁漱溟全集》卷一,543—544页。

折磨，经历了一场灵与肉的厮杀，有一种不得不然的情绪支配。

梁漱溟的这一心理历程实在说来是近代中国启蒙思潮发展的缩影。在西方强权的压力下，近代国人经过睁眼看世界的一番犹豫不定之后，开始了向西方学习的艰辛历程，期望像西方一样获得民主、自由与富强，卓然屹立于世界民族之林。然而，辛亥革命的炮声仅仅坍塌了皇帝的宝座，老大而反应迟钝的中华帝国依然故我，除了民国的招牌之外，中国的一切几乎仍循着旧有轨道运行，民主、自由与富强依然与中国无缘。而且，几代中国人倾慕向往的西方导师又不断地欺凌学生，西方内部也逐渐地暴露出种种流弊。甚至一些聪明的西方人已开始反省自己的文化传统，厌倦于追求物质的观念意识，在经历了一个认识的大圆圈之后，差不多回复到他们十七、十八世纪的启蒙思想家的认识起点上，转而向往东方特别是中国文明。所有这些，正与梁漱溟抛却佛家生活，转而认同儒家精神的事实互为因果。这里再一次证明思想观念的发展变化无法逃脱社会条件、时代精神的制约，"无论思想或语言都不能独自组成特殊的王国，它们只是现实生活的表现。"①

自明末清初中西交通以来，西方文化历尽艰辛，终于在清末民初真正赢得中国知识分子的信任，慢慢地形成一股强大的西学潮流。对于这股潮流，梁漱溟并没有明确表示反对，但是认为现在相当一部分中国人的心态已不是从前那样把中西文化平等看待，持多元开放的正常心态，而简直认为中国文化已经要得要不得了。他不反对西方文化的合理部分，但认为不应该采取民族虚无主义的态度全盘否定中国固有的文化传统。他说："看现在的形势，好像东方化已经到了不能再要的地步。你看东方民族，如日本、安南、缅甸、朝鲜等，只要能够领受一点西方化的，便可以存立，否则就站不住脚，还要受那已经领受西方化的东方民族之侵凌霸占。即如中国现在也是处处采取西方化，如政治改革已经全是西化，所以吾人的日常生活几乎完全充满了西方化。照此看来，现在的形势已经不是东西对垒的开战，而是东方化尚能存在与否的问题。"②

---

① 马克思、恩格斯：《德意志意识形态》，《马克思恩格斯全集》卷三，525页。
② 梁漱溟：《东西文化及其哲学讲演录》，《北京大学日刊》1920年10月25日。

应该说，梁漱溟指出这一问题的前提是完全可以成立的。而且，这个问题自东西文明碰撞以来一直存在，一直未能得到很好的解决。早在明末清初，西方传教士带来一些最浅近的科学技术，明代一些学者也组织翻译过几何、数学、物理、化学等方面的书籍，这种情况一直持续到清康熙年间，都没有发生什么太大的冲突。因为这些都是属于理智方面的。

但是到了清中期以后，随着中国的大门被西方殖民者以"坚船利炮"所打开，一些中国人才开始觉得中西之间的冲突是一个严重的问题。当时的人只看到西方的军事技术与军事装备，以为中国人只要掌握了这些东西，便可有效地防止西方的侵略。魏源的"师夷之长技以制夷"的战略设计，曾国藩、李鸿章等人所热心的洋务事业，在本质上都没有太大的区别，都是想用西方的技术使中国强大起来，以防止外族的欺凌。

无奈，这些善良的愿望只能是一厢情愿，其结果并没有使中国强大。经过几十年的发展，中国一败于1884年的中法之役，再败于1894年的中日战争，最后闹到八国联军入侵，中国几遭被瓜分的灭顶之灾。魏、曾、李的错误不在于他们没有看到西方科学技术远迈中国，而是根本不知道中西差异何以至此。质言之，他们只看到中西差异的表面，而不知道西方先进的科学技术的来历，即不知道他们的文化。

在梁漱溟看来，中西的差异决不在于科学技术的先进与落后，而在于文化上的根本不同。魏、曾、李只撮取了西方文化的结果，而根本不理会这个结果的上半截，更不知道西方这些东西正与中国固有文化相反对。

甲午战争之后，先进的中国人觉悟到只搬运西方的科学技术救不了中国，渐渐地晓得西方的东西并不只是这点坚甲利兵，而是有更深层的文化内容。于是兴学校、废科举、造铁路诸说大盛，并最终酝酿成变法之论。然而，正如梁漱溟所指出的那样，这些提倡兴学变法的人，也实在是看了日本明治维新的成果而激起的。因此，那时关心时局的人差不多都以为政治问题是最主要的，以为只要政治一改，便什么都改了。如立宪派与革命派，不论他们中间有多少争执，他们在中国需要政治改革这一点上是相当一致的。到了辛亥革命，更是一个极显著的对于西方文化的让步，也是对自己固有文化的改革，当然，此时是否获得西方文化的真精神也仍然是另外一个值得考虑的问题。这样专在政治上做功夫，以为只要把政治问题解决了，便其他一切都能好起来。这种观点虽然比只知照搬西方的坚甲利兵的主张稍微进步，但后来回顾一下，总觉得他们也过于简单了些。所以，辛亥革命之后的若干年，中国虽然接受了西方的政治文化，但仍时常陷在东碰西磕、道路不通的窘境，没有法子顺顺当当地走下去。

到了这时，开始有《新青年》陈独秀一班人认识到，政治制度并非文化的根本，中国要改革、要发展，就必须根本抛弃固有文化，索性另走一条路，才可以追求着真的问题所在，枝枝节节的改革是根本不能成功的。平心而论，陈独秀一班人确实找到了中国问题的症结，中国不从文化上进行改革，只停留在枝枝节节上的斩伐，就不可能从根本上解决问题。但是，文化上的改革并不意味着全盘抛弃本民族的固有文化传统，全盘承受外来文化。可以这样说，陈独秀一班人找到了中国问题的症结，但并没有能够给中国开出一个根除病症的药方，而是想连病人一起抛掉。

陈独秀一班人的激进意见，自然很难获得国人的全力支持，而且极容易激起另一种反对意见，于是有一些顽固的人如辜鸿铭便极端地反对文化上的任何变革。后者认为中西文化是完全不同的文化体系，当西方人还在穴居野处、身披兽皮的时候，中国民族已是一个开化的文明民族。中国若干世纪以来寻求不用武力而用智慧来治理这个大国。西方文化绝不比中国文化优越，中国人不应当抛弃旧政体、旧文化，相反，应当完善发展这些固有的东西。

旧文明的支持者并不否认中国问题的症结在文化上，只是得出的结论与陈独秀等人迥然异趣。双方意见相持不下，中国问题也就无从解决。

第一次世界大战的爆发和结束，为中国文化问题的解决提供了一个契机。梁启超到欧洲转了一圈，听到不少西方人对西方文化反感的话头，以及对中国文化不知其所以然的羡慕，于是飘飘然地以为中国文化未来的发展应当是与西方文化相调和，吸收西方文化的长处，改造中国文化的不足，创造出一种新文明来。

如果说梁启超的说法不足信，那么美国著名哲学家杜威、英国著名哲学家罗素在五四运动前后来华所说的意见则使中国人渐渐地信以为真。杜威常说东西文化应当调和；罗素则因自己对西方文化的反感，一味地说中国文化是如何如何的好。

梁、杜、罗的鼓吹貌似公允，在社会上引起了强烈反响，国人几乎都期望未来的文化是东西文明调和的产物。善良的愿望几乎使人们以为这就是事实。

正是在这种学术文化的背景下，原来无心著书立说的梁漱溟实在忍不住了，不得不站出来将自己与众不同的思考贡献给国人，于是不自觉地参加了这场东西文化的大论战。

传统的说法总以为梁漱溟参加东西文化论战是站在陈独秀、胡适一派的对立面，是东方文化派即顽固守旧派的主将或代表人物。梁漱溟个人从来不承认这一点，考诸梁氏思想的全部发展线索，也很容易看出这个传统的判断把复杂的学术问题看得过于简单化，似乎真如两军对垒。

在当时的文化论争中，最激进的莫如陈独秀等《新青年》一班人，他们有感于辛亥革命的失败而激烈抨击传统文化，集中批评孔子和传统道德，鼓吹全盘西化。但是陈独秀一班人往往困惑于西方学者的欧洲中心主义的迷雾，以为西方文化具有自己的民族性，尤其是西方文化的不可推广性，因而主张把西方的一套全盘照抄。同时，他们也惯于用中国知识分子以复古为旗帜而求革新的传统手法，以一种无以名状的逆反心理，不辨中国文化的民族性，把现代化等同于西方化，提出一些无法实行，至少是当时不可能立即实行的绝对化的理论。如陈独秀基于中国政治变革长时期不能彻底实现的分析，而以为政治制度的改革是枝叶，中国的改革应该重新开辟新的途径，抛弃或者暂时放弃戊戌以来在制度方面的努力，而单刀直入地探寻、移植西方文化，接受民主与科学，以唤醒国人"最后之觉悟"。应该说，陈独秀等人确实看到了中国问题的症结，只是在解决的途径上过于激进，一方面必然引起反对派的竭力抵制，另一方面又不可避免地使后来者更激进，以至走上偏激的道路，使其主张更缺乏可操作性。

在陈独秀激进思想的影响下,一部分人趋于保守,而另一部分人则走上更为激进的道路,提出更加偏激的主张。如陈序经在《中国文化的出路》中就嫌陈独秀所要的西化只是民主与科学,除此之外,没有别的。他认为,陈独秀所要的西化,并不是全部的西化,陈独秀的贡献仅在于他根本否认中国一切的孔教化,并非主张全盘西化,因而是一种消极的主张。"积极的主张应是全部西化的功夫",对于西方的一切,不论好的坏的,包括军国主义和金力主义都应该毫不犹豫地引进。他说:"设使我们以为军国主义和金力主义产生出不少罪恶来,所以要反对,那么赛先生和德先生也造出不少罪恶来,那么吾们也不要德赛两先生了。结果我们只好再提倡提倡孔子之道罢。其实,要是我们觉得中国的文化是不适时需,西洋文化是合用了,孔子之道是不好了,赛先生是好了,那么要享受赛先生的利益,应当要受受赛先生发脾气时给我们的亏。"①

文化作为一个整体,自然不是此方一厢情愿地在吸收彼方文化时吸收其精华而拒斥其糟粕。任何一种文化都是一个密不可分的整体,都是其物质文化、精神文化以及各要素间的高度统一,每一个精神文化都有其相应的物质文化作依托,而每一个物质文化也总不外有一种精神文化作为表现形式。全盘西化论者有见于此而强调全盘引进西方文明,以改造乃至抛弃中国旧文化,虽过于偏激且缺乏可操作性,但并不是毫无可取之处,至少他们看到了文化的不可分割性。然而,他们过于偏激的主张,严重地挫伤了中国知识分子的自尊心,不论在学术界还是在一般社会中都只能引起反感,而无法获得国人的共鸣。从反感出发又势必引起激烈的反对而走上另一极,使一些人仿佛是基于民族主义的情绪,坚持中国文化不论其性质如何,都可以放之四海而皆准,从而提出另外一种绝对化的主张。

1916年,杜亚泉在《静的文明和动的文明》中,以为西方社会多民族纷争,自然环境宜于商业,于是西方人的观念,以为社会的存在是互相竞争的结果,"依对抗而维持"。而中国社会自古以来则多一家一姓兴

---

① 《陈序经学术论著》,76页,杭州:浙江人民出版社,1998年。

亡之战，自然环境宜于农业，中国人之观念，便以为社会之存在乃各自相安的结果。基于这种观念上的差异，遂使西方社会注重人为，反对自然，生活向外，胜利重于道德，无时不在战争之中；而中国人一切皆注重自然，顺从自然，生活向内，安心守分，勤俭克己，除自然的个人外，别无假定的人格，道德高于胜利，以与世无争、与物无竞为最高尚的道德，时时以避免战争为务。因此，杜亚泉强调，中西文化之异是性质之异，而非程度之差，中国固有之文明不仅不应该彻底抛弃，恐怕正足以救西方文明之弊，济西洋文明之穷者。

在上述两极思维之外，尚不乏折衷调和之说。这种种学说都表明中国人对文化问题的关注与焦虑。而正是在这种背景之下，梁漱溟开始他对东西文化的比较研究，并提出自己与众不同的新见解。

梁漱溟通过东西文化的比较研究，认定梁启超、杜威、罗素等人的说法都不对，因为他们没有说出东西文化如何调和之道而贸然断定其结果为调和，就不能不发生许多错误。他强调，我们应当考究出一条路来，决不应该在未曾考究之前，就贸然说"我们只须如此走去便好了"。

考究的结果，梁漱溟把解决的办法归纳为三种：

一是东西文化如果根本不同，不能并存，无可通融，而东方文化又的确到了绝地了，那么，我们就痛痛快快地把东方文化丢掉。不然，我们明知东方文化无法再存，而是死抱不放，岂不是要与之同归于尽？

二是东方文化现在受到较大的压迫是不必否认的事实，但我们如果看到儒家、东方文化虽然目下受窘，将来一定有翻身的一天，自然对于现状不必顾虑。但是，我们必须有一条颠扑不破的理由，还须找出一条如何向"重复昌明"走去的路程。

三是如果认为东西文化确有调和融通之道，那就必须指得出解决以后可以给我们走的一条明显的活路。像那种名曰"东西调和"，实则"东西杂处"的样子，显然是无法根本解决问题的。

这三种办法合情合理，但在当时并没有一个人敢直截了当地认定其中一条。显然，这是因为问题本身过于复杂，无法用简单的方式加以解决。梁漱溟指出，西方文化无论相对于东方文化如何先进，都是不能全部照搬照套的，因为如果一般国民不能从根本上改变东方文化影响下而形成的生活习惯和人生态度，徒然更改政治制度，采用西方民主政治，都只是增加东西方文化的冲突和矛盾，而无助于问题的根本解决。

梁漱溟赞成李大钊在《东西文明根本之异点》一文中的分析，以为李大钊讲了一些很有见地的话。李大钊认为，目前东西文化杂处的现象很可怕，中国目前最紧迫的问题不是实行东方化，还是实行西方化，而是尽快弄清东方化为何物，西方化为何物，它们之间的区别何在。他认真研究的结果，觉得东方化是一种静的文明，西方化是一种动的文明，二者同时并用，有很大的危险。他说："苟不将静止的精神，根本扫荡，或将物质的生活，一切屏绝，长此沉延，在此矛盾现象中以为生活，其结果必蹈于自杀。"在中国，以英雄政治、贤人政治的理想施行民主政治，以肃静无哗、唯诺一致的社会心理希望代议政治，以万世一系、一成不变的观念运用自由宪法，"其国之政治，固以杌陧不宁，此种政制之妙用，亦必毁于若而国中。总之，守静的态度，持静的观念，以临动的生活，必至人身与器物，国家与制度，都归粉碎。世间最可怖之事，莫过于斯矣"。①当然，李大钊的结论与梁漱溟的全然不同，李大钊认为，中国要学习西方文化，就应从改变国民习性入手，以调和融通东西文化，创造民族新文化。

对李大钊的结论，梁漱溟不以为然。他指出，李大钊既相信东西文明是不能妄加轩轾的，将来还是要调和的；明知必将粉碎而又不求解决，留待将来；又希望竭力容受西方动的文明，以济东方文明静的之穷，却又说不出应当如何容受、容受到何种程度为止。总的看起来，李大钊的话虽不错，但可惜没有解决问题，不能使人满意，而且使人感到奇怪。

梁漱溟承认，从精神生活、物质生活、社会生活三个方面看，东方文化都不及西方文化。尤其是西方近代以来的科学与民主精神，是世界上无论哪一个民族都不能自外的东西。显然，东方文化是一种未进的文化，西方文化是一种既进的文化。同时，梁漱溟也责难那种认为东方人

---

① 《李大钊文集》，563页，北京：人民出版社，1984年。

在政治制度、社会风俗习惯以及物质享用虽不及西方人，而在精神方面要比西方人有长处的新旧派人物"全然不对"，"实在是很含混不清，极糊涂，无辨别的观念，没有存在的余地"。①

梁漱溟指出，我们比魏源、曾国藩、李鸿章以及康有为等人的进步，就在于"以物质观西方化"的眼光移到文化根本——思想——即精神方面的异点上，所谓文化改造、哲学更新都是对着中国固有文明而说的，何以还说固有的精神文明优于西方，可以保留？"我们要知道，文化无论东西，物质方面与精神方面总是一贯的，而且精神方面尤为根本，决没有彼方面必亡而此方面可存的道理。所以应当说，要改革就从根本上改革起。"②这就将文化视为一个整体的系统工程，不是可以零售或搭配出卖的。

梁漱溟这样说，决不意味着他固守中国传统文化，恰恰相反，他真诚而坚定地相信中国文化现在已经撞到墙上无路可走。中国社会的再发展，必须有待文化上开辟新局面，寻找新的生机："必须翻转才行。所谓翻转，自非努力奋斗不可，不是静等可以成功的。如果对于这个问题没有根本的解决，打开一条活路，是没有办法的。"③梁漱溟承认，中国文化的未来前途，不是固守旧有传统，而必须进行新的转换，在旧传统的基础上进行新的创造。

在梁漱溟看来，中国文化的未来发展，有待于旧传统上的新创造。换言之，即中国传统精神的现代转化。

由此，我们必须首先明了梁漱溟所指的旧传统为何物，即中国传统精神的内涵与外延有哪些，它与西方文化相比究竟有哪些不同？

梁漱溟承认，中西文化的差异是一种本然事实，但无论二者存在何种差异，都不足以判定一方比另一方落后，或相反。因为文化不仅无法进行量的测定，离开了它所赖以生存发展的社会生活背景也无法判定其优劣。而且，文化的发展并不是单向的线性进程，中国文化与西方文化

---

① 梁漱溟：《东西文化及其哲学》，13 页，北京：商务印书馆，1987 年。
② 梁漱溟：《东西文化及其哲学讲演录》，《北京大学日刊》1920 年 10 月 25 日。
③ 梁漱溟：《东西文化及其哲学》，14 页。

的不同不是前者不及后者，而是文化体系、思维路向和价值体系的根本不同。他断言："假使西方不同我们接触，中国是完全闭关与外界不通风的，就是再走三百年、五百年、一千年也断不会有这些轮船、火车、飞行艇、科学方法和'德谟克拉西'精神产生出来。这句话就是说，中国人不是同西方人走一条路线，因为走的慢，比人家慢了几十里路，若是同一路线而少走些路，那么，慢慢的走终究有一天赶的上；若是各自走到别的路线上去，别一方向上去，那么，无论走多久，也不会走到那西方人所达到的地点上去的。"①质言之，中国人另有自己的人生路向、人生态度，中国人不是像西方人那样积极向前进取，而是安分、知足、寡欲、摄生，而绝不提倡物质享乐，也不是印度的禁欲主义。中国人不论境遇如何，都可以满足安受，并不一定要求改造一个局面，即无征服自然的态度而又有与自然融洽游乐的思想倾向。简言之，中国文化是以意欲自为、调和持中为其根本精神的。

梁漱溟的这个判断与中国文化的主要精神之一的道家思想极为一致，自然是不成问题的。但在梁漱溟的心目中，他对中国传统精神的这种定位，实际上是指儒家伦理价值体系。当然，儒家精神中的天人合一、中庸调和、知足常乐、安贫乐道以及安分守己等伦理训条正是梁漱溟这种判断的说明材料。从历史唯物主义的观点看，梁漱溟的这个判断不仅与中国固有的思想是一致的，而且是颇有价值的。因为在他作这种判断时，无疑充分考虑到社会条件对精神文化的制约和决定性作用。

我们知道，任何精神文化都只能是适应环境的产物，中国精神的产生与发展只是中国两千年来农业经济的结果。两千年来，中国的农业经济基本上是一种自给自足的经济系统，由此产生的中国文化便是一种农民式的意欲自为，与自然融洽游乐的文化。不仅道教、儒学如此，即便是中国佛教又何尝不是如此？这种文化适应了中国社会历史的需要，维持了社会的和谐与稳定，因而两千年来功不可没。假如没有西方文化的冲击，中国文化的自调机制必将有效地保障其文化与社会的相对一致性。

---

① 梁漱溟：《东西文化及其哲学》，65页。

正是在这个意义上说，西方文化与中国文化没有高下之分，只有性质不同，他们在价值上是平等的。其意欲自为、调和持中的基本精神更是无可非议的。

根据梁漱溟对儒家精神文化的研究，他认为，中国文化之所以走上这样一条独特的路，除去农业生活等其他原因不说，很重要的一条是中国人在儒家精神的影响下，宗教意识太淡薄，即使在形而上学的层面，也多为抽象的讨论，因而避免了西方和印度哲学"蹈虚"的错误。中国人并不像西方人或印度人那样，讨论那些呆板的、静体的问题，中国人自古传下来的形而上学，作为一切学术之根本思想的是一套完全讲变化的——绝非静体的。他们只讲些变化上、抽象上的道理，极少去过问具体的实在问题。如中国人虽然亦讲金、木、水、火、土，但与印度人所讲的地、水、风、火"四大"，以及古希腊人所讲的水、火有着本质上的不同，前者表达的是一种抽象的哲学意味，后二者实指具体的物质实在。

梁漱溟指出，因为西方讲具体问题所用的都是一些静的、呆板的概念，而在儒家精神中，貌似具象的物质总是富有抽象的、虚的、形而上学的意味。不但阴阳乾坤只表示意义而非实指，就是具体的物质如"潜龙"、"牝马"之类，在儒家精神中也非仅指实体，而是具有高度抽象的意味。要认识这些抽象的意味或倾向，无法凭信西方科学的方法去解决，只能凭借直觉去体会、去玩味。感觉、理智在这里都受到极大的限制。从这个意义上说，儒家精神是一种艺术的智慧。

基于这种分析，梁漱溟强调，讨论儒家精神，最忌拿抽象玄学的推理应用到属于经验知识的具体问题，而应注意体会儒家固有的玄学概念和方法，凭借直觉而非理智来玩味儒家精神，无法期望从中推演出多少道理来。他指出，儒家的概念具有高度的抽象，但儒家所讨论的问题都很实际，总是拿生活的事实来讲授给人。因此，讲儒家精神，决不应只在文字上求，文字不过是代表观念的一种符号，其真正的底蕴是无法通过文字加以表述的。后世陋儒不明白这些道理，总在一些话头上转来转去，虽然也能说出一些意思来，但不过是"恍兮惚兮"、"迷离徜徨"的。如欲弄清儒家精神的真义，必须"揭去符号的皮壳，找到它所代表的事实，好知道这究竟是指着什么说的。让那件事实灼然可见，这样，全不必引用书中的名言词句，也就可以明白了。如此，才有了根据，使我们可以开辟新的意思，可以继续着寻求"。①从现代哲学方法论的观点看，这自然是一条较有效的研究道路。

在梁漱溟看来，儒家精神的大意与原则，均见之于《周易》。《周易》相传是距今最古老的占卜书，作者及成书时代都存在着很大的争议，对书中的内容历来也有汗牛充栋的诠释，诸说林立，聚讼纷纭。但是，不论各家各派有多少不同的诠释，而"调和"与"变化"却是各家各派所公认的《周易》的主题思想。

所谓调和，其大意以为宇宙间实在没有那绝对的、单一的、极端的、一偏的、不调和的事物，如果有这些东西，也一定是隐而不现的，凡是现出来的东西都是相对的；所谓变化，在这里就是由调和到不调和，或由不调和到调和。用现代哲学术语来表示，似乎如同普利高津的从无序到有序。梁漱溟描述道："仿佛水流必求平衡，若不平衡，还往下流。所差的，水不是自己的活动，有时得平衡即不流，而这个是不断的往前流，往前变化；又，调和与不调和不能分开，无处无时不是调和，亦无处无时不是不调和。"②如是上下左右推之，相对待相关系于无穷。相对待固是相反，又是相成，一切事物都成立于此相反相成之调和的关系之上，纯粹的单是没有的，真正的极端是无其事的。

梁漱溟强调，儒家的精神原则已如上述，这些精神原则在哲学层面的表现就是"无表示"。他指出，凡一切事物的存在为我所意识的都是一个表示，无意识的不表示是与主体不相干的，不是主体所能意识与所能感觉的。譬如由调和到不调和的变化，结果又归于调和，这只是不得不用语言来表示它，实在这从调和到不调和的两者之间也未尝不调和，并不能真正分出从某点到某点为调和，从某点至某点为不调和，语言的力量在这里表现出相当大的局限性。

---

① 梁漱溟：《孔子真面目将于何求?》，《梁漱溟全集》(4)，768页。
② 梁漱溟：《东西文化及其哲学》，118页。

对儒家精神进行纯哲学的研究，显然不是梁漱溟的本意。梁漱溟的本意在于以哲学层面的证立来凸显佛家精神的价值系统。他认为，儒家价值系统的第一步就是儒学创始人孔子以生为对、为好，即对人生的诚挚赞美。一个"生"字是儒家精神中最重要的概念，知道这个字的真实含义，也就把握了全部儒家精神。儒家的人生价值观没有别的特殊要求，一切都不外乎顺着自然道理活泼流畅地生发。儒家精神以为宇宙总是向前生发的，万物欲生，即任其生，不加造作必能与宇宙契合，使整个宇宙充满生意春气。

儒家价值系统的第二步，依据梁漱溟的分析，就是一定要先得到其"无表示的道理"。他指出，向来研究儒家哲学的，只认识具象，而不晓得任何具象都是浮寄于两相反的势力之上而无根的。"根本无表示，大家只晓得那表示，而不晓得这表示乃是无表示上面的一个假象。一个表示都是一个不调和，但所有表示却无不成立于调和之上，所以所有一切，同时都调和，同时都不调和，不认定其表面之所示现为实。寻常人之所以不能不认表示而不理会无表示者，因为他是要求表示的，得到表示好去打量计算的。"①很显然，梁漱溟在这里否认理智在思维过程中的作用，而以直觉、感性直观为正确思维的必然程序。在他看来，人的生活是流行之体，人自然要走他那最对、最妥帖、最适当的路，人们遇事随感而应，便自然调和、自然得中，自然所应无不恰好。因此，经典儒家一任直觉，使许多在后人看来实在不通的事，而在他们那里并没有自己打架，并没有呈现矛盾冲突，而是一通百通，无所不通。

梁漱溟强调，儒家精神中的直觉来不得半点有意识的作为，而是人类生命的本能冲动，这正是儒家精神所反复强调的不虑而知的"良知"，不学而能的"良能"，是人的"本然敏锐"。通观梁漱溟的全部思想，我们不难发现他在这里露出了一点破绽，那就是他在谈论西方近代科学精神时，相当推崇理智与分析，而现在又觉得直觉也甚有用处。

按照梁漱溟的说法，此敏锐的直觉，就是孔子的所谓"仁"。他指

---

① 梁漱溟：《东西文化及其哲学》，127页。

出，儒家完全要听凭直觉，所以唯一重要的就在直觉敏锐明利，而唯一怕的就在直觉迟钝麻痹。所有的恶，都是由于直觉麻痹，别无其他原故。所以，正统儒家教人求善，就是教人"求仁"。因为一个仁就将种种美德都可代表了。

尽管历来对仁的理解，包括孔子答弟子问各有不同，但在梁漱溟看来，所谓仁，就是一任直觉，随遇而安，只要能安，即便是声色名利，也都算做到了仁。因为儒家本来是赞美生活的，在儒家的价值系统中，所有饮食男女本能的情欲，都出于自然流行，其顺理得中，生机活泼，自然非常之好，所怕的是理智出来分别一个物我而打量计较，以至直觉退位，成不了仁。这样，所谓仁，不过就是本能、情感、直觉，是一个很难形容的心理状态，这个状态必须具有"极有活气而稳静平衡"。

从"仁"的观点出发，遂引出儒家的也是中国人所共有的且与其他文化特异的一个极其重要的态度，即"不计较利害"。在梁漱溟看来，生活本身是无所谓的，生活处处受到直觉的支配，实在说不上如墨家事事问个"为什么"，只不过是随感而应的直觉而已。儒家期望万物自然活泼地流行生发，以不计较利害而不致伤害生机。在这个意义上说，儒家内部的王霸之辩，就在于一个是非功利的，一个是功利的。梁漱溟强调指出，王道在中国历史上虽然并没有真正实行过，但在儒家精神的熏染下，中国人向来缺少功利主义的观念与习惯则为最明显不过的事实。这既是现代中国之所以落后挨打的原因之一，也是中国之所以异于西方的特点之一。西方人崇尚功利，又崇尚艺术，用直觉而富情趣，两面均有适当的调剂，因此西方终有强大之今日。

梁漱溟的结论无疑具有一定的合理性。中国人在儒家不计较的、非功利的价值取向支配下，千百年来从总体上说不思进取，使原本积极用世的理想淹没在中庸调和的人际关系、人与自然合一的一系列圆融无碍的关系之中。就实际后果而言，儒家不计较的人生态度明显是一种消极的精神，它虽足以与现代西方精神相调剂，以解救西方精神的危机，但对现代中国人来说，无疑则应坚决抛弃。不如此，现代价值系统不能成立，中国的现代化也永无实现之望。

儒家精神的大意与原则就在于如何使社会上的每一个人都得到一个仁的生活，因此在如何下手方面颇为困难。梁漱溟认为，实现儒家精神境界即达到仁的生活，唯一的途径是依赖一种似宗教而又非宗教的东西，即提倡孝悌和推广礼乐，建立一种既是宗教的又非宗教的、既是艺术的又非艺术的情志生活。

孝悌的观念实在是儒家的重要思想，它的本意并非现代人理解的那种狭隘的尊卑观念，而是期望人们自觉地相互关照，过那富有情感的生活。人们只要从情感发端的地方下手，只需培养起一点孝悌的本能，则其对于社会、世界、人类都不必教他什么规矩，而是一种生命的本能。

至于礼乐，也向来是儒家中最重要的做法，礼乐一亡，实无儒家可言。因为儒家的着重之点在于培养或诱发人的情感，而情感的培养或诱发仅靠孝悌一端是远远不够的。人们原是受本能、直觉的支配，如只絮絮聒聒同人讲许多的好话，对人的情感不可能起根本性的变化，说教性的东西多了，不但无益，反而生厌。因此，儒家向来的教化手段并不是单纯的说教，而是依靠具有宗教氛围而又非宗教的礼乐。如此，则"使轻浮虚飘的人生，凭空添了千钧的重量，意味绵绵，维系得十分牢韧！凡宗教效用，他无不具有，而一般宗教荒谬不通种种毛病，他都没有，此其高明过人远矣"①。

稍微熟悉中国近代史的人，都不难看出梁漱溟建立新宗教的努力与康有为、严复、章太炎等人有一脉相承之处。他们都深感中国近代社会的急剧变迁，给中国社会带来严重的信仰危机，都试图寻找或者重建一个新的宗教来拯救社会，维系人心，重建秩序。康有为通过对儒家精神的诠释试图建立孔教会，严复以西方近代精神重新改造儒家教义，章太炎则深感道德之沦丧是"革命不成之原"的社会现实，试图重整道德，建立一种新的价值系统，在一定意义上说，所有这些都是一种宗教上的革命。

梁漱溟当然熟悉这些前辈的努力与遭遇，因此，他在对儒家精神进

---

① 梁漱溟：《东西文化及其哲学》，141—142 页。

行现代诠释的过程中，虽然极其推崇儒家直觉主义的形而上学，但同时也竭力排斥儒家的非理性主义，期望通过重建儒家价值系统，达到既没有宗教的荒谬不通种种毛病，而又具有宗教效用的目的。

梁漱溟承认，他这番对儒家精神的现代诠释是一种理想主义，而不是历史主义。他理想中的这些儒家精神在原始儒家那里确实存在，但在中国历史上却很少真正实行过。所谓"礼乐不兴"，实际上是儒家精神无从安厝，儒家价值系统无法确立，结果便是后世陋儒所造成的糟粕形式以及呆板训条。这不仅给中国社会带来了巨大灾难，而且也严重损害了儒家形象。换言之，梁漱溟认为，原始儒家的精神要素本是好的，只是被后世陋儒所糟蹋。今人欲建立新的价值系统，拯救信仰危机，无须太多外求，只要能从遥远的儒家精神入手，即可轻而易得。此种思想，正是当代新儒家主题思想的最初萌芽。

显而易见，梁漱溟对儒家精神及其历史发展的描述与阐释，是中国知识分子在西方文化的强大冲击与压力之下而做出的本能反应，是在理性层面的深入思考。就世界范围来看，当两种相异文化接触时，主体文化因受客体异己文化的冲击，不可避免地要做出种种反应。其中一部分较容易地吸收、接受异己文化，而相当一部分则往往企图保存或恢复其文化传统，以重振传统文化的"本土运动"或"振兴运动"来抗拒外来文化。历史表明，这种重整反应的"本土运动"，依其性质往往可以分为理性和非理性两种形式。前者指主体文化以理性的眼光和理智的思考重新审视自己的文化传统，吸收客位文化的若干要素，并与重整"本土文化"的运动同时进行；后者是指主体文化在客体文化的压力下，企图利用非理性的、巫术的以及其他超自然的手段来重建自己的文化传统，迎接或抗拒外来文化。当然，这两种反应在本质上都是以一种被动的形式面对外来文化的挑战，是一种自救自强运动。他们或以理性的方法来达到传统文化的延续，或以非理性的方法来求得传统文化的复兴。

中国人面对西方文化的冲击与挑战，先后做出各式各样的反应，概括而言，也不外乎上述两种形式。太平天国运动、义和团运动，除去一些具体的原因之外，如果从中西文化冲突的背景来考察，实质上是一种非理性的文化传统重整运动。而从龚自珍、林则徐、魏源开始的向西方学习的思潮，中经洋务运动、维新运动、资产阶级新学到五四新文化运动，其实质都是一种理性的文化传统重整运动。

依据上述原则来分析，梁漱溟面对西方文化的冲击，几乎同时采用了理性与非理性的两种手段。

在理性层面，梁漱溟冷静地比较中西文化的优劣长短，采取对西方文化既吸收又排斥，对中国文化采取既排斥又再创的基本态度。这样，他既可以毫不犹豫地主张全盘承受西方近代以来的全部文化，又可以毫不犹豫地宣称儒家精神经过现代化的转化，正是人类精神的未来方向。

在非理性层面，梁漱溟虽然竭力排斥儒家的非理性主义，但又几乎采取巫术般的论证，高度赞美儒家崇尚直觉的精神和具有宗教意味的礼乐意识，企图以宗教式的生命体验重整儒家对人生的勖勉安慰作用。这一点对后来的新儒家启发多多。

继梁漱溟之后大胆弘扬儒家思想传统的大概是张君劢。张君劢的思想与梁漱溟大概没有什么关系，但与梁启超的思想则密切相关。他在梁启超基于对西方思想破产的困惑而重提中国文明和东西精神时，正式提出人类文化正处于一个转变时期，这一转变的实质是从西方走向东方，从物质走向心灵，从向外追求走向反求内省。所以，张君劢不能继续认同中国人迷信科学，以为对科学的迷信是与工商立国的政策和单纯地追求物质之快乐，求一时之虚荣的价值观联系在一起的，而这一切将导致中国社会循欧洲之道而不变，必蹈欧洲败亡之覆辙。更何况欧洲近数十年来的思想已发生重大的转变，已由原来的机械主义、主智主义、命定主义等走上了新的玄学时代了呢？而这种新玄学，在张君劢看来，其基本精神与我中华先圣尽性以赞化育之义相吻合，与宋明以来的理学基本精神足资相互发明。所以他强调，自理论、实际两方观之，宋明理学有倡明之必要，诚欲求发聋振聩之药，唯在新宋学之复活，心性之发展为形上的真理之启示，故当提倡新宋学。

那么，张君劢的新宋学究竟是什么呢？难道真的是程朱理学在新的历史条件下的复活吗？显然不能作如是简单的回答。细绎其思想的真意，他心目中所谓的新宋学,主要是与"唯科学主义"相对待的"唯道德主义",是以提倡道德主义来纠正科学主义的弊病。他说:孟子之所谓"求在我",孔子之所谓"正己",即我之所谓内也。"本此意以言修身,则功利之念在所必摈,而唯行己心之所安可矣;以言治国,则富国强兵之念在所必摈,而唯求一国之均而安可矣。"主张以道德立国和修身养性,这虽然有复归传统的意思,但实际上是基于西方科学主义的失败而做出的反省,尽管这个反省的方向可能错了。

在张君劢之后有熊十力。熊十力也被视为现代中国新儒家的重要开山祖师。他14岁从军,后参加反清团体,武昌起义后任湖北军政府参谋,后参加孙中山领导的护法运动,失败后决意从事哲学研究,以期导人群之正见,专心于"为己之学",以增进国民道德为己任。

熊十力的思想原本倾向于王夫之、顾炎武等人,遂有革命之志、立功建业之心,只是后来念党人争权夺利,于是和梁漱溟一样离开革命,先在支那内学院师从欧阳竟无,究心于佛教,直从大乘有宗唯识论入手,以期真正解决自己内在终极关怀问题。不久舍弃有宗,深研大乘空宗。当此时,他受章太炎的思想影响甚深,崇佛贬儒,认为不仅佛学哲理精微,而且可以使人摆脱小我之见和利欲之私,而儒学虽讳言利,但其思想本质则每每被牟私利者所利用。

1922年,在梁漱溟等人的推崇和举荐下,熊十力受北大校长蔡元培的邀请任教北大。他和梁漱溟一样,也在那里彻底改变了佛教信仰,不敢以观空之学为归宿,于是返求诸己,忽有所悟,开始摆脱佛教思想的影响,转而倾心于儒家思想,为新文化运动晚期竭力张扬儒家思想现代价值的主要人物。当代新儒家的好几位代表人物如唐君毅、牟宗三、徐复观等,都出自熊十力门下。

在20世纪中国学术史上,除冯友兰与熊十力外,也有人尝试重组传统哲学,特别是欧阳竟无、太虚与梁漱溟。只是欧阳竟无与太虚仅恢复了唯识之学,并没有增加任何新意;梁漱溟给予儒家仁的概念以直觉的新解释,对新文化运动发挥了无比的影响力,但他并没有造成一个自己的哲学系统;而熊十力则在新文化运动晚期开始这项工作,并确实营造了一个自圆其说的思想体系，深刻地影响了年轻一代学者。

正如一些研究者所意识到的那样，熊十力作为"后五四时代"的一员，也具有中国知识人所共持的"救国"愿望。他深切知道"思想救国"这项工作的庄严性与尝试着去消纳西方压力、资源的迫切性。然而，熊十力坚信，如此意图必须立基于高度的自我认知上，以为西方洞识的采用，必须与中国价值之重建相辅相成，互为表里，融为一体。所以，深入研究中国人的心灵，不仅具有内在价值，而且就成功吸取新观念而言，也是扮演着必要的功能。五四新文化运动主流思想家情绪化地执迷于西方思想的皮毛表象，比起毫不拣择地接受西方的那种心态，更让熊十力感到担心。就体用而言，熊十力认为一定要重建中国之"体"，并由此"体"作为了解西方经验的真实途径。同样道理，熊十力主张对西方之体的了解、欣赏，将反过来加深中国自我认知的层面。惟有如此，才可能有创造性的相辅相成、内在动力。熊十力坚信，零零星星地将西方思想浪漫化，并不能精辟地把握到西方思想的精髓和内在结构。假如没有触及中西两方之"体"，那么，任何想利用外来思想的企图终将白费。

中国思想的自觉

近代中国走上现代化的道路，在某种程度上说带有很大的被迫意味，是近代中国人一种不得已的选择。不过，中国人既然选择了现代化，选择了向西方学习，所以近代中国人在稍事徘徊与犹豫之后，大体上说还是比较坚定地走上了步趋西方的道路，开始了向西方学习的艰难历程。那时候，在中国人的概念中，西方社会比中国进步，西方的生产力比中国发达，西方人也比中国人更自由，更容易发挥自己的聪明才智和创造性，于是中国人将向西方学习的内容大致限定在科学、民主及自由这几个大的层次上或范围内，至少到了五四新文化运动，中国经历了向西方学习的半个多世纪的历程，似乎还很少有人怀疑这种学习的正当性、合理性。

然而，欧战粉碎了中国人半个多世纪以来学习西方的梦想，正如严复所意识到的那样,西方社会在民主、科学、自由光芒的照耀下,三百年进化得到的只不过是"利己杀人,寡廉鲜耻"八个字。

严复的判断还只是一个东方智者的猜测,并没有实证基础。待到梁启超从欧洲现场归来,他那如簧之舌、如椽之笔,终于唤醒中国人半个世纪的迷梦,使先前半个世纪的发展方向发生了迟疑和转向,引发了中国思想的自觉。

梁启超和他的研究系同仁漫游欧洲的目的很明确,一来是想自己求得一点学问,且看看第一次世界大战这空前绝后的历史惨剧如何收场;二来呢,梁启超和大多数中国人一样,都正在做着正义人道的外交梦,以为即将开幕的巴黎和会将要实现"公理战胜强权"的梦想,真是要将全世界不合理的国际关系根本改造,立个永久和平的基础。抱着如许期待,梁启超决定以私人资格到巴黎活动,向各国政要以及世界舆论申诉中国的立场,也算尽一份国民责任。

1918年12月28日,梁启超携刘崇杰(外交)、丁文江(工业)、张君劢(政治)、蒋百里(军事)、徐新六(经济)等离开上海,开始了长达一年之久的欧洲游历。

战后的欧洲,满目凄凉,遍体鳞伤,过去的繁华早已被战火所吞没,到处是断壁残垣、荒烟蔓草,绝好风景的所在,都被弄成狼藉不堪了。更令人触目惊心的是,欧洲大陆遍布着林林总总的新坟,坟头上插着密密麻麻、成百上千的十字架。面对战争的破坏,梁启超感慨万千,以为自然界的暴力远不及人类,野蛮人的暴力更是没有办法与文明人相比。现在所谓光华灿烂的文明,究竟将来作何结果,越想越令人不寒而栗。

梁启超认为,第一次世界大战给西方文明的破坏是空前的,整个欧洲实际上笼罩在世界末日、文明灭绝的悲观主义情绪之中。欧洲应该向何处去,东西文明的价值究竟应该如何评估,再一次提到了学术界的面前。针对这些问题,梁启超的看法是,欧洲的问题一方面固然由于机器的发明与使用,由于科学的进步和创造日新月异;另一方面也因为生计上的自由主义成了金科玉律,自由竞争的结果,终于导致出这些恶劣现象。除此之外,19世纪中叶以来畅行无阻的生物进化论和以自己为本位的个人主义这两股思潮推波助澜,也是欧洲问题之所以发生的原因之一。梁启超指出,欧洲人之所以失去了安身立命的所在,之所以陷入悲观主义的境地,就在于欧洲人过于相信"科学万能",以为科学可以解决一切问题。他说,这回战争中各种发明日新月异,可惜大半专供杀人之用。现在点电灯、坐帆船的人类,实在看不出有什么特别舒服之处。

欧洲问题的根源是否如此姑且不论,然梁启超的认识实际上是在秉持其一贯的"以今日之我非昨日之我"的思想原则,是将批评的矛头指向了自己早年所信奉的社会进化论以及对现代科学的认知,是对科学的反动。

基于这种认识,欧游归来的梁启超一反常态,反对将科学凌驾于一切事物之上,主张重新认识中国传统文化的价值,向西方推广重视精神生活的东方文化。他在《欧游心影录》中指出:当时讴歌科学万能的人,渴望着科学成功,黄金世界便指日出现。如今功总算成了。一百年物质的进步,比从前三千年所得还要加几倍。然而我们人类不惟没有得到幸福,反而带来了许多灾难,好像沙漠中迷失路的旅人,远远望见个大黑影,拼命向前赶,以为可以靠它向导;哪知赶上几程,影子却不见了。因此无限凄凉失望。影子是谁?就是这位科学先生。欧洲人做了一场科学万能的大梦,到如今却叫起科学破产来。

第一次世界大战带给人们心灵上极大的震撼,当时不止梁启超一人,举凡对人类命运略表关注的东西方学人,都在思考着西方近代以来的科学除了给人类带来无穷的好处外,是否也有值得反思、值得重新审视的问题?他们一个普遍的看法是,以科学为主要内容的西方文化似乎已经到了山穷水尽的境地,而以精神文明为主要特征的东方文明似乎正好可以用来补西方文明之穷。这在梁启超那里的表现,就是比较审慎地提出了东西文化融合的看法,只是他仍然没有像稍后的梁漱溟那样狂妄地要以东方文明、孔子之道去拯救西方、拯救人类。但是,也正如梁漱溟后来所表白的那样,他之所以敢于如此明白地主张,实在是受了梁启超欧游感想的启发。因此,不管梁启超在《欧游心影录》中所表达的文化理念真实意义如何,他对西方文化的怀疑,对东方文明的期待,实际上不仅背离了他前期的信仰，而且开启了稍后所谓东方文化派的先河。

欧洲战场满目凄凉、遍体鳞伤的景象给中国人留下了持久难忘的印象，许多中国人以为自然界的灾难无论如何巨大也赶不上拥有科学武器的人类更残忍。与其继续追求辉煌而不确定的科学未来，不如安于恬静诗意的田园风光。第一次世界大战促使中国思想界对既往历史的深刻反省是：科学可以解决人类的许多问题，但科学决非万能。所以，到了新文化运动晚期，对科学主义的怀疑竟然一时间成为风潮，将矛头直指新文化运动所期待的科学与民主中的两轮之一。

1923年2月14日，张君劢在清华大学作题为《人生观》的演讲，接着梁启超的思考往下讲，对科学万能的说法提出尖锐的批评，强调科学尽管很重要，但科学具有很大的局限性，并不能解决人生观的问题。因为科学与人生观是根本不同的：科学之中，有一定之原理、原则，而此原理、原则，皆有证据；然而同为人生，因彼此观察点不同而意见各异，故天下古今之最不统一者，莫若人生观。他列举科学与人生观的五点区别是：

第一，科学为客观的，人生观为主观的；

第二，科学为论理的方法所支配，而人生观则起于直觉；

第三，科学可以以分析方法下手，而人生观则为综合的；

第四，科学为因果律所支配，而人生观则为自由意志的；

第五，科学起于对象之相同现象，而人生观起于人格之单一性。

张君劢认为，人生观之特点所在，曰主观的，曰直觉的，曰综合的，曰自由意志的，曰单一性的。这一切，都是与科学的特点截然不同的。按照他的分析，人生观面对或者说要解决的问题主要有这样九个方面：

一、我与我之亲族之关系；

二、我与我之异姓之关系；

三、我与我之财产之关系；

四、我对于社会制度之激渐态度；

五、我在内之心灵与在外之物质之关系；

六、我与我所属之全体之关系；

七、我与他我总体之关系；

八、我对于世界之希望；

九、我对于世界背后有无造物主之信仰。

张君劢指出，凡此九项皆以我为中心，或关于我以外之物，或关于我以外之人，东西万国，上下古今，无一定之解决者，则以此类问题，皆关于人生，而人生为活的，故不如死物质之易以一例相绳。

在张君劢看来，科学是关乎物质的，而人生观是关乎精神的。基于这种判断，再对中西文明进行对比，张君劢轻而易举地回到文化保守主义的观点上，认为中国文明是"精神文明"，西方文明是"物质文明"：自孔孟以至宋明理学家，侧重内心生活之修养，其结果为精神文明；三百年来之欧洲，侧重以人力支配自然界，故其结果为物质文明。西洋"物质文明"的文化或人生观到底不足以解决人生观问题，所以导致了第一次世界大战的灾难；唯有中国的"精神文明"才能解决人生观问题。所以科学无论如何发达，而人生观问题之解决，决非科学所能为力，惟赖诸人类之自身而已。盖人生观既无客观标准，无法由外在的物质文明、科学所规范或决定，而只能反求诸己，进行内心修养，力主寻找中国传统文化特别是儒学精义作为解救时艰的良药：欲求发聋振聩之药，惟在"新宋学"之复活。这显然是将法国哲学家伯格森的生命哲学与中国的宋明理学糅合在一起，刻意宣扬自由意志，将科学逐出人生观的领地。

张君劢与梁启超有师生之谊，他在陪同梁启超漫游欧洲的时候，也与梁启超一样深切地感到了西方物质文明的破产，与乃师梁任公一样开始怀疑科学的功能与地位，以为科学并非万能。所以，张君劢以反对科学万能为宗旨的这个演讲，在某种程度上说正与梁启超的思想主张契合。

对包括科学在内的一切保持适度的怀疑原本是一种科学的态度，然而张君劢的演讲实质上已不是对科学的适度怀疑，而是在宣扬一种在科学主义者看来非常有害的思想主张。所以，当张君劢的演讲词发表后，"绝对科学主义者"丁文江不禁"勃然大怒"，他当面怒斥张君劢，曰诚如君言，科学而不能支配人生，则科学复有何用？

丁文江与梁启超也有师生之谊，也是陪同梁启超游历欧洲，看过战后欧洲真相的人。不过丁文江毕竟出身于科学,受过西方系统的科学训练,是当时中国最著名的地质学家,也是最著名的"绝对科学主义者"。而且更为重要的是,他虽然与梁启超、张君劢一样看到了战后欧洲的真相,但他就是没有得出梁启超和张君劢那样的悲观印象,没有丝毫感觉科学破产的迹象,反而坚信科学的未来,他无论如何不能赞成张君劢对科学作用有限性的解析。丁文江强调,科学如果不能解决、支配人生,那么科学还有什么用呢?第一次世界大战只是人类历史上的偶然现象,并不由此证明科学的破产。张君劢刻意诋毁科学,看重玄学,只表明张君劢被"玄学鬼附身",并不表明中国应该放弃走上西方科学的路。

张君劢与丁文江是相交有年的好朋友,他们两人面对面辩论了两个小时,但谁也说服不了谁。于是,为了拯救被"玄学鬼附身"的张君劢,更为了提醒没有被"玄学鬼"附在身上的青年学生,丁文江迅即在《努力周报》上发表《玄学与科学——评张君劢的"人生观"》一文,竭力为科学辩护,以为第一次世界大战的结果并不能证明科学破产。强调无论如何,人生观都要受到科学的公例、定义及方法的支配。凡是心理的内容,真的概念推论,无一不是科学的材料。科学方法不但是求真理所必须,也是教育同修养的最好工具。人类今日最大的责任与需要不是在人生观上排斥科学,为玄学留下一块空地,恰恰相反,应该把科学应用到人生问题上去。

在丁文江看来,张君劢并不了解科学的性质,而且从哲学上看,张所依赖的主要是欧洲唯心主义的蒙昧主义传统。站在中国人的立场上看,张君劢的争辩是企图把宋明理学和一切古老文化,从偶像崇拜反对者的攻击中拯救出来,而防御这些攻击只能诉诸非理性的直觉。丁文江认为,宋明理学早已遭到清代经验主义学者的鄙薄和清算,倘若在20世纪听任其莫明其妙地复活,中国社会就有可能完全脱离科学进步的危险。

丁文江认为,科学能知世上可知的一切,从认识论的意义上说,我们对任何事物的了解,都是思维活动的结果。人生观现在没有统一是一件事,永久不能统一又是一件事;何况现在无是非真伪之标准,安见得就是无是非真伪之可求?要求是非真伪,除去科学方法,还有什么方法?

基于"经验实在论"的立场，丁文江提出讨论三原则：

一是经验原则：科学知识起于感知。觉官感触是我们晓得物质的根本；无论思想多么复杂，总不外乎觉官的感触。

二是逻辑原则：知识起于据经验而进行的逻辑推论。旁人有没有自觉呢？我不能直接感触他有，并且不能直接证明他有，我只能推论他有。

三是唯心原则：物质存在最终起于经验—逻辑。我们所晓得的物质，本不过是心理上的觉官感触，由知觉而成概念，由概念而生推论。科学所研究的不外乎这种概念同推论。

丁文江之所以坚信张君劢的人生观不可能逃出科学的范围，是因为他坚信：

一、凡不可以用论理学批评研究的，不是真知识；

二、科学的材料原都是心理的现象，若是你所说的现象是真的，决逃不出科学的范围；

三、科学未尝不注重个性直觉，但是科学所承认的个性直觉，是根据于经验的暗示，从活经验里涌出来的。

丁文江指出，张君劢的人生观，一部分是从西方玄学大家柏格森哲学中演化出来的，又承继了中国陆九渊、王阳明、陈白沙一派高谈心性的玄学家。

就张君劢对科学的误解，丁文江提出三点申辩：

第一，科学的材料是所有人类心理的内容。张君劢说科学是向外的，如何能讲得通？

第二，科学不仅是物质的，科学对人心大有裨益：科学不但无所谓向外，而且是教育与修养最好的工具；不但使学科学的人有求真理的能力，而且有爱真理的诚心。拿论理来训练他的意想，而意想力愈增；用经验来指示他的直觉，而直觉力愈活。

第三，科学不是机械的，了然于宇宙生物心理种种的关系，才能够真正知道生活的乐趣。这种活泼泼的心境，只有拿望远镜仰察过天空的虚漠、用显微镜俯视过生物的幽微的人，方能参领得透彻。

至于张君劢强调的欧洲文化破产及其责任，丁文江的回应更简单，他根本不承认欧洲文化破产。退一步说，即便欧洲文化纵然是破产，科学绝对不负这种责任，因为破产的大原因是国际战争；对于战争最应该负责的人是政治家同教育家。这两种人多数仍然是传统宗教教育的产物，而这种传统宗教教育与科学理想相去万里。所以，丁文江坚持认为，欧洲麻烦的原因可能与张君劢的估计相反，不是科学破产，而是科学精神没有渗透到社会生活的各个方面。也就是说，由于欧洲没有能够把科学精神转化为人们的自觉意识和自觉行动，没有延伸到社会的、政治的问题中去，不是科学导致了欧洲的灾难，恰恰相反，第一次世界大战的灾难证明欧洲人只是利用了科学的结果，而没有将科学精神贯彻到底。

丁文江的文字批评和口头批评一样，并不能说服张君劢。稍后，张君劢又撰《再论人生观与科学并答丁在君》长文，分上、中、下连载于《晨报》副刊，就其所谓自由意志的人生观作进一步阐释。认为丁文江拒绝接受精神现实与物质现实相联系的可能性，他称丁文江是"感知论者"，于是张君劢借用康德反对英国经验主义的传统论点驳斥丁文江，以为人的思维如果不对感知材料作概念化的加工并使之成为可以接受的东西，那么感官感知的内容就十分支离破碎。

张君劢、丁文江的论辩，引起了学术界的积极回应，学界名流均有文章参与讨论，煞是热闹。胡适、吴稚晖、王星拱、唐钺、朱经农站在丁文江一边，坚持"科学的人生观"，批评张君劢将世界分为科学的物质世界和思想的精神世界的观点；而张东荪、林宰平、瞿菊农、屠孝实则赞同张君劢的观点，以为科学的功能是有限的，支持张君劢借重玄学，重建"新宋学"的努力。

学界的喧嚣自然引起不甘寂寞的梁启超的注意，不过由于丁文江、张君劢二人都与其有师生之谊，都是他的追随者，而参与讨论的学界中人，也大多是其朋友，所以颇显"老辈"的梁启超似乎无法尽情地讨论，担心论战伤了各方的和气。他在同年5月9日发表了一篇《关于玄学科学论战之"战时国际公法"——暂时局外中立人梁启超宣言》，希望各方平心静气地加以讨论，万不可有"越轨的言论"。他为论战各方制定的两条"战时国际公法"是：

第一，问题一定要集中，针锋相对，剪除枝叶；

第二，措辞一定要庄重恳挚，万不可有嘲笑或谩骂语。

梁启超认为，张君劢与丁文江的这场争论非常值得注意，一是科学与人生观确实是当时思想界一个非常重大的问题，而人生观问题从来就是宇宙间最大的问题；二是这种论战在过去的中国从来没有发生过，这为中国学术界开了一个新纪元，标志着中国思想的自主、自觉与自立，意味着中国思想此后将有可能偏离或者说调整半个多世纪以来的走向，重建中国思想的体系，重估中国思想的价值。

在科学与人生观争论之初，胡适正在烟霞洞养病，1923年5月11日，他在上海写成一篇"很不庄重"的《孙行者与张君劢》，把张君劢比做孙悟空，而把赛先生（科学）和罗先生（逻辑）比做如来佛，认为玄学家张君劢等人纵有天大的本领，也跳不出科学的掌心，从道义上坚定地站在丁文江科学派一边。

由胡适这篇文章开头，科学派大将对玄学派展开了凌厉的攻势，丁文江、任鸿隽、朱经农、唐钺、王星拱、吴稚晖等相继出场，轮番轰炸，表达科学主义的坚定立场。

面对科学主义的攻势，以张君劢、梁启超为代表的玄学派绝地反击，以攻为守。张君劢又在中国大学发表一次《科学之评价》演讲，更加细致地解读科学为什么不能解决人生观问题的道理。

至于先前表示"暂时局外中立"的梁启超也终于忍不住披挂上阵，并成为玄学派压阵大将，于5月29日发表《人生观与科学——对于张丁论战的批评》，以"长者"的身份对论战两造各打五十大板：

对于张君劢的观点，梁启超认为张君劢所谓人生观不能用科学方法解答者，而依梁启超自己看来，十有八九倒是要用科学方法解答。他还说：张君劢尊直觉，尊自由意志，我原是赞成的，可惜他应用的范围太广泛而且有错误。

对于丁文江，梁启超批评他过信科学万能，正和张君劢之轻蔑科学同一错误。梁启超指出，在丁文江的那篇批评张君劢的文章中，很像专制宗教家口吻，殊非科学者态度，这是我梁启超最替丁文江可惜的地方。

批评了论战两造之后,梁启超全面阐述了自己对"科学"与"人生观"的看法。他首先为人生观与科学这两个概念定义:

人生观:人类从心界、物界两方面调和结合而成的生活叫作人生;我们悬一种理想来完成这种生活,叫作人生观。

科学:根据经验的事实,分析综合,求出一个近真的公例,以推论同类事物,这种学问叫作科学。

用这种概念看待科学与人生观的关系,梁启超的答案是:人生问题有大部分,是可以而且必须用科学方法来解决的;却有一小部分,或者还是最重要的部分是超科学的。换言之,人生关涉理智方面的事项,绝对要用科学方法来解决;关涉情感方面的事项,绝对的超科学。情感表达出来的方面很多,内中至少有两件的的确确带有神秘性,就是"爱"和"美"。梁启超强调,"科学帝国"的版图和威权无论扩大到什么程度,这位"爱先生"和那位"美先生"依然永远保持他们那种"上不臣天子,下不友诸侯"的身份。

梁启超对张君劢、丁文江的主张都进行了批评,似乎提出了自己的这种主张。其实,他把人的理智与情感截然分开,认为理智受科学支配,情感超乎科学,否认科学是对客观物质环境的反映,这恰恰暴露了他的主观唯心主义思想倾向,暴露了他对科学的忧虑以及对玄学神秘主义的亲近。表面上的折衷主义终究无法掩盖其思想本质上的"玄学鬼"。

对于梁启超的新提法,又引起了一些争议,新文化运动后期的中国学术界突然被这个问题搅和得煞是热闹,出版界也迅速跟进,至1923年底就有两本论文集出版,一本是上海亚东图书馆汪孟邹编辑的《科学与人生观》,另一本是上海泰东图书局郭孟良编辑的《人生观之论战》。两本论文集所收文章大致相同,不同的是亚东本有陈独秀、胡适这两位安徽老乡专门写的两篇序言,而泰东本有张君劢的序。由此也可看出两本论文集的大致倾向,亚东本大致代表科学派的立场,而泰东本则明显为玄学派的观点集大成,最突出的表现集中在张君劢的序言上。

张君劢在这篇序言中,继续对其人生观进行阐述,说明心理学、社会学和唯物史观等作为"科学"是怎样的不可能,尤其是马克思主义的历史唯物论、科学社会主义等，更不能对人生观给予合情合理的解释，因而是不可信的。

而亚东本的陈独秀序，则是一个早期马克思主义者正式加入这场论战，表达了马克思主义者对科学与人生观的基本看法。陈独秀并不是简单地支持论战中的任何一方，他实际上可能是期望在两条战线上作战，既反对张君劢、梁启超这些"玄学鬼"，更反对丁文江、胡适这些"唯科学主义"者。陈独秀相信，对于未发现的物质固然可以存疑，而对于超物质而独立存在并且可以支配物质的什么心、什么灵魂与上帝，已无疑可存了。我们相信，只有客观的物质原因可以变动社会，可以解释历史，可以支配人生观，这便是"唯物的历史观"。

陈独秀的"唯物的历史观"也包含有对胡适的批评，所以胡适在他的长序中也对陈独秀的批评给予回应，并在吴稚晖论证的基础上正面提出"自然主义的人生观"或称为"新人生观的轮廓"，即著名的"胡适十诫"：

一、根据于天文学和物理学的知识，叫人知道空间的无穷之大。

二、根据于地质学及古生物学的知识，叫人知道时间的无穷之长。

三、根据于一切科学，叫人知道宇宙及其中万物的运行变迁皆是自然的，自己如此的，正用不着什么超自然的主宰或造物者。

四、根据于生物的科学的知识，叫人知道生物界的生存竞争的浪费与惨酷，因此，叫人更可以明白那"有好生之德"的主宰的假设是不能成立的。

五、根据于生物学、生理学、心理学的知识，叫人知道人不过是动物的一种，他和别种动物只有程度的差异，并无种类的区别。

六、根据于生物的科学及人类学、人种学、社会学的知识，叫人知道生物及人类社会演进的历史和演进的原因。

七、根据于生物的及心理的科学，叫人知道一切心理的现象都是有因的。

八、根据于生物学及社会学的知识，叫人知道道德礼教是变迁的，而变迁的原因都是可以用科学方法寻求出来的。

九、根据于新的物理、化学的知识,叫人知道物质不是死的,是活的;不是静的,是动的。

十、根据于生物学及社会学的知识,叫人知道个人即"小我"是要死灭的;而人类即"大我"是不死的、不朽的。叫人知道"为全种万世而生活"就是宗教,就是最高的宗教;而那些替个人谋死后的"天堂"、"净土"的宗教,乃是自私自利的宗教。①

胡适指出,这种新人生观是建筑在过去两三百年科学常识之上的一个大假设,我们也许可以给它加上一个"科学的人生观"的尊号,但为避免无谓的争论起见,不妨叫作"自然主义的人生观",以为人在自然界中真是一个藐乎其小的微生物,因果法则支配着人的生活,但人能考究宇宙间的自然法则,利用它来驾驶"天行"。

对于胡适的说法,梁漱溟很不以为然。他指出,所谓为了生活的说法是根本不知生活为何物,不知生命何所指。人类的生命是一种无目的的向上奋进,即人类生命处在一个永无止境的进化过程:人生真义无他,只在于同心协力奋勉向前而已。②

胡适的一些说法也引起了中国马克思主义者的批评,陈独秀、瞿秋白等人认为论争中的所谓科学派和玄学派都是一丘之貉,本质上都是唯心主义,都不可能科学地解决人生观问题;人生观不是偶然的,是一定社会存在的产物;只有马克思主义历史唯物论才能科学地解决人生观问题。

科学与玄学的论争从表面上看,参与论争的人是谁也没有说服谁,但从实际后果看,这场论争所产生的对科学的热情,成为知识人生活中的一股创造性力量。尽管他们有着论战的分歧,但所有鼓吹和信奉科学的人,实际上都受到这种信念的鼓舞,即只有受过科学训练的知识人,才能设计出解决中国问题的方案,才有可能进行一场科学的社会革命。在这场社会革命中,运用理性的技术解决人类福祉问题,使得提供比迄今通过常规智慧所提供的更为人道、更为有效的解决方法成为可能。这

---

① 《科学与人生观》序,《胡适全集》卷二,212—213页。
② 《我之人生观如是》,《梁漱溟全集》卷四,758页。

就使得他们所鼓吹的科学的行动，不仅具有学术上的重大意义，而且具有政治上、社会上的合法性保障。他们使用"赛先生"作为护身符，用这个具有魔力的护身符去驱走一切迷信、保守主义以及对过去的盲目忠诚，以便把人的智慧解放出来，去思考人类所面临的种种紧迫问题。科学，已不再是一般意义上的科学，而是一种"科学主义"，甚至是"绝对的科学主义"。

科学是个好东西，但当科学成为一种"主义"，可能其中也就蕴含着一些问题。因为人类对自身、对社会、对自然的认识，不仅无法穷尽，甚至可以说，人类现在的认识不过是九牛一毛，因此以"科学"加"主义"的名义去号令一切，于是许多的东西，便在这些科学家的眼里成为迷信，成为糟粕，成为必须打倒、必须舍弃的东西。于是，借助于科学的名义，许多"不科学"的事情照样发生，许多人类尚无法认知的东西，被作为糟粕而舍弃。

不过，最值得强调的是，科学与人生观的讨论，表明中国思想的成熟与自觉，意味着中国思想在经过半个多世纪的与西方思想冲撞、糅合、融汇之后，开始有了自己的问题与话语表达方式，有了自主性的思考与判断。不过到了陈独秀、瞿秋白等人的加入，这场讨论的方向实质上又从人生观转到了历史观，由此又引发了稍后的中国社会性质及社会史论争，中国思想又在另一个层面展开。

中国思想的自觉与突破性发展，还是要等到中国思想原典与西方思想接头、对冲、重构之后，而"后五四时代"在这方面最值得注意的是受到西方思想深刻熏染的两位大思想家贺麟与冯友兰。他们两人的出现，类似于北宋初年"五子"，中国思想在经历了几百年欧风美雨的冲击、淘洗后，终于迎来了凤凰涅槃、新生重建。贺麟、冯友兰所代表的具有西学根底的新儒学，不再把西方视为异己，而是将西方视为自己思想的源头活水，从而使中国文明在经历欧战冲击、新文化运动洗礼、第二次世界大战淘洗之后，伴随着中国政治上重回世界中心，经济实力上重回世界经济大国地位，成为世界四强，进而理所当然地成为联合国"五常"，成为战后秩序安排的主导者。这种政治、经济综合实力的提升，特别是价值观上不仅接受西方，而且影响西方、提升西方，将儒家伦理中有意义的部分转换成全人类的共有财富。至此，五四新文化运动的文明诉求大致达成。

贺麟出身于清华学堂，接受过梁启超的指点，早岁就对中国传统学术有很深的理解。又在导师吴宓的影响下，对西方古典哲学发生了浓厚的兴趣，打算步吴宓后尘，以译介西方古典为自己毕生的事业。为这一理想的实现，贺麟1926年清华毕业，迅即漂洋过海，前往美国留学，先后就读奥柏林大学、芝加哥大学、哈佛大学，师从怀特海等大哲，专攻西方哲学，深研康德、黑格尔、斯宾诺莎。1930年在哈佛大学获得硕士学位，为更深刻理解康德、黑格尔，贺麟放弃在哈佛继续攻读博士学位的机会，转赴德国柏林大学，研读德国古典哲学。

贺麟是中西文明在近代恢复交往后对西方哲学理解最深刻的中国哲学家。这一方面为其后来的哲学生涯奠定了一个坚实的基础，另一方面为贺麟比较哲学研究、哲学创造提供了难得的知识储备，从而使他在康德、黑格尔故乡，有可能将中国古典哲学与德国哲学进行比较分析，从朱熹的太极、黑格尔的绝对理念入手，辨析东西哲学异同，阐释中国哲学应通过怎样的路径完成现代转化，与世界同步。贺麟比较早地意识到，"今后中国哲学的新发展，有赖于对于西洋哲学的吸收与融会，同时中国哲学家也有复兴中国文化、发扬中国哲学，以贡献于全世界人类的责任自不待言，并且我们要认识哲学只有一个，无论中国哲学西洋哲学都同是人性的最高表现，人类理性发挥其光辉以理解宇宙人生，提高人类精神生活的努力。无论中国哲学，甚或印度哲学，都是整个哲学的一支，代表整个哲学的一方面。我们都应该把它们视为人类的公共精神产业，我们都应该以同样虚心客观的态度去承受，去理会，去撷英咀华，去融会贯通，去发扬光大。"① 将中国哲学与西方哲学均视为"人性的最高表现"，这是对人类全部精神遗产透彻理解后的真知，是中国哲学对人类文

---

① 贺麟：《中国哲学与西洋哲学》，《哲学与哲学史论文集》，127页，北京：商务印书馆，1990年。

明的巨大贡献。这也是贺麟能够抓住抗日战争历史性机会推动儒家思想新开展的学理基础。

其实，从大历史的眼光看，近代中国一个重要主题，就是从传统走向现代，就是接受西方、接受现代。因而近代以来前几批留学生出洋的目的不像今天那样复杂，他们也有学成之后留居国外的，但那是极少数，而且各有原因，绝大多数学成归国，引领这个国家走向世界，走向现代。也有一些留学生并没有完成学业，而是广益良师，学完就走，并没有后来人那样将学位看得如此之重，所以那时很多优秀留学生并没有获得博士学位，如陈寅恪、钱钟书、贺麟等皆是。

1931年8月，贺麟结束了5年欧美留学生涯，自柏林出发经西伯利亚铁路回国。8月28日抵达北京，20天后，震惊中外、改变中国历史走向的九一八事变突然爆发。

欧美留学经验，以及哲学素养、人文情怀，让贺麟迅速意识到九一八事变对于中国的重要性。稍后，应天津《大公报·文学副刊》主编吴宓邀请，作《德国三大伟人处国难时之态度》长文，分7期在《大公报》连载。①

这里的"德国三大哲人"指的是歌德、黑格尔、费希特，所谓"国难"，就是外敌入侵，类似于中国刚刚发生的九一八事变。贺麟在这篇长文中描述德国三大哲人面对外敌入侵和国家兴亡历史关头的立场、态度、故事、轶事，以此激励中国人不要畏惧日本，不要放弃抵抗，更要知道如何抵抗。

贺麟的描写很精彩、很生动，现实感很强。吴宓按语说：

> 按此次日本攻占吉辽，节节逼进。当此国难横来，民族屈辱之际，凡为中国国民者，无分男女老少，应当憬然知所以自处。百年前之德国，尚未统一，蹂躏于拿破仑铁蹄之下，其时文士哲人，莫

---

① 后更名为《德国三大哲人处国难时之态度》，1940年3月由独立出版社出版单行本，引言、正文、附录加起来约5万字。

不痛愤警策。惟以各人性情境遇不同，故其态度亦异。而歌德、费希特、黑格尔之行事，壮烈诚挚，尤足发聋振聩，为吾侪之所取法。

三哲中，歌德经历过两次德法战争。1792年秋，德兵攻法，歌德参与魏玛公爵戎幕，携光学仪器、图书同行。在战事日紧、夜不成寐后，歌德翌晨犹为普鲁士王子解释其研究颜色之新学说，并曾突然驰马前线，于枪林弹雨中饱览战斗情景。其后，拿破仑攻德，魏玛公爵幕僚随员走避一空，而歌德独留。拿破仑部属素仰歌德为一可敬诗人，特予保护，并派法人为歌德造铜像，耶拿大学及艺术学院、魏玛剧院，亦借以保全，如期开学或照常进行。歌德的一生富有诗意。

与歌德情形稍有不同，黑格尔的一生没有诗情，也没有画意。贺麟认为，黑格尔一生是散文式的，脚踏实地，平常无奇，不好高骛远，不浪漫，少风波，此种性格每易流为凡近鄙俗。然以黑格尔富于文艺（诗教）及宗教（礼教）之美与道德的陶养，自然科学、数学及史学之基础，故能寓奇伟于平常之中，合艺术宗教以创绝对唯心论之哲学。其方法为分析事物间矛盾冲突之点，然后于殊途中求同归，于相反中求相成，以达有机合一之真理或实在，即所谓矛盾思辨法，或曰辩证法，并据此法以求得死中求生之信心、希望、拼命精神，与人生至理。此即黑格尔对个人、对国家，及对世界大难所持之态度。故黑格尔于兵临城下之前夜不惊不慌，若无其事，平心静气地完成其杰作《精神现象》。在贺麟看来，黑格尔对学术的真诚、沉稳、进入，就是爱国主义，就是日耳曼后来复兴的哲学依据。

如果说歌德的一生富有诗意，黑格尔的一生犹如一篇散文，那么，费希特的一生，在贺麟看来则如戏剧。他将费希特一生分为四幕：费希特父祖均为纺织工人，母以棉纱商人之女下嫁，不免傲慢专横。费希特亦染此习。9岁时因能背诵牧师演说，由富绅资助入学，几经周折而修毕其学业，以家庭教师糊口，坎坷五六年。偶因某生请其助读康德之《纯理论衡》而治哲学，遂酷好之。嗣谒康德，未蒙青眼。及独在旅舍月余，撰成300余页之《天启论衡》一书，卒由康德介绍出版，名震全国。是为第一幕。

次幕为费希特在耶拿大学哲学教授之五年，主课为所创"知学"；另一为通俗之道德演讲，听讲者极多；其个人著作以此期为最富。然不幸与康德冲突，与同事亦不甚睦，且曾惹起3次巨大风波，受到攻击，不得不弃职而去。

第三幕在柏林，费希特初与浪漫主义诸领袖相投，未几断断。嗣与谢林亦失和。其在哲学界之地位，先后为谢林、黑格尔所代；然其通俗演讲仍受人欢迎。迨法军侵普，费希特求为军中宣讲员而未得，于柏林陷落前出奔。翌年返柏林，在敌军环伺中公开演讲《告德意志国民》，每周一次，共14讲。其内容貌似空洞迂远，实为德国奠定了后来复兴的精神基础，因而费希特被历史学家认为是复兴德意志三杰之一。

第四幕亦在柏林，费希特奉命起草柏林大学计划书而未被采纳；曾任柏林大学校长4个月，即以性情执拗去职；复值普法战争，为求军中宣讲员而未得，则以51岁的年龄参加后备役训练；公开演讲《战争之意义》，谓一民族之所由成，从战争中得来；其夫人因热心看护伤兵而突染急病，费希特于难舍中往大学授课，返时见妻脱险未死而狂喜狂吻，卒致自己染病而卒，时年52岁。综其一生，波澜迭起，幕幕紧张。

贺麟回国伊始，拿出巨大的精力宣讲德国三大哲人面对国难的态度，显然不是无病呻吟、风花雪月，而是九一八事变的刺激在一个哲学家头脑中的回响。贺麟讲述的德国三大哲人的故事，具有深刻的寓意，寄予自己的政治理想。他想告诉国人不要害怕，日本人可以占领东北，甚至还可以占领更多，但日本不可能征服中国；相反，中国必将从这场灾难中获得新生，赢得转机。贺麟认为，德国三大哲人面对国难的不同选择很值得回味、模仿：歌德于军中不忘研究，于大难中保全学术机关；黑格尔潜心著述，至兵临城下依然认定知识为唯一救星，不废著述；费希特求为军中宣讲员且公开演讲于敌军环伺中，其言说，公认为为德意志复兴奠定了精神基础。在贺麟看来，表彰德国三大哲人的目的就是要为即将开始的中日战争提供"精神基础"、哲学理由，或历史依据：

国难正殷，军事渐稳，而后方则率多重利轻学，忠厚困而市侩欢腾。虽蒋委员长提倡新生活运动，十年于此，而阳奉阴违者实繁有徒。建国之精神基础何如耶？著者（贺麟）申斥不由理智与道德努力所生之资财，尊崇学术为推动宗教艺术道德之主力，以为"中国近百年来之受异族侵凌，国势不振，根本原因由于学术文化不如人"，而仿费希特《告德意志国民》演讲中语曰："自从鸦片战争以来，我们与帝国主义的武力的斗争，已经屡次大败了！自从五口通商门户开放以来，我们与帝国主义的经济的斗争，又历年失败了！但是我们是否要失掉我们的人格，是否要自己摧毁我们最后的一道防线，——即道德战斗、人格战斗的防线，这就全看我们自己的努力如何了！"呜呼，抑何针对时弊之深且切耶？①

这就是哲学智慧、哲学力量。

贺麟的言说在抗战时期影响极大。一般看法，从九一八事变到七七事变，亦即贺麟回国最初几年，为其学术上的"勃发期"，贡献殊多，迅速成为中国哲学界的重要人物；从七七事变到抗战胜利，为贺麟"生命最为昂扬，思想最为活跃，因而也收获最为丰厚的时期"②。他的思想、言说，具有极强的穿透力，即便几十年后，张岱年依然清晰地记得当年初读贺麟文章的震撼：

> 三十年代之初，九一八事变以后，贺麟先生在《大公报·文学副刊》上发表了一篇重要文章，题为《德国三大哲人处国难时之态度》，其中着重叙述了费希特的爱国行动。此作情文并茂，表达了贺先生自己热爱祖国、热爱民族的诚挚感情，令人感动。我读后，非常钦佩。这是我阅读贺麟先生论著之始。③

---

① 万国鼎：《德国三大哲人处国难时之态度》（书评），《新认识》1943年第五期。
② 张学智：《贺麟选集前言》，《贺麟选集》卷首，4页，长春：吉林人民出版社，2005年。
③ 张岱年：《我所认识的贺麟先生》，《会通集》，39页，北京：三联书店，1993年。

战争对于任何国家来说，都是一场悲剧；对于人民，更是灾难。但哲学家，往往从困境中看到转机，从毁灭中看到新生；就像费希特从普法战争看到了德意志复兴机会、可能一样，贺麟也从九一八、七七事变等一系列重大灾难中看到民族复兴、国家重构的机会、可能。他称赞的德国三大哲人，都不是拿起枪上前线的武人、英雄，而是从精神层面为国家重振、民族复兴提供智慧资源。①

贺麟指出，近代以来，中国政治家长时期执迷于"武力建国"，无不期待以武力去执行建国大业。但武力建国实即"内战建国"，内战建国无异于内战亡国。在抗战全面爆发最初几年，中国政府组织了一系列战役、抵抗，但就总体而言，中国实际上徘徊于"一面交涉、一面抵抗"的交替循环中：交涉无要领，抵抗无决心，全盘无计划。中国究竟怎样才能战胜强大于自己的日本，中国未来究竟应该成为怎样一个国家，在抗战初期，人们内心深处并没有底，抗日救亡的热情毕竟不能替代真知灼见、有效的政策。

在中国军队节节败退，中国军民焦灼烦闷期间，朝野内外、举国上下渐渐有了新觉悟，逐步确立自力更生的国防建设、经济建设，统一团结的和平建国政策。有了自力更生、和平建国的准备，有了长期抗战的决心，有了举国一致的爱国热情，有了长期与敌人周旋的阵地战、游击战、运动战经验，中国才渐渐迈步踏上抗战建国的大路，亦即一面抗战，一面建国；或曰一面建国，一面抗战。人们普遍相信国民党1938年春在临时全国代表大会宣言中的承诺："抗战胜利之日，即建国大业完成之日，亦即中国自由平等之日。"

国民党、蒋介石将建国纳入抗战，是对九一八事变以来救亡运动的正面回应，也是中国社会各阶级各阶层能够长时期团结在国民党周围共

---

① 贺麟高度赞美汤用彤的佛教史研究，以为汤的研究证明当民族危机发生，外来文明的刺激往往激活本土文明久已失去的活力，"且于积极推行西化的今日，还可以提供民族文化不致沦亡断绝的新保证。而在当时偏激的全盘西化声中，有助于促进我们对于民族文化新开展的信心。"见贺麟《当代中国哲学》，25页，南京：胜利出版公司，1945年11月。

同抵抗日本帝国主义的一个重要因素。在抗战发生前，中国知识界严重分裂，相互间冲突、分歧时常可见，但当民族危机发生，尤其是国民党建构了"一面抗战，一面建国"的方针后，知识界对政府给予最大限度的理解、支持，知识人一个普遍存在的心愿是：乘此危局一举解决百年来的中国问题。这也是贺麟认同的一个看法。

贺麟指出，对外抗战，实为任何一个内部分裂的国家要建立成为自由、独立、统一的近代国家无法绕开的必由之路。近代任何一个被压迫民族，要打倒异族的侵凌，发皇光大、复兴起来，所必经的途径无一例外就是利用外部危机推动内部改革。人类历史的先例足以证明中国之不得不走上抗战建国大道，乃历史宿命、必然命运。贺麟为此举了很多历史上的例子，比如公元前五世纪希腊对波斯帝国的抵抗，19世纪初期普鲁士各邦对拿破仑的抵抗，19世纪中期意大利对法国的抵抗，无不为后来的民族复兴、文明传承奠定了基础。

俄国的例子也很励志。18世纪初年，在彼得大帝的领导下，俄国在长达21年的时间里，一面对当时的霸国瑞典抗战，一面实行内部经济、军事、政治、教育各方面的改革和建设，终于永远推翻岛国瑞典在欧洲大陆上的霸权，建立起俄罗斯帝国。贺麟说，俄罗斯的这个经历、经验，最足以为中国借鉴，只要中国方法得当，一定能够像俄罗斯永远推翻岛国瑞典一样，永远推翻岛国日本。

什么样的方法才是得当的方法呢？在贺麟的概念里，不是单纯的军事抗争，而是一面抵抗，一面实行内部改革，抗战建国，尤其是学术建国，才是正确的方针、正确的国策，是历史的命运，也是民族复兴的契机。

贺麟指出，学术文化的一等国，即便遇到政治军事的挫折、打击，即便暂时被毁灭，也终有复兴的可能。德国在第一次世界大战中遭到毁灭性打击，政治的、军事的、工业的实力，一落千丈，谁也没有料到德国在战后会很快重新振作起来，再度成为世界大国、强国。究其原因，贺麟认为，就是德国的学术文化潜藏着巨大的力量。学术文化是培养精神自由的基础，一个精神自由的民族，军事、政治方面终究不会长时期居于人下；而学术文化居于二、三等国的地位，政治、军备即便一时成为世界第一等强国，但其结局并不会很妙，因为其政治、军备一等强国并没有足够的学术资源、文化底蕴作为支撑。这是贺麟在抗战时期一个最重要的哲学阐释，对于抗战时期文化学术的常态发展居功至伟。

学术文化不仅可以建国，可以增强中国人抗战必胜的信心，而且由此可以解释中国百年来发展的困境。根据贺麟的看法，中国百年来之所以不断受到异族侵凌，国势不振，其根本原因就是学术文化不如人。中国之所以可以通过抗战实现民族复兴，在贺麟看来，主要也是因为中华民族是有文化敏感、学术陶养的民族，以数千年深厚的文化基础，与外来文化接触，反可引起新生机，逐渐繁荣滋长。最近数十年，中国人虚心努力，学习西洋新学术，接受西洋近代化的结果，中华民族获得了再生，有了新的觉醒，有了精神自由的要求，已经不是任何简单的武力、粗暴的外力所能够征服。所以，贺麟强调，他所提倡的学术建国，就是要让中国在世界文化学术上取得一等国的地位，在政治上建立一个自由、平等、独立的一等国。归纳贺麟在抗战时期"学术建国"的理想，主要包含这样两个内容：

第一，以学术治国的理念代替迷信武力、军权高于一切的"力治主义"。知识就是力量。学术上的真理，知识的"学治"，就是最真实有效的"力治"。从这个观点出发分析抗战建国，就不是简单的武力统一、武力建国，虽然应该强调军事第一，胜利第一，军令统一，强调抗战时期一切建设均应以抗战为中心，但决不应该崇拜武力，更不应该迷信武力统一、武力建国。中国的抗战是为正义、人道而战，为自由、平等而战，为生存、独立而战，所以中国的武力是建筑在全体同胞的精神力、义愤力和多年来培养的文化学术力之上的。①

第二，抗战的最后胜利必借学术与文化，这也是贺麟力主以"学治"代"力治"，代申韩式的急功好利、富国强兵的所谓"法治"的学术依据。贺麟指出，申韩式急功好利的法治，养成霸主、酷吏，使民敢怒不

---

① 《抗战建国与学术建国》，《文化与人生》，21页。

敢言，甚者道路以目。这是历史上最次一等的"依法治国"。法不对，效果不言而喻，越治越不济。所以，急功近利的法治并不是真法治，"法治"对于这样的统治者来说，不过是惩治人民的工具。

较申韩式法治略进一层的是诸葛亮的法治。贺麟说，诸葛亮的法治依然不是真法治，而是基于道德、贤明的国家治理方式，其条件为民智低下而政府贤明。这种制度依然是前近代的法治形态。

更进一层的法治为基于学术的近代民主式法治。人民自己立法，人民自己遵守。换言之，近代国家法令之所以有效，乃因出于人民理智所赞许，感情所爱护，意志所愿服从，而非出于独裁者个人意志的强制。所以，中国对日抗战能否成功，在贺麟看来，主要取决于中国能否建构一个拥有学术基础，具有人民本位意识的新法治国家，以抵抗那残民以逞，以法律作武力、作工具的旧法治国家。①

抗战建国、学术建国仅仅走到近代民主式法治，在贺麟看来还是不够的。他认为，中国具有几千年丰厚的思想资源，中国应该在近代民主式法治基础上更进一步，以"学治"补充"德治主义"。德治是中国几千年来基本的政治观念。孔子、孟子，直至董仲舒、韩愈、司马光、朱熹、王阳明，直至孙中山，中国人的历史哲学、政治哲学，无不昭示"有德者兴，失德者亡"的信条，中国人很早就将王道与霸道对应，由此演化出来的"德治主义"，在很大程度上与苏格拉底"道德即知识"暗合。这样，贺麟就将他的"学术建国"放置在民族文化复兴的基础上，"一个民族的复兴，即是那一民族学术文化的复兴"；②而民族文化复兴对于中国来说，就是儒家文明的复兴，贺麟称之为"儒家思想的新开展"。

儒家思想是中国人的精神世界，其意义就像基督教在西方人那里一样。但是到了近代，由于儒家思想影响下的中国没有很好地应对西方化的冲击，尤其是曾国藩、张之洞等人倡导以儒家思想与西方化抗争、抗衡，实际上是儒家在19世纪晚期受到的一次最严重的"死亡之吻"。儒

---

① 《法治的类型》，《文化与人生》，45—50页。
② 《抗战建国与学术建国》，《文化与人生》，21—22页。

学获得了短暂的回光返照，但稍后却要承担中国落后、不进步的原罪，成为五四运动所要批判、打倒的对象。①

五四新文化运动所表现出来的激进主义确实要"打倒孔家店"，要清除儒家思想中那些没有与时俱进的僵化部分，以及那些严重束缚个人的集体主义、国家主义，但是，五四新文化运动后不久思想界的反弹足以表明，五四新文化运动所要打倒的儒家思想并不是孔孟的真精神、真意思、真学术。这一点就像利玛窦、卫方济等第一批来华传教士所看到的那样，儒家思想史、儒家学术史并不存在一个一以贯之的传统，后儒"不察正理，专于虚句，而曲论古学之真意"，因而明清之际由西学东渐引发的儒学批判，并不是要彻底否定儒学，而是要批评后儒，返于先儒，进而"超儒"②，重新阐释儒家的真精神、真意思。正是循着这样一条思路，我们看到在五四新文化运动前后，出来为儒家打抱不平的越来越多。胡适一方面赞赏"只手打孔家店"的吴虞为"中国思想界的一个清道夫"③，另一方面比较注意彰显、挖掘儒家思想的现代价值。第一，解除传统道德的束缚；第二，提倡一切非儒家的思想，亦即提倡诸子之学。但推翻传统的旧道德，实为建设新儒家的新道德做预备功夫。提倡诸子哲学，正是改造儒家哲学的先驱。用诸子来发挥孔孟，发挥孔孟以吸收诸子的长处，因而形成新的儒家思想。假如儒家思想经不起诸子百家的攻击、竞争、比赛，那也就不成其为儒家思想了。愈反对儒家思想，儒家思想愈是大放光明。④

至于新文化的"右翼"，诸如梁漱溟，从根本上反对激进主义者对孔子、儒家的批评，以为这些批评不是彰显了儒家的不足，而是暴露了"伪儒"、"陋儒"的无知狂妄，从而使儒家的真精神、真价值更加凸显。梁漱溟在儒学貌似四面楚歌的时候大声疾呼，发誓要为儒家、为孔子说

---

① 《儒家思想的新开展》，《文化与人生》，5页。
② 侯外庐：《中国思想通史》第四卷，下，1207页，北京：人民出版社，1998年。
③ 《吴虞文录》序，《胡适文集》（2），608页，北京大学出版社，1998年。
④ 胡适：《先秦名学史》9页，上海：学林出版社，1983年。

个明白,从而开启现代新儒家的创建之路。①

胡适、梁漱溟,乃至梁启超、章太炎等推波助澜,但是儒学的衰落,中国文化的西方化在20世纪20年代根本不可遏制,直至20世纪30年代中期,何炳松、陶希圣、萨孟武等著名十教授不无悲哀地表示:

> 中国在文化的领域中是消失了,中国政治的形态、社会的组织和思想的内容与形式,已经失去它的特征。由这没有特征的政治、社会和思想所化育的人民,也渐渐的不能算得中国人。所以我们可以肯定的说:从文化的领域去展望,现代世界里面固然已经没有了中国,中国的领土里面也几乎已经没有了中国人。②

为扭转此趋势,十教授呼吁"中国本位的文化建设",呼吁中国既要有自我认识,也要有世界眼光;既要有不闭关自守的度量,也要有不盲目模仿的决心。

十教授的《中国本位的文化建设宣言》具有复古主义倾向,但这确实又是近代中国面对西方化冲击之后不能不选择的"调适"措施。尤其当九一八事变发生,民族危机日趋严重的时候,倡导传统文化,提倡儒学,增加民族自信心,成为中国知识界一个无法逾越的选择。沈有鼎1935年就预言,中国人往往有很强的悟性,他那直觉的本领,当下契悟的机性,远过于印度人和西洋人。而且,一般的中国人在性格上、习惯上大都看重现实生活,对于现实生活以外的问题是一概不理会的,因此既不尚冥想,也没有超现实的理念世界。因为悟性强,所以中国人对于事物持一种不分析的态度。他那与天地万物为一体的精神,使他看轻一切割裂的、分析的思想活动。又因为看重现实,所以中国人有他那种心平气和的客观态度。中国人崇尚理性,蔑视强权,差不多个个都有不同的、和平的人类生活理想在脑中。又因为中国人看重现实生活的缘故,

---

① 《征求研究东方学者》(1918年10月4日),《梁漱溟全集》卷四,548页。
② 《中国本位的文化建设宣言》,《文化建设》1935年第一卷第四期。

所以讲究中庸，讲究调和，不走极端。在学术方面，便是尽量吸收各种不同的思想，冶为一炉。再者，因为中国人取的是不分析的态度，又因为爱好调和，同时却没有一种积极的、综合的方术，所以一大部分的中国人陷入思想笼统的浅薄，不喜欢抽象的、彻底清晰的思想活动。一方面也因为不分析的缘故，没有组织思想的能力；有些人就是有了很清楚的见解，也不肯系统地、由浅入深地把它写出来，使人人可以得益。故而从这个意义上说，中国的民族性既决定了中国哲学的先天不足，又实在暗示了中国哲学进一步发展的可能。

对于中国哲学的发展前途，沈有鼎抱有强烈的乐观态度。他认为，无论如何，我们现在已经可以知道：哲学在中国将有空前的复兴，中国民族将从哲学的根基找到一个中心思想，足以扶植中国民族的更生。这是必然的现象。因为中国文化同其他文化一样，有他特殊的波动方式，一往一复的节律。尤其是儒道两种精神，更是相成而又相反，是一起一伏而互为消长的。每一个起伏的大波，在中国文化史里是要占几百年几千年的时间的。可是在每一次新的文化产生、增长的时候，就是整个中国文化在进化的历程上跨了一大步。因为每一次新的文化的产生，是对旧的文化的反动，是革命，同时是回到前一期的文化精神，是复古。只有革命是真正的复古，也只有复古是真正的革命。第一次新的文化的产生，是综合着正反两方面的精神，而达到一个新的、自古未有的形式的。因此是前进，不是退后；是创新，不是因袭；是成熟，不是返旧。也只有创新才是真正的复古。①

沈有鼎的思考代表了那时中国思想界的一种趋势，在民族危机不断加深的时候，如何促进中国文化的复兴，重建民族自信心确实是一个大问题。这也是贺麟的关切，他的所谓"学术建国"，其实说的就是"文化救亡"、"学术救亡"，就是强调近代以来的所谓民族危机，说到底就是文化的危机、学术的危机。因此，中国摆脱危机的正确出路，并不在陈

---

① 《中国哲学今后的开展》，《沈有鼎集》，102页，北京：中国社会科学出版社，2006年。

序经、胡适一度高调宣布的全盘西化，或者"充分世界化"，而在于中国能否有计划、有意识、有目的地吸收、容纳西方文化，提升、表彰最具中国特色、本质的儒家文明，从而为儒家思想的新开展奠定一个坚实的学理性基础。贺麟指出："中国当前的时代，是一个民族复兴的时代。民族复兴不仅是争抗战的胜利，不仅是争中华民族在国际政治中的自由、独立和平等，民族复兴本质上应该是民族文化的复兴。民族文化的复兴，其主要的潮流，根本的成分就是儒家思想的复兴，儒家文化的复兴。假如儒家思想没有新的前途、新的开展，则中华民族以及民族文化也就不会有新的前途、新的开展。换言之，儒家思想的命运，是与民族的前途命运、盛衰消长同一而不可分的。"①

贺麟强调，在思想文化范围里，现代绝不可与古代脱节，任何一个现代新思想，如果和过去完全没有联系，便犹如无源之水、无本之木，绝不能源远流长。而这个本和源，就是儒学。

儒家思想能否获得新开展，儒家思想能否翻身、复兴，也就是中国文化能否翻身、复兴。此问题的关键，在贺麟看来，就是"儒化西洋文化"是否可能，"以儒家思想为体，以西洋文化为用"是否可能。换言之，中国文化能否复兴，亦即"华化、中国化西洋文化"是否可能，"以民族精神为体，以西洋文化为用"是否可能。贺麟指出，"这个问题的关键，在于中国人是否能够真正彻底、原原本本地了解并把握西洋文化。因为认识就是超越，理解就是征服。真正认识了西洋文化便能超越西洋文化。能够理解西洋文化，自能吸收、转化、利用、陶熔西洋文化以形成新的儒家思想、新的民族文化。儒家思想的新开展，不是建立在排斥西洋文化上面，而是建立在彻底把握西洋文化上面。儒家思想的新开展，是在西洋文化大规模的输入后，要求一自主的文化，文化的自主，也就是要求收复文化上的失地，争取文化上的独立与自主。"②

在充分接纳西洋文化的同时，对自己的文明也不妄自菲薄，更不能

---

① 《儒家思想的新开展》，《文化与人生》，4—5页。
② 《文化与人生》，7页。

以西洋文明的时髦去附会中国文明、儒家思想。贺麟强调，儒家思想本来包含有三个方面：有理学以格物穷理，寻求智慧；有礼教以磨炼意志，规范行为；有诗教以陶养性灵，美化生活。所以，在贺麟看来，还是应该从这三个方面进行。

第一，必须以西洋的哲学发挥儒家义理。东圣西圣，心同理同。苏格拉底、柏拉图、亚里士多德、康德、黑格尔的哲学与孔孟、老庄、程朱的思想融会贯通，从而产生发扬民族精神的新哲学，解除民族文化的新危机。这是儒家思想在现代社会条件下要想获得新生必须要走的路。在贺麟意识中，西洋文明一定会像一千多年的佛教文明一样，给儒家思想带来全新的气息，让儒家思想体系更丰富、更严谨、更条理清楚。

第二，必须吸收基督教的精华以充实儒家的礼教。儒家的礼教本来富有宗教仪式、宗教精神，而究竟以人伦道德为中心。宗教则为道德注以热情、鼓以勇气。宗教有精诚信仰、坚贞不二的精神，宗教有博爱慈悲、服务人类的精神，宗教有襟怀广大、超脱尘世的精神。基督教文明实为西方文明的骨干，其支配西方人的生活深刻而周至。如果不是宗教知"天"与科学知"物"合力并进，如果没有宗教精神为体，物质文明为用，贺麟认为就不可能发生西方近代如此伟大灿烂的科学文化。因而他主张，儒家思想的现代发展一定要从这个层面接受基督教精华，否则就不可能产生强有力的新儒家思想。从历史事实看，科学与基督教并不必然冲突，明末徐光启一大批一流学者接受了西方宗教，不仅没有影响他们接纳西方科学文化，反而使他们与西方科学文化产生了不可思议的亲近感，这或许佐证了贺麟判断的正当性。

第三，儒家思想要想获得新开展，必须领略西洋艺术以发扬儒家诗教。诗歌与音乐为艺术的最高形式，儒家特别重视诗教、乐教，自周初《周礼》至孔子不断强调的所谓"六艺"，不论是礼乐射御书数，还是诗书礼乐易春秋，诗教、乐教始终是一门重要的课程。这是儒家的艺术传统，表明儒家对艺术与西洋对基督教是一样的重视。只是由于历史发展、时代变迁，后来的儒家显得呆板、无生气。贺麟指出，儒家思想的新开展，就是儒家思想的现代化，就是要让儒家思想借鉴西洋文明的形式、内涵，沿着艺术化、宗教化、哲学化的方向发展，将狭隘的儒家人伦思想扩充、扩大、提升、深化，从艺术的陶养中去追求美，追求道德，所谓兴于诗，游于艺，成于乐，此之谓也。贺麟相信，"经过艺术化、宗教化、哲学化的新儒家思想不惟可以减少狭义道德意义的束缚，且反可以提高科学兴趣，而奠定新科学思想的精神基础。"①

儒家思想的新开展，还必须解释清楚儒家思想在现代社会条件下究竟还有哪些意义。也就是说，儒家思想要想复兴重光，必须回应陈独秀、吴虞几十年前对儒家伦理的批评。

陈独秀说："窃以无论何种学派，均不能定为一尊，以阻碍思想文化之自由发展。况儒术孔道，非无优点，而缺点则正多。尤与近世文明社会绝不相容者，其一贯伦理政治之纲常阶级说也。此不攻破，吾国之政治、法律、社会道德，惧无由出黑暗而入光明。"②吴虞说："不佞常谓孔子自是当时之伟人，然欲坚执其学以笼罩天下后世，阻碍文化之发展，以扬专制之余焰，则不得不攻之者，势也。"③在陈独秀、吴虞看来，儒家伦理与现代社会存在根本滞碍，这是新文化运动不得不排斥儒家的一个重要原因。

对于陈独秀、吴虞等对儒家思想的责难，贺麟并没有畏惧，他直面陈独秀、吴虞的困惑，从儒家伦理的基点"五伦"入手，重新阐释儒家伦理的意义，"从检讨这旧的传统观念里，去发现最新的近代精神"，且认为"必定要旧中之新，有历史，有渊源的新，才是真正的新"。④

贺麟强调，要批评五伦观念，必须从本质入手。从本质上去考察，贺麟认为五伦观念实际包含这样四层意思：

一、特别注重人，及人与人的关系，而不十分重视人与神及人与自然的关系，即特别注重道德价值，而不甚注重宗教、科学的价值。贺麟

---

① 《文化与人生》，11页。
② 陈独秀：《答吴又陵（孔教）》，《独秀文存》，646页，合肥：安徽人民出版社，1987年。
③ 吴虞：《致陈独秀》，《吴虞集》，385页，成都：四川人民出版社，1985年。
④ 韦政通：《五伦的检讨》，《伦理思想的突破》，12页，成都：四川人民出版社，1988年。

认为，今后仍不妨循着注重人伦和道德价值的方向迈进，但不要忽略了宗教、科学的价值，而偏重狭义的道德价值，不要忽略了天（神）与物（自然）而偏重狭义的人，这样才能将五伦说中注重人伦之义充实、发挥。

二、维系人与人之间正常、永久的关系。贺麟认为，在一个正常社会，人不应规避政治的责任，放弃君臣一伦；不应脱离社会，不尽对朋友的义务；不应抛弃家庭，不尽父子、兄弟、夫妇应尽之道。儒家五伦观念的缺点是很长时期教条化、强制化，这样便损害了个人的自由、独立。而且，五伦观念在很多时候狭隘、僵死，不仅不能发挥道德政治方面的社会功能，反而有损于非人伦的超社会的种种文化价值。

三、以等差之爱为本而善推之。贺麟认为，等差之爱不单有心理的基础，而且似乎也有恕道或絜矩之道作根据，是最有人情味的。持差等之爱说的，并不是不普爱众人，不过他注重一个"推"字，要推己及人。此外，贺麟对等差之爱的观点，提出两条重要补充：第一，若仅偏重于亲属关系的等差爱，则未免失之狭隘，为宗法观念所束缚，而不能领会真正的精神爱。第二，普爱说与合理的等差爱之说并不相违背，普爱说中有"爱仇敌"的教训，是站在宗教的精神修养方面说的，唯有具有"爱仇敌"襟怀的人，方能取得精神的征服或最后胜利。

四、以常德为准而竭尽片面之爱或片面的义务。贺麟认为，这种要求正是传统三纲说的本质。三纲说乃五伦观念之最基本意义，也是五伦说最高最后的发展。离开三纲而言五伦，五伦仅是一种伦理学，五伦说发展为三纲，才使它具备正统礼教的权威性与束缚性。

接着，贺麟从两个方面说明五伦说进展为三纲说的逻辑必然性。

第一，由五伦的相对关系，进展为三纲的绝对关系；由五伦的相互之爱、等差之爱，进展为三纲的绝对之爱、片面之爱。所以必须由此进展，是因相对之爱（如君不君则臣可以不臣之类）是无常的，这种人伦的关系，社会基础仍不稳定，变化随时可以发生，三纲说的成立就是为了补救相互关系的不稳定，进而要求关系的一方绝对遵守其位分，实行片面之爱，履行片面的义务，以免人伦关系陷入循环报复的不稳定的关系之中。

第二，自三纲说兴起后，五常作为五常伦之意义渐被取消，作为五常德解之意义渐次通行。所谓常德，就是行为所止的极限，就是柏拉图式的理念或范型，也就是康德的道德律或无上命令。五伦说注意人对人的关系，三纲说则将人对人的关系，转变为人对理、对位分、对常德的片面的绝对的关系，所以三纲说当然比五伦说来得深刻而又有力量。因此忠君完全是对名分、对理念的尽忠，不是作暴君个人的奴隶。

贺麟对儒家伦理五伦观念的解释极富新意，他认为，"五伦观念是儒家所倡导的以等差之爱、单方面的爱去维系人与人之间长久关系的伦理思想。这个思想自汉以后，被加以权威化、制度化，而成为中国传统礼教的核心。这个传统礼教在权威制度方面的僵化性、束缚性，自海通以来，已因时代的大变革，新思想、新文化的介绍，一切事业近代化的推行，而逐渐减削其势力。现在的问题是如何从旧礼教的破瓦颓垣里，去寻找出不可毁灭的永恒的基石。在这基石上，重新建立起新人生、新社会的行为规范准则。"①

贺麟对儒家五伦说的新解释，不但态度客观，而且准确地把握了儒家伦理的本质，尤其对等差之爱的补充，以及对三纲的精神，更是作了颇富创意的阐释，很能表现一个哲学学者的思考训练。其意义或许正如韦政通所说："五四以来保守主义很少能像贺自昭（贺麟）那样对传统伦理有深刻认识，传统在他们的心目中变成有价值的实体，甚至把它神圣化，成为传统伟大成就的因犯，结果所提倡的固有伦理，仍只是被当作一般惯例习俗保留着。"②

贺麟没有去反驳五四新文化运动中激进主义者对儒家伦理的责难，而是正面解读了儒家伦理的现代意义。正确指出"新道德的动向，不惟不反孔，而乃是重新提出并从本质上发挥孔孟的道德理想"③。贺麟的这个做法，正如胡适、梁漱溟以及贺麟自己都认识到的那样，有效地清理

---

① 《五伦观念的新检讨》，《战国策》1940年第三期；此据《文化与人生》，62页。
② 韦政通：《五伦的检讨》，《伦理思想的突破》，17页。
③ 贺麟：《新道德的动向》，《新动向》1938年第一期。

了历代陋儒强加给儒家的那部分僵化的躯壳,以及形式末节,还有那些极端束缚个性的部分。贺麟的阐释从根本上不同于前一时期曾国藩、张之洞等对儒家思想的庸俗推介,将一个濒临消逝的思想观念赋予现代气息,这对于后来的儒学复兴运动,对于现代中国的思想重建,其意义都不容低估。而这些思维成就的取得,无疑又因为抗战这一特殊环境、特殊的生命体验。据贺麟自述:"八年的抗战期间不容否认地是中华民族历史上独特的一个伟大神圣的时代。在这期间内,不但高度发扬了民族的优点,而且也孕育了建国和复兴的种子。不单是革旧,而且也徙新。不单是抵抗外侮,也复启发了内蕴的潜力。每个人无论生活上感受到多少艰苦困顿或灾难,然而他精神上总感到提高和兴奋。因此在抗战期间内每个人生活中的一鳞一爪,工作上的一痕一迹,意识上的一思一感,都觉得特别具有较深远的意义,格外值得回味与珍视。"①

伟大的时代成就了伟大的思想,贺麟"儒家思想的新开展"在抗战时期的提出,为这个定律提供了一个新的例证。

与贺麟相同,冯友兰也是接受西方思想影响的大哲,是20世纪中国最重要的哲学家之一,他在抗日战争那个特殊年代作出了极富价值的哲学思考。他的"贞元六书",融中西哲学于一炉,从现代哲学层面重构儒家义理,"接着程朱往下说",预示了,或者说指明了中国文明的新道路。

抗战14年是中国历史上最为特殊的一个时期,战前许多问题经过这场战争的洗礼,或获得解决,或获得新的认识,有了解决的可能。而战前备受诟病的所谓"新儒家"就是这样一种情形,因抗战而获得了思想的"新开展",实现了五四新文化运动以来儒家学者梦寐以求的理想,儒家义理经过战争检验,获得了"革命性"更新,儒家学术以全新姿态重新归来。

从学术史观点看,14年抗战使中国蒙受了巨大损失,但中国的学术思想却没有因为战争而退步,反而因战争的强烈刺激,获得了外部动力,

---

① 贺麟:《文化与人生》序言(1946年9月2日),《文化与人生》,2页。

取得了空前的发展。那时，中国知识人为了民族独立、国家重建、社会进步，坚守岗位，埋头苦干。无论生活环境困苦到何种境地，知识人都能结合抗战时期的社会变迁，通过对伟大时代的真切体验，创造出了非凡的业绩。

中国哲人在烽火连天、四郊多垒之际论思想，谈学问，有着久远传统，甚至可以说是中国哲人的本色、风度。王阳明在"讨贼剿匪"的时候并没有停止他的讲学、思考。相反，"讨贼剿匪"的人生体验让他对思想有了不一样的感悟，讲得越来越起劲。湘军将领罗泽南、曾国藩都不是职业思想家，但他们在与太平军作战过程中，也从思想层面思考过一些重大问题，并给儒家义理增加了若干新因素："矫矫学徒，相众征讨；朝出鏖兵，暮归讲道。洛闽之术，近世所捐；姚江事业，或迈前贤。"[1]此种亦战亦学的情形，大致反映了中国哲人的精神生活，他们并不会因为战争放弃思想，放弃讲学，放弃课徒。

战争不仅不影响思想家的思索，反而因为并不常遇的外在环境，促进了思想家的思索。14年抗战对于绝大多数中国人来说是灾难，但对于思想家、哲学家则是一段难得的人生经历，促进了他们的思想创造。所谓"国家不幸诗家幸，赋到沧桑句便工"[2]，此之谓也。

国家灾难，成就了诗人，也促进了思想家的思考。举一个例子。抗战前若干年，中国思想界对于普遍性与特殊性的关系有着不同思考、争论，大要可以归结为中国发展道路究竟是遵循人类社会一般规律，还是亘古不变，具有自己的特殊性。1938年初，长沙临时联合大学因战争迫近，继续西迁。3月2日，冯友兰、朱自清、陈岱孙等几位清华教授经广西凭祥出境赴河内，然后从那儿转道赴昆明。当他们乘坐的汽车经过凭祥县城一个小拱门时，司机通知各位教授注意安全，不要把手臂放在窗外，要过城门了。教授们都照司机的嘱咐办了，唯哲学家冯友兰不以为意。他在想的问题是：

---

[1] 《罗忠节公神道碑铭》，《曾国藩全集》"诗文"卷，276页，北京：京华出版社，2001年。
[2] 《题元遗山集》，《赵翼诗编年全集》卷三，1010页，天津古籍出版社，1996年。

为什么手臂不能放在窗外，放在窗外和不放在窗外的区别是什么，其普遍意义和特殊意义是什么。[1]

还没有考虑清楚，冯友兰的左上臂骨折，忍痛赶到河内，在法国人的医院里治疗休养了一个月。[2]

思想家爱思索，无处不可，无时不可。战争没有让哲人停止思索，反而促进、改善了他们的思索，让他们创造出平庸时代无法企及的成就，对于冯友兰来说，格外如此。

冯友兰是20世纪中国最重要的思想家之一，他的几部主要著作比如"贞元六书"[3]，基本上完成于抗战时期，是这个时期的中国在哲学家头脑中的反映与哲学化。这显然不是偶然的，而是时代的恩赐。

在这些作品中，冯友兰基于抗战时期的文化氛围，以欧美新实在主义、实用主义哲学重新阐释儒家精义，"接着程朱往下说"，说出来一个全新的"新理学"，让儒家思想在抗战时期获得了新生。这是冯友兰一个了不起的思想创造，是五四新文化运动之后，中国思想界对儒家思想所作出的最新，也是最合理的解释。

新实在主义是欧美现代哲学实证主义的一个重要流派，它的基本特征是要求放弃专门的哲学方法，依靠它自己的手段获得某一类特殊知识。新实在主义者主张哲学方法与科学方法没有区别，哲学只能采用"重分不重合"的逻辑分析方法去认知某种东西的必然存在，以求得部分的知识，满足于对局部作细小、冷静的分析，而不再像黑格尔辩证法、柏格森直觉方法那样，动辄以求得整个宇宙的知识作为哲学的目的。

---

[1] 宗璞：《三松堂断忆》，《读书》1991年第12期。
[2] 朱自清1938年3月2日日记："汽车驶经凭祥县一处小拱门时，冯发生不幸事故。他左臂收回晚了，被墙壁撞破。抵河内后，我立即去中国领事馆，找到程某，他把冯介绍给一法国医生。医生说让冯住进圣保罗医院。医院清洁，环境很美。岱孙和我决定陪冯到能离开医院时再走，约需时一周左右。"《朱自清全集》卷九，515页，南京：江苏人民出版社，1998年。
[3] "贞元六书"之《新理学》1939年5月由商务印书馆出版，《新事论》1940年5月由商务印书馆出版，《新世训》1940年7月由开明书店出版，《新原人》1943年6月由商务印书馆出版，《新原道》1945年4月由商务印书馆出版，《新知言》1946年12月由商务印书馆出版。

以实在论的方法诠释中国思想是一种纯粹的哲学活动，是一种象牙塔内的功夫。然而，卢沟桥突然传来的炮声中断了冯友兰这种纯哲学的工作，使他像"丧家之狗"那样，①于颠沛流离之际放弃原来的哲学路径，不再"照着"宋明理学说，而是"接着"宋明理学说。其"贞元六书"，就是这颠沛流离时期的作品。

在抗战前后，冯友兰的颠沛流离生活大约有10年之久。据他自己说，这种颠沛流离生活并没有影响他思考、写作，民族兴亡与历史变迁，倒是给他许多启示、醒悟、激发，没有这些启示、醒悟、激发，尽管这些话题冯友兰思考了已经很久，但依然找不到机会写下来。"中日战起，随学校南来，居于南岳。所见胜迹，多与哲学史有关者。怀昔贤之高风，对当世之巨变，心中感发，不能自已。又以山居，除授课外无杂事，每日皆写数千字"，于是"积二月余之力"，就完成了"贞元六书"之第一部《新理学》。②

据太史公自述，司马迁如果不遭"李陵之祸，幽于缧绁"，大约也不会著《史记》，藏诸名山，留待来者。历史上此类例子太多了："昔西伯拘羑里，演《周易》；孔子厄陈、蔡，作《春秋》；屈原放逐，著《离骚》；左丘失明，厥有《国语》；孙子膑脚，而论兵法；不韦迁蜀，世传《吕览》；韩非囚秦，《说难》、《孤愤》；《诗》三百篇，大抵贤圣发愤之所为作也。此人皆意有所郁结，不得通其道也，故述往事，思来者。"③历代伟大作品，莫不遵从这样的原则："意有所郁结，不得通其道"。冯友兰的"贞元六书"，自然不能例外。这部作品，就是作者身处抗日战争这样特殊的历史时期，怀抱诚挚而悲愤的忧患意识，坚定中华民族必然复兴的信念，一方面吸收外来之学说，一方面不忘本民族之

---

① 北平沦陷后，"许多人都离开了，狗没法带，只好抛弃了。那些狗，虽然被抛弃了，可是仍守在门口，不肯他去。"冯友兰说："这就是所谓丧家之狗，我们都是丧家之狗。"《三松堂自序》，《三松堂全集》卷一，87页，郑州：河南人民出版社，2001年。
② 《新理学》自序，《三松堂全集》卷四，3页。
③ 《史记》卷一百三十《太史公自序第七十》。

地位，发愤忧时之作。

冯友兰自述，"贞元六书"实际上只是一部书，是一部书分成六个章节而已。分开就是《新理学》、《新事论》、《新世训》、《新原人》、《新原道》、《新知言》六种，合则称"贞元六书"。至于著述宗旨，冯友兰强调，主要是为了对中华民族传统精神生活进行反思。凡是"反思"，总是在生活中遇到了什么困难，受到了什么阻碍，感到了某种痛苦，然后反观经验，提供方案。从这个意义上说，"贞元六书"实是抗日战争的现实在哲学家头脑中的反映。《新原人·自序》："'为天地立心，为生民立命，为往圣继绝学，为万世开太平。'此哲学家所应自期许者也。况我国家民族值贞元之会，当绝续之交，通天人之际，达古今之变，明内圣外王之道者，岂可不尽所欲言，以为我国家致太平，我亿兆安心立命之用乎？虽不能至，心向往之。非曰能之，愿学焉。"①冯友兰期望中华民族经此抗战，以达民族复兴、国家重振之目的。

"贞元六书"意在通过形而上分析，着意考察自然、社会和人生，寻求重建形而上新方法、新途径，来为作者认为正确的社会形态提供思想上的"太祖高皇帝"，即最高指导思想。还在抗战全面爆发前，1935年4月，冯友兰在中国哲学会年会上就说："我们现在所处的世界，在表面上看起来，似乎很不注重哲学。但在骨子里，我们这个世界是极重视哲学的。走遍世界，在大多数国家里，都有他所提倡及禁止的哲学。在这一点我们可见现在的人是如何感觉到哲学的力量。每一种政治社会制度，都需要一种理论上的根据。必须有了理论上的根据，那一种政治社会组织，才能'名正言顺'。我们在历史上看起来，每一种社会，都有他思想上的'太祖高皇帝'。例如中国秦汉以后的孔子，西洋中世纪的耶稣，近世的卢梭，以及现在苏联的马克思。都是一种社会制度的理论上的靠山，一种社会中的思想上的'太祖高皇帝'。现在不仅只是各民族竞争生存的世界，而且是各种社会制度竞争生存的世界，所以大家皆感觉到社会制度之理论的根据之重要。"冯友兰以"贞元六书"为骨架创建的新理学体

---

① 《三松堂全集》卷四，463页。

系，显然也是为他所处的社会制度提供一种理论上的根据："中国的新环境是早已有了。新需要是迫切极了。中国如果要有一种新社会，作这种社会之理论的根据之哲学一定会出来。不过一定是自然地出来"。①如果理解不错的话，冯友兰的"新理学"便是为了满足中国新环境、新需要而创造出来的。

作为"贞元六书"的总纲，冯友兰通过《新理学》为后面的讨论提供了一种形而上依据，力图以西方新实在论所看重的逻辑分析方法改造中国传统哲学。冯友兰认为，哲学是从分析经验、分析实际事物入手，由分析实际事物而知实际，由知实际而知真际。进而，冯友兰将逻辑分析方法运用于理学体系的改造，以为从哲学上对实际事物进行分析，就是宋明理学家所说的格物，由分析实际事物而知真际，知真际就是理学家所说的致知。而欲致知必先格物，因此说"致知在格物"。为此，冯友兰在"新理学"系统中给出四组主要命题：

第一组：凡事物必都是什么事物。是什么事物必都是某种事物。有某种事物，蕴涵有某种事物之所以为某种事物者。借用中国哲学老的表达方式说，"有物必有则"。这是就某种事物著思。

第二组：事物必都存在。存在的事物必都能存在。能存在的事物必都有其所有以能存在者。借用中国哲学老话说，"有理必有气"。这组命题是就一个一个事物著思。

第三组：存在是一流行。凡存在都是事物的存在。事物的存在，是其气实现某理或某某理的流行。实际的存在是无极实现太极的流行。一切流行所蕴涵的"动"，谓之"乾元"。借用中国哲学老话说，"无极而太极"，或曰："乾道变化，各正性命"。实际就是事物的全体，太极就是理的全体，所以实际的存在是无极实现太极的流行。总一切的流行，谓之道体。道体就是"无极而太极"的程序。

第四组：总一切的"有"，谓之大全。大全就是一切的"有"。借用中国哲学老话说，"一即一切，一切即一"。大全亦称宇宙。此所谓宇

---

① 《哲学年会闭会以后》，《三松堂全集》卷十一，283 页。

宙，并不是物理学或天文学中的所谓宇宙。物理学或天文学中的所谓宇宙，是物质的宇宙；物质的宇宙亦可以说是全，但只是部分的全，不是大全。此所谓宇宙不是物质的宇宙，是大全。大全亦可名一，故而借用佛教语言说，就是"一即一切，一切即一"。

冯友兰强调，这四组命题都是分析命题，也可以说是形式命题。这四组形式命题给予我们四个形式的观念，即理之观念、气之观念、道体之观念及大全之观念。真正的形上学的任务，就在于提出这几个观念，并说明这几个观念。理之观念有似于希腊哲学（如柏拉图、亚里士多德的哲学）及近代哲学（如黑格尔的哲学）中的"有"的观念，气之观念有似于其中"无"的观念，道体之观念有似于其中"变"的观念，大全之观念有似于其中"绝对"之观念。①显然，冯友兰的"新理学"是在采用新实在论的观念、方法营构"最哲学的哲学"，这当然是中国思想界一次划时代的"革命性"尝试，是用西方现代哲学重新阐释中国古典的精义，由此一举扭转五四新文化运动以来对儒家特别是宋明理学的责难。

在冯友兰看来，营构"最哲学的哲学"是哲学家的责任。哲学乃自纯思之观点，对于经验作理智的分析、总结及解释，而又以某种方式、形式表达和言说出来。哲学家只肯定凡物莫不有理。至于穷究每一种事物之理，则是科学家的责任。哲学家只说山有山之理，水有水之理。至于格山水之理，穷山水之理，则是科学家的工作。因此，冯友兰强调，"最哲学的哲学"所讲之理，只是形式的，无内容的。哲学对于真际，只形式地有所肯定，而不事实地有所肯定。换言之，哲学只对于真际有所肯定，而不特别对于实际有所肯定。真际与实际不同，真际是指凡可称为有者，亦可名为本然；实际是指有事实的存在者，亦可名为自然。真者，言其无妄；实者，言其不虚；本然者，本来即然；自然者，自己而然。实际又与实际的事物不同，实际的事物是指有事实的存在的事事物物，例如这个桌子、那个椅子等。实际是指所有的有事实的存在者。有某一件有事实的存在的事物，必有实际，但有实际不必有某一件有事实

---

① 《新理学在哲学中之地位及其方法》，《三松堂全集》卷十一，514页。

的存在的事物。属于实际中者亦属于真际中；但属于真际中者不必属于实际中。"我们可以说：有实者必有真，但有真者不必有实；是实者必是无妄，但是真者未必不虚。其只属于真际中而不属于实际中者，即只是无妄而不是不虚者，我们说它是属于纯真际中，或是纯真际底。"①

依据《新理学》所确定的这些形而上原则，冯友兰在"贞元六书"其他诸书中更多地探讨形而下即"有事实的存在者"。《新世训》论生活方法，分析解释中国哲学史上许多道德概念，用以指导青年修养。这是"科学与人生观"论争后一种比较积极向上的人生观指导，只是法家、道家的气味稍重。②

《新原人》讲四种人生境界，由自然、功利、道德境界，而归极于天地境界。所谓"天地境界中底人，并不需要做些与众不同底事。他可以只做照他在社会中所有底伦职所应做底事。他为父，他即做为父者所应做底事。他为子，他即做为子者所应做底事。他做公务员，他即做为公务员者所应做底事。他做军官，他即做为军官者所应做底事。"③冯友兰在《新原人》中所阐释的道理，其实就是孟子的"浩然正气"，也是孔子的"敏锐直觉，自然流行"。这一点，梁漱溟十几年前在"东西文化及其哲学"演讲中有精辟分析。④

《新原道》主要诠释中国哲学之精神，因而后来在伦敦出版英译本时题名为《中国哲学之精神》，⑤后来编辑《三松堂全集》时，也在《新原道》扉页标注有"一名《中国哲学之精神》"字样。⑥据冯友兰《新原道》

---

① 《新理学》绪论，《三松堂全集》卷四，10页。
② 《新世训》绪论："宋明道学家所谓'为学之方'，完全是道德底，而我们所讲底生活方法，则虽不违反道德底规律，而可以是非道德底。"《三松堂全集》卷四，341页。这些所谓"非道德底"，其实就是历代"非儒学派"的那些东西，当然，也有大量西方因素。
③ 《新原人》，《三松堂全集》卷四，578页。
④ 《东西文化及其哲学》，《梁漱溟全集》卷一，453页，济南：山东人民出版社，1989年。
⑤ 《三松堂》自序，《三松堂全集》卷一，108页。
⑥ 《三松堂全集》卷五，1页。

自序,"此书所谓道,非《新理学》中所谓道。此书所谓道,乃讲《新理学》中所谓道者。《新理学》所谓道,即是哲学。此书讲《新理学》所谓道,所以此书非哲学底书,而乃讲哲学底书。此书之作,盖欲述中国哲学主流之进展,批评其得失,以见新理学在中国哲学中之地位。所以先论旧学,后标新统。异同之故明,斯继开之迹显。庶几世人可知新理学之称为新,非徒然也。近年以来,对于旧学,时有新解,亦藉此书,传之当世。故此书非惟为《新理学》之羽翼,亦旧作《中国哲学史》之补编也。"①这部书所要阐释的中国哲学精神,就是冯友兰毕生津津乐道的"极高明而道中庸"儒家理想。②

在《新原道》之后,冯友兰又写了一部书,题名为《新知言》。这部书讲的是"哲学的方法论的"。在"新理学"体系中,有两个东西是不可思议的、不可言说的。一个是气,一个是大全。气是指一切事物的原始材料,如果对它加以思议、言说,所思所说的就不是那种原始材料了。大全是不可思议、不可言说的,如果对大全有所思议或言说,照逻辑学的层次论,这个作为思议、言说的对象的大全,就不包括这些思议、言说,因此也就不是大全了。冯友兰指出,在"新理学"四个基本概念中,就有两个是不可思议、不可言说的。所以,不可思议、不可言说,就成为哲学方法论中的重要问题了。《新知言》要讨论的,就是这个问题,大要运用中国哲学的直觉传统批评、重新诠释西方哲学,"由其方法,亦可见新理学在现代世界哲学中之地位。承百代之流,而会乎当今之变,新理学继开之迹,于兹显矣。"③于此亦可见冯友兰融合中西,重构新文明的自觉、自负与自信。

《新知言》是冯友兰抗战时期完成的最后一部著作。在《新知言》之前,冯友兰在"贞元六书"系列中还有一部《新事论》。

《新事论》是冯友兰在抗战时期继《新理学》之后写的第二部书,也是从长沙继续西迁至昆明之后写的第一部书。那时,昆明有一个刊物叫《新动向》,《新动向》负责人向冯友兰约稿,于是有了这12篇连载,后

---

① 《新原道》自序,《三松堂全集》卷五,3 页。
② 《三松堂》自序,《三松堂全集》卷一,229 页。
③ 《新知言》自序,《三松堂全集》卷五,141 页。

来结集定名为《新事论》。据作者解释，"所谓'事'，就是'理在事中'那个'事'。'事论'是对于'理学'而言。"①

《新理学》主要讲述哲学上的共相与殊相，一般和特殊，及其相互关系，讨论它们之间的区别及联系。从表面上看，这些讨论似乎很脱离实际，尤其是抗战实际，在实际上似乎没有什么用处。其实，从人类思维进步言，冯友兰《新理学》关于共相、殊相，一般、特殊的讨论极为重要，即便在实践上，在抗战实践上，也并非毫无意义。冯友兰的这些讨论当然并不是凭空悬想，也在这个大致时间段里，延安的哲学家，不是也在讨论类似的问题吗？

与《新理学》相对应的是《新事论》。《新事论》就是试图以《新理学》中关于这些问题的讨论为基础，以解决当时的这个实际问题。冯友兰说："自中日战起，随学校南来，在南岳写成《新理学》一书。此书序中有云：'此书虽不着边际，而当前有许多实际问题，其解决与此书所论，不无关系。'此书成后，事变益亟，因另写一书，以讨论当前许多实际问题，名曰《新事论》。事者对理而言，论者对学而言。讲理者谓之理学，说事者谓之事论。对《新理学》而言，故曰《新事论》。为标明此书宗旨，故又名曰《中国到自由之路》。"②冯友兰在《新事论》中所要讨论的，主要的还是现实政治问题，是"通往自由之路"的大问题。

"通往自由之路"，不能不讨论现实，讨论政治，讨论东西文化问题。其实，冯友兰毕生对政治有着浓浓的兴致。对于文化问题，冯友兰早在五四新文化运动时期就开始思考，并逐渐意识到文化问题不是一个简单的"东西问题"，而是一个"古今问题"。一般人所说的东西之分，在冯友兰看来不过是个古今之异。至于一般人所说的"西洋文化"，其实就是"近代文化"。"所谓西化，应该说是近代化。"

很显然，冯友兰没有陷入东西文化孰优孰劣的争论，而是认为东西文化的不同主要是因为文化类型的不同，只有从类型上去比较研究东西

---

① 《三松堂》自序，《三松堂全集》卷一，218页。
② 《新事论》自序，《三松堂全集》卷四，197页。

文化问题，才能抓住问题的关键。他说，中国人之所以长时期不能正确把握中西文化异同，之所以长时期在中国文化建设问题上歧异甚多，一个最为重要的原因就在于当他们比较中西文化时，不知道区别文化的共相与殊相，缺乏一种文化类型的观念，因此难以在东西文化那许多的性质中区分出哪些是主要的、本质的，哪些是非本质的、偶然的、次要的，无法突破东方的或西方的折衷地域界限，无法在对文化的思考中脱离文化个体而把握文化一般。冯友兰说："一个国家或民族所有之文化，是特殊底文化，是很复杂底，可以同时属于许多类，有许多性。所谓西洋文化，亦属于许多类，亦有许多性。若从一种文化类之观点，以看所谓西洋文化，则于其许多性中，何者是主要底性质，何者是偶然底性质，我们可以说，可以指出。但若从一特殊底文化之观点，以看西洋文化，则所谓西洋文化，亦是一个五光十色底'全牛'，于此五光十色中，我们不能说，不能指出，何者是西洋文化之主要底性质，何者是其偶然底性质。"①这些问题，如果不能运用殊相、共相，特殊、一般的理论进行解析，就很难获得真解。应该承认，冯友兰在《新事论》中对形而下诸问题的讨论，较五四新文化运动的诸多论争，往前推进了一大步。冯友兰兼顾形而上、形而下的"新理学"体系，至此基本成形，自圆其说，博大精微。

基于共相与殊相、特殊与一般的思考，冯友兰重新观察、思考19世纪中叶以来各种文化观念、现代化方案，以为无论是西化、东化，或中国本位等，实际上都是以文化个体考察而形成的，都存在不少问题。冯友兰说，若从"类"的观点以看西洋文化，则我们可知所谓西洋文化是优越的，并不是因为它是西洋的，而是因为它是某种文化的。于此我们所要注意者，并不是一特殊的西洋文化，而是一种文化类型。再以文化类型去分析中国文化，也可知中国近百年来所以到处吃亏，并不是因为我们的文化是中国的，而是因为它是某种文化的。所以，冯友兰对东西文化的考察，着重的不是二者之异，而是二者之同。只有了解了文化之

---

① 《新事论》，《三松堂全集》卷四，203—204页。

同，才能正确地把握文化之异。

冯友兰这些讨论自有其道理。然而，正如胡绳当时所批评的那样，冯友兰在研究中国文化时并没有有效地解决他所提出的问题。比如他依据"共相"理论去研究中国文化时，就明白认为儒家思想包含有许多现代因素，具有"现代性"，如儒家"民贵君轻"、"天视天听"，便是"民主政治的根据"；"人人皆可以为尧舜"，"尧舜与人同乐"等，实含有"人人平等的意思"。儒家的这些态度，"都是实行民主政治的必要条件，必须大家都具有这种见解，抱这种态度，人人尊重此种作风，才能实行真正的民主政治。"他显然是把古代的民本思想与近代的民主思想相混淆了。其实民主与民本、自主与恩赐，是完全不同的两码事。冯友兰还明确地表示赞同"中体西用说"，以为所谓"中学为体，西学为用"者，是说社会组织的道德是中国人的，现在需添加者是西洋的知识、技术、工业，则此话是可说的。冯友兰《新事论》的意思也正是如此。可见，冯友兰比较研究中西文化差异的结果，仍然是"中体西用说"，虽然理论更多些，方法更新些。胡绳的批评是对的，尤其是从现代政治观点看，儒家义理、古典中国那些"民本"论说，如果不加分析、盲目渲染为与现代民主政治相类似，互有优劣，不论其用意，其结果一定是重回19世纪晚期"中体西用"的旧路。

胡绳推测，冯友兰的真实意思或许正是要用"中体西用"去指导中国发展。冯友兰说："中国的辛亥革命，是以种族革命始，而以政治革命终。我们在现在平心而论，清末当局在政治、经济、文化各方面所行底政策，并不能说是全盘地不对。若果没有所谓满汉种族问题，如果当时底皇室是姓刘底、姓李底，姓赵底，或姓朱底，辛亥革命，可以没有，国家的组织中心，不致崩坏，则中国的进步，即可少一番迟滞。一个组织的中心，破坏之甚易，而建立之甚难。"①冯友兰这个讲述虽心平气和，但却评述了辛亥革命的历史意义，尤其是从"现代化史"的观点看，辛亥革命存在着怎样的问题。从这里，似乎也能感觉到李泽厚后来"告别

---

① 《新事论》，《三松堂全集》卷四，315页。

革命"论说的思想渊源,①知道对"革命"的反省,是20世纪中国思想界一直有人从事的课题。

冯友兰"新理学"思想体系构建在抗战这个特殊时期,赢得了一片赞扬声,这确实在一定程度上代表了中国哲学在那个时代的最高水平。冯友兰对中国共产党、中国马克思主义也抱有一种同情、一种理解,甚至有朋友当面批评他思想"偏左",②但其"新理学"体系传播开来,那些中国马克思主义者却敏感地意识到,冯友兰"新理学"的迅速扩散,不利于中国革命、不利于马克思主义。因此,当冯友兰"新理学"获得一片赞扬声的同时,中国马克思主义思想界却对之进行了严肃批判。

胡绳在批评冯友兰"新理学"时说,冯友兰"新理学"就其本质而言,不过是中国老哲学圈子里理论的杂芜、混乱和空虚的一种表现,具有与现实隔离的倾向,它忘记了哲学与大众的关系,以及和实际生活的关联。陈家康指出,由于冯友兰"新理学"将真际与实际分开,且不从实际肯定真际,仅仅从形式逻辑上肯定真际,其结果便是"最哲学的哲学"脱离实际,所以不是"实理",同时也不是真理。③赵纪彬认为,冯友兰自谓"新理学"是"讲理之学",不妥。因为宋明以来,不仅理学家讲"理",心学家实际上也讲"理"。理学之所以为理学,并不在于讲"理",而在于其有讲"理"的特征、方法和目的。就其特征、方法而言,理学家将理气二本,心学家以反对理气二本为缘起,持"心本论"。反理学家则基于"物本论"建立自己的哲学体系。而冯友兰的"新理学"以"不切实际"、"不管实用"、"不合实用"、"不问内容"为特征,那么,在方法上实际是承袭程朱理学而有些微创新,即"以真际为根本,个物为派生;真际之有不在个物,而个物之有则为真际所规定",结果便是一种"客观的心本论"。

至于冯友兰对辛亥革命的分析,乃至含蓄的否定,理所当然遭到中

---

① 《告别革命:回望二十世纪中国》,香港:天地图书有限公司2004年第五版。
② 朱自清1938年2月4日日记:"岱孙和我批评冯的左倾观点。"见《朱自清全集》卷九,516页。
③ 陈家康:《真际与实际——冯友兰先生"新理学"商兑之一》,《群众》第八卷第三期,1942年2月。

国马克思主义者的批评、回击。华岗指出，冯友兰对辛亥革命的讨论，不过是旧史家的翻案文章。只是冯友兰这次翻案，不是由错误翻到正确，而是由正确翻到错误。究其根源，华岗认为，应该从冯友兰的社会立场与思想方法上去追寻。①胡绳强调："辛亥革命对于中国的现代化具有开来的作用，并不只是因为它推翻了满清，而且因为它建立了民国，在今天还来否认这一点岂不是太奇怪了么？"②

其实，更为奇怪的是，冯友兰当年对这些批判文章，一概不看，完全不理，他的理由是："在40年代，我的每一部书一出来都受到当时的进步人士的批判。我当时对于这些批判，一概不理，也不答辩。我当时想，他们不懂，我同他们之间没有共同的语言。"由此，不难体会到冯友兰的自信，乃至自负，他自信自己不是简单地"照着程朱往下讲"，而是"接着讲"，他在新的时代背景下，容纳了西学，抛弃了程朱乃至中国古典思想中的缺点。至于中国古典的优点，冯友兰自信在"新理学"架构中都获得了尊重、发展。他认为，在抗日战争这样的历史背景下，中日两国的民族斗争占有首要地位，哲学家能为这场伟大斗争所做的工作，就是为民族复兴寻找历史的、哲学的依据。冯友兰强调，"中国过去的正统思想既然能够团结中华民族，使之成为伟大的民族，使中国成为全世界的泱泱大国，居于领先的地位，也必能帮助中华民族，渡过大难，恢复旧物，出现中兴。我当时的哲学思想，也接近于程朱道学。在当时希望对于抗战有所贡献的人，只能用他所已经掌握的武器。我所掌握的武器，就是接近于程朱道学的那套思想，于是就拿起来作为武器"，于是就接着程朱"往下讲"。③这是冯友兰抗战时期思想创造时的心迹，既是接着程朱往下说，也是沿着五四新文化运动开启的路径顺流而下，引领中国融入世界，走向现代。

---

① 华岗：《论中国历史翻案问题》（1945年10月5日），《中国历史的翻案》，24页，北京：人民出版社，1981年。
② 沈于田（胡绳）：《评冯友兰"新事论"》，《群众》第八卷第二期，1943年1月16日；又见《胡绳文集》，154页，重庆出版社，1990年。
③ 《三松堂》自序，《三松堂全集》卷一，236页。

结　语

弹指一挥间，五四运动已经过去100周年。

100年来，中国与世界都发生了翻天覆地的变化。100年后的我们，应该如何看待五四运动呢？

一个完整的五四运动，分为"大五四"、"小五四"相关联而又根本不同的两个运动。"小五四"指1919年5月4日发生在北京的学生抗议运动，其起因是中国在巴黎和会的失败，其极端表现是"火烧赵家楼"，痛打章宗祥。学生的行动引起了警察的抓捕，学生的被捕又引起了北大校长蔡元培的不辞而别，进而引发北京乃至全国知识界的"挽留蔡元培"运动。1919年，整个中国，甚至世界，都被北京学生运动所吸引。当然从另一个角度说，"火烧赵家楼"唤醒了全国、全世界的注意力，但也因此运动而深刻影响了后来的文化进程。

"小五四"是中国历史的一个节点，但对这个事件如何评价，100年来朝野各界聚讼纷纭，莫衷一是。其实，从大历史视角看，"小五四"只是现代中国历史建构中的一个环节，既不是起点，也不是终点。

现代中国的起点缘于英国工业革命。没有这场工业革命，中国历史将以那之前的形态长此终古，毕竟中国文明早熟且精致。工业革命向世界释放了巨大产能，没有任何一个国家、地区可以置身事外。工业革命带给中国一连串的问题，经过近百年的冲突、磨合，中国人终于明白工业革命带给人类的不只是坚船利炮、声光电气，而且还有教育文化、社会组织、政治结构，乃至日常伦理的调适。对于早熟且精致的中国文明而言，面对一个全新的历史阶段，中国必须在自己发展丰厚的农业文明基础上增加一个工业文明。一个完全的现代中国，一定是充分工业化的中国。

充分的工业化，需要充分的世界化，需要现代意识，需要现代科学技术，需要现代社会组织方式、教育方式、生活方式，甚至需要重新安置工业化、城市化之后"陌生人社会"的人际关系、伦理关系。陈独秀100多年前所谓"孔子之道不合乎现代中国"的判断，天才般地猜测到了农业文明之"熟人社会"，与工业文明之"陌生人社会"的本质不同。

现代中国的建构就是历史大转型，不可能一蹴而就，迅即实现。中国历史上的殷周之际、周秦之际两次转型，均用了几百年的时间。中国这一次从农业文明向工业文明转型，既需要一系列"小五四"运动的冲击、加速，更需要充分的工业化、城市化、世界化，需要现代语言，需要现代制度，需要中国从传统中走出，迈向现代。这是一个逐步展开的缓慢进程，这本书力图展示这个进程的全景，因而将展开的起点向前延伸，将展开的终点大幅度下移，最大限度地展示中国人过去几百年的焦虑、所思、奋斗与挫折、失误，乃至缺憾。